改訂版

相続税

修正申告と
更正の請求の実務

平川 忠雄　編

中島 孝一・西野 道之助・飯田 昭雄・小口 俊之・小山 武晴　共著

税務研究会出版局

改訂にあたって

平成25年度税制改正により、資産再分配機能を回復させるため、遺産に係る基礎控除が従前と比較して4割引き下げられました。具体的には、定額控除が5,000万円から3,000万円に引き下げられるとともに、法定相続人比例控除が1人当たり1,000万円から600万円に引き下げられ、平成27年1月1日から施行されています。

改正により、平成26年までは約4%であった相続税の課税割合（死亡者100人に対し相続税が課税される人数は約4人）が、平成27年から約8%（死亡者100人に対し相続税が課税される人数は約8人）に倍増しています。

相続税の課税割合が倍増するということは、相続税の期限内申告書等の提出数も増加することになり、申告書提出後において相続税の税務調査による指摘事項に係る修正申告書の提出頻度も増すものと推測されます。

相続税は、申告納税方式が採用されていることから、相続人が相続などにより財産を取得した時に相続税の納税義務が成立し、相続税の期限内申告書等を提出することで納付すべき相続税額が確定する仕組みになっています。

また、後日、税務調査における調査官の指摘を端緒として、期限内申告書等の提出により確定した相続税額に不足税額があったことが確認されれば、その不足税額を納付するため修正申告書を提出することになります。

本書では、上記のような状況を踏まえ、相続税の修正申告書の提出に焦点を当て、修正申告書の提出事例について詳解していますが、全体の構成は次のようになっています。

まず、相続税の申告に係る基礎知識を確認することを目的として、第1章で「相続税における申告等」、第2章では「相続税の申告書の記載方法」を説明しています。次に、相続税の申告書提出後における税務調査関連項目の共通認識として、第3章で「書面添付制度と事前通知前の意見聴取制度」、第4章では「相続税の税務調査」について解説しています。

そして、相続税の税務調査において調査官から申告内容の誤りを指摘された場合を想定し、第5章で「修正申告書及び更正の請求書の記載方法」について事例1から事例30までの具体例で詳述し、最後に第6章では、相続税の申告誤りが多い「名義預金」について、裁判例を基に判断基準を探っています。

本書が、相続税の申告書実務に携わっている税理士・公認会計士などの方々にご活用いただければ幸いです。

　最後になりましたが、本書・改訂版の上梓に際し、税務研究会出版局のご協力に感謝いたします。

　　令和2年1月

　　　　　　　　　　　　　　　　　　　　　　　　　　　　　　　編著者一同

まえがき（初版）

　平成 25 年度税制改正において、「相続税に基礎控除・税率構造の見直し」がなされ、これら増税改正事項は、平成 27 年 1 月 1 日以後に、相続又は遺贈により取得する財産に係る相続税について適用されます。増税改正の背景として、「相続税の課税割合」が近年減少傾向にあり、年間被相続人数に対する課税件数は昭和 63 年の 7.9％を最高に、その後の土地価額の下落に並行して減少し、平成 13 年以後は 4％台に低迷したことがあります。基幹税目の一つである相続税の課税割合について様々な議論のあるところですが、4％を割り込む直前までに低下したことが見直しの要因になります。

　地価公示価格指数の推移と相続税の改正の変遷を見てもわかるように、日本経済が成長するとともに地価も上昇し、相続税の基礎控除の引上げが行われてきました。

　バブル期の地価上昇に相続税の基礎控除の引上げ、税率構造の累次の緩和等により、相続税が課される相続は被相続人 100 名に対して 4 名程度にまで低下するなど、その再配分機能の低下が認められます。他方「高齢者が保有する資産をより消費性向の高い若年世代に移転することで需要を喚起し、経済活性化を図る」との観点からは、贈与税についても見直しを行われることが求められています（平成 24 年度税制改正大綱）。これを受けて平成 25 年度税制改正で、基礎控除と税率構造の見直しが図られました。

　平成 25 年度税制改正において、相続税の基礎控除が、改正前の「5,000 万円 + 1,000 万円×相続人数」から、「3,000 万円 + 600 万円×相続人数」に見直された結果、改正前の 6 割水準に引き下げられ、加えて、相続税の税率構造が見直され課税価格が 2 億円を超える階級の税率が引上げられ、また課税価格が 6 億円を超える場合の最高税率が 55％まで引き上げられました。これらの改正事項は平成 27 年 1 月 1 日以後の相続又は遺贈により取得する財産に係る相続税について適用されます。

　改正前の制度では、例えば相続人が子供 2 人の場合、7,000 万円以上の課税遺産がなければ相続税は課税されませんでした。しかし、改正後の基礎控除は 40％縮小され、4,200 万円（3,000 万円 + 600 万円× 2 人）引き下げられたため、相続税の課税対象割合は改正前の 4.2％から 6％程度になると試算されています。具体的な標準家族の数値としては、法定相続人 3 人の基礎控除（非課税枠）が改正前 8,000 万円から 4,800 万円に引き下げられ、申告納税者数も増加することが予測されます。

本書は上記のように相続税制が一時期、減税されたのち増税に転じた状況下において、相当額の申告相続税額につき何等かの事情により「当初申告に過少申告又は過大申告の誤謬があったことが判明した場合」において対応する「修正申告又は更正の請求」に関する具体的実務手続を詳細に解説したものであります。「修正申告」は、納税義務者である相続人その他の権利・義務の包括承継人は、申告（期限内申告であるか、期限後申告であるかを問わず）をしたのちに、申告に係る税額が過少であること、申告に係る純損失等の金額が過大であること、申告に係る還付金の額に相当する税額が過大であること等に気付いたときは、更正があるまでは、その申告に係る課税標準等又は税額等を修正する内容の申告をすることができ、また、更正・決定を受けた後に更正・決定による税額が過少であること、更正・決定による純損失等の金額が過大であること等に気付いたときは、更正・決定に係る課税標準等又は税額等を修正する内容の申告をすることができます。

　修正申告は、申告等の内容を自己の不利益に変更する申告であり、申告内容を自己の利益に変更しようとするときは、「更正の請求の手続」によらなければならない（租税法、金子　宏著　弘文堂）とされています。この規定に関連して本書は、相続税における申告等、相続税申告書の記載方法の実務的基本事項を詳述し、関連する「書面添付制度と事前通知前の意見聴取制度」という税理士事務所業務の重要事項を記述し、更に、遺産のラインアップ確認とその課税価格のチェックを行う相続税の税務調査、そして関与税理士の実務的対応を詳述しました。

　第5章においては、相続税の納税額の増減にかかわる「修正申告書と更正の請求書の記載方法（事例1～30）項目につき実務検証のチェックポイント」を記述者の多年の経験に具して記述しています。更に裁判例からみる隠蔽仮装や名義預金等の判断基準、即ち「調査で問題となりやすい項目の是非の目安」を記述した実務書に仕上げています。

　我が国の資産税の申告納税制度のさらなる合理性と寛容性ある成熟を期して、実務者の立場において実用書の記述に徹したことを記述内容から解され、資産税申告納税に寄与することを祈念いたします。

　　平成 27 年 4 月（マイナンバー通知年頭の時期に）

編者　平川忠雄

目　　次

第3章　書面添付制度と事前通知前の意見聴取制度

第4章　相続税の税務調査

第5章　修正申告書及び更正の請求書の記載方法

第6章　裁判例からみる重加算税と名義預金の判断基準

凡　例

本書で使われている主な略称は以下のとおり。

相　法…………相続税法

相　令…………相続税法施行令

相　規…………相続税法施行規則

相基通…………相続税法基本通達

通　法…………国税通則法

通　令…………国税通則法施行令

通　規…………国税通則法施行規則

措　法…………租税特別措置法

措　令…………租税特別措置法施行令

措　規…………租税特別措置法施行規則

措　通…………租税特別措置法関係通達

評基通…………財産評価基本通達

事務運営指針…調査手続の実施に当たっての基本的な考え方等について（事務運営指針）（課総 5-11 他　平成 24 年 9 月 12 日）

手続通達………国税通則法第 7 章の 2（国税の調査）関係通達

FAQ(納税者)…税務調査手続に関する FAQ（一般納税者向け）

※　本書の内容は、令和元年 12 月 20 日現在の法令・通達に基づいている。

第1章　相続税における申告等

1 相続税の納税義務の成立・確定

　相続税は、申告納税方式がとられており、相続又は遺贈（いわゆる死因贈与を含む。以下、相続等という。）による財産の取得の時に納税義務が成立し（通法15②四）、納税申告書を提出することで納付すべき税額が確定する（通法16①一）。

　申告納税方式とは、納付すべき税額が納税者の申告によって確定することを原則とし、その申告がない場合又はその申告が国税に関する法律の規定に従っていない場合等には税務署長等の決定又は更正により確定する方式である（通法16①一）。

　納税申告書のうち、法定申告期限までに提出されるものを「期限内申告書」といい、期限内申告書を提出すべきであった者が、法定申告期限後、税務署長による決定を受けるまでに提出するものを「期限後申告書」という。また、納税申告書を提出した者又は税務署長による更正・決定を受けた者が、これらにより確定した税額に不足額があるような場合に提出するものを「修正申告書」という。

2 相続税の納税申告

1　期限内申告

⑴　申告義務者

　相続等により財産を取得した者は、

①　その相続に係る被相続人から相続等により財産を取得した全ての者に係る相続税の課税価格の合計額が遺産に係る基礎控除額を超える場合において、

②　納付すべき相続税額があるとき

は、その相続の開始があったことを知った日の翌日から10か月以内（法定申告期限）に、課税価格、相続税額その他の事項を記載した申告書をその死亡した者の納税地の所轄税務署長に提出しなければならない（相法27①）。この法定申告期限内に提出された相続税の納税申告書を期限内申告書という。

　なお、配偶者の税額軽減や小規模宅地等の特例などの適用を受けるためには申告書の提出が要件とされているため、たとえこれらの規定を適用したことで納付すべき相続税額がなくなったとしても、申告書を提出しなければならない（相法19の2③、措法69の4⑦）。

(2) **提出期限**

相続税の申告書の提出期限は、その相続の開始があったことを知った日の翌日から10か月以内とされている（相法27①）。

ただし、その者が、納税管理人の届出をしないで国内に住所及び居所を有しないこととなるときは、その有しないこととなる日までに提出しなければならない（相法27①かっこ書）。

「相続の開始があったことを知った日」とは、「自己のために相続の開始があったことを知った日」とされており（相基通27-4）、通常は被相続人の死亡の日となる。

したがって、たとえば相続開始を知った日が9月20日であった場合には、その翌日である9月21日から10か月以内である翌年の7月20日が申告期限となる。

また、申告期限が日曜日、祝日などの休日、土曜日又は12月29日から同月31日までに当たるときは、これらの日の翌日が提出期限となる。なお、官庁における年始の休暇である1月2日及び3日は休日に該当することとされているため、提出期限がこれらの日に当たる場合には、1月4日が提出期限とみなされる（通法10②、通令2②）。

(3) **提出先**

相続税の申告書は、相続等により財産を取得した者の納税地（住所地等）の所轄税務署長に提出することとされている（相法27①、62①②）。

しかし、通常、被相続人の遺産はその被相続人の住所地周辺にあることが多いため、被相続人の死亡当時の住所が国内にある場合には、当分の間、その被相続人の死亡時の住所地が納税地とされている（相法附則③）。

したがって、実務においては、被相続人の死亡時の住所地の所轄税務署に対して申告書を提出することになる。

(4) **申告書の共同提出**

相続税の申告義務の有無は相続等により財産を取得した者ごとに判断するため、個々の納税者ごとの申告書を作成して提出するのが原則である（相法27①）。

しかし、同一の被相続人から相続等により財産を取得した者が2人以上いる場合には、共同して申告書を提出することができる（相法27⑤）。そしてこの場合には、一つの申告書に連署して提出するものと定められている（相令7）。

納付税額のない相続人等は申告書を提出する義務はないが、その場合であっても、財

産を取得した者の全員が署名押印して申告することが望ましい。なぜなら、その後の税務調査で押印のない相続人等に納付税額が生じると、その相続人等に無申告加算税が課されるからである。

⑸　申告時に遺産が未分割の場合

　申告書の提出期限までに遺産の全部又は一部の分割が行われていない場合には、民法（第904条の2の寄与分の規定を除く。）の規定による相続分又は包括遺贈の割合に従ってその財産を取得したものとして相続税の計算をして申告と納付を行うこととなる。その後、遺産の分割が行われ、その分割に基づき計算した相続税額が申告額と異なることとなったときは、実際の分割財産の価額に基づき修正申告又は更正の請求をすることができる（相法55）。

　なお、未分割財産については、配偶者の税額軽減、小規模宅地等の特例などの適用はない。

⑹　申告書の提出義務者が死亡した場合の申告義務の承継

　相続税の申告書の本来の提出義務者が、申告書の提出期限前に申告書を提出しないで死亡した場合には、その者の相続人及び包括受遺者は、その相続の開始があったことを知った日の翌日から10か月以内に、その死亡した者が提出すべきであった申告書を、その死亡した者の納税地の所轄税務署長に提出しなければならない（相法27②、62③）。

⑺　申告書の記載事項・添付書類

　相続税の申告書には、課税価格、相続税の総額その他相続税額の計算の基礎となる事項、納税義務者の氏名、住所などの事項を記載するとともに（相規13）、被相続人の死亡の時における財産の種類、数量などの事項を記載した明細書を添付しなければならない（相法16）。

2　期限後申告

⑴　国税通則法における期限後申告

　期限内申告書を提出すべきであった者は、その提出期限後においても、税務署長の決定（通法25）があるまでは、いつでも納税申告書を提出することができる。この納税申告書を期限後申告書という（通法18①②）。

期限内申告書との違いは、その申告書が法定申告期限内に提出されたかどうかだけであり、申告書の記載事項及び添付書類には何ら変わりはない。

ただし、期限内に適正に申告した者とのバランスを図るため、期限後申告には延滞税及び無申告加算税が課される。

期限後申告に伴う税額は、期限後申告書を提出した日を納期限として、納税者が自主納付しなければならない（通法35②一）。

⑵　相続税法における期限後申告の特則

①　概要

国税通則法における期限後申告書は、法定申告期限において期限内申告書の提出義務のあった者がその申告書を提出しなかった場合の規定である。しかし、相続税においては、法定申告期限後に生じた相続税特有の事由により、当初は期限内申告書の提出義務のなかった者が新たに期限内申告書を提出すべき要件に該当することとなる場合がある。そこで相続税法では、以下に示す相続税特有の後発的な事由に基づく期限後申告の規定を設けてこのような場合に対応している。

また、これらの後発的な事由に伴う期限後申告については、延滞税及び無申告加算税についても後述するように軽減又は非課税の特例規定が置かれている。

②　特則の内容

イ　相続税法第32条の後発的事由による期限後申告書

相続等により財産を取得した者で、期限内申告書の提出期限後において、相続税法第32条第1項第1号から第6号までに掲げる事由（以下の（イ）〜（ヘ））が生じたため、新たに期限内申告書を提出すべき要件に該当することとなった者は、期限後申告書を提出することができる（相法30、相令8、相基通30-1）。

（イ）　共同相続人によって未分割財産の分割が行われ、課税価格が変動したこと

未分割財産を民法（第904条の2の寄与分の規定を除く。）の規定による相続分又は包括遺贈の割合に従って分割したものとして（相法55）申告した後、分割が行われて課税価格が異動したことにより新たに相続税額が生じた場合には、期限後申告書を提出することができる（相法32①一）。

（ロ）　認知、推定相続人の廃除に関する裁判の確定、その他の事由により相続人が異動したこと

当初相続人とされていた者が申告又は決定後に相続人でなくなった、あるいは

その逆の場合など、申告又は決定後に相続人に異動が生じたため新たに相続税額が生じた場合には期限後申告書を提出することができる（相法32①二）。

（ハ）　遺留分侵害額の請求に基づき支払うべき金銭の額が確定したこと

遺留分の侵害額を請求した結果、課税価格が異動して新たに相続税額が生じた場合には期限後申告書を提出することができる（相法32①三）。

（ニ）　遺贈に関する遺言書が発見され、又は遺贈の放棄があったこと

遺産分割後に遺言書が発見されて受遺者が財産を取得したことにより新たに相続税額が生じた場合には期限後申告書を提出することができる。

また、遺贈の放棄があった場合には、受遺者が受けるべきであった遺産は相続人に帰属するため、その相続人において新たに相続税額が生じた場合には期限後申告書を提出することができる（相法32①四）。

（ホ）　条件付でされた物納許可が取り消された場合で、その物納財産の性質等について一定の事由が生じた場合

条件付で物納が許可された場合において、当該条件に係る物納に充てた財産の性質その他の事情に関し次に掲げる一定のものが生じたため新たに期限内申告書を提出すべきこととなった場合には期限後申告書を提出することができる（相法32①五）。

A　物納に充てた財産が土地である場合において、当該土地が土壌汚染対策法に規定する特定有害物質その他これに類する有害物質により汚染されていることが判明したこと（相令8①一）

B　物納に充てた財産が土地である場合において、当該土地の地下に廃棄物の処理及び清掃に関する法律に規定する廃棄物その他の物で除去しなければ当該土地の通常の使用ができないものがあることが判明したこと（相令8①二）

（ヘ）　（イ）から（ホ）までに規定する事由に準ずるものとして次に掲げる一定の事由が生じた場合（相法32①六）

A　相続若しくは遺贈又は贈与により取得した財産についての権利の帰属に関する訴えについての判決があったこと（相令8②一）

B　分割後の被認知者の請求により弁済すべき額が確定したこと（相令8②二）

C　条件付きの遺贈について、条件が成就したこと（相令8②三）

ロ　退職手当金等の支給額の確定による期限後申告書

期限内申告書の提出期限後において、相続税法第3条第1項第2号に規定する退

職手当金等の支給額が確定したことにより新たに相続税額が生じた場合に提出する期限後申告書についても、上記の相続税法第30条の規定による期限後申告の特則と同様に、延滞税及び無申告加算税について軽減又は非課税の規定が置かれている（相法51②一ロ、「相続税、贈与税の過少申告加算税及び無申告加算税の取扱いについて（事務運営指針）」第1-1(3)）。

③ 延滞税及び無申告加算税

相続税法の特則における期限後申告は、納税義務者の責めに帰することのできない後発的な事由に基づくものである。そのため、国税通則法における期限後申告と同様に延滞税や無申告加算税を課することは不合理であるから、それぞれ次のような特例的な取扱いがなされている。

イ　延滞税の特例

相続税法の特則による期限後申告書に係る相続税額については、法定納期限（法定申告期限）の翌日から期限後申告書の提出があった日までの期間は、延滞税の計算の基礎となる期間に算入しないこととされている（相法51②一ロハ）。

ロ　無申告加算税の特例

相続税法の特則による期限後申告書に係る無申告加算税については、国税通則法第66条第1項ただし書の「正当な理由があると認められる場合」に該当するものとされ、非課税の取扱いとなっている（通法66①ただし書、「相続税、贈与税の過少申告加算税及び無申告加算税の取扱いについて（事務運営指針）」第1-1(3)）。

3　修正申告

(1)　国税通則法における修正申告

納税申告書を提出した者は、その申告書に記載した税額に不足額があるときなどには、税務署長の更正の通知があるまでは、その申告に係る課税価格、税額等を修正する納税申告書を税務署長に提出することができる（通法19①）。

また、税務署長による更正又は決定を受けた者は、その更正又は決定の通知書に記載された税額に不足額があるときなどには、再更正の通知があるまでは、その課税価格、税額等を修正する納税申告書を税務署長に提出することができる（通法19②）。これらの納税申告書を修正申告書という（通法19③）。

修正申告書は、納税申告書を提出した者であれば提出することができるため、期限内申告書を提出した者のほか、期限後申告書、修正申告書、還付を受けるための申告書を

提出した者も提出することができる。

　なお、修正申告すると不服申立てをすることはできないが更正の請求を行うことができる。

　修正申告に伴う税額は、修正申告書を提出した日を納期限として、納税者が自主納付しなければならない（通法35②一）。

(2) **相続税法における修正申告の特則**

　期限内申告書又は期限後申告書を提出した者（決定を受けた者を含む。）は、相続税法第32条第1項第1号から第6号までに規定する事由（期限後申告の場合の（イ）から（ヘ）までの事由）が生じたため、既に確定した相続税額に不足を生じた場合には、修正申告書を提出することができる（相法31）。

4　更正の請求

(1) **国税通則法における更正の請求**

　① **概要**

　　納税申告書を提出した者は、その申告書に記載した課税価格又は税額の計算が相続税法の規定に従っていなかったこと又はその計算に誤りがあったことにより、納付すべき税額が過大であるときなどには、法定申告期限から5年以内に限り、税務署長に対し、その申告に係る課税標準等又は税額等について減額の更正を求めることができる（通法23①）。これを更正の請求という。

　　更正の請求の対象となる納税申告書には、期限内申告書のほか、期限後申告書及び修正申告書も含まれる。

　② **更正の請求期間の延長**

　　平成23年12月の改正により、更正の請求期間が1年から5年に延長された（通法23①）。この改正は、平成23年12月2日以後に法定申告期限が到来する国税について適用され、同日前に法定申告期限が到来した国税については従来どおりとされている（平成23年12月改正法附則36①）。

　③ **更正の請求の手続**

　　更正の請求をしようとする者は、更正前と更正後の課税標準等又は税額等、請求をする理由及びその請求に至った事情の詳細その他参考となるべき事項を記載した「更正請求書」を税務署長に提出しなければならない（通法23③）。

④ 税務署長の処理

更正の請求があった場合には、税務署長は、その請求に係る課税標準等又は税額等について調査し、その調査に基づき更正をし、又は更正をすべき理由がない旨をその請求をした者に通知する（通法23④）。

⑤ 請求をした者の不服申立て等

請求をした者は、税務署長の処分内容に不服があれば、異議申立て、審査請求又は訴訟により争うことができる。

(2) 相続税の更正の請求の特則

① 概要

国税通則法に規定する更正の請求のほかに、相続税の申告後に発生した次に掲げる事由により、その申告に係る課税価格及び相続税額が過大となったときは、その事由が生じたことを知った日の翌日から4か月以内に、更正の請求をすることができる（相法32）。

イ　共同相続人によって未分割財産の分割が行われ、課税価格が変動したこと

未分割財産を民法（第904条の2の寄与分の規定を除く。）の規定による相続分又は包括遺贈の割合に従って分割したものとして（相法55）申告した後、分割が行われて課税価格が異動したことにより相続税額が過大となったときに更正の請求をすることができる（相法32①一）。

ロ　認知、推定相続人の廃除に関する裁判の確定、その他の事由により相続人が異動したこと

当初相続人とされていた者が申告又は決定後に相続人でなくなった、あるいはその逆の場合など、申告又は決定後に相続人に異動が生じたため相続税額が過大となったときに更正の請求をすることができる（相法32①二）。

ハ　遺留分侵害額の請求に基づき支払うべき金銭の額が確定したこと

遺留分の侵害額を請求した結果、課税価格が異動して相続税額が過大となったときに更正の請求をすることができる（相法32①三）。

ニ　遺贈に関する遺言書が発見され、又は遺贈の放棄があったこと

遺産分割後に遺言書が発見されて受遺者が財産を取得したことにより、財産を取り戻されることとなった相続人の既に確定している相続税額が過大となったときは更正の請求をすることができる。

　　また、遺贈の放棄があった場合には、その遺贈を放棄した者の既に確定した相続税額が過大となるため更正の請求をすることができる（相法32①四）。

ホ　条件付でされた物納許可が取り消された場合で、その物納財産の性質等について一定の事由が生じた場合

　　条件付で物納が許可された場合において、当該条件に係る物納に充てた財産の性質その他の事情に関し次に掲げる一定のものが生じたため既に確定した相続税額が過大となったときは更正の請求をすることができる（相法32①五）。

A　物納に充てた財産が土地である場合において、当該土地が土壌汚染対策法に規定する特定有害物質その他これに類する有害物質により汚染されていることが判明したこと（相令8①一）

B　物納に充てた財産が土地である場合において、当該土地の地下に廃棄物の処理及び清掃に関する法律に規定する廃棄物その他の物で除去しなければ当該土地の通常の使用ができないものがあることが判明したこと（相令8①二）

ヘ　イからホまでに規定する事由に準ずるものとして次に掲げる一定の事由が生じた場合（相法32①六）

A　相続若しくは遺贈又は贈与により取得した財産についての権利の帰属に関する訴えについての判決があったこと（相令8②一）

B　分割後の被認知者の請求により弁済すべき額が確定したこと（相令8②二）

C　条件付きの遺贈について、条件が成就したこと（相令8②三）

ト　特別縁故者が民法第958条の3第1項の規定により相続財産の分与を受けた場合（相法32①七）

チ　未分割遺産に対する課税があった後に遺産分割により配偶者が財産を取得した場合（相法32①八）

　　未分割財産を法定相続分で分割したものとして申告した後、遺産分割で法定相続分どおりの分割がなされた場合には、課税価格には異動がなく、配偶者の税額軽減が適用されることにより相続税額のみが減少することとなるが、課税価格に異動がない場合には、相続税法第32条第1項第1号の規定による更正の請求には該当しないため、本号により更正の請求を行うこととなる。

リ　贈与税の課税価格に算入した財産のうちに相続開始年分の受贈財産があったこと（相法32①九）

　　相続等により財産を取得した者の相続開始年分の受贈財産は相続税の課税価格に

算入され（相法 19）、贈与税の課税価格には算入されない（相法 21 の 2④）。そのため、贈与税の申告をした者について、その受贈財産の価額を贈与税の課税価格から控除する旨の更正の請求が認められている。

② 更正の請求範囲の拡大

平成 23 年 12 月の改正により、更正の請求範囲が拡大され、相続税に関しては、配偶者の税額軽減（相法 19 の 2）などに係る当初申告要件が廃止された。これにより、当初申告書、期限後申告書、修正申告書又は更正の請求書にこの特例の適用を受ける旨及び必要な書類の添付がある場合に適用できることとされた。

5　更正又は決定

(1)　国税通則法における更正又は決定

①　更正

税務署長は、申告に係る課税標準等又は税額等が国税に関する法律の規定に従って計算されていないとき、又は調査したところと異なるときは、その調査により課税標準等又は税額等を確定する処分を行う（通法 24）。この処分を更正といい、納付すべき税額が増加する更正を増額更正、減少する更正を減額更正という。

納税者の側からする更正の請求は、税務署長に対し減額更正すべきことを請求するものである。

また、税務署長の行った更正又は決定（通法 25）に誤りがあったときにも更正が行われるが、この場合の更正を再更正という（通法 26）。

②　決定

税務署長は、納税申告書を提出する義務があると認められる者が申告書を提出しなかった場合には、その調査により、課税標準等及び税額等を確定する処分を行う（通法 25）。この処分を決定という。

なお、決定しても納付すべき税額及び還付金の額に相当する税額が生じないときは、その実益がないため決定は行われない（通法 25 ただし書）。

③　更正又は決定の手続

更正は、更正前及び更正後の課税標準等及び税額等並びに増減した税額等を記載した更正通知書を、また、決定は、課税標準等及び税額等を記載した決定通知書を送達して行う（通法 28）。

この場合において、その更正又は決定が国税庁又は国税局の職員の調査に基づく場

合には、これらの通知書にその旨を附記し（通法 27、28②③）、その処分に不服がある場合には不服申立てができる旨及びその申立先、申立期間を書面で教示しなければならない（行政不服審査法 82①）。

④　更正又は決定に伴う納付

更正又は決定があった場合には、更正通知書又は決定通知書が発せられた日の翌日から起算して 1 月を経過する日が納期限であり、納税者はその納期限までに自主納付しなければならない（通法 35②二）。

(2)　相続税の更正又は決定の特則

①　申告書の提出期限前の更正又は決定

相続等により財産を取得した者が、期限内申告書の提出期限内に申告書を提出しないで死亡した場合には、その者の相続人等は、その相続の開始を知った日の翌日から 10 か月以内にその死亡した相続人等が提出すべきであった申告書を提出する義務がある。

そこで税務署長は、上記の提出期限前であっても、当初の被相続人が死亡した日の翌日から 10 か月を経過したときは、決定をなし得ることとされている（相法 35②一）。

②　更正の請求の特則に関する更正又は決定

税務署長は、相続税法の特則による更正の請求に基づき更正をした場合には、その被相続人から相続又は遺贈により財産を取得した他の者について、次のイ及びロに掲げる更正又は決定をすることができる（相法 35③）。

イ　他の者が期限内申告書（期限後申告書及び修正申告書を含む。）を提出している場合又は決定を受けた者である場合において、その申告又は決定により確定していた課税価格又は相続税額が、相続税法第 32 条第 1 項第 1 号から第 6 号までの更正の請求の基因となった事実を基礎として計算した課税価格又は相続税額と異なることとなったときには、税務署長は、その他の者に係る課税価格又は相続税額を更正することができる。

ロ　他の者がイに規定する者以外の者である場合において、イと同様に更正の請求事実を基礎として課税価格又は相続税額を計算した結果、新たに相続税額を納付すべきこととなった場合には、税務署長は、その他の者に係る課税価格又は相続税額を決定することができる。

3 附帯税

　附帯税は、国税の適正な申告と納付を保障するための付加的負担として、延滞税及び加算税の制度が定められている。加算税は、過少申告加算税・無申告加算税・不納付加算税（源泉徴収所得税の場合）及び重加算税に区分される。また、これらとは別に、延納期間中における利子に当たるものとして利子税の制度がある。

1　延滞税

(1)　延滞税の課税期間及び税率

　国税の期限内における適正な納付を促進するとともに、期限内に適正に納付した者との権衡を図るため、未納の税額の納付遅延に対して遅延利息に相当する延滞税が課される（通法60）。

　延滞税の課税期間及び割合を図示すると以下のようになる。

　　1　期限内申告の場合

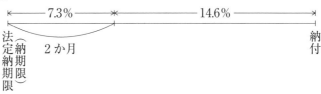

　　2　期限後申告、修正申告の場合

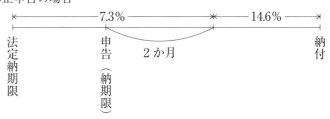

　　3　更正、決定の場合

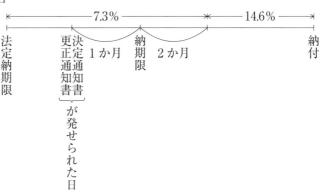

　　まず、期限内申告書を提出したが、納付が法定納期限後となった場合には、法定納期限の翌日から2か月間は年7.3％、その後の期間は年14.6％の割合で課される。

　　次に、期限後申告又は修正申告により納付すべき税額が確定した場合には、期限後・修正申告書を提出した日（納期限）までの期間及びその後2か月を経過する日までの期間が年7.3％、その後の期間は年14.6％の割合で課される。

　　最後に、更正、決定により納付すべき税額が確定した場合には、更正、決定に係る納期限（更正通知書又は決定通知書が発せられた日の翌日から起算して1月を経過する日）までの期間及びその後2か月間が年7.3％、その後の期間は年14.6％の割合で課される。

　　なお、特例として、平成30年1月1日から令和2年12月31日までの期間については、納期限までの期間及び納期限の翌日から2月を経過する日までの期間については年2.6％、納期限の翌日から2月を経過する日の翌日以後については年8.9％の割合が適用される。

(2)　延滞税の計算期間の特例

　　上記のように、延滞税は国税の納付遅延に対して課されるが、法定申告期限をかなりの期間過ぎてから修正申告、更正等があった場合に、法定納期限まで遡って延滞税を課すことは酷であるなどの理由から、計算期間の特例が設けられている。

　　具体的には、期限内申告書又は期限後申告書の提出後1年以上経過して修正申告又は更正があった場合には、申告書の提出（期限内申告の場合は法定申告期限）後1年を経過する日の翌日から修正申告書を提出した日又は更正通知書が発せられた日までは、延滞税の計算期間から控除することとされている（通法61①）。

(3)　相続税の場合の計算期間の特例

　　相続等により財産を取得した者が、期限後申告、修正申告の特則における後発的事由（相法32①一〜六）に該当してこれらの申告書を提出した場合等には、法定納期限の翌日からこれらの申告書の提出があった日までの期間は延滞税の計算期間に算入されない（相法51②一）。

　　また、各事由に該当して更正又は決定があった場合にも、法定納期限の翌日からその更正又は決定に係る通知書を発した日までの期間は延滞税の計算期間に算入されない（相法51②二）。

2 加算税

(1) 概要

① 加算税の性質

　申告納税方式による国税は、納税者の申告により確定することが原則である。したがって、適正な申告をしない者に対しては一定の制裁を加え、申告秩序を維持する必要があるとの考えのもと、加算税の規定が設けられている。

　加算税には、過少申告加算税、無申告加算税、重加算税、源泉徴収などを対象とした不納付加算税の4種類がある。

② 加算税の成立・確定

　過少申告加算税、無申告加算税、重加算税及び不納付加算税の納税義務は、法定申告期限又は法定納期限を経過した時に成立し（通法15②十四、十五）、税務署長が賦課決定通知書を納税者に送達することによって納税義務が確定する（通法32③）。

③ 加算税の納付

　加算税は、賦課決定通知書の発せられた日の翌日から起算して1か月を経過する日までに納付しなければならない（通法35③）。

(2) 加算税の課税要件と課税割合等

　加算税の種類・課税要件・課税割合等は、次表のとおりである。

種類	課税要件	課税割合 （増差本税に対する）	不適用又は課税割合の軽減	
			要件	不適用又は 軽減割合
過少申告 加算税 （通法65）	期限内申告書に記載した金額が過少で修正申告又は更正があった場合	10% ただし、修正申告又は更正により納付すべき税額が、期限内申告税額相当額と50万円のいずれか多い金額を超える部分の税額については15%（5%加重）	修正申告又は更正により納付すべき税額の基礎となった事実について正当な理由がある場合	不適用
			修正申告書の提出が、調査があったことにより更正がされることを予知してされたものでないとき	
無申告 加算税 （通法66）	期限後申告書の提出又は決定があった場合 （期限後申告又は決定の後に、修正申告又は更正があった場合）	15% ただし、納付すべき税額が50万円を超えるときは、その超える部分については20%（5%加重）	期限内申告書を提出できなかったことについて、正当な理由がある場合	不適用
			期限後申告書の提出が、調査があったことにより決定があるべきことを予知してされたものでなく、法定申告期限内に申告する意思があったと認められる一定の場合で、かつ、当該申告書の提出が法定申告期限から1か月を経過する日までに行われている場合	
			期限後申告書（その申告書に係る修正申告書を含む。）の提出が、調査があったことにより更正又は決定があるべきことを予知してされたものでない場合で、調査通知がある前に行われたとき	5%
重加算税 （通法68）	過少申告加算税が課される場合に、国税の計算の基礎となる事実を隠蔽又は仮装して納税申告書を提出した場合	35%		
	無申告加算税が課される場合に、上記の隠蔽又は仮装の事実がある場合	40%		

(3) 過少申告加算税・無申告加算税が減免される「正当な理由」と「予知してされたものでない」の意義

　上記の過少申告加算税又は無申告加算税は、修正申告があったこと又は期限内申告書の提出がなかったことについて「正当な理由」がある場合には課税されない。また、修正申告書又は期限後申告書の提出が「更正又は決定があるべきことを予知してされたものでないとき」には無申告加算税が5％に軽減される。

　このように、納税者の自発的な修正申告や期限後申告には、加算税が免除又は軽減されている。

　そこで実務上は、どのような事実が「正当な理由」あるいは「予知してされたものでない」のかが問題となるが、これについて国税庁は平成12年7月3日に、「相続税、贈与税の過少申告加算税及び無申告加算税の取扱いについて（事務運営指針）（平成12年7月3日課資2-264ほか）」を公開し（平成28年12月に改正）、これらに関する取扱いを示している。

① 「正当な理由」の取扱い

　「正当な理由」があると認められる事実とは、納税者の責めに帰すべき事由のない事実をいい、次のような事実とされている。

〈過少申告加算税〉

　例えば、納税者の責めに帰すべき事由のない次のような事実は、正当な理由があると認められる事実として取り扱う。

イ　税法の解釈に関し、申告書提出後新たに法令解釈が明確化されたため、その法令解釈と納税者（相続人（受遺者を含む。）から遺産（債務及び葬式費用を含む。）の調査、申告等を任せられた者又は受贈者から受贈財産（受贈財産に係る債務を含む。）の調査、申告等を任せられた者を含む。以下同じ。）の解釈とが異なることとなった場合において、その納税者の解釈について相当の理由があると認められること

（注）　税法の不知若しくは誤解又は事実誤認に基づくものはこれに当たらない。

ロ　災害又は盗難等により、申告当時課税価格の計算の基礎に算入しないことを相当としていたものについて、その後、予期しなかった損害賠償金等の支払いを受け、又は盗難品の返還等を受けたこと

ハ　相続税の申告書の提出期限後において、次に掲げる事由が生じたこと

　A　相続税法第51条第2項各号に掲げる事由

　B　保険業法（平成7年法律第105号）第270条の6の10第3項に規定する「買取額」

の支払いを受けた場合

〈無申告加算税〉

災害、交通・通信の途絶その他期限内に申告書を提出しなかったことについて真にやむを得ない事由があると認められるときは、期限内申告書の提出がなかったことについて正当な理由があるものとして取り扱う。

(注)　相続人間に争いがある等の理由により、相続財産の全容を知り得なかったこと又は遺産分割協議が行えなかったことは、正当な理由に当たらない。

② 「予知してされたものでない」の取扱い

予知の程度の取扱いに関しては、税務調査（臨場調査、取引先に対する反面調査を含む。）後に修正申告書を提出する場合は、「更正があるべきことを予知してされたもの」に該当し、減免の対象にならない。

また、申告書の内容を検討した上での非違事項の指摘等により、納税者が調査があったことを予知したと認められた後に修正申告書が提出された場合も同様に取り扱われる。

ただし、臨場のための日時の連絡を行った段階で修正申告書が提出された場合には、原則として、「更正があるべきことを予知してされたもの」に該当しないこととされている。

(4)　国外財産調書制度の創設に伴う過少申告加算税の特例

平成24年度税制改正において、国外財産調書制度が創設され、①国外財産調書を提出した場合には、記載された国外財産に関して所得税・相続税の申告漏れが生じたときであっても、過少申告加算税を5%減額する一方、②国外財産調書の提出がない場合又は提出された国外財産調書に国外財産についての記載がない場合（重要な事項の記載が不充分であると認められる場合を含む。）に所得税の申告漏れが生じたときは、過少申告加算税を5%加重する特例が設けられている（国外送金等調書法6）。

(5)　申告納税方式における重加算税

① 概要

過少申告加算税又は無申告加算税が課される場合に、納税者がその国税の課税標準等又は税額等の計算の基礎となる事実を隠蔽又は仮装して納税申告書を提出していたときは、適正な申告をした納税者との権衡を図るため、行政上の制裁税としての重加

算税が課される。

② 過少申告加算税に代えて課される場合

過少申告加算税が課される場合に、納税者が国税の課税標準等又は税額等の計算の基礎となるべき事実の全部又は一部を隠蔽又は仮装し、その隠蔽又は仮装したところに基づき納税申告書を提出していたときは、過少申告加算税に代え、その計算の基礎となるべき税額に 35％の割合を乗じて計算した金額に相当する重加算税が課される（通法 68①）。

③ 無申告加算税に代えて課される場合

無申告加算税が課される場合に、納税者が国税の課税標準等又は税額等の計算の基礎となるべき事実の全部又は一部を隠蔽又は仮装し、その隠蔽又は仮装したところに基づき法定申告期限までに納税申告書を提出せず、又は法定申告期限後に納税申告書を提出していたときは、無申告加算税に代え、その計算の基礎となるべき税額に 40％の割合を乗じて計算した金額に相当する重加算税が課される（通法 68②）。

④ 隠蔽又は仮装

事実の隠蔽とは、二重帳簿の作成、売上除外、架空仕入若しくは架空経費の計上、棚卸資産の一部除外等、事実の全部又は一部を隠すことを典型とする。

また、事実の仮装とは、取引上の他人名義の使用、虚偽答弁等を典型とする。

隠蔽又は仮装に関し法令上の定めはないが、国税庁は、「相続税及び贈与税の重加算税の取扱いについて（事務運営指針）（平成 12 年 7 月 3 日課資 2-263 ほか、平成 28 年12 月に改正）」において、相続税に関して次に掲げるような事実を例示している。

イ 相続人（受遺者を含む。）又は相続人から遺産（債務及び葬式費用を含む。）の調査、申告等を任せられた者（以下「相続人等」という。）が、帳簿、決算書類、契約書、請求書、領収書その他財産に関する書類（以下「帳簿書類」という。）について改ざん、偽造、変造、虚偽の表示、破棄又は隠匿をしていること

ロ 相続人等が、課税財産を隠匿し、架空の債務をつくり、又は事実をねつ造して課税財産の価額を圧縮していること

ハ 相続人等が、取引先その他の関係者と通謀してそれらの者の帳簿書類について改ざん、偽造、変造、虚偽の表示、破棄又は隠匿を行わせていること

ニ 相続人等が、自ら虚偽の答弁を行い又は取引先その他の関係者をして虚偽の答弁を行わせていること及びその他の事実関係を総合的に判断して、相続人等が課税財産の存在を知りながらそれを申告していないことなどが合理的に推認し得ること

　　ホ　相続人等が、その取得した課税財産について、例えば、被相続人の名義以外の名
　　　　義、架空名義、無記名等であったこと若しくは遠隔地にあったこと又は架空の債務
　　　　がつくられてあったこと等を認識し、その状態を利用して、これを課税財産として
　　　　申告していないこと又は債務として申告していること

　　国税通則法においては、納税者が隠蔽又は仮装した場合に、その納税者に対して重加算
税が課されることとなっているが、前述の事務運営指針によれば、被相続人の隠蔽又は仮
装行為であっても、相続人等がその事実を認識し、その状態を利用して、その財産を除外
した内容虚偽の申告書を提出した場合には、その相続人等に重加算税が課されることとさ
れている。これは、納税者以外の者が隠蔽又は仮装を行ったとしても、それが納税者本人
の行為と同視できるときには、形式的にそれが納税者本人の行為でないというだけで重加
算税が課されないとすると制度の趣旨に反するからである。
　　なお、重加算税のより詳細な解説は第6章に記述している。

第2章　相続税の申告書の記載方法

1 申告期限までに遺産分割協議が成立している場合

　相続税申告書の具体的な記載方法について、一般的なケースとして申告期限までに遺産分割協議が成立している事例を示すと、次のとおりである。

1　○○家の事例

⑴　相続開始日　平成 30 年 1 月 10 日

⑵　被相続人及び相続人の構成

　　被相続人　甲

　　相続人　　配偶者　乙

　　相続人　　長男　Ａ（一般障害者）

　　相続人　　孫養子　Ｂ（未成年者　18 歳）

⑶　相続財産構成

（土地・家屋）

種類・細目	利用区分	面積	相続税評価額	取得者
宅地	自宅（自用地）	330㎡	30,000,000 円	配偶者乙
宅地	貸家建付地	200㎡	80,000,000 円	長男Ａ
雑種地	駐車場（自用地）	200㎡	50,000,000 円	長男Ａ
山林	普通山林	25,000㎡	6,000,000 円	孫養子Ｂ
家屋	自宅	120㎡	12,000,000 円	配偶者乙
家屋	貸家	85㎡	10,000,000 円	長男Ａ

（注）自宅（自用地）は、被相続人と同居していた配偶者乙の、小規模宅地等の特例適用後の価額である。

（有価証券）

種類・細目	銘柄	数量	単価	相続税評価額	取得者
取引相場のない株式	○○商事㈱	5,000 株	9,600 円	48,000,000 円	配偶者乙
上場株式	○○物産㈱	12,500 株	400 円	5,000,000 円	長男Ａ
上場株式	○○建設㈱	20,000 株	950 円	19,000,000 円	配偶者乙
上場株式	○○電気㈱	62,300 株	1,000 円	62,300,000 円	孫養子Ｂ
公債	国債			20,000,000 円	配偶者乙
証券投資信託	○○ファンド	30,000 口	1,000 円	30,000,000 円	配偶者乙

（現金・預貯金）

種類	細目	金融機関	相続税評価額	取得者
現金			1,500,000 円	配偶者乙
預貯金	普通預金	○○銀行○○支店	12,000,000 円	配偶者乙
預貯金	定期預金	○○銀行○○支店	28,000,000 円	配偶者乙
預貯金	定期預金	○○銀行○○支店	50,000,000 円	孫養子Ｂ

（その他の財産）

種類	細目	数量	相続税評価額	取得者
立木	ひのき	2ha	1,700,000 円	孫養子B
ゴルフ会員権	○○カントリークラブ	1口	25,000,000 円	配偶者乙
絵画	○○作他	5点	8,500,000 円	配偶者乙
家庭用財産	家具等一式		1,000,000 円	配偶者乙
生命保険金	○○生命保険（相）		35,000,000 円	長男A
退職金	○○商事㈱		15,000,000 円	配偶者乙

（注1）生命保険金は、平成30年3月25日に5,000万円の支払いを受けている。

（注2）被相続人は○○商事㈱の代表取締役であったため、平成30年2月28日に退職手当
金が3,000万円支給された。

（生前贈与）

受贈者氏名	贈与資産の種類	贈与年月日	相続税評価額	贈与税額	申告先税務署
長男A	有価証券（○○物流㈱）	平成16年10月17日	22,000,000 円		東京上野税務署
長男A	有価証券（○○地所㈱）	平成17年12月15日	8,000,000 円	1,000,000 円	東京上野税務署
孫養子B	現金	平成28年12月1日	3,000,000 円	190,000 円	神田税務署

（注）被相続人は、長男Aに対し、平成16年に相続時精算課税制度を選択して贈与している。

（債務）

支払先	細目	金額	債務負担者
千代田都税事務所	平成30年度分固定資産税	700,000 円	配偶者乙
神田税務署	平成30年分所得税及び復興特別所得税（準確定申告）	250,000 円	配偶者乙
千代田区役所	平成30年分住民税	800,000 円	配偶者乙
○○銀行○○支店	証書借入金	15,000,000 円	配偶者乙
○○病院	医療費	200,000 円	配偶者乙

（葬式費用）

支払先	金額	債務負担者
○○寺	500,000 円	配偶者乙
葬儀社	2,550,000 円	配偶者乙

(4) 相次相続控除について

　被相続人甲は、その父であるXの相続により財産を取得し、相続税の申告を行っていた。

・被相続人甲の父……………………………………………X

・Xの相続開始年月日………………………………………平成23年5月10日

・被相続人甲がXから取得した純資産価額…………80,000,000円

・被相続人甲の相続税額……………………………… 1,500,000円

2　各表の記載方法の概要と記載例

　本事例において、相続税の申告書を作成する場合における各表の記載方法の概要は次のとおりであるが、各表の記載例は27頁以降の第1表から第15表を参照されたい。

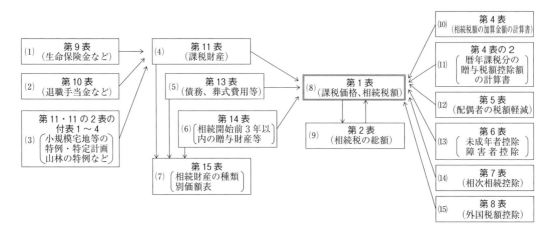

(1)　第1表

　第1表には、第2表から第15表までのうち必要事項を転記し、各相続人の合計及び各相続人それぞれの課税価格・控除税額・相続税額を記載する。

　なお、「小計（⑲−⑳−㉑）㉒」欄では、各相続人ごとに100円未満の切捨てをするため、「差引税額⑲」欄から⑳、㉑の金額を控除した金額と必ずしも一致しない（以下同じ）。

(2)　第2表

　第2表には、法定相続人が相続財産を法定相続分により相続したものとみなして計算した場合の相続税額を記載する。

(3)　第4表・第4表の2

　第4表には、相続人のうち2割加算が適用される場合において、2割加算の金額を計算するため、「1　相続税額の加算金額の計算」欄に記載する。

　第4表の2には、相続人が、相続開始前3年以内に被相続人から暦年贈与により贈与を受けている場合において、贈与税額の控除額を計算するため、相続開始の年の前年分・前々年分・前々々年分の3年分に分けて暦年課税分の贈与税額を記載する。

(4)　第5表

　第5表には、配偶者の税額軽減額を計算するため、配偶者が取得した財産の課税価格・

配偶者の税額軽減額を記載する。なお、相続人に農業相続人がいない場合には「1　一般の場合」欄に記載する。

(5)　第6表

第6表には、相続人に未成年者がいる場合において、未成年者の年齢から未成年者控除額を計算し、「1　未成年者控除」欄に記載する。

相続人に障害者がいる場合には、障害者の年齢から障害者控除額を計算し、「2　障害者控除」欄に記載する。

(6)　第7表

第7表には、被相続人が今回の相続開始前10年以内に開始した相続について相続税が課されている場合において、相次相続控除の適用を受ける場合には、前回の相続（1次相続）の相続税申告書から被相続人の氏名・相続財産及び相続税額を記載し相次相続控除額を計算する。

(7)　第9表

第9表には、相続又は遺贈により生命保険金等を取得した場合において、相続人が受け取った生命保険金のうち相続税が課税される金額を計算するため、各保険会社ごとに受け取った生命保険金等を「1　相続や遺贈によって取得したものとみなされる保険金など」欄に記載し、相続人ごとに課税される金額を「2　課税される金額の計算」欄に記載する。

(8)　第10表

第10表には、相続又は遺贈により退職手当金等を取得している場合において、相続人が受け取った退職手当金等のうち相続税が課税される金額を計算するため、各勤務先ごとに受け取った退職金手当等の金額を「1　相続や遺贈によって取得したものとみなされる退職手当金など」欄に記載し、相続人ごとの退職手当金等の金額を「2　課税される金額の計算」欄に記載する。

(9)　第11表

第11表には、相続財産について、種類・細目・利用区分・所在場所等を記載し、遺産

　分割協議が成立している場合には、取得した相続人の氏名と取得財産の価額を記載する。

⑽　第11の2表

　第11の2表には、相続時精算課税制度の適用を受けている場合において、贈与を受けた年ごとに贈与財産の価額と贈与税額を「1　相続税の課税価格に加算する相続時精算課税適用財産の課税価格及び納付すべき相続税額から控除すべき贈与税額の明細」欄に記載し、贈与を受けた財産の種類・細目・利用区分等を「2　相続時精算課税適用財産の明細」欄に記載する。

⑾　第11・11の2表の付表1

　第11・11の2表の付表1には、小規模宅地等の特例の適用を受ける場合において、適用対象者の氏名・適用を受ける小規模宅地等の種類、価額等を記載する。

⑿　第11・11の2表の付表1（別表）

　第11・11の2表の付表1（別表）は、相続又は遺贈により一の宅地等を2人以上の相続人又は受贈者が取得しているなどの場合に記載する。

⒀　第13表

　第13表には、各債務ごとに種類・細目・債務の金額・債務の負担者が確定している場合において、負担者の氏名及び負担する金額を「1　債務の明細」欄に記載する。

　各葬式費用の支払先ごとに支払先・住所・支払金額・負担者が確定している場合において、負担者の氏名及び負担する金額を「2　葬式費用の明細」欄に記載する。

⒁　第14表

　第14表には、相続開始前3年以内に贈与を受けている場合において、贈与を受けた相続人の氏名・贈与年月日・種類・価額等を記載する。

⒂　第15表

　第15表には、第11表から第14表までの金額を、細目ごとに合計して各相続人の合計及び各相続人それぞれの課税価格を記載する。

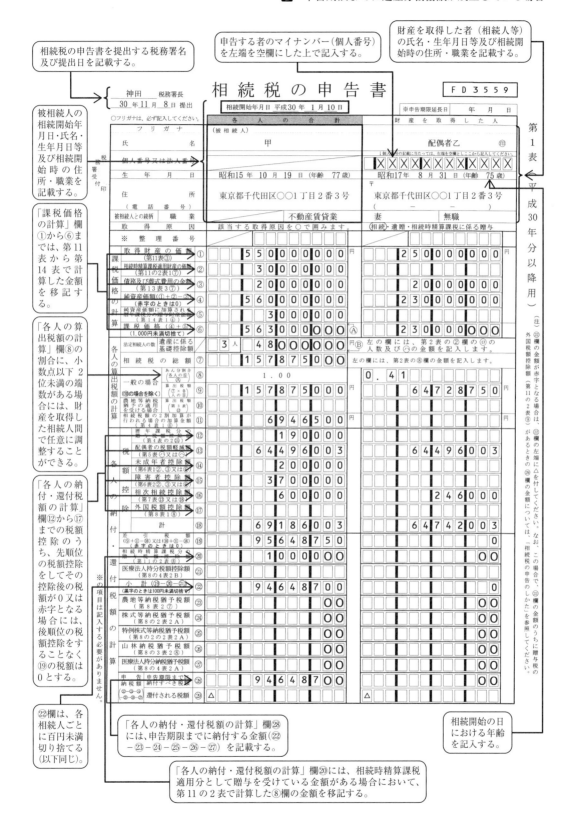

相続税の申告書を提出する税務署名及び提出日を記載する。

申告する者のマイナンバー（個人番号）を左端を空欄にした上で記入する。

財産を取得した者（相続人等）の氏名・生年月日等及び相続開始時の住所・職業を記載する。

被相続人の相続開始年月日・氏名・生年月日等及び相続開始時の住所・職業を記載する。

「課税価格の計算」欄①から⑥までは、第11表から第14表で計算した金額を移記する。

「各人の算出税額の計算」欄⑧の割合に、小数点以下2位未満の端数がある場合には、財産を取得した相続人間で任意に調整することができる。

「各人の納付・還付税額の計算」欄⑫から⑰までの税額控除のうち、先順位の税額控除をしてその控除後の税額が0又は赤字となる場合には、後順位の税額控除をすることなく⑲の税額は0とする。

㉒欄は、各相続人ごとに百円未満切り捨てる（以下同じ）。

「各人の納付・還付税額の計算」欄㉘には、申告期限までに納付する金額（㉒－㉓－㉔－㉕－㉖－㉗）を記載する。

「各人の納付・還付税額の計算」欄⑳には、相続時精算課税適用分として贈与を受けている金額がある場合において、第11の2表で計算した⑧欄の金額を移記する。

相続開始の日における年齢を記入する。

相続税の申告書　　FD3559

神田　税務署長　30年11月8日提出

相続開始年月日　平成30年1月10日

※申告期限延長日　年月日

第1表　平成30年分以降用

（注）⑳欄の金額が赤字となる場合は⑳欄の左端に△を付してください。なお、この場合で、⑳欄の金額のうちに贈与税の外国税額控除額（第11の2表⑨）があるときの⑳欄の金額については、「相続税の申告のしかた」を参照してください。

	各人の合計（被相続人）	財産を取得した人
氏名	甲	配偶者乙
個人番号又は法人番号		XXXXXXXXXXXX
生年月日	昭和15年10月19日（年齢77歳）	昭和17年8月31日（年齢75歳）
住所	東京都千代田区○○1丁目2番3号	東京都千代田区○○1丁目2番3号
職業	不動産賃貸業	妻　無職
取得原因	該当する取得原因を○で囲みます。	相続・遺贈・相続時精算課税に係る贈与

		各人の合計	財産を取得した人
① 取得財産の価額（第11表③）		550000000	250000000
② 相続時精算課税適用財産の価額（第11の2表①⑦）		30000000	
③ 債務及び葬式費用の金額（第13表3⑦）		20000000	20000000
④ 純資産価額（①＋②－③）（赤字のときは0）		560000000	230000000
⑤ 純資産価額に加算される暦年課税分の贈与財産価額（第14表1④）		30000000	
⑥ 課税価格（④＋⑤）（1,000円未満切捨て）		563000000 Ⓐ	230000000
⑦ 法定相続人の数／遺産に係る基礎控除額	3人	48000000	
相続税の総額		157875000	
⑧ あん分割合（各人の⑥）		1.00	0.41
⑨ 一般の場合（⑩の場合を除く）算出税額		157875000	64728750
⑩ 農地等納税猶予の適用を受ける場合（第3表⑦）			
⑪ 相続税額の2割加算が行われる場合の加算金額（第4表1⑥）		69465000	
⑫ 暦年課税分の贈与税額控除額（第4表の2⑤）		1900000	
⑬ 配偶者の税額軽減額（第5表○又は○）		64496003	64496003
⑭ 未成年者控除額（第6表1②・③又は⑥）		2000000	
⑮ 障害者控除額（第6表2②・③又は⑥）		3700000	
⑯ 相次相続控除額（第7表⑬又は⑱）		6000000	246000
⑰ 外国税額控除額（第8表1⑧）			
⑱ 計		69186003	64742003
⑲ 差引税額（⑨＋⑪－⑱）又は（⑩＋⑪－⑱）（赤字のときは0）		95648750	0
⑳ 相続時精算課税分の贈与税額控除額（第11の2表⑧）		1000000	00
㉑ 医療法人持分税額控除額（第8の4表2B）			
㉒ 小計（⑲－⑳－㉑）（黒字のときは100円未満切捨て）		94648700	00
㉓ 農地等納税猶予税額（第8表2⑦）		00	00
㉔ 株式等納税猶予税額（第8の2表2A）		00	00
㉕ 特例株式等納税猶予税額（第8の2の2表2A）		00	00
㉖ 山林納税猶予税額（第8の3表2⑧）		00	00
㉗ 医療法人持分納税猶予税額（第8の4表2A）		00	00
㉘ 申告納税額　申告期限までに納付すべき税額		94648700	00
㉙ 還付される税額	△		△

左の欄には、第2表の②の⑳の人数及び⑳の金額を記入します。
左の欄には、第2表の⑧欄の金額を記入します。

27

財産を取得した者（相続人等）の氏名・生年月日等及び相続開始時の住所・職業を記載する。

申告する者のマイナンバー（個人番号）を左端を空欄にした上で記入する。

相続税の申告書（続）

FD3560

※申告期限延長日　　年　月　日　　　　　　※申告期限延長日　　年　月　日

○フリガナは、必ず記入してください。

		財産を取得した人	財産を取得した人
フリガナ			
氏　　名		長男A ㊞	孫養子B ㊞
個人番号又は法人番号		［個人番号の記載に当たっては、左端を空欄としここから記入してください。］ XXXXXXXXXXX	［個人番号の記載に当たっては、左端を空欄としここから記入してください。］ XXXXXXXXXXX
生　年　月　日		昭和44年　5月　14日（年齢　48歳）	平成11年　7月　31日（年齢　18歳）
住　　所		〒 東京都台東区○○4丁目5番6号	〒 東京都千代田区○○1丁目2番3号
（電話番号）		（　　　－　　　　－　　）	（　　　－　　　　－　　）
被相続人との続柄	職業	子　　　　会社員	孫　　　　無職
取得原因		㊞相続・遺贈・相続時精算課税に係る贈与	㊞相続・遺贈・相続時精算課税に係る贈与
※ 整理番号			

課税価格の計算	取得財産の価額（第11表③）	①	180000000 円	120000000 円
	相続時精算課税適用財産の価額（第11の2表1⑦）	②	30000000	
	債務及び葬式費用の金額（第13表3⑦）	③		
	純資産価額（①＋②－③）（赤字のときは0）	④	210000000	120000000
	純資産価額に加算される暦年課税分の贈与財産価額（第14表1④）	⑤		3000000
	課税価格（④＋⑤）（1,000円未満切捨て）	⑥	210000000	123000000

各人の算出税額の計算	法定相続人の数 遺産に係る基礎控除額			
	相続税の総額	⑦		
	あん分割合（各人の⑥/Ⓐ）	⑧	0.37	0.22
	一般の場合（⑩の場合を除く） 算出税額（⑦×各人の⑧/Ⓐ）	⑨	58413750 円	34732500 円
	農地等納税猶予の適用を受ける場合 算出税額（第3表⑧）	⑩		
	相続税額の2割加算が行われる場合の加算金額（第4表1⑥）	⑪	円	6946500 円

各人の納付・還付税額の計算	税額控除	暦年課税分の贈与税額控除額（第4表の2⑤）	⑫		190000
		配偶者の税額軽減額（第5表Ⓐ又はⒸ）	⑬		
		未成年者控除額（第6表1②、③又は⑥）	⑭		200000
		障害者控除額（第6表2②、③又は⑥）	⑮	3700000	
		相次相続控除額（第7表⑬又は⑱）	⑯	228000	126000
		外国税額控除額（第8表1⑧）	⑰		
		計	⑱	3928000	516000
	差引税額（⑨＋⑪－⑱）又は（⑩＋⑪－⑱）（赤字のときは0）		⑲	54485750	41163000
	相続時精算課税分の贈与税額控除額（第11の2表⑧）		⑳	1000000	00
	医療法人持分税額控除額（第8の4表2B）		㉑		
	小計（⑲－⑳－㉑）（黒字のときは100円未満切捨て）		㉒	53485700	41163000
	農地等納税猶予税額（第8表2⑦）		㉓	00	00
	株式等納税猶予税額（第8の2表2A）		㉔	00	00
	特例株式等納税猶予税額（第8の2の2表2A）		㉕	00	00
	山林納税猶予税額（第8の3表2⑧）		㉖	00	00
	医療法人持分納税猶予税額（第8の4表2A）		㉗	00	00
	申告納税額 納付すべき税額（㉒－㉓－㉔－㉕－㉖－㉗）		㉘	53485700	41163000
	還付される税額		㉙	△	△

第1表（続）（平成30年分以降用）

（注）㉒欄の金額が赤字となる場合は、㉒欄の左端に△を付してください。なお、この場合で、㉒欄の金額のうちに贈与税の外国税額控除額（第11の2表⑨）があるときの㉙欄の金額については、「相続税の申告のしかた」を参照してください。

※の項目は記入する必要がありません。

「①課税価格の合計額」欄には、第1表の「課税価格の計算」欄で計算した⑥Aの金額を移記する。

「②遺産に係る基礎控除額」欄には、相続開始が平成27年1月1日以降のため、基礎控除額（3,000万円＋600万円×相続人の数）により計算した金額を記載する。

「③課税遺産総額」欄（⊖）には、「①課税価格の合計額」欄（イ）から「②遺産に係る基礎控除額」欄（ハ）の金額を控除した金額を記載する。

第2表（平成27年分以降用）

相 続 税 の 総 額 の 計 算 書

| 被相続人 | 甲 |

この表は、第1表及び第3表の「相続税の総額」の計算のために使用します。

なお、被相続人から相続、遺贈や相続時精算課税に係る贈与によって財産を取得した人のうちに農業相続人がいない場合は、この表の㋖欄及び㋩欄並びに⑨欄から⑪欄までは記入する必要がありません。

「第1表の「相続税の総額⑦」の計算」欄⑥には、「③課税遺産総額」欄⊖の金額に⑤の法定相続分の割合を乗じて計算した金額を記載する。

① 課税価格の合計額	② 遺産に係る基礎控除額	③ 課税遺産総額
㋑ 第1表⑥A 563,000,000 円	3,000万円＋（600万円×ⓑ ㋺の法定相続人の数 3人）＝ ㋩ 万円 4,800	㋥（㋑－㋩） 515,000,000 円
㋫ 第3表⑥A ,000 円	㋺の人数及び㋩の金額を第1表Bへ転記します。	㋭（㋬－㋩） ,000 円

④ 法定相続人（（注）1参照）		⑤ 左の法定相続人に応じた法定相続分	第1表の「相続税の総額⑦」の計算		第3表の「相続税の総額⑦」の計算	
氏　名	被相続人との続柄		⑥ 法定相続分に応ずる取得金額（㋥×⑤）（1,000円未満切捨て）	⑦ 相続税の総額の基となる税額下の「速算表」で計算します。	⑨ 法定相続分に応ずる取得金額（㋭×⑤）（1,000円未満切捨て）	⑩ 相続税の総額の基となる税額下の「速算表」で計算します。

「第1表の「相続税の総額⑦」の計算」欄⑦には、下記の速算表の税率で計算した金額を記載する。

				円	円	円	円
配偶者乙	妻	$\frac{1}{2}$		257,500,000	88,875,000	,000	,000
長男A	子	$\frac{1}{2}×\frac{1}{2}=\frac{1}{4}$		128,750,000	34,500,000	,000	,000
孫養子B	孫	$\frac{1}{2}×\frac{1}{2}=\frac{1}{4}$		128,750,000	34,500,000	,000	,000
					,000	,000	
					,000	,000	
					,000	,000	
					,000	,000	
					,000	,000	
					,000	,000	

「⑧相続税の総額」欄には、⑦の合計額を記載し、第1表の「各人の算出税額の計算」欄⑦に移記する。

| 法定相続人の数 | Ⓐ 3 人 | 合計 1 | ⑧ 相続税の総額（⑦の合計額）（100円未満切捨て） 157,875,000 | ⑪ 相続税の総額（⑩の合計額）（100円未満切捨て） 00 |

（注）1　④欄の記入に当たっては、被相続人に養子がある場合や相続の放棄があった場合には、「相続税の申告のしかた」をご覧ください。

2　⑧欄の金額を第1表⑦欄へ転記します。財産を取得した人のうちに農業相続人がいる場合は、⑧欄の金額を第1表⑦欄へ転記するとともに、⑪欄の金額を第3表⑦欄へ転記します。

相 続 税 の 速 算 表

法定相続分に応ずる取得金額	10,000千円以下	30,000千円以下	50,000千円以下	100,000千円以下	200,000千円以下	300,000千円以下	600,000千円以下	600,000千円超
税率	10%	15%	20%	30%	40%	45%	50%	55%
控除額	－千円	500千円	2,000千円	7,000千円	17,000千円	27,000千円	42,000千円	72,000千円

この速算表の使用方法は、次のとおりです。

⑥欄の金額×税率－控除額＝⑦欄の税額　　　⑨欄の金額×税率－控除額＝⑩欄の税額

例えば、⑥欄の金額30,000千円に対する税額（⑦欄）は、30,000千円×15％－500千円＝4,000千円です。

○連帯納付義務について

相続税の納税については、各相続人等が相続、遺贈や相続時精算課税に係る贈与により受けた利益の価額を限度として、お互いに連帯して納付しなければならない義務があります。

相 続 税 額 の 加 算 金 額 の 計 算 書

| 被相続人 | 甲 |

第4表 （平成28年分以降用）

1　相続税額の加算金額の計算

この表は、相続、遺贈や相続時精算課税に係る贈与によって財産を取得した人のうちに、被相続人の一親等の血族（代襲して相続人となった直系卑属を含みます。）及び配偶者以外の人がいる場合に記入します。

なお、相続や遺贈により取得した財産のうちに、租税特別措置法第70条の2の3（直系尊属から結婚・子育て資金の一括贈与を受けた場合の贈与税の非課税）第10項第2号に規定する管理残額がある人は、下記「2　加算の対象とならない相続税額の計算（管理残額がある場合）」を作成します。

（注）一親等の血族であっても相続税額の加算の対象となる場合があります。詳しくは「相続税の申告のしかた」をご覧ください。

加算の対象となる人の氏名		孫養子B			
各人の税額控除前の相続税額 （第1表の⑨又は第1表の⑩の金額）	①	円 34,732,500	円	円	円
相続開始の時における被相続人との続柄に変更があった場合で、「被相続人の一親等の血族」に該当しなくなった後に相続時精算課税に係る贈与により取得した財産がある人は、その財産に対応する相続税額を②から⑤に記入します。	被相続人の一親等の血族であった期間内にその被相続人から相続時精算課税に係る贈与によって取得した財産の価額	②	円	円	円	円
	被相続人から相続、遺贈や相続時精算課税に係る贈与によって取得した財産などで相続税の課税価格に算入された財産の価額 （第1表①＋第1表②＋第1表⑤）	③				
	加算の対象とならない相続税額 （①×②÷③）	④				
管理残額がある場合	加算の対象とならない相続税額 （下記「2」の⑬の金額）	⑤	円	円	円	円
相続税額の加算金額 （①×0.2） ただし、上記②～⑤の金額がある場合には、 （（①－④－⑤）×0.2）となります。	⑥	円 6,946,500	円	円	円

> 「各人の税額控除前の相続税額」欄①には、相続税の2割加算の対象となる者の氏名及び税額控除前の相続税額を記載する。本事例の場合には、孫養子Bの第1表の「各人の算出税額の計算」欄⑨の金額を移記する。

（注）1　相続時精算課税適用者である孫が相続開始の時までに被相続人の養子となった場合は、「相続時精算課税に係る贈与を受けている人で、かつ、相続開始の時までに被相続人との続柄に変更があった場合」には含まれませんので②欄から④欄までの記入は不要です。

2　各人の⑥欄の金額を第1表のその人の「相続税額の2割加算が行われる場合の加算金額⑪」欄に転記します。

2　加算の対象とならない相続税額の計算（管理残額がある場合）

この表は、加算の対象となる人のうちで、租税特別措置法第70条の2の3（直系尊属から結婚・子育て資金の一括贈与を受けた場合の贈与税の非課税）第10項第2号に規定する管理残額で被相続人から相続や遺贈により取得したものとみなされたものがある人が記入します。

加算の対象となる人の氏名					
各人の税額控除前の相続税額 （第1表の⑨又は第1表の⑩の金額）	⑦	円	円	円	円
被相続人から相続や遺贈により取得したものとみなされる管理残額	⑧	円	円	円	円
被相続人から相続、遺贈や相続時精算課税に係る贈与によって取得した財産で相続税の課税価格に算入された財産の価額 （第1表①＋第1表②）	⑨				
債務及び葬式費用の金額 （第1表の③）	⑩				
⑨－⑩（赤字のときは0）	⑪				
被相続人から相続、遺贈や相続時精算課税に係る贈与によって財産を取得した人が、相続の開始前3年以内に被相続人から暦年課税に係る贈与によって取得した財産で相続税の課税価格に算入された財産の価額 （第1表の⑤）	⑫				
加算の対象とならない相続税額 ⑦×　⑧／（⑪＋⑫）　（⑦を超える場合には、⑦を上限とします。）	⑬	円	円	円	円

（注）各人の⑬欄の金額を上記「1　相続税額の加算金額の計算」のその人の⑤欄「下記「2」の⑬の金額」欄に転記します。

> 「相続税額の加算金額」欄⑥には、相続税額に2割を乗じて計算した金額を記載する。第1表の「各人の算出税額の計算」欄⑪に移記する。

暦年課税分の贈与税額控除額の計算書

被相続人　甲

この表は、第14表の「1 純資産価額に加算される暦年課税分の贈与財産価額及び特定贈与財産価額の明細」欄に記入した財産のうち相続税の課税価格に加算されるものについて、贈与税が課税されている場合に記入します。

左側欄外注記：

「相続開始の年の前々年分」欄⑬には、暦年課税により取得した一般贈与財産の価額の合計額（贈与税の配偶者控除後の金額⑤）を記載する。「相続開始の年の前々年分」欄⑭には⑬のうち被相続人から取得した一般贈与財産の価額の合計額（贈与税額の計算の基礎となった価額）を記載する。

「相続開始の年の前々年分」欄⑮には、暦年課税分の贈与税額（利子税・加算税は除く）を記載する。「相続開始の年の前々年分」欄⑯には、⑮のうち被相続人から取得した財産の価額に対応する贈与税額を計算し記載する。

控除を受ける人の氏名		孫養子B		

相続開始の年の前年分（平成29年分）

贈与税の申告書の提出先			税務署		税務署		税務署
被相続人から暦年課税に係る贈与によって租税特別措置法第70条の2の5第1項の規定の適用を受ける財産（特例贈与財産）を取得した場合							
相続開始の年の前年中に暦年課税に係る贈与によって取得した特例贈与財産の価額の合計額	①	円		円		円	
①のうち被相続人から暦年課税に係る贈与によって取得した特例贈与財産の価額の合計額（贈与税額の計算の基礎となった価額）	②						
その年分の暦年課税分の贈与税額（裏面の「2」参照）	③						
控除を受ける贈与税額（特例贈与財産分）（③×②÷①）	④						
被相続人から暦年課税に係る贈与によって租税特別措置法第70条の2の5第1項の規定の適用を受けない財産（一般贈与財産）を取得した場合							
相続開始の年の前年中に暦年課税に係る贈与によって取得した一般贈与財産の価額の合計額（贈与税の配偶者控除後の金額）	⑤	円		円		円	
⑤のうち被相続人から暦年課税に係る贈与によって取得した一般贈与財産の価額の合計額（贈与税額の計算の基礎となった価額）	⑥						
その年分の暦年課税分の贈与税額（裏面の「3」参照）	⑦						
控除を受ける贈与税額（一般贈与財産分）（⑦×⑥÷⑤）	⑧						

相続開始の年の前々年分（平成28年分）

贈与税の申告書の提出先		神田	税務署		税務署		税務署
被相続人から暦年課税に係る贈与によって租税特別措置法第70条の2の5第1項の規定の適用を受ける財産（特例贈与財産）を取得した場合							
相続開始の年の前々年中に暦年課税に係る贈与によって取得した特例贈与財産の価額の合計額	⑨	円		円		円	
⑨のうち被相続人から暦年課税に係る贈与によって取得した特例贈与財産の価額の合計額（贈与税額の計算の基礎となった価額）	⑩						
その年分の暦年課税分の贈与税額（裏面の「2」参照）	⑪						
控除を受ける贈与税額（特例贈与財産分）（⑪×⑩÷⑨）	⑫						
被相続人から暦年課税に係る贈与によって租税特別措置法第70条の2の5第1項の規定の適用を受けない財産（一般贈与財産）を取得した場合							
相続開始の年の前々年中に暦年課税に係る贈与によって取得した一般贈与財産の価額の合計額（贈与税の配偶者控除後の金額）	⑬	円 3,000,000		円		円	
⑬のうち被相続人から暦年課税に係る贈与によって取得した一般贈与財産の価額の合計額（贈与税額の計算の基礎となった価額）	⑭	3,000,000					
その年分の暦年課税分の贈与税額（裏面の「3」参照）	⑮	190,000					
控除を受ける贈与税額（一般贈与財産分）（⑮×⑭÷⑬）	⑯	190,000					

相続開始の年の前々々年分（平成27年分）

贈与税の申告書の提出先			税務署		税務署		税務署
被相続人から暦年課税に係る贈与によって租税特別措置法第70条の2の5第1項の規定の適用を受ける財産（特例贈与財産）を取得した場合							
相続開始の年の前々々年中に暦年課税に係る贈与によって取得した特例贈与財産の価額の合計額	⑰	円		円		円	
⑰のうち相続開始の日から遡って3年前の日以後に被相続人から暦年課税に係る贈与によって取得した特例贈与財産の価額の合計額（贈与税額の計算の基礎となった価額）	⑱						
その年分の暦年課税分の贈与税額（裏面の「2」参照）	⑲						
控除を受ける贈与税額（特例贈与財産分）（⑲×⑱÷⑰）	⑳						
被相続人から暦年課税に係る贈与によって租税特別措置法第70条の2の5第1項の規定の適用を受けない財産（一般贈与財産）を取得した場合							
相続開始の年の前々々年中に暦年課税に係る贈与によって取得した一般贈与財産の価額の合計額（贈与税の配偶者控除後の金額）	㉑	円		円		円	
㉑のうち相続開始の日から遡って3年前の日以後に被相続人から暦年課税に係る贈与によって取得した一般贈与財産の価額の合計額（贈与税額の計算の基礎となった価額）	㉒						
その年分の暦年課税分の贈与税額（裏面の「3」参照）	㉓						
控除を受ける贈与税額（一般贈与財産分）（㉓×㉒÷㉑）	㉔						

暦年課税分の贈与税額控除額計（④＋⑧＋⑫＋⑯＋⑳＋㉔）	㉕	円 190,000		円		円	

（注）各人の㉕欄の金額を第1表のその人の「暦年課税分の贈与税額控除額⑫」欄に転記します。

下部注記：

「暦年課税分の贈与税額控除額計」欄㉕には、「相続開始の年の前年分」欄④、⑧、「相続税開始の年の前々年分」欄⑫、⑯、「相続開始の年の前々々年分」欄⑳、㉔の合計額を記載し、第1表の「各人の納付・還付税額の計算」欄⑫に移記する。

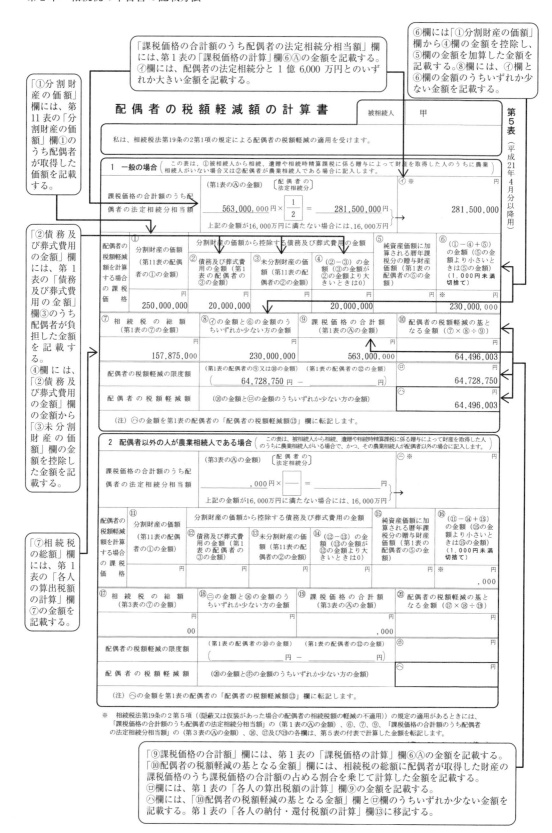

「年齢」欄①には、未成年者の年齢を記載する。「未成年者控除額」欄②には、満20歳になるまでの年数を計算し、年数1年につき10万円を乗じて計算した金額を記載する。

②欄と③欄の金額のいずれか少ない金額を、第1表の「各人の納付・還付税額の計算」欄⑭に移記する。

未成年者控除額 障害者控除額 の計算書

	被相続人	甲

第6表（平成27年分以降用）

③欄には、第1表の「各人の算出税額の計算」欄⑨に⑪の金額を加算し、「各人の納付・還付税額の計算」欄⑫及び⑬の金額を控除した金額を記載する。

1　未成年者控除（この表は、相続、遺贈や相続時精算課税に係る贈与によって財産を取得した法定相続人のうちに、満20歳にならない人がいる場合に記入します。）

未成年者の氏名		孫養子B				計
年　齢（1年未満切捨て）	①	18 歳	歳	歳	歳	
未成年者控除額	②	10万円×(20歳−18歳)＝200,000円	10万円×(20歳−　歳)＝0,000円	10万円×(20歳−　歳)＝0,000円	10万円×(20歳−　歳)＝0,000円	200,000 円
未成年者の第1表の(⑨＋⑪−⑫−⑬)又は(⑩＋⑪−⑫−⑬)の相続税額	③	41,489,000 円	円	円	円	41,489,000 円

(注) 1　過去に未成年者控除の適用を受けた人は、②欄の控除額に制限がありますので、「相続税の申告のしかた」をご覧ください。
　　 2　②欄の金額と③欄の金額のいずれか少ない方の金額を、第1表のその未成年者の「未成年者控除額⑭」欄に転記します。
　　 3　②欄の金額が③欄の金額を超える人は、その超える金額（②−③の金額）を次の④欄に記入します。

控除しきれない金額（②−③）	④	円	円	円	円	計Ⓐ　円

（扶養義務者の相続税額から控除する未成年者控除額）
　Ⓐ欄の金額は、未成年者の扶養義務者の相続税額から控除することができますから、その金額を扶養義務者間で協議の上、適宜配分し、次の⑥欄に記入します。

扶養義務者の氏名						計
扶養義務者の第1表の(⑨＋⑪−⑫−⑬)又は(⑩＋⑪−⑫−⑬)の相続税額	⑤	円	円	円	円	円
未成年者控除額	⑥					

(注)　各人の⑥欄の金額を未成年者控除を受ける扶養義務者の第1表の「未成年者控除額⑭」欄に転記します。

「年齢」欄①には、障害者の年齢を記載する。「障害者控除額」欄②には、満85歳になるまでの年数を計算し、年数1年につき10万円乗じて計算した金額を記載する。

2　障害者控除（この表は、相続、遺贈や相続時精算課税に係る贈与によって財産を取得した法定相続人のうちに、一般障害者又は特別障害者がいる場合に記入します。）

障害者の氏名		一　般　障　害　者		特　別　障　害　者		計
		長男A				
年　齢（1年未満切捨て）	①	48 歳	歳	歳	歳	
障害者控除額	②	10万円×(85歳−48歳)＝3,700,000円	10万円×(85歳−　歳)＝0,000円	20万円×(85歳−　歳)＝0,000円	20万円×(85歳−　歳)＝0,000円	3,700,000 円
障害者の第1表の(⑨＋⑪−⑫−⑬)又は(⑩＋⑪−⑫−⑬)の相続税額	③	58,413,750 円	円	円	円	58,413,750 円

(注) 1　過去に障害者控除の適用を受けた人の控除額は、②欄により計算した金額とは異なりますので税務署にお尋ねください。
　　 2　②欄の金額と③欄の金額のいずれか少ない方の金額を、第1表のその障害者の「障害者控除額⑮」欄に転記します。
　　 3　②欄の金額が③欄の金額を超える人は、その超える金額（②−③の金額）を次の④欄に記入します。

③欄には、第1表の「各人の算出税額の計算」欄⑨に⑪の金額を加算し、「各人の納付・還付税額の計算」欄⑬及び⑭の金額を控除した金額を記載する。

控除しきれない金額（②−③）	④	円	円	円	円	計Ⓐ　円

（扶養義務者の相続税額から控除する障害者控除額）
　Ⓐ欄の金額は、障害者の扶養義務者の相続税額から控除することができますから、その金額を扶養義務者間で協議の上、適宜配分し、次の⑥欄に記入します。

扶養義務者の氏名						計
扶養義務者の第1表の(⑨＋⑪−⑫−⑬)又は(⑩＋⑪−⑫−⑭)の相続税額	⑤	円	円	円	円	円
障害者控除額	⑥					

(注)　各人の⑥欄の金額を障害者控除を受ける扶養義務者の第1表の「障害者控除額⑮」欄に転記します。

②欄と③欄の金額のいずれか少ない金額を、第1表の「各人の納付・還付税額の計算」欄⑮に移記する。

①欄及び②欄には、前の相続の年月日及び今回の相続の年月日を記載する。③欄には、前の相続から今回の相続までの期間を記載する（1年未満切捨て）。

④欄には、10年から③の年数を控除した年数を記載する。

⑧欄には、第1表の「課税価格の計算」欄④の金額を移記する。

⑦欄には、⑤欄から⑥欄の金額を控除した金額を記載する。

相 次 相 続 控 除 額 の 計 算 書

被相続人　甲

この表は、被相続人が今回の相続の開始前10年以内に開始した前の相続について、相続税を課税されている場合に記入します。

⑤欄には、被相続人が前の相続時に取得した純資産価額の金額を記載する。

⑥欄には、前の相続時の被相続人の相続税額を記載する。

1　相次相続控除額の総額の計算

前の相続に係る被相続人の氏名	前の相続に係る被相続人と今回の相続に係る被相続人との続柄	前の相続に係る相続税の申告書の提出先	
X	被相続人の父	東京上野　税務署	

①　前の相続の年月日	②　今回の相続の年月日	③　前の相続から今回の相続までの期間(1年未満切捨て)	④　10年－③の年数
平成23年　5月10日	平成30年　1月10日	6　年	4　年

⑤　被相続人が前の相続の時に取得した純資産価額(相続時精算課税適用財産の価額を含みます。)	⑥　前の相続の際の被相続人の相続税額	⑦　(⑤－⑥)の金額	⑧　今回の相続、遺贈や相続時精算課税に係る贈与によって財産を取得した全ての人の純資産価額の合計額（第1表の④の合計金額）
80,000,000 円	1,500,000 円	78,500,000 円	560,000,000 円

(⑥の相続税額)			相次相続控除額の総額
1,500,000 円 × $\dfrac{560,000,000 円（⑧の金額）}{78,500,000 円（⑦の金額）}$（この割合が100分の100を超えるときは、100分の100とします。） × $\dfrac{4}{10}$ 年（④の年数）＝			Ⓐ　600,000 円

2　各相続人の相次相続控除額の計算

⑩欄には、各相続人の純資産価額を第1表の「課税価格の計算」欄④から移記する。

(1)　一般の場合

この表は、被相続人から相続、遺贈や相続時精算課税に係る贈与によって財産を取得した人のうちに農業相続人がいない場合に、財産を取得した相続人の全ての人が記入します。

今回の相続の被相続人から財産を取得した相続人の氏名	⑨　相次相続控除額の総額	⑩　各相続人の純資産価額(第1表の各人の④の金額)	⑪　相続人以外の人も含めた純資産価額の合計額(第1表の④の各人の合計)	⑫　各人の⑩Ⓑ　の割合	⑬　各人の相次相続控除額(⑨×各人の⑫の割合)
配偶者乙		230,000,000 円		0.41	246,000 円
長男A	(上記Ⓐの金額)	210,000,000		0.38	228,000
孫養子B	600,000 円	120,000,000	Ⓑ 560,000,000 円	0.21	126,000

⑪欄には、第1表の「課税価格の計算」欄④の各相続人の合計額から移記する。

(2)　相続人のうちに農業相続人がいる場合

この表は、被相続人から相続、遺贈や相続時精算課税に係る贈与によって財産を取得した人のうちに農業相続人がいる場合に、財産を取得した相続人の全ての人が記入します。

今回の相続の被相続人から財産を取得した相続人の氏名	⑭　相次相続控除額の総額	⑮　各相続人の純資産価額(第3表の各人の④の金額)	⑯　相続人以外の人も含めた純資産価額の合計額(第3表の④の各人の合計)	⑰　各人の⑮Ⓒ　の割合	⑱　各人の相次相続控除額(⑭×各人の⑰の割合)
					円
	(上記Ⓐの金額)				
	円		Ⓒ　　　　円		

(注)　1　⑥欄の相続税額は、相続時精算課税分の贈与税額控除後の金額をいい、その被相続人が納税猶予の適用を受けていた場合の免除された相続税額並びに延滞税、利子税及び加算税の額は含まれません。
　　　2　各人の⑬又は⑱欄の金額を第1表のその人の「相次相続控除額⑯」欄に転記します。

⑫欄には、各人の⑩(純資産価額)の金額をⒷ(⑪欄)の金額で除した割合を記載する。
⑬欄には、相次相続控除額の総額のうち⑫欄の割合を乗じて計算した金額を記載する。

相次相続控除額の総額Ⓐ欄には、左記の計算式により計算した相次相続控除額の総額を記載する。

Ⓐには、生命保険金などの非課税限度額（500万円 × 法定相続人の数）を計算した金額を記載する。

生命保険金などの明細書

被相続人	甲

1 相続や遺贈によって取得したものとみなされる保険金など

この表は、相続人やその他の人が被相続人から相続や遺贈によって取得したものとみなされる生命保険金、損害保険契約の死亡保険金及び特定の生命共済金などを受け取った場合に、その受取金額などを記入します。

保険会社等の所在地	保険会社等の名称	受取年月日	受取金額	受取人の氏名
中央区○○1丁目2番3号	○○生命保険（相）	30・3・25	50,000,000 円	長男A

相続又は遺贈により取得したとみなされる生命保険金などを契約ごとに記載する。
相続人以外が受け取った生命保険金などについては非課税の適用がないため、第11表に同額を移記する。

(注) 1 相続人（相続の放棄をした人を除きます。以下同じです。）が受け取った保険金などのうち一定の金額は非課税となりますので、その人は、次の2の該当欄に非課税となる金額と課税される金額とを記入します。
2 相続人以外の人が受け取った保険金などについては、非課税となる金額はありませんので、その人は、その受け取った金額そのままを第11表の「財産の明細」の「価額」の欄に転記します。
3 相続時精算課税適用財産は含まれません。

2 課税される金額の計算

この表は、被相続人の死亡によって相続人が生命保険金などを受け取った場合に、記入します。

保険金の非課税限度額	（ 500万円 × ［第2表のⒶの法定相続人の数］ 3人 により計算した金額を右のⒶに記入します。）	Ⓐ 15,000,000 円

保険金などを受け取った相続人の氏名	① 受け取った保険金などの金額	② 非課税金額 $\left(Ⓐ \times \dfrac{各人の①}{Ⓑ}\right)$	③ 課税金額 （①－②）
長男A	50,000,000 円	15,000,000 円	35,000,000 円
合　　計	Ⓑ 50,000,000	15,000,000	35,000,000

生命保険金などを取得した各相続人ごとに、「①受け取った保険金などの金額」欄に保険金額を記載し、「②非課税金額」欄に各人の非課税限度額を記載する。「③課税金額」欄には、①欄の金額から②欄の金額を控除した金額を記載する。
「③課税金額」欄の金額を第11表に移記する。

(注) 1 Ⓑの金額がⒶの金額より少ないときは、各相続人の①欄の金額がそのまま②欄の非課税金額となりますので、③欄の課税金額は0となります。
2 ③欄の金額を第11表の「財産の明細」の「価額」欄に転記します。

Ⓐには、退職手当金などの非課税限度額（500万円 × 法定相続人の数）を計算した金額を記載する。

退職手当金などの明細書

	被相続人	甲

第10表（平成21年4月分以降用）

1　相続や遺贈によって取得したものとみなされる退職手当金など

この表は、相続人やその他の人が被相続人から相続や遺贈によって取得したものとみなされる退職手当金、功労金、退職給付金などを受け取った場合に、その受取金額などを記入します。

勤務先会社等の所在地	勤務先会社等の名称	受取年月日	退職手当金などの名称	受 取 金 額	受取人の氏名
千代田区○○1丁目2番3号	○○商事㈱	30・2・28	退職金	30,000,000 円	配偶者乙

相続又は遺贈により取得した退職手当金などについて、退職手当金などの種類ごとに記載する。相続人以外が受け取った退職手当金などについては非課税の適用がないため、第11表に移記する。

(注)　1　相続人（相続の放棄をした人を除きます。以下同じです。）が受け取った退職手当金などのうち一定の金額は非課税となりますので、その人は、次の2の該当欄に非課税となる金額と課税される金額とを記入します。
　　　2　相続人以外の人が受け取った退職手当金などについては、非課税となる金額はありませんので、その人は、その受け取った金額そのままを第11表の「財産の明細」の「価額」の欄に転記します。

2　課税される金額の計算

この表は、被相続人の死亡によって相続人が退職手当金などを受け取った場合に、記入します。

退職手当金などの非課税限度額	［第2表のⒶの法定相続人の数］（500万円 × ☐3人 により計算した金額を右のⒶに記入します。）		Ⓐ　　　　円 15,000,000

退職手当金などを受け取った相続人の氏名	① 受け取った退職手当金などの金額	② 非課税金額 $\left(Ⓐ \times \dfrac{各人の①}{Ⓑ} \right)$	③ 課税金額 （①－②）
配偶者乙	30,000,000 円	15,000,000 円	15,000,000 円

退職手当金などを取得した各相続人ごとに、「①受け取った退職手当金などの金額」欄に退職手当金などの金額を記載し、「②非課税金額」欄に各人の非課税限度額を記載する。「③課税金額」欄には、①欄の金額から②欄の金額を控除した金額を記載する。「③課税金額」欄の金額を第11表に移記する。

合　　　計	Ⓑ 30,000,000	15,000,000	15,000,000

(注)　1　Ⓑの金額がⒶの金額より少ないときは、各相続人の①欄の金額がそのまま②欄の非課税金額となりますので、③欄の課税金額は0となります。
　　　2　③欄の金額を第11表の「財産の明細」の「価額」欄に転記します。

「分割が確定した財産」欄には、取得した人の
氏名・取得財産の価額を記載する。
分割が確定していない場合には、空欄にする。

遺産の全部又は一部について分割がされている
場合には、分割の日を記載する。
分割の状況に応じて該当する数字に○を付す。

「財産の明
細」欄には、
相続財産の
明細ごと
に、種類・
細目・利用
区分、銘柄
等・所在場
所等・数量・
固定資産税
評価額・単
価・倍数・
価額を記載
する。

相続税がかかる財産の明細書
（相続時精算課税適用財産を除きます。）

| 被相続人 | 甲 |

第11表（平成21年4月分以降用）

この表は、相続や遺贈によって取得した財産及び相続や遺贈によって取得したものとみなされる財産のうち、相続税のかかるものについての明細を記入します。

遺産の分割状況	区 分	① 全 部 分 割	2 一 部 分 割	3 全 部 未 分 割
	分 割 の 日	30・10・1	・ ・	・ ・

相続時精算課税適用財産の明細については、この表によらず第11の2表に記載します。

財 産 の 明 細				数 量 固定資産税評価額	単 価 倍 数	価 額	分割が確定した財産	
種類	細目	利用区分、銘柄等	所在場所等		(11・11の2表の円付表1のとおり)		取得した人の氏名	取得財産の価額
土地	宅地	自用地（居住用）	千代田区○○1丁目2番3号	330㎡	円	円 30,000,000	配偶者乙	円 30,000,000
土地	宅地	貸家建付地	文京区○○1丁目3番5号	200㎡	400,000	80,000,000	長男A	80,000,000
	（小 計）					(110,000,000)		
土地	山林	普通山林	○○県○○郡○○町13番2	25,000㎡ 300,000	20	6,000,000	孫養子B	6,000,000
	（小 計）					(6,000,000)		
土地	雑種地	自用地（駐車場）	春日部市○○3丁目5番16号	200㎡ 250,000		50,000,000	長男A	50,000,000
	（小 計）					(50,000,000)		
（(計))						《166,000,000》		
家屋	家屋（鉄コ2・居宅）	自用家屋	千代田区○○1丁目2番3号	120㎡ 12,000,000	1.0	12,000,000	配偶者乙	12,000,000
家屋	家屋（鉄コ2・店舗）	貸家	文京区○○1丁目3番5号	85㎡ 14,285,715	0.7	10,000,000	長男A	10,000,000
((計))						《22,000,000》		
有価証券	特定同族会社株式（その他の方式）	○○商事㈱	千代田区○○1丁目2番3号	5,000株	9,600	48,000,000	配偶者乙	48,000,000
	（小 計）					(48,000,000)		
有価証券	上記以外の株式	○○物産㈱	○○証券 ○○支店	12,500株	400	5,000,000	長男A	5,000,000
有価証券	上記以外の株式	○○建設㈱	○○証券 ○○支店	20,000株	950	19,000,000	配偶者乙	19,000,000
有価証券	上記以外の株式	○○電気㈱	○○証券 ○○支店	62,300株	1,000	62,300,000	孫養子B	62,300,000
	（小 計）					(86,300,000)		
有価証券	公債、社債	10年利付国債 第○回○号	○○証券 ○○支店			20,000,000	配偶者乙	20,000,000
	（小 計）					(20,000,000)		
有価証券	証券投資信託	○○ファンド	○○証券 ○○支店	30,000口 1,000		30,000,000	配偶者乙	30,000,000

合計表	財産を取得した人の氏名	（各人の合計）					
	分割財産の価額 ①	円	円	円	円	円	円
	未分割財産の価額 ②						
	各人の取得財産の価額（①+②） ③						

（注） 1 「合計表」の各人の③欄の金額を第1表のその人の「取得財産の価額①」欄に転記します。
2 「財産の明細」の「価額」欄は、財産の細目、種類ごとに小計及び計を付し、最後に合計を付して、それらの金額を第15表の①から㉘までの該当欄に転記します。

相続税がかかる財産の明細書

（相続時精算課税適用財産を除きます。）

被相続人	甲

第11表（平成21年4月分以降用）

この表は、相続や遺贈によって取得した財産及び相続や遺贈によって取得したものとみなされる財産のうち、相続税のかかるものについての明細を記入します。

遺産の分割状況	区　　分	1　全　部　分　割	2　一　部　分　割	3　全　部　未　分　割
	分割の日	・　・	・　・	

財　産　の　明　細				数量／固定資産税評価額	単価／倍数	価　額	分割が確定した財産	
種類	細目	利用区分、銘柄等	所在場所等				取得した人の氏名	取得財産の価額
	（小　計）				円	（ 30,000,000）		円
((計))						《 184,300,000》		
現金、預貯金		現金	千代田区○○1丁目2番3号			1,500,000	配偶者乙	1,500,000
現金、預貯金		普通預金	○○銀行　○○支店			12,000,000	配偶者乙	12,000,000
現金、預貯金		定期預金	○○銀行　○○支店			28,000,000	配偶者乙	28,000,000
現金、預貯金		定期預金	○○銀行　○○支店			50,000,000	孫養子B	50,000,000
((計))						《 91,500,000》		
家庭用財産		家具等一式	千代田区○○1丁目2番3号			1,000,000	配偶者乙	1,000,000
((計))						《 1,000,000》		
その他の財産	生命保険金等	○○生命保険(相)	中央区○○1丁目2番3号			35,000,000	長男A	35,000,000
	（小　計）					（ 35,000,000）		
その他の財産	退職手当金等	○○商事㈱	千代田区○○1丁目2番3号			15,000,000	配偶者乙	15,000,000
	（小　計）					（ 15,000,000）		
その他の財産	立木	ひのき　65年生	○○県○○郡○○町13番2号	2 ha	1,000,000 ／ 0.85	1,700,000	孫養子B	1,700,000
	（小　計）					（ 1,700,000）		
その他の財産	その他	ゴルフ会員権（○○カントリークラブ）	春日部市○○2丁目5番16号	1 口	35,714,286 ／ 0.7	25,000,000	配偶者乙	25,000,000
その他の財産	その他	絵画（○○作他）	千代田区○○1丁目2番3号	5 点		8,500,000	配偶者乙	8,500,000
	（小　計）					（ 33,500,000）		
((計))						《 85,200,000》		
[合計]						[550,000,000]		

合計表

財産を取得した人の氏名	（各人の合計）	配偶者乙	長男A	孫養子B		
分割財産の価額　①	550,000,000	250,000,000	180,000,000	120,000,000	円	円
未分割財産の価額　②						
各人の取得財産の価額（①＋②）　③	550,000,000	250,000,000	180,000,000	120,000,000		

（注）　1　「合計表」の各人の③欄の金額を第1表のその人の「取得財産の価額①」欄に転記します。

　　　　2　「財産の明細」の「価額」欄は、財産の細目、種類ごとに小計及び計を付し、最後に合計を付して、それらの金額を第15表の①から⑳までの該当欄に転記します。

相続人及び包括受遺者の取得した立木については、時価の85％相当額となるため、0.85 と記載する。

分割が確定した財産については、「分割財産の価額」欄①に各人の合計額及び各相続人の合計額を記載する。未分割の財産がある場合には、「未分割財産の価額」欄②に各人の合計額及び各相続人の合計額を記載する。「各人の取得財産の価額（①＋②）」欄③の金額を第1表の「課税価格の計算」欄①に移記する。

（参考）

代償財産がある場合には、次のように記載する。

・「種類欄」代償財産と記載。

・「細目欄」他の財産と同様に記載する。

・「価額欄」取得した財産と交付する債務の価額を2段書きで記載する。

例えば、「△2,000,000 円
　　　　　2,000,000 円」と記載する。

⑤欄には、④欄に係る贈与税額を記載する。贈与税額には、利子税及び延滞税等は含めないで記載する。

①欄及び②欄には、贈与を受けた人の氏名・贈与を受けた年分を記載する。
④欄には、相続時精算課税に係る贈与を受けた価額を記載する。

相続時精算課税適用財産の明細書
相続時精算課税分の贈与税額控除額の計算書

被相続人	甲

第11の2表（平成24年4月分以降用）

この表は、被相続人から相続時精算課税に係る贈与によって取得した財産（相続時精算課税適用財産）がある場合に記入します。

1　相続税の課税価格に加算する相続時精算課税適用財産の課税価格及び納付すべき相続税額から控除すべき贈与税額の明細

⑦欄には、④欄の合計額を各人の合計及び相続人ごとに記載する。

③欄には、相続時精算課税適用財産の種類・細目・利用区分・銘柄等・所在場所等・数量・価額を記載する。

番号	①贈与を受けた人の氏名	②贈与を受けた年分	③贈与税の申告書を提出した税務署の名称	④②の年分に被相続人から相続時精算課税に係る贈与を受けた財産の価額の合計額（課税価格）	⑤④の財産に係る贈与税額（贈与税の外国税額控除前の金額）	⑥のうち贈与税に係る外国税額控除額
1	長男A	平成16年分	東京上野	22,000,000円	0円	円
2	長男A	平成17年分	東京上野	8,000,000	1,000,000	
3						
4						
5						
6						

贈与を受けた人ごとの相続時精算課税適用財産の課税価格及び贈与税額の合計額	氏名	（各人の合計）	長男A		
	⑦課税価格の合計額（④の合計額）	30,000,000円	30,000,000円	円	円
	⑧贈与税額の合計額（⑤の合計額）	1,000,000	1,000,000		
	⑨のうち贈与税に係る外国税額控除額の合計額（⑥の合計額）				

（注）1　相続時精算課税に係る贈与をした被相続人がその贈与をした年の中途に死亡した場合の③欄は「相続時精算課税選択届出書を提出した税務署の名称」を記入してください。
2　④欄の金額は、下記2の③の「価額」欄の金額に基づき記入します。
3　各人の⑦欄の金額を第1表のその人の「相続時精算課税適用財産の価額②」欄及び第15表のその人の㉙欄にそれぞれ転記します。
4　各人の⑧欄の金額を第1表のその人の「相続時精算課税分の贈与税額控除額㉑」欄に転記します。

①欄及び②欄には、贈与を受けた人の氏名・贈与年月日を記載する。

2　相続時精算課税適用財産（1の④）の明細

（上記1の「番号」欄の番号に合わせて記入します。）

番号	①贈与を受けた人の氏名	②贈与年月日	③相続時精算課税適用財産の明細					
			種類	細目	利用区分、銘柄等	所在場所等	数量	価額
1	長男A	16・10・17	有価証券	上場株式等	○○物流㈱	品川区○○1丁目2番3号	20,000株	22,000,000円
2	長男A	17・12・15	有価証券	上場株式等	○○地所㈱	千代田区○○3丁目5番6号	10,000株	8,000,000

（注）1　この明細は、被相続人である特定贈与者に係る贈与税の申告書第2表に基づき記入します。
2　③の「価額」欄には、被相続人である特定贈与者に係る贈与税の申告書第2表の「財産の価額」欄の金額を記入します。ただし、特定事業用資産の特例の適用を受ける場合には、第11・11の2表の付表3の⑦の金額を⑦欄の金額に係る第11・11の2表の付表3の2の⑲欄の金額の合計額を、特定計画山林の特例の適用を受ける場合には、第11・11の2表の付表4の「2　特定受贈森林経営計画対象山林である選択特定計画山林の明細」の④欄の金額を記入します。

小規模宅地等についての課税価格の計算明細書

FD 3545

被相続人　甲

この表は、小規模宅地等の特例（租税特別措置法第69条の４第１項）の適用を受ける場合に記入します。
なお、被相続人から、相続、遺贈又は相続時精算課税に係る贈与により取得した財産のうちに、「特定計画山林の特例」又は「特定事業用資産等の特例」の対象となり得る財産がある場合には、第11・11の２表の付表２を作成します（第11・11の２表の付表２を作成する場合には、この表の「１　特例の適用にあたっての同意」欄の記入を要しません。）。

第11・11の２表の付表１（平成27年分以降用）

1　特例の適用にあたっての同意

この欄は、小規模宅地等の特例の対象となり得る宅地等を取得した全ての人が次の内容に同意する場合に、その宅地等を取得した全ての人の氏名を記入します。

私（私たち）は、「２ 小規模宅地等の明細」の①欄の取得者が、小規模宅地等の特例の適用を受けるものとして選択した宅地等又はその一部（「２ 小規模宅地等の明細」の⑤欄で選択した宅地等）の全てが限度面積要件を満たすものであることを確認の上、その取得者が小規模宅地等の特例の適用を受けることに同意します。

氏名	配偶者乙	長男A	

（注）1　小規模宅地等の特例の対象となり得る宅地等を取得した全ての人の同意がなければ、この特例の適用を受けることはできません。
　　　2　上記の各欄に記入しきれない場合には、第11・11の２表の付表１（続）を使用します。

2　小規模宅地等の明細

この欄は、小規模宅地等についての特例の対象となり得る宅地等を取得した人のうち、その特例の適用を受ける人が選択した小規模宅地等の明細等を記載し、相続税の課税価格に算入する価額を計算します。
「小規模宅地等の種類」欄は、選択した小規模宅地等の種類に応じて次の1～4の番号を記入します。
小規模宅地等の種類：1 特定居住用宅地等、2 特定事業用宅地等、3 特定同族会社事業用宅地等、4 貸付事業用宅地等

選択した小規模宅地等

小規模宅地等の種類
1～4の番号を記入します。

① 特例の適用を受ける取得者の氏名　〔事業内容〕
② 所在地番
③ 取得者の持分に応ずる宅地等の面積
④ 取得者の持分に応ずる宅地等の価額

⑤ ③のうち小規模宅地等（「限度面積要件」を満たす宅地等）の面積
⑥ ④のうち小規模宅地等（④×⑤／③）の価額
⑦ 課税価格の計算に当たって減額される金額（⑥×⑨）
⑧ 課税価格に算入する価額（④－⑦）

1	① 配偶者乙　〔　　　〕	⑤ 330 ㎡
	② 千代田区○○1丁目2番3号	⑥ 150000000 円
	③ 330 ㎡	⑦ 120000000 円
	④ 150000000 円	⑧ 30000000 円
	① 〔　　　〕	⑤ ㎡
	②	⑥ 円
	③ ㎡	⑦ 円
	④ 円	⑧ 円
	① 〔　　　〕	⑤ ㎡
	②	⑥ 円
	③ ㎡	⑦ 円
	④ 円	⑧ 円

（注）1　①欄の「〔 〕」は、選択した小規模宅地等が被相続人等の事業用宅地等（2、3 又は4）である場合に、相続開始の直前にその宅地等の上で行われていた被相続人等の事業について、例えば、飲食サービス業、法律事務所、貸家などのように具体的に記入します。
　　　2　小規模宅地等を選択する一の宅地等が共有である場合又は一の宅地等が貸家建付地である場合において、その評価額の計算上「賃貸割合」が1でないときには、第11・11の２表の付表1（別表）を作成します。
　　　3　⑧欄の金額を第11表の「財産の明細」の「価額」欄に転記します。
　　　4　上記の各欄に記入しきれない場合には、第11・11の２表の付表1（続）を使用します。

○　「限度面積要件」の判定

上記「2 小規模宅地等の明細」の⑤欄で選択した宅地等の全てが限度面積要件を満たすものであることを、この表の各欄を記入することにより判定します。

小規模宅地等の区分	被相続人等の居住用宅地等	被相続人等の事業用宅地等		
小規模宅地等の種類	1 特定居住用宅地等	2 特定事業用宅地等	3 特定同族会社事業用宅地等	4 貸付事業用宅地等
⑨ 減額割合	80/100	80/100	80/100	50/100
⑩ ⑤の小規模宅地等の面積の合計	330 ㎡	㎡	㎡	㎡
⑪ 限度面積 イ 小規模宅地等のうちに4貸付事業用宅地等がない場合	[1]の⑩の面積　330 ≦330㎡	[2]の⑩及び[3]の⑩の面積の合計　㎡ ≦ 400㎡		
⑪ 限度面積 ロ 小規模宅地等のうちに4貸付事業用宅地等がある場合	[1]の⑩の面積　㎡×200/330 ＋	[2]の⑩及び[3]の⑩の面積の合計　㎡×200/400 ＋		[4]の⑩の面積　㎡ ≦ 200㎡

（注）限度面積は、小規模宅地等の種類（「4 貸付事業用宅地等」の選択の有無）に応じて、⑪欄（イ又はロ）により判定を行います。「限度面積要件」を満たす場合に限り、この特例の適用を受けることができます。

欄外注記（左側・上）:

「1　特例の適用にあたっての同意」欄には、小規模宅地等の特例の適用用財産を取得した者の全ての氏名を記載する。特例の適用を受けていない場合にも記載する。

欄外注記（下）:

①欄及び②欄には、取得者の氏名及び地番を記載する。
③欄には、取得者の持分に応ずる面積を記載する。
④欄には、取得者の持分に応ずる宅地等の価額（特例の減額をする前の価額）を記載する。
⑤欄には、③欄のうち特例の対象として選択した面積を記載する。
⑥欄には、④欄のうち小規模宅地等の特例の適用を受ける金額を記載する。
⑦欄には、小規模宅地等の特例により減額される金額を記載する。
⑧欄には、④欄から⑦欄の減額される金額を控除した後の金額を記載する。

「負担することが確定した葬式費用」欄には、負担する人の氏名・負担する金額を記載する。

「負担することが確定した債務」欄には、負担する人の氏名・負担する金額を記載する。未分割の場合には、空欄にする。

債務及び葬式費用の明細書

第13表（平成30年分以降用）

1　債務の明細　（この表は、被相続人の債務について、その明細と負担する人の氏名及び金額を記入します。）

「債務の明細」欄には、債務の明細ごとに、種類・細目・債権者・発生年月日・金額を記載する。

債務の明細						負担することが確定した債務	
種類	細目	債権者		発生年月日	金　額	負担する人の氏名	負担する金額
		氏名又は名称	住所又は所在地	弁済期限			
公租公課	平成30年度分固定資産税	千代田都税事務所			700,000円	配偶者乙	700,000円
公租公課	平成30年分所得税等（準確定申告）	神田税務署			250,000	配偶者乙	250,000
公租公課	平成30年分住民税	千代田区役所			800,000	配偶者乙	800,000
銀行借入金	証書借入	○○銀行　○○支店	千代田区○○3丁目4番5号		15,000,000	配偶者乙	15,000,000
その他	医療費	○○病院			200,000	配偶者乙	200,000
合　計					16,950,000		

2　葬式費用の明細　（この表は、被相続人の葬式に要した費用について、その明細と負担する人の氏名及び金額を記入します。）

「葬式費用の明細」欄には、支払先・支払年月日・金額を記載する。

葬式費用の明細				負担することが確定した葬式費用	
支払先		支払年月日	金　額	負担する人の氏名	負担する金額
氏名又は名称	住所又は所在地				
○○寺	千代田区○○5丁目2番3号	30・1・15	500,000円	配偶者乙	500,000円
葬儀社	千代田区○○4丁目2番3号	30・2・13	2,550,000	配偶者乙	2,550,000
合　計			3,050,000		

3　債務及び葬式費用の合計額

債務などを承継した人の氏名			（各人の合計）	配偶者乙	
債務	負担することが確定した債務	①	16,950,000円	16,950,000円	円
	負担することが確定していない債務	②			
	計（①＋②）	③	16,950,000	16,950,000	
葬式費用	負担することが確定した葬式費用	④	3,050,000	3,050,000	
	負担することが確定していない葬式費用	⑤			
	計（④＋⑤）	⑥	3,050,000	3,050,000	
合　計（③＋⑥）		⑦	20,000,000	20,000,000	

「負担することが確定した債務」欄①には、債務のうち各人の合計額及び各相続人の合計額を記載する。
「負担することが確定した葬式費用」欄④には、葬式費用のうち各人の合計額及び各相続人の合計額を記載する。

(注)　1　各人の⑦欄の金額を第1表のその人の「債務及び葬式費用の金額③」欄に転記します。
　　　2　③、⑥及び⑦欄の金額を第15表の㉟、㊱及び㊲欄にそれぞれ転記します。

「合計（③＋⑥）」欄⑦には、債務及び葬式費用の合計額を記載し、第1表の「課税価格の計算」欄③に移記する。

③欄には、①欄から②欄の金額を控除した後の金額を記載する。第１表の「課税価格の計算」欄⑤に移記する。

純資産価額に加算される暦年課税分の
贈与財産価額及び特定贈与財産価額
出資持分の定めのない法人などに遺贈した財産
特定の公益法人などに寄附した相続財産・
特定公益信託のために支出した相続財産

の明細書

被相続人　甲

第14表（平成30年分以降用）

贈与を受けた財産ごとに氏名・贈与年月日・財産の明細（種類・細目・所在場所等・数量・価額）を記載する。

1 純資産価額に加算される暦年課税分の贈与財産価額及び特定贈与財産価額の明細

この表は、相続、遺贈や相続時精算課税に係る贈与によって財産を取得した人（注）が、その相続開始前3年以内に被相続人から暦年課税に係る贈与によって取得した財産がある場合に記入します。

（注）被相続人から租税特別措置法第70条の2の3（直系尊属から結婚・子育て資金の一括贈与を受けた場合の贈与税の非課税）第10項第2号に規定する管理残額以外の財産を取得しなかった人は除きます（相続時精算課税に係る贈与によって財産を取得している人を除く。）。

番号	贈与を受けた人の氏名	贈与年月日	相続開始前3年以内に暦年課税に係る贈与を受けた財産の明細				①価額	②①の価額のうち特定贈与財産の価額	③相続税の課税価格に加算される価額（①－②）
			種類	細目	所在場所等	数量			
1	孫養子B	28・12・1	現金預貯金	現金			3,000,000	円	3,000,000
2									
3									
4									

| 贈与を受けた人ごとの③欄の合計額 | 氏名 | （各人の合計） | 孫養子B | | | |
| | ④金額 | 3,000,000 円 | 3,000,000 円 | 円 | 円 | 円 |

④欄には、③欄の合計額のうち各人の合計額及び各相続人の合計額を記載する。

上記「②」欄において、相続開始の年に被相続人から贈与によって取得した居住用不動産や金銭の全部又は一部を特定贈与財産としている場合には、次の事項について、「（受贈配偶者）」及び「（受贈財産の番号）」の欄に所定の記入をすることにより確認します。

（受贈配偶者）　　　　　　　　　　　　　　（受贈財産の番号）

私　　　　　　　　は、相続開始の年に被相続人から贈与によって取得した上記　　　　の特定贈与財産の価額については贈与税の課税価格に算入します。

なお、私は、相続開始の年の前年以前に被相続人からの贈与について相続税法第21条の6第1項の規定の適用を受けていません。

（注）④欄の金額を第1表のその人の「純資産価額に加算される暦年課税分の贈与財産価額⑤」欄及び第15表の⑳欄にそれぞれ転記します。

2 出資持分の定めのない法人などに遺贈した財産の明細

この表は、被相続人が人格のない社団又は財団や学校法人、社会福祉法人、宗教法人などの出資持分の定めのない法人に遺贈した財産のうち、相続税がかからないものの明細を記入します。

遺贈した財産の明細					出資持分の定めのない法人などの所在地、名称
種類	細目	所在場所等	数量	価額	
				円	
		合　計			

3 特定の公益法人などに寄附した相続財産又は特定公益信託のために支出した相続財産の明細

私は、下記に掲げる相続財産を、相続税の申告期限までに、

(1) 国、地方公共団体又は租税特別措置法施行令第40条の3に規定する法人に対して寄附（租税特別措置法施行令の一部を改正する政令（平成20年政令第161号）附則第57条第1項の規定により、なおその効力を有することとされる旧租税特別措置法施行令第40条の3第1項第2号及び第3号に規定する法人に対する寄附を含みます。）をしましたので、租税特別措置法第70条第1項の規定の適用を受けます。

(2) 租税特別措置法施行令第40条の4第3項の要件に該当する特定公益信託の信託財産とするために支出しましたので、租税特別措置法第70条第3項の規定の適用を受けます。

(3) 特定非営利活動促進法第2条第3項に規定する認定特定非営利活動法人に対して寄附をしましたので、租税特別措置法第70条第10項の規定の適用を受けます。

寄附（支出）年月日	寄附（支出）した財産の明細					公益法人等の所在地・名称（公益信託の受託者及び名称）	寄附（支出）をした相続人等の氏名
	種類	細目	所在場所等	数量	価額		
					円		
			合　計				

（注）この特例の適用を受ける場合には、期限内申告書に一定の受領書、証明書類等の添付が必要です。

①欄から⑥欄まで及び⑨欄から㉘欄は、第11表の「価額」欄から移記する。

㉙欄には、第11の2表の⑦欄から課税価格の合計額を移記する。

㉟欄及び㊱欄には、第13表の③欄及び⑥欄の金額を移記する。㊲欄には、債務及び葬式費用の合計額を記載する。

㊳欄には、差引純資産価額（㉘欄＋㉙欄－㊲欄）を記載する。

㊴欄には、第14表の④欄の金額を移記する。

㊵欄には、課税価格（㊳欄＋㊴欄）の金額（1,000円未満切捨て）を記載する。

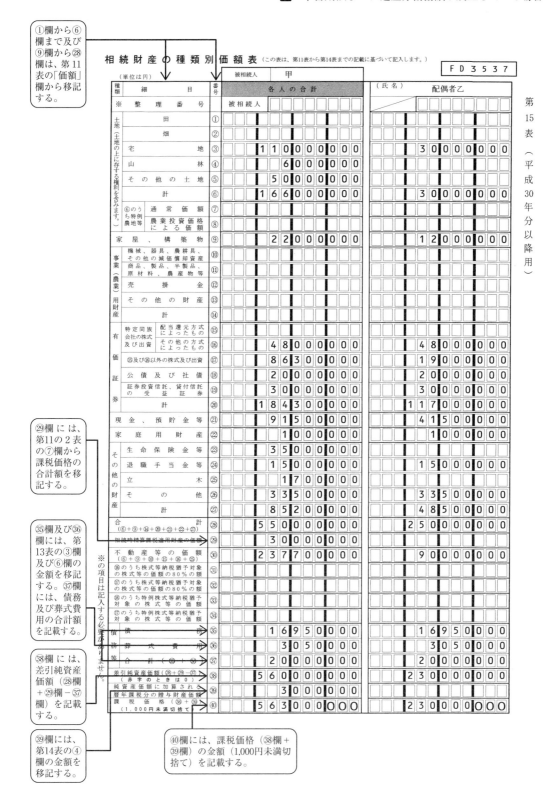

相続財産の種類別価額表 （この表は、第11表から第14表までの記載に基づいて記入します。）（単位は円） FD3537

被相続人 甲

第15表（平成30年分以降用）

種類	細目	番号	各人の合計（被相続人）	配偶者乙（氏名）
	※ 整理番号			
土地（土地の上に存する権利を含みます。）	田	①		
	畑	②		
	宅地	③	110000000	30000000
	山林	④	60000000	
	その他の土地	⑤	50000000	
	計	⑥	166000000	30000000
⑥のうち特例農地等	通常価額	⑦		
	農業投資価格による価額	⑧		
家屋、構築物		⑨	22000000	12000000
事業（農業）用財産	機械、器具、農耕具、その他の減価償却資産	⑩		
	商品、製品、半製品、原材料、農産物等	⑪		
	売掛金	⑫		
	その他の財産	⑬		
	計	⑭		
有価証券	特定同族会社の株式及び出資　配当還元方式によったもの	⑮		
	その他の方式によったもの	⑯	48000000	48000000
	⑮及び⑯以外の株式及び出資	⑰	86300000	19000000
	公債及び社債	⑱	20000000	20000000
	証券投資信託、貸付信託の受益証券	⑲	30000000	30000000
	計	⑳	184300000	117000000
現金、預貯金等		㉑	91500000	41500000
家庭用財産		㉒	1000000	1000000
その他の財産	生命保険金等	㉓	35000000	
	退職手当金等	㉔	15000000	15000000
	立木	㉕	1700000	
	その他	㉖	33500000	33500000
	計	㉗	85200000	48500000
合計（⑥＋⑨＋⑭＋⑳＋㉑＋㉒＋㉗）		㉘	550000000	250000000
相続時精算課税適用財産の価額		㉙	30000000	
不動産等の価額（⑥＋⑨＋⑩＋⑮＋⑯＋㉕）		㉚	237000000	90000000
⑯のうち株式等納税猶予対象の株式等の価額の80％の額		㉛		
⑰のうち株式等納税猶予対象の株式等の価額の80％の額		㉜		
⑯のうち特例株式等納税猶予対象の株式等の価額		㉝		
⑰のうち特例株式等納税猶予対象の株式等の価額		㉞		
債務等	債務	㉟	16950000	16950000
	葬式費用	㊱	3050000	3050000
	合計	㊲	20000000	20000000
差引純資産価額（㉘＋㉙－㊲）（赤字のときは0）		㊳	560000000	230000000
純資産価額に加算される暦年課税分の贈与財産価額		㊴	30000000	
課税価格（㊳＋㊴）（1,000円未満切捨て）		㊵	563000000	230000000

※の項目は記入する必要がありません。

43

相続財産の種類別価額表（続）(この表は、第11表から第14表までの記載に基づいて記入します。)

（単位は円）

FD3538

第15表（続）（平成30年分以降用）

種類	細目	番号	被相続人 甲　長男A	孫養子B
※	整理番号			
土地（土地の上に存する権利を含みます。）	田	①		
	畑	②		
	宅地	③	80000000	
	山林	④		6000000
	その他の土地	⑤	50000000	
	計	⑥	130000000	6000000
⑥のうち特例農地等	通常価額	⑦		
	農業投資価格による価額	⑧		
	家屋、構築物	⑨	10000000	
事業（農業）用財産	機械、器具、農耕具、その他の減価償却資産	⑩		
	商品、製品、半製品、原材料、農産物等	⑪		
	売掛金	⑫		
	その他の財産	⑬		
	計	⑭		
有価証券	特定同族会社の株式及び出資　配当還元方式によったもの	⑮		
	特定同族会社の株式及び出資　その他の方式によったもの	⑯		
	⑮及び⑯以外の株式及び出資	⑰	5000000	62300000
	公債及び社債	⑱		
	証券投資信託、貸付信託の受益証券	⑲		
	計	⑳	5000000	62300000
	現金、預貯金等	㉑		50000000
	家庭用財産	㉒		
その他の財産	生命保険金等	㉓	35000000	
	退職手当金等	㉔		
	立木	㉕		1700000
	その他	㉖		
	計	㉗	35000000	1700000
	合計（⑥＋⑨＋⑭＋⑳＋㉑＋㉒＋㉗）	㉘	180000000	120000000
	相続時精算課税適用財産の価額	㉙	30000000	
	不動産等の価額（⑥＋⑨＋⑩＋⑮＋⑯＋㉕）	㉚	140000000	7700000
	⑯のうち株式等納税猶予対象の株式等の価額の80％の額	㉛		
	⑰のうち株式等納税猶予対象の株式等の価額の80％の額	㉜		
	⑯のうち特例株式等納税猶予対象の株式等の価額	㉝		
	⑰のうち特例株式等納税猶予対象の株式等の価額	㉞		
債務等	債務	㉟		
	葬式費用	㊱		
	合計（㉟＋㊱）	㊲		
	差引純資産価額（㉘＋㉙－㊲）（赤字のときは0）	㊳	210000000	120000000
	純資産価額に加算される暦年課税分の贈与財産価額	㊴		3000000
	課税価格（㊳＋㊴）（1,000円未満切捨て）	㊵	210000000	123000000

※の項目は記入する必要がありません。

2 申告期限までに未分割の場合

相続税の申告期限までに、遺産の分割が行われない場合には、民法に規定する相続分又は包括遺贈の割合に従ってその財産を取得したものとして相続税額を計算する。

民法に規定する相続分とは、法定相続分・代襲相続分・指定相続分・特別受益者の相続分をいう（相基通55-1）。

なお、指定相続分が遺言により定められている場合は、指定相続分が法定相続分に優先される。

1 未分割の場合の各表の記載方法の概要と記載例

前記「1 ○○家の事例」において、一部の財産について、未分割の場合の申告書の各表の記載方法の概要は次のとおりである。各表の記載例は50頁以降の第1表から第15表を参照されたい。

（事例の未分割財産）
・全ての土地及び家屋
・全ての有価証券
・債務のうち固定資産税・所得税・住民税・銀行借入金

---

(1) 第1表

第1表には、第2表から第15表までのうち必要事項を転記し、各相続人の合計及び各相続人それぞれの課税価格・控除税額・相続税額を記載する。

(2) 第2表

第2表には、法定相続人が相続財産を法定相続分により相続したものとみなして計算した場合の相続税額を記載する。

(3) 第4表・第4表の2

第4表には、相続人のうち2割加算が適用される場合において、2割加算の金額を計算するため、「1 相続税額の加算金額の計算」欄に記載する。

第4表の2には、相続人が、相続開始前3年以内に被相続人から暦年贈与により贈与

を受けている場合において、贈与税額の控除額を計算するため、相続開始の年の前年分・前々年分・前々々年分の 3 年分に分けて暦年課税分の贈与税額を記載する。

(4)　**第 5 表**

第 5 表には、配偶者の税額軽減額を計算するため、配偶者が取得した財産の課税価格・配偶者の税額軽減額を記載する。相続人に農業相続人がいない場合には「1　一般の場合」欄に記載する。

なお、未分割の場合は、分割が確定した財産のみ適用を受けることができるため、分割が確定した財産の価額を記載して計算する。

(5)　**第 7 表**

第 7 表には、被相続人が今回の相続開始前 10 年以内に開始した相続について、相続税が課されている場合において、相次相続控除を適用する場合には、前回の相続（1 次相続）の相続税申告書から被相続人の氏名・相続財産及び相続税額を記載し相次相続控除額を計算する。

(6)　**第 11 表**

第 11 表には、相続財産について種類・細目・利用区分・所在場所等を記載し、遺産分割協議が成立している場合には、取得した相続人の氏名と取得財産の価額を記載する。

未分割の場合には、分割の状況に「2　一部分割」欄又は「3　全部未分割」欄に○を付し、「分割が確定した財産」欄は空欄にする。

(7)　**第 13 表**

第 13 表には、各債務ごとに種類・細目・債務の金額・債務の負担者が確定している場合において、負担者の氏名及び負担する金額を「1　債務の明細」欄に記載する。

各葬式費用の支払先ごとに支払先・住所・支払金額・負担者が確定している場合において、負担者の氏名及び負担する金額を「2　葬式費用の明細」欄に記載する。

未分割の場合には、「負担する人の氏名」欄・「負担する金額」欄は空欄にし、「3　債務及び葬式費用の合計額」欄の「負担することが確定していない債務」欄に記載する。

(8) 第15表

第15表には、第11表から第14表までの金額を、細目ごとに合計して各相続人の合計及び各相続人それぞれの課税価格を記載する。

2 未分割の場合の計算過程

相続財産が未分割の場合の計算過程を示すと、次のとおりである。

(1) 課税遺産総額

682,999,000 円 − 48,000,000 円 = 634,999,000 円

課税価格（682,999,000 円）は、未分割で小規模宅地等の特例の要件を満たしていないため、前記①の事例の課税価格と異なる（49 頁参照）。

(2) 各相続人の配分額

(1)の金額を法定相続分で配分する。

配偶者乙…………634,999,000 円 × 1/2 = 317,499,000 円（千円未満切捨）

長男 A…………634,999,000 円 × 1/4 = 158,749,000 円（千円未満切捨）

孫養子 B…………634,999,000 円 × 1/4 = 158,749,000 円（千円未満切捨）

(3) 相続税の総額

配偶者乙…………317,499,000 円 × 50% − 42,000,000 円 = 116,749,500 円

長男 A…………158,749,000 円 × 40% − 17,000,000 円 = 46,499,600 円

孫養子 B…………158,749,000 円 × 40% − 17,000,000 円 = 46,499,600 円

合計額…………209,748,700 円

(4) 各人の算出税額

上記(3)の相続税の総額に課税価格の割合(あん分割合)を乗じる。分割が確定した財産・債務と未分割の財産・債務（法定相続の割合で計算）があるため、(2)の法定相続の割合で計算した税額と異なる。

配偶者乙…………209,748,700 円 × 0.48 = 100,679,376 円

長男 A…………209,748,700 円 × 0.27 = 56,632,149 円

孫養子 B…………209,748,700 円 × 0.25 = 52,437,175 円

3　民法上の特別受益の持戻し計算をする場合

　未分割財産の各相続人の配分に当たり、民法903条の特別受益を計算する場合の課税価格は次のとおりである。

　なお、特別受益の持戻し計算を行っても、相続税の課税価格の合計額や相続税の総額に影響がないため、実務では、特別受益は考慮せず、法定相続分で取得したものとみなして計算しているケースが多い。

（特別受益の価額）
　贈与を受けた者　孫養子B　現金　3,000,000円（暦年課税）
　贈与を受けた者　長男A　株式　30,000,000円（相続時精算課税）

⑴　**未分割の財産の総額**

　　670,000,000円 － 177,700,000円 = 492,300,000円

⑵　**特別受益額**

　　30,000,000（長男A）+ 3,000,000円（孫養子B）= 33,000,000円

　（注）　特別受益となる生前贈与財産の価額はその財産の相続時の時価によるが、便宜上同額で計算している。また、民法の相続財産の持戻し計算は、贈与の時期が相続開始前3年以内かどうかは問わない。

⑶　**相続財産とされる価額**

　　492,300,000円 + 33,000,000円 = 525,300,000円

⑷　**各相続人の相続財産の価額**

　　配偶者乙…………525,300,000円 × 1/2 = 262,650,000円

　　長男A……………525,300,000円 × 1/4 － 30,000,000円 = 101,325,000円

　　孫養子B…………525,300,000円 × 1/4 － 3,000,000円 = 128,325,000円

⑸　**債務控除額**

　　負担が決まっていない債務については法定相続分で配分して計算する。

　　配偶者乙…………16,750,000円 × 1/2 + 200,000円 + 3,050,000円 = 11,625,000円

　　長男Ａ……………16,750,000円× 1/4 ＝ 4,187,500円

　　孫養子Ｂ…………16,750,000円× 1/4 ＝ 4,187,500円

（注）　配偶者乙は債務 200,000円、葬式費用 3,050,000円の負担が確定している。

（各人ごとの課税価格）

内容	合計額	配偶者乙	長男Ａ	孫養子Ｂ
分割財産	177,700,000円	91,000,000円	35,000,000円	51,700,000円
未分割財産	492,300,000円	262,650,000円	101,325,000円	128,325,000円
生前贈与	33,000,000円		30,000,000円	3,000,000円
債務控除額	20,000,000円	11,625,000円	4,187,500円	4,187,500円
課税価格	683,000,000円	342,025,000円	162,137,500円	178,837,500円

　なお、一部未分割の事例の記載例では、課税価格の計算において、特別受益の持戻し計算は行っていない。

4　相続税額の比較

　○○家の事例を遺産分割協議が成立している事例と一部未分割の事例を比較すると、次のようになる。

　未分割の場合は、小規模宅地等の特例を受けられないため、課税価格が増加し、また、配偶者乙については配偶者の税額軽減の適用は分割が確定した財産のみが対象になるため、納付税額が生じている。

〈遺産分割・一部未分割の相続税額の比較〉

内容	合計	配偶者乙	長男Ａ	孫養子Ｂ
遺産分割前（一部未分割）				
課税価格	682,999,000円	325,525,000円	183,887,000円	173,587,000円
算出税額	209,748,700円	100,679,376円	56,632,149円	52,437,175円
2割加算	10,487,435円			10,487,435円
配偶者の税額軽減額	27,946,060円	27,946,060円		
未成年者控除他	5,690,000円	288,000円	4,862,000円	540,000円
申告納税額	186,600,000円	72,445,300円	51,770,100円	62,384,600円
遺産分割後				
課税価格	563,000,000円	230,000,000円	210,000,000円	123,000,000円
算出税額	157,875,000円	64,728,750円	58,413,750円	34,732,500円
2割加算	6,946,500円			6,946,500円
配偶者の税額軽減額	64,496,003円	64,496,003円		
未成年者控除他	5,690,000円	246,000円	4,928,000円	516,000円
申告納税額	94,648,700円	0円	53,485,700円	41,163,000円

（注）　未成年者控除他の内訳は、50頁・51頁の⑫・⑭・⑮・⑯・⑳欄に記載している。
　　　納税税額は各相続人ごとに百円未満切捨てをしている（赤字の場合は0円）

相続税の申告書を提出する税務署名及び提出日を記載する。

申告する者のマイナンバー(個人番号)を左端を空欄にした上で記入する。

財産を取得した者(相続人等)の氏名・生年月日等及び相続開始時の住所・職業を記載する。

被相続人の相続開始年月日・氏名・生年月日等及び相続開始時の住所・職業を記載する。

「課税価格の計算」欄①・④・⑥には、小規模宅地等の特例が適用できないため、適用前の宅地の価額により計算した取得財産の価額を記載する。

「各人の算出税額の計算」欄⑦・⑨・⑪には、小規模宅地等の特例の適用前の課税価格により計算した相続税の総額の金額・算出税額・2割加算の金額を記載する。

「各人の納付・還付税額の計算」欄⑬には、分割協議が成立した財産の価額を基に計算した配偶者の税額軽減額を記載する。

「各人の納付・還付税額の計算」欄㉘には、申告期限までに納付する金額(㉒-㉓-㉔-㉕-㉖-㉗)を記載する。

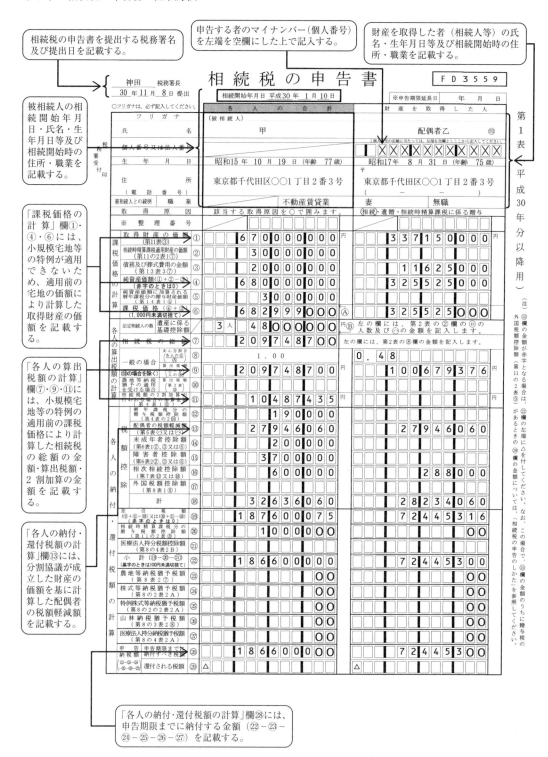

財産を取得した者（相続人等）の氏名・生年月日等及び相続開始時の住所・職業を記載する。

申告する者のマイナンバー（個人番号）を左端を空欄にした上で記入する。

相続税の申告書（続）

FD3560

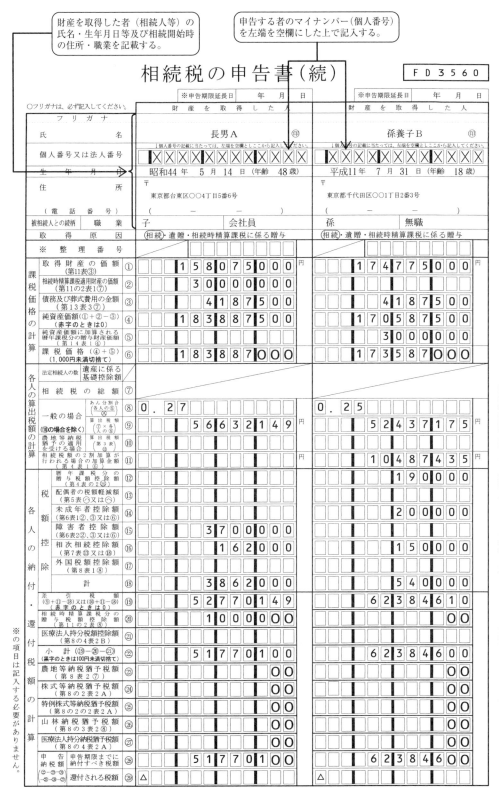

		財産を取得した人	財産を取得した人
	※申告期限延長日	年 月 日	年 月 日
フリガナ			
氏 名		長男A ㊞	孫養子B ㊞
個人番号又は法人番号		××××××××××××	××××××××××××
生 年 月 日		昭和44年 5月14日 （年齢 48歳）	平成11年 7月31日 （年齢 18歳）
住 所		〒 東京都台東区○○4丁目5番6号	〒 東京都千代田区○○1丁目2番3号
（ 電 話 番 号 ）		（ － － ）	（ － － ）
被相続人との続柄 職業		子 会社員	孫 無職
取 得 原 因		(相続)・遺贈・相続時精算課税に係る贈与	(相続)・遺贈・相続時精算課税に係る贈与
※ 整 理 番 号			

課税価格の計算	取得財産の価額（第11表③）	①	158075000 円	174775000 円
	相続時精算課税適用財産の価額（第11の2表①⑦）	②	30000000	
	債務及び葬式費用の金額（第13表3⑦）	③	4187500	4187500
	純資産価額（①+②-③）（赤字のときは0）	④	183887500	170587500
	純資産価額に加算される暦年課税分の贈与財産価額（第14表1④）	⑤		3000000
	課税価格（④+⑤）（1,000円未満切捨て）	⑥	183887000	173587000
各人の算出税額の計算	法定相続人の数 遺産に係る基礎控除額			
	相続税の総額	⑦		
	一般の場合（⑩の場合を除く） あん分割合（各人の⑥）（⑥）	⑧	0.27	0.25
	算出税額（⑦×各）（人の⑧）	⑨	56632149 円	52437175 円
	農地等納税猶予の適用を受ける場合 算出税額（第3表⑨）	⑩		
	相続税額の2割加算が行われる場合の加算金額（第4表⑥）	⑪	円	10487435 円
各人の納付・還付税額の計算	税額控除	暦年課税分の贈与税額控除額（第4表の2⑥）	⑫		190000
		配偶者の税額軽減額（第5表⊘又は⊖）	⑬		
		未成年者控除額（第6表1②、③又は⑥）	⑭		200000
		障害者控除額（第6表2②、③又は⑥）	⑮	3700000	
		相次相続控除額（第7表⑬又は⑱）	⑯	162000	150000
		外国税額控除額（第8表1⑧）	⑰		
		計	⑱	3862000	540000
	差 引 税 額（⑨+⑪-⑱）又は（⑩+⑪-⑱）（赤字のときは0）	⑲	52770149	62384610
	相続時精算課税分の贈与税額控除額（第11の2表⑧）	⑳	1000000	00
	医療法人持分税額控除額（第8の4表2B）	㉑		
	小 計（⑲-⑳-㉑）（黒字のときは100円未満切捨て）	㉒	51770100	62384600
	農地等納税猶予税額（第8表2⑦）	㉓	00	00
	株式等納税猶予税額（第8の2表2A）	㉔	00	00
	特例株式等納税猶予税額（第8の2の2表2A）	㉕	00	00
	山林納税猶予税額（第8の3表2⑧）	㉖	00	00
	医療法人持分納税猶予税額（第8の4表2A）	㉗	00	00
	申告納税額 申告期限までに納付すべき税額	㉘	51770100	62384600
	（⑱-⑳-㉒-㉓） 還付される税額	㉙	△	△

（注）㉒欄の金額が赤字となる場合は、㉒欄の左端に△を付してください。なお、この場合で、㉒欄の金額のうちに贈与税の外国税額控除額（第11の2表⑨）があるときの㉙欄の金額については、「相続税の申告のしかた」を参照してください。

○フリガナは、必ず記入してください。

第1表（続）（平成30年分以降用）

※の項目は記入する必要がありません。

> 「①課税価格の合計額」欄には、小規模宅地等の特例が適用できないため、適用前の宅地の価額により計算した課税価格の合計額を、第1表の「課税価格の計算」欄⑥Ⓐの金額から移記する。

相 続 税 の 総 額 の 計 算 書

| 被相続人 | 甲 |

第2表（平成27年分以降用）

○この表を修正申告書の第2表として使用するときは、⑥Ⓐの金額を記入します。
○この表を修正申告書の第2表として使用するときは、⑦欄には修正申告書第1表のⒷ欄の⑥Ⓐの金額を記入し、㋭欄には修正申告書

この表は、第1表及び第3表の「相続税の総額」の計算のために使用します。
なお、被相続人から相続、遺贈や相続時精算課税に係る贈与によって財産を取得した人のうちに農業相続人がいない場合は、この表の㋬欄及び㋮欄並びに⑨欄から⑪欄までは記入する必要がありません。

① 課税価格の合計額	② 遺産に係る基礎控除額	③ 課税遺産総額
（イ） （第1表 ⑥Ⓐ） 682,999,000 円	3,000万円 ＋ （ 600万円 × Ⓐの法定相続人の数 3人 ） ＝ ⓗ 4,800 万円	（ニ） （イ－ⓗ） 634,999,000 円
（ホ） （第3表 ⑥Ⓐ） ,000 円	ⓗの人数及びⓗの金額を第1表Ⓑへ転記します。	（ヘ） （ホ－ⓗ） ,000 円

④ 法定相続人（（注）1参照）		⑤ 左の法定相続人に応じた法定相続分	第1表の「相続税の総額⑦」の計算		第3表の「相続税の総額⑦」の計算	
氏　名	被相続人との続柄		⑥ 法定相続分に応ずる取得金額 （ニ×⑤） （1,000円未満切捨て）	⑦ 相続税の総額の基となる税額 下の「速算表」で計算します。	⑨ 法定相続分に応ずる取得金額 （ヘ×⑤） （1,000円未満切捨て）	⑩ 相続税の総額の基となる税額 下の「速算表」で計算します。
配偶者乙	妻	$\frac{1}{2}$	317,499,000 円	116,749,500 円	,000 円	円
長男A	子	$\frac{1}{2} \times \frac{1}{2} = \frac{1}{4}$	158,749,000	46,499,600	,000	
孫養子B	孫	$\frac{1}{2} \times \frac{1}{2} = \frac{1}{4}$	158,749,000	46,499,600	,000	
			,000		,000	
			,000		,000	
			,000		,000	
			,000		,000	
			,000		,000	
			,000		,000	
法定相続人の数 Ⓐ 3人	合計 1		⑧ 相続税の総額（⑦の合計額） （100円未満切捨て） 209,748,700		⑪ 相続税の総額（⑩の合計額） （100円未満切捨て） 00	

（注）1　④欄の記入に当たっては、被相続人に養子がある場合や相続の放棄があった場合には、「相続税の申告のしかた」をご覧ください。
　　　2　⑧欄の金額を第1表⑦欄へ転記します。財産を取得した人のうちに農業相続人がいる場合は、⑧欄の金額を第1表⑦欄へ転記するとともに、⑪欄の金額を第3表⑦欄へ転記します。

相 続 税 の 速 算 表

法定相続分に応ずる取得金額	10,000千円以下	30,000千円以下	50,000千円以下	100,000千円以下	200,000千円以下	300,000千円以下	600,000千円以下	600,000千円超
税　率	10%	15%	20%	30%	40%	45%	50%	55%
控　除　額	－ 千円	500千円	2,000千円	7,000千円	17,000千円	27,000千円	42,000千円	72,000千円

この速算表の使用方法は、次のとおりです。
⑥欄の金額×税率－控除額＝⑦欄の税額　　　⑨欄の金額×税率－控除額＝⑩欄の税額
例えば、⑥欄の金額30,000千円に対する税額（⑦欄）は、30,000千円×15％－500千円＝4,000千円です。

○連帯納付義務について
　相続税の納税については、各相続人等が相続、遺贈や相続時精算課税に係る贈与により受けた利益の価額を限度として、お互いに連帯して納付しなければならない義務があります。

未分割の財産は、法定相続で計算するため孫養子Bの「各人の税額控除前の相続税額」欄①には、未分割財産の配分後の金額を基に計算した相続税額を記載する。「相続税額の加算金額」欄⑥には、①の金額に２割を乗じた金額を記載する。

相 続 税 額 の 加 算 金 額 の 計 算 書

	被相続人	甲

1　相続税額の加算金額の計算

この表は、相続、遺贈や相続時精算課税に係る贈与によって財産を取得した人のうちに、被相続人の一親等の血族（代襲して相続人となった直系卑属を含みます。）及び配偶者以外の人がいる場合に記入します。

なお、相続や遺贈により取得した財産のうちに、租税特別措置法第70条の２の３（直系尊属から結婚・子育て資金の一括贈与を受けた場合の贈与税の非課税）第10項第２号に規定する管理残額がある人は、下記「2　加算の対象とならない相続税額の計算（管理残額がある場合）」を作成します。

（注）一親等の血族であっても相続税額の加算の対象となる場合があります。詳しくは「相続税の申告のしかた」をご覧ください。

加算の対象となる人の氏名		孫養子Ｂ			
各人の税額控除前の相続税額 （第1表の⑨又は第1表の⑩の金額）	①	52,437,175 円	円	円	円
相受続開始等時での続柄に変更があった場合で、被相続人の養子に、相続時精算課税に係る贈与財産を取得した人で、その養子・相続人と解消する場合	被相続人の一親等の血族であった期間内にその被相続人から相続時精算課税に係る贈与によって取得した財産の価額	②	円	円	円	円
	被相続人から相続、遺贈や相続時精算課税に係る贈与によって取得した財産などで相続税の課税価格に算入された財産の価額 （第1表①＋第1表②＋第1表⑤）	③				
	加算の対象とならない相続税額 （①×②÷③）	④				
管理残額がある場合	加算の対象とならない相続税額 （下記「2」の⑬の金額）	⑤	円	円	円	円
相続税額の加算金額 （①×0.2） ただし、上記②～⑤の金額がある場合には、 （（①-④-⑤）×0.2）となります。	⑥	10,487,435 円	円	円	円

（注）1　相続時精算課税適用者である孫が相続開始の時までに被相続人の養子となった場合は、「相続時精算課税に係る贈与を受けている人で、かつ、相続開始の時までに被相続人との続柄に変更があった場合」には含まれませんので②欄から④欄までの記入は不要です。
　　　2　各人の⑥欄の金額を第1表のその人の「相続税額の2割加算が行われる場合の加算金額⑪」欄に転記します。

2　加算の対象とならない相続税額の計算（管理残額がある場合）

この表は、加算の対象となる人のうちで、租税特別措置法第70条の２の３（直系尊属から結婚・子育て資金の一括贈与を受けた場合の贈与税の非課税）第10項第2号に規定する管理残額で被相続人から相続や遺贈により取得したものとみなされたものがある人が記入します。

加算の対象となる人の氏名					
各人の税額控除前の相続税額 （第1表の⑨又は第1表の⑩の金額）	⑦	円	円	円	円
被相続人から相続や遺贈により取得したものとみなされる管理残額	⑧	円	円	円	円
被相続人から相続、遺贈や相続時精算課税に係る贈与によって取得した財産で相続税の課税価格に算入された財産の価額 （第1表①＋第1表②）	⑨				
債務及び葬式費用の金額 （第1表の③）	⑩				
⑨－⑩（赤字のときは0）	⑪				
被相続人から相続、遺贈や相続時精算課税に係る贈与によって財産を取得した人が、相続の開始前3年以内に被相続人から暦年課税に係る贈与によって取得した財産で相続税の課税価格に算入された財産の価額 （第1表の⑤）	⑫				
加算の対象とならない相続税額 ⑦× ⑧/（⑪＋⑫）　（⑦を超える場合には、⑦を上限とします。）	⑬	円	円	円	円

（注）各人の⑬欄の金額を上記「1　相続税額の加算金額の計算」のその人の⑤欄「下記「2」の⑬の金額」欄に転記します。

暦年課税分の贈与税額控除額の計算書

被相続人	甲

この表は、第14表の「1 純資産価額に加算される暦年課税分の贈与財産価額及び特定贈与財産価額の明細」欄に記入した財産のうち相続税の課税価格に加算されるものについて、贈与税が課税されている場合に記入します。

控除を受ける人の氏名		孫養子B		

相続開始の年の前年分（平成29年分）

			税務署	税務署	税務署
贈与税の申告書の提出先					
被相続人から暦年課税に係る贈与によって租税特別措置法第70条の2の5第1項の規定の適用を受ける財産（特例贈与財産）を取得した場合					
相続開始の年の前年中に暦年課税に係る贈与によって取得した特例贈与財産の価額の合計額	①		円	円	円
①のうち被相続人から暦年課税に係る贈与によって取得した特例贈与財産の価額の合計額（贈与税額の計算の基礎となった価額）	②				
その年分の暦年課税分の贈与税額（裏面の「2」参照）	③				
控除を受ける贈与税額（特例贈与財産分）（③×②÷①）	④				
被相続人から暦年課税に係る贈与によって租税特別措置法第70条の2の5第1項の規定の適用を受けない財産（一般贈与財産）を取得した場合					
相続開始の年の前年中に暦年課税に係る贈与によって取得した一般贈与財産の価額の合計額（贈与税の配偶者控除後の金額）	⑤		円	円	円
⑤のうち被相続人から暦年課税に係る贈与によって取得した一般贈与財産の価額の合計額（贈与税額の計算の基礎となった価額）	⑥				
その年分の暦年課税分の贈与税額（裏面の「3」参照）	⑦				
控除を受ける贈与税額（一般贈与財産分）（⑦×⑥÷⑤）	⑧				

相続開始の年の前々年分（平成28年分）

		神田 税務署	税務署	税務署
贈与税の申告書の提出先				
被相続人から暦年課税に係る贈与によって租税特別措置法第70条の2の5第1項の規定の適用を受ける財産（特例贈与財産）を取得した場合				
相続開始の年の前々年中に暦年課税に係る贈与によって取得した特例贈与財産の価額の合計額	⑨	円	円	円
⑨のうち被相続人から暦年課税に係る贈与によって取得した特例贈与財産の価額の合計額（贈与税額の計算の基礎となった価額）	⑩			
その年分の暦年課税分の贈与税額（裏面の「2」参照）	⑪			
控除を受ける贈与税額（特例贈与財産分）（⑪×⑩÷⑨）	⑫			
被相続人から暦年課税に係る贈与によって租税特別措置法第70条の2の5第1項の規定の適用を受けない財産（一般贈与財産）を取得した場合				
相続開始の年の前々年中に暦年課税に係る贈与によって取得した一般贈与財産の価額の合計額（贈与税の配偶者控除後の金額）	⑬	円 3,000,000	円	円
⑬のうち被相続人から暦年課税に係る贈与によって取得した一般贈与財産の価額の合計額（贈与税額の計算の基礎となった価額）	⑭	3,000,000		
その年分の暦年課税分の贈与税額（裏面の「3」参照）	⑮	190,000		
控除を受ける贈与税額（一般贈与財産分）（⑮×⑭÷⑬）	⑯	190,000		

相続開始の年の前々々年分（平成27年分）

		税務署	税務署	税務署
贈与税の申告書の提出先				
被相続人から暦年課税に係る贈与によって租税特別措置法第70条の2の5第1項の規定の適用を受ける財産（特例贈与財産）を取得した場合				
相続開始の年の前々々年中に暦年課税に係る贈与によって取得した特例贈与財産の価額の合計額	⑰	円	円	円
⑰のうち相続開始の日から遡って3年前の日以後に被相続人から暦年課税に係る贈与によって取得した特例贈与財産の価額の合計額（贈与税額の計算の基礎となった価額）	⑱			
その年分の暦年課税分の贈与税額（裏面の「2」参照）	⑲			
控除を受ける贈与税額（特例贈与財産分）（⑲×⑱÷⑰）	⑳			
被相続人から暦年課税に係る贈与によって租税特別措置法第70条の2の5第1項の規定の適用を受けない財産（一般贈与財産）を取得した場合				
相続開始の年の前々々年中に暦年課税に係る贈与によって取得した一般贈与財産の価額の合計額（贈与税の配偶者控除後の金額）	㉑	円	円	円
㉑のうち相続開始の日から遡って3年前の日以後に被相続人から暦年課税に係る贈与によって取得した一般贈与財産の価額の合計額（贈与税額の計算の基礎となった価額）	㉒			
その年分の暦年課税分の贈与税額（裏面の「3」参照）	㉓			
控除を受ける贈与税額（一般贈与財産分）（㉓×㉒÷㉑）	㉔			
暦年課税分の贈与税額控除額計（④＋⑧＋⑫＋⑯＋⑳＋㉔）	㉕	円 190,000	円	円

(注)　各人の㉕欄の金額を第1表のその人の「暦年課税分の贈与税額控除額⑫」欄に転記します。

「①分割財産の価額」欄には、分割されている財産のうち配偶者乙が取得した財産の価額を記載する。第11表の「分割財産の価額」欄①の配偶者乙の金額から移記する。

配 偶 者 の 税 額 軽 減 額 の 計 算 書

被相続人	甲

私は、相続税法第19条の2第1項の規定による配偶者の税額軽減の適用を受けます。

1 一般の場合
（この表は、①被相続人から相続、遺贈や相続時精算課税に係る贈与によって財産を取得した人のうちに農業相続人がいない場合又は②配偶者が農業相続人である場合に記入します。）

課税価格の合計額のうち配偶者の法定相続分相当額

(第1表の④の金額)		〔配偶者の法定相続分〕		㋑※
682,999,000 円 ×	1/2	=	341,499,500 円	341,499,500
上記の金額が16,000万円に満たない場合には、16,000万円				

配偶者の税額軽減額を計算する場合の課税価格	① 分割財産の価額 (第11表の配偶者の①の金額)	分割財産の価額から控除する債務及び葬式費用の金額			⑤ 純資産価額に加算される暦年課税分の贈与財産価額（第1表の配偶者の⑤の金額）	⑥ (①-④+⑤)の金額 (⑤の金額より小さいときは⑤の金額) (1,000円未満切捨て)
		② 債務及び葬式費用の金額（第1表の配偶者の③の金額）	③ 未分割財産の価額（第11表の配偶者の②の金額）	④ (②-③)の金額 (③の金額が②の金額より大きいときは0)		
	円 91,000,000	円 11,625,000	円 246,150,000	円 0	円 ※	円 91,000,000

⑦ 相続税の総額 (第1表の⑦の金額)	⑧ ㋑の金額と⑥の金額のうちいずれか少ない方の金額	⑨ 課税価格の合計額 (第1表の④の金額)	⑩ 配偶者の税額軽減の基となる金額 (⑦×⑧÷⑨)
円 209,748,700	円 91,000,000	円 682,999,000	円 27,946,060

配偶者の税額軽減の限度額	(第1表の配偶者の⑨又は⑩の金額) (第1表の配偶者の⑫の金額) (100,679,376 円 － 円)	㋺ 100,679,376
配偶者の税額軽減額	(⑩の金額と㋺の金額のうちいずれか少ない方の金額)	㋩ 27,946,060

（注）㋩の金額を第1表の配偶者の「配偶者の税額軽減額⑬」欄に転記します。

2 配偶者以外の人が農業相続人である場合
（この表は、被相続人から相続、遺贈や相続時精算課税に係る贈与によって財産を取得した人のうちに農業相続人がいる場合で、かつ、その農業相続人が配偶者以外の場合に記入します。）

課税価格の合計額のうち配偶者の法定相続分相当額

(第3表の④の金額)		〔配偶者の法定相続分〕		㊁※
,000 円 ×	——	=	円	円
上記の金額が16,000万円に満たない場合には、16,000万円				

配偶者の税額軽減額を計算する場合の課税価格	⑪ 分割財産の価額 (第11表の配偶者の①の金額)	分割財産の価額から控除する債務及び葬式費用の金額			⑮ 純資産価額に加算される暦年課税分の贈与財産価額（第1表の配偶者の⑤の金額）	⑯ (⑪-⑭+⑮)の金額 (⑮の金額より小さいときは⑮の金額) (1,000円未満切捨て)
		⑫ 債務及び葬式費用の金額（第1表の配偶者の③の金額）	⑬ 未分割財産の価額（第11表の配偶者の②の金額）	⑭ (⑫-⑬)の金額 (⑬の金額が⑫の金額より大きいときは0)		
	円	円	円	円	円 ※	円 ,000

⑰ 相続税の総額 (第3表の⑦の金額)	⑱ ㊁の金額と⑯の金額のうちいずれか少ない方の金額	⑲ 課税価格の合計額 (第3表の④の金額)	⑳ 配偶者の税額軽減の基となる金額 (⑰×⑱÷⑲)
円 00	円	円 ,000	円

配偶者の税額軽減の限度額	(第1表の配偶者の⑩の金額) (第1表の配偶者の⑫の金額) (円 － 円)	㋬ 円
配偶者の税額軽減額	(⑳の金額と㋬の金額のうちいずれか少ない方の金額)	㋭

（注）㋭の金額を第1表の配偶者の「配偶者の税額軽減額⑬」欄に転記します。

※ 相続税法第19条の2第5項（隠蔽又は仮装があった場合の配偶者の相続税額の軽減の不適用）の規定の適用があるときには、「課税価格の合計額のうち配偶者の法定相続分相当額」の（第1表の④の金額）、⑥、⑦、⑨、「課税価格の合計額のうち配偶者の法定相続分相当額」の（第3表の④の金額）、⑯、⑰及び⑲の各欄は、第5表の付表で計算した金額を転記します。

⑧欄には、小規模宅地等の特例が適用できないため、適用前の宅地の価額により計算した純資産価額を記載する。第1表の「課税価格の計算」欄④の金額を移記する。

相 次 相 続 控 除 額 の 計 算 書

| 被相続人 | 甲 |

　この表は、被相続人が今回の相続の開始前10年以内に開始した前の相続について、相続税を課税されている場合に記入します。

1　相 次 相 続 控 除 額 の 総 額 の 計 算

前の相続に係る被相続人の氏名	前の相続に係る被相続人と今回の相続に係る被相続人との続柄	前 の 相 続 に 係 る 相 続 税 の 申 告 書 の 提 出 先	
X	被相続人の父	東京上野	税務署

①　前 の 相 続 の 年 月 日	②　今回の相続の年月日	③　前の相続から今回の相続までの期間(1年未満切捨て)	④　10 年 － ③ の 年 数
平成23 年　5 月10 日	平成30 年　1 月10 日	6　　　年	4　　　年

⑤　被相続人が前の相続の時に取得した純資産価額(相続時精算課税適用財産の価額を含みます。)	⑥　前の相続の際の被相続人の相続税額	⑦　(⑤－⑥)の金額	⑧　今回の相続、遺贈や相続時精算課税に係る贈与によって財産を取得した全ての人の純資産価額の合計額（第1表の④の合計金額）
円　80,000,000	円　1,500,000	円　78,500,000	円　680,000,000

（⑥の相続税額） 1,500,000 円 × （⑧の金額）680,000,000 円 / （⑦の金額）78,500,000 円 〔この割合が1を超えるときは、1とします。〕 × （④の年数）4 / 10 年 ＝ Ⓐ 相次相続控除額の総額 600,000 円

2　各 相 続 人 の 相 次 相 続 控 除 額 の 計 算

(1)　一般の場合

この表は、被相続人から相続、遺贈や相続時精算課税に係る贈与によって財産を取得した人のうちに農業相続人がいない場合に、財産を取得した相続人の全ての人が記入します。

今回の相続の被相続人から財産を取得した相続人の氏名	⑨ 相 次 相 続 控 除 額 の 総 額	⑩ 各相続人の純資産価額(第1表の各人の④の金額)	⑪ 相続人以外の人も含めた純資産価額の合計額(第1表の④の各人の合計)	⑫ 各人の⑩/Ⓑ の割合	⑬ 各人の相次相続控除額(⑨×各人の⑫の割合)
配偶者乙		円　325,525,000		0.48	円　288,000
長男A	（上記Ⓐの金額）	183,887,500		0.27	162,000
孫養子B	600,000 円	170,587,500	Ⓑ 680,000,000 円	0.25	150,000

(2)　相続人のうちに農業相続人がいる場合

この表は、被相続人から相続、遺贈や相続時精算課税に係る贈与によって財産を取得した人のうちに農業相続人がいる場合に、財産を取得した相続人の全ての人が記入します。

今回の相続の被相続人から財産を取得した相続人の氏名	⑭ 相 次 相 続 控 除 額 の 総 額	⑮ 各相続人の純資産価額(第3表の各人の④の金額)	⑯ 相続人以外の人も含めた純資産価額の合計額(第3表の④の各人の合計)	⑰ 各人の⑮/Ⓒ の割合	⑱ 各人の相次相続控除額(⑭×各人の⑰の割合)
		円			
	（上記Ⓐの金額）				
	円		Ⓒ 円		

⑪欄には、小規模宅地等の特例の適用前の宅地の価額により計算した課税価格を第1表の「課税価格の計算」欄④から移記する。
⑫欄には、各人の⑩欄の金額をⒷ（⑪欄）の金額で除した割合を記載する。
⑬欄には、⑫欄のあん分割合を乗じて計算した金額を記載する。第1表の⑯欄に移記する。

(注)　1　⑥欄の相続税額は、相続時精算課税分の贈与税額控除後の金額をいい、その被相続人が納税猶予の適用を受けていた場合の免除された相続税額並びに延滞税、利子税及び加算税の額は含まれません。
　　　2　各人の⑬又は⑱欄の金額を第1表のその人の「相次相続控除額⑯」欄に転記します。

未分割の場合には、「2 一部分割」欄又は「3 全部未分割」欄に○で記入し、分割協議の年月日を記入する。

相続税がかかる財産の明細書
（相続時精算課税適用財産を除きます。）

被相続人　　甲

未分割の場合には、「取得した人の氏名」欄・「取得財産の価額」欄は空欄にする。

○ 相続時精算課税適用財産の明細については、この表によらず第11の2表に記載します。

この表は、相続や遺贈によって取得した財産及び相続や遺贈によって取得したものとみなされる財産のうち、相続税のかかるものについての明細を記入します。

遺産の分割状況	区　分	1 全部分割	② 一部分割	3 全部未分割
	分割の日		30・10・1	

種類	細目	利用区分、銘柄等	所在場所等	数量 固定資産税評価額	単価 倍数	価額	分割が確定した財産 取得した人の氏名	取得財産の価額
土地	宅地	自用地（居住用）	千代田区○○1丁目2番3号	330㎡	円	円 150,000,000		円
土地	宅地	貸家建付地	文京区○○1丁目3番5号	200㎡	400,000	80,000,000		
		（小 計）				(230,000,000)		
土地	山林	普通山林	○○県○○郡○○町13番2	25,000㎡ 300,000	20	6,000,000		
		（小 計）				(6,000,000)		
土地	雑種地	自用地（駐車場）	春日部市○○3丁目5番16号	200㎡	250,000	50,000,000		
		（小 計）				(50,000,000)		
((計))						《 286,000,000》		
家屋	家屋（鉄コ2・居宅）	自用家屋	千代田区○○1丁目2番3号	120㎡ 12,000,000	1.0	12,000,000		
家屋	家屋（鉄コ2・店舗）	貸家	文京区○○1丁目3番5号	85㎡ 14,285,715	0.7	10,000,000		
((計))						《 22,000,000》		
有価証券	特定同族会社株式（その他の方式）	○○商事㈱	千代田区○○1丁目2番3号	5,000株	9,600	48,000,000		
		（小 計）				(48,000,000)		
有価証券	上記以外の株式	○○物産㈱	○○証券 ○○支店	12,500株	400	5,000,000		
有価証券	上記以外の株式	○○建設㈱	○○証券 ○○支店	20,000株	950	19,000,000		
有価証券	上記以外の株式	○○電気㈱	○○証券 ○○支店	62,300株	1,000	62,300,000		
		（小 計）				(86,300,000)		
有価証券	公債、社債	10年利付国債 第○回○号	○○証券 ○○支店	口		20,000,000		
		（小 計）				(20,000,000)		
有価証券	証券投資信託	○○ファンド	○○証券 ○○支店	30,000口	1,000	30,000,000		

合計表	財産を取得した人の氏名	（各人の合計）					
	分割財産の価額 ①	円	円	円	円	円	円
	未分割財産の価額 ②						
	各人の取得財産の価額（①+②）③						

（注）1　「合計表」の各人の③欄の金額を第1表のその人の「取得財産の価額①」欄に転記します。
　　　2　「財産の明細」の「価額」欄は、財産の細目、種類ごとに小計及び計を付し、最後に合計を付して、それらの金額を第15表の①から㉘までの該当欄に転記します。

相続税がかかる財産の明細書
（相続時精算課税適用財産を除きます。）

被相続人	甲

この表は、相続や遺贈によって取得した財産及び相続や遺贈によって取得したものとみなされる財産のうち、相続税のかかるものについての明細を記入します。

○ 相続時精算課税適用財産の明細については、この表によらず第11の2表に記載します。

遺産の分割状況	区　分	1 全部分割	2 一部分割	3 全部未分割
	分割の日	・　・	・　・	

財　産　の　明　細				数量 固定資産税評価額	単価 倍数	価　額	分割が確定した財産	
種類	細目	利用区分、銘柄等	所在場所等				取得した人の氏名	取得財産の価額
		（小　計）				円 (　30,000,000) 円		円
((計))						《　184,300,000》		
現金、預貯金		現金	千代田区〇〇1丁目2番3号			1,500,000	配偶者乙	1,500,000
現金、預貯金		普通預金	〇〇銀行　〇〇支店			12,000,000	配偶者乙	12,000,000
現金、預貯金		定期預金	〇〇銀行　〇〇支店			28,000,000	配偶者乙	28,000,000
現金、預貯金		定期預金	〇〇銀行　〇〇支店			50,000,000	孫養子B	50,000,000
((計))						《　91,500,000》		
家庭用財産		家具等一式	千代田区〇〇1丁目2番3号			1,000,000	配偶者乙	1,000,000
((計))						《　1,000,000》		
その他の財産	生命保険金等	〇〇生命保険(相)	中央区〇〇1丁目2番3号			35,000,000	長男A	35,000,000
		（小　計）				(　35,000,000)		
その他の財産	退職手当金等	〇〇商事㈱	千代田区〇〇1丁目2番3号			15,000,000	配偶者乙	15,000,000
		（小　計）				(　15,000,000)		
その他の財産	立木	ひのき 65年生	〇〇県〇〇郡〇〇町13番2号	2ha 0.85	1,000,000	1,700,000	孫養子B	1,700,000
		（小　計）				(　1,700,000)		
その他の財産	その他	ゴルフ会員権（〇〇カントリークラブ）	春日部市〇〇2丁目5番16号	1口 0.7	35,714,286	25,000,000	配偶者乙	25,000,000
その他の財産	その他	絵画（〇〇作他）	千代田区〇〇1丁目2番3号	5点		8,500,000	配偶者乙	8,500,000
		（小　計）				(　33,500,000)		
((計))						《　85,200,000》		
[合計]						[　670,000,000]		

合計表	財産を取得した人の氏名	（各人の合計）	配偶者乙	長男A	孫養子B		
	分割財産の価額 ①	円 177,700,000	円 91,000,000	円 35,000,000	円 51,700,000	円	円
	未分割財産の価額 ②	492,300,000	246,150,000	123,075,000	123,075,000		
	各人の取得財産の価額 （①＋②） ③	670,000,000	337,150,000	158,075,000	174,775,000		

未分割の場合には、「未分割財産の価額」欄②に法定相続分の割合で配分した未分割財産の価額を記載する。

（注）　1　「合計表」の各人の③欄の金額を第1表のその人の「取得財産の価額①」欄に転記します。
　　　　2　「財産の明細」の「価額」欄は、財産の細目、種類ごとに小計及び計を付し、最後に合計を付して、それらの金額を第15表の①から⑳までの該当欄に転記します。

未分割の場合には、「負担する人の氏名」欄・「負担する金額」欄は空欄にする。

債 務 及 び 葬 式 費 用 の 明 細 書

被相続人	甲

第13表（平成30年分以降用）

1　債 務 の 明 細　（この表は、被相続人の債務について、その明細と負担する人の氏名及び金額を記入します。）

債　務　の　明　細						負担することが確定した債務	
種類	細　目	債　権　者		発生年月日	金　　額	負担する人の氏名	負担する金　額
		氏名又は名称	住所又は所在地	弁済期限			
公租公課	平成30年度分固定資産税	千代田都税事務所			700,000 円		円
公租公課	平成30年分所得税等（準確定申告）	神田税務署			250,000		
公租公課	平成30年分住民税	千代田区役所			800,000		
銀行借入金	証書借入	○○銀行　○○支店	千代田区○○3丁目4番5号		15,000,000		
その他	医療費	○○病院			200,000	配偶者乙	200,000
合　　　計					16,950,000		

2　葬 式 費 用 の 明 細

この表は、被相続人の葬式に要した費用について、その明細と負担する人の氏名及び金額を記入します。

葬　式　費　用　の　明　細				負担することが確定した葬式費用	
支　払　先		支払年月日	金　　額	負担する人の氏名	負担する金　額
氏名又は名称	住所又は所在地				
○○寺	千代田区○○5丁目2番3号	30・1・15	500,000 円	配偶者乙	500,000 円
葬儀社	千代田区○○4丁目2番3号	30・2・13	2,550,000	配偶者乙	2,550,000
合　　　計			3,050,000		

未分割の場合には「負担することが確定していない債務」欄②・「負担することが確定していない葬式費用」欄⑤に未分割の債務・葬式費用を法定相続分で配分した金額を記載する。

3　債務及び葬式費用の合計額

債務などを承継した人の氏名			（各人の合計）	配偶者乙	長男A	孫養子B	
債	負担することが確定した債務	①	200,000 円	200,000 円	円	円	円
	負担することが確定していない債務	②	16,750,000	8,375,000	4,187,500	4,187,500	
務	計（①＋②）	③	16,950,000	8,575,000	4,187,500	4,187,500	
葬式	負担することが確定した葬式費用	④	3,050,000	3,050,000			
	負担することが確定していない葬式費用	⑤					
費用	計（④＋⑤）	⑥	3,050,000	3,050,000			
	合　計（③＋⑥）	⑦	20,000,000	11,625,000	4,187,500	4,187,500	

（注）　1　各人の⑦欄の金額を第1表のその人の「債務及び葬式費用の金額③」欄に転記します。
　　　　2　③、⑥及び⑦欄の金額を第15表の㉟、㊱及び㊲欄にそれぞれ転記します。

> 「宅地」欄③には、小規模宅地等の特例が適用できないため、適用前の価額により計算した宅地の合計額を記載する。第11表の金額から移記する。

相続財産の種類別価額表 （この表は、第11表から第14表までの記載に基づいて記入します。）

（単位は円）　　被相続人　甲　　　　FD3537

第15表（平成30年分以降用）

※の項目は記入する必要がありません。

種類	細目	番号	各人の合計	配偶者乙
※	整理番号			
土地（土地の上に存する権利を含みます。）	田	①		
	畑	②		
	宅地	③	230000000	115000000
	山林	④	6000000	3000000
	その他の土地	⑤	50000000	25000000
	計	⑥	286000000	143000000
⑥のうち特例農地等	通常価額	⑦		
	農業投資価格による価額	⑧		
	家屋、構築物	⑨	22000000	11000000
事業（農業）用財産	機械、器具、農耕具、その他の減価償却資産	⑩		
	商品、製品、半製品、原材料、農産物等	⑪		
	売掛金	⑫		
	その他の財産	⑬		
	計	⑭		
有価証券	特定同族会社の株式及び出資　配当還元方式によったもの	⑮		
	特定同族会社の株式及び出資　その他の方式によったもの	⑯	48000000	24000000
	⑮及び⑯以外の株式及び出資	⑰	86300000	43150000
	公債及び社債	⑱	20000000	10000000
	証券投資信託、貸付信託の受益証券	⑲	30000000	15000000
	計	⑳	184300000	92150000
	現金、預貯金等	㉑	91500000	41500000
	家庭用財産	㉒	1000000	1000000
その他の財産	生命保険金等	㉓	35000000	
	退職手当金等	㉔	15000000	15000000
	立木	㉕	1700000	
	その他	㉖	33000000	33500000
	計	㉗	85200000	48500000
	合計（⑥+⑨+⑭+⑳+㉑+㉒+㉗）	㉘	670000000	337150000
	相続時精算課税適用財産の価額	㉙	30000000	
	不動産等の価額（⑥+⑨+⑩+⑮+⑯+㉕）	㉚	357000000	178000000
	⑯のうち株式等納税猶予対象の株式等の価額の80％の額	㉛		
	⑰のうち株式等納税猶予対象の株式等の価額の80％の額	㉜		
	⑯のうち特例株式等納税猶予対象の株式等の価額	㉝		
	⑰のうち特例株式等納税猶予対象の株式等の価額	㉞		
債務等	債務	㉟	16950000	8575000
	葬式費用	㊱	3050000	3050000
	合計（㉟+㊱）	㊲	20000000	11625000
	差引純資産価額（㉘+㉙-㊲）（赤字のときは0）	㊳	680000000	325525000
	純資産価額に加算される暦年課税分の贈与財産価額	㊴	3000000	
	課税価格（㊳+㊴）（1,000円未満切捨て）	㊵	682999000	325525000

60

相続財産の種類別価額表（続） (この表は、第11表から第14表までの記載に基づいて記入します。)

（単位は円）　　　　　　　　　　　　　　　　　　FD3538

被相続人　甲

種類	細目	番号	（氏名）長男A	（氏名）孫養子B
※	整理番号			
土地（土地の上に存する権利を含みます。）	田	①		
	畑	②		
	宅地	③	57,500,000	57,500,000
	山林	④	1,500,000	1,500,000
	その他の土地	⑤	12,500,000	12,500,000
	計	⑥	71,500,000	71,500,000
⑥のうち特例農地等	通常価額	⑦		
	農業投資価格による価額	⑧		
	家屋、構築物	⑨	5,500,000	5,500,000
事業（農業）用財産	機械、器具、農耕具、その他の減価償却資産	⑩		
	商品、製品、半製品、原材料、農産物等	⑪		
	売掛金	⑫		
	その他の財産	⑬		
	計	⑭		
有価証券	特定同族会社の株式及び出資 配当還元方式によったもの	⑮		
	その他の方式によったもの	⑯	12,000,000	12,000,000
	⑮及び⑯以外の株式及び出資	⑰	21,575,000	21,575,000
	公債及び社債	⑱	5,000,000	5,000,000
	証券投資信託、貸付信託の受益証券	⑲	7,500,000	7,500,000
	計	⑳	46,075,000	46,075,000
	現金、預貯金等	㉑		50,000,000
	家庭用財産	㉒		
その他の財産	生命保険金等	㉓	35,000,000	
	退職手当金等	㉔		
	立木	㉕		1,700,000
	その他	㉖		
	計	㉗	35,000,000	1,700,000
	合計（⑥+⑨+⑭+⑳+㉑+㉒+㉗）	㉘	158,075,000	174,775,000
	相続時精算課税適用財産の価額	㉙	3,000,000	
	不動産等の価額（⑥+⑨+⑩+⑮+⑯+㉕）	㉚	89,000,000	90,700,000
	⑯のうち株式等納税猶予対象の株式等の価額の80％の額	㉛		
	⑰のうち株式等納税猶予対象の株式等の価額の80％の額	㉜		
	⑯のうち特例株式等納税猶予対象の株式等の価額	㉝		
	⑰のうち特例株式等納税猶予対象の株式等の価額	㉞		
債務等	債務	㉟	4,187,500	4,187,500
	葬式費用	㊱		
	合計（㉟+㊱）	㊲	4,187,500	4,187,500
	差引純資産価額（㉘+㉙-㊲）（赤字のときは0）	㊳	183,887,500	170,587,500
	純資産価額に加算される暦年課税分の贈与財産価額	㊴		3,000,000
	課税価格（㊳+㊴）（1,000円未満切捨て）	㊵	183,887,000	173,587,000

5　相続財産が未分割の場合における配偶者の税額軽減

(1)　配偶者の税額軽減の適用ができる場合

　　配偶者に対する税額軽減は、相続税の期限内申告書の提出期限までに分割されていない財産には適用されない（相法 19 の 2②）。

　　したがって、その計算に含まれる財産は、相続税の申告期限までに分割、特定遺贈等により配偶者が取得した財産に限られることになるが、具体的には次の財産が該当する（相基通 19 の 2-4）。

---

① 相続税の申告期限までに分割が確定したことにより取得した財産
② 単独の相続により取得した財産
③ 特定遺贈等により取得した財産
④ 相続開始前 3 年以内に被相続人から贈与によって取得した財産で相続税の課税価格に加算されるもの
⑤ 相続税法上、相続や遺贈により取得したものとみなされるもの（生命保険金や退職金等）
⑥ 相続税の申告期限後 3 年以内に遺産分割により取得した財産
⑦ 相続税の申告期限後 3 年を経過する日までに分割できないやむを得ない事情があり、税務署長の承認を受けた場合で、その事情がなくなってから 4 か月以内に遺産分割により取得した財産

---

(2)　申告手続

　　未分割の財産について配偶者に対する税額軽減の適用を受ける場合には、申告期限から 3 年以内に更正の請求を行うことにより適用できる（相法 19 の 2②ただし書）。

　　ただし、この場合には相続税の期限内申告書の提出時に、「申告期限後 3 年以内の分割見込書」を提出することとされている（相規 1 の 6③二）。

　　また、申告期限から 3 年以内に遺産分割を行うことができないことにやむを得ない事由がある場合には、税務署長の承認を得て、分割制限期間を延長することができる。

　　この場合に「遺産が未分割であることについてやむを得ない事由がある旨の承認申請書」を申告期限後 3 年を経過する日の翌日から 2 か月を経過する日までに提出しなければならない（相令 4 の 2②④）。

　　やむを得ない事由とは、次のような事情により、客観的に遺産分割ができないと認められるものをいう。

　　この場合、分割できることとなった日の翌日から 4 か月以内に更正の請求をする必要がある。

（やむを得ない事由）

> ①　相続又は遺贈に関する訴えの提起がされている場合
> ②　相続又は遺贈に関する和解、調停又は審判の申立てがされている場合
> ③　相続又は遺贈に関し、遺産の分配が禁止され又は相続の承認若しくは放棄の期間が延長されている場合
> ④　その他、税務署長においてやむを得ない事情があると認める場合

　「申告期限後３年以内の分割見込書」と「遺産が未分割であることについてやむを得ない事由がある旨の承認申請書」は次頁以降を参照されたい。

被相続人の氏名　　甲

申告期限後3年以内の分割見込書

　　相続税の申告書「第11表（相続税がかかる財産の明細書）」に記載されている財産のうち、まだ分割されていない財産については、申告書の提出期限後3年以内に分割する見込みです。
　　なお、分割されていない理由及び分割の見込みの詳細は、次のとおりです。

　　1　分割されていない理由

　被相続人が特定の相続人に生前贈与をした財産について、民法903条の特別受益に該当するか否かの疑義が生じ、相続人の間で遺産分割協議が成立していないため。

　　2　分割の見込みの詳細

　共同相続人間で遺産分割協議を進めており、今後1年以内に確定する見込みである。

　　3　適用を受けようとする特例等

　①　配偶者に対する相続税額の軽減（相続税法第19条の2第1項）
　②　小規模宅地等についての相続税の課税価格の計算の特例
　　　（租税特別措置法第69条の4第1項）
　(3)　特定計画山林についての相続税の課税価格の計算の特例
　　　（租税特別措置法第69条の5第1項）
　(4)　特定事業用資産についての相続税の課税価格の計算の特例
　　　（所得税法等の一部を改正する法律（平成21年法律第13号）による
　　　改正前の租税特別措置法第69条の5第1項）

分割されていない理由及び分割見込の状況を記載する。

特例の適用を受ける番号に〇を付す。

遺産が未分割であることについてやむを得ない事由がある旨の承認申請書

税務署
受付印

_____年_____月_____日提出

※欄は記入しないでください。

神田_____税務署長

〒
住所
（居所）　東京都千代田区〇〇1丁目2番3号

申請者　氏名　配偶者乙　　　　　　　　　㊞

（電話番号　　　－　　　－　　　　）

遺産の分割後、
・配偶者に対する相続税額の軽減（相続税法第19条の2第1項）
・小規模宅地等についての相続税の課税価格の計算の特例
　　　　　　　　（租税特別措置法第69条の4第1項）
・~~特定計画山林についての相続税の課税価格の計算の特例~~
　　　　~~（租税特別措置法第69条の5第1項）~~
・~~特定事業用資産についての相続税の課税価格の計算の特例~~
　~~（所得税法等の一部を改正する法律（平成21年法律第13号）に~~
　~~よる改正前の租税特別措置法第69条の5第1項）~~

の適用を受けたいので、

適用を受けないものについては2重線で消す。 →

遺産が未分割であることについて、
・相続税法施行令第4条の2第2項
・~~租税特別措置法施行令第40条の2第10項又は第21項~~
・~~租税特別措置法施行令第40条の2の2第8項又は第10項~~
・~~租税特別措置法施行令等の一部を改正する政令（平成21年~~
　~~政令第108号）による改正前の租税特別措置法施行令第40~~
　~~条の2の2第10項又は第22項~~

に規定する

やむを得ない事由がある旨の承認申請をいたします。

1　被相続人の住所・氏名

　住　所　東京都千代田区〇〇1丁目2番3号　　　　氏　名　　甲

2　被相続人の相続開始の日　　　　平成　30　年　1　月　10　日

3　相続税の申告書を提出した日　　平成　30　年　11　月　8　日

4　遺産が未分割であることについてのやむを得ない理由

　　被相続人の遺産について共同相続人間で分割協議が調わず、家庭裁判所に遺産分割の調停
　　を申し立てているため。

（注）やむを得ない事由に応じてこの申請書に添付すべき書類
　　①　相続又は遺贈に関し訴えの提起がなされていることを証する書類
　　②　相続又は遺贈に関し和解、調停又は審判の申立てがされていることを証する書類
　　③　相続又は遺贈に関し遺産分割の禁止、相続の承認若しくは放棄の期間が伸長されていることを証する書類
　　④　①から③までの書類以外の書類で財産の分割がされなかった場合におけるその事情の明細を記載した書類

やむを得ない事由により添付する書類の種類に〇を付す。 → ②

○　相続人等申請者の住所・氏名等

住　所　（　居　所　）	氏　名		続　柄
		印	
		印	
		印	
		印	

○　相続人等の代表者の指定　　　　代表者の氏名_____

6　未分割の場合の小規模宅地等の特例

(1)　小規模宅地等の特例の適用ができる場合

　　小規模宅地等の特例についても、配偶者の税額軽減の規定と同様に、相続税の申告書の提出期限までに分割されていない場合は適用されない（措法69の4④）。

　　ただし、申告期限までに分割されていない宅地等で次のいずれかに該当することとなった場合には、特例を適用することとされている。

> ・申告期限後3年以内に分割された場合
> ・申告期限後3年以内に分割できないことについてやむを得ない事由があり、所轄税務署長の承認を受けた場合で、分割できることとなった日から4か月以内に分割された場合

(2)　申告手続

　　配偶者の税額軽減と同様に、期限内申告書の提出時に「申告期限後3年以内の分割見込書」を提出することで適用できる。

　　また、申告期限から3年以内に遺産分割を行うことができないことにやむを得ない事由がある場合には、税務署長の承認を得て、分割制限期間を延長することができる。

　　この場合にも配偶者の税額軽減と同様に「遺産が未分割であることについてやむを得ない事由がある旨の承認申請書」を申告期限後3年を経過する日の翌日から2か月を経過する日までに提出しなければならない（相令4の2②④）。

　　申請書の記載については配偶者の税額軽減と同様に記載する。

7　未分割の財産が分割された場合の申告

　　相続税の申告書の提出時に分割されていない財産があった場合において、相続税の申告後に分割協議が成立した場合には次のいずれかの方法により申告する。

> ・遺産分割が行われたことにより当初申告納税額に不足が生じた場合………　修正申告書
> ・配偶者の税額軽減や小規模宅地等の特例を適用したことにより当初
> 　申告納税額が過大となった場合………………………………………………　更正の請求書

（修正申告と更正の請求書の記載例）

　　○○家の未分割の事例で平成31年3月14日に分割協議が成立した場合において相続税申告書を作成する場合における各表の記載方法の概要は次のとおりであるが、各表の記載例は69頁以降の第1表から第15表を参照されたい。

(1) 第1表

第1表には、各相続人の合計及び各相続人それぞれの修正前の課税額（当初の期限内申告額）及び修正申告額を記載するとともに、修正する額（修正申告額−修正前の課税額）を記載する。

(2) 第2表

第2表には、小規模宅地等の特例を適用した後の課税価格の合計額により、相続税の総額を再計算する。

(3) 第4表・第4表の2

第4表には、相続人のうち2割加算が適用される場合において、2割加算の金額を計算するため、「1　相続税額の加算金額の計算」欄に記載する。

第4表の2には、相続人が、相続開始前3年以内に被相続人から暦年贈与により贈与を受けている場合において、贈与税額の控除額を計算するため、相続開始の年の前年分・前々年分・前々々年分の3年分に分けて暦年課税分の贈与税額を記載する。

(4) 第5表

第5表には、未分割の財産について、分割が確定した後の取得財産の価額により配偶者の税額軽減額を再計算し、「配偶者の税額軽減額」欄に記載する。

(5) 第7表

第7表には、被相続人が今回の相続開始前10年以内に開始した相続について、相続税が課されている場合において、相次相続控除を適用する場合には、前回の相続（1次相続）の相続税申告書から被相続人の氏名・相続財産及び相続税額を記載し相次相続控除額を計算する。

(6) 第11表

第11表には、相続財産について、種類・細目・利用区分・所在場所等を記載し、遺産分割協議が成立している場合には、取得した相続人の氏名と価額を記載する。

(7)　第 11・11 の 2 表の付表 1（修正申告用）

　第 11・11 の 2 表の付表 1（修正申告用）には、小規模宅地等の特例の種類に応じて、面積・宅地の価額等を記載し、減額される金額を計算する。

(8)　第 13 表

　第 13 表には、各債務ごとに種類・細目・債務の金額・債務の負担者が確定している場合において、負担者の氏名及び負担する金額を「1　債務の明細」欄に記載する。

　各葬式費用の支払先ごとに支払先・住所・支払金額・負担者が確定している場合において、負担者の氏名及び負担する金額を「2　葬式費用の明細」欄に記載する。

(9)　第 15 表

　第 15 表には、第 11 表から第 14 表までの金額を、細目ごとに合計して各人の合計及び各相続人それぞれの金額を記載する。

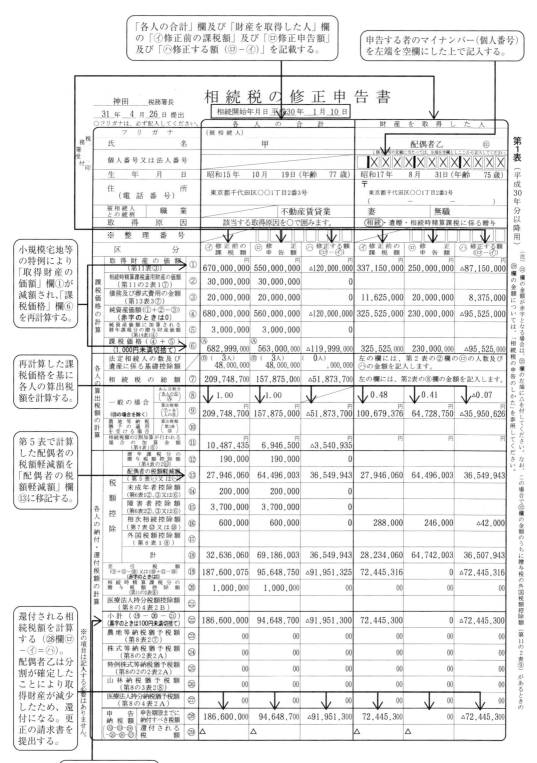

「各人の合計」欄及び「財産を取得した人」欄
の「④修正前の課税額」及び「□修正申告額」
及び「ハ修正する額（□－④）」を記載する。

申告する者のマイナンバー（個人番号）
を左端を空欄にした上で記入する。

小規模宅地等
の特例により
「取得財産の
価額」欄①が
減額され、「課
税価格」欄⑥
を再計算する。

再計算した課
税価格を基に
各人の算出税
額を計算する。

第5表で計算
した配偶者の
税額軽減額を
「配偶者の税
額軽減額」欄
⑬に移記する。

還付される相
続税額を計算
する（⑳欄□
－④＝ハ）。
配偶者乙は分
割が確定した
ことにより取
得財産が減少
したため、還
付になる。更
正の請求書を
提出する。

⑳欄は、各相続人ごと
に百円未満を切り捨て
る（以下同じ）。

申告する者のマイナンバー（個人番号）を左端を空欄にした上で記入する。

相 続 税 の 修 正 申 告 書（続）

第1表（続）（平成30年分以降用）

○フリガナは、必ず記入してください。

区　分		財産を取得した人			財産を取得した人		
フ リ ガ ナ							
氏　　名		長男A ㊞			孫養子B ㊞		
個人番号又は法人番号		↓個人番号の記載に当たっては、左端を空欄としここから記入してください	XXXXXXXXXXX		↓個人番号の記載に当たっては、左端を空欄としここから記入してください	XXXXXXXXXXX	
生 年 月 日		昭和44年　5月　14日（年齢　48歳）			平成11年　7月　31日（年齢　18歳）		
住　　所（電話番号）		〒 東京都台東区○○4丁目5番6号（　　－　　　）			〒 東京都千代田区○○1丁目2番3号（　　－　　　）		
被相続人との続柄　職業		子　　　会社員			孫　　　無職		
取 得 原 因		㊵相続・遺贈・相続時精算課税に係る贈与			㊵相続・遺贈・相続時精算課税に係る贈与		
※ 整 理 番 号							
区　分		㋑修正前の課税額	㋺修正申告額	㋩修正する額（㋺－㋑）	㋑修正前の課税額	㋺修正申告額	㋩修正する額（㋺－㋑）

課税価格の計算	取得財産の価額（第11表③）①	158,075,000	180,000,000	21,925,000	174,775,000	120,000,000	△54,775,000
	相続時精算課税適用財産の価額（第11の2表1⑦）②	30,000,000	30,000,000	0			
	債務及び葬式費用の金額（第13表3⑦）③	4,187,500		△4,187,500	4,187,500		△4,187,500
	純資産価額（①＋②－③）（赤字のときは0）④	183,887,500	210,000,000	26,112,500	170,587,500	120,000,000	△50,587,500
	純資産価額に加算される暦年課税分の贈与財産価額（第14表1④）⑤				3,000,000	3,000,000	0
	課税価格（④＋⑤）（1,000円未満切捨て）⑥	183,887,000	210,000,000	26,113,000	173,587,000	123,000,000	△50,587,000
各人の算出税額の計算	法定相続人の数及び遺産に係る基礎控除額						
	相続税の総額⑦						
	あん分割合（各人の⑥/Ⓐ）⑧	0.27	0.37	0.10	0.25	0.22	△0.03
	一般の場合（⑩の場合を除く）算出税額（⑦×各人の⑧）⑨	56,632,149	58,413,750	1,781,601	52,437,175	34,732,500	△17,704,675
	農地等納税猶予の適用を受ける場合 算出税額（第3表⑩）⑩						
	相続税額の2割加算が行われる場合の加算金額（第4表1⑥）⑪				10,487,435	6,946,500	△3,540,935
各人の納付・還付税額の計算	税額控除	暦年課税分の贈与税額控除額（第4表の2⑫）⑫				190,000	190,000	0
		配偶者の税額軽減額（第5表⑫又は⑥）⑬						
		未成年者控除額（第6表1②、③又は⑥）⑭				200,000	200,000	0
		障害者控除額（第6表2②、③又は⑥）⑮	3,700,000	3,700,000	0			
		相次相続控除額（第7表⑬又は⑱）⑯	162,000	228,000	66,000	150,000	126,000	△24,000
		外国税額控除額（第8表1⑧）⑰						
		計⑱	3,862,000	3,928,000	66,000	540,000	516,000	△24,000
	差引税額（⑨＋⑪－⑱）又は（⑩＋⑪－⑱）（赤字のときは0）⑲	52,770,149	54,485,750	1,715,601	62,384,610	41,163,000	△21,221,610
	相続時精算課税分の贈与税額控除額（第11の2表⑧）⑳	1,000,000	1,000,000	00		00	00
	医療法人持分税額控除額（第8の4表2B）㉑						
	小計（⑲－⑳－㉑）（黒字のときは100円未満切捨て）㉒	51,770,100	53,485,600	1,715,600	62,384,600	41,163,000	△21,221,600
	農地等納税猶予税額（第8表2⑦）㉓		00	00	00	00	00
	株式等納税猶予税額（第8の2表2A）㉔	00	00	00	00	00	00
	特例株式等納税猶予税額（第8の2の2表2A）㉕	00	00	00	00	00	00
	山林納税猶予税額（第8の3表2B）㉖	00	00	00	00	00	00
	医療法人持分納税猶予税額（第8の4表2A）㉗	↓	↓	↓	↓	↓	↓
	申告納税額　申告期限までに納付すべき税額 ㉘	51,770,100	53,485,700	1,715,600	62,384,600	41,163,000	△21,221,600
	還付される税額 ㉚					△	

修正申告により納付すべき相続税額を計算する（㉘欄㋺－㋑＝㋩）。
長男Aは分割が確定したことにより取得財産が増加したため、納付すべき相続税額が発生する。
孫養子Bは分割が確定したことにより取得財産が減少し還付になるため、更正の請求書を提出する。

（注）㉒欄の㋑欄の金額が赤字となる場合は、㉒欄の左端に△を付してください。なお、この場合で㉒欄の金額のうちに贈与税の外国税額控除額（第11の2表⑨）があるときの㉒欄の金額については、「相続税の申告のしかた」を参照してください。

小規模宅地等の特例を適用した「①課税価格の合計額」欄を基に「③課税遺産総額」欄を算出し、法定相続人に応じた法定相続分により計算した「⑧相続税の総額」欄を第1表⑦欄⊡に移記する。

相 続 税 の 総 額 の 計 算 書

| 被相続人 | 甲 |

第2表（平成27年分以降用）

○ この表を修正申告書の第2表として使用するときは、⑦欄には修正申告書第1表の⊡欄の⑥⒜の金額を記入し、⑩欄には修正申告書第3表の1の⊡欄の⑥⒜の金額を記入します。

この表は、第1表及び第3表の「相続税の総額」の計算のために使用します。

なお、被相続人から相続、遺贈や相続時精算課税に係る贈与によって財産を取得した人のうちに農業相続人がいない場合は、この表のㅊ欄及びᄶ欄並びに⑨欄から⑪欄までは記入する必要がありません。

①	課税価格の合計額	②	遺 産 に 係 る 基 礎 控 除 額	③	課 税 遺 産 総 額
⟨ⅰ⟩第1表⑥Ⓐ	円 563,000,000	3,000万円 ＋（600万円 × (Ⓐの法定相続人の数) 3人 ）＝	⟨ハ⟩万円 4,800	⟨ニ⟩（イ−ハ）	円 515,000,000
⟨ホ⟩第3表⑥Ⓐ	,000	⟨ハ⟩の人数及び⟨ハ⟩の金額を第1表Ⓑへ転記します。		⟨ヘ⟩（ロ−ハ）	,000

④ 法 定 相 続 人 （(注)1参照）		⑤ 左 の 法 定 相 続 人 に 応 じ た 法 定 相 続 分	第1表の「相続税の総額⑦」の計算		第3表の「相続税の総額⑦」の計算	
氏　　名	被相続人との続柄		⑥ 法定相続分に応ずる取得金額（ニ×⑤）(1,000円未満切捨て)	⑦ 相続税の総額の基となる税額下の「速算表」で計算します。	⑨ 法定相続分に応ずる取得金額（ヘ×⑤）(1,000円未満切捨て)	⑩ 相続税の総額の基となる税額下の「速算表」で計算します。
配偶者乙	妻	$\frac{1}{2}$	円 257,500,000	円 88,875,000	円 ,000	円 ,000
長男A	子	$\frac{1}{2} \times \frac{1}{2} = \frac{1}{4}$	128,750,000	34,500,000	,000	,000
孫養子B	孫	$\frac{1}{2} \times \frac{1}{2} = \frac{1}{4}$	128,750,000	34,500,000	,000	,000
			,000	,000	,000	,000
			,000	,000	,000	,000
			,000	,000	,000	,000
			,000	,000	,000	,000
			,000	,000	,000	,000
法定相続人の数	Ⓐ 人 3	合計 1	⑧ 相続税の総額（⑦の合計額）(100円未満切捨て)	157,875,000	⑪ 相続税の総額（⑩の合計額）(100円未満切捨て)	00

(注) 1　④欄の記入に当たっては、被相続人に養子がある場合や相続の放棄があった場合には、「相続税の申告のしかた」をご覧ください。

　　2　⑧欄の金額を第1表⑦欄へ転記します。財産を取得した人のうちに農業相続人がいる場合は、⑧欄の金額を第1表⑦欄へ転記するとともに、⑪欄の金額を第3表⑦欄へ転記します。

相 続 税 の 速 算 表

法定相続分に応ずる取得金額	10,000千円以下	30,000千円以下	50,000千円以下	100,000千円以下	200,000千円以下	300,000千円以下	600,000千円以下	600,000千円超
税　　率	10％	15％	20％	30％	40％	45％	50％	55％
控　除　額	－ 千円	500千円	2,000千円	7,000千円	17,000千円	27,000千円	42,000千円	72,000千円

この速算表の使用方法は、次のとおりです。

⑥欄の金額×税率−控除額＝⑦欄の税額　　　⑨欄の金額×税率−控除額＝⑩欄の税額

例えば、⑥欄の金額30,000千円に対する税額（⑦欄）は、30,000千円×15％−500千円＝4,000千円です。

○連帯納付義務について

　相続税の納税については、各相続人等が相続、遺贈や相続時精算課税に係る贈与により受けた利益の価額を限度として、お互いに連帯して納付しなければならない義務があります。

孫養子Bは修正申告により相続税額が減少
したため、2割相当の加算金額が減少する
（⑥欄に記載する）。

相 続 税 額 の 加 算 金 額 の 計 算 書

| 被相続人 | 甲 |

1　相続税額の加算金額の計算

　この表は、相続、遺贈や相続時精算課税に係る贈与によって財産を取得した人のうちに、被相続人の一親等の血族（代襲して相続人となった直系卑属を含みます。）及び配偶者以外の人がいる場合に記入します。

　なお、相続や遺贈により取得した財産のうちに、租税特別措置法第70条の2の3（直系尊属から結婚・子育て資金の一括贈与を受けた場合の贈与税の非課税）第10項第2号に規定する管理残額がある人は、下記「2　加算の対象とならない相続税額の計算（管理残額がある場合）」を作成します。

　（注）一親等の血族であっても相続税額の加算の対象となる場合があります。詳しくは「相続税の申告のしかた」をご覧ください。

加算の対象となる人の氏名		孫養子B			
各人の税額控除前の相続税額 （第1表⑨又は第1表⑩の金額）	①	34,732,500 円	円	円	円
相続開始の時までに被相続人との続柄に変更があった場合で、被相続人の一親等の血族であった期間内にその被相続人から相続時精算課税に係る贈与によって取得した財産の価額	②	円	円	円	円
被相続人から相続、遺贈や相続時精算課税に係る贈与によって取得した財産などで相続税の課税価格に算入された財産の価額（第1表①＋第1表②＋第1表⑤）	③				
加算の対象とならない相続税額（①×②÷③）	④				
管理残額がある場合　加算の対象とならない相続税額（下記「2」の⑬の金額）	⑤	円	円	円	円
相続税額の加算金額（①×0.2）	⑥	6,946,500 円	円	円	円

ただし、上記②～⑤の金額がある場合には、
（（①－④－⑤）×0.2）となります。

　（注）　1　相続時精算課税適用者である孫が相続開始の時までに被相続人の養子となった場合は、「相続時精算課税に係る贈与を受けている人で、かつ、相続開始の時までに被相続人との続柄に変更があった場合」には含まれませんので②欄から④欄までの記入は不要です。
　　　　　2　各人の⑥欄の金額を第1表のその人の「相続税額の2割加算が行われる場合の加算金額⑪」欄に転記します。

2　加算の対象とならない相続税額の計算（管理残額がある場合）

　この表は、加算の対象となる人のうちで、租税特別措置法第70条の2の3（直系尊属から結婚・子育て資金の一括贈与を受けた場合の贈与税の非課税）第10項第2号に規定する管理残額で被相続人から相続や遺贈により取得したものとみなされたものがある人が記入します。

加算の対象となる人の氏名					
各人の税額控除前の相続税額 （第1表の⑨又は第1表の⑩の金額）	⑦	円	円	円	円
被相続人から相続や遺贈により取得したものとみなされる管理残額	⑧	円	円	円	円
被相続人から相続、遺贈や相続時精算課税に係る贈与によって取得した財産で相続税の課税価格に算入された財産の価額（第1表①＋第1表②）	⑨				
債務及び葬式費用の金額（第1表の③）	⑩				
⑨－⑩　（赤字のときは0）	⑪				
被相続人から相続、遺贈や相続時精算課税に係る贈与によって財産を取得した人が、相続の開始前3年以内に被相続人から暦年課税に係る贈与によって取得した財産で相続税の課税価格に算入された財産の価額（第1表の⑤）	⑫				
加算の対象とならない相続税額 ⑦×⑧／⑪＋⑫　（⑦を超える場合には、⑦を上限とします。）	⑬	円	円	円	円

（注）各人の⑬欄の金額を上記「1　相続税額の加算金額の計算」のその人の⑤欄「下記「2」の⑬の金額」欄に転記します。

暦年課税分の贈与税額控除額の計算書

| 被相続人 | 甲 |

この表は、第14表の「1 純資産価額に加算される暦年課税分の贈与財産価額及び特定贈与財産価額の明細」欄に記入した財産のうち相続税の課税価格に加算されるものについて、贈与税が課税されている場合に記入します。

控除を受ける人の氏名		孫養子B		
贈与税の申告書の提出先		税務署	税務署	税務署

相続開始の年の前年分（平成29年分）

被相続人から暦年課税に係る贈与によって租税特別措置法第70条の2の5第1項の規定の適用を受ける財産（特例贈与財産）を取得した場合

相続開始の年の前年中に暦年課税に係る贈与によって取得した特例贈与財産の価額の合計額	①	円	円	円
①のうち被相続人から暦年課税に係る贈与によって取得した特例贈与財産の価額の合計額（贈与税額の計算の基礎となった価額）	②			
その年分の暦年課税分の贈与税額（裏面の「2」参照）	③			
控除を受ける贈与税額（特例贈与財産分）（③×②÷①）	④			

被相続人から暦年課税に係る贈与によって租税特別措置法第70条の2の5第1項の規定の適用を受けない財産（一般贈与財産）を取得した場合

相続開始の年の前年中に暦年課税に係る贈与によって取得した一般贈与財産の価額の合計額（贈与税の配偶者控除後の金額）	⑤	円	円	円
⑤のうち被相続人から暦年課税に係る贈与によって取得した一般贈与財産の価額の合計額（贈与税額の計算の基礎となった価額）	⑥			
その年分の暦年課税分の贈与税額（裏面の「3」参照）	⑦			
控除を受ける贈与税額（一般贈与財産分）（⑦×⑥÷⑤）	⑧			

| 贈与税の申告書の提出先 | | 神田　税務署 | 税務署 | 税務署 |

相続開始の年の前々年分（平成28年分）

被相続人から暦年課税に係る贈与によって租税特別措置法第70条の2の5第1項の規定の適用を受ける財産（特例贈与財産）を取得した場合

相続開始の年の前々年中に暦年課税に係る贈与によって取得した特例贈与財産の価額の合計額	⑨	円	円	円
⑨のうち被相続人から暦年課税に係る贈与によって取得した特例贈与財産の価額の合計額（贈与税額の計算の基礎となった価額）	⑩			
その年分の暦年課税分の贈与税額（裏面の「2」参照）	⑪			
控除を受ける贈与税額（特例贈与財産分）（⑪×⑩÷⑨）	⑫			

被相続人から暦年課税に係る贈与によって租税特別措置法第70条の2の5第1項の規定の適用を受けない財産（一般贈与財産）を取得した場合

相続開始の年の前々年中に暦年課税に係る贈与によって取得した一般贈与財産の価額の合計額（贈与税の配偶者控除後の金額）	⑬	3,000,000 円	円	円
⑬のうち被相続人から暦年課税に係る贈与によって取得した一般贈与財産の価額の合計額（贈与税額の計算の基礎となった価額）	⑭	3,000,000		
その年分の暦年課税分の贈与税額（裏面の「3」参照）	⑮	190,000		
控除を受ける贈与税額（一般贈与財産分）（⑮×⑭÷⑬）	⑯	190,000		

| 贈与税の申告書の提出先 | | 税務署 | 税務署 | 税務署 |

相続開始の年の前々々年分（平成27年分）

被相続人から暦年課税に係る贈与によって租税特別措置法第70条の2の5第1項の規定の適用を受ける財産（特例贈与財産）を取得した場合

相続開始の年の前々々年中に暦年課税に係る贈与によって取得した特例贈与財産の価額の合計額	⑰	円	円	円
⑰のうち相続開始の日から遡って3年前の日以後に被相続人から暦年課税に係る贈与によって取得した特例贈与財産の価額の合計額（贈与税額の計算の基礎となった価額）	⑱			
その年分の暦年課税分の贈与税額（裏面の「2」参照）	⑲			
控除を受ける贈与税額（特例贈与財産分）（⑲×⑱÷⑰）	⑳			

被相続人から暦年課税に係る贈与によって租税特別措置法第70条の2の5第1項の規定の適用を受けない財産（一般贈与財産）を取得した場合

相続開始の年の前々々年中に暦年課税に係る贈与によって取得した一般贈与財産の価額の合計額（贈与税の配偶者控除後の金額）	㉑	円	円	円
㉑のうち相続開始の日から遡って3年前の日以後に被相続人から暦年課税に係る贈与によって取得した一般贈与財産の価額の合計額（贈与税額の計算の基礎となった価額）	㉒			
その年分の暦年課税分の贈与税額（裏面の「3」参照）	㉓			
控除を受ける贈与税額（一般贈与財産分）（㉓×㉒÷㉑）	㉔			
暦年課税分の贈与税額控除額計（④+⑧+⑫+⑯+⑳+㉔）	㉕	190,000 円	円	円

(注) 各人の㉕欄の金額を第1表のその人の「暦年課税分の贈与税額控除額⑫」欄に転記します。

増加した配偶者の税額軽減額㋑欄の金額を第1表の「各人の納付・還付税額の計算」欄⑬に移記する。

小規模宅地等の特例の適用により再計算した第1表の「課税価格（④＋⑤）」欄Ⓐから移記する。㋑欄には、配偶者の法定相続分と1億6,000万円とのいずれか大きい金額を記載する。

配偶者の税額軽減額の計算書

被相続人	甲

第5表（平成21年4月分以降用）

私は、相続税法第19条の2第1項の規定による配偶者の税額軽減の適用を受けます。

1　一般の場合（この表は、①被相続人から相続、遺贈や相続時精算課税に係る贈与によって財産を取得した人のうちに農業相続人がいない場合又は②配偶者が農業相続人である場合に記入します。）

課税価格の合計額のうち配偶者の法定相続分相当額

（第1表のⒶの金額）　（配偶者の法定相続分）
563,000,000 円 × 1／2 ＝ 281,500,000 円 →

㋑※　281,500,000 円

上記の金額が16,000万円に満たない場合には、16,000万円

「①分割財産の価額」欄には、配偶者が取得した財産の価額を第11表の「分割財産の価額」欄①のうち配偶者乙の金額を移記する。

配偶者の税額軽減額を計算する場合の課税価格

①分割財産の価額（第11表の配偶者の①の金額）	分割財産の価額から控除する債務及び葬式費用の金額		④（②－③）の金額（③の金額が②の金額より大きいときは0）	⑤純資産価額に加算される暦年課税分の贈与財産価額（第1表の配偶者の⑤の金額）	⑥（①－④＋⑤）の金額（⑤の金額より小さいときは⑤の金額）（1,000円未満切捨て）
	②債務及び葬式費用の金額（第1表の配偶者の③の金額）	③未分割財産の価額（第11表の配偶者の②の金額）			
250,000,000 円	20,000,000 円		20,000,000 円	円	※ 230,000,000 円

⑦相続税の総額（第1表の⑦の金額）	⑧㋑の金額と⑥の金額のうちいずれか少ない方の金額	⑨課税価格の合計額（第1表のⒶの金額）	⑩配偶者の税額軽減の基となる金額（⑦×⑧÷⑨）
157,875,000 円	230,000,000 円	563,000,000 円	64,496,003 円

配偶者の税額軽減の限度額

（第1表の配偶者の⑨又は⑩の金額）　（第1表の配偶者の⑫の金額）
（　64,728,750 円　－　　　円）

㋺　64,728,750 円

配偶者の税額軽減額

（⑩の金額と㋺の金額のうちいずれか少ない方の金額）

㋩　64,496,003 円

（注）　㋩の金額を第1表の配偶者の「配偶者の税額軽減額⑬」欄に転記します。

2　配偶者以外の人が農業相続人である場合（この表は、被相続人から相続、遺贈や相続時精算課税に係る贈与によって財産を取得した人のうちに農業相続人がいる場合で、かつ、その農業相続人が配偶者以外の場合に記入します。）

課税価格の合計額のうち配偶者の法定相続分相当額

（第3表のⒶの金額）　（配偶者の法定相続分）
　　　　　,000 円 × ―― ＝ 　　　　　円 →

㋥※　円

上記の金額が16,000万円に満たない場合には、16,000万円

配偶者の税額軽減額を計算する場合の課税価格

⑪分割財産の価額（第11表の配偶者の①の金額）	分割財産の価額から控除する債務及び葬式費用の金額		⑭（⑫－⑬）の金額（⑬の金額が⑫の金額より大きいときは0）	⑮純資産価額に加算される暦年課税分の贈与財産価額（第1表の配偶者の⑤の金額）	⑯（⑪－⑭＋⑮）の金額（⑮の金額より小さいときは⑮の金額）（1,000円未満切捨て）
	⑫債務及び葬式費用の金額（第1表の配偶者の③の金額）	⑬未分割財産の価額（第11表の配偶者の②の金額）			
円	円	円	円	※ 円	,000 円

⑰相続税の総額（第3表の⑦の金額）	⑱㋥の金額と⑯の金額のうちいずれか少ない方の金額	⑲課税価格の合計額（第3表のⒶの金額）	⑳配偶者の税額軽減の基となる金額（⑰×⑱÷⑲）
00 円	,000 円	,000 円	円

配偶者の税額軽減の限度額

（第1表の配偶者の⑩の金額）　（第1表の配偶者の⑫の金額）
（　　　円　－　　　円）

㋬　円

配偶者の税額軽減額

（⑳の金額と㋬の金額のうちいずれか少ない方の金額）

㋦　円

（注）　㋦の金額を第1表の配偶者の「配偶者の税額軽減額⑬」欄に転記します。

※　相続税法第19条の2第5項（（隠蔽又は仮装があった場合の配偶者の相続税額の軽減の不適用））の規定の適用があるときには、「課税価格の合計額のうち配偶者の法定相続分相当額」の（第1表のⒶの金額）、⑥、⑦、⑨、「課税価格の合計額のうち配偶者の法定相続分相当額」の（第3表のⒶの金額）、⑯、⑰及び⑲の各欄は、第5表の付表で計算した金額を転記します。

取得した財産の価額に増減があったため、分割協議後の各相続人の純資産額の割合により配分する。修正後の割合を⑫欄に記載し、各人の相次相続控除額を⑬欄に記載する。

相 次 相 続 控 除 額 の 計 算 書

被相続人	甲

この表は、被相続人が今回の相続の開始前10年以内に開始した前の相続について、相続税を課税されている場合に記入します。

1　相次相続控除額の総額の計算

前の相続に係る被相続人の氏名	前の相続に係る被相続人と今回の相続に係る被相続人との続柄	前の相続に係る相続税の申告書の提出先	
X	被相続人の父	東京上野	税務署

① 前 の 相 続 の 年 月 日	② 今 回 の 相 続 の 年 月 日	③ 前の相続から今回の相続までの期間（1年未満切捨て）	④ 10 年 － ③ の 年 数
平成23 年　5 月 10 日	平成30 年　1 月 10 日	6　　年	4　　年

⑤ 被相続人が前の相続の時に取得した純資産価額（相続時精算課税適用財産の価額を含みます。）	⑥ 前の相続の際の被相続人の相続税額	⑦ （⑤－⑥）の金額	⑧ 今回の相続、遺贈や相続時精算課税に係る贈与によって財産を取得した全ての人の純資産価額の合計額（第1表の④の合計金額）
80,000,000 　円	1,500,000 　円	78,500,000 　円	560,000,000 　円

（⑥の相続税額）			相次相続控除額の総額
1,500,000 円 × ⑧の金額 560,000,000 円 ／ ⑦の金額 78,500,000 円 〔この割合が1を超えるときは1とします。〕× ④の年数 4 年 ／ 10 年 ＝		Ⓐ	600,000 円

2　各相続人の相次相続控除額の計算

(1)　一般の場合（この表は、被相続人から相続、遺贈や相続時精算課税に係る贈与によって財産を取得した人のうちに農業相続人がいない場合に、財産を取得した相続人の全ての人が記入します。）

今回の相続の被相続人から財産を取得した相続人の氏名	⑨ 相次相続控除額の総額	⑩ 各相続人の純資産価額（第1表の各人の④の金額）	⑪ 相続人以外の人も含めた純資産価額の合計額（第1表の④の各人の合計）	⑫ 各人の⑩／Ⓑ の割合	⑬ 各人の相次相続控除額（⑨×各人の⑫の割合）
配偶者乙		230,000,000 円		0.41	246,000 円
長男A	（上記Ⓐの金額）	210,000,000		0.38	228,000
孫養子B	600,000 円	120,000,000	Ⓑ 560,000,000 円	0.21	126,000

(2)　相続人のうちに農業相続人がいる場合（この表は、被相続人から相続、遺贈や相続時精算課税に係る贈与によって財産を取得した人のうちに農業相続人がいる場合に、財産を取得した相続人の全ての人が記入します。）

今回の相続の被相続人から財産を取得した相続人の氏名	⑭ 相次相続控除額の総額	⑮ 各相続人の純資産価額（第3表の各人の④の金額）	⑯ 相続人以外の人も含めた純資産価額の合計額（第3表の④の各人の合計）	⑰ 各人の⑮／Ⓒ の割合	⑱ 各人の相次相続控除額（⑭×各人の⑰の割合）
		円			円
	（上記Ⓐの金額）				
	円		Ⓒ		
			円		

（注） 1 ⑥欄の相続税額は、相続時精算課税分の贈与税額控除後の金額をいい、その被相続人が納税猶予の適用を受けていた場合の免除された相続税額並びに延滞税、利子税及び加算税の額は含まれません。
　　　 2 各人の⑬又は⑱欄の金額を第1表のその人の「相次相続控除額⑯」欄に転記します。

分割協議が成立したため、「取得した人の氏名」欄・「取得財産の価額」欄に記載する。

分割協議が成立したため、全部分割に○を付す。

相続税がかかる財産の明細書
（相続時精算課税適用財産を除きます。）

被相続人	甲

第11表（平成21年4月分以降用）

○相続時精算課税適用財産の明細については、この表によらず第11の2表に記載します。

この表は、相続や遺贈によって取得した財産及び相続や遺贈によって取得したものとみなされる財産のうち、相続税のかかるものについての明細を記入します。

遺産の分割状況	区　　　分	① 全 部 分 割	2 一 部 分 割	3 全 部 未 分 割
	分 割 の 日	31 ・ 3 ・ 14	・　・	・　・

小規模宅地等の特例の適用により減額した後の価額を記載する。

財　　産　　の　　明　　細				数　量 固定資産税評価額	単　価 倍　数	価　額	分割が確定した財産	
種類	細目	利用区分、銘柄等	所在場所等				取得した人の氏名	取得財産の価額
土地	宅地	自用地（居住用）	千代田区○○1丁目2番3号	330㎡	(11・11の2表の円付表1のとおり)	30,000,000 円	配偶者乙	30,000,000 円
土地	宅地	貸家建付地	文京区○○1丁目3番5号	200㎡	400,000	80,000,000	長男A	80,000,000
	（小　計）					(110,000,000)		
土地	山林	普通山林	○○県○○郡○○町13番2	25,000㎡ 300,000	20	6,000,000	孫養子B	6,000,000
	（小　計）					(6,000,000)		
土地	雑種地	自用地（駐車場）	春日部市○○3丁目5番16号	200㎡ 250,000		50,000,000	長男A	50,000,000
	（小　計）					(50,000,000)		
((計))						《 166,000,000》		
家屋	家屋（鉄コ2・居宅）	自用家屋	千代田区○○1丁目2番3号	120㎡ 12,000,000	1.0	12,000,000	配偶者乙	12,000,000
家屋	家屋（鉄コ2・店舗）	貸家	文京区○○1丁目3番5号	85㎡ 14,285,715	0.7	10,000,000	長男A	10,000,000
((計))						《 22,000,000》		
有価証券	特定同族会社株式（その他の方式）	○○商事㈱	千代田区○○1丁目2番3号	5,000株	9,600	48,000,000	配偶者乙	48,000,000
	（小　計）					(48,000,000)		
有価証券	上記以外の株式	○○物産㈱	○○証券　○○支店	12,500株	400	5,000,000	長男A	5,000,000
有価証券	上記以外の株式	○○建設㈱	○○証券　○○支店	20,000株	950	19,000,000	配偶者乙	19,000,000
有価証券	上記以外の株式	○○電気㈱	○○証券　○○支店	62,300株	1,000	62,300,000	孫養子B	62,300,000
	（小　計）					(86,300,000)		
有価証券	公債、社債	10年利付国債　第○回○号	○○証券　○○支店	口		20,000,000	配偶者乙	20,000,000
	（小　計）					(20,000,000)		
有価証券	証券投資信託	○○ファンド	○○証券　○○支店	30,000口	1,000	30,000,000	配偶者乙	30,000,000

合計表	財産を取得した人の氏名	（各人の合計）					
	分割財産の価額 ①	円	円	円	円	円	円
	未分割財産の価額 ②						
	各人の取得財産の価額　（①＋②）③						

（注）　1　「合計表」の各人の③欄の金額を第1表のその人の「取得財産の価額①」欄に転記します。
　　　　2　「財産の明細」の「価額」欄は、財産の細目、種類ごとに小計及び計を付し、最後に合計を付して、それらの金額を第15表の①から⑭までの該当欄に転記します。

相続税がかかる財産の明細書
（相 続 時 精 算 課 税 適 用 財 産 を 除 き ま す 。）

被相続人	甲

○ 相続時精算課税適用財産の明細については、この表によらず第11の2表に記載します。

この表は、相続や遺贈によって取得した財産及び相続や遺贈によって取得したものとみなされる財産のうち、相続税のかかるものについての明細を記入します。

遺産の分割状況	区　　　　分	1 全 部 分 割	2 一 部 分 割	3 全 部 未 分 割
	分 割 の 日	・　・	・　・	

財　　　　産　　　　の　　　　明　　　　細							分割が確定した財産		
種類	細目	利用区分、銘柄等	所在場所等	数量 固定資産税評価額	単価 倍数	価額	取得した人の氏名	取得財産の価額	
		（小　計）			円	円 (30,000,000)		円	
（（計））						《 184,300,000》			
現金、預貯金		現金	千代田区○○1丁目2番3号			1,500,000	配偶者乙	1,500,000	
現金、預貯金		普通預金	○○銀行 ○○支店			12,000,000	配偶者乙	12,000,000	
現金、預貯金		定期預金	○○銀行 ○○支店			28,000,000	配偶者乙	28,000,000	
現金、預貯金		定期預金	○○銀行 ○○支店			50,000,000	孫養子B	50,000,000	
（（計））						《 91,500,000》			
家庭用財産		家具等一式	千代田区○○1丁目2番3号			1,000,000	配偶者乙	1,000,000	
（（計））						《 1,000,000》			
その他の財産	生命保険金等	○○生命保険（相）	中央区○○1丁目2番3号			35,000,000	長男A	35,000,000	
		（小　計）				(35,000,000)			
その他の財産	退職手当金等	○○商事㈱	千代田区○○1丁目2番3号			15,000,000	配偶者乙	15,000,000	
		（小　計）				(15,000,000)			
その他の財産	立木	ひのき 65年生	○○県○○郡○○町13番2号	2ha 0.85	1,000,000	1,700,000	孫養子B	1,700,000	
		（小　計）				(1,700,000)			
その他の財産	その他	ゴルフ会員権（○○カントリークラブ）	春日部市○○2丁目5番16号	1口 0.7	35,714,286	25,000,000	配偶者乙	25,000,000	
その他の財産	その他	絵画（○○作他）	千代田区○○1丁目2番3号	5点		8,500,000	配偶者乙	8,500,000	
		（小　計）				(33,500,000)			
（（計））						《 85,200,000》			
［合計］						[550,000,000]			

合計表	財産を取得した人の氏名	（各人の合計）	配偶者乙	長男A	孫養子B		
	分割財産の価額 ①	550,000,000 円	250,000,000 円	180,000,000 円	120,000,000 円	円	円
	未分割財産の価額 ②						
	各人の取得財産の価額 （①＋②） ③	550,000,000	250,000,000	180,000,000	120,000,000		

(注) 1 「合計表」の各人の③欄の金額を第1表のその人の「取得財産の価額①」欄に転記します。
　　 2 「財産の明細」の「価額」欄は、財産の細目、種類ごとに小計及び計を付し、最後に合計を付して、それらの金額を第15表の①から㉘までの該当欄に転記します。

分割協議が成立したため、「分割財産の価額」欄①に各人の合計額及び相続人ごとの価額を記載する。

> ①欄には、取得者の持分に応ずる面積を記載する。
> ②欄には、取得者の持分に応ずる宅地等の価額（特例の減額をする前の価額）を記載する。
> ③欄には、特例の適用を受ける取得者の氏名を記載する。
> ④欄には、①欄のうち特例の対象として選択した宅地等の面積を記載する。
> ⑤欄には、小規模宅地等の特例の適用により減額される金額を記載する。
> ⑥欄には、②欄の金額から⑤欄の減額される金額を控除した後の金額を記載する。

小規模宅地等についての課税価格の計算明細

被相続人	甲

第11・11の2表の付表1（修正申告用）（平成27年分以降用）

1 小規模宅地等の明細

この欄は、特例の対象として小規模宅地等を選択する場合に記入します。

選択した小規模宅地等	宅地等の番号	所在地番	① 取得者の持分に応ずる面積	② 取得者の持分に応ずる宅地等の価額	③ 特例の適用を受ける取得者の氏名	④ ①のうち特例の対象として選択した宅地等の面積	⑤ 課税価格の計算に当たって減額される金額	⑥ 宅地等について課税価格に算入する価額（②-⑤）
	1	千代田区〇〇1丁目2番3号	㎡ 330	円 150,000,000	配偶者乙	㎡ 330	円 120,000,000	円 30,000,000

(注) 1 「⑤ 課税価格の計算に当たって減額される金額」欄の金額の計算は、下記3によります。
2 ⑥欄の金額を第11表の「財産の明細」の「価額」欄に転記します。

2 「限度面積要件」の判定

上記「1 小規模宅地等の明細」の「④ ①のうち小規模宅地等の面積」欄で選択した宅地等の全てが限度面積要件を満たすものであることを、次の各欄に面積を記入することにより判定します。

小規模宅地等の種類		① 特定居住用宅地等	② 特定事業用宅地等	③ 特定同族会社事業用宅地等	④ 貸付事業用宅地等
A	下記⑨の小規模宅地等の面積の合計	[下記3の⑯の面積の合計] 330㎡	[下記3の⑬の面積の合計] ㎡	[下記3の⑭の面積の合計] ㎡	[下記3の⑮の面積の合計] ㎡
B 限度面積	イ 小規模宅地等のうちに④貸付事業用宅地等がない場合	[①のA面積]≦330㎡ 330㎡	[②のA及び③のAの面積の合計] ㎡≦400㎡		
	ロ 小規模宅地等のうちに④貸付事業用宅地等がある場合	[①のAの面積] ㎡×200/330 +	[②のA及び③のAの面積の合計] ㎡×200/400 +		[④のAの面積] ㎡≦200㎡

(注) 限度面積は、特例の適用を受ける小規模宅地等の種類（「④貸付事業用宅地等」の選択の有無）に応じ、B欄（イ又はロ）により判定を行います。「限度面積要件」を満たす場合に限り、この特例の適用を受けることができます。

3 「⑤ 課税価格の計算に当たって減額される金額」の計算

上記「1 小規模宅地等の明細」で選択した小規模宅地等（上記2の限度面積要件を満たすものに限ります。）についての「⑤ 課税価格の計算に当たって減額される金額」欄の金額は、次により計算します。

（上記「1 小規模宅地等の明細」の「宅地等の番号」欄の番号に合わせて記入します。）

区分		小規模宅地等の種類	宅地等の番号	⑦ 特例の適用を受ける取得者の氏名	⑧ その宅地等における相続開始の直前の事業	⑨ 小規模宅地等の面積	⑩ 小規模宅地等の価額 [②×⑨/①]	⑪ 割合	⑫ 小規模宅地等について減額される金額（⑩×⑪）
被相続人等の事業用宅地等		⑬ 特定事業用宅地等				㎡	円	80/100	円
		⑭ 特定同族会社事業用宅地等							
		⑮ 貸付事業用宅地等						50/100	
被相続人等の居住用宅地等		⑯ 特定居住用宅地等	1	配偶者乙		330	150,000,000	80/100	120,000,000

(注) 1 ⑨欄には、それぞれの宅地等の番号に応ずる上記「1 小規模宅地等の明細」の「④ ①のうち特例の対象として選択した宅地等の面積」を記入します。
2 ⑧欄には、その宅地等の上で行われていた事業について、飲食サービス業、法律事務所、貸家のように具体的に記入します。

分割協議が成立したため、該当する葬式費用について「負担する人の氏名」欄・「負担する金額」欄に記載する。

分割協議が成立したため、該当する債務について「負担する人の氏名」欄・「負担する金額」欄に記載する。

債務及び葬式費用の明細書

被相続人 甲

第13表（平成30年分以降用）

1 債務の明細

（この表は、被相続人の債務について、その明細と負担する人の氏名及び金額を記入します。）

債務の明細					負担することが確定した債務	
		債権者		発生年月日	負担する人	負担する
種類	細目	氏名又は名称	住所又は所在地	弁済期限	金額	の氏名	金額
公租公課	平成30年分固定資産税	千代田都税事務所			700,000 円	配偶者乙	700,000 円
公租公課	30年分所得税（準確定申告）	神田税務署			250,000	配偶者乙	250,000
公租公課	平成30年分住民税	千代田区役所			800,000	配偶者乙	800,000
銀行借入金	証書借入	○○銀行 ○○支店	千代田区○○3丁目4番5号		15,000,000	配偶者乙	15,000,000
その他	医療費	○○病院			200,000	配偶者乙	200,000
合計					16,950,000		

2 葬式費用の明細

（この表は、被相続人の葬式に要した費用について、その明細と負担する人の氏名及び金額を記入します。）

葬式費用の明細				負担することが確定した葬式費用	
支払先		支払年月日	金額	負担する人	負担する
氏名又は名称	住所又は所在地			の氏名	金額
○○寺	千代田区○○5丁目2番3号	30・1・15	500,000 円	配偶者乙	500,000 円
葬儀社	千代田区○○4丁目2番3号	30・2・13	2,550,000	配偶者乙	2,550,000
合計			3,050,000		

分割協議が成立したため、「負担することが確定した債務」欄①及び「負担することが確定した葬式費用」欄④に各人の合計額・相続人ごとの金額を記載する。

3 債務及び葬式費用の合計額

債務などを承継した人の氏名		（各人の合計）	配偶者乙			
債務	負担することが確定した債務 ①	16,950,000 円	16,950,000 円	円	円	円
	負担することが確定していない債務 ②					
	計（①+②） ③	16,950,000	16,950,000			
葬式費用	負担することが確定した葬式費用 ④	3,050,000	3,050,000			
	負担することが確定していない葬式費用 ⑤					
	計（④+⑤） ⑥	3,050,000	3,050,000			
合計（③+⑥） ⑦		20,000,000	20,000,000			

（注）1 各人の⑦欄の金額を第1表のその人の「債務及び葬式費用の金額③」欄に転記します。
　　　2 ③、⑥及び⑦欄の金額を第15表の㉟、㊱及び㊲欄にそれぞれ転記します。

「宅地」欄③に小規模宅地等の特例の適用後の金額を第11表から移記する。

相続財産の種類別価額表

（この表は、第11表から第14表までの記載に基づいて記入します。）

被相続人　甲

第15表（修正申告用）（平成30年分以降用）

種類	細目	番号	各人の合計	配偶者乙	長男A	孫養子B		
土地（土地の上に存する権利を含みます。）	田	①	円	円	円	円	円	円
	畑	②						
	宅地	③	110,000,000	30,000,000	80,000,000			
	山林	④	6,000,000			6,000,000		
	その他の土地	⑤	50,000,000		50,000,000			
	計	⑥	166,000,000	30,000,000	130,000,000	6,000,000	( )	( )
	⑥のうち特例農地等 通常価額	⑦	( )	( )	( )	( )	( )	( )
	農業投資価格による価額	⑧	( )	( )	( )	( )	( )	( )
	家屋、構築物	⑨	22,000,000	12,000,000	10,000,000	( )	( )	( )
事業（農業）用財産	機械、器具、農耕具、その他の減価償却資産	⑩						
	商品、製品、半製品、原材料、農産物等	⑪						
	売掛金	⑫						
	その他の財産	⑬						
	計	⑭						
有価証券	特定同族会社の株式及び出資 配当還元方式によったもの	⑮						
	その他の方式によったもの	⑯	48,000,000	48,000,000				
	⑮及び⑯以外の株式及び出資	⑰	86,300,000	19,000,000	5,000,000	62,300,000		
	公債及び社債	⑱	20,000,000	20,000,000				
	証券投資信託、貸付信託の受益証券	⑲	30,000,000	30,000,000				
	計	⑳	184,300,000	117,000,000	5,000,000	62,300,000	( )	( )
	現金、預貯金等	㉑	91,500,000	41,500,000	( )	50,000,000	( )	( )
	家庭用財産	㉒	1,000,000	1,000,000	( )	( )	( )	( )
その他の財産	生命保険金等	㉓	35,000,000		35,000,000			
	退職手当金等	㉔	15,000,000	15,000,000				
	立木	㉕	1,700,000			1,700,000		
	その他	㉖	33,500,000	33,500,000				
	計	㉗	85,200,000	48,500,000	35,000,000	1,700,000	( )	( )
	合計（⑥+⑨+⑭+⑳+㉑+㉒+㉗）	㉘	550,000,000	250,000,000	180,000,000	120,000,000	( )	( )
	相続時精算課税適用財産の価額	㉙	30,000,000		30,000,000			
	不動産等の価額（⑥+⑨+⑩+⑮+⑯+㉓）	㉚	237,700,000	90,000,000	140,000,000	7,700,000		
	⑯のうち株式等納税猶予対象の株式等の価額の80%の額	㉛						
	⑰のうち株式等納税猶予対象の株式等の価額の80%の額	㉜						
	⑯のうち特例株式等納税猶予対象の株式等の価額	㉝						
	⑰のうち特例株式等納税猶予対象の株式等の価額	㉞						
債務等	債務	㉟	16,950,000	16,950,000				
	葬式費用	㊱	3,050,000	3,050,000				
	合計（㉟+㊱）	㊲	20,000,000	20,000,000	( )	( )	( )	( )
	差引純資産価額（㉘+㉙－㊲）（赤字のときは0）	㊳	560,000,000	230,000,000	210,000,000	120,000,000		
	純資産価額に加算される暦年課税分の贈与財産価額	㊴	3,000,000			3,000,000		
	課税価格（㊳+㊴）（1,000円未満切捨て）	㊵	563,000,000	230,000,000	210,000,000	123,000,000	,000	,000

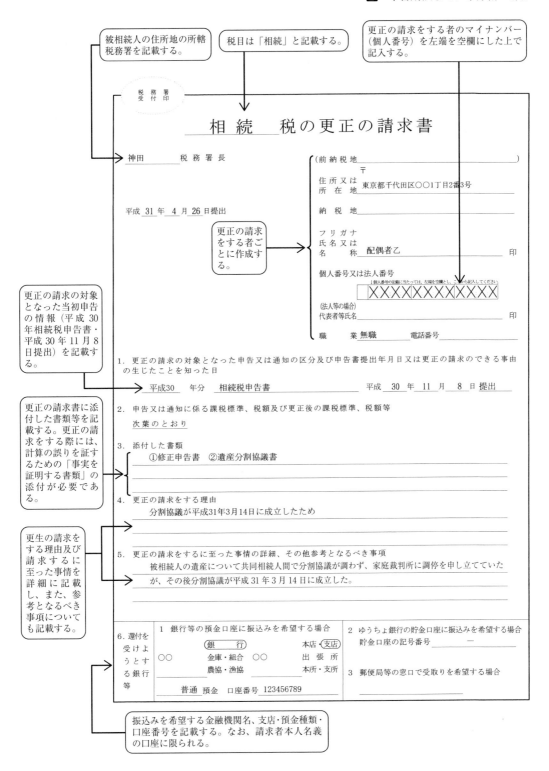

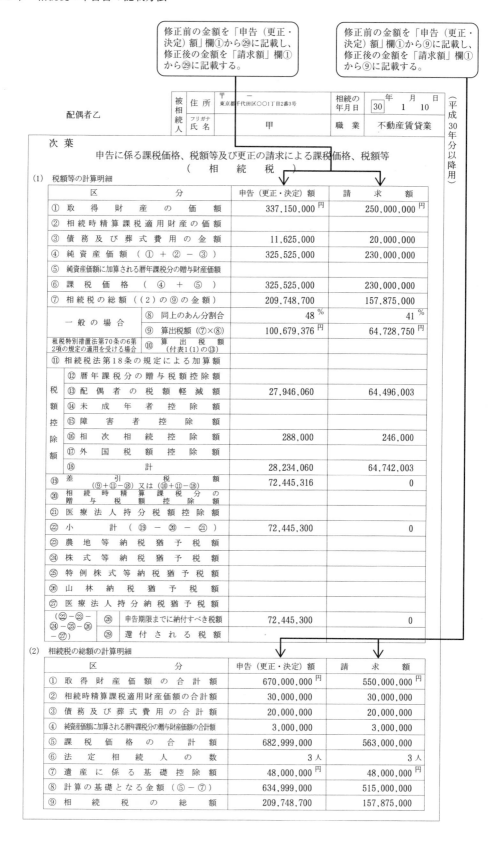

修正前の金額を「申告（更正・決定）」額①から㉙に記載し、修正後の金額を「請求額」欄①から㉙に記載する。

修正前の金額を「申告（更正・決定）」額①から⑨に記載し、修正後の金額を「請求額」欄①から⑨に記載する。

配偶者乙

被相続人	住所	〒　　−　　　　東京都千代田区○○１丁目2番3号	相続の年月日	年　月　日　30　1　10	（平成30年分以降用）
	フリガナ氏名	甲	職業	不動産賃貸業	

次葉

申告に係る課税価格、税額等及び更正の請求による課税価格、税額等
（　相　続　税　）

(1)　税額等の計算明細

区　　分	申告（更正・決定）額	請　求　額
① 取　得　財　産　の　価　額	337,150,000 円	250,000,000 円
② 相続時精算課税適用財産の価額		
③ 債務及び葬式費用の金額	11,625,000	20,000,000
④ 純資産価額（①＋②−③）	325,525,000	230,000,000
⑤ 純資産価額に加算される暦年課税分の贈与財産価額		
⑥ 課　税　価　格（④＋⑤）	325,525,000	230,000,000
⑦ 相続税の総額（(2)の⑨の金額）	209,748,700	157,875,000
一般の場合　⑧ 同上のあん分割合	48 %	41 %
⑨ 算出税額（⑦×⑧）	100,679,376 円	64,728,750 円
租税特別措置法第70条の6第2項の規定の適用を受ける場合　⑩ 算出税額（付表1(1)の⑬）		
⑪ 相続税法第18条の規定による加算		
税額控除額　⑫ 暦年課税分の贈与税額控除額		
⑬ 配偶者の税額軽減額	27,946,060	64,496,003
⑭ 未成年者控除額		
⑮ 障害者控除額		
⑯ 相次相続控除額	288,000	246,000
⑰ 外国税額控除額		
⑱ 計	28,234,060	64,742,003
⑲ 差引税額（⑨＋⑪−⑱）又は（⑩＋⑪−⑱）	72,445,316	0
⑳ 相続時精算課税分の贈与税額控除額		
㉑ 医療法人持分税額控除額		
㉒ 小計（⑲−⑳−㉑）	72,445,300	0
㉓ 農地等納税猶予税額		
㉔ 株式等納税猶予税額		
㉕ 特例株式等納税猶予税額		
㉖ 山林納税猶予税額		
㉗ 医療法人持分納税猶予税額		
（㉒−㉓−㉔−㉕−㉖−㉗）　㉘ 申告期限までに納付すべき税額	72,445,300	0
㉙ 還付される税額		

(2)　相続税の総額の計算明細

区　　分	申告（更正・決定）額	請　求　額
① 取得財産価額の合計額	670,000,000 円	550,000,000 円
② 相続時精算課税適用財産価額の合計額	30,000,000	30,000,000
③ 債務及び葬式費用の合計額	20,000,000	20,000,000
④ 純資産価額に加算される暦年課税分の贈与財産価額の合計額	3,000,000	3,000,000
⑤ 課税価格の合計額	682,999,000	563,000,000
⑥ 法定相続人の数	3人	3人
⑦ 遺産に係る基礎控除額	48,000,000 円	48,000,000 円
⑧ 計算の基礎となる金額（⑤−⑦）	634,999,000	515,000,000
⑨ 相続税の総額	209,748,700	157,875,000

更正の請求をする者のマイナンバー（個人番号）を左端を空欄にした上で記入する。

税務署受付印

相続　税の更正の請求書

神田　　　　税　務　署　長

平成 31 年 4 月 26 日提出

（前納税地＿＿＿＿＿＿＿＿＿＿＿＿＿）

〒

住所又は　東京都千代田区○○1丁目2番3号
所　在　地＿＿＿＿＿＿＿＿＿＿＿＿＿

納　税　地＿＿＿＿＿＿＿＿＿＿＿＿＿

フ リ ガ ナ
氏 名 又 は
名　　　称　孫養子B＿＿＿＿＿＿＿＿＿＿　印

個人番号又は法人番号

| 個人番号の記載に当たっては、左端を空欄とし、ここから記入してください。 | | | | | | | | | | |
|X|X|X|X|X|X|X|X|X|X|X|

（法人等の場合）
代表者等氏名＿＿＿＿＿＿＿＿＿＿＿＿　印

職　　　業　無職＿＿＿　電話番号＿＿＿＿＿＿＿

配偶者乙と同様に記載する。

1．更正の請求の対象となった申告又は通知の区分及び申告書提出年月日又は更正の請求のできる事由の生じたことを知った日

　　平成30　年分　相続税申告書　　　　　　　　平成 30 年 11 月 8 日 提出

2．申告又は通知に係る課税標準、税額及び更正後の課税標準、税額等

　　次葉のとおり

3．添付した書類
　　　①修正申告書　②遺産分割協議書

4．更正の請求をする理由
　　　分割協議書が平成31年3月14日に成立したため

5．更正の請求をするに至った事情の詳細、その他参考となるべき事項
　　　被相続人の遺産について共同相続人間で分割協議が調わず、家庭裁判所に調停を申し立てていたが、その後分割協議が平成31年3月14日に成立した。

6．還付を受けようとする銀行等	1　銀行等の預金口座に振込みを希望する場合	2　ゆうちょ銀行の貯金口座に振込みを希望する場合
	○○ （銀　行） 本店・支店　○○ 金庫・組合 出張所　農協・漁協 本所・支所　普通 預金　口座番号 345678912	貯金口座の記号番号＿＿＿＿＿＿－＿＿＿＿＿＿　3　郵便局等の窓口で受取りを希望する場合

<table>
<tr><td rowspan="2">被相続人</td><td>住所</td><td>〒　　－
東京都千代田区〇〇1丁目2番3号</td><td rowspan="2">相続の年月日</td><td>年　　月　　日
30　　1　　10</td><td rowspan="4">(平成30年分以降用)</td></tr>
</table>

孫養子B

被相続人	住所	〒　－　東京都千代田区〇〇1丁目2番3号	相続の年月日	年　月　日　30　1　10
	フリガナ 氏名	甲	職業	不動産賃貸業

次　葉

申告に係る課税価格、税額等及び更正の請求による課税価格、税額等
（　相　続　税　）

(1) 税額等の計算明細

区　分	申告（更正・決定）額	請　求　額
① 取 得 財 産 の 価 額	174,775,000 円	120,000,000 円
② 相 続 時 精 算 課 税 適 用 財 産 の 価 額		
③ 債 務 及 び 葬 式 費 用 の 金 額	4,187,500	
④ 純 資 産 価 額 （ ① ＋ ② － ③ ）	170,587,500	120,000,000
⑤ 純資産価額に加算される暦年課税分の贈与財産価額	3,000,000	3,000,000
⑥ 課 税 価 格 （ ④ ＋ ⑤ ）	173,587,000	123,000,000
⑦ 相続税の総額 （（2）の⑨の金額）	209,748,700	157,875,000
一 般 の 場 合　⑧ 同上のあん分割合	25 ％	22 ％
一 般 の 場 合　⑨ 算出税額 （⑦×⑧）	52,437,175 円	34,732,500 円
租税特別措置法第70条の6第2項の規定の適用を受ける場合　⑩ 算 出 税 額 （付表1(1)の⑬）		
⑪ 相続税法第18条の規定による加算額	10,487,435	6,946,500
税額控除額　⑫ 暦年課税分の贈与税額控除額	190,000	190,000
税額控除額　⑬ 配 偶 者 の 税 額 軽 減 額		
税額控除額　⑭ 未 成 年 者 控 除 額	200,000	200,000
税額控除額　⑮ 障 害 者 控 除 額		
税額控除額　⑯ 相 次 相 続 控 除 額	150,000	126,000
税額控除額　⑰ 外 国 税 額 控 除 額		
税額控除額　⑱ 計	540,000	516,000
⑲ 差 引 税 額 （⑨＋⑪－⑱） 又は （⑩＋⑪－⑱）	62,384,610	41,163,000
⑳ 相 続 時 精 算 課 税 分 の 贈 与 税 額 控 除 額		
㉑ 医 療 法 人 持 分 税 額 控 除 額		
㉒ 小 計 （ ⑲ － ⑳ － ㉑ ）	62,384,600	41,163,000
㉓ 農 地 等 納 税 猶 予 税 額		
㉔ 株 式 等 納 税 猶 予 税 額		
㉕ 特 例 株 式 等 納 税 猶 予 税 額		
㉖ 山 林 納 税 猶 予 税 額		
㉗ 医 療 法 人 持 分 納 税 猶 予 税 額		
（㉒－㉓－㉔－㉕－㉖－㉗）　㉘ 申告期限までに納付すべき税額	62,384,600	41,163,000
（㉒－㉓－㉔－㉕－㉖－㉗）　㉙ 還 付 さ れ る 税 額		

配偶者乙と同様に記載する。（←⑫～⑱の税額控除額を指す）

(2) 相続税の総額の計算明細

区　分	申告（更正・決定）額	請　求　額
① 取 得 財 産 価 額 の 合 計 額	670,000,000 円	550,000,000 円
② 相続時精算課税適用財産価額の合計額	30,000,000	30,000,000
③ 債 務 及 び 葬 式 費 用 の 合 計 額	20,000,000	20,000,000
④ 純資産価額に加算される暦年課税分の贈与財産価額の合計額	3,000,000	3,000,000
⑤ 課 税 価 格 の 合 計 額	682,999,000	563,000,000
⑥ 法 定 相 続 人 の 数	3人	3人
⑦ 遺 産 に 係 る 基 礎 控 除 額	48,000,000 円	48,000,000 円
⑧ 計 算 の 基 礎 と な る 金 額 （⑤－⑦）	634,999,000	515,000,000
⑨ 相 続 税 の 総 額	209,748,700	157,875,000

第3章　書面添付制度と事前通知前の意見聴取制度

1 書面添付制度

　書面添付制度とは、税理士法第33条の2に規定する「書面添付」と第35条に規定する「意見聴取制度」を総称したものであり、平成13年の税理士法改正により、平成14年4月1日から実施されている。

※　下記1及び2は、「添付書面作成基準（指針）」（平成21年4月1日　日本税理士会連合会）を抜粋して引用している。

1　添付書面・第9号様式の書面の記載内容

　書面添付制度における第9号様式の書面とは、申告書の作成過程において税理士が行った業務の内容を記載するものである。

　第9号様式の書面のうち、1面から3面には以下の内容を記載する。

第9号様式の各面	記　載　内　容
第9号様式1面	「1　自ら作成記入した帳簿書類に記載されている事項」欄には、税理士又は税理士法人が委嘱契約に基づいて自ら作成した「帳簿書類の名称」及び「作成記入の基礎となった書類等」を記載する。
第9号様式2面	「3　計算し、整理した主な事項」欄には、勘定科目ごとに具体的な業務の内容とともに計算・整理の際に留意した事項を記載する。
第9号様式3面	「4　相談に応じた事項」欄には、委嘱契約に基づいて行った税務相談のうち、その申告書の課税標準等の計算に関して特に重要な事項と、その相談の結果がどのように反映されたかについて記載する。

2　具体的な作成基準

　相続税の申告書の作成に当たり、計算し、整理又は相談に応じた事項や、どのような帳簿や書類等を基に、どのように計算・整理等を行ったかを次のように具体的に記載する。

第9号様式の各面	記　載　の　留　意　点
第9号様式1面	作成記入の基礎となった書類等 相続財産確定のベースになり、確認の基礎となる。
第9号様式2面	3　計算し、整理した主な事項 土地（評価） 家屋（評価）┤土地及び家屋等の評価計算について、具体的に現況確認を行い、利用状況を確認した事項や実測等による計算根拠を記載しているか。

有価証券　　（上場株式）
　　　　　　　　端株、現物保有株式、先代・家族名義株式など、その検
　　　　　　討内容・確認状況を具体的に記載しているか。
　　　　　　（取引相場のない株式）
　　　　　　　　取引相場のない株式の評価計算について、具体的に確認
　　　　　　した事項や、その計算の根拠を記載しているか。

預貯金等　　　家族名義預金の帰属について検討し、具体的に確認した
　　　　　　事項やその判断の根拠を記載しているか。また、既経過利
　　　　　　息の計上も正しいか。
　　　　　　　　また、預貯金や現金などの増減について、相続開始前5
　　　　　　年間程度の大口の動きを確認しているか。
　　　　　　　　さらに、相続開始直前に大口現金の引出しの確認をし、
　　　　　　残高を手許現金として計上しているか。

相次相続及び先代　　　以前の相続からの財産の流れを検討・確認して
からの相続関係　　　いるか。

事業用財産　　事業用財産又は農業用財産の有無の確認を行い、決算書
　　　　　　との確認を行っているか。

家庭用財産　　家庭用財産の確認をしているか。

生命保険金・　　　生命保険金及び生命保険契約に関する権利の確認を
退職手当金等　　　行っているか。また、契約者と保険料負担者の確認も
　　　　　　行っているか。
　　　　　　　　退職手当金及び弔慰金等、退職金等に該当するもの
　　　　　　の有無の確認を行っているか。

その他の財産　・未収金（給与・配当・年金・地代等）及び貸付金・
　　　　　　　前払金等の有無の確認を行っているか。
　　　　　　・庭園設備、自動車・バイク及び船舶等の有無の確認
　　　　　　　を行っているか。
　　　　　　・貴金属・書画・骨董及び電話加入権の有無の確認を
　　　　　　　行っているか。
　　　　　　・特許権・著作権や営業権等の有無の確認を行ってい
　　　　　　　るか。
　　　　　　・所得税の確定申告や準確定申告の還付金の有無の確
　　　　　　　認を行っているか。

	生前贈与財産の相続財産への加算	・相続時精算課税に係る贈与によって取得した財産の有無の確認を行っているか。 ・相続開始前3年以内に贈与を受けた財産の有無の確認を行っているか。
	債務・葬式費用	・借入金等の確認をしているか（連帯債務・保証債務を含む）。 ・未納の税金等の確認をしているか。 ・預り保証金（敷金）等の確認はしているか。 ・相続放棄した相続人が引き継いだ債務を債務控除していないか確認をしているか。 ・法要や香典返し等に要した費用を含めていないか確認をしているか。 ・墓石や仏壇の購入費用を含めていないか確認をしているか。
第9号様式3面		4　相談に応じた事項 　具体的な相談内容とそのてん末を記載 ・小規模宅地等（特例）の適用 ・3年以内の贈与加算 ・名義の異なる財産の帰属 ・同族法人が支払う退職金・弔慰金 ・納税関係の指導とそのてん末 ・納税猶予（株・土地）の特例の適用 5　その他 ・総合所見 ・相続人よりの依頼関係 ・相続財産確定に当たっての経緯 ・その他の項目における業務チェックリスト又は国税庁様式「相続税の申告のためのチェックシート」による確認

3　添付書面の記載例

　相続税申告書に係る添付書面の記載例は、次のとおりである。なお、記載例は、「書面添付制度に係る書面の記載例（平成26年8月　東京国税局　資産課税課）」の相続税部分を引用している。

相続税申告書（〇年〇月〇日　相続開始）に係る

税理士法第３３条の２第１項に規定する添付書面　33の2①

受付印

　　　年　月　日
＿＿＿＿＿＿＿殿

※整理番号

税理士又は税理士法人	氏名又は名称	税理士　大手町　太郎　　　　　　　印
	事務所の所在地	〇〇市〇〇区〇〇町１−１−１ 電話（〇〇〇）〇〇〇−〇〇〇〇
書面作成に係る税理士	氏　名	税理士　大手町　太郎　　　　　　　印
	事務所の所在地	〇〇市〇〇区〇〇町１−１−１ 電話（〇〇〇）〇〇〇−〇〇〇〇
	所属税理士会等	〇〇税理士会　〇〇支部　登録番号　第１２３４５号
税務代理権限証書の提出		有（　　相続税　　）・無
依頼者	氏名又は名称	東京　一郎
	住所又は事務所の所在地	〇〇市〇〇区〇〇町２−２−２ 電話（〇〇〇）〇〇〇−〇〇〇〇

　私（当法人）が申告書の作成に関し、計算し、整理し、又は相談に応じた事項は、下記の１から４に掲げる事項であります。

１　自ら作成記入した帳簿書類に記載されている事項

帳簿書類の名称	作成記入の基礎となった書類等
申告書及び添付書類 土地評価明細書その他の財産評価明細書	戸籍謄本、住民票の写し、戸籍の附票の写し、遺産分割協議書、登記事項証明書、固定資産評価証明書、測量図、住宅地図、賃貸借契約書、預金の証書及び通帳、残高証明書、保険証券、債務及び葬式費用の対象となる領収証、過去の所得税の確定申告書・決算書（控）、法人税申告書（控）、贈与税申告書（控）等

２　提示を受けた帳簿書類（備考欄の帳簿書類を除く。）に記載されている事項

帳簿書類の名称	備　考
「１　自ら作成記入した帳簿書類に記載されている事項」の「作成記入の基礎となった書類等」に同じ。	

※事務処理欄	部門	業種			意見聴取連絡事績		事前通知等事績	
					年月日	税理士名	通知年月日	予定年月日
					・　・		・　・	・　・

（1／7）

| | | ※整理番号 | |

3　計算し、整理した主な事項

	区　　　分	事　　　項	備　　　考
(1)	土地	・土地の利用状況等について、現地確認を行い、公図及び測量図を基に土地の形状や建物の建築状況等を確認し、評価を行った。	公図、測量図、登記事項証明書、固定資産評価証明書
		・先代名義の土地は確認できなかった。	
		・土地については、全て実測面積で計算した。	
		・貸ビルA（○○町○－○）全○○室のうち、○室は相続開始日以前から長期間空室であり、一時的に空室となっていたものではないため、賃貸割合に応じて、貸家建付地と自用地部分に按分して評価額を算出した。	賃貸借契約書、過去の所得税の確定申告書・決算書（控）
	「税理士法第33条の2の書面添付に係るチェックシート〔相続税〕」も参考に土地・建物の評価上、ポイントとなる項目等を具体的に記載する。	・貸ビルB（○○町○－○）の駐車場敷地については、駐車場の契約者及び利用者が全て貸ビルの賃借人であり、かつ貸ビルの敷地内の駐車場であるなど、駐車場の貸付けの状況がビルの賃貸と一体と認められたため、全体を貸家建付地として評価した。	賃貸借契約書、過去の所得税の確定申告書・決算書（控）
		・○○町○○－○（地目：宅地）については、被相続人の主宰する㈱Aに賃貸し、同法人が貸ビルを建てて利用している。この賃貸借については、無償返還の届出書の提出を確認したので、自用地評価額の80％相当額で評価し、㈱Aの株式評価上、純資産価額に20％相当額を計上した。	賃貸借契約書 土地の無償返還に関する届出書（控） 法人税申告書（控）
		・○○町2-2（被相続人の自宅敷地）については、その土地に建てられている自宅建物とともに、同居親族である長男Aが取得し、居住を継続していることから、特定居住用宅地として、小規模宅地の計算の特例を適用した。	長男の戸籍の附票の写し

(2／7)

※整理番号	

3 計算し、整理した主な事項

区　　分	事　　　　項	備　　　考
建物	・貸ビルA（○○町○－○）の評価に当たっては、相続開始時点における貸付状況を確認した上で、賃貸割合に応じて評価した。 ・○○町○○－○の建物については、相続開始時において建築中であったため、その家屋の費用現価の100分の70に相当する金額によって評価した。 ・○○町○－○○の建物については、未登記物件であったため、相続人からの聴き取り及び固定資産評価証明書との照合を行い、相続財産として計上した。	登記事項証明書、固定資産評価証明書、賃貸契約書、過去の所得税の確定申告書・決算書（控） 家屋の請負契約書、領収書
有価証券	・㈱Aの株式については、家族名義分も含めて検討した結果、設立時からの親族・知人名義の株式1,000株は、配当金が被相続人名義の○○銀行○○支店に振り込まれており、名義人が株主総会等にも出席していないなど被相続人に帰属する株式と判断されたため、被相続人の財産として計上した。	定款、株主名簿、法人税申告書（控）、預金通帳、預かり証
（注） 「税理士法第33条の2の書面添付に係るチェックシート〔相続税〕」も参考に有価証券の家族名義の帰属の検討及び取引状況、株式の評価方法等ポイントとなる項目等を具体的に記載する。	・各相続人及び孫名義の株式については、贈与税の申告をするなど、贈与の事実があることから、被相続人の財産とは認められなかった。 ・㈱Aの株式の評価については、法人税申告書及び決算書等により事業規模を確認し、大会社と判定されたが、類似業種比準価額が1株当たりの純資産価額を上回っていたため、純資産価額方式を採用した。 ・㈱Aの株式の評価について、純資産価額の算定に当たっては、被相続人の死亡を保険事故として、㈱Aが生命保険金を受け取り、これを原資として、退職金を支払っていることから、資産の部に「生命保険金請求権」、負債の部に「未払退職金」及び「保険差益に対する法人税額等相当額」を計上した。 ・上場株式については、○○証券○○支店及び○○証券○○支店の2社の取引があり、各証券会社発行の残高証明書及び各銘柄の証券代行部に株式数を確認の上、単位未満株も含めて計算した。	贈与税申告書（控） 法人税申告書（控）、決算書、仮決算に基づく法人税の申告書 残高証明書、顧客勘定元帳

※区分欄「（1）」は左端中央に記載

		※整理番号	

3　計算し、整理した主な事項			
	区　　　分	事　　　　　　　項	備　　　　考
(1)	有価証券	・預金通帳（被相続人名義○○銀行○○支店）から、相続開始○年前に、○○証券○○支店からの振込み等があったため、○○証券○○支店の取引の有無を確認したが、相続開始日現在での取引はなかった。	預金通帳、残高証明書
		・○○証券○○支店に、妻名義の取引があり、顧客勘定元帳を過去○年分確認したところ、妻名義の口座には被相続人名義の株式が現物入庫されており、妻に確認したところ、贈与の事実がなく、管理運用状況から、○○証券○○支店で取引されている妻名義の口座は、被相続人に帰属する財産であることが確認されたため、相続財産として計上した。	残高証明書、顧客勘定元帳
	現金・預貯金

「税理士法第33条の2の書面添付に係るチェックシート〔相続税〕」も参考に預貯金の家族名義の帰属の検討及び取引状況等ポイントとなる項目等を具体的に記載する。 | ・現金については、相続人からの聴き取り及び預貯金の取引状況により確認し、生活費として手元にあった20万円のほか、相続開始直前に出金された500万円及び貸金庫に保管されていた500万円を現金として計上した。
・預貯金については、家族名義も含めて、保有する全ての通帳の提示を受け、過去5年間の取引状況、相続人の収入及び生活状況を勘案の上、検討した。
・被相続人名義の○○銀行○○支店の普通預金は、家賃収入の振込口座であり、月々の出金は、生活費として費消されている。
・妻名義の○○銀行○○支店の定期預金（○口○○万円）は、被相続人の経常収入（不動産収入）を原資として作成されたものであり、妻に確認したところ、贈与の事実もなく、管理運用状況から、被相続人に帰属する財産であることが確認されたため、相続財産として計上した。
・被相続人名義及び妻名義の預金については、全て既経過利息も含め相続財産に計上した。 | 預金通帳 |

（4／7）

		※整理番号	

3　計算し、整理した主な事項			
	区　　　分	事　　　　　項	備　　　　考
(1)	生命保険金	・被相続人を契約者及び被保険者とする生命保険契約については、○○生命から 1,200 万円、△△生命から 2,500 万円の死亡生命保険金が支払われていたことから、相続財産に計上した。	保険証券、生命保険金の支払通知書、確定申告書
	その他の財産 「税理士法第 33 条の 2 の書面添付に係るチェックシート〔相続税〕」も参考に保険の権利の帰属や未収金等ポイントとなる項目等を具体的に記載する。	・○○生命保険の契約者が妻名義及び長男名義であったが、保険料は、被相続人名義○○銀行○○支店の普通預金から出金されており、保険料負担者は被相続人と判断されたため、生命保険に関する権利として相続財産に計上した。	保険証券、過去の確定申告書
		・前記賃貸物件についての損害保険は、積立火災保険であることから、相続開始日現在の解約返戻金相当金額を保険会社に確認した上、相続財産に計上した。	保険証券、解約返戻金の金額のわかるもの、確定申告書
		・被相続人を契約者とした損害保険から、入院給付金○○万円が支払われていることから、相続財産として計上した。	
		・金地金については、相続開始日現在、○○金属において、○○グラムの金地金を保管していたことを確認したため、相続財産に計上した。	金地金計算書・金の保有状況のわかるもの
		・被相続人の準確定申告において、還付金が○○万円あることから、相続財産に計上した。	所得税の準確定申告書（控）
		・長男が平成○年に購入した車両の代金○○万円については、被相続人が立替えていたことから、立替金として相続財産に計上した。	預金通帳
		・平成○○年に、被相続人から妻、長男、次男、孫A及び孫Bに対し、現金○○○万円の贈与があったことから、相続人である妻、長男及び次男への贈与については、相続開始前 3 年以内の贈与加算をするとともに、贈与税額控除○○万円を計上した。	贈与税申告書（控）
		・被相続人の主宰する㈱Aに対する貸付金○○万円があったことから、貸付金として相続財産に計上した。	金銭消費貸借契約書、法人税申告書（控）

（5／7）

※整理番号	

3　計算し、整理した主な事項

	区　　分	事　　　項	備　　　考
(1)	債務・葬式費用	・借入金については、残高証明書、相続人からの聴き取り及び資産の取得状況から確認した。 ・預かり保証金については、賃貸借契約書により確認した。また、この預かり保証金は、○○銀行○○支店の普通預金に預金されている。 ・葬式費用等の領収書を確認し、墓石の購入費用及び香典返しに係る費用を除いたところで、葬式費用として計上した。 ・未納租税公課については、相続開始日現在の固定資産税の未納分を計上した。 ・被相続人の住宅ローンのうち、団体信用生命保険に加入していたことにより返済の必要のない債務については、借入金に計上していない。	残高証明書、賃貸借約書、葬式費用の領収書、過去の所得税の確定申告書、決算書 固定資産税納付書 住宅ローン設定契約書等

	(1)のうち顕著な増減事項	増　　減　　理　　由
(2)	建物、現金・預貯金、債務 被相続人の財産のうち、相続財産として計上した現金の原資、譲渡代金の使途の解明等、顕著な増減事項について記載する。 また、確認を行った結果、不明であったものについても記載する。	・相続開始の3年前に貸アパート（○○町○-○）を建築するための資金として、被相続人名義の預貯金が減少するとともに、○○銀行○○支店からの借入金が発生している。 ・相続開始7年前から、医療費として年間200万円の出金が認められた。 ・相続開始直前の○月○日、○○銀行○○支店の被相続人名義の普通預金から出金された500万円は、長男が葬儀に備え出金したものであり、相続開始時点では現金で手元に保管されているものと認められたため、現金として計上した。 ・相続開始3年前に○○町○-○（宅地）を3,000万円で譲渡しており、税金500万円のほか、2,000万円は上記の貸ビルA（○○町○-○）の建築資金に、残り500万円については、○○銀行○○支店の貸金庫に保管しており、相続開始時点でも現金で保管されているものと認められたため、現金として計上した。 ・相続開始5年前に、被相続人名義○○銀行○○支店から出金された300万円については、相続人に確認した結果、150万円については、教育費として費消し、残額の150万円については、妻名義○○銀行○○支店に預けられていたことが判明したことから、名義預金として相続財産に計上した。

	(1)のうち会計処理方法に変更等があった事項	変　更　等　の　理　由
(3)		

(6／7)

※整理番号	

4 相談に応じた事項

事　　　項	相　談　の　要　旨
相続財産の範囲	財産の名義にかかわらず被相続人に帰属する財産は相続財産として計上する必要がある旨を相続人に説明した上で、相続人及びその家族の名義による財産について預金通帳等を確認しながら、贈与関係、保有状況及び取引状況を確認した。 　なお、相続人に相続時精算課税の適用の有無について確認したところ、該当はなかった。
遺産分割協議 納税者からの相談事項、納税者への説明事項及び指示事項を具体的に記載する。	申告に当たっては、各種特例を最大限に活用できるよう遺産分割を行いたい旨の相談があり、本件に適用可能である相法19の2（配偶者に対する相続税額の軽減）及び措法69の4（小規模宅地等についての相続税の課税価格の計算の特例）の各規定を最大限に適用する場合の計算方法について説明した。 　この結果、全ての相続人の合意のもと、遺産分割協議書が作成され、居住用建物の敷地について、小規模宅地等の特例を適用することとした。

5 その他

　申告書の作成に当たっては、「添付書面作成基準（指針）」を基に各項目の確認を行ったほか、次の点を検討した。

・家族名義預金と判断した以外の各相続人及び親族名義の預貯金は、各々の収入等が原資として蓄積されたものであることから、相続人の固有財産と判断して相続財産には計上しなかった。

　　　妻○○　　　㈱Aの役員報酬、生前贈与（平成○○年）
　　　長男○○　　㈱Aの役員報酬、生前贈与（平成○○年）
　　　次男○○　　給与収入、生前贈与（平成○○年）
　　　孫A、B　　生前贈与（平成○○年）

被相続人の財産を判断する際に参考となる事項があれば記載する。

・過去5年間の預貯金の入出金を確認したところ、上記以外にも、○○万円の出金が数回見受けられたため、使途、贈与の有無などを相続人に確認し、贈与加算すべきものの有無などを検討した。その結果、相続開始直前の出金は現金として計上し、それ以外の出金は、生活費及び医療費として出金されている事実が確認できたため、相続財産として計上しなかった。
・相続人である次男が、平成○年に自宅を購入しているが、支払いは次男名義の住宅ローンにより、給与収入から返済中であり、被相続人からの資金援助はなかった。
・被相続人の財産管理については、被相続人が発病した平成○○年以降、相続人である妻が行っていた旨の説明があった。
・申告書の作成の際の参考として、昭和○○年に死亡した被相続人の父の相続税申告書及び遺産分割協議書から、当時相続した財産の確認及び相続開始日現在の保有状況等を確認し、今回の相続財産に計上すべきものについて検討を行った。

【参考：被相続人に関する事項】
　被相続人は、○○大学卒業後、○○㈱の社員として25年勤務し、昭和○○年に、○○を業とする㈱Aを設立した。平成○○年に脳梗塞を発症し、約7年間に渡り入退院を繰り返していたが、平成○○年○月肺炎で入院し、同年同月○日に死亡した（享年○○年）。
　主な収入：㈱Aの役員報酬、不動産収入　趣味：ゴルフ

税理士法第33条の2の書面添付に係るチェックシート〔相続税〕

　このチェックシートは、税理士法第33条の2の規定に基づく添付書面の作成に当たって、申告書を正しく作成していただけるよう確認すべき事項をまとめたものであり、「確認事項」をご確認の上、「確認」欄にチェックし、さらにその事項に係る該当の有無を「該当の有無」欄にチェックしてください。また、確認した書類又はその写しを申告書に添付した場合、「添付」欄にチェックをお願いいたします。

　なお、「確認書類」欄のカッコ内には、当該確認に用いた書類の名称を記載願います。

(令和元年5月以降用)

項　　　目	確認事項（確認欄にチェックしてください）	確　認　書　類	確認(レ)	該当の有無(レ)	添付(レ)
相続税の納税地	○ 被相続人の死亡時の住所地を納税地としていますか。 ※ 住所地とは、被相続人の「生活の本拠」をいい、住民登録上の住所と一致しない場合があります。	○ 被相続人の戸籍の附票の写し（相続開始の日以後に作成されたもの）（※3）	□	―	□
		○ 老人ホーム等への入所時における契約書の写し等			□
相　続　人　等	① 法定相続人に誤りはありませんか。	○ 戸籍の謄本、法定相続情報一覧図の写し等（※1）	□	―	□
	② 相続人に未成年者や障害者の方はいませんか。	○ 特別代理人選任の審判の証明書、身体障害者手帳等	□	□有□無	□
相続財産の分割等	① 遺産分割協議書はありますか。	○ 遺産分割協議書及び各相続人の印鑑証明書（※2）	□	□有□無	□
	② 遺言書はありますか。	○ 家庭裁判所の検認を受けた遺言書の写し等（※2）	□	□有□無	□
相 続 財 産 / 不　動　産	① 未登記不動産はありませんか。	○ 所有不動産が確認できるもの（固定資産税評価証明書、登記済権利証、登記事項証明書、国外財産調書(控) 等）	□	□有□無	□
	② 共有不動産はありませんか。		□	□有□無	
	③ 先代名義の不動産はありませんか。		□	□有□無	
	④ 他の市区町村に所在する不動産はありませんか。		□	□有□無	
	⑤ 日本国外に所在する不動産はありませんか。		□	□有□無	
	⑥ 他人の土地の上に存する建物（借地権）及び他人の農地を小作（耕作権）しているものはありませんか。	○ 土地の賃貸借契約書、小作に付されている旨の農業委員会の証明書	□	□有□無	□
有価証券	① 名義は異なるが、原資、管理及び運用等の状況から被相続人に帰属するものはありませんか（無記名の有価証券も含みます。）。	○ 証券、株券、通帳又はその預り証	□	□有□無	□
	② 株式の割当てを受ける権利、配当期待権はありませんか。	○ 評価明細書等	□	□有□無	□
	③ 増資等による株式の増加分や端株について計上漏れはありませんか。（端株を有する場合⇒該当「有」）	○ 配当金支払通知書（保有株数表示）等	□	□有□無	□
	④ 日本国外の有価証券はありませんか。	○ 証券、株券又はその預り証、国外財産調書(控) 等	□	□有□無	□
現金・預貯金等	① 相続開始直前に、被相続人の預金口座等から出金された現金を確認し、相続開始日の現金残高を手元現金に含め計上していますか。（被相続人の預金口座から出金された現金を相続開始日の手元現金に含めている場合⇒該当「有」）	○ 預貯金・貸付信託等の残高証明書（相続開始日現在のもの）、預貯金通帳（国外金融機関の預貯金であればステートメント）等 ⇒ 相続開始前_____年分確認。 確認した名義、取引金融機関名、口座番号等 _____ _____ _____ その他確認書類 _____ _____ _____	□	□有□無	□
	② 預貯金や現金などの増減について、相続開始前5年間程度の期間における入出金の使途等を確認していますか。		□	―	□
	③ 名義は異なるが、原資、管理及び運用等の状況から被相続人に帰属するものはありませんか。		□	□有□無	□
	④ 日本国外の預貯金はありませんか。		□	□有□無	□
	⑤ 既経過利息の計算は行っていますか。（既経過利息の計算を行っている預貯金等を有する場合⇒該当「有」）		□	□有□無	□

項	目	確認事項（確認欄にチェックしてください）	確　認　書　類	確認 (✓)	該当の 有無(✓)	添付 (✓)
相	事 業 用・ 家庭用財産	① 決算書等から、事業用財産、農業用財産の有無の確認をしていますか。 （事業用財産や農業用財産を有する場合⇒該当「有」）	○ 所得税及び復興特別所得税の確定申告書（控）、所得税青色申告決算書等	☐	☐有☐無	☐
		② 家庭用財産はありませんか。		☐	☐有☐無	☐
	生命保険金	① 生命保険金及び生命保険契約に関する権利はありませんか。	○ 保険証券、支払保険料計算書、生命保険金の支払通知書、所得税及び復興特別所得税の確定申告書（控）等	☐	☐有☐無	☐
		② 契約者（家族名義を含む。）と保険料負担者の確認を行っていますか。		☐	—	☐
	退職手当金等	○ 功労金及び弔慰金等で、退職手当金等に該当するものはありませんか。	○ 退職手当金の支払通知書、法人税確定申告書（控）等	☐	☐有☐無	☐
続	立　　木	○ 樹種、樹齢等は確認されていますか。 （立木を有する場合⇒該当「有」）	○ 立木証明書、森林経営計画書、組合等の精通者意見書など	☐	☐有☐無	☐
	その他の財産	① 未収金（給与、地代、家賃、配当等）はありませんか。	○ 賃貸借契約書、通帳、配当金支払通知書等	☐	☐有☐無	☐
財		② 親族や同族法人等に対する貸付金、前払金及び立替金等はありませんか。	○ 金銭消費貸借契約書、法人税確定申告書（控）、借用証等	☐	☐有☐無	☐
		③ 庭園設備、自動車、バイク及び船舶等はありませんか。	○ 現物の確認（最近取得している場合は、取得価額の分かる書類）	☐	☐有☐無	☐
		④ 貴金属、書画及び骨とう品はありませんか。	○ 種別、作者名、作品題名、サイズ、形状（掛物、額、巻物等の別）、箱の有無等を記載した評価額の分かる書類及び写真	☐	☐有☐無	☐
		⑤ ゴルフ会員権やレジャークラブ会員権等はありませんか。	○ 会員証(券)	☐	☐有☐無	☐
		⑥ 特許権、著作権、営業権、電話加入権等はありませんか。	○ 評価明細書等	☐	☐有☐無	☐
産		⑦ 所得税及び復興特別所得税の確定申告や準確定申告の還付金の有無は確認していますか。 （還付金を有する場合⇒該当「有」）	○ 所得税及び復興特別所得税の確定申告書（控）、通帳等	☐	☐有☐無	☐
		⑧ 損害保険契約に関する権利はありませんか。	○ 保険証券、所得税及び復興特別所得税の確定申告書（控）等	☐	☐有☐無	☐
		⑨ 「直系尊属から結婚・子育て資金の一括贈与を受けた場合の贈与税の非課税」の特例の適用に係る残額はありませんか。	○ 結婚・子育て資金非課税申告書（控）等	☐	☐有☐無	☐
		⑩ 「直系尊属から教育資金の一括贈与を受けた場合の贈与税の非課税」の特例の適用に係る残額はありませんか。	○ 教育資金非課税申告書（控）等	☐	☐有☐無	☐
相続時精算課税 適　用　財　産		○ 被相続人の相続人や孫の方が被相続人から相続時精算課税に係る贈与によって取得した財産（相続時精算課税適用財産）を相続財産に加算していますか。	○ （被相続人から贈与を受けた財産について、相続時精算課税制度の適用を受けていた場合）相続時精算課税適用財産の明細、贈与税の申告書（控）等	☐	☐有☐無	☐
生前贈与財産の 相続財産への加算		○ 相続や遺贈によって財産を取得した方が相続開始前3年以内に暦年課税に係る贈与を受けた財産を相続財産に加算していますか（贈与税の基礎控除以下のものを含みます。）。 （被相続人から相続開始前3年以内に暦年課税に係る贈与を受けた財産を有する場合⇒該当「有」）	○ 相続開始前3年間の預貯金及び有価証券の取引明細等（家族分も含みます。）、贈与契約書、贈与税の申告書（控）等	☐	☐有☐無	☐
債務・葬式費用		① 借入金等はありませんか（連帯債務を含む。）。	○ 借用書、請求書、金銭消費貸借契約書、納付書、納税通知書等	☐	☐有☐無	☐
		② 未納の固定資産税・所得税等の税金はありませんか。		☐	☐有☐無	☐
		③ 預り保証金（敷金）等の計上漏れはありませんか。（預かり保証金等を有する場合⇒該当「有」）	○ 賃貸借契約書等	☐	☐有☐無	☐
		④ 被相続人の住宅ローンのうち、団体信用生命保険に加入していたことにより返済する必要のなくなった金額を債務として控除していませんか。	○ 住宅ローンの設定契約書等	☐	—	☐
		⑤ 相続放棄した相続人（包括受遺者を除く。）が引き継いだ債務を債務控除していませんか。	○ 相続権利放棄申述の証明書等	☐	—	☐
		⑥ 法会や香典返しに要した費用、墓石や仏壇の購入費用が含まれていませんか。	○ 領収書等	☐	—	☐

項　　　　目			確認事項（確認欄にチェックしてください）	確　　認　　書　　類	確認(レ)	該当の有無(レ)	添付(レ)
評	共		① 土地の評価に当たっては、現地確認を行い利用状況を確認した上で、実際の面積によって計算していますか。	○ 実測図等	□	—	□
	通		② 評価単位の判定は適切ですか。	○ 土地の利用状況が確認できるもの	□	—	□
			③ 正面路線の判定は適切ですか。	○ 路線価図等	□	—	□
	項		④ 画地調整率の適用に誤りはありませんか。		□	—	□
			⑤ 地区区分の判定は適切ですか。		□	—	—
	目		⑥ 正面路線以外の路線が宅地の一部に接している場合、側方及び二方路線影響加算額を調整の上、加算していますか。（2以上の路線に接している場合⇒該当「有」）		□	□有□無	—
			⑦ 不整形地について、想定整形地はその面積が最小となるよう適正に設定していますか。	○ 実測図等	□	—	□
	個		⑧ 国外不動産の評価は適切ですか。（国外不動産を有する場合⇒該当「有」）	○ 現地の不動産会社の査定書等 ○ 現地の不動産鑑定士等の鑑定書、意見書等	□	□有□無	□ □
			⑨ 土地（特に山林）に縄延びはありませんか。	○ 実測図、森林施業図等	□	—	□
			⑩ 地積規模の大きな宅地の評価の適用について、要件の確認をしていますか。（地積規模の大きな宅地の評価を適用する場合⇒該当「有」）	○ 路線価図、住宅地図、都市計画図等	□	□有□無	□
不動産		別	⑪ 借地権がある土地について、借地権の計上漏れはありませんか（建物のみの計上や、借地権者の地位に変更がない旨の申出書を提出しているもの。）。（借地権がある土地を有する場合⇒該当「有」）	○ 登記事項証明書、土地賃貸借契約書、借地権者の地位に変更がない旨の申出書（控）	□	□有□無	□
			⑫ 同族法人等に対して貸し付けている土地等のうち、無償返還に関する届出書を提出している土地等がある場合、適切な割合を控除していますか。（無償返還に関する届出書を提出している土地等を有する場合⇒該当「有」）	○ 土地の無償返還に関する届出書（控）	□	□有□無	□
	項		⑬ 貸家の中に、空家となっているもの（一時的に空家となっているものを除きます。）はありませんか。（貸家を有する場合⇒該当「有」）	○ 不動産賃貸借契約書	□	□有□無	□
			⑭ 貸家建付地として評価している場合、対応する建物（貸家）を計上していますか。（貸家建付地を有する場合⇒該当「有」）	○ 固定資産税評価証明書、不動産賃貸借契約書	□	□有□無	□
			⑮ 貸宅地は地上権又は借地借家法に規定する借地権の目的物ですか（使用貸借の場合には自用地評価となります。）。（貸宅地を有する場合⇒該当「有」）	○ 土地の賃貸借契約書、住宅地図等	□	□有□無	□
価			⑯ 倍率地域の宅地比準の計算において、近傍宅地の1㎡当たりの固定資産税評価額を基に評価していますか。	○ 固定資産税評価証明書	□	—	□
	目		⑰ 市街地周辺農地について、20%の評価減をしていますか。（市街地周辺農地を有する場合⇒該当「有」）	○ 市街地農地等の評価明細書	□	□有□無	□

項　　目	確認事項（確認欄にチェックしてください）	確　認　書　類	確認(レ)	該当の有無(レ)	添付(レ)
評価／非上場株式	① 評価方式の判定は適切ですか。 （非上場株式を保有する場合⇒該当「有」）	○ 取引相場のない株式（出資）の評価明細書、法人税確定申告書（控）及び決算書等	□	□有□無	□
	② 特定の評価会社の判定は適切ですか。	その他確認書類 ［　　　　　　　　　　　　　　］	□	―	□
	③ 比準要素数0の会社であるにもかかわらず、類似業種比準価額方式により評価していませんか。		□	―	□
	④ 相続開始日における仮決算の内容を基に評価している場合、当該仮決算に基づき法人税の申告書を作成するなどして法人税額を算定していますか。 （仮決算に基づき評価している場合⇒該当「有」）	○ 仮決算に基づく法人税の申告書	□	□有□無	□
	⑤ 類似業種比準方式は直前期末の比準数値で評価していますか。	○ 取引相場のない株式（出資）の評価明細書等	□	―	□
	⑥ 類似業種比準方式の比準割合の算式の分母は3となっていますか。	その他確認書類 ［　　　　　　　　　　　　　　］	□	―	□
	⑦ 類似業種の業種目の判定は適正ですか（複数の業種目に係る取引金額がある場合、直前期の取引金額の内訳を確認していますか。）。		□	―	□
	⑧ 類似業種の株価等は、相続開始年分の「類似業種比準価額計算上の業種目及び業種目別株価」で確認していますか。		□	―	□
	⑨ 医療法人の出資の評価において、類似業種比準価額の算式は適切ですか。 （医療法人への出資がある場合⇒該当「有」）	○ 取引相場のない株式（出資）の評価明細書、法人税確定申告書（控）及び決算書等	□	□有□無	□
	⑩ 資産・負債の相続税評価額への評価替えに誤りはありませんか。	その他確認書類 ［　　　　　　　　　　　　　　］	□	―	□
	⑪ 法人が課税時期前3年以内に取得した土地建物等について、課税時期の通常の取引価額で評価していますか。 （法人が3年以内に土地建物等を取得している場合⇒該当「有」）		□	□有□無	□
	⑫ 繰延資産のうち財産的価値のないものを資産計上していませんか。		□	―	□
	⑬ 法人の生命保険金請求権を資産計上していますか。また、保険差益（欠損金の額は控除します。）に課せられる法人税等相当額を負債計上していますか。 （法人が生命保険金請求権や保険差益を有する場合⇒該当「有」）		□	□有□無	□
	⑭ 準備金、引当金を負債計上していませんか。		□	―	□
	⑮ 死亡退職金や未納公租公課を負債計上していますか。		□	―	□
	⑯ 法人資産として計上されていない借地権はありませんか。 （法人が借地権を有する場合⇒該当「有」）	○ 土地の賃貸借契約書、土地の無償返還に関する届出書（控）	□	□有□無	□
	⑰ 国外非上場株式の評価は適切ですか。 （法人が国外非上場株式を有する場合⇒該当「有」）	○ 株式時価評価書等	□	□有□無	□
上場株式等	① 上場株式の評価に誤りはありませんか。 （上場株式を有する場合⇒該当「有」）	○ 上場株式の評価明細書等	□	□有□無	□
	② 利付債、割引債を額面で評価していませんか。 （利付債、割引債を有する場合⇒該当「有」）	○ （　　　　　　　　　　　　　）	□	□有□無	□
立　木	○ 相続又は遺贈（包括遺贈及び被相続人からの相続人に対する遺贈に限ります。）により取得した場合、15％の評価減をしていますか。 （立木を有する場合⇒該当「有」）	○ 山林・森林の立木の評価明細書	□	□有□無	□

99

項　　　目	確認事項（確認欄にチェックしてください）	確　認　書　類	確認(レ)	該当の有無(レ)	添付(レ)
特　　例　　小規模宅地等	① 必要な書類を添付していますか。 （小規模宅地等の特例を適用する場合⇒該当「有」）	○ 申告書第11・11の2表の付表1等	□	□有□無	□
	② 被相続人が老人ホーム等に入所したことにより居住されなくなった家屋の敷地の用に供されていた宅地等について、特定居住用宅地等の適用を受ける場合に必要な書類を添付していますか。 （上記の場合に該当するとき⇒該当「有」）	○ 被相続人の戸籍の附票の写し（相続開始の日以後に作成されたもの）（※3） ○ 要介護認定書類等 ○ 老人ホーム等への入所時における契約書の写し等	□	□有□無	□ □ □
	③ 同居親族又は被相続人と生計を一にしていた親族が特定居住用宅地等の適用を受ける場合に必要な書類を添付していますか。 （上記の場合に該当するとき⇒該当「有」）	○ 特例の適用を受ける宅地等を自己の居住用に供していることを明らかにする書類（※4）	□	□有□無	□
	④ 非同居親族が特定居住用宅地等の適用を受ける場合に必要な書類を添付していますか。 （上記の場合に該当するとき⇒該当「有」）	○ 取得した者の相続開始日前3年以内における住所又は居所を明らかにする書類（※4）	□	□有□無	□
		○ 相続開始日前3年以内にその取得者が居住していた家屋が、自己、自己の配偶者、自己の三親等内の親族又はその親族と特別の関係のある一定の法人が所有する家屋以外の家屋であることを証する書類			□
		○ 相続開始の時において自己の居住している家屋を相続開始前のいずれの時においても所有していたことがないことを証する書類			□
	⑤ 特定居住用宅地等の上に存する建物が二世帯住宅で、その建物が区分所有建物である場合には、被相続人の居住の用に供されていた部分を確認していますか。 （上記の場合に該当するとき⇒該当「有」）	○ 登記事項証明書	□	□有□無	□
	⑥ 特定居住用宅地等は取得者ごとの居住継続、所有継続要件を満たしていますか。 （要件を満たしている場合⇒該当「有」）	○ 特例の適用を受ける宅地等を自己の居住用に供していることを明らかにする書類（※4）	□	□有□無	□
	⑦ 特定同族会社事業用宅地等の適用を受ける場合に必要な書類を添付していますか。 （上記の場合に該当するとき⇒該当「有」）	○ 特例の対象となる法人の発行済株式の総数（又は出資の総額）及び被相続人等が有する法人の株式（又は出資の総額）を記載した書類でその法人が証明したもの	□	□有□無	□
		○ 特例の対象となる法人の定款の写し ○ （　　　　　　　　　　　　　）	□ □	－ －	□ □
	⑧ 個人の事業用資産についての納税猶予の特例の適用を受けた、又は、受ける相続人がいるにもかかわらず特定事業用宅地等を適用していませんか。				
	⑨ 相続開始前3年以内に新たに事業の用に供された宅地等（平成31年4月以後から新たに事業の用に供されたものに限り、また、当該宅地の上で事業の用に供されている償却資産の価額が当該宅地の相続時の15%以上である場合を除きます。）に特定事業用宅地等を適用していませんか。	○ 収支内訳書（控）（不動産所得用）等	□	－	□
	⑩ 貸地（貸駐車場等）について特定事業用宅地等の80%減をしていませんか。	○ 収支内訳書（控）（不動産所得用）等	□	－	□
	⑪ 限度面積の計算を適正にしていますか。	○ 申告書第11・11の2表の付表1	□	－	□
	⑫ 分割が確定していない宅地について、特例を適用していませんか。（※5）	○ 遺言書又は遺産分割協議書及び各相続人の印鑑証明書（※2）	□	－	□
特定計画山林	① 必要な書類を添付していますか。 （特定計画山林の特例を適用する場合⇒該当「有」）	○ 森林経営計画書 ○ 特例の適用を受ける資産の内容の分かるもの	□	□有□無	□ □
	② 調整限度額の計算を適正にしていますか。	○ 申告書第11・11の2表の付表2等	□	－	□
	③ 分割が確定していない特定計画山林について、特例を適用していませんか。（※5）	○ 遺言書又は遺産分割協議書及び各相続人の印鑑証明書（※2）	□	－	□

項目	確認事項（確認欄にチェックしてください）	確認書類	確認(レ)	該当の有無(レ)	添付(レ)
配偶者の税額軽減	○ 分割が確定していない財産について、特例を適用していませんか。（※5）	○ 遺言書又は遺産分割協議書及び各相続人の印鑑証明書（※2）	□	—	□
特　農地等についての相続税の納税猶予	① 必要な書類を添付していますか。（農地等納税猶予の特例を適用する場合⇒該当「有」）	○ 農業委員会の適格者証明書等	□	□有□無	□
	② 期限内申告ですか。		□	—	—
	③ 遺言書又は遺産分割協議書はありますか。	○ 遺言書又は遺産分割協議書及び各相続人の印鑑証明書（※2）	□	□有□無	□
	④ 被相続人は死亡の日まで、特例適用農地について農業を営んでいましたか。（営んでいた場合⇒該当「有」）	○ （　　　　　　　　　　　　　）	□	□有□無	□
	⑤ 贈与税の納税猶予の特例の適用を受けていませんか。（受けている場合⇒該当「有」）	○ 贈与税の申告書（控）	□	□有□無	□
	⑥ 特例適用者は相続人であり、かつ速やかに農業経営を開始していますか。（相続人で農業経営を開始している場合⇒該当「有」）	○ （　　　　　　　　　　　　　）	□	□有□無	□
	⑦ 現況が農地等以外の土地又は特定市街化区域農地等（都市営農農地等を除きます。）に特例を適用していませんか。	○ （　　　　　　　　　　　　　）	□	—	□
	⑧ 担保提供関係書類を期限内に提出していますか。（担保提供関係書類を期限内に提出している場合⇒該当「有」）	○ 担保目録及び担保提供書等	□	□有□無	□
非上場株式等についての相続税の納税猶予（特例措置）（※6）	① 必要な書類を添付していますか。（非上場株式等についての相続税の納税猶予の特例を適用する場合⇒該当「有」）	○ 会社の定款の写し等	□	□有□無	□
	② 期限内申告ですか。		□	—	—
	③ 遺言書又は遺産分割協議書はありますか。	○ 遺言書又は遺産分割協議書及び各相続人の印鑑証明書（※2）	□	□有□無	□
	④ 都道府県知事の認定書及び確認書はありますか。	○ 中小企業における経営の承継の円滑化に関する法律施行規則第7条第10項の都道府県知事の認定書の写し及び同条第7項の申請書の写し	□	□有□無	□
		○ 同規則第17条第4項の確認書の写し及び同条第2項の申請書の写し	□	□有□無	□
	⑤ 「特例承継計画」（会社の後継者や承継時までの経営見通し等を記載したもの）を策定し、認定経営革新等支援機関（税理士、商工会、商工会議所等）の所見を記載の上、令和5年3月31日までに都道府県知事に提出し、その確認を受けましたか。	○ 承継計画等	□	□有□無	□
	⑥ 特例適用者が取得した非上場株式等は、平成30年1月1日から令和9年12月31日までの間に最初のこの特例の適用に係る相続又は遺贈による取得、又は、その取得の日から特例経営承継期間の末日までの間に相続税の申告書の提出期限が到来する相続又は遺贈による取得ですか。		□	□有□無	
	⑦ 担保提供関係書類を期限内に提出していますか。（担保提供関係書類を期限内に提出している場合⇒該当「有」）	○ 担保目録及び担保提供書等	□	□有□無	□
例　非上場株式等の贈与者が死亡した場合の相続税の納税猶予（特例措置）（※6）	① 必要な書類を添付していますか。（非上場株式等の贈与者が死亡した場合の相続税の納税猶予を適用する場合⇒該当「有」）	○ 会社の登記事項証明書等	□	□有□無	□
	② 贈与税の納税猶予の特例の適用を受ける受贈者に係る贈与者の死亡ですか。（上記に該当する場合⇒該当「有」）	○ 贈与税の申告書（控）	□	□有□無	□
	③ 期限内申告ですか。		□	—	—
	④ 都道府県知事の確認書はありますか。	○ 中小企業における経営の承継の円滑化に関する法律施行規則第13条第6項の都道府県知事の確認書の写し及び同条第2項の申請書の写し	□	□有□無	□
	⑤ 担保提供関係書類を期限内に提出していますか。（担保提供関係書類を期限内に提出している場合⇒該当「有」）	○ 担保目録及び担保提供書等	□	□有□無	□

項　　目	確認事項（確認欄にチェックしてください）	確　認　書　類	確認 (✓)	該当の 有無(✓)	添付 (✓)
税　額　計　算　等	① 養子が2人以上いる場合、法定相続人の数に含める養子の数に誤りはありませんか（実子がいる場合には1人、実子がいない場合には2人となります。）。	○ 戸籍の謄本、法定相続情報一覧図の写し等（※1） その他確認書類	□	－	□
	② 法定相続分の計算に誤りはありませんか（特に相続人に代襲相続人がいる場合。）。	_____	□	－	□
	③ 相続又は遺贈により財産を取得した者が孫（いわゆる孫養子を含み、代襲相続人を除きます。）や兄弟姉妹、受遺者等の場合は、税額の2割加算をしていますか。 （上記相続人がいる場合⇒該当「有」）	_____	□	□有□無	□
	④ 相続人が未成年者である場合に、過去に未成年者控除の適用を受けている場合は、前の相続における控除不足額を限度として控除していますか。 （過去に適用している場合⇒該当「有」）		□	□有□無	□
	⑤ 相続人が障害者である場合に、過去に障害者控除の適用を受けている場合は、前の相続における控除不足額を限度として控除していますか。 （過去に適用している場合⇒該当「有」）		□	□有□無	□
	⑥ 法令の適用誤り、税額の計算誤り等はありませんか。		□	－	□
そ　の　他	① 生前の土地等の譲渡代金は相続財産に反映されていますか。 （土地等の譲渡代金がある場合⇒該当「有」）	○ （　　　　　　　　　）	□	□有□無	□
	② 前回以前の相続の時において被相続人が取得した財産のうち、今回の相続財産に計上すべきものの有無を確認していますか。 （前回以前の相続において取得した場合⇒該当「有」）	○ 前回の相続の際の遺産分割協議書等	□	□有□無	□
	③ 多額の債務がある場合、その借り入れによって取得した財産は、相続財産に反映されていますか。 （多額の債務及び借入金がある場合⇒該当「有」）	○ 金銭消費貸借契約書等	□	□有□無	□
	④ 相続税の延納、物納をされる場合には、申請書等及び関係書類を相続税の申告書とともに申告期限（納期限）内に提出していますか。 （延納・物納をする場合⇒該当「有」）	○ （　　　　　　　　　）	□	□有□無	□
	⑤ 非課税財産（墓所、霊びょう及び祭具並びにこれらに準ずるもの）を相続財産に計上していませんか（ただし、商品、骨とう品又は投資目的で所有するものを除く。）。	○ （　　　　　　　　　）	□	－	□

（※1）　次に掲げるいずれかの書類（複写したものを含みます。）の提出が必要です。
　　① 相続開始の日から10日を経過した日以後に作成された「戸籍の謄本」で、被相続人の全ての相続人を明らかにするもの
　　② 図形式の「法定相続情報一覧図の写し」（子の続柄が、実子又は養子のいずれであるかがわかるように記載されたものに限ります。）
　　　なお、被相続人に養子がいる場合は、その養子の戸籍の謄本又は抄本（複写したものを含みます。）も提出が必要です。

（※2）　配偶者の税額軽減、小規模宅地等の特例、農地等についての相続税の納税猶予の特例、非上場株式等についての相続税の納税猶予の特例、山林についての相続税の納税猶予の特例、医療法人の持分についての相続税の納税猶予の特例、特定受贈同族株式等に係る特定事業用資産の特例、特定計画山林の特例の適用を受ける場合には、必ず遺産分割協議書の写し、遺産分割協議書に押印した相続人全員の印鑑証明書の原本又は遺言書の写しの提出が必要です。

（※3）　「戸籍の附票の写し」とは、市区町村長から交付を受けた戸籍の附票に記載された事項を証明した書類（原本）のことであり当該書類を複写（コピー）したものではありません。

（※4）　特例の適用を受ける者がマイナンバー（個人番号）を有している場合は提出する必要はありません。

（※5）　申告書の提出期限までに分割されていない財産を申告書の提出期限から3年以内に分割し、配偶者に対する相続税額の軽減の特例、小規模宅地等の特例及び特定計画山林の特例の適用を受けようとするときは、「申告期限後3年以内の分割見込書」の提出が必要です。

（※6）　「非上場株式等についての相続税の納税猶予の特例（特例措置）」等の適用を受けるための適用要件及び添付書類の確認には、「非上場株式等についての相続税の納税猶予及び免除の特例のチェックシート（特例措置）」等を使用してください。
　　　なお、「非上場株式等についての相続税の納税猶予の特例（一般措置）」等の適用を受けるための適用要件及び添付書類は、「非上場株式等についての相続税の納税猶予及び免除の特例のチェックシート（一般措置）」等を確認してください。

被相続人氏名　_____

相続人代表

住　所　_____

氏　名　_____

電　話　（　　　）

関与税理士	所在地	
	氏名	電話　（　　　）

2 事前通知前の意見聴取制度

1 事前通知前の意見聴取制度の概要

　従前の意見聴取制度は、更正処分前の意見聴取や不服申立てを対象としたものであったことから書面添付制度の活用が低調であった。そのため、日本税理士会連合会では、添付書面が添付された申告について税務調査を行う場合には、その前に税理士等に意見を述べる機会を与え、そこで疑問点が解明されない場合に実地の調査に移行すべきことを要望していた経緯があり、平成13年の税理士法改正により事前通知前の意見聴取制度が創設された。

2 事前通知前の意見聴取制度の創設効果

　事前通知前の意見聴取制度が創設されたことにより、以下の効果が期待できる。

> ・税務の職業専門家である税理士等の立場がより一層尊重されること
> ・事前通知前の意見聴取の結果、調査の実施が省略されたり、調査が効率的に進行されたりする可能性があること
> ・事前通知前の意見聴取の前提となる書面を作成することにより、納税義務者の適正な申告につながるものと考えられること
> ・その結果、税理士等と納税義務者との信頼関係がより深まることになると考えられること

　事前通知前の意見聴取制度は、実地の調査に係る事前通知の前に税理士等に対してのみ行われ、納税義務者は同席できない。国税職員は、税理士等が納税義務者の全面的な信頼を得ているとの前提で対応することになり、税務代理を行う税理士等の立場が尊重されることになる。

　意見聴取の結果、国税職員の申告書に対する疑問点が解消された場合には、結果的に実地の調査が省略されることも考えられる。さらに、意見聴取の結果、調査が実施されたとしても、計算・整理した事項等については、あらかじめ税理士等から意見を聴取していることから、調査が効率的に進行することが期待できる。

3 事前通知前の意見聴取制度の内容

　国税職員は、添付書面（税理士法33の2①②）が添付されている申告書を提出した者について、その申告書に係る租税に関し、あらかじめその者に日時場所を通知してその帳簿書類を調査する場合において、その租税に関し税務代理権限証書（税理士法30）を提出し

ている税理士があるときは、実地調査の通知をする前に、その税理士に対し、添付書面に記載された事項に関し意見を述べる機会を与えなければならない（税理士法35①）。

　上記は、実地の調査に係る事前通知を行う場合の規定であることから、事前通知を行わない調査（無予告調査）の場合には、税理士等に対する意見聴取は不要になる。

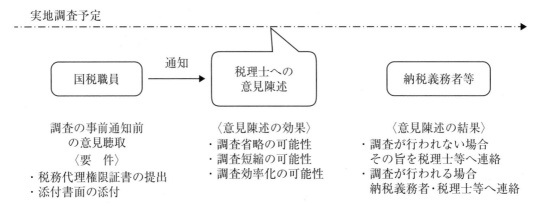

4　書面添付制度と事前通知前の意見聴取制度等との関係

　税理士法第35条に規定する意見聴取制度は、「事前通知前の意見聴取」・「更正処分前の意見聴取」・「不服申立てに係る事案について調査する場合の意見聴取」に区分されるが、その適用関係は、税理士法第33条の2に規定する添付書面と、税理士法第30条に規定する税務代理権限証書の有無によって異なり、これらを整理すると以下のようになる。

意見聴取制度の区分	税務代理権限証書（※）	添付書面（※）
・事前通知前の意見聴取	○	○
・更正処分前の意見聴取	×	○
・不服申立てに係る調査における意見聴取	○	×

※上記の○は、申告書への添付又は提出が、意見聴取の要件とされるもの
※上記の×は、意見聴取の要件として要求されていないもの

　上記から、平成13年の税理士法改正により創設された事前通知前の意見聴取制度は、添付書面が申告書に添付され、かつ、税務代理権限証書が提出されている場合に限り適用されることとなり、書面添付制度と事前通知前の意見聴取制度とは、密接な関連を有しており、表裏一体の関係にあるといえる。

5　書面添付制度の意見聴取と「更正の予知」の関係の一部改正

　国税通則法の改正により「事前通知」や「調査終了の際の手続」などの従前の運用上の

取扱いが法令により明確化されたことから（通法74の9～74の11）、事務運営指針（平成21年4月1日付課資5-13ほか4課共同「資産税事務における書面添付制度の運用に当たっての基本的な考え方及び事務手続等について」）のうち、書面添付制度の意見聴取と「更正の予知」の関係が次のように改められている。

(1) 従前の取扱い

従前の運用上の取扱いでは、国税職員がその税理士に意見聴取を行い、その後に修正申告書が提出されたとしても、原則として、加算税は賦課しないことになっていたが、一定の場合には「更正の予知」があったともものとして、加算税が賦課されていた。

(2) 平成25年1月1日以後の取扱い

平成25年1月1日以後は、意見聴取における質疑等は、特定の納税義務者の課税標準等又は税額等を認定する目的で行う行為に至らないものであることから、意見聴取における質疑等のみに基因して修正申告書が提出されたとしても、その修正申告書の提出は更正があるべきことを予知してされたものには当たらないこととされている。

つまり、平成25年1月1日以後は、国税職員の意見聴取のみにより納税義務者が修正申告書を提出したとしても、「更正の予知」に該当せず、加算税が賦課されないことが明らかにされている。

第4章　相続税の税務調査

1 税務調査手続の明確化

1 税制改正による納税環境の整備

　税務調査手続については、平成23年12月に国税通則法の一部が改正され、税務調査の実施に当たっては、法改正の趣旨を踏まえ、「納税者の自発的な納税義務の履行を適正かつ円滑に実現する」との国税当局の使命を適切に実施する観点から、税務調査がその公益的必要性と納税義務者の私的利益との衡量において社会通念上相当と認められる範囲内で、納税義務者の理解と協力を得て行うものであることを十分認識した上、法令に定められた税務調査手続を遵守し、適正かつ公平な課税の実現を図るよう努めることとされている（調査手続の実施に当たっての基本的な考え方等について（事務運営指針）第1章（以下「事務運営指針」という。））。

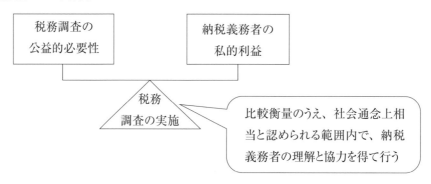

2 税務調査手続の概要

　税務調査手続が、従来の運用から国税通則法において法定化され、平成25年1月1日以後に開始する税務調査について適用されている。具体的には、税務調査手続のイメージは次のようになる。

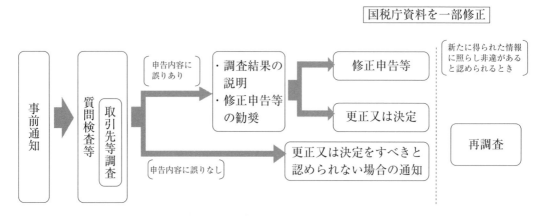

国税庁資料を一部修正

108

② 事前通知の手続

1 事前通知手続の概要

　納税義務者に対し実地の調査を行う場合には、原則として、調査の対象となる納税義務者及び税務代理人の双方に対し、調査開始日前までに相当の時間的余裕をおいて、電話等により、実地の調査により質問検査等を行う旨を事前通知することになっている。

　この場合、事前通知に先立って、納税義務者及び税務代理人の都合を聴取し、必要に応じて調査日程を調整の上、事前通知すべき調査開始日時を決定する。

　なお、事前通知の実施に当たっては、国税職員は納税義務者及び税務代理人に対し、通知事項が正確に伝わるよう分かりやすく丁寧な通知を行うよう努めることになっている（事務運営指針第2章2(1)）。

　また、納税義務者から、事前通知の詳細は税務代理人を通じて通知して差し支えない旨の申立てがあった場合には、納税義務者には調査通知のみを行い、その他の事前事項は税務代理人を通じて通知することになる（国税通則法第7章の2（国税の調査）関係通達7-1（以下「手続通達」という。）、事務運営指針　第2章2(1)（注））。

国税庁資料

事　前　通　知　手　続　の　比　較	
改　正　前	改　正　後
①　電話等により、納税義務者や税務代理人と日程調整した上で、調査の日時・場所等を通知 （注）　調査対象税目、年分、調査対象の帳簿書類等は主要なものについて通知 ②　事前通知して調査を行う場合は、併せて税務代理権限証書を提出している税務代理人にも通知 （注）　税務代理人を通じて納税義務者に通知する場合も有	①　電話等により、納税義務者や税務代理人と日程調整した上で、<u>法律に基づく通知であることを明言し、法定化された通知事項を全て通知</u> ②　事前通知は、納税義務者及び税務代理権限証書の提出のある税務代理人に実施（<u>納税義務者と税務代理人の双方に必ず通知</u>） （注）　<u>納税義務者からの申出により、事前通知事項の詳細は税務代理人を通じて納税義務者に通知することも可</u>

2　納税義務者に対する調査の事前通知等

　税務署長等は、国税職員に納税義務者に対し実地の調査において質問、検査又は提示若しくは提出の要求（以下「質問検査等」という。）を行わせる場合には、あらかじめ、納税義務者（納税義務者について税務代理人がある場合には、税務代理人を含む。）に対し、その旨及び次に掲げる事項を通知しなければならない（通法 74 の 9①）。

東京国税局資料

法定化された事前通知事項一覧

	法定化された事前通知事項	法令根拠 （国税通則法及び国税通則法施行令）
1	実地調査を行う旨	国税通則法第 74 条の 9 第 1 項
2	調査開始日時	国税通則法第 74 条の 9 第 1 項第 1 号
3	調査を行う場所	国税通則法第 74 条の 9 第 1 項第 2 号 国税通則法施行令第 30 条の 4 第 2 項
4	調査の目的	国税通則法第 74 条の 9 第 1 項第 3 号 国税通則法施行令第 30 条の 4 第 2 項
5	調査の対象となる税目	国税通則法第 74 条の 9 第 1 項第 4 号
6	調査の対象となる期間	国税通則法第 74 条の 9 第 1 項第 5 号
7	調査の対象となる帳簿書類その他の物件 ※国税に関する法令の規定により備付け又は保存をしなければならないこととされているものである場合にはその旨を併せて通知	国税通則法第 74 条の 9 第 1 項第 6 号 国税通則法施行令第 30 条の 4 第 2 項
8	調査の相手方である納税義務者の氏名及び住所又は居所	国税通則法第 74 条の 9 第 1 項第 7 号 国税通則法施行令第 30 条の 4 第 1 項第 1 号
9	調査を行う当該職員の氏名及び所属官署 ※当該職員が複数であるときは、代表する者の氏名及び所属官署	国税通則法第 74 条の 9 第 1 項第 7 号 国税通則法施行令第 30 条の 4 第 1 項第 2 号
10	調査開始日時又は調査を行う場所の変更に関する事項	国税通則法第 74 条の 9 第 1 項第 7 号 国税通則法施行令第 30 条の 4 第 1 項第 3 号
11	事前通知事項以外の事項について非違が疑われることとなった場合には、当該事項に関し調査を行うことができる旨	国税通則法第 74 条の 9 第 1 項第 7 号 国税通則法施行令第 30 条の 4 第 1 項第 4 号

3 事前通知事項以外の事項

国税職員が調査により、調査に係る上記「4 調査の目的」から「7 調査対象物件」までに掲げる事項以外の事項について非違が疑われることとなった場合には、事前通知以外の事項についても質問検査等を行うことができる（通法74の9④）。

つまり、事前通知以外の事項について追加的に質問検査等を行う場合には、改めて事前通知は行わないが、運用上は、納税義務者に対し調査対象に追加する税目、期間等を説明し理解と協力を得た上で、調査対象に追加する事項についての質問検査等を行う（事務運営指針　第2章3⑵）。

4 事前通知の方法

国税職員は、納税義務者等に調査の事前通知を行う場合には、次の方法により行う。

⑴ 事前通知の時期

国税職員が納税義務者等に行う調査の事前通知は、相当の時間的余裕をおいて、原則として電話により行う。

⑵ 法令上の事前通知であることの明言

国税職員が納税義務者等に行う調査の事前通知は、法律（通法74の9）で定められたものであることを明言した上で通知する。

なお、国税職員は、全ての通知事項を通知したことをもって、法令上の事前通知の手続を履行したことになる。

⑶ 事前通知が困難な場合

国税職員が納税義務者等に行う調査の事前通知が、電話によることが実際上困難である場合には、書面により通知する。

5 事前通知手続に係る留意点

⑴ 書面による事前通知を受けることは可能か

調査の事前通知の方法は法令上規定されていないが、国税職員は原則として電話により口頭で行うこととしている。また、通知の際には、通知事項が正確に納税義務者に伝わるように丁寧に行うこととしている。

なお、電話による事前通知が困難と認められる場合には、国税当局の判断で書面によっ

て事前通知を行う場合もあるが、納税義務者からの要望に応じて事前通知内容を記載した書面を交付することはない（税務調査手続に関する FAQ（一般納税者向け）問 12（以下「FAQ（納税者）」という。））。

(2)　事前通知の連絡時期とは

調査を行う場合の事前通知の時期は、法令に特段の規定はなく、また、個々のケースによって事情も異なるため、何日程度前に通知するかを一律に示すことは困難であるが、調査開始日までに納税義務者が調査を受ける準備等ができるよう、調査までに相当の時間的余裕を置いて行う（ＦＡＱ（納税者）問 13）。

(3)　実地の調査を行う理由の事前開示は可能か

法令上、調査の目的については事前通知すべきこととされているが、実地の調査を行う理由については、法令上事前通知すべき事項とはされていないため、これを説明することはない（ＦＡＱ（納税者）問 18）。

(4)　調査日数・臨場する人数の事前確認は可能か

調査に要する時間や日数は調査開始後の状況により異なるため、納税義務者に事前通知の時点であらかじめ知らせることは困難である。

なお、調査の臨場が複数回に及ぶこととなる場合には、調査開始後に納税義務者に都合を尋ねたところで、次回以降の臨場日などを調整する。

また、調査開始日時に複数の調査担当者が臨場する場合は、事前通知に際し、調査担当者を代表する者の氏名・所属官署に加え、臨場予定人数も併せて連絡する（ＦＡＱ（納税者）問 19）。

6　事前通知の対象者

事前通知の対象者は、納税義務者とされている。また、その納税義務者に税務代理人がいる場合には、その税務代理人も対象になる（通法 74 の 9①③）。

(1)　通知等の相手方

調査の事前通知等（通法 74 の 9）から調査の終了の際の手続（通法 74 の 11）までの各条に規定する納税義務者に対する通知、説明、勧奨又は交付（以下「通知等」という。）の各手続の相手方は、納税義務者になる（手続通達 3-5）。

(2) 通知等が困難な場合

　納税義務者に対して通知等を行うことが困難な事情等がある場合には、権限委任の範囲を確認した上で、納税義務者が未成年者の場合にはその法定代理人に通知等を行うこともできる（手続通達3-5ただし書）。

7　平成26年度・平成27年度改正による事前通知の見直し

(1)　納税義務者への事前通知の省略

　平成26年度改正により、国税通則法等の一部見直しが行われ、納税義務者への事前通知は税務代理人に対して行われることについて同意する旨の記載の記載がある場合には、納税義務者への事前通知は省略され、税務代理人に対して行えば足りることになっている（通法74の9⑤、税理士法34②）。

　また、国税通則法等と併せて税理士法施行規則が見直しされ、税務代理権限証書の様式が改訂された。改訂後の税務代理権限証書には、「過年分に関する税務代理」欄及び「調査の通知に関する同意」欄が新設されている。

税務代理権限証書の提出日	使用する様式
平成26年6月30日以前	改訂前の税務代理権限証書
平成26年7月1日以後	改訂後の税務代理権限証書（当分の間、改訂前の様式も使用可）

(2)　複数税務代理人に対する事前通知手続の簡素化

　平成27年度改正により、複数の税務代理人がある場合の調査の事前通知について、納税者本人が代表となる税務代理人を税務代理権限証書に記載して定めたときは、これらの税務代理人への事前通知は、その代表となる税務代理人に対してすれば足りることになり（通法74の9、税理士法34）、平成27年7月1日以後に行う事前通知について適用される（平27改正法附則53）。

〈改訂前の税務代理権限証書〉

		※整理番号	

受付印

　年　　月　　日
　　　　　　　殿

税 務 代 理 権 限 証 書

税 理 士 又　　は 税理士法人	氏名又は名称	
	事務所の名称 及び所在地	電話（　　　）　　－ 連絡先〔 　　　　電話（　　　）　　－　　　〕
	所属税理士会等	税理士会　　　支部　登録番号等　第　　　号

　上記の 税 理 士／税理士法人 を代理人と定め、下記の事項について、税理士法第2条第1項第1号に規定する税務代理を委任します。

　　　　　　　　　　　　　　　　　　　　　　　　　　　年　　月　　日

依 頼 者	氏名又は名称	㊞
	住所又は事務所 の　所　在　地	電話（　　　）　　－

1　税務代理の対象に関する事項

税　　目	（　　　　　　）税	（　　　　　　）税	（　　　　　　）税
年 分 等	平成　　　年分（年度） 自　平成　　年　月　日 至　平成　　年　月　日 （　　　　　　　　　）	平成　　　年分（年度） 自　平成　　年　月　日 至　平成　　年　月　日 （　　　　　　　　　）	平成　　　年分（年度） 自　平成　　年　月　日 至　平成　　年　月　日 （　　　　　　　　　）

2　その他の事項

※事務処理欄	部門	業種		他部門等回付　　・　・　（　　）部門

〈改訂後の税務代理権限証書〉

受付印	**税 務 代 理 権 限 証 書**	※整理番号	

		氏名又は名称	
令和　年　月　日 　　　　　　殿	税 理 士 又　は 税理士法人	事務所の名称 及 び 所 在 地 連絡先	電話(　　　)　　－ 電話(　　　)　　－
		所属税理士会等	税理士会　　　　　　　支部 登録番号等　第　　　　　　　号

上記の　税 理 士
　　　　税理士法人　を代理人と定め、下記の事項について、税理士法第2条第1項第1号に規定する税務代理を委任します。　　　　　　　　　　　　　　　　　　　　　　　　令和　　年　　月　　日

過 年 分 に 関 す る 税 務 代 理	下記の税目に関して調査が行われる場合には、下記の年分等より前の年分等（以下「過年分」といいます。）についても税務代理を委任します（過年分の税務代理権限証書において上記の代理人に委任している事項を除きます。）。【委任する場合は□にレ印を記載してください。】	□
調査の通知に 関する同意	上記の代理人に税務代理を委任した事項（過年分の税務代理権限証書において委任した事項を含みます。以下同じ。）に関して調査が行われる場合には、私（当法人）への調査の通知は、当該代理人に対して行われることに同意します。【同意する場合は□にレ印を記載してください。】	□
代理人が複数 ある場合にお ける代表する 代理人の定め	上記の代理人に税務代理を委任した事項に関しては、上記の代理人をその代表する代理人として定めます。【代表する代理人として定める場合は□にレ印を記載してください。】	□

依 頼 者	氏 名 又 は 名 称	㊞
	住所又は事務所 の 所 在 地	電話（　　　）　　－

1　税務代理の対象に関する事項

税　　　　目 （該当する税目にレ印を記載してください。）		年　　分　　等
所得税（復興特別所得税を含む） ※　申告に係るもの	□	平成・令和　　　　　　　　　　年分
法　　人　　税 （復興特別法人税・ 地方法人税を含む	□	自　平成・令和　　年　月　日　至　平成・令和　　年　月　日
消費税及び 地方消費税（譲渡割）	□	自　平成・令和　　年　月　日　至　平成・令和　　年　月　日
所得税（復興特別所得税を含む） ※　源泉徴収に係るもの	□	自　平成・令和　　年　月　日　至　平成・令和　　年　月　日 （法 定 納 期 限 到 来 分）
税	□	
税	□	
税	□	
税	□	

2　その他の事項

※事務処理欄	部門		業種		他部門等回付	・　・　（　　　）部門

115

3 実地の調査

1　調査の意義

　国税通則法第 7 章の 2（国税の調査）において、調査とは、国税（国税通則法第 74 条の 2 から法第 74 条の 6 までに掲げる税目に限る。）に関する法律の規定に基づき、特定の納税義務者の課税標準等又は税額等を認定する目的その他国税に関する法律に基づく処分を行う目的で国税職員が行う一連の行為（証拠資料の収集、要件事実の認定、法令の解釈適用など）をいう（手続通達 1-1 (1)）。

　したがって、国税職員が行う行為であっても、特定の納税義務者の課税標準等又は税額等を認定する目的で行う行為に至らないものは、調査には該当しない（手続通達 1-2）。

(1)　実地の調査の意義

　　納税義務者に対する調査の事前通知等（通法 74 の 9）及び調査終了の際の手続（通法 74 の 11）に規定する「実地の調査」とは、国税の調査のうち、国税職員が納税義務者の支配・管理する場所（事業所等）等に臨場して質問検査等を行うものをいう（手続通達 3-4）。

(2)　調査に含まれる行為

　　上記に掲げる調査には、更正決定等を目的とする一連の行為のほか、再調査決定や申請等の審査のために行う一連の行為も含まれる（手続通達 1-1 (2)）。

2　調査に該当しない行為

　国税職員が行う行為であって、自発的な見直しを要請等する行為のように、特定の納税義務者の課税標準等又は税額等を認定する目的で行う行為に至らないものは、調査に該当しない（手続通達 1-2）。

3　調査と調査に該当しない行為（行政指導）の区分の明示

　国税職員は、納税義務者等に対し調査又は行政指導に当たる行為を行う際は、対面・電話・書面等の態様を問わず、いずれの事務として行うかを明示した上で、それぞれの行為を法令等に基づき適正に行わなければならない（事務運営指針　第 2 章 1）。

〈「調査」の意義（概念図）〉

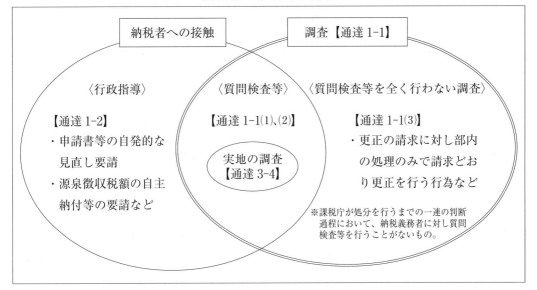

4　調査に該当しない行為（行政指導）に係る留意点

　調査は、特定の納税義務者の課税標準等又は税額等を認定する目的で、質問検査等を行い申告内容について確認するものであるが、国税当局では税務調査の他に、行政指導の一環として、例えば、提出された申告書に計算誤り・転記誤り・記載漏れ及び法令の適用誤り等の誤りがあるのではないかと思われる場合に、納税義務者に対して自発的な見直しを要請した上で、必要に応じて修正申告書の自発的な提出を要請する場合がある。

　このような行政指導に基づき、納税義務者が自主的に修正申告書を提出した場合には、延滞税は納付しなければならない場合があるが、過少申告加算税は賦課されない（当初申告が期限後申告の場合は、無申告加算税が原則5％賦課される。）（FAQ（納税者）問2）。

5　過少申告加算税等の賦課

⑴　過少申告加算税

　期限内申告書が提出された場合において、修正申告書の提出又は更正があったときは、納税義務者に対し修正申告又は更正に基づき納付すべき税額の10％（又は15％）に相当する過少申告加算税が賦課される（通法65①②）。

　上記の修正申告書の提出があった場合において、その提出がその申告に係る国税についての調査があったことにより、更正があるべきことを予知してされたものでなく、調査通知がある前に行われたものであるときは、過少申告加算税は賦課されない（通法65

⑤）。

　したがって、上記の行政指導に基づく修正申告書の提出は、自主的な申告であり、更正を予知したものでない場合と同様に過少申告加算税は賦課されない。

⑵　無申告加算税

　期限内申告書の提出がなかった場合において、次のいずれかに該当するときは、納税義務者に対しそれぞれの申告・更正又は決定に基づき納付すべき税額の15％（又は20％）に相当する無申告加算税が賦課される（通法66①②）。

・期限後申告書の提出又決定があった場合

・期限後申告書の提出又は決定があった後に修正申告書の提出又は更正があった場合

　上記の期限後申告書の提出があった場合において、その提出がその申告に係る国税についての調査があったことにより、更正又は決定があるべきことを予知してされたものでなく、調査通知がある前に行われたものであるときは、無申告加算税は納付すべき税額の5％に相当する額になる（通法66⑥）。

　したがって、上記の行政指導に基づく期限後申告書の提出は、自主的な申告であり、さらに更正を予知したものでない場合と同様に無申告加算税は5％に軽減される。

加算税の区分	申告書の提出等	税率	税率の区分
過少申告加算税 （通法65）	自主的な申告であり、更正を予知したものでないとき	なし	
	期限内申告書が提出された場合において、修正申告書の提出又は更正があったとき	10％	期限内申告税額と50万円とのいずれか多い金額までの部分
		15％	期限内申告税額と50万円とのいずれか多い金額を超える部分
無申告加算税 （通法66）	自主的な申告であり、更正を予知したものでないとき	5％	
	期限後申告書が提出されたとき	15％	納税額のうち50万円までの部分
		20％	納税額のうち50万円を超える部分

4 質問応答記録書の作成

1 作成目的

　質問応答記録書は、調査関係事務において必要がある場合に、質問検査等の一環として、調査担当者が納税義務者等に対し質問し、それに対し納税義務者等から回答を受けた事項のうち、課税要件の充足性を確認する上で重要と認められる事項について、その事実関係の正確性を期するため、その要旨を調査担当者と納税義務者等の質問応答形式等で作成する行政文書である。

2 課税処分等に係る証拠資料として活用

　事案によっては、納税義務者等の回答内容そのものが課税要件の充足のための直接証拠となる事案や、直接証拠の収集が困難であるため、納税義務者等の回答内容を立証の柱として更正決定等をすべきと判断する事案もある。このような事案にあっては、課税処分のみならず、これに関わる不服申立て等においても証拠資料として用いるために、質問応答記録書を活用して、納税義務者等から聴取した事項が記録される。

3 納税義務者等に対する作成趣旨及び手順の説明

　質問応答記録書の作成に当たって、調査担当者から納税義務者等に対し作成趣旨（質問応答記録書は、調査において聴取した事実関係の正確性を期するために作成するものであること）や作成手順が説明される。

　例えば、調査担当者がひと通りの質問を終えた後に質問応答記録書を作成する場合は作成に先立ち、「この調査でお聞きした内容を正確に記録するために、質問応答記録書という書面を作成させていただきます。作成後、読み上げるなどして内容を確認する機会を設けます。」などと調査担当者から納税義務者等へ説明される。

　作成に当たり、納税義務者等から「質問応答記録書には、署名押印をしなければならないのか。」などの質問があった場合には、調査担当者は「正確に記載されていることを確認いただいた上で、署名押印をお願いすることになりますが、あくまでも署名押印は任意です。」と回答することになっている。

4 納税義務者等の協力が得られない場合

　質問応答記録書は、納税義務者等の理解と協力を得て行う調査の一環として作成するも

のであることから、納税義務者等から調査の協力が得られない等の理由で質問応答記録書の作成が困難な場合には、調査担当者は帰署後、「調査報告書」に納税義務者等から聴取した事項の要旨を記録する。

5　質問応答記録書の作成が不要な場合

　質問応答記録書の作成の要否は、個々の事案における証拠の収集・保全の状況、非違の内容、調査過程における納税義務者等の説明や主張等を総合的に勘案して検討されるため、証拠書類等の客観的な証拠により課税要件の充足性が確認できる事案については、原則として、質問応答記録書の作成は不要になる。

6　納税義務者等への質問応答記録書の写しの不交付

　質問応答記録書は、調査担当者と納税義務者等の応答内容を記録し、調査関係書類とするために調査担当者が作成した行政文書であり、納税義務者等に交付を目的とした行政文書でないことから、調査時に納税義務者等に対し写しは交付されない。

　また、作成途中の質問応答記録書（署名押印前のもの等）についても、同様に納税義務者等へ写しは交付されない。

　なお、個人情報保護法に基づき、納税義務者等自らが「質問応答記録書」の開示請求を行った場合には、原則として開示される。

7　質問応答記録書が作成される場合の具体例

　質問応答記録書の作成については、個々の事案の実情に応じて、調査担当者が必要性を判断するが、例えば次のように重加算税を賦課決定する事案等のような場合に、質問応答記録書が作成される。

税　目	具　体　例
法人税の調査	イ　勤務実態の不明な役員に対する給与について、納税義務者等に具体的な役務提供の内容について質問したところ、納税義務者等から①その者については勤務実態がないこと、②役員登記については、本人が役員になることを了解しないまま、印鑑登録証明書だけを受領し、登記したこと及び③金員については、納税義務者等が個人的に費消した旨の回答があった場合 ロ　退職金が支給されている取締役から監査役になった者について、引き続き法人の経営上主要な地位を占めており、従前と同様の職務内容である旨の回答があった場合

相続税の調査	申告財産に含まれていない自宅現金の帰属について相続人に質問検査等を行ったところ、被相続人名義の預金口座から出金した現金であったとの回答があった場合

8　質問応答記録書のひな型

　質問応答記録書の写しは納税義務者等に交付されないが、そのひな型は、以下のようになっている。

（　）枚のうち（　）枚目

	質問応答記録書
回答者　　住　　　　所	○○県○○市○○町○－○－○
氏　　　　名	甲野　花子
生年月日、年齢	昭和△年△月△日生まれ、△歳

　本職は、令和○年○月○日、○○県○○市○○町○－○－○の甲野花子宅において、上記の回答者から、任意に次のとおり回答を得た。

	質　問　応　答　の　要　旨
問１	あなたの住所、氏名、生年月日、年齢及び職業を聞かせてください。
答１	○○県○○市○○町○－○－○に住む甲野花子、昭和○年○月○日生まれ、○歳です。
	私は、高校を卒業後、○○歳で主人と結婚し、以後専業主婦をしています。
問２	あなたと平成○○年○月○日に亡くなられた甲野太郎さんとの関係を聞かせてください。
答２	私は、甲野太郎の妻です。
	省　　略
問12	以上で質問を終わりますが、今まであなたが述べた中で、何か訂正することはありますか。
答12	ありません。
	（回答者）　△△　△△　㊞
	以上のとおり、質問応答の要旨を記録して、回答者に対し読み上げ、かつ、提示したところ、回答者は誤りのないことを確認し、署名押印した上、各頁に確認印を押印した。
	令和○○年○月○日
	（質問者）●●税務署　財務事務官　国税　一郎　㊞
	（質問者）●●税務署　財務事務官　税務　次郎　㊞
	㊞

確認印
㊞

5 調査終了の際の手続

1　調査終了手続の概要

調査終了の際の手続について、国税当局の納税義務者に対する説明責任を強化する観点から、従前の運用上の取扱いが次の場合に応じて法令上明確化されている（通法74の11）。

国税庁資料

調　査　終　了　手　続　の　比　較	
改　正　前	改　正　後
①納税義務者等へ来署を依頼、又は納税義務者等の事務所へ臨場の上、原則として、統括官等同席の下、調査結果の内容を納税義務者及び税務代理人に説明し、修正申告等のしょうよう、法的効果の教示を実施（教示文も交付） （注）　必要に応じ、非違内容（項目、年分、金額）のメモを交付	①納税義務者等へ来署を依頼、又は納税義務者等の事務所へ臨場の上、原則として、統括官等同席の下、調査結果の内容を納税義務者及び税務代理人に説明し、修正申告等の勧奨、法的効果の教示（<u>更正の請求ができる旨を含む</u>）を実施（教示文も交付） （注）　必要に応じ、非違内容（項目、年分、金額）のメモを交付 ②法令上の調査結果の内容説明である旨を納税義務者等に説明 ③教示文を手交する場合は、納税義務者等に<u>受領の署名、押印を求める。</u>

2　申告内容に誤りがない場合

(1)　書面による通知

調査の結果、申告内容に誤りがない場合（更正決定等をすべきと認められない場合）には、納税義務者に対しその旨を書面により通知する（通法74の11①）。

なお、申告内容に誤りがない場合の規定は、再調査決定や申請等の審査のために行う調査など更正決定等を目的としない調査には適用しない（手続通達5-1）。

(2)　更正決定等をすべきと認められない旨の通知

調査の結果、更正決定等をすべきと認められないと判断される税目等がある場合には、国税職員は質問検査等の相手方となった納税義務者に対して、その税目等について更正決定等をすべきと認められない旨の通知を書面により行う（事務運営指針　第2章4(1)）。

(3) 税務代理人がある場合の調査結果の内容の説明等

実地の調査における更正決定等をすべきと認められない旨の書面の通知・調査結果の内容の説明・修正申告等の勧奨・修正申告等の法的効果の教示及び教示文の交付（以下「通知等」という。）については、国税職員は原則として納税義務者に対して行うが、納税義務者の同意がある場合には、納税義務者に代えて税務代理人に対してその通知等を行うことができる。この場合における納税義務者の同意の有無の確認は、次のいずれかにより行う（事務運営指針 第2章4(5)）。

---

① 電話又は臨場により納税義務者に直接同意の意思を確認する方法
② 税務代理人から納税義務者の同意を得ている旨の申出があった場合には、同意の事実が確認できる書面の提出を求める方法

また、実地の調査以外の調査についても、実地の調査の場合に準じて、納税義務者に代えて、税務代理人に対して調査結果の内容の説明等を行うことができる。

ただし、実地の調査以外の調査において、上記①又は②により納税義務者の同意の意思を確認することが難しい場合には、税務代理人から調査結果の内容の説明を受けることについて委嘱されている旨の申立てがあることをもって、納税義務者に代えて税務代理人に対して調査結果の内容の説明等を行うことができる（手続通達7-3、事務運営指針第2章4(5)（注））。

(4) 調査終了時の書面の交付手続

書面の交付に係る手続については、書類の送達（通法12④）及び交付送達の手続（通規1①）の各規定の適用があることから、書面の交付を受けた納税義務者は受領に関する署名・押印が必要になる（手続通達5-5）。

3 申告内容に誤りがある場合

(1) 調査結果の説明

調査の結果、申告内容に誤りがあり更正決定等をすべきと認める場合には、国税職員は納税義務者に対し、その調査結果の内容（更正決定等をすべきと認めた額及びその理由を含む。）を説明する（通法74の11②）。

(2)　「更正決定等」の範囲

上記の「更正決定等」には、更正（通法24）若しくは再更正（通法26）の規定による更正若しくは決定（通法25）の規定による決定又は賦課決定（通法32）の規定による賦課決定（過少申告加算税、無申告加算税、不納付加算税、重加算税及び過怠税の賦課決定を含む。）のほか、源泉徴収に係る所得税でその法定納期限までに納付されなかったものに係る納税の告知（通法36）に規定する納税の告知が含まれる（手続通達5-2）。

(3)　「更正決定等をすべきと認めた額」の意義

上記の「更正決定等をすべきと認めた額」とは、国税職員が調査結果の内容の説明をする時点において得ている情報に基づいて合理的に算定した課税標準等・税額等・加算税又は過怠税の額をいう（手続通達5-3）。

この課税標準等・税額等・加算税又は過怠税の額の合理的な算定とは、例えば、次のようなことをいう（手続通達5-3（注））。

相続税において未分割の相続財産等がある場合において、課税標準等・税額等・加算税又は過怠税の額を未分割遺産に対する課税（相法55）の規定に基づき計算し、算出すること。

---

(4)　国税職員による調査結果の内容の説明等

①　口頭による説明

調査の結果、更正決定等をすべきと認められる非違がある場合には、国税職員は納税義務者に対し、その非違の内容等（税目・課税期間・更正決定等をすべきと認める金額・その理由等）について原則として口頭により説明する。

その際には、必要に応じ、非違の項目や金額を整理した資料など参考となる資料を示すなどして、納税義務者の理解が得られるよう十分な説明を行うとともに、納税義務者から質問等があった場合には分かりやすく回答するよう努める。また、併せて、納付すべき税額及び加算税のほか、納付すべき税額によっては延滞税が生じることを説明するとともに、調査結果の内容の説明等をもって原則として一連の調査手続が終了する旨を説明する（事務運営指針　第2章4(2)）。

②　書面による説明

電話又は書面による調査（実地の調査以外の調査）を行った結果については、更正決定等をすべきと認められる非違事項が少なく、非違の内容等を記載した書面を送付

することにより、その内容について納税義務者の理解が十分に得られると認められるような簡易なものである場合には、国税職員は口頭による説明に代えて書面による調査結果の内容の説明を行うことができる。

なお、その場合であっても、国税職員は納税義務者から調査結果の内容について質問があった場合には、分かりやすく回答を行う（事務運営指針　第2章4(2)（注））。

③　申告内容に誤りがある場合に調査結果の内容を記載した書面の不交付

調査の結果、更正決定等をすべきと認められる非違がある場合には、国税職員は納税義務者に対し、更正決定等をすべきと認める額やその理由など非違の内容を説明する。

法令上は、国税職員の説明の方法は明示されておらず、説明は原則として口頭で行うが、必要に応じて、非違の項目や金額を整理した資料など参考となるものを示すなどして、納税義務者に正しく理解されるように十分な説明を行うとともに、納税義務者から質問等があった場合には分かりやすい説明を行う。

なお、調査が電話等によるもので、非違の内容が書面での説明でも十分に理解されるような簡易なものである場合には、納税義務者にその内容を記載した書面を送付することにより調査結果の内容説明を行うこともあるが、納税義務者の要望に応じて調査結果の内容を記載した書面を交付することはない（ＦＡＱ（納税者）問24）。

4　修正申告等の勧奨

申告内容に誤りがあった場合において、調査結果の内容の説明を行うときは、国税職員は納税義務者に対し修正申告又は期限後申告を勧奨することができる。この場合において、調査の結果に関し納税義務者が修正申告書・期限後申告書を提出した場合には不服申立をすることはできないが更正の請求をすることはできる旨を説明するとともに、その旨を記載した書面を交付しなければならない（通法74の11③）。

（修正申告等の勧奨）

┌─────────────────────────┐
│　　　　　【改正前】　　　　　│
│法令上の規定なし　　　　　　　│
│（実務上、非違の内容を説明した上│
│で、原則、修正申告等をしょうよ　│
│う）　　　　　　　　　　　　　│
└─────────────────────────┘

┌─────────────────────────┐
│　　　　　【改正法】　　　　　│
│調査結果の説明をする場合に　　　│
│おいて、修正申告等を勧奨する　　│
│ことができる　　　　　　　　　│
└─────────────────────────┘

（修正申告等の勧奨の際の教示）

┌─────────────────────────┐
│　　　　　【改正前】　　　　　│
│法令上の規定なし　　　　　　　│
│（実務上、修正申告等に伴う法　　│
│的効果（不服申立てをするこ　　　│
│とができない旨）を説明し、　　　│
│教示文を交付）　　　　　　　　│
└─────────────────────────┘

┌─────────────────────────┐
│　　　　　【改正法】　　　　　　│
│修正申告等の勧奨を行った際に、　　│
│① 調査の結果に関し、修正申告書等│
│　を提出した場合は、　　　　　　│
│　イ　不服申立てをすることはでき│
│　　ないこと　　　　　　　　　　│
│　ロ　更正の請求をすることはでき│
│　　ることを説明　　　　　　　　│
│② ①が記載された書面を交付　　　│
└─────────────────────────┘

╭─────────────────────────╮
│【ポイント】　　　　　　　　　　　│
│・修正申告等の勧奨の際の修正申告等に伴う法的効果の説明及び教示文の│
│　交付が義務化　　　　　　　　　　│
│・教示文を対面交付した場合は、交付時に納税者の方の署名押印をいただ│
│　くことになります。　　　　　　　│
╰─────────────────────────╯

(1)　国税職員による修正申告等の勧奨

①　修正申告等の勧奨

　　国税職員は、納税義務者に対し更正決定等をすべきと認められる非違の内容を説明した場合には、原則として修正申告又は期限後申告（以下「修正申告等」という。）を勧奨する。

　　なお、修正申告等を勧奨する際には、調査の結果について修正申告書又は期限後申告書（以下「修正申告書等」という。）を提出した場合には不服申立てをすることはできないが更正の請求をすることはできる旨を、確実に説明するとともに、その旨を記載した書面（以下「教示文」という。）を交付する（事務運営指針　第2章4(3)）。

②　教示文の交付等

　　教示文は、国税に関する法律の規定に基づき交付する書面であることから、教示文

を対面で交付する場合は、納税義務者に対し交付送達の手続としての署名・押印を求める（事務運営指針　第2章4(3)（注）1）。

③ 書面により修正申告等を勧奨する場合

書面を送付することにより調査結果の内容の説明を行う場合に、書面により修正申告等を勧奨するときは、教示文を同封する。

なお、この場合、交付送達に該当しないことから、教示文の受領に関して納税義務者に署名・押印を求める必要はない（事務運営指針　第2章4(3)（注）2）。

(2) 修正申告等の勧奨に係る留意点

① 修正申告の勧奨に応じないと不利な取扱いを受けるか

調査の結果、更正決定等をすべきと認められる非違がある場合には、国税職員はその内容を説明する際に、原則として、修正申告（又は期限後申告）を勧奨する。これは、申告に問題がある場合には、納税義務者から自ら是正することが今後の適正申告に資することとなり、申告納税制度の趣旨に適うものと考えられるためである。

この修正申告の勧奨に応じるかどうかは、あくまでも納税義務者の任意の判断であり、修正申告の勧奨に応じない場合には、調査結果に基づき更正等の処分を行うこととなるが、修正申告の勧奨に応じなかったからといって、修正申告に応じた場合と比較して不利な取扱いを受けることは基本的にはない。

なお、修正申告を行った場合には、更正の請求をすることはできるが、不服申立てをすることはできないので、納税義務者はこうした点を理解した上で修正申告を行うことになる（FAQ（納税者）問25）。

② 修正申告をすると不服申立てできない理由等

不服申立ては、税務調査が行った更正等の処分の課税標準等又は税額等が過大であると納税義務者が考える場合に、国税当局に対し処分の取消しなどを求めるための手段である。一方、更正の請求は、納税義務者が行った申告の課税標準等又は税額等が過大であったと納税義務者が考える場合に、国税当局に対し、申告した課税標準等又は税額等を減額する更正を行うことを求めるための手段である。

例えば、いったん調査結果の内容説明に納得して修正申告を行ったものの、その後にその修正申告に誤りがあると考えられる場合、その修正申告は国税当局の処分によるものではないため不服申立てという手段はとれないが、一定期間内であれば、更正の請求という手段をとることはできる。

　なお、更正の請求に際しては、例えば、正しいと考える税額や更正の請求をする理由など法令で定められた事項を「更正の請求書」に記載するとともに、請求の理由の基礎となる「事実を証明する書類」を併せて提出する必要がある（ＦＡＱ（納税者）問26）。

第5章　修正申告書及び更正の請求書の記載方法

1 第4表他（暦年課税贈与財産及び相続時精算課税適用財産）関連項目

事例1　相続開始前3年以内の暦年課税分贈与財産の申告漏れ

〈当初の期限内申告書の申告内容〉

　被相続人甲は、平成30年2月1日に死亡し（全ての相続人は、被相続人の相続開始があったことを知った日は同日とする。以下、第5章において同じ。）、被相続人甲の相続人である長男A・長女Bは（甲の配偶者は平成29年に死亡している。）、それぞれ次の財産の取得及び債務の承継を行うことで分割協議が成立し、平成30年11月20日に相続税の期限内申告書を提出するとともに、納付すべき相続税額を期限内に納税した。

財産及び債務等	価　額	長男A	長女B
取得財産の価額	2億3,000万円	1億7,000万円	6,000万円
債務及び葬式費用の金額	2,000万円	2,000万円	
課税価格	2億1,000万円	1億5,000万円	6,000万円
納付すべき税額	3,640万円	2,584.4万円	1,055.6万円

〈相続税の税務調査における調査担当者の指摘〉

　調査担当者は、事前通知の手続を法令上の規定に基づき行ったのち（以下、第5章において同じ。）、被相続人甲の相続税の申告内容に係る税務調査を行った。

　調査担当者は税務調査の結果、長男A及び長女Bが被相続人甲から相続開始前3年以内に現金贈与を受け、その贈与に係る暦年課税分の贈与税の申告書が提出されているにもかかわらず、相続税の課税価格に加算されていない旨を指摘し、法令上の規定に基づき、修正申告の勧奨を行った。

　長男A及び長女Bは、過去に被相続人甲から現金贈与を受け、暦年課税分の贈与税の申告・納税した事実を失念していたため、調査担当者の指摘に従い相続税の修正申告書を令和元年10月10日に提出した。

　なお、平成27年分の贈与税の申告内容は、次のとおりである。

受贈者	長男 A	長女 B
贈与年月日	平成 27 年 2 月 20 日	平成 27 年 2 月 20 日
種　類	現金預貯金	現金預貯金
細　目	現　金	現　金
所在場所等	東京都千代田区○○ 1 丁目 2 番 3 号	東京都千代田区○○ 1 丁目 2 番 3 号
価　額	200 万円	150 万円
贈与税額	9 万円	4 万円
提出先	東京上野税務署	東税務署

※　贈与税額は、次のように計算している。

　　長男 A　　｛200 万円 − 110 万円（基礎控除)｝× 10% = 9 万円

　　長女 B　　｛150 万円 − 110 万円（基礎控除)｝× 10% = 4 万円

〈修正申告書の記載方法の概要及び留意点〉

　相続税の修正申告書における各表の記載方法の概要は次のとおりであるが、留意点は次々頁以降の第 1 表・第 2 表・第 4 表の 2・第 14 表・第 15 表を参照されたい。

(1)　**第 1 表**

　第 1 表には、各相続人の合計及び各相続人それぞれの修正前の課税額（当初の期限内申告額）及び修正申告額を記載するとともに、修正する額（修正申告額 − 修正前の課税額）を記載する。さらに、各相続人のマイナンバー（個人番号）を記載する。

(2)　**第 2 表**

　第 2 表には、当初の期限内申告書において申告漏れであった暦年贈与財産（相続開始の年の前々々年分：平成 27 年）を加算した後の課税価格の合計額により、相続税の総額を再計算する。

(3)　**第 4 表の 2**

　第 4 表の 2 には、当初の期限内申告書において申告漏れであった各相続人の暦年贈与財産（相続開始の年の前々々年分：平成 27 年分）の価額・贈与税額・所轄税務署を記載する。

⑷　**第 14 表**

　　第 14 表には、当初の期限内申告書において申告漏れであった各相続人の合計及び各相続人それぞれの暦年贈与財産（相続開始の年の前々々年分：平成 27 年分）について、贈与年月日・種類・細目・所在場所等・価額・相続税の課税価格に加算される価額を記載する。

⑸　**第 15 表**

　　第 15 表には、当初の期限内申告書において申告漏れであった各相続人の合計及び各相続人それぞれの暦年贈与財産（相続開始の年の前々々年分：平成 27 年分）について、純資産価額に加算される価額を記載する。

「各人の合計」欄及び「財産を取得した人（長男A及び長女B）」欄に「④修正前の課税額（当初申告額）」、「⑥修正申告額」及び「⑥修正する額（⑥－④）」を記載する。

申告する者のマイナンバー（個人番号）を左端を空欄にした上で記入する。

申告漏れであった生前贈与財産を記載し（⑤欄）、課税価格を再計算する（⑥欄）。

再計算した課税価格を基に各人の算出税額を計算する（⑨欄）。

申告漏れであった生前贈与財産に係る税額を記載する（⑫欄）。

修正申告書の提出により納付すべき相続税額を計算する（⑲欄 ⑥＝⑥－④）。

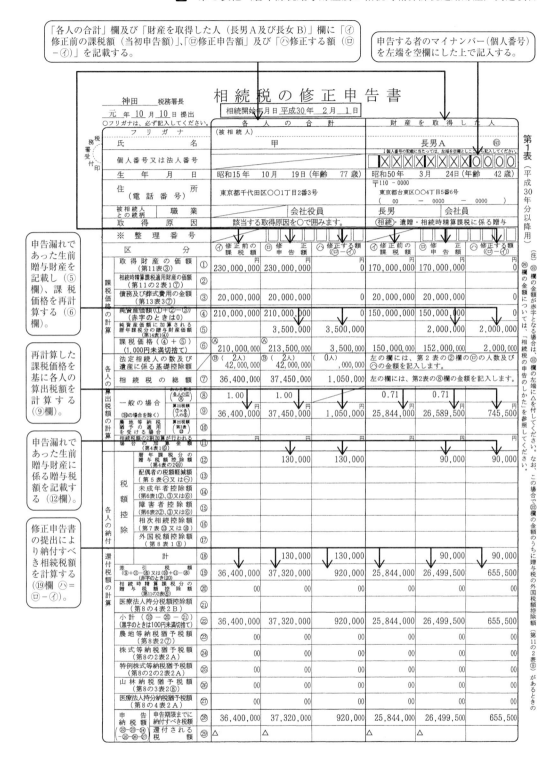

133

申告する者のマイナンバー（個人番号）
を左端を空欄にした上で記入する。

相 続 税 の 修 正 申 告 書 （続）

〇フリガナは、必ず記入してください。

<table>
<tr><td colspan="2" rowspan="2"></td><td colspan="3">財 産 を 取 得 し た 人</td><td colspan="3">財 産 を 取 得 し た 人</td><td rowspan="2">第 1 表 （続）（平成30年分以降用）</td></tr>
<tr><td colspan="3">フ リ ガ ナ</td><td colspan="3"></td></tr>
<tr><td colspan="2">氏　　　　名</td><td colspan="3" align="center">長女B　㊞</td><td colspan="3" align="center">㊞</td></tr>
<tr><td colspan="2">個人番号又は法人番号</td><td colspan="3">個人番号の記載に当たっては、左端を空欄としここから記入してください。
｜0000XXX0000｜</td><td colspan="3">個人番号の記載に当たっては、左端を空欄としここから記入してください。</td></tr>
<tr><td colspan="2">生　年　月　日</td><td colspan="3">昭和52年　2月　14日（年齢 40歳）</td><td colspan="3">年　　月　　日（年齢　　歳）</td></tr>
<tr><td colspan="2">住　　　　所
（電話番号）</td><td colspan="3">〒541 - 0000
大阪府大阪市〇〇7丁目8番9号
（ 00 － 0000 － 0000 ）</td><td colspan="3">〒
（　　－　　－　　）</td></tr>
<tr><td colspan="2">被相続人
との続柄　　職　業</td><td colspan="3">長女　　　　無職</td><td colspan="3"></td></tr>
<tr><td colspan="2">取　得　原　因</td><td colspan="3">相続・遺贈・相続時精算課税に係る贈与</td><td colspan="3">相続・遺贈・相続時精算課税に係る贈与</td></tr>
<tr><td colspan="2">※　整　理　番　号</td><td colspan="3"></td><td colspan="3"></td></tr>
<tr><td colspan="2">区　　　分</td><td>㋑修正前の
課税額</td><td>㋺修正
申告額</td><td>㋩修正する額
（㋺－㋑）</td><td>㋑修正前の
課税額</td><td>㋺修正
申告額</td><td>㋩修正する額
（㋺－㋑）</td></tr>
<tr><td rowspan="6">課税価格の計算</td><td>取得財産の価額
（第11表③）　①</td><td>円
60,000,000</td><td>円
60,000,000</td><td>円
0</td><td>円</td><td>円</td><td>円</td></tr>
<tr><td>相続時精算課税適用財産の価額
（第11の2表1⑦）　②</td><td></td><td></td><td></td><td></td><td></td><td></td></tr>
<tr><td>債務及び葬式費用の金額
（第13表3⑦）　③</td><td></td><td></td><td></td><td></td><td></td><td></td></tr>
<tr><td>純資産価額（①＋②－③）
（赤字のときは0）　④</td><td>60,000,000</td><td>60,000,000</td><td>0</td><td></td><td></td><td></td></tr>
<tr><td>純資産価額に加算される
暦年課税分の贈与財産価額
（第14表1④）　⑤</td><td></td><td>1,500,000</td><td>1,500,000</td><td></td><td></td><td></td></tr>
<tr><td>課税価格（④＋⑤）
（1,000円未満切捨て）　⑥</td><td>60,000,000</td><td>61,500,000</td><td>1,500,000</td><td>,000</td><td>,000</td><td>,000</td></tr>
<tr><td rowspan="4">各人の算出税額の計算</td><td>法定相続人の数及び
遺産に係る基礎控除額</td><td colspan="3"></td><td colspan="3"></td></tr>
<tr><td>相続税の総額　⑦</td><td colspan="3"></td><td colspan="3"></td></tr>
<tr><td>一般の場合
（⑩の場合を除く）　あん分割合
（各人の⑥）
（Ⓐ）　⑧</td><td>0.29</td><td>0.29</td><td></td><td></td><td></td><td></td></tr>
<tr><td>算出税額
（⑦×各
人の⑧）　⑨</td><td>円
10,556,000</td><td>円
10,860,500</td><td>円
304,500</td><td>円</td><td>円</td><td>円</td></tr>
<tr><td></td><td>農地等納税
猶予の適用
を受ける場合　算出税額
（第3表⑧）　⑩</td><td></td><td></td><td></td><td></td><td></td><td></td></tr>
<tr><td rowspan="9">各人の納付・還付税額の計算</td><td>相続税額の2割加算が行われる
場合の加算金額
（第4表1⑧）　⑪</td><td>円</td><td>円</td><td>円</td><td>円</td><td>円</td><td>円</td></tr>
<tr><td rowspan="6">税額控除</td><td colspan="7"></td></tr>
<tr><td>暦年課税分の
贈与税額控除額
（第4表の2②）　⑫</td><td></td><td>40,000</td><td>40,000</td><td></td><td></td><td></td></tr>
<tr><td>配偶者の税額軽減額
（第5表㋩又は㋺）　⑬</td><td></td><td></td><td></td><td></td><td></td><td></td></tr>
<tr><td>未成年者控除額
（第6表1②、③又は⑥）　⑭</td><td></td><td></td><td></td><td></td><td></td><td></td></tr>
<tr><td>障害者控除額
（第6表2②、③又は⑥）　⑮</td><td></td><td></td><td></td><td></td><td></td><td></td></tr>
<tr><td>相次相続控除額
（第7表⑬又は⑱）　⑯</td><td></td><td></td><td></td><td></td><td></td><td></td></tr>
<tr><td>外国税額控除額
（第8表1⑧）　⑰</td><td></td><td></td><td></td><td></td><td></td><td></td></tr>
<tr><td colspan="1">計　⑱</td><td></td><td>40,000</td><td>40,000</td><td></td><td></td><td></td></tr>
<tr><td>差　　引　　税　　額
（⑨＋⑪－⑱）又は（⑩＋⑪－⑱）
（赤字のときは0）　⑲</td><td>10,556,000</td><td>10,820,500</td><td>264,500</td><td></td><td></td><td></td></tr>
<tr><td colspan="2">相続時精算課税分の
贈与税額控除額
（第11の2表⑧）　⑳</td><td>00</td><td>00</td><td>00</td><td>00</td><td>00</td><td>00</td></tr>
<tr><td colspan="2">医療法人持分税額控除額
（第8の4表2B）　㉑</td><td></td><td></td><td></td><td></td><td></td><td></td></tr>
<tr><td colspan="2">小計（⑲－⑳－㉑）
（黒字のときは100円未満切捨て）　㉒</td><td>10,556,000</td><td>10,820,500</td><td>264,500</td><td></td><td></td><td></td></tr>
<tr><td colspan="2">農地等納税猶予税額
（第8表2⑦）　㉓</td><td>00</td><td>00</td><td>00</td><td>00</td><td>00</td><td>00</td></tr>
<tr><td colspan="2">株式等納税猶予税額
（第8の2表2A）　㉔</td><td>00</td><td>00</td><td>00</td><td>00</td><td>00</td><td>00</td></tr>
<tr><td colspan="2">特例株式等納税猶予税額
（第8の2の2表2A）　㉕</td><td>00</td><td>00</td><td>00</td><td>00</td><td>00</td><td>00</td></tr>
<tr><td colspan="2">山林納税猶予税額
（第8の3表2⑧）　㉖</td><td>00</td><td>00</td><td>00</td><td>00</td><td>00</td><td>00</td></tr>
<tr><td colspan="2">医療法人持分納税猶予税額
（第8の4表2A）　㉗</td><td>00</td><td>00</td><td>00</td><td>00</td><td>00</td><td>00</td></tr>
<tr><td colspan="2">申告納税額　申告期限までに
納付すべき税額
（㉒－㉓－㉔
－㉕－㉖－㉗）　㉘</td><td>10,556,000</td><td>10,820,500</td><td>264,500</td><td>00</td><td>00</td><td>00</td></tr>
<tr><td colspan="2">還付される
税　　額　㉙</td><td>△</td><td>△</td><td></td><td>△</td><td>△</td><td></td></tr>
</table>

※の項目は記入する必要はありません。

（注）㉒欄の金額が赤字となる場合は、㉒欄の左端に△を付してください。なお、この場合で㉒欄の金額のうちに贈与税の外国税額控除額（第11の2表⑨）があるときの㉒欄の金額については、「相続税の申告のしかた」を参照してください。

左欄の説明（上から下へ）：

申告漏れで
あった生前
贈与財産を
記載し（⑤
欄）、課税
価格を再計
算する（⑥
欄）。

再計算した
課税価格を
基に各人の
算出税額を
計算する
（⑨欄）。

申告漏れで
あった生前
贈与財産に
係る贈与税
額を記載す
る（⑫欄）。

修正申告書
の提出によ
り納付すべ
き相続税額
を計算する
（⑲欄　㋩＝
㋺－㋑）。

申告漏れであった生前贈与財産を加算して計算した課税価格の合計額（①欄）を基に課税遺産総額（③欄）を算出し、法定相続人に応じた法定相続分により計算した相続税の総額（⑧欄）を第1表⑦欄⑩に移記する。

相 続 税 の 総 額 の 計 算 書

被相続人　甲

第2表（平成27年分以降用）

この表は、第1表及び第3表の「相続税の総額」の計算のために使用します。

なお、被相続人から相続、遺贈や相続時精算課税に係る贈与によって財産を取得した人のうちに農業相続人がいない場合は、この表の④欄及び○欄並びに⑨欄から⑪欄までは記入する必要がありません。

○この表を修正申告書の第2表として使用するときは、④欄には修正申告書第1表の⑩欄の⑥④の金額を記入し、⑤欄には修正申告書

○第3表の1の⑩欄の⑥④の金額を第2表④の金額として記入します。

① 課税価格の合計額	② 遺産に係る基礎控除額	③ 課税遺産総額
④第1表⑥④　　213,500,000 円	3,000万円+（600万円×（④の法定相続人の数）○ 2人）=（④ 4,200 万円	○（①-④）　　171,500,000 円
⑤第3表⑥④　　　　,000	○の人数及び④の金額を第1表④へ転記します。	○（○-④）　　　　,000

④ 法定相続人（（注）1参照）		⑤ 左の法定相続人に応じた法定相続分	第1表の「相続税の総額⑦」の計算		第3表の「相続税の総額⑦」の計算	
氏　名	被相続人との続柄		⑥ 法定相続分に応ずる取得金額（○×⑤）（1,000円未満切捨て）	⑦ 相続税の総額の基となる税額（下の「速算表」で計算します。）	⑨ 法定相続分に応ずる取得金額（○×⑤）（1,000円未満切捨て）	⑩ 相続税の総額の基となる税額（下の「速算表」で計算します。）
長男A	長男	$\frac{1}{2}$	85,750,000 円	18,725,000 円	,000 円	円
長女B	長女	$\frac{1}{2}$	85,750,000	18,725,000	,000	
			,000		,000	
			,000		,000	
			,000		,000	
			,000		,000	
			,000		,000	
			,000		,000	
			,000		,000	
法定相続人の数	④ 2 人	合計 1	⑧ 相続税の総額（⑦の合計額）（100円未満切捨て）　37,450,000		⑪ 相続税の総額（⑩の合計額）（100円未満切捨て）　00	

(注)　1　④欄の記入に当たっては、被相続人に養子がある場合や相続の放棄があった場合には、「相続税の申告のしかた」をご覧ください。

　　　2　⑧欄の金額を第1表⑦欄へ転記します。財産を取得した人のうちに農業相続人がいる場合は、⑧欄の金額を第1表⑦欄へ転記するとともに、⑪欄の金額を第3表⑦欄へ転記します。

相 続 税 の 速 算 表

法定相続分に応ずる取得金額	10,000千円以下	30,000千円以下	50,000千円以下	100,000千円以下	200,000千円以下	300,000千円以下	600,000千円以下	600,000千円超
税　率	10%	15%	20%	30%	40%	45%	50%	55%
控　除　額	－ 千円	500千円	2,000千円	7,000千円	17,000千円	27,000千円	42,000千円	72,000千円

この速算表の使用方法は、次のとおりです。

⑥欄の金額×税率－控除額＝⑦欄の税額　　　　⑨欄の金額×税率－控除額＝⑩欄の税額

例えば、⑥欄の金額30,000千円に対する税額（⑦欄）は、30,000千円×15%－500千円＝4,000千円です。

○連帯納付義務について

　　相続税の納税については、各相続人等が相続、遺贈や相続時精算課税に係る贈与により受けた利益の価額を限度として、お互いに連帯して納付しなければならない義務があります。

暦年課税分の贈与税額控除額の計算書

被相続人　甲

第4表の2（平成30年分用）

左の注釈（吹き出し）：
- 申告漏れであった生前贈与財産の受贈者の氏名を記載する。
- 贈与税の申告書を提出した受贈者の所轄税務署を記載する。
- 申告漏れであった生前贈与財産の価額を記載する（⑰欄）。
- 申告漏れであった生前贈与財産に係る贈与税額を記載する（⑲欄）。

この表は、第14表の「1 純資産価額に加算される暦年課税分の贈与財産価額及び特定贈与財産価額の明細」欄に記入した財産のうち相続税の課税価格に加算されるものについて、贈与税が課税されている場合に記入します。

控除を受ける人の氏名		長男A	長女B	
贈与税の申告書の提出先		税務署	税務署	税務署
相続開始の年の前年分（平成29年分） 被相続人から暦年課税に係る贈与によって租税特別措置法第70条の2の5第1項の規定の適用を受ける財産（特例贈与財産）を取得した場合				
相続開始の年の前年中に暦年課税に係る贈与によって取得した特例贈与財産の価額の合計額	①	円	円	円
①のうち被相続人から暦年課税に係る贈与によって取得した特例贈与財産の価額の合計額（贈与税額の計算の基礎となった価額）	②			
その年分の暦年課税分の贈与税額（裏面の「2」参照）	③			
控除を受ける贈与税額（特例贈与財産分）（③×②÷①）	④			
被相続人から暦年課税に係る贈与によって租税特別措置法第70条の2の5第1項の規定の適用を受けない財産（一般贈与財産）を取得した場合				
相続開始の年の前年中に暦年課税に係る贈与によって取得した一般贈与財産の価額の合計額（贈与税の配偶者控除後の金額）	⑤	円	円	円
⑤のうち被相続人から暦年課税に係る贈与によって取得した一般贈与財産の価額の合計額（贈与税額の計算の基礎となった価額）	⑥			
その年分の暦年課税分の贈与税額（裏面の「3」参照）	⑦			
控除を受ける贈与税額（一般贈与財産分）（⑦×⑥÷⑤）	⑧			
贈与税の申告書の提出先		税務署	税務署	税務署
相続開始の年の前々年分（平成28年分） 被相続人から暦年課税に係る贈与によって租税特別措置法第70条の2の5第1項の規定の適用を受ける財産（特例贈与財産）を取得した場合				
相続開始の年の前々年中に暦年課税に係る贈与によって取得した特例贈与財産の価額の合計額	⑨	円	円	円
⑨のうち被相続人から暦年課税に係る贈与によって取得した特例贈与財産の価額の合計額（贈与税額の計算の基礎となった価額）	⑩			
その年分の暦年課税分の贈与税額（裏面の「2」参照）	⑪			
控除を受ける贈与税額（特例贈与財産分）（⑪×⑩÷⑨）	⑫			
被相続人から暦年課税に係る贈与によって租税特別措置法第70条の2の5第1項の規定の適用を受けない財産（一般贈与財産）を取得した場合				
相続開始の年の前々年中に暦年課税に係る贈与によって取得した一般贈与財産の価額の合計額（贈与税の配偶者控除後の金額）	⑬	円	円	円
⑬のうち被相続人から暦年課税に係る贈与によって取得した一般贈与財産の価額の合計額（贈与税額の計算の基礎となった価額）	⑭			
その年分の暦年課税分の贈与税額（裏面の「3」参照）	⑮			
控除を受ける贈与税額（一般贈与財産分）（⑮×⑭÷⑬）	⑯			
贈与税の申告書の提出先		東京上野　税務署	東　税務署	税務署
相続開始の年の前々々年分（平成27年分） 被相続人から暦年課税に係る贈与によって租税特別措置法第70条の2の5第1項の規定の適用を受ける財産（特例贈与財産）を取得した場合				
相続開始の年の前々々年中に暦年課税に係る贈与によって取得した特例贈与財産の価額の合計額	⑰	2,000,000 円	1,500,000 円	円
⑰のうち相続開始の日から遡って3年前の日以後に被相続人から暦年課税に係る贈与によって取得した特例贈与財産の価額の合計額（贈与税額の計算の基礎となった価額）	⑱	2,000,000	1,500,000	
その年分の暦年課税分の贈与税額（裏面の「2」参照）	⑲	90,000	40,000	
控除を受ける贈与税額（特例贈与財産分）（⑲×⑱÷⑰）	⑳	90,000	40,000	
被相続人から暦年課税に係る贈与によって租税特別措置法第70条の2の5第1項の規定の適用を受けない財産（一般贈与財産）を取得した場合				
相続開始の年の前々々年中に暦年課税に係る贈与によって取得した一般贈与財産の価額の合計額（贈与税の配偶者控除後の金額）	㉑	円	円	円
㉑のうち相続開始の日から遡って3年前の日以後に被相続人から暦年課税に係る贈与によって取得した一般贈与財産の価額の合計額（贈与税額の計算の基礎となった価額）	㉒			
その年分の暦年課税分の贈与税額（裏面の「3」参照）	㉓			
控除を受ける贈与税額（一般贈与財産分）（㉓×㉒÷㉑）	㉔			
暦年課税分の贈与税額控除額計（④+⑧+⑫+⑯+⑳+㉔）	㉕	90,000 円	40,000 円	円

（注）各人の㉕欄の金額を第1表のその人の「暦年課税分の贈与税額控除額⑫」欄に転記します。

申告漏れであった生前贈与財産に係る受贈者の
氏名・贈与年月日・財産の明細等を記載する。

純資産価額に加算される暦年課税分の
贈与財産価額及び特定贈与財産価額
出資持分の定めのない法人などに遺贈した財産 **の明細書**
特定の公益法人などに寄附した相続財産・
特定公益信託のために支出した相続財産

被相続人	甲

第14表（平成30年分以降用）

1　純資産価額に加算される暦年課税分の贈与財産価額及び特定贈与財産価額の明細

この表は、相続、遺贈や相続時精算課税に係る贈与によって財産を取得した人（注）が、その相続開始前3年以内に被相続人から暦年課税に係る贈与によって取得した財産がある場合に記入します。

（注）被相続人から租税特別措置法第70条の2の3（直系尊属から結婚・子育て資金の一括贈与を受けた場合の贈与税の非課税）第10項第2号に規定する管理残額以外の財産を取得しなかった人は除きます（相続時精算課税に係る贈与によって財産を取得している人を除く。）。

番号	贈与を受けた人の氏名	贈与年月日	相続開始前3年以内に暦年課税に係る贈与を受けた財産の明細					②①の価額のうち特定贈与財産の価額	③相続税の課税価格に加算される価額（①-②）
			種類	細目	所在場所等	数量	①価額		
1	長男A	27・2・20	現金預貯金	現金	東京都千代田区〇〇1丁目2番3号		2,000,000	円	2,000,000 円
2	長女B	27・2・20	現金預貯金	現金	東京都千代田区〇〇1丁目2番3号		1,500,000		1,500,000
3									
4									

各受贈者の相続税の課税価格に加算される金額及び合計額を記載する。

贈与を受けた人ごとの③欄の合計額	氏名	（各人の合計）	長男A	長女B		
	④金額	3,500,000 円	2,000,000 円	1,500,000 円	円	円

上記「②」欄において、相続開始の年に被相続人から贈与によって取得した居住用不動産や金銭の全部又は一部を特定贈与財産としている場合には、次の事項について、「（受贈配偶者）」及び「（受贈財産の番号）」の欄に所定の記入をすることにより確認します。

（受贈配偶者）　　　　　　　　　　　　　　　　（受贈財産の番号）
私 [　　　] は、相続開始の年に被相続人から贈与によって取得した上記 [　] の特定贈与財産の価額については贈与税の課税価格に算入します。
なお、私は、相続開始の年の前年以前に被相続人からの贈与について相続税法第21条の6第1項の規定の適用を受けていません。

（注）④欄の金額を第1表のその人の「純資産価額に加算される暦年課税分の贈与財産価額⑤」欄及び第15表の⑲欄にそれぞれ転記します。

2　出資持分の定めのない法人などに遺贈した財産の明細

この表は、被相続人が人格のない社団又は財団や学校法人、社会福祉法人、宗教法人などの出資持分の定めのない法人に遺贈した財産のうち、相続税がかからないものの明細を記入します。

遺贈した財産の明細					出資持分の定めのない法人などの所在地、名称
種類	細目	所在場所等	数量	価額	
				円	
		合計			

3　特定の公益法人などに寄附した相続財産又は特定公益信託のために支出した相続財産の明細

私は、下記に掲げる相続財産を、相続税の申告期限までに、

(1) 国、地方公共団体又は租税特別措置法施行令第40条の3に規定する法人に対して寄附（租税特別措置法施行令の一部を改正する政令（平成20年政令第161号）附則第57条第1項の規定により、なおその効力を有することとされる旧租税特別措置法施行令第40条の3第1項第2号及び第3号に規定する法人に対する寄附を含みます。）をしましたので、租税特別措置法第70条第1項の規定の適用を受けます。

(2) 租税特別措置法施行令第40条の4第3項の要件に該当する特定公益信託の信託財産とするために支出しましたので、租税特別措置法第70条第3項の規定の適用を受けます。

(3) 特定非営利活動促進法第2条第3項に規定する認定特定非営利活動法人に対して寄附をしましたので、租税特別措置法第70条第10項の規定の適用を受けます。

寄附（支出）年月日	寄附（支出）した財産の明細					公益法人等の所在地・名称（公益信託の受託者及び名称）	寄附（支出）をした相続人等の氏名
	種類	細目	所在場所等	数量	価額		
					円		
			合計				

（注）この特例の適用を受ける場合には、期限内申告書に一定の受領書、証明書類等の添付が必要です。

相続財産の種類別価額表

（この表は、第11表から第14表までの記載に基づいて記入します。）

被相続人　甲

第15表（修正申告用）（平成30年分以降用）

種類	細目	番号	各人の合計	長男A	長女B			
土地（土地の上に存する権利を含みます。）	田	①	円	円	円	円	円	円
	畑	②						
	宅地	③						
	山林	④						
	その他の土地	⑤						
	計	⑥	( )	( )	( )	( )	( )	( )
⑥のうち特例農地等	通常価額	⑦	( )	( )	( )	( )	( )	( )
	農業投資価格による価額	⑧	( )	( )	( )	( )	( )	( )
家屋、構築物		⑨						
事業（農業）用財産	機械、器具、農耕具、その他の減価償却資産	⑩						
	商品、製品、半製品、原材料、農産物等	⑪						
	売掛金	⑫						
	その他の財産	⑬						
	計	⑭	( )	( )	( )	( )	( )	( )
有価証券	特定同族会社の株式及び出資	配当還元方式によったもの	⑮						
		その他の方式によったもの	⑯						
	⑮及び⑯以外の株式及び出資	⑰						
	公債及び社債	⑱						
	証券投資信託、貸付信託の受益証券	⑲						
	計	⑳	( )	( )	( )	( )	( )	( )
現金、預貯金等		㉑	( )	( )	( )	( )	( )	( )
家庭用財産		㉒	( )	( )	( )	( )	( )	( )
その他の財産	生命保険金等	㉓						
	退職手当金等	㉔						
	立木	㉕						
	その他	㉖	230,000,000	170,000,000	60,000,000			
	計	㉗	230,000,000	(170,000,000)	(60,000,000)	( )	( )	( )
合計（⑥+⑨+⑭+⑳+㉑+㉒+㉗）		㉘	(230,000,000)	((170,000,000))	((60,000,000))	(( ))	(( ))	(( ))
相続時精算課税適用財産の価額		㉙						
不動産等の価額（⑥+⑨+⑩+⑭+⑯+㉖）		㉚						
⑮のうち株式等納税猶予対象の株式等の価額の80%の額		㉛						
⑰のうち株式等納税猶予対象の株式等の価額の80%の額		㉜						
⑯のうち特例株式等納税猶予対象の株式等の価額		㉝						
⑰のうち特例株式等納税猶予対象の株式等の価額		㉞						
債務等	債務	㉟	20,000,000	20,000,000				
	葬式費用	㊱						
	合計（㉟+㊱）	㊲	(20,000,000)	(20,000,000)	( )	( )	( )	( )
差引純資産価額（㉘+㉙-㊲）（赤字のときは0）		㊳	210,000,000	150,000,000	60,000,000			
純資産価額に加算される暦年課税分の贈与財産価額		㊴	3,500,000	2,000,000	1,500,000			
課税価格（㊳+㊴）（1,000円未満切捨て）		㊵	213,500,000	152,000,000	61,500,000	,000	,000	,000

申請漏れであった生前贈与財産の価額を記載する（㊴欄）。

〈相続開始前3年以内の暦年課税分贈与財産に係る留意点〉

(1) 暦年贈与による贈与税の課税

　贈与税の課税方法には、「暦年課税」と「相続時精算課税」があり、一定の要件に該当する場合に「相続時精算課税」を選択することができる。

　暦年課税による贈与税は、個人がその年の1月1日から12月31日までの1年間に収受した財産の合計額から基礎控除額110万円を差し引いた残額に対して課税される（相法1の4、2の2、5〜9、21の5、28、33、措法70の2の4、70の2の5）。

(2) 相続開始前3年以内に被相続人から暦年課税による財産の贈与を受けた場合

　相続又は遺贈により財産を取得した者が、その相続の開始前3年以内にその相続に係る被相続人から暦年課税分の贈与により財産を取得したことがある場合には、その贈与により取得した財産の価額を相続税の課税価格に加算した価額が相続税の課税価格とみなされ、その課税価格により相続税額を計算することになっている（相法19①）。

　上記の場合において、贈与により取得した財産の価額は、贈与の時における財産評価基本通達等に基づく価額になる（相基通19-1）。

(3) 相続開始前3年以内の期間

　相続開始前3年以内とは、相続開始の日より遡って3年目の応当日（本事例では平成27年2月1日）からその相続開始の日（平成30年2月1日）までの間をいう（相基通19-2）。

　なお、相続開始前3年以内に被相続人からの贈与により財産を取得した者（相続時精算課税適用者を除く。）が、その被相続人から相続又は遺贈により財産を取得しなかった場合には、その者に対し本制度の適用はない（相基通19-3）。

(4) 暦年課税分等に係る贈与税の申告内容の開示等

　相続又は遺贈により財産を取得した者は、その相続又は遺贈により財産を取得した他の者（以下「他の共同相続人等」という。）がある場合には、その被相続人に係る相続税の期限内申告書、期限後申告書若しくは修正申告書の提出又は国税通則法第23条第1項（更正の請求）の規定による更正の請求に必要となるときに限り、他の共同相続人等がその被相続人からその相続開始前3年以内に取得した財産の合計額について、被相続人の死亡の時における住所地の所轄税務署長に開示の請求をすることができる（相法49

①)。

　上記の請求があった場合には、税務署長はその請求をした者に対し、その請求後2月以内に申告内容の開示をしなければならないことになっている（相法49②)。

　したがって、本事例のような誤りを防止するためには、本規定により所轄税務署長に開示請求を行うことが必要である。

　なお、開示請求の手続は、次の「相続税法第49条第1項の規定に基づく開示請求書」及び一定の添付書類を所轄税務署長に提出して行う。

相続税法第49条第1項の規定に基づく開示請求書

_____ 税務署長　　　　　　　　　　　　　　　　　平成　　　年　　月　　日

【代理人記入欄】		開示請求者	住所又は居所（所在地）	〒　　　　　　　　　Tel（　　－　　－　　）
住　所			フリガナ	
氏　名　　　　　　　㊞			氏名又は名称　　　　　　　　　　　㊞	
			個人番号	
連絡先			生年月日	被相続人との続柄

（税務署受付印）

　私は、相続税法第49条第1項の規定に基づき、下記1の開示対象者が平成15年1月1日以後に下記2の被相続人からの贈与により取得した財産で、当該相続の開始前3年以内に取得したもの又は同法第21条の9第3項の規定を受けたものに係る贈与税の課税価格の合計額について開示の請求をします。

1　開示対象者に関する事項

住所又は居所（所在地）				
過去の住所等				
フリガナ				
氏名又は名称（旧姓）				
生年月日				
被相続人との続柄				

2　被相続人に関する事項

住所又は居所	
過去の住所等	
フリガナ	
氏　名	
生年月日	
相続開始年月日	平成　　　年　　　月　　　日

3　承継された者(相続時精算課税選択届出者)に関する事項

住所又は居所	
フリガナ	
氏　名	
生年月日	
相続開始年月日	平成　　　年　　　月　　　日
精算課税適用者である旨の記載	上記の者は、相続時精算課税選択届出書を_____署へ提出しています。

4　開示の請求をする理由（該当する□に✓印を記入してください。）

相続税の　□ 期限内申告　□ 期限後申告　□ 修正申告　□ 更正の請求　に必要なため

5　遺産分割に関する事項（該当する□に✓印を記入してください。）

□ 相続財産の全部について分割済（遺産分割協議書又は遺言書の写しを添付してください。）
□ 相続財産の一部について分割済（遺産分割協議書又は遺言書の写しを添付してください。）
□ 相続財産の全部について未分割

6　添付書類等（添付した書類又は該当項目の全ての□に✓印を記入してください。）

□ 遺産分割協議書の写し	□ 戸籍の謄(抄)本	□ 遺言書の写し	□ 住民票の写し
□ その他（　　　　　　　　　　　　　　　　　　　　　　　　　　　　　　）			
□ 私は、相続時精算課税選択届出書を_____署へ提出しています。			

7　開示書の受領方法（希望される□に✓印を記入してください。）

□直接受領（交付時に請求者又は代理人であることを確認するものが必要となります。）	□ 送付受領（請求時に返信用切手、封筒及び住民票の写し等が必要となります。）

※　税務署整理欄（記入しないでください。）

番号確認	身元確認	確認書類		確認者
	□ 済　□ 未済	個人番号カード ／ 通知カード・運転免許証　その他（　　　　　）		
委任の確認	開示請求者への確認	（　・　・　）		
	委任状の有無	□ 有　□ 無（　　　　）		

141

事例2　相続時精算課税適用財産の評価誤り

〈当初の期限内申告書の申告内容〉

　被相続人甲は、平成30年3月10日に死亡し（甲の配偶者は平成24年に死亡している。）、被相続人甲の相続人である長男A・長女Bは、それぞれ次の財産を取得することで分割協議が成立し、平成30年12月20日に相続税の期限内申告書を提出するとともに、納付すべき相続税額を期限内に納税した。

財産等	価　額	長男A	長女B
取得財産の価額	1億2,000万円	8,000万円	4,000万円
相続時精算課税適用財産の価額	6,100万円	3,600万円	2,500万円
課税価格	1億8,100万円	1億1,600万円	6,500万円
算出税額	2,770万円	1,772.8万円	997.2万円
相続時精算課税分の贈与税額控除額	220万円	220万円	0円
納付すべき税額	2,550万円	1,552.8万円	997.2万円

　長男A・長女Bは、平成21年に甲から相続時精算課税適用財産を取得しており、平成21年分の贈与税の申告内容は次のとおりである（期限内に申告・納税を行っている。）。

受贈者	長男A	長女B
贈与年月日	平成21年6月10日	平成21年6月10日
種　類	土　地	現金預貯金
細　目	雑種地	現　金
利用区分・銘柄等	駐車場	現　金
所在場所等	東京都台東区○○2丁目3番4号	東京都千代田区○○1丁目2番3号
価　額	3,600万円	2,500万円
贈与税額	220万円	0円
提出先	東京上野税務署	東税務署

※　贈与税額は、次のように計算している。

　　長男A　｛3,600万円－2,500万円（特別控除）｝×20％＝220万円

　　長女B　｛2,500万円－2,500万円（特別控除）｝×20％＝0円

〈相続税の税務調査における調査担当者の指摘〉

調査担当者は、事前通知後に被相続人甲の相続税の申告内容に係る税務調査を行った。

調査担当者は税務調査の結果、長男Aが被相続人甲から平成21年に贈与を受けた土地の評価に誤り（評価誤りの具体例は 事例14〜16 等を参照）があることを指摘し、修正申告の勧奨を行った（適正な評価額は4,000万円とする。）。

長男Aは、調査担当者の指摘に従い相続税の修正申告書を令和元年10月10日に提出した。

〈修正申告書の記載方法の概要及び留意点〉

相続税の修正申告書における各表の記載方法の概要は次のとおりであるが、留意点は次頁以降の第1表・第2表・第11の2表・第15表を参照されたい。

(1) 第1表

第1表には、各相続人の合計及び各相続人それぞれの修正前の課税額（当初の期限内申告額）及び修正申告額を記載するとともに、修正する額（修正申告額−修正前の課税額）を記載する。さらに、各相続人のマイナンバー（個人番号）を記載する。

(2) 第2表

第2表には、当初の期限内申告書において評価誤りがあった相続時精算課税適用財産の修正後の価額を加算した後の課税価格の合計額により、相続税の総額を再計算する。

(3) 第11の2表

第11の2表には、当初の期限内申告書において評価誤りがあった長男Aの相続時精算課税適用財産の修正後の価額を記載する。

(4) 第15表

第15表には、当初の期限内申告書において評価誤りがあった長男Aの相続時精算課税適用財産の修正後の価額を記載する。

「各人の合計」欄及び「財産を取得した人（長男A及び長女B）」欄に「①修正前の課税額（当初申告額）」、「⓪修正申告額」及び「⑧修正する額（⓪－①）」を記載する。

申告する者のマイナンバー（個人番号）を左端を空欄にした上で記入する。

評価誤りがあった長男Aの相続時精算課税適用財産の修正前・修正後及び修正する額を記載する（②欄）。

評価誤りがあった長男Aの相続時精算課税適用財産の修正後の価額により、課税価格を再計算する（⑥欄）。

再計算した課税価格を基に各人の算出税額を計算する（⑨欄）。

修正申告書の提出により納付すべき相続税額を計算する（②欄⑧＝⓪－①）。

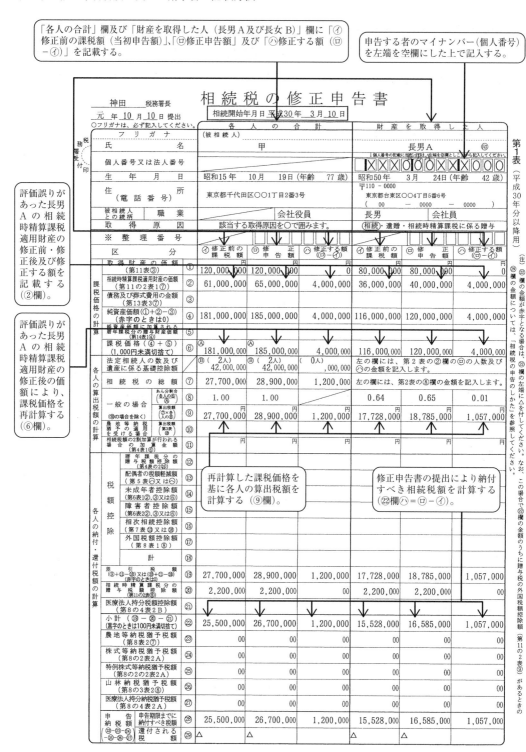

144

申告する者のマイナンバー（個人番号）
を左端を空欄にした上で記入する。

相 続 税 の 修 正 申 告 書（続）

○フリガナは、必ず記入してください。

<table>
<tr><td colspan="2" rowspan="2">フ リ ガ ナ</td><td colspan="3">財 産 を 取 得 し た 人</td><td colspan="3">財 産 を 取 得 し た 人</td></tr>
<tr><td colspan="3"></td><td colspan="3"></td></tr>
<tr><td colspan="2">氏　　　　　　名</td><td colspan="3">長女B　　　　　　　㊞</td><td colspan="3">㊞</td></tr>
<tr><td colspan="2">個人番号又は法人番号</td><td colspan="3">個人番号の記載に当たっては、左端を空欄としここから記入してください。
○○○ＸＸ○○○ＸＸ</td><td colspan="3">個人番号の記載に当たっては、左端を空欄としここから記入してください。</td></tr>
<tr><td colspan="2">生 年 月 日</td><td colspan="3">昭和52 年 2 月 14日（年齢 41 歳）</td><td colspan="3">年 月 日（年齢 歳）</td></tr>
<tr><td colspan="2">住　　　　　　所
（ 電 話 番 号 ）</td><td colspan="3">〒541 － 0000
大阪府大阪市○○7丁目8番9号
（ 00 － 0000 － 0000 ）</td><td colspan="3">〒
（ － － ）</td></tr>
<tr><td>被相続人
との続柄</td><td>職業</td><td colspan="3">長女　　　　　無職</td><td colspan="3"></td></tr>
<tr><td colspan="2">取 得 原 因</td><td colspan="3">相続・遺贈・相続時精算課税に係る贈与</td><td colspan="3">相続・遺贈・相続時精算課税に係る贈与</td></tr>
<tr><td colspan="2">※ 整 理 番 号</td><td colspan="3"></td><td colspan="3"></td></tr>
<tr><td colspan="2">区　　　　　　分</td><td>㋑ 修正前の
課 税 額</td><td>㋺ 修 正
申 告 額</td><td>㋩ 修正する額
（㋺－㋑）</td><td>㋑ 修正前の
課 税 額</td><td>㋺ 修 正
申 告 額</td><td>㋩ 修正する額
（㋺－㋑）</td></tr>
<tr><td rowspan="6">課税価格の計算</td><td>取 得 財 産 の 価 額
（第11表③）</td><td>①</td><td>円
40,000,000</td><td>円
40,000,000</td><td>円
0</td><td>円</td><td>円</td><td>円</td></tr>
<tr><td>相続時精算課税適用財産の価額
（第11の2表1⑦）</td><td>②</td><td>25,000,000</td><td>25,000,000</td><td>0</td><td></td><td></td><td></td></tr>
<tr><td>債務及び葬式費用の金額
（第13表3⑦）</td><td>③</td><td></td><td></td><td></td><td></td><td></td><td></td></tr>
<tr><td>純資産価額（①＋②－③）
（赤字のときは0）</td><td>④</td><td>65,000,000</td><td>65,000,000</td><td>0</td><td></td><td></td><td></td></tr>
<tr><td>純資産価額に加算される
暦年課税分の贈与財産価額
（第14表1④）</td><td>⑤</td><td></td><td></td><td></td><td></td><td></td><td></td></tr>
<tr><td>課 税 価 格（④＋⑤）
（1,000円未満切捨て）</td><td>⑥</td><td>65,000,000</td><td>65,000,000</td><td>,000</td><td>,000</td><td>,000</td><td>,000</td></tr>
<tr><td rowspan="5">各人の算出税額の計算</td><td>法定相続人の数及び
遺産に係る基礎控除額</td><td></td><td colspan="3"></td><td colspan="3"></td></tr>
<tr><td>相 続 税 の 総 額</td><td>⑦</td><td colspan="3"></td><td colspan="3"></td></tr>
<tr><td>一般の場合
（⑩の場合を除く）</td><td>あん分割合
各人の⑥
Ⓐ
⑧</td><td>0.36</td><td>0.35</td><td>△0.01</td><td></td><td></td><td></td></tr>
<tr><td></td><td>算出税額
⑦×各
人の⑧
⑨</td><td>9,972,000</td><td>10,115,000</td><td>143,000</td><td>円</td><td>円</td><td>円</td></tr>
<tr><td>農地等納税
猶予の適用
を受ける場合</td><td>算出税額
（第3表）
⑩</td><td></td><td></td><td></td><td></td><td></td><td></td></tr>
<tr><td rowspan="13">各人の納付・還付税額の計算</td><td>相続税額の2割加算が行われる
場合の加算金額
（第4表1⑤）</td><td>⑪</td><td>円</td><td></td><td></td><td>円</td><td>円</td><td>円</td></tr>
<tr><td rowspan="6">税額控除</td><td>暦年課税分の
贈与税額控除額
（第4表の2⑤）</td><td>⑫</td><td></td><td></td><td></td><td></td><td></td><td></td></tr>
<tr><td>配偶者の税額軽減額
（第5表㋘又は㋓）</td><td>⑬</td><td></td><td></td><td></td><td></td><td></td><td></td></tr>
<tr><td>未成年者控除額
（第6表1②、③又は⑥）</td><td>⑭</td><td></td><td></td><td></td><td></td><td></td><td></td></tr>
<tr><td>障害者控除額
（第6表2②、③又は⑥）</td><td>⑮</td><td></td><td></td><td></td><td></td><td></td><td></td></tr>
<tr><td>相次相続控除額
（第7表⑬又は⑱）</td><td>⑯</td><td></td><td></td><td></td><td></td><td></td><td></td></tr>
<tr><td>外国税額控除額
（第8表1⑧）</td><td>⑰</td><td></td><td></td><td></td><td></td><td></td><td></td></tr>
<tr><td colspan="2" align="center">計</td><td>⑱</td><td></td><td></td><td></td><td></td><td></td><td></td></tr>
<tr><td colspan="2">差 引 税 額
（⑨＋⑪－⑱）又は（⑩＋⑪－⑱）
（赤字のときは0）</td><td>⑲</td><td>9,972,000</td><td>10,115,000</td><td>143,000</td><td></td><td></td><td></td></tr>
<tr><td colspan="2">相続時精算課税分の
贈与税額控除額
（第11の2表⑧）</td><td>⑳</td><td>00</td><td>00</td><td>00</td><td>00</td><td>00</td><td>00</td></tr>
<tr><td colspan="2">医療法人持分税額控除額
（第8の4表2B）</td><td>㉑</td><td></td><td></td><td></td><td></td><td></td><td></td></tr>
<tr><td colspan="2">小計（⑲－⑳－㉑）
（黒字のときは100円未満切捨て）</td><td>㉒</td><td>9,972,000</td><td>10,115,000</td><td>143,000</td><td></td><td></td><td></td></tr>
<tr><td colspan="2">農地等納税猶予税額
（第8表2⑦）</td><td>㉓</td><td>00</td><td>00</td><td>00</td><td>00</td><td>00</td><td>00</td></tr>
<tr><td rowspan="6"></td><td colspan="2">株式等納税猶予税額
（第8の2表2A）</td><td>㉔</td><td>00</td><td>00</td><td>00</td><td>00</td><td>00</td><td>00</td></tr>
<tr><td colspan="2">特例株式等納税猶予税額
（第8の2の2表2A）</td><td>㉕</td><td>00</td><td>00</td><td>00</td><td>00</td><td>00</td><td>00</td></tr>
<tr><td colspan="2">山林納税猶予税額
（第8の3表2⑧）</td><td>㉖</td><td>00</td><td>00</td><td>00</td><td>00</td><td>00</td><td>00</td></tr>
<tr><td colspan="2">医療法人持分納税猶予税額
（第8の4表2A）</td><td>㉗</td><td>00</td><td>00</td><td>00</td><td>00</td><td>00</td><td>00</td></tr>
<tr><td colspan="2">申告
納税額　申告期限までに
　　　　納付すべき税額</td><td>㉘</td><td>9,972,000</td><td>10,115,000</td><td>143,000</td><td></td><td></td><td></td></tr>
<tr><td colspan="2">（㉒－㉓－㉔
－㉕－㉖－㉗）還付される
税 額</td><td>㉙</td><td>△</td><td>△</td><td></td><td>△</td><td>△</td><td></td></tr>
</table>

再計算した
課税価格を
基に各人の
算出税額を
計算する
（⑨欄）。

修正申告書の提出により納付すべき相続
税額を計算する（㉒欄㋩＝㋺－㋑）。
長女Bは、修正申告による取得財産の
増加はないが、課税価格が増加したため、
納付すべき相続税額が発生する。

第1表（続）（平成30年分以降用）

（注）㉙欄の金額が赤字となる場合は、㉙欄の左端に△を付してください。なお、この場合で㉙欄の金額のうちに贈与税の外国税額控除額（第11の2表⑨）があるときの㉙欄の金額については、「相続税の申告のしかた」を参照してください。

145

> 評価誤りがあった長男Aの相続時精算課税適用財産を加算して計算した課税価格の合計額（①欄）を基に課税遺産総額（③欄）を算出し、法定相続人に応じた法定相続分により計算した相続税の総額（⑧欄）を第1表⑦欄㋺に移記する。

相　続　税　の　総　額　の　計　算　書

被相続人	甲

第2表（平成27年分以降用）

この表は、第1表及び第3表の「相続税の総額」の計算のために使用します。

なお、被相続人から相続、遺贈や相続時精算課税に係る贈与によって財産を取得した人のうちに農業相続人がいない場合は、この表の㋬欄及び㋭欄並びに⑨欄から⑪欄までは記入する必要がありません。

○この表を修正申告書の第2表として使用するときは、①欄には修正申告書第1表の㋺欄の⑥Ⓐの金額を記入し、㋬欄には修正申告書第3表の1の㋺欄の⑥Ⓐの金額を記入します。

① 課税価格の合計額	② 遺産に係る基礎控除額	③ 課税遺産総額
㋑ 第1表 ⑥Ⓐ　185,000,000 円	3,000万円 ＋ (600万円 × ㋺ Ⓐの法定相続人の数 2 人) ＝ ㋥ 4,200 万円	㊁ (㋑－㋥)　143,000,000 円
㋬ 第3表 ⑥Ⓐ　　,000	㋥の人数及び㋭の金額を第1表Ⓑへ転記します。	㋦ (㋬－㋥)　　,000

④ 法定相続人（注）1参照		⑤ 左の法定相続人に応じた法定相続分	第1表の「相続税の総額⑦」の計算		第3表の「相続税の総額⑦」の計算	
氏　名	被相続人との続柄		⑥ 法定相続分に応ずる取得金額（㊁×⑤）（1,000円未満切捨て）	⑦ 相続税の総額の基となる税額 下の「速算表」で計算します。	⑨ 法定相続分に応ずる取得金額（㋦×⑤）（1,000円未満切捨て）	⑩ 相続税の総額の基となる税額 下の「速算表」で計算します。
長男A	長男	$\frac{1}{2}$	71,500,000 円	14,450,000 円	,000 円	,000 円
長女B	長女	$\frac{1}{2}$	71,500,000	14,450,000	,000	,000
			,000		,000	
			,000		,000	
			,000		,000	
			,000		,000	
			,000		,000	
			,000		,000	
			,000		,000	
法定相続人の数	Ⓐ 人 2	合計 1	⑧ 相続税の総額（⑦の合計額）（100円未満切捨て）　28,900,000		⑪ 相続税の総額（⑩の合計額）（100円未満切捨て）　00	

(注) 1　④欄の記入に当たっては、被相続人に養子がある場合や相続の放棄があった場合には、「相続税の申告のしかた」をご覧ください。

2　⑧欄の金額を第1表⑦欄へ転記します。財産を取得した人のうちに農業相続人がいる場合は、⑧欄の金額を第1表⑦欄へ転記するとともに、⑪欄の金額を第3表⑦欄へ転記します。

相続税の速算表

法定相続分に応ずる取得金額	10,000千円以下	30,000千円以下	50,000千円以下	100,000千円以下	200,000千円以下	300,000千円以下	600,000千円以下	600,000千円超
税　率	10%	15%	20%	30%	40%	45%	50%	55%
控　除　額	－ 千円	500 千円	2,000 千円	7,000 千円	17,000 千円	27,000 千円	42,000 千円	72,000 千円

この速算表の使用方法は、次のとおりです。

⑥欄の金額×税率－控除額＝⑦欄の税額　　　　⑨欄の金額×税率－控除額＝⑩欄の税額

例えば、⑥欄の金額30,000千円に対する税額（⑦欄）は、30,000千円×15%－500千円＝4,000千円です。

○連帯納付義務について

相続税の納税については、各相続人等が相続、遺贈や相続時精算課税に係る贈与により受けた利益の価額を限度として、お互いに連帯して納付しなければならない義務があります。

評価誤りがあった長男Aの相続時精算課税適用財産の修正後の価額を記載する。
長男Aの贈与税額は、贈与税の修正申告を提出していないため、当初申告額を記載する。

相続時精算課税適用財産の明細書
相続時精算課税分の贈与税額控除額の計算書

被相続人	甲

この表は、被相続人から相続時精算課税に係る贈与によって取得した財産（相続時精算課税適用財産）がある場合に記入します。

1　相続税の課税価格に加算する相続時精算課税適用財産の課税価格及び納付すべき相続税額から控除すべき贈与税額の明細

番号	① 贈与を受けた人の氏名	② 贈与を受けた年分	③ 贈与税の申告書を提出した税務署の名称	④ ②の年分に被相続人から相続時精算課税に係る贈与を受けた財産の価額の合計額（課税価格）	⑤ ④の財産に係る贈与税額（贈与税の外国税額控除前の金額）	⑥ ⑤のうち贈与税額に係る外国税額控除額
1	長男A	平成21年分	東京上野	40,000,000円	2,200,000円	円
2	長女B	平成21年分	東	25,000,000	0	
3						
4						
5						
6						

評価誤りがあった長男Aの相続時精算課税適用財産の修正後の価額及び各人の合計を記載する。
贈与税額は、贈与税の修正申告書を提出していないため、当初申告額を記載する。

贈与を受けた人ごとの相続時精算課税適用財産の課税価格及び贈与税額の合計額	氏名	（各人の合計）	長男A	長女B		
	⑦ 課税価格の合計額（④の合計額）	65,000,000円	40,000,000円	25,000,000円	円	円
	⑧ 贈与税額の合計額（⑤の合計額）	2,200,000	2,200,000	0		
	⑨ ⑧のうち贈与税額に係る外国税額控除額の合計額（⑥の合計額）					

(注)　1　相続時精算課税に係る贈与をした被相続人がその贈与をした年の中途に死亡した場合の③欄は「相続時精算課税選択届出書を提出した税務署の名称」を記入してください。
　　　2　④欄の金額は、下記2の③の「価額」欄の金額に基づき記入します。
　　　3　各人の⑦欄の金額を第1表のその人の「相続時精算課税適用財産の価額②」欄及び第15表のその人の㉙欄にそれぞれ転記します。
　　　4　各人の⑧欄の金額を第1表のその人の「相続時精算課税分の贈与税額控除額㉒」欄に転記します。

2　相続時精算課税適用財産（1の④）の明細

―――（上記1の「番号」欄の番号に合わせて記入します。）

番号	① 贈与を受けた人の氏名	② 贈与年月日	③ 相続時精算課税適用財産の明細					
			種類	細目	利用区分、銘柄等	所在場所等	数量	価額
1	長男A	21・6・10	土地	雑種地	駐車場	東京都台東区〇〇2丁目3番4号		40,000,000円
2	長女B	21・6・10	現金預貯金	現金	現金	東京都千代田区〇〇1丁目2番3号		25,000,000

(注)1　この明細は、被相続人である特定贈与者に係る贈与税の申告書第2表に基づき記入します。
　　2　③の「価額」欄には、被相続人である特定贈与者に係る贈与税の申告書第2表の「財産の価額」欄の金額を記入します。ただし、特定事業用資産の特例の適用を受ける場合には、第11・11の2表の付表3の⑦欄の金額と⑦欄の金額に係る第11・11の2表の付表3の2の⑲欄の金額の合計額を、特定計画山林の特例の適用を受ける場合には、第11・11の2表の付表4の「2　特定受贈森林経営計画対象山林である選択特定計画山林の明細」の④欄の金額を記入します。

評価誤りがあった長男Aの相続時精算課税適用財産の修正後の価額を記載する。

相続財産の種類別価額表

（この表は、第11表から第14表までの記載に基づいて記入します。）

被相続人　甲

第15表（修正申告用）（平成30年分以降用）

種類	細目	番号	氏名 各人の合計	長男A	長女B			
土地（土地の上に存する権利を含みます。）	田	①	円	円	円	円	円	円
	畑	②						
	宅地	③						
	山林	④						
	その他の土地	⑤						
	計	⑥	( )	( )	( )	( )	( )	( )
	⑥のうち特例農地等 通常価額	⑦	( )	( )	( )	( )	( )	( )
	農業投資価格による価額	⑧	( )	( )	( )	( )	( )	( )
家屋、構築物		⑨						
事業（農業）用財産	機械、器具、農耕具、その他の減価償却資産	⑩						
	商品、製品、半製品、原材料、農産物等	⑪						
	売掛金	⑫						
	その他の財産	⑬						
	計	⑭	( )	( )	( )	( )	( )	( )
有価証券	特定同族会社の株式及び出資 配当還元方式によったもの	⑮						
	その他の方式によったもの	⑯						
	⑮及び⑯以外の株式及び出資	⑰						
	公債及び社債	⑱						
	証券投資信託、貸付信託の受益証券	⑲						
	計	⑳	( )	( )	( )	( )	( )	( )
現金、預貯金等		㉑						
家庭用財産		㉒						
その他の財産	生命保険金等	㉓						
	退職手当金等	㉔						
	立木	㉕						
	その他	㉖	120,000,000	80,000,000	40,000,000			
	計	㉗	(120,000,000)	(80,000,000)	(40,000,000)	( )	( )	( )
合計（⑥+⑨+⑭+⑳+㉑+㉒+㉗）		㉘	((120,000,000))	((80,000,000))	((40,000,000))	(( ))	(( ))	(( ))
相続時精算課税適用財産の価額		㉙	65,000,000	40,000,000	25,000,000			
不動産等の価額（⑥+⑨+⑩+⑮+㉘）		㉚						
⑮のうち株式等納税猶予対象の株式等の価額の80%の額		㉛						
⑰のうち株式等納税猶予対象の株式等の価額の80%の額		㉜						
⑯のうち特例株式等納税猶予対象の株式等の価額		㉝						
⑰のうち特例株式等納税猶予対象の株式等の価額		㉞						
債務等	債務	㉟						
	葬式費用	㊱						
	合計（㉟+㊱）	㊲	( )	( )	( )	( )	( )	
差引純資産価額（㉘+㉙-㊲）（赤字のときは0）		㊳	185,000,000	120,000,000	65,000,000			
純資産価額に加算される暦年課税分の贈与財産価額		㊴						
課税価格（㊳+㊴）（1,000未満切捨て）		㊵	185,000,000	120,000,000	65,000,000	,000	,000	,000

評価誤りがあった長男Aの相続時精算課税適用財産の修正後の価額及び各人の合計を記載する。

〈相続時精算課税適用財産の評価誤りに係る留意点〉

(1) 相続時精算課税による贈与税の課税

　贈与税の課税方法には、「暦年課税」と「相続時精算課税」があり、一定の要件に該当する場合に「相続時精算課税」を選択することができる。

　相続時精算課税は、相続時精算課税を選択した贈与者ごとにその年の1月1日から12月31日までの1年間に贈与を受けた財産の価額の合計額から2,500万円の特別控除額を控除した残額に対して20％の税率により贈与税が課税される。

　なお、贈与者の相続時には、受贈者は贈与財産と相続財産とを合計した価額に基づく相続税額から既に支払った贈与税額を控除することにより贈与税・相続税を通じた納税をすることになる（相法21の9〜21の18）。

(2) 本事例における相続税の課税価格に加算される相続時精算課税適用財産の価額

　相続税の課税価格に加算される財産の価額は、贈与税の期限内申告書に記載された課税価格ではなく、贈与税の課税価格計算の基礎に算入される財産に係る贈与時の価額と解されている（相法21の15①、相基通21の15-1・2）。

　したがって、贈与税の期限内申告書に記載された課税価格に誤りがあれば、修正申告書等により是正し、是正された後の財産に係る贈与時における価額が相続税の課税価格に加算される財産の価額になる。

　また、贈与税について更正をすることができなくなった場合においても（本事例の場合は該当する。）、贈与税の課税価格計算の基礎に算入される評価誤りを是正した後の財産に係る贈与時における価額が相続税の課税価格に加算される財産になる。

　上記の場合において、相続税額から控除される贈与税相当額は、課せられた贈与税相当額になる（相法21の15③）。

(3) 相続時精算課税適用者に係る贈与税の申告内容の開示等

　相続時精算課税適用者は、事例1の「暦年課税分等に係る贈与税の申告内容の開示等（139頁〜141頁参照）」と同様に他の共同相続人等に係る贈与税の申告内容の開示請求を行うことができる（相法49①）。

2 第5表（配偶者に対する相続税額の軽減）関連項目

事例3　配偶者が隠蔽仮装した財産を、配偶者が取得した場合

〈当初の期限内申告書の申告内容〉

　被相続人甲は、平成30年2月1日に死亡し、被相続人甲の相続人である配偶者乙及び長男Aは、それぞれ次の財産の取得及び債務の承継を行うことで分割協議が成立し、平成30年11月20日に相続税の期限内申告書を提出するとともに、納付すべき相続税額を期限内に納税した。

財産及び債務等	価　額	配偶者乙	長男A
取得財産の価額	2億3,000万円	1億5,000万円	8,000万円
債務及び葬式費用の金額	400万円		400万円
課税価格	2億2,600万円	1億5,000万円	7,600万円
算出税額	4,120万円	2,719.2万円	1,400.8万円
配偶者の税額軽減	2,719.2万円	2,719.2万円	0円
納付すべき税額	1,400.8万円	0円	1,400.8万円

〈相続税の税務調査における調査担当者の指摘〉

　調査担当者は、事前通知の手続を法令上の規定に基づき行ったのち、被相続人甲の相続税の申告内容に係る税務調査を行った。

　調査担当者は税務調査の結果、4,000万円の定期預金の申告漏れを指摘した。調査担当者は、相続人及び税理士からの聞き取りの結果、その定期預金が被相続人の資産により形成されたものであること、名義については被相続人が配偶者の名義を借りたにすぎず、配偶者乙は被相続人から贈与を受けたものではないと認識していたことなどを確認した。

　また、配偶者は当初の期限内申告書の提出前に、税理士から相続人名義の財産であっても被相続人が資金を負担したものがあれば、被相続人の相続財産になる旨の説明を受けていた経緯がある。

　以上のことから、配偶者乙はその定期預金が相続税の課税対象となる財産であると認識をしていたにもかかわらず、その定期預金が被相続人の相続財産の一部であることを

他から客観的に確認し難い状態にあることを利用して、あえてその定期預金の存在を依頼した税理士らに報告せず、同税理士にその定期預金を課税対象財産に計上しない当初の期限内申告書を作成させ、これを提出したものであることから、配偶者が隠蔽仮装に基づく申告書を提出したものと調査担当者は指摘した。

配偶者乙及び長男Aは、調査担当者の指摘に従い、当該隠蔽財産を含めて再度遺産分割を行い、配偶者乙の課税価格を1億9,000万円（隠蔽財産4,000万円を含む。）とする相続税の修正申告書を令和元年10月10日に提出した。

〈修正申告書の記載方法の概要及び留意点〉

相続税の修正申告書における各表の記載方法の概要は次のとおりであるが、留意点は153頁以降の第1表・第2表・第5表・第5表の付表・第11表・第15表を参照されたい。

(1) **第1表**

第1表には、各相続人の合計及び各相続人それぞれの修正前の課税額（当初の期限内申告額）及び修正申告額を記載するとともに、修正する額（修正申告額−修正前の課税額）を記載する。さらに、各相続人のマイナンバー（個人番号）を記載する。

(2) **第2表**

第2表では、当初の期限内申告書において申告漏れであった配偶者の取得財産を加算した後の課税価格の合計額により、相続税の総額を再計算する。

(3) **第5表**

第5表では、当初の期限内申告書において申告漏れであった配偶者の取得財産を加算した後の課税価格の合計額及び配偶者の取得財産の価額により、配偶者に対する相続税額の軽減額を再計算する。

なお、隠蔽仮装の行為者及び財産の取得者は配偶者であることから、隠蔽仮装があった場合の配偶者の相続税額の軽減の不適用（相法19の2⑤）に該当する。

(4) **第5表の付表**

第5表の付表は、配偶者又は配偶者以外の納税義務者が財産を隠蔽仮装した場合に記載する。

同付表の内、「(1) 相続税法第19条の2第5項の規定により読み替えられた同条第1

項第2号に規定する「相続税の総額」及び「課税価格の合計額」の計算」欄は、隠蔽仮装をした者が配偶者である場合に記載し、「⑵　相続税法第19条の2第5項の規定により読み替えられた同条第1項第2号イに規定する「課税価格の合計額」の計算」欄及び「⑶　相続税法第19条の2第5項により読み替えられた同条第1項第2号ロの「配偶者に係る相続税の課税価格」の計算」欄は、隠蔽仮装した財産を配偶者が取得した場合に記載する。

⑸　第11表、第15表

第11表、第15表には、当初の期限内申告書において申告漏れであった配偶者の取得財産を記載する。

「各人の合計」欄及び「財産を取得した人（配偶者乙、長男A）」欄に「⑦修正前の課税額（当初申告額）」、「⑩修正申告額」及び「⑧修正する額（⑩－⑦）」を記載する。

申告する者のマイナンバー（個人番号）を左端を空欄にした上で記入する。

「⑩修正申告額」に隠蔽仮装財産の申告漏れを修正した後の価額を記載する。

再計算した課税価格を基に各人の算出税額を計算する（⑨欄）。

「配偶者の税額軽減額（第5表⑧又は⑨）⑬」は、第5表⑧から転記する。

修正申告書の提出により納付すべき相続税額を計算する（㉑欄⑩－⑦＝⑧）。

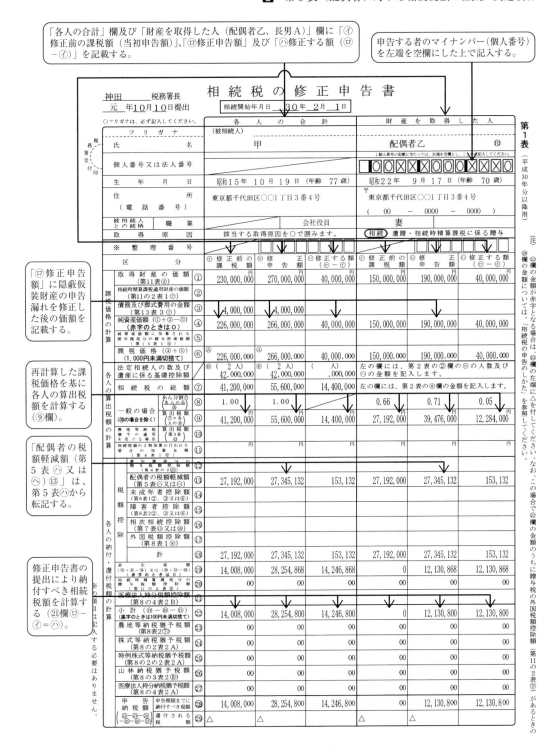

「各人の合計」欄及び「財産を取得した人（配偶者乙、長男A）」欄に「㋑修正前の課税額（当初申告額）」、「㋺修正申告額」及び「㋩修正する額（㋺−㋑）」を記載する。

申告する者のマイナンバー（個人番号）を左端を空欄にした上で記入する。

再計算した課税価格を基に各人の算出税額を計算する（⑨欄）。

修正申告書の提出により納付すべき相続税額を計算する（㉑欄（㋺−㋑＝㋩）。長男Aは取得財産の増加により納付すべき相続税額が発生する。

※の項目は記入する必要はありません。

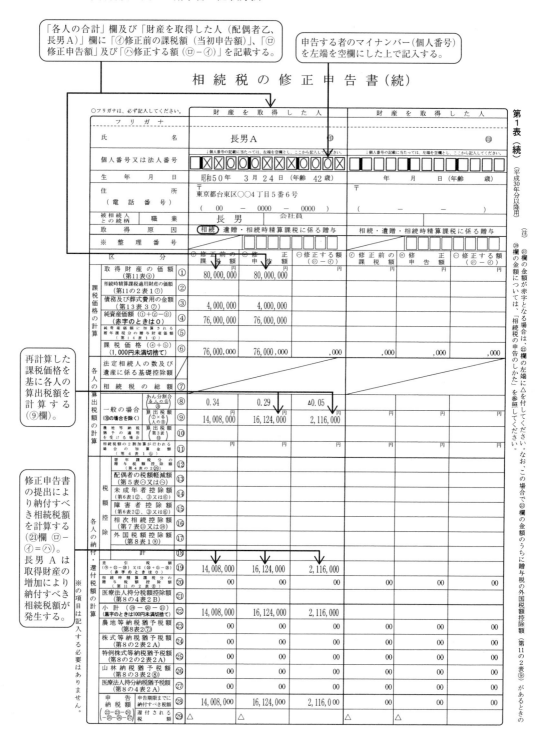

申告漏れであった隠蔽仮装財産を加算して計算した課税価格の合計額（①欄）を基に課税遺産総額（③欄）を算出し、法定相続人に応じた法定相続分により計算した相続税の総額（⑧欄）を第1表⑦（ロ修正申告額）欄に転記する。

相 続 税 の 総 額 の 計 算 書

被相続人	甲

第2表（平成27年分以降用）

この表は、第1表及び第3表の「相続税の総額」の計算のために使用します。

なお、被相続人から相続、遺贈や相続時精算課税に係る贈与によって財産を取得した人のうちに農業相続人がいない場合は、この表の⑦欄及び②欄並びに⑨欄から⑪欄までは記入する必要がありません。

○この表を修正申告書の第2表として使用するときは、⑦欄には修正申告書第1表の②欄の⑥④の金額を記入し、②欄には修正申告書第3表の1の②欄の⑥④の金額を記入します。

① 課 税 価 格 の 合 計 額	② 遺 産 に 係 る 基 礎 控 除 額	③ 課 税 遺 産 総 額
（⑦第1表⑥④） 266,000,000 円	3,000万円 ＋（ 600万円 × ⓐの法定相続人の数 2 人）＝ ⓒ 4,200万円	ⓝ（⑦－ⓒ） 224,000,000 円
（②第3表⑥④） ,000	ⓐの人数及びⓒの金額を第1表⑨へ転記します。	ⓣ（②－ⓒ） ,000

④ 法 定 相 続 人		⑤ 左の法定相続人に応じた法定相続分	第1表の「相続税の総額⑦」の計算		第3表の「相続税の総額⑦」の計算	
氏 名	被相続人との続柄		⑥ 法定相続分に応ずる取得金額（ⓝ×⑤）（1,000円未満切捨て）	⑦相続税の総額の基となる税額 下の「速算表」で計算します。	⑨ 法定相続分に応ずる取得金額（ⓣ×⑤）（1,000円未満切捨て）	⑩相続税の総額の基となる税額 下の「速算表」で計算します。
配偶者乙	妻	$\frac{1}{2}$	112,000,000 円	27,800,000 円	,000 円	,000 円
長男A	長男	$\frac{1}{2}$	112,000,000	27,800,000	,000	,000
		――	,000		,000	
		――	,000		,000	
		――	,000		,000	
		――	,000		,000	
		――	,000		,000	
		――	,000		,000	
		――	,000		,000	
		――	,000		,000	
		――	,000		,000	
		――	,000		,000	
		――	,000		,000	

法定相続人の数	ⓐ 2 人	合計 1	⑧ 相続税の総額（⑦の合計額）（100円未満切捨て） 55,600,000	⑪ 相続税の総額（⑩の合計額）（100円未満切捨て） 00

相続税の速算表

法定相続分に応ずる取得金額	10,000千円以下	30,000千円以下	50,000千円以下	100,000千円以下	200,000千円以下	300,000千円以下	600,000千円以下	600,000千円超
税 率	10 %	15 %	20 %	30 %	40 %	45 %	50 %	55 %
控 除 額	－ 千円	500千円	2,000千円	7,000千円	17,000千円	27,000千円	42,000千円	72,000千円

第5表の付表 (3)㉘から転記する。

配偶者の税額軽減額の計算書

| | 被相続人 | 甲 |

私は、相続税法第19条の2第1項の規定による配偶者の税額軽減の適用を受けます。

1　一般の場合　この表は、①被相続人から相続、遺贈や相続時精算課税に係る贈与によって財産を取得した人のうちに農業相続人がいない場合又は②配偶者が農業相続人である場合に記入します。

第5表の付表 (2)⑯から転記する。

| 課税価格の合計額のうち配偶者の法定相続分相当額 | （第1表の④の金額）〔配偶者の法定相続分〕 226,000,000 円 × $\frac{1}{2}$ = 113,000,000 円 | ⑦※ 160,000,000 円 |

上記の金額が16,000万円に満たない場合には、16,000万円

配偶者の税額軽減額を計算する場合の課税価格	① 分割財産の価額（第11表の配偶者の①の金額）	分割財産の価額から控除する債務及び葬式費用の金額		⑤ 純資産価額に加算される暦年課税分の贈与財産価額（第1表の⑤の金額）	⑥ （①－④＋⑤）の金額（⑤の金額より小さいときは⑤の金額）（1,000円未満切捨て）
		② 債務及び葬式費用の金額（第1表の配偶者の③の金額）	③ 未分割財産の価額（第11表の配偶者の②の金額）	④ （②－③）の金額（③の金額が②の金額より大きいときは0）		
	円 190,000,000	円	円	円	円 ※	円 150,000,000

第5表の付表 (1)⑩から転記する。

| ⑦ 相続税の総額（第1表の⑦の金額） | ⑧ ◯の金額と⑥の金額のうちいずれか少ない方の金額 | ⑨ 課税価格の合計額（第1表の④の金額） | ⑩ 配偶者の税額軽減の基となる金額（⑦×⑧÷⑨） |
| 円 41,200,000 | 円 150,000,000 | 円 226,000,000 | 円 27,345,132 |

| 配偶者の税額軽減の限度額 | （第1表の配偶者の⑨又は⑩の金額）（第1表の配偶者の⑫の金額）（　　39,476,000　円 － 　　　　　円） | ⑩ 円 39,476,000 |
| 配偶者の税額軽減額 | （⑩の金額と⑪の金額のうちいずれか少ない方の金額） | ◯ 円 27,345,132 |

(注)◯の金額を第1表の配偶者の「配偶者の税額軽減額⑬」欄に転記します。

2　配偶者以外の人が農業相続人である場合　この表は、被相続人から相続、遺贈や相続時精算課税に係る贈与によって財産を取得した人のうちに農業相続人がいる場合で、かつ、その農業相続人が配偶者以外の場合に記入します。

| 課税価格の合計額のうち配偶者の法定相続分相当額 | （第3表の④の金額）〔配偶者の法定相続分〕 　　　,000 円 × 　　 = 　　　　　円 | ◯※ 円 |

上記の金額が　　万円に満たない場合には、　　万円

配偶者の税額軽減額を計算する場合の課税価格	⑪ 分割財産の価額（第11表の配偶者の①の金額）	分割財産の価額から控除する債務及び葬式費用の金額		⑮ 純資産価額に加算される暦年課税分の贈与財産価額（第1表の⑤の金額）	⑯ （⑪－⑭＋⑮）の金額（⑮の金額より小さいときは⑮の金額）（1,000円未満切捨て）
		⑫ 債務及び葬式費用の金額（第1表の配偶者の③の金額）	⑬ 未分割財産の価額（第11表の配偶者の②の金額）	⑭ （⑫－⑬）の金額（⑬の金額が⑫の金額より大きいときは0）		
	円	円	円	円	円 ※	円 ,000

| ⑰ 相続税の総額（第3表の⑦の金額） | ⑱ ◯の金額と⑯の金額のうちいずれか少ない方の金額 | ⑲ 課税価格の合計額（第3表の④の金額） | ⑳ 配偶者の税額軽減の基となる金額（⑰×⑱÷⑲） |
| 円 00 | 円 | 円 ,000 | 円 |

| 配偶者の税額軽減の限度額 | （第1表の配偶者の⑩の金額）（第1表の配偶者の⑫の金額）（　　　　　円 － 　　　　　円） | ⑪ 円 |
| 配偶者の税額軽減額 | （⑳の金額と⑪の金額のうちいずれか少ない方の金額） | ◯ 円 |

(注)◯の金額を第3表の配偶者の「配偶者の税額軽減額⑬」欄に転記します。

⑩の金額と◯の金額のうちいずれか少ない金額を記載し、第1表⑬欄へ転記する。

第5表の付表 (1)⑨から転記する。

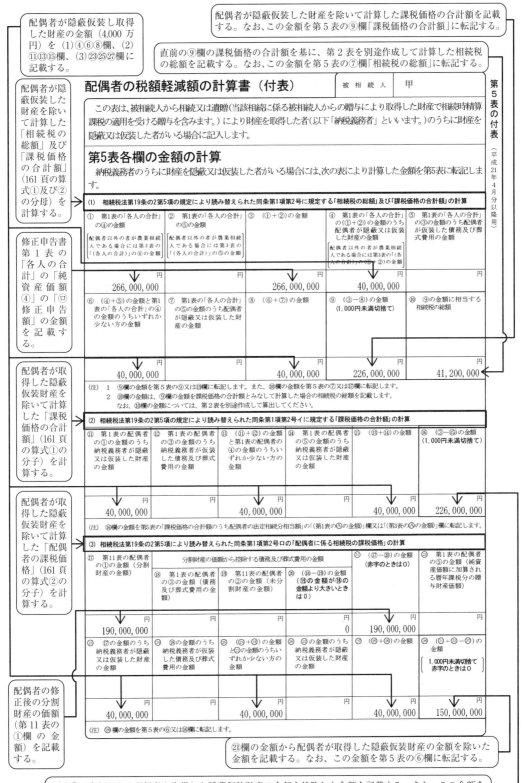

第 5 表の付表 (1) ⑨欄で計算した隠蔽仮装財産を含まない課税価格の合計額を記載する。

（配偶者の税額軽減額の計算書（付表）計算用）
相 続 税 の 総 額 の 計 算 書

被相続人	甲

第 2 表（平成 27 年分以降用）

この表は、第 1 表及び第 3 表の「相続税の総額」の計算のために使用します。

なお、被相続人から相続、遺贈や相続時精算課税に係る贈与によって財産を取得した人のうちに農業相続人がいない場合は、この表の⑧欄及び⑪欄並びに⑨欄から⑪欄までは記入する必要がありません。

○この表を修正申告書の第 2 表として使用するときは、④欄には修正申告書第 1 表の⑩欄の⑥⑧の金額を記入し、⑭欄には修正申告書

○第 3 表の 1 の⑥欄の⑧の金額を第 2 表として使用するときは、④欄には修正申告書第 1 表の⑩欄の⑥⑧の金額を記入します。

① 課 税 価 格 の 合 計 額	② 遺 産 に 係 る 基 礎 控 除 額	③ 課 税 遺 産 総 額
（第 1 表 ⑥⑧）226,000,000 円	3,000 万円 + (600 万円 × 2 人) = 4,200 万円	（ⓘ-ⓗ）184,000,000 円
（第 3 表 ⑥⑧）,000	ⓘの人数及びⓗの金額を第 1 表⓪へ転記します。	（ⓘ-ⓗ）,000

④ 法 定 相 続 人		⑤ 左 の 法 定 相 続 人 に 応 じ た 法 定 相 続 分	第 1 表の「相続税の総額⑦」の計算		第 3 表の「相続税の総額⑦」の計算	
氏　　名	被相続人との続柄		⑥ 法定相続分に応ずる取得金額（ⓒ×⑤）（1,000円未満切捨て）	⑦相続税の総額の基となる税額（下の「速算表」で計算します。）	⑨ 法定相続分に応ずる取得金額（ⓒ×⑤）（1,000円未満切捨て）	⑩相続税の総額の基となる税額（下の「速算表」で計算します。）
配偶者乙	妻	$\frac{1}{2}$	92,000,000 円	20,600,000 円	,000 円	円
長男A	長 男	$\frac{1}{2}$	92,000,000	20,600,000	,000	
		—	,000		,000	
		—	,000		,000	
		—	,000		,000	
		—	,000		,000	
		—	,000		,000	
		—	,000		,000	
		—	,000		,000	
		—	,000		,000	
		—	,000		,000	
		—	,000		,000	
		—	,000		,000	
		—	,000		,000	
法定相続人の数 ⓐ 2 人	合計 1		⑧ 相続税の総額（⑦の合計額）（100円未満切捨て）41,200,000		⑪ 相続税の総額（⑩の合計額）（100円未満切捨て）00	

相続税の総額を⑧欄で算出し、第 5 表の付表 (1) ⑩欄に転記する。

相続税の速算表

法定相続分に応ずる取得金額	10,000千円以下	30,000千円以下	50,000千円以下	100,000千円以下	200,000千円以下	300,000千円以下	600,000千円以下	600,000千円超
税　　　率	10 %	15 %	20 %	30 %	40 %	45 %	50 %	55 %
控　除　額	— 千円	500千円	2,000千円	7,000千円	17,000千円	27,000千円	42,000千円	72,000千円

相続税がかかる財産の明細書

（相続時精算課税適用財産を除きます。）

被相続人	甲

この表は、相続や遺贈によって取得した財産及び相続や遺贈によって取得したものとみなされる財産のうち、相続税のかかるものについての明細を記入します。

○相続時精算課税適用財産の明細については、この表によらず第11表の2表に記載します。

遺産の分割状況	区　分	① 全 部 分 割	2 一 部 分 割	3 全 部 未 分 割
	分割の日	・　・	・　・	

財　産　の　明　細								分割が確定した財産	
種類	細目	利用区分、銘柄等	所在場所等	数量／固定資産税評価額	単価／倍数	価額 円		取得した人の氏名／取得財産の価額	
土地等	宅地	当初申告	東京都千代田区○○1丁目3番4号			120,000,000		配偶者乙	120,000,000
	小　計					〈 120,000,000〉			
計						《 120,000,000》			
家　屋		当初申告	東京都千代田区○○1丁目3番4号			30,000,000		配偶者乙	30,000,000
	小　計					〈 30,000,000〉			
計						《 30,000,000》			
有価証券	その他の株式	当初申告	東京都			80,000,000		長男A	80,000,000
	小　計					〈 80,000,000〉			
計						《 80,000,000》			
現金預貯金等	預貯金	定期預金	××銀行＊＊支店			40,000,000		配偶者乙	40,000,000
	小　計					〈 40,000,000〉			
計						《 40,000,000》			
合　計						《 270,000,000》			

合計表	財産を取得した人の氏名		（各人の合計）	配偶者乙	長男A			
	分割財産の価額	①	270,000,000 円	190,000,000 円	80,000,000 円	円	円	円
	未分割財産の価額	②						
	各人の取得財産の価額（①＋②）	③	270,000,000	190,000,000	80,000,000			

隠蔽仮装により申告漏れであった預貯金について記載する。

相続財産の種類別価額表

（この表は、第11表から第14表までの記載に基づいて記入します。）

被相続人　甲

第15表（修正申告用）　（平成30年分以降用）

種類	細目	番号	各人の合計	配偶者乙	長男A			
土地（土地の上に存する権利を含みます）	田	①	円	円	円	円	円	円
	畑	②						
	宅　地	③	120,000,000	120,000,000				
	山　林	④						
	その他の土地	⑤						
	計	⑥	120,000,000	120,000,000	( )	( )	( )	( )
⑥のうち特例農地等	通常価額	⑦	( )	( )	( )	( )	( )	( )
	農業投資価格による価額	⑧	( )	( )	( )	( )	( )	( )
家　屋、構　築　物		⑨	30,000,000	30,000,000	( )	( )	( )	( )
事業（農業）用財産	機械、器具、農耕具、その他の減価償却資産	⑩						
	商品、製品、半製品、原材料、農産物等	⑪						
	売　掛　金	⑫						
	その他の財産	⑬						
	計	⑭	( )	( )	( )	( )	( )	( )
有価証券	特定同族会社の株式及び出資 配当還元方式によったもの	⑮						
	その他の方式によったもの	⑯						
	⑮及び⑯以外の株式及び出資	⑰	80,000,000		80,000,000			
	公債及び社債	⑱						
	証券投資信託、貸付信託の受益証券	⑲						
	計	⑳	80,000,000	( )	80,000,000	( )	( )	( )
現　金、預　貯　金　等		㉑	40,000,000	40,000,000	( )	( )	( )	( )
家　庭　用　財　産		㉒	( )	( )	( )	( )	( )	( )
その他の財産	生命保険金等	㉓						
	退職手当金等	㉔						
	立　木	㉕						
	その他	㉖						
	計	㉗	( )	( )	( )	( )	( )	( )
合計（⑥+⑨+⑭+⑳+㉑+㉒+㉗）		㉘	270,000,000	190,000,000	80,000,000	( )	( )	( )
相続時精算課税適用財産の価額		㉙						
不動産等の価額（⑥+⑨+⑩+⑮+⑯+㉙）		㉚	150,000,000	150,000,000				
⑩のうち株式等納税猶予対象の株式等の価額の80％の額		㉛						
⑰のうち株式等納税猶予対象の株式等の価額の80％の額		㉜						
⑯のうち特例株式等納税猶予対象の株式等の価額		㉝						
⑰のうち特例株式等納税猶予対象の株式等の価額		㉞						
債務等	債　務	㉟						
	葬　式　費　用	㊱	4,000,000		4,000,000			
	合　計（㉟+㊱）	㊲	4,000,000	( )	4,000,000	( )	( )	( )
差引純資産価額（㉘+㉙-㊲）（赤字のときは０）		㊳	266,000,000	190,000,000	76,000,000			
純資産価額に加算される暦年課税分の贈与財産価額		㊴						
課税価格（㊳+㊴）（1,000円未満切捨て）		㊵	266,000,000	190,000,000	76,000,000	,000	,000	,000

隠蔽仮装により申告漏れであった預貯金について記載する（㉑欄）。

〈配偶者に対する相続税額の軽減に係る留意点〉

(1) 制度の概要

　　配偶者の取得する財産は、同一世代間の財産の移転であり、遠からず次の相続が開始し相続税が課税されるのが通常であること、また、被相続人の死亡後の配偶者の生活保障・遺産の維持形成に対する配偶者の貢献等を考慮して、配偶者に対する税額軽減措置が設けられている（相法19の2①）。

(2) 適用対象となる配偶者

　　税額軽減の対象となる配偶者は、被相続人と法律上の婚姻の届出が行われている配偶者に限られ、いわゆる内縁の配偶者には適用がない（相基通19の2-2）。

　　また、配偶者が相続の放棄をしても遺贈により取得した財産があるときには、税額軽減の適用があり（相基通19の2-3）、配偶者が無制限納税義務者又は制限納税義務者のいずれに該当する場合であっても適用される（相基通19の2-1）。

(3) 配偶者の税額軽減額の計算式

　　配偶者の税額軽減額は、次の算式①又は算式②のうちいずれか少ない金額になる。

$$
算式① = 相続税の総額 \times \frac{課税価格の合計額 \times 配偶者の法定相続分 \left[\begin{array}{l}1億6,000万円未満の\\ときは1億6,000万円\end{array}\right]}{課税価格の合計額}
$$

$$
算式② = 相続税の総額 \times \frac{配偶者の課税価格}{課税価格の合計額}
$$

(注) 1. 配偶者が贈与税額控除の適用を受ける場合には、軽減額はその贈与税額控除後の金額を限度とする。

　　 2. 配偶者の相続税の課税価格に含まれる財産は、次のものである（相法19の2②、相基通19の2-4）。

　　　① 申告期限内に遺産分割（遺産の一部分割を含む。）によって取得した財産

　　　② 相続人が配偶者のみで包括受遺者がいない場合に相続により取得した財産

　　　③ 単独相続（相続人が配偶者のみの場合）や相続人がいない場合における包括遺贈によって取得した財産（①以外の財産に限る。）

　　　④ 特定遺贈によって取得した財産

⑤　相続税法上のみなし相続財産

⑥　相続開始前3年以内の贈与財産で、相続税の課税価格に加算されるもの

⑦　申告書の提出期限から3年以内に分割された財産

⑷　適用を受けるための手続

配偶者の税額軽減を受けることで納付すべき相続税額が「0」となる場合であっても、相続税の申告書（期限後申告書及び修正申告書を含む。）の提出が必要である。

また、配偶者に対する相続税額の軽減の規定は、原則として未分割の財産には適用されないが、申告期限までに遺産分割が行われなかった場合であっても、次の①又は②に掲げる場合に該当することとなったときは、遺産分割が行われた日の翌日から4か月以内に更正の請求書を提出すれば、改めて配偶者の税額軽減の計算を行うことができる（相法19の2②、相基通19の2-4）。

①　相続税の申告期限後3年以内に遺産が分割された場合

②　相続税の申告期限後3年を経過する日までに財産の分割ができないやむを得ない事情（例えば、遺産分割につき訴訟になっている場合）があり、税務署長の承認を得た場合で、その事情がなくなった日の翌日から4か月以内に分割されたとき

⑸　隠蔽仮装があった場合の配偶者の税額軽減の不適用

税務調査が行われた結果、配偶者又は配偶者以外の納税義務者が隠蔽仮装行為をしていたことが明らかになり、修正申告書又は期限後申告書を提出する場合には、その隠蔽仮装行為に係る財産の価額は、配偶者の税額軽減の対象にならない。

配偶者の税額軽減が不適用となる場合の行為者と取得者の関係は、以下のようになる。

	隠蔽仮装の行為者	隠蔽仮装財産の取得者	
イ	配偶者乙	配偶者乙	（本事例）
ロ	配偶者乙	長男A	
ハ	長男A	配偶者乙	

配偶者乙が隠蔽仮装の行為者であれば、隠蔽仮装財産を取得したかどうかに関わらず配偶者の税額軽減が不適用になる（上記イ及びロ）。

また、隠蔽仮装の行為者が長男Aであっても、隠蔽仮装財産を配偶者乙が取得すれば、配偶者の税額軽減は不適用になる（上記ハ）。

　すなわち、隠蔽仮装の行為者が配偶者であった場合には、161頁の算式中、「相続税の総額」の計算の基礎となる財産価額及び「課税価格の合計額」（算式①及び②の分母）には、その隠蔽仮装に基づく相続財産は含まれない。また、隠蔽仮装財産の取得者が配偶者であった場合には、同算式中、「課税価格の合計額」（算式①の分子）及び「配偶者の課税価格」（算式②の分子）には、その隠蔽仮装に基づく相続財産は含まれない。

　本事例の場合は、隠蔽仮装の行為者及び隠蔽仮装財産の取得者が配偶者であることから、算式中の全ての要素について、その隠蔽仮装に基づく相続財産は含まれないこととなる。

　ただし、次の 事例4 のように、隠蔽仮装の行為者及び隠蔽仮装財産の取得者が長男Aである場合には、配偶者乙は隠蔽仮装の行為者及び隠蔽仮装財産の取得者のいずれにも該当しないため、配偶者の税額軽減が適用される。

⑹　長男Aが修正申告により納付する相続税

　長男Aは、修正申告により財産を取得していないにもかかわらず修正税額が算出されている。これは、現行の相続税法の課税方式によるもので、同一の被相続人から取得した財産はいったん全て合算されて相続税の総額が計算されるためである。

事例4 | 長男が隠蔽仮装した財産を、長男が取得した場合

〈当初の期限内申告書の申告内容〉

　被相続人甲は、平成30年2月1日に死亡し、被相続人甲の相続人である配偶者乙及び長男Aは、それぞれ次の財産の取得及び債務の承継を行うことで分割協議が成立し、平成30年11月20日に相続税の期限内申告書を提出するとともに、納付すべき相続税額を期限内に納税した。

財産及び債務等	価　額	配偶者乙	長男A
取得財産の価額	2億3,000万円	1億5,000万円	8,000万円
債務及び 葬式費用の金額	400万円		400万円
課税価格	2億2,600万円	1億5,000万円	7,600万円
算出税額	4,120万円	2,719.2万円	1,400.8万円
配偶者の税額軽減額	2,719.2万円	2,719.2万円	0円
納付すべき税額	1,400.8万円	0円	1,400.8万円

〈相続税の税務調査における調査担当者の指摘〉

　調査担当者は、事前通知の手続を法令上の規定に基づき行ったのち、被相続人甲の相続税の申告内容に係る税務調査を行った。

　調査担当者は税務調査の結果、4,000万円の普通預金の申告漏れを指摘した。調査担当者は、相続人及び税理士からの聞き取りの結果、その普通預金が被相続人の資産により形成されたものであること、名義については被相続人が長男Aの名義を借りたにすぎず、長男Aは被相続人から贈与を受けたものではないと認識していたことなどを確認した。

　また、長男Aは当初の期限内申告書の提出前に、税理士から相続人名義の財産であっても被相続人が資金を負担したものがあれば、被相続人の相続財産になる旨の説明を受けていた経緯がある（配偶者乙は、長男Aの名義預金について被相続人から知らされていなかった）。

　以上のことから、長男Aはその普通預金が相続税の課税対象となる財産であると認識をしていたにもかかわらず、その普通預金が被相続人の相続財産の一部であることを他から客観的に確認し難い状態にあることを利用して、あえてその普通預金の存在を依頼

した税理士らに報告せず、同税理士にその普通預金を課税対象財産に計上しない当初の期限内申告書を作成させ、これを提出したものであることから、長男Aが隠蔽仮装に基づく申告書を提出したものと調査担当者は指摘した。

　配偶者乙及び長男Aは、調査担当者の指摘に従い、当該隠蔽仮装財産を含めて再度遺産分割を行い、長男Aの課税価格を1億1,600万円（隠蔽財産4,000万円を含む。）とする相続税の修正申告書を令和元年10月10日に提出した。

〈修正申告書の記載方法の概要及び留意点〉

　相続税の修正申告書における各表の記載方法の概要は次のとおりであるが、留意点は次頁以降の第1表・第2表・第5表・第11表・第15表を参照されたい。

(1)　**第1表**

　第1表には、各相続人の合計及び各相続人それぞれの修正前の課税額（当初の期限内申告額）及び修正申告額を記載するとともに、修正する額（修正申告額−修正前の課税額）を記載する。さらに、各相続人のマイナンバー（個人番号）を記載する。

(2)　**第2表**

　第2表では、当初の期限内申告書において申告漏れであった長男Aの取得財産を加算した後の課税価格の合計額により、相続税の総額を再計算する。

(3)　**第5表**

　第5表では、当初の期限内申告書において申告漏れであった長男Aの取得財産を加算した後の課税価格の合計額及び配偶者の取得財産の価額により、配偶者に対する相続税額の軽減額を再計算する。

　なお、隠蔽仮装の行為者及び財産の取得者は長男Aであることから、配偶者の税額軽減が適用される。

(4)　**第11表、第15表**

　第11表、第15表には、当初の期限内申告書において申告漏れであった長男Aの取得財産を記載する。

「各人の合計」欄及び「財産を取得した人（配偶者乙、長男A）」欄に「⑦修正前の課税額（当初申告額）」、「⑪修正申告額」及び「⑪修正する額（⑪－⑦）」を記載する。

申告する者のマイナンバー（個人番号）を左端を空欄にした上で記入する。

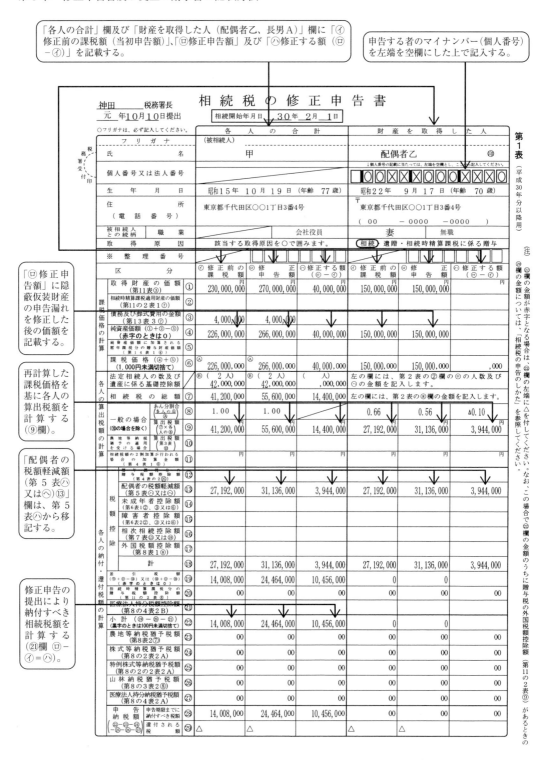

「⑪修正申告額」に隠蔽仮装財産の申告漏れを修正した後の価額を記載する。

再計算した課税価格を基に各人の算出税額を計算する（⑨欄）。

「配偶者の税額軽減額（第5表⑦又は⑦）⑬」欄は、第5表⑦から移記する。

修正申告の提出により納付すべき相続税額を計算する（㉑欄 ⑪－⑦＝⑪）。

申告する者のマイナンバー（個人番号）を左端を空欄にした上で記入する。

相 続 税 の 修 正 申 告 書（続）

第1表（続）（平成30年分以降用）

再計算した課税価格を基に各人の算出税額を計算する。（⑨欄）

修正申告の提出により納付すべき相続税額を計算する（㉑欄 ⑥−④＝◎）。長男Aは取得財産の増加により納付すべき相続税額が発生する。

○フリガナは、必ず記入してください。

区　分		財 産 を 取 得 し た 人			財 産 を 取 得 し た 人		
フリガナ							
氏　　　名		長男A　　　　　　㊞			㊞		
個人番号又は法人番号		⊠⊠○○⊠⊠○○⊠					
生 年 月 日		昭和50年　3月24日（年齢 42歳）			年　月　日（年齢　歳）		
住　　　所（電 話 番 号）		〒 東京都台東区○○4丁目5番6号 （ 00 − 0000 −0000 ）			〒 （ − − ）		
被相続人との続柄　職業		長男　　　　会社員					
取 得 原 因		⦿相続 遺贈・相続時精算課税に係る贈与			相続・遺贈・相続時精算課税に係る贈与		
※ 整 理 番 号							
区　分		④ 修正前の課税額	⑥ 修正申告額	◎ 修正する額（⑥−④）	④ 修正前の課税額	⑥ 修正申告額	◎ 修正する額（⑥−④）
取得財産の価額（第11表③）	①	80,000,000	120,000,000	40,000,000			
相続時精算課税適用財産の価額（第11の2表1⑦）	②						
債務及び葬式費用の金額（第13表3⑦）	③	4,000,000	4,000,000				
純資産価額（①＋②−③）（赤字のときは0）	④	76,000,000	116,000,000	40,000,000			
純資産価額に加算される暦年課税分の贈与財産価額（第14表1④）	⑤						
課税価格（④＋⑤）（1,000円未満切捨て）	⑥	76,000,000	116,000,000	40,000,000	,000	,000	,000
法定相続人の数及び遺産に係る基礎控除額							
相続税の総額	⑦						
一般の場合（⑩の場合を除く）　あん分割合（各人の⑥/⑥）	⑧	0.34	0.44	0.10			
算出税額（⑦×各人の⑧）	⑨	14,008,000	24,464,000	10,456,000			
農地等納税猶予の適用を受ける場合　算出税額（第3表⑧）	⑩						
相続税額の2割加算が行われる場合の加算金額（第4表1⑦）	⑪						
暦年課税分の贈与税額控除額（第4表の2⑤）	⑫						
配偶者の税額軽減額（第5表⊘又は⊙）	⑬						
未成年者控除額（第6表1②、③又は⑥）	⑭						
障害者控除額（第6表2②、③又は⑥）	⑮						
相次相続控除額（第7表⑬又は⑱）	⑯						
外国税額控除額（第8表1⑧）	⑰						
計	⑱						
差引税額（⑨＋⑪−⑱）又は（⑩＋⑪−⑱）（赤字のときは0）	⑲	14,008,000	24,464,000	10,456,000			
相続時精算課税分の贈与税額控除額（第11の2表⑧）	⑳	00	00	00			
医療法人持分税額控除額（第8表の4 2B）	㉑						
小 計（⑲−⑳−㉑）（黒字のときは100円未満切捨て）	㉒	14,008,000	24,464,000	10,456,000			
農地等納税猶予税額（第8表2⑦）	㉓	00	00	00	00	00	00
株式等納税猶予税額（第8の2表2A）	㉔	00	00	00	00	00	00
特例株式等納税猶予税額（第8の2の2表2A）	㉕	00	00	00	00	00	00
山林納税猶予税額（第8の3表2⑧）	㉖	00	00	00	00	00	00
医療法人持分納税猶予税額（第8の4表2A）	㉗	00	00	00	00	00	00
申告納税額　申告期限までに納付すべき税額（㉒−㉓−㉔−㉕−㉖−㉗）	㉘	14,008,000	24,464,000	10,456,000	00	00	00
還付される税額	㉙	△	△		△	△	

申告漏れであった隠蔽仮装財産を加算して計算した課税価格の合計額（①欄）を基に課税遺産総額（③欄）を算出し、法定相続人に応じた法定相続分により計算した相続税の総額（⑧欄）を第1表⑦（ロ修正申告額）欄に転記する。

相 続 税 の 総 額 の 計 算 書

被相続人　甲

第2表（平成27年分以降用）

○この表を修正申告書の第2表として使用するときは、④欄には修正申告書第1表の⑩欄の⑥⑧の金額を記入し、⑮欄には修正申告書第3表の1の⑩欄の⑥⑧の金額を記入します。

この表は、第1表及び第3表の「相続税の総額」の計算のために使用します。

なお、被相続人から相続、遺贈や相続時精算課税に係る贈与によって財産を取得した人のうちに農業相続人がいない場合は、この表の⑮欄及び⑯欄並びに⑨欄から⑪欄までは記入する必要がありません。

① 課税価格の合計額	② 遺産に係る基礎控除額	③ 課税遺産総額
⑦（第1表⑥⑧） 266,000,000 円 ⑮（第3表⑥⑧） ,000	3,000万円 +（ 600万円 × ⑧の法定相続人の数 2 人 ）= 4,200万円 ⑧の人数及び⑥の金額を第1表⑧へ転記します。	⑥（⑦-⑤） 224,000,000 円 ⑥（⑮-⑤） ,000

④ 法定相続人		⑤ 左の法定相続人に応じた法定相続分	第1表の「相続税の総額⑦」の計算		第3表の「相続税の総額⑦」の計算	
氏　名	被相続人との続柄		⑥ 法定相続分に応ずる取得金額（⑥×⑤）（1,000円未満切捨て）	⑦ 相続税の総額の基となる税額 下の「速算表」で計算します。	⑨ 法定相続分に応ずる取得金額（⑥×⑤）（1,000円未満切捨て）	⑩ 相続税の総額の基となる税額 下の「速算表」で計算します。
配偶者乙	妻	1/2	112,000,000 円	27,800,000 円	,000 円	円
長男A	長男	1/2	112,000,000	27,800,000	,000	
		──	,000		,000	
		──	,000		,000	
		──	,000		,000	
		──	,000		,000	
		──	,000		,000	
		──	,000		,000	
		──	,000		,000	
		──	,000		,000	
		──	,000		,000	
		──	,000		,000	
		──	,000		,000	
		──	,000		,000	
法定相続人の数	⑧ 2 人	合計 1	⑧ 相続税の総額（⑦の合計額）（100円未満切捨て） 55,600,000		⑪ 相続税の総額（⑩の合計額）（100円未満切捨て） 00	

相続税の速算表

法定相続分に応ずる取得金額	10,000千円以下	30,000千円以下	50,000千円以下	100,000千円以下	200,000千円以下	300,000千円以下	600,000千円以下	600,000千円超
税率	10 %	15 %	20 %	30 %	40 %	45 %	50 %	55 %
控除額	― 千円	500千円	2,000千円	7,000千円	17,000千円	27,000千円	42,000千円	72,000千円

申告漏れであった隠蔽仮装財産を加算した後の課税価格を第1表⑥欄Ⓐから転記する。

配 偶 者 の 税 額 軽 減 額 の 計 算 書

被相続人	甲

第5表（平成21年4月分以降用）

私は、相続税法第19条の2第1項の規定による配偶者の税額軽減の適用を受けます。

1 一般の場合（この表は、①被相続人から相続、遺贈や相続時精算課税に係る贈与によって財産を取得した人のうちに農業相続人がいない場合又は②配偶者が農業相続人である場合に記入します。）

課税価格の合計額のうち配偶者の法定相続分相当額

（第1表のⒶの金額）〔配偶者の法定相続分〕

266,000,000 円 × 1/2 = 133,000,000 円

上記の金額が16,000万円に満たない場合には、16,000万円

ⓘ※ 160,000,000 円

再計算した後の課税価格を基に算出した相続税の総額を第1表⑦欄から転記する。

配偶者の税額軽減額を計算する場合の課税価格

① 分割財産の価額（第11表の配偶者の①の金額）	分割財産の価額から控除する債務及び葬式費用の金額		④（②－③）の金額（③の金額が②の金額より大きいときは0）	⑤ 純資産価額に加算される暦年課税分の贈与財産価額（第1表の配偶者の⑤の金額）	⑥（①－④＋⑤）の金額（⑤の金額より小さいときは⑤の金額）（1,000円未満切捨て）
	② 債務及び葬式費用の金額（第1表の配偶者の③の金額）	③ 未分割財産の価額（第11表の配偶者の②の金額）			
150,000,000 円	円	円	円	※ 円	150,000,000 円

⑦ 相続税の総額（第1表の⑦の金額）	⑧ Ⓘの金額と⑥の金額のうちいずれか少ない方の金額	⑨ 課税価格の合計額（第1表のⒶの金額）	⑩ 配偶者の税額軽減の基となる金額（⑦×⑧÷⑨）
55,600,000 円	150,000,000 円	266,000,000 円	31,353,383 円

配偶者の税額軽減の限度額	（第1表の配偶者の⑨又は⑩の金額）（第1表の配偶者の⑫の金額）（ 31,136,000 円 － 円）	Ⓗ 31,136,000 円

配偶者の税額軽減額	（⑩の金額とⒽの金額のうちいずれか少ない方の金額）	Ⓘ 31,136,000 円

(注)Ⓘの金額を第1表の配偶者の「配偶者の税額軽減額⑬」欄に転記します。

2 配偶者以外の人が農業相続人である場合（この表は、被相続人から相続、遺贈や相続時精算課税に係る贈与によって財産を取得した人のうちに農業相続人がいる場合で、かつ、その農業相続人が配偶者以外の場合に記入します。）

課税価格の合計額のうち配偶者の法定相続分相当額

（第3表のⒶの金額）〔配偶者の法定相続分〕

＿＿＿＿ ,000円 × ＿＿ = ＿＿＿＿ 円

上記の金額が ＿＿ 万円に満たない場合には、＿＿ 万円

Ⓙ※ 円

配偶者の税額軽減額を計算する場合の課税価格

⑪ 分割財産の価額（第11表の配偶者の①の金額）	分割財産の価額から控除する債務及び葬式費用の金額		⑭（⑫－⑬）の金額（⑬の金額が⑫の金額より大きいときは0）	⑮ 純資産価額に加算される暦年課税分の贈与財産価額（第1表の配偶者の⑤の金額）	⑯（⑪－⑭＋⑮）の金額（⑮の金額より小さいときは⑮の金額）（1,000円未満切捨て）
	⑫ 債務及び葬式費用の金額（第1表の配偶者の③の金額）	⑬ 未分割財産の価額（第11表の配偶者の②の金額）			
円	円	円	円	※ 円	,000 円

⑰ 相続税の総額（第3表の⑦の金額）	⑱ Ⓙの金額と⑯の金額のうちいずれか少ない方の金額	⑲ 課税価格の合計額（第3表のⒶの金額）	⑳ 配偶者の税額軽減の基となる金額（⑰×⑱÷⑲）
00 円	円	,000 円	円

配偶者の税額軽減の限度額	（第1表の配偶者の⑩の金額）（第1表の配偶者の⑫の金額）（ ＿＿ 円 － ＿＿ 円）	Ⓚ 円

配偶者の税額軽減額	（⑳の金額とⒾの金額のうちいずれか少ない方の金額）	Ⓛ 円

(注)Ⓛの金額を第1表の配偶者の「配偶者の税額軽減額⑬」欄に転記します。

⑩の金額とⓁの金額のうちいずれか少ない金額を記載し、第1表⑬欄へ転記する。

隠蔽仮装により申告漏れであった
預貯金について記載する。

相続税がかかる財産の明細書
（相続時精算課税適用財産を除きます。）

被相続人	甲

第11表（平成21年4月分以降用）

○相続時精算課税適用財産の明細については、この表によらず第11の2表に記載します。

この表は、相続や遺贈によって取得した財産及び相続や遺贈によって取得したものとみなされる財産のうち、相続税のかかるものについての明細を記入します。

遺産の分割状況	区　分	① 全部分割	2 一部分割	3 全部未分割
	分割の日	30・10・20	・　・	

財産の明細								分割が確定した財産	
種類	細目	利用区分、銘柄等	所在場所等	数量／固定資産税評価額	単価／倍数	価額／円		取得した人の氏名／取得財産の価額	
その他の財産	当初申告						230,000,000	配偶者乙	150,000,000
								長男A	80,000,000
	小　計						〈 230,000,000〉		
計							《 230,000,000》		
現金預貯金等	預貯金	普通預金	○○銀行○○支店				40,000,000	長男A	40,000,000
	小　計						〈 40,000,000〉		
計							《 40,000,000》		
合　計							《 270,000,000》		

合計表	財産を取得した人の氏名	（各人の合計）	配偶者乙	長男A			
	分割財産の価額 ①	270,000,000 円	150,000,000 円	120,000,000 円	円	円	円
	未分割財産の価額 ②						
	各人の取得財産の価額（①＋②）③	270,000,000	150,000,000	120,000,000			

相続財産の種類別価額表 （この表は、第11表から第14表まで での記載に基づいて記入します。）

被相続人　甲

第15表（修正申告用）（平成30年分以降用）

種類	細目	番号	各人の合計	配偶者乙	長男A			
土地（土地の上に存する権利を含みます。）	田	①	円	円	円	円	円	円
	畑	②						
	宅　　地	③						
	山　　林	④						
	その他の土地	⑤						
	計	⑥	( )	( )	( )	( )	( )	( )
⑥のうち特例農地等	通常価額	⑦	( )	( )	( )	( )	( )	( )
	農業投資価格による価額	⑧	( )	( )	( )	( )	( )	( )
家屋、構築物		⑨	( )	( )	( )	( )	( )	( )
事業（農業）用財産	機械、器具、農耕具、その他の減価償却資産	⑩						
	商品、製品、半製品、原材料、農産物等	⑪						
	売　掛　金	⑫						
	その他の財産	⑬						
	計	⑭	( )	( )	( )	( )	( )	( )
有価証券	特定同族会社の株式及び出資 配当還元方式によったもの	⑮						
	その他の方式によったもの	⑯						
	⑮及び⑯以外の株式及び出資	⑰						
	公債及び社債	⑱						
	証券投資信託、貸付信託の受益証券	⑲						
	計	⑳	( )	( )	( )	( )	( )	( )
現金、預貯金等		㉑	40,000,000	( )	40,000,000	( )	( )	( )
家庭用財産		㉒	( )	( )	( )	( )	( )	( )
その他の財産	生命保険金等	㉓						
	退職手当金等	㉔						
	立　　木	㉕						
	その他	㉖	230,000,000	150,000,000	80,000,000			
	計	㉗	(230,000,000)	150,000,000 (	80,000,000)(	)	)	)
合計 (⑥+⑨+⑭+⑳+㉑+㉒+㉗)		㉘	((270,000,000))	((150,000,000)(	120,000,000)((	))	)(	))
相続時精算課税適用財産の価額		㉙						
不動産等の価額 (⑥+⑨+⑩+⑮+⑯+㉕)		㉚						
⑯のうち株式等納税猶予対象の株式等の価額の80%の額		㉛						
⑰のうち株式等納税猶予対象の株式等の価額の80%の額		㉜						
⑯のうち特例株式等納税猶予対象の株式等の価額		㉝						
⑰のうち特例株式等納税猶予対象の株式等の価額		㉞						
債務等	債　　務	㉟						
	葬式費用	㊱	4,000,000		4,000,000			
	合計 (㉟+㊱)	㊲	(4,000,000)	( )	(4,000,000)(	)(	)(	)
差引純資産価額 (㉘+㉙-㊲) (赤字のときは0)		㊳	266,000,000	150,000,000	116,000,000			
純資産価額に加算される暦年課税分の贈与財産価額		㊴						
課税価格 (㊳+㊴) (1,000円未満切捨て)		㊵	266,000,000	150,000,000	116,000,000	,000	,000	,000

隠蔽仮装により申告漏れであった預貯金について記載する（㉑欄）。

171

〈配偶者に対する相続税額の軽減に係る留意点〉

(1)　**制度の概要**

　　事例3の留意点(1)から(6)を参照されたい。

(2)　事例3との相違点

　　事例3の留意点(5)でも述べたとおり、本事例は隠蔽仮装の行為者及び隠蔽仮装財産の取得者が長男Aであり、配偶者乙は隠蔽仮装の行為者及び隠蔽仮装財産の取得者のいずれにも該当しないため、配偶者の税額軽減が適用されることとなる。

3 第6表（未成年者控除・障害者控除）関連項目

事例5　控除不足額の扶養義務者からの控除（未成年者控除）

〈当初の期限内申告書の申告内容〉

　被相続人甲は、平成30年2月1日に死亡し、被相続人甲の相続人である配偶者乙、長男A及び二男B（未成年者：18歳）は、それぞれ次の財産の取得及び債務の承継を行うことで分割協議が成立し、平成30年11月20日に相続税の期限内申告書を提出するとともに、納付すべき相続税額を期限内に納税した。

財産及び債務等	価額	配偶者乙	長男A	二男B（未成年者：18歳）
取得財産の価額	1億9,100万円	1億7,000万円	2,000万円	100万円
債務及び葬式費用の金額	400万円		400万円	
課税価格	1億8,700万円	1億7,000万円	1,600万円	100万円
算出税額	2,375万円	2,161.3万円	213.8万円	0円
配偶者の税額軽減額	2,032.1万円	2,032.1万円	－	－
未成年者控除額	0円	0円	0円	0円
納付すべき税額	342.9万円	129.2万円	213.8万円	0円

〈更正の請求の内容〉

　税理士は、未成年である二男Bに係る未成年者控除額の控除不足額を、扶養義務者の相続税額から控除せずに当初申告書を提出していたため、協議の結果、配偶者乙の相続税額から控除することとし、令和元年10月10日に国税通則法に基づき更正の請求書を提出した。

〈更正の請求書の記載方法の概要及び留意点〉

　相続税の更正の請求書及び更正の請求書（次葉）の記載方法の概要は次のとおりであるが、留意点は175頁以降の更正の請求書・更正の請求書（次葉）を参照されたい。

(1)　更正の請求書

更正の請求書には、更正の請求をする理由、添付する書類を記載する。

(2)　更正の請求書次葉

更正の請求書次葉には、当初申告額を「申告（更正・決定）額」欄に記載する。修正後の価格を「請求額」欄に記載する。

税目は「相続」と記載する。

更正の請求をする者のマイナンバー（個人番号）を左端を空欄にした上で記入する。

税 務 署
受 付 印

相　続　税の更正の請求書

更正の請求をする者ごとに作成する。

神田　　　　税務署長

（前納税地_____）

〒

住 所 又 は
所 在 地　東京都千代田区○○1丁目2番3号

令和 元 年 10 月 10 日提出

納 税 地_____

フ リ ガ ナ
氏 名 又 は
名　　　称　配偶者乙　　　　　　　　印

個人番号又は法人番号

個人番号の記載に当たっては、左端を空欄とし、ここから記入してください。

| 0 | 0 | X | X | 0 | 0 | X | X | 0 |

（法人等の場合）
代表者等氏名_____　印

更正の請求の対象となった当初申告の情報（平成 30 年相続税申告書・平成 30 年 11 月 20 日提出）を記載する。

職　　業　無職　　　電話番号 00-0000-0000

1．更正の請求の対象となった申告又は通知の区分及び申告書提出年月日又は更正の請求のできる事由の生じたことを知った日

更正の請求書に添付した書類等を記載する。更正の請求をする際には、計算の誤りを証するための「事実を証明する書類」の添付が必要である。

（平成／令和） 30 年分 相続税申告書

（平成／令和） 30 年 11 月 20 日

2．申告又は通知に係る課税標準、税額及び更正後の課税標準、税額等
次葉のとおり

3．添付した書類
相続税修正申告書

請求する理由を記載する。

4．更正の請求をする理由
未成年者控除の計算について誤りがあり、納付すべき税額が過大であったため。

請求するに至った事情を詳細に記載し、また、参考となるべき事項についても記載する。

5．更正の請求をするに至った事情の詳細、その他参考となるべき事項
未成年者控除の適用について、未成年者から控除しきれない金額を扶養義務者から控除することを失念していたことが判明したため。

6．還付を受けようとする銀行等	1　銀行等の預金口座に振込みを希望する場合	2　ゆうちょ銀行の貯金口座に振込みを希望する場合
	（銀　行）　本店・支店	貯金口座の記号番号_____ーー_____
	金庫・組合　出 張 所	
	○○　農協・漁協　○○　本所・支所	3　郵便局等の窓口で受取りを希望する場合
	普通　預金　口座番号 1234567	

振込みを希望する金融機関名、支店、預金種類、口座番号を記載する。なお、請求書本人名義の口座に限られる。

被相続人の住所・氏名・相続年月日・職業を記載する。

被相続人	住所	〒　　ー 東京都千代田区○○1丁目2番3号	相続の年月日	30 年　2 月　1 日
	フリガナ 氏名	甲	職業	会社役員

（平成30年分以降用）

更正の請求をする相続人の当初の申告内容を「申告（更正・決定）額」欄(1)①から㉙に記載する。修正後の申告内容を「請求額」欄(1)①から㉙に記載する。

次　葉

申告に係る課税価格、税額等及び更正の請求による課税価格、税額等
（　　相　続　税　　）

(1)　税額等の計算明細

	区　　　　　分	申告（更正・決定）額	請　求　額
①	取　得　財　産　の　価　額	170,000,000 円	170,000,000 円
②	相続時精算課税適用財産の価額		
③	債　務　及　び　葬　式　費　用　の　金　額		
④	純　資　産　価　額　（①＋②－③）	170,000,000	170,000,000
⑤	純資産価額に加算される暦年課税分の贈与財産価額		
⑥	課　税　価　格　（④＋⑤）	170,000,000	170,000,000
⑦	相続税の総額（(2)の⑨の金額）	23,750,000	23,750,000
一般の場合 ⑧	同上のあん分割合	91 ％	91 ％
⑨	算出税額（⑦×⑧）	21,612,500 円	21,612,500 円
租税特別措置法第70条の6第2項の規定の適用を受ける場合 ⑩	算　出　税　額 （付表1(1)の⑬）		
⑪	相続税法第18条の規定による加算額		
税額控除額 ⑫	暦年課税分の贈与税額控除額		
⑬	配　偶　者　の　税　額　軽　減　額	20,320,855	20,320,855
⑭	未　成　年　者　控　除　額		200,000
⑮	障　害　者　控　除　額		
⑯	相　次　相　続　控　除　額		
⑰	外　国　税　額　控　除　額		
⑱	計	20,320,855	20,520,855
⑲	差　引　税　額 （⑨＋⑪－⑱）又は（⑩＋⑪－⑱）	1,291,645	1,091,645
⑳	相続時精算課税分の贈与税額控除額		
㉑	医　療　法　人　持　分　税　額　控　除　額		
㉒	小　　計　（⑲－⑳－㉑）	1,291,600	1,091,600
㉓	農　地　等　納　税　猶　予　税　額		
㉔	株　式　等　納　税　猶　予　税　額		
㉕	特　例　株　式　等　納　税　猶　予　税　額		
㉖	山　林　納　税　猶　予　税　額		
㉗	医　療　法　人　持　分　納　税　猶　予　税　額		
（㉒－㉓－㉔－㉕－㉖－㉗） ㉘	申告期限までに納付すべき税額	1,291,600	1,091,600
㉙	還　付　さ　れ　る　税　額		

控除しきれなかった未成年者控除額を⑭欄に記載する。

再計算した課税価格を基に納付税額を計算する。㉘欄に記載する。

(2)　相続税の総額の計算明細

	区　　　　　分	申告（更正・決定）額	請　求　額
①	取　得　財　産　価　額　の　合　計　額	191,000,000 円	191,000,000 円
②	相続時精算課税適用財産価額の合計額		
③	債　務　及　び　葬　式　費　用　の　合　計　額	4,000,000	4,000,000
④	純資産価額に加算される暦年課税分の贈与財産額の合計額		
⑤	課　税　価　格　の　合　計　額	187,000,000	187,000,000
⑥	法　定　相　続　人　の　数	3 人	3 人
⑦	遺　産　に　係　る　基　礎　控　除　額	48,000,000 円	48,000,000 円
⑧	計　算　の　基　礎　と　な　る　金　額（⑤－⑦）	139,000,000	139,000,000
⑨	相　続　税　の　総　額	23,750,000	23,750,000

相続人全体の当初の申告内容を「申告（更正・決定）額」欄(2)①から⑨に記載する。修正後の申告内容を「請求額」欄(2)①から⑨に記載する。

【参考資料】相続税の修正申告書

　納税額が還付の者のみである場合には、修正申告書の提出は要件とされていないが、未成年者控除の計算について計算過程を示すため、添付資料として提出している。次頁以降を参照されたい。

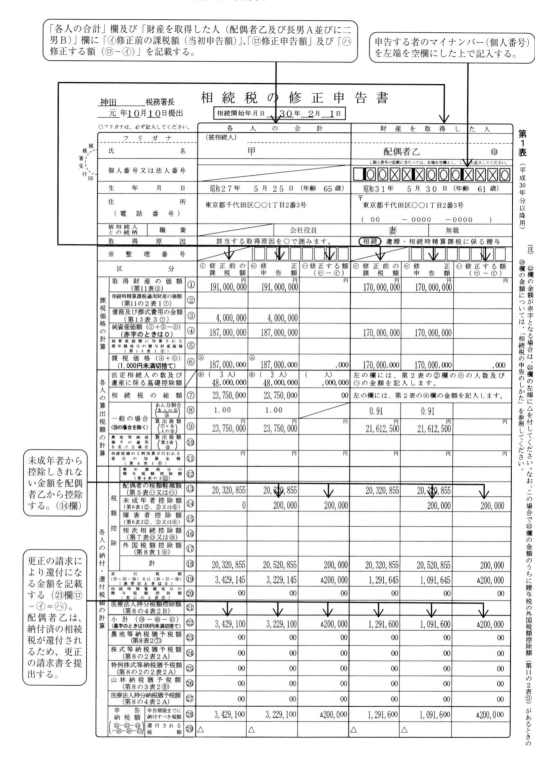

178

申告する者のマイナンバー（個人番号）を左端を空欄にした上で記入する。

相 続 税 の 修 正 申 告 書（続）

第1表（続）（平成30年分以降用）

			財産を取得した人			財産を取得した人		
	フ リ ガ ナ							
氏 名			長男A ㊞			二男B ㊞		
個人番号又は法人番号			↓個人番号の記載に当たっては、左端を空欄とし、ここから記入してください。 ☒☒○○○☒☒○○○☒			↓個人番号の記載に当たっては、左端を空欄とし、ここから記入してください。 ☒☒○☒○☒○☒○☒○		
生 年 月 日			平成 4年 6月25日（年齢 25歳）			平成11年 8月26日（年齢 18歳）		
住 所 （電話番号）			〒 東京都千代田区○○1丁目2番3号 （ 00 － 0000 －0000 ）			〒 東京都千代田区○○1丁目2番3号 （ 00 － 0000 －0000 ）		
被相続人との続柄 職業			長男 会社役員			二男 無職		
取 得 原 因			相続 遺贈・相続時精算課税に係る贈与			相続 遺贈・相続時精算課税に係る贈与		
※ 整 理 番 号								
区 分			㋑ 修正前の課税額	㋺ 修正申告額	㋩ 修正する額 （㋺－㋑）	㋑ 修正前の課税額	㋺ 修正申告額	㋩ 修正する額 （㋺－㋑）
課税価格の計算	取得財産の価額（第11表③）	①	20,000,000 円	20,000,000 円	円	1,000,000 円	1,000,000 円	円
	相続時精算課税適用財産の価額（第11の2表1⑦）	②						
	債務及び葬式費用の金額（第13表3⑦）	③	4,000,000	4,000,000				
	純資産価額（①＋②－③）（赤字のときは0）	④	16,000,000	16,000,000		1,000,000	1,000,000	
	純資産価額に加算される暦年課税分の贈与財産価額（第14表1④）	⑤						
	課税価格（④＋⑤）（1,000円未満切捨て）	⑥	16,000,000	16,000,000 ,000		1,000,000	1,000,000 ,000	
各人の算出税額の計算	法定相続人の数及び遺産に係る基礎控除額							
	相続税の総額	⑦						
	一般の場合（⑩の場合を除く）	あん分割合（各人の⑥/⑥）⑧	0.09	0.09		0.00	0.00	
		算出税額（⑦×⑧）⑨	2,137,500 円	2,137,500 円	円	0	0	円
	農地等納税猶予の適用を受ける場合	算出税額（第3表）⑩						
	相続税額の2割加算が行われる場合の加算金額（第4表1⑥）	⑪	円	円	円	円	円	円
各人の納付・還付税額の計算	税額控除	暦年課税分の贈与税額控除額（第4表の2㉕） ⑫						
		配偶者の税額軽減額（第5表㊅又は㋵） ⑬						
		未成年者控除額（第6表1②、③又は⑥） ⑭				0	0	
		障害者控除額（第6表2②、③又は⑥） ⑮						
		相次相続控除額（第7表⑬又は⑱） ⑯						
		外国税額控除額（第8表1⑧） ⑰						
		計 ⑱						
	差引税額（⑨＋⑪－⑱）又は（⑩＋⑪－⑱）（赤字のときは0）	⑲	2,137,500	2,137,500		0	0	
	相続時精算課税分の贈与税額控除額（第11の2表⑧）	⑳	00	00	00	00	00	00
	医療法人持分税額控除額（第8の4表2B）	㉑						
	小計（⑲－⑳－㉑）（黒字のときは100円未満切捨て）	㉒	2,137,500	2,137,500		0	0	
	農地等納税猶予税額（第8表2⑦）	㉓	00	00	00	00	00	00
	株式等納税猶予税額（第8の2表2A）	㉔	00	00	00	00	00	00
	特例株式等納税猶予税額（第8の2の2表2A）	㉕	00	00	00	00	00	00
	山林納税猶予税額（第8の3表2⑧）	㉖	00	00	00	00	00	00
	医療法人持分納税猶予税額（第8の4表2A）	㉗	00	00	00	00	00	00
	申告納税額 申告期限までに納付すべき税額	㉘	2,137,500	2,137,500	00	00	00	00
	（㉒－㉓－㉔ －㉕－㉖－㉗）還付される税額	㉙	△	△	－	△	△	－

※の項目は記入する必要はありません。

（注） ㉒欄の金額が赤字となる場合は、㉒欄の左端に△を付してください。なお、この場合で㉙欄の金額のうちに贈与税の外国税額控除額（第11の2表⑨）があるときの㉙欄の金額については、「相続税の申告のしかた」を参照してください。

未成年者控除額のうち未成年者の相続税額から控除しきれない金額を記載する。（②欄－③欄）

未 成 年 者 控 除 額 障 害 者 控 除 額 の 計 算 書

被相続人	甲

1 未成年者控除（この表は、相続、遺贈や相続時精算課税に係る贈与によって財産を取得した法定相続人のうちに、満20歳にならない人がいる場合に記入します。）

未 成 年 者 の 氏 名		二男B				計
年　　齢 （1年未満切捨て）	①	平成11年 8月26日生 18歳	年　月　日生 歳	年　月　日生 歳	年　月　日生 歳	
未 成 年 者 控 除 額	②	10万円×(20歳-18歳) ＝　　200,000 円	10万円×(20歳-__歳) ＝　　0,000 円	10万円×(20歳-__歳) ＝　　0,000 円	10万円×(20歳-__歳) ＝　　0,000 円	円 200,000
未成年者の第1表の（⑨＋⑪－⑫－⑬）又は（⑩＋⑪－⑫－⑬）の 相 続 税 額	③	円 0	円	円	円	円

（注）　1　過去に未成年者控除の適用を受けた人は、②欄の控除額に制限がありますので、「相続税の申告のしかた」をご覧ください。
　　　　2　②欄の金額と③欄の金額のいずれか少ない方の金額を、第1表のその未成年者の「未成年者控除額⑭」欄に転記します。
　　　　3　②欄の金額が③欄の金額を超える人は、その超える金額（②-③の金額）を次の④欄に記入します。

控除しきれない金額 （②-③）	④	円 200,000	円	円	円	計Ⓐ 円 200,000

（扶養義務者の相続税額から控除する未成年者控除額）
　Ⓐ欄の金額は、未成年者の扶養義務者の相続税額から控除することができますから、その金額を扶養義務者間で協議の上、適宜配分し、次の⑥欄に記入します。

扶養義務者である配偶者乙の氏名を記載する。

扶 養 義 務 者 の 氏 名		配偶者乙				計
扶養義務者の第1表の（⑨＋⑪－⑫－⑬）又は（⑩＋⑪－⑫－⑬）の 相 続 税 額	⑤	円 1,291,645	円	円	円	円 1,291,645
未 成 年 者 控 除 額	⑥	200,000				200,000

配偶者乙の第1表の⑨欄から⑬欄を控除した金額を記載する。

（注）　各人の⑥欄の金額を未成年者控除を受ける扶養義務者の第1表の「未成年者控除額⑭」欄に転記します。

2 障 害 者 控 除（この表は、相続、遺贈や相続時精算課税に係る贈与によって財産を取得した法定相続人のうちに、一般障害者又は特別障害者がいる場合に記入します。）

障 害 者 の 氏 名						計
年　　齢 （1年未満切捨て）	①	年　月　日生 歳	年　月　日生 歳	年　月　日生 歳	年　月　日生 歳	
障 害 者 控 除 額	②	万円×(85歳-__歳) ＝　　0,000 円	万円×(85歳-__歳) ＝　　0,000 円	万円×(85歳-__歳) ＝　　0,000 円	万円×(85歳-__歳) ＝　　0,000 円	円 0,000
障害者の第1表の（⑨＋⑪－⑫－⑬－⑭）又は（⑩＋⑪－⑫－⑬－⑭）の 相 続 税 額	③	円	円	円	円	円

（注）　1　過去に障害者控除の適用を受けた人の控除額は、②欄により計算した金額とは異なりますので税務署にお尋ねください。
　　　　2　②欄の金額と③欄の金額のいずれか少ない方の金額を、第1表のその障害者の「障害者控除額⑮」欄に転記します。
　　　　3　②欄の金額が③欄の金額を超える人は、その超える金額（②-③の金額）を次の④欄に記入します。

控除しきれない金額 （②-③）	④	円	円	円	円	計Ⓐ 円

（扶養義務者の相続税額から控除する障害者控除額）
　Ⓐ欄の金額は、障害者の扶養義務者の相続税額から控除することができますから、その金額を扶養義務者間で協議の上、適宜配分し、次の⑥欄に記入します。

扶 養 義 務 者 の 氏 名						計
扶養義務者の第1表の（⑨＋⑪－⑫－⑬－⑭）又は（⑩＋⑪－⑫－⑬－⑭）の 相 続 税 額	⑤	円	円	円	円	円
障 害 者 控 除 額	⑥					

（注）　各人の⑥欄の金額を障害者控除を受ける扶養義務者の第1表の「障害者控除額⑮」欄に転記します。

扶養義務者である配偶者乙の第1表の「未成年者控除額⑭」欄に転記する。

〈未成年者控除に係る留意点〉

(1)　未成年者控除

　　未成年者については、成人に達するまでの養育費の負担等を考慮して、相続税の軽減が図られている（相法19の3）。

(2)　適用対象となる未成年者

　　未成年者とは、相続又は遺贈により財産を取得した者で、相続開始時の年齢が20歳未満の法定相続人をいい、未成年者控除は、居住無制限納税義務者又は非居住無制限納税義務者である未成年者に適用され、原則として制限納税義務者には適用されない（相法19の3①）。

(3)　未成年者控除額の計算

　　未成年者控除額は、次のように計算する（相法19の3①）。

　　10万円×（20歳−相続開始時の年齢※）

　　　※　相続開始時の年齢は、1年未満の端数は切り捨てる。

　　未成年者控除額は、まず、未成年者の算出税額（相続税額の2割加算、贈与税額控除、配偶者に対する相続税額の軽減の適用がある場合には、適用後の金額）から控除されるが、その者から控除しきれない控除不足額は、その者の扶養義務者の算出税額から控除できる（相法19の3②）。

　　また、扶養義務者が2人以上いる場合には、次のいずれかの方法を選択できる。

①　扶養義務者全員の協議により、各人が控除する金額を定めて申告書に記載した場合には、その記載した金額

②　控除不足額を扶養義務者の算出税額に応じて按分した金額

⑷　**過去に未成年者控除の適用を受けたことがある場合の控除額**

　　過去の相続の際に未成年者控除の適用を受けた者の控除額は、次の①又は②のいずれか少ない方の金額となる（相法 19 の 3③）。

①　10 万円×（20 歳－相続開始時の年齢）

②　$\left[10\,万円 \times \left(20\,歳 - \dfrac{最初の相続}{開始時の年齢} \right) \right] - \left(\dfrac{過去の相続の際に本人及び扶養義務者}{の算出税額から控除した未成年者控除額} \right)$

　　なお、1 年当たりの控除額が異なる場合であっても、②の算式による控除不足額は現行法の規定により 10 万円で計算し直すことになっている（相基通 19 の 3-5（注））。

⑸　**扶養義務者の範囲**

　　上記⑶の扶養義務者とは、配偶者並びに民法第 877 条の規定による直系血族及び兄弟姉妹並びに家庭裁判所の審判を受けて扶養義務者となった三親等内の親族をいうのであるが、これらの者のほか三親等内の親族で生計を一にする者については、家庭裁判所の審判がない場合であってもこれに該当するものとして取り扱われる（相基通 1 の 2-1）。

　　なお、扶養義務者については制限がないため、制限納税義務者であっても控除不足額を控除することができる。

事例6 一般障害者と特別障害者の判定誤り（障害者控除）

〈当初の期限内申告書の申告内容〉

　被相続人甲は、平成30年2月1日に死亡し、被相続人甲の相続人である配偶者乙、長男A及び二男Bは、それぞれ次の財産の取得及び債務の承継を行うことで分割協議が成立し、平成30年11月20日に相続税の期限内申告書を提出するとともに、納付すべき相続税額を期限内に納税した。

　なお、長男Aは、相続開始時において精神障害者保健福祉手帳に障害等級が2級と記載されている一般障害者である。

（当初申告の納付税額の計算）

財産及び債務等	価　額	配偶者乙	長男A （一般障害者）	二男B
取得財産の価額	2億4,500万円	1億5,000万円	6,000万円 （うち保険金 1,000万円）	3,500万円
債務及び 葬式費用の金額	500万円			500万円
課税価格	2億3,000万円	1億5,000万円	5,000万円	3,000万円
算出税額	3,450万円	2,242.5万円	759万円	448.5万円
配偶者の税額 軽減額	2,242.5万円	2,242.5万円	－	－
障害者控除額	800万円	0円	759万円	41万円
納付すべき税額	407.5万円	0円	0円	407.5万円

〈修正申告の内容〉

　税理士は、障害者である長男Aに係る障害者控除額につき、一般障害者として控除額を計算すべきところ、特別障害者として控除額を計算して当初申告書を提出していたため、相続人らにその旨を説明するとともに、自主的修正申告書を令和元年10月10日に納税地の所轄税務署長に提出した。

　なお、修正前と修正後の障害者控除額の計算は以下のとおりである。

（修正前）

　20万円×（85歳－45歳）＝800万円（特別障害者）

（修正後）

　　10万円×（85歳−45歳）＝400万円（一般障害者）

（修正申告書の納付税額の計算（算出税額以下））

財産及び債務等	価額	配偶者乙	長男A（一般障害者）	二男B
算出税額	3,450万円	2,242.5万円	759万円	448.5万円
配偶者の税額軽減額	2,242.5万円	2,242.5万円	−	−
障害者控除額	400万円	0円	400万円	0円
納付すべき税額	807.5万円	0円	359万円	448.5万円
修正額		0円	359万円	41万円

〈修正申告書の記載方法の概要及び留意点〉

　相続税の修正申告書における各表の記載方法の概要は次のとおりであるが、留意点は次頁以降の第1表・第6表を参照されたい。

⑴　第1表

　第1表には、各相続人の合計及び各相続人それぞれの修正前の課税額（当初の期限内申告額）及び修正申告額を記載するとともに、修正する額（修正申告額−修正前の課税額）を記載する。さらに、各相続人のマイナンバー（個人番号）を記載する。

⑵　第6表

　第6表には、当初の期限内申告書において特別障害者としていた長男Aを一般障害者であると修正したときの障害者控除額を記載する。

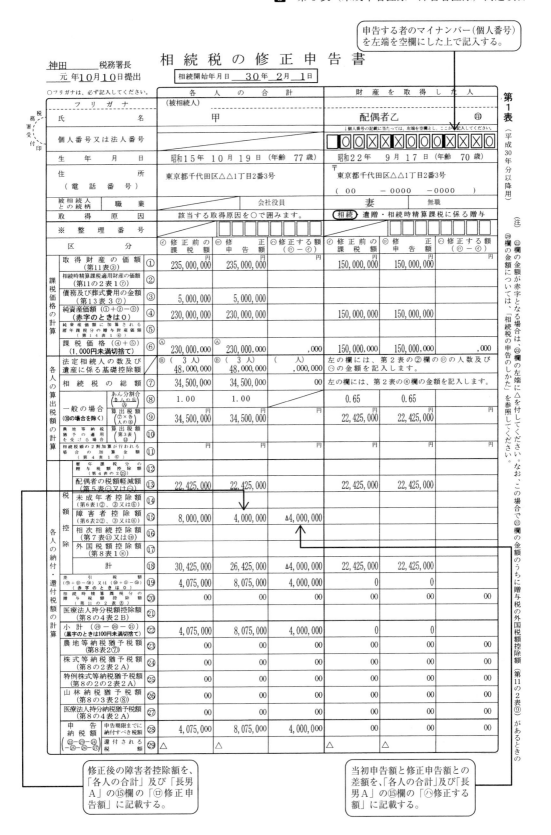

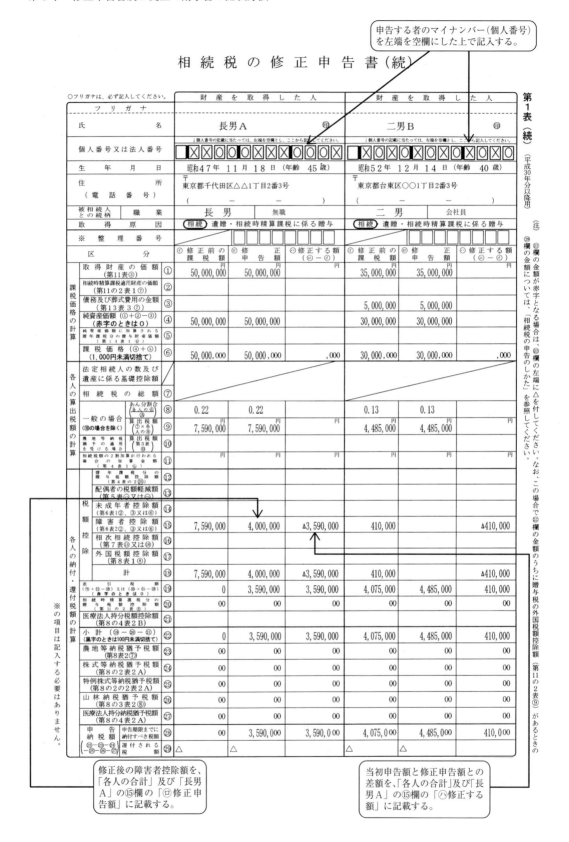

未成年者控除額 障害者控除額 の計算書

	被相続人	甲

1 未成年者控除

（この表は、相続、遺贈や相続時精算課税に係る贈与によって財産を取得した法定相続人のうちに、満20歳にならない人がいる場合に記入します。）

未成年者の氏名					計
年齢（1年未満切捨て）①	年 月 日生 歳	年 月 日生 歳	年 月 日生 歳	年 月 日生 歳	
未成年者控除額 ②	10万円×（20歳−__歳）= 0,000 円	10万円×（20歳−__歳）= 0,000 円	10万円×（20歳−__歳）= 0,000 円	10万円×（20歳−__歳）= 0,000 円	0,000 円
未成年者の第1表の（⑨+⑪−⑫−⑬）又は（⑩+⑪−⑫−⑬）の相続税額 ③	円	円	円	円	円

（注）1 過去に未成年者控除の適用を受けた人は、②欄の控除額に制限がありますので、「相続税の申告のしかた」をご覧ください。
　　　2 ②欄の金額と③欄の金額のいずれか少ない方の金額を、第1表のその未成年者の「未成年者控除額⑭」欄に転記します。
　　　3 ②欄の金額が③欄の金額を超える人は、その超える金額（②−③の金額）を次の④欄に記入します。

控除しきれない金額（②−③）④	円	円	円	円	計Ⓐ 円

（扶養義務者の相続税額から控除する未成年者控除額）

Ⓐ欄の金額は、未成年者の扶養義務者の相続税額から控除することができますから、その金額を扶養義務者間で協議の上、適宜配分し、次の⑥欄に記入します。

扶養義務者の氏名					計
扶養義務者の第1表の（⑨+⑪−⑫−⑬）又は（⑩+⑪−⑫−⑬）の相続税額 ⑤	円	円	円	円	円
未成年者控除額 ⑥					

（注）各人の⑥欄の金額を未成年者控除を受ける扶養義務者の第1表の「未成年者控除額⑭」欄に転記します。

2 障害者控除

（この表は、相続、遺贈や相続時精算課税に係る贈与によって財産を取得した法定相続人のうちに、一般障害者又は特別障害者がいる場合に記入します。）

長男Aについて、修正後の一般障害者としての障害者控除額を②欄に記載する。

長男Aの障害者控除前の相続税額を③欄に記載する。

障害者の氏名	一般障害者 長男A				計
年齢（1年未満切捨て）①	昭和47年11月18日生 45 歳	年 月 日生 歳	年 月 日生 歳	年 月 日生 歳	
障害者控除額 ②	10万円×（85歳−45歳）= 4,000,000 円	万円×（85歳−__歳）= 0,000 円	万円×（85歳−__歳）= 0,000 円	万円×（85歳−__歳）= 0,000 円	4,000,000 円
障害者の第1表の（⑨+⑪−⑫−⑬−⑭）又は（⑩+⑪−⑫−⑬−⑭）の相続税額 ③	7,590,000 円	円	円	円	7,590,000 円

（注）1 過去に障害者控除の適用を受けた人の控除額は、②欄により計算した金額とは異なりますので税務署にお尋ねください。
　　　2 ②欄の金額と③欄の金額のいずれか少ない方の金額を、第1表のその障害者の「障害者控除額⑮」欄に転記します。
　　　3 ②欄の金額が③欄の金額を超える人は、その超える金額（②−③の金額）を次の④欄に記入します。

控除しきれない金額（②−③）④	円	円	円	円	計Ⓐ 円

（扶養義務者の相続税額から控除する障害者控除額）

Ⓐ欄の金額は、障害者の扶養義務者の相続税額から控除することができますから、その金額を扶養義務者間で協議の上、適宜配分し、次の⑥欄に記入します。

扶養義務者の氏名					計
扶養義務者の第1表の（⑨+⑪−⑫−⑬−⑭）又は（⑩+⑪−⑫−⑬−⑭）の相続税額 ⑤	円	円	円	円	円
障害者控除額 ⑥					

（注）各人の⑥欄の金額を障害者控除を受ける扶養義務者の第1表の「障害者控除額⑮」欄に転記します。

〈障害者控除に係る留意点〉

(1)　障害者控除

　　障害者であることは、通常の人よりも多くの生活費を必要とすることを考慮して、相続税の軽減が図られている（相法19の4）。

(2)　適用対象となる障害者

　　障害者控除の対象者は、相続又は遺贈により財産を取得した被相続人の法定相続人で、相続開始時の年齢が85歳未満の障害者であり、原則として居住無制限納税義務者にのみ適用され、相続時に国内に住所を有しないいわゆる非居住無制限納税義務者及び制限納税義務者には適用されない（相法19の4①）。

(3)　障害者の範囲

　　障害者控除の適用対象となる一般障害者と特別障害者の範囲を表で示すと次のようになる。

一般障害者（相基通19の4-1）	特別障害者（相基通19の4-2）
①児童相談所、知的障害者更生相談所、精神保健福祉センター若しくは精神保健指定医の判定により知的障害者とされた者のうち重度の知的障害者とされた者以外の者	①精神上の障害により事理を弁識する能力を欠く常況にある者又は児童相談所、知的障害者更生相談所、精神保健福祉センター若しくは精神保健指定医の判定により重度の知的障害者とされた者
②精神障害者保健福祉手帳に障害等級が2級又は3級である者として記載されている者	②精神障害者保健福祉手帳に障害等級が1級である者として記載されている者
③身体障害者手帳に身体上の障害の程度が3級から6級までである者として記載されている者	③身体障害者手帳に身体上の障害の程度が1級又は2級である者として記載されている者
④①、②又は③に掲げる者のほか、戦傷病者手帳に記載されている精神上又は身体上の障害の程度が恩給法に定める第4項症から第6項症等である者	④①、②又は③に掲げる者のほか、戦傷病者手帳に精神上又は身体上の障害の程度が恩給法に定める特別項症から第3項症までであると記載されている者
⑤常に就床を要し、複雑な介護を要する者のうち、精神又は身体の障害の程度が①又は③に掲げる者に準ずるものとして市町村長等の認定を受けている者	⑤③及び④に掲げる者のほか、原子爆弾被爆者に対する援護に関する法律の規定による厚生労働大臣の認定を受けている者

⑥精神又は身体に障害のある年齢65歳以上の者で、精神又は身体の障害の程度が①又は③に掲げる者に準ずるものとして市町村長等の認定を受けている者	⑥常に就床を要し、複雑な介護を要する者のうち、精神又は身体の障害の程度が①又は③に掲げる者に準ずるものとして市町村長等の認定を受けている者
	⑦精神又は身体に障害のある年齢65歳以上の者で、精神又は身体の障害の程度が①又は③に掲げる者に準ずるものとして市町村長等の認定を受けている者

なお、相続開始時に精神障害者保健福祉手帳又は身体障害者手帳の交付を受けていない者であっても、次のいずれにも該当する場合には障害者控除の適用を受けることができる（相基通19の4-3）。

① 相続税の期限内申告書を提出する時にこれらの手帳の交付を受けていること又は交付の申請中であること

② 交付を受けたこれらの手帳又は手帳の交付を受けるための医師の診断書により、相続開始時の現況で明らかに障害者に該当すると認められること

(4) 障害者控除額の計算式

障害者控除額は、次のように計算する（相法19の4①）。

① 一般障害者の場合

10万円×（85歳−相続開始時の年齢※）

② 特別障害者の場合

20万円×（85歳−相続開始時の年齢※）

※ 相続開始時の年齢は、1年未満の端数は切り捨てる。

障害者控除額は、まず、障害者の算出税額（相続税額の2割加算、贈与税額控除、配偶者に対する相続税額の軽減及び未成年者控除の適用がある場合には、適用後の金額。以下同じ。）から控除されるが、その者から控除しきれない控除不足額は、その者の扶養義務者の算出税額から控除できる。扶養義務者が2人以上いる場合には、次のいずれかの方法を選択できる（相法19の4③）。

① 扶養義務者全員の協議により、各人が控除する金額を定めて申告書に記載した場合には、その記載した金額

② 控除不足額を扶養義務者の算出税額に応じて按分した金額

⑸　**過去に障害者控除の適用を受けたことがある場合の控除額**

①　**障害の程度に変化がない場合**

　　過去の相続及び今回の相続のいずれも一般障害者である場合には、次のイ又はロの
いずれか少ない金額が今回の控除額となる（相法19の4③、相令4の4④）。

イ　10万円×（85歳－今回の相続開始時の年齢）

ロ　$\left[10万円×\left(85歳-\dfrac{最初の相続}{開始時の年齢}\right)\right]-\left(\begin{array}{l}過去の相続の際に障害者本人及び\\扶養義務者から控除した控除額\end{array}\right)$

②　**障害の程度に変化がある場合**

　　過去の相続では一般障害者であったが、今回の相続では特別障害者になった場合に
は、次の算式により計算した金額が今回の控除額となる（相基通19の4-4）。

$$\left[20万円×\left(85歳-\dfrac{今回の相続}{開始時の年齢}\right)+10万円×\left(\begin{array}{l}前の相続から今回\\の相続までの期間\end{array}\right)\right]$$
$$-\left(\begin{array}{l}過去の相続の際に障害者本人及び\\扶養義務者から控除した控除額\end{array}\right)$$

　　※前の相続から今回の相続までの期間は、1年未満の端数は切り上げる。

　　なお、1年当たりの控除額が異なる場合であっても、ロの算式による控除不足額は現
行法の規定により10万円又は20万円で計算し直すことになっている。

⑹　**扶養義務者の範囲**

　　上記の場合の扶養義務者とは、配偶者並びに民法第877条の規定による直系血族及び
兄弟姉妹並びに家庭裁判所の審判を受けて扶養義務者となった三親等内の親族をいうの
であるが、これらの者のほか三親等内の親族で生計を一にする者については、家庭裁判
所の審判がない場合であってもこれに該当するものとして取り扱われる（相基通1の
2-1）。

　　なお、扶養義務者については制限がないため、制限納税義務者であっても控除不足額
を控除することができる。

(7) **留意点**

　精神障害者は身体障害者の場合とは異なり、障害者保健福祉手帳の障害等級が2級で
あっても一般障害者となることに留意しなければならない。

事例7　過去の障害者控除の認識誤り（障害者控除）

〈当初の期限内申告書の申告内容〉

　被相続人甲は、平成30年2月1日に死亡し（配偶者は既に死亡している。）、相続人である長男A及び二男Bは、それぞれ次の財産の取得及び債務の承継を行うことで分割協議が成立し、平成30年11月20日に相続税の期限内申告書を提出するとともに、納付すべき相続税額を期限内に納税した。

　なお、長男Aは、相続開始時において身体障害者手帳に障害の程度が2級と記載されている特別障害者である。

（当初申告の納付税額の計算）

財産及び債務等	価　額	長男A （特別障害者）	二男B
取得財産の価額	1億500万円	6,500万円	4,000万円
債務及び 葬式費用の金額	500万円		500万円
課税価格	1億円	6,500万円	3,500万円
算出税額	770万円	500.5万円	269.5万円
障害者控除額	300万円	300万円	0円
納付すべき税額	470万円	200.5万円	269.5万円

〈更正の請求の内容〉

　税理士は、当初申告時に相続人に対し、過去の配偶者に係る相続税申告書の提示を求めたが、被相続人が申告書を保管していた場所が分からないということで、相続税の申告期限までに提示を受けることができなかった。

　当初申告後、税理士は相続人から過去の配偶者に係る相続税申告書の提示を受けたが、長男Aが過去の相続時には一般障害者であったことが分かったことから、その旨を相続人に説明するとともに控除限度額の計算誤りを是正した上で、令和元年10月10日に更正の請求書を所轄税務署長に提出した。

　なお、長男Aの過去の相続開始時の年齢は43歳であったことから、訂正前と訂正後の障害者控除額の計算は以下のとおりである。

　なお、税理士は、過去の相続で長男Aは相続税を納付したと聞いていたため、当初申

告においては特別障害者として障害者控除額を全額控除したものとして今回の限度額を計算していた。

（訂正前）過去：特別障害者（43歳）、今回：特別障害者（55歳）

① 20万円×（85歳－55歳）＝600万円

② 20万円×（85歳－43歳）－540万円※＝300万円

※ 20万円×（70歳－43歳）＝540万円

③ ①又は②のいずれか小さいほうの金額 → 300万円

（訂正後）過去：一般障害者（43歳）、今回：特別障害者（55歳）

〔20万円×（85歳－55歳）＋10万円×12年〕－270万円※＝450万円

※ 10万円×（70歳－43歳）＝270万円

（訂正後の納付税額の計算（算出税額以下））

財産及び債務等	価　額	長男A（障害者）	二男B
算出税額	770万円	500.5万円	269.5万円
障害者控除額	450万円	450万円	0円
納付すべき税額	320万円	50.5万円	269.5万円

〈更正の請求書の記載方法の概要及び留意点〉

相続税の更正の請求書及び更正の請求書（次葉）の概要は次のとおりであるが、留意点は次頁以降の更正の請求書・更正の請求書（次葉）を参照されたい。

(1) **更正の請求書**

更正の請求書には、更正の請求をする理由、添付する書類を記載する。

(2) **更正の請求書（次葉）**

更正の請求書次葉には、当初申告額を「申告（更正・決定）額」欄に記載する。修正後の価格を「請求額」欄に記載する。

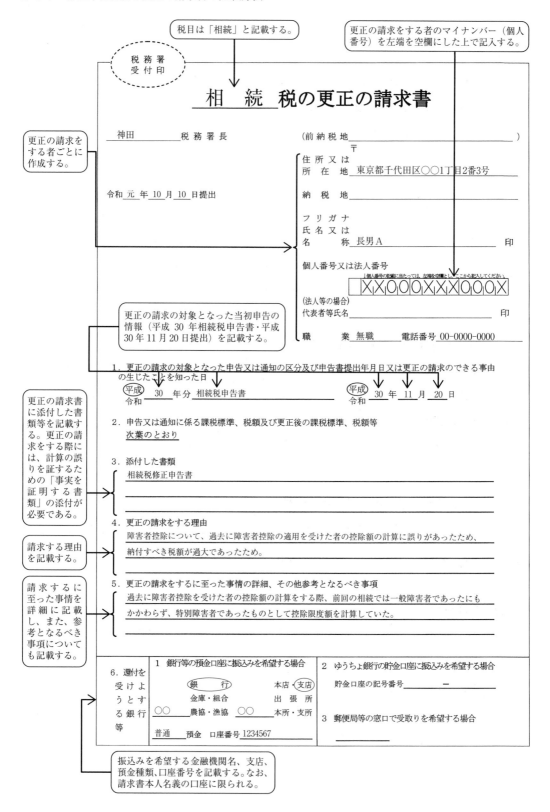

税目は「相続」と記載する。

更正の請求をする者のマイナンバー（個人番号）を左端を空欄にした上で記入する。

税 務 署
受 付 印

相　続　税の更正の請求書

更正の請求をする者ごとに作成する。

神田　　　　　　税務署長

令和 元 年 10 月 10 日提出

（前納税地_____）

〒

住 所 又 は
所 在 地　東京都千代田区○○1丁目2番3号

納 税 地_____

フリガナ
氏 名 又 は
名　　称　長男A　　　　　　　　　　印

個人番号又は法人番号
[個人番号の記載に当たっては、左端を空欄とし、ここから記入してください]

| X | X | 0 | 0 | X | X | X | 0 | 0 | X |

（法人等の場合）
代表者等氏名_____印

職　　業　無職　　　電話番号 00-0000-0000

更正の請求の対象となった当初申告の情報（平成 30 年相続税申告書・平成 30 年11 月 20 日提出）を記載する。

1．更正の請求の対象となった申告又は通知の区分及び申告書提出年月日又は更正の請求のできる事由の生じたことを知った日

平成・令和 30 年分 相続税申告書　　　　　　平成・令和 30 年 11 月 20 日

更正の請求書に添付した書類等を記載する。更正の請求をする際には、計算の誤りを証するための「事実を証明する書類」の添付が必要である。

2．申告又は通知に係る課税標準、税額及び更正後の課税標準、税額等
次葉のとおり

3．添付した書類
相続税修正申告書_____
_____
_____

4．更正の請求をする理由
障害者控除について、過去に障害者控除の適用を受けた者の控除額の計算に誤りがあったため、納付すべき税額が過大であったため。

請求する理由を記載する。

5．更正の請求をするに至った事情の詳細、その他参考となるべき事項
過去に障害者控除を受けた者の控除額の計算をする際、前回の相続では一般障害者であったにもかかわらず、特別障害者であったものとして控除限度額を計算していた。

請求するに至った事情を詳細に記載し、また、参考となるべき事項についても記載する。

6．還付を受けようとする銀行等	1　銀行等の預金口座に振込みを希望する場合	2　ゆうちょ銀行の貯金口座に振込みを希望する場合
	銀　行　　　　本店・支店 金庫・組合　　　出 張 所 ○○　農協・漁協　○○　本所・支所 普通　預金　口座番号 1234567	貯金口座の記号番号_____－_____ 3　郵便局等の窓口で受取りを希望する場合 _____

振込みを希望する金融機関名、支店、預金種類、口座番号を記載する。なお、請求書本人名義の口座に限られる。

被相続人の住所・氏名・相続年月日・職業を記載する。

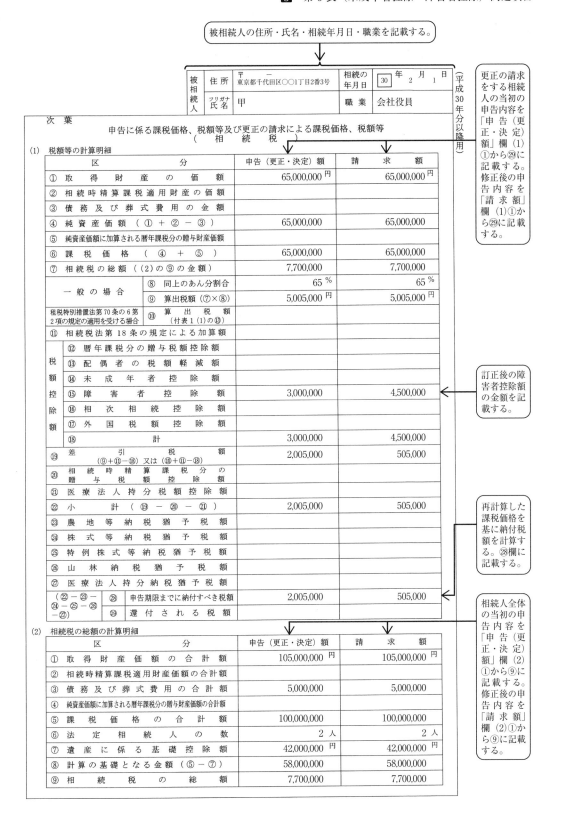

被相続人	住所	〒 一 東京都千代田区〇〇1丁目2番3号	相続の年月日	30 年 2 月 1 日
	フリガナ 氏名	甲	職業	会社役員

（平成30年分以降用）

更正の請求をする相続人の当初の申告内容を「申告（更正・決定）額」欄(1)①から㉙に記載する。修正後の申告内容を「請求額」欄(1)①から㉙に記載する。

次葉

申告に係る課税価格、税額等及び更正の請求による課税価格、税額等
（　相　続　税　）

(1) 税額等の計算明細

区　分	申告（更正・決定）額	請　求　額
① 取 得 財 産 の 価 額	65,000,000 円	65,000,000 円
② 相続時精算課税適用財産の価額		
③ 債 務 及 び 葬 式 費 用 の 金 額		
④ 純 資 産 価 額 （ ① ＋ ② － ③ ）	65,000,000	65,000,000
⑤ 純資産価額に加算される暦年課税分の贈与財産価額		
⑥ 課 税 価 格 （ ④ ＋ ⑤ ）	65,000,000	65,000,000
⑦ 相続税の総額 （(2)の⑨の金額）	7,700,000	7,700,000
一 般 の 場 合　⑧ 同上のあん分割合	65 %	65 %
⑨ 算出税額（⑦×⑧）	5,005,000 円	5,005,000 円
租税特別措置法第70条の6第2項の規定の適用を受ける場合 ⑩ 算 出 税 額（付表1(1)の⑬）		
⑪ 相続税法第18条の規定による加算額		
税額控除額 ⑫ 暦年課税分の贈与税額控除額		
⑬ 配 偶 者 の 税 額 軽 減 額		
⑭ 未 成 年 者 控 除 額		
⑮ 障 害 者 控 除 額	3,000,000	4,500,000
⑯ 相 次 相 続 控 除 額		
⑰ 外 国 税 額 控 除 額		
⑱ 　　　　計	3,000,000	4,500,000
⑲ 差 引 税 額（⑨＋⑪－⑱）又は（⑩＋⑪－⑱）	2,005,000	505,000
⑳ 相続時精算課税分の贈与税額控除額		
㉑ 医 療 法 人 持 分 税 額 控 除 額		
㉒ 小 計 （ ⑲ － ⑳ － ㉑ ）	2,005,000	505,000
㉓ 農 地 等 納 税 猶 予 税 額		
㉔ 株 式 等 納 税 猶 予 税 額		
㉕ 特 例 株 式 等 納 税 猶 予 税 額		
㉖ 山 林 納 税 猶 予 税 額		
㉗ 医 療 法 人 持 分 納 税 猶 予 税 額		
（㉒－㉓－㉔－㉕－㉖－㉗）㉘ 申告期限までに納付すべき税額	2,005,000	505,000
㉙ 還 付 さ れ る 税 額		

訂正後の障害者控除額の金額を記載する。

再計算した課税価格を基に納付税額を計算する。㉘欄に記載する。

相続人全体の当初の申告内容を「申告（更正・決定）額」欄(2)①から⑨に記載する。修正後の申告内容を「請求額」欄(2)①から⑨に記載する。

(2) 相続税の総額の計算明細

区　分	申告（更正・決定）額	請　求　額
① 取 得 財 産 価 額 の 合 計 額	105,000,000 円	105,000,000 円
② 相続時精算課税適用財産価額の合計額		
③ 債 務 及 び 葬 式 費 用 の 合 計 額	5,000,000	5,000,000
④ 純資産価額に加算される暦年課税分の贈与財産価額の合計額		
⑤ 課 税 価 格 の 合 計 額	100,000,000	100,000,000
⑥ 法 定 相 続 人 の 数	2 人	2 人
⑦ 遺 産 に 係 る 基 礎 控 除 額	42,000,000 円	42,000,000 円
⑧ 計 算 の 基 礎 と な る 金 額 （⑤－⑦）	58,000,000	58,000,000
⑨ 相 続 税 の 総 額	7,700,000	7,700,000

【参考資料】相続税の修正申告書

　納税額が還付の者のみである場合には、修正申告書の提出は要件とされていないが、障害者控除の計算について計算過程を示すため、添付資料として提出している。次頁以降を参照されたい。

　〈障害者控除に係る留意点〉

　　事例 6 を参照されたい。

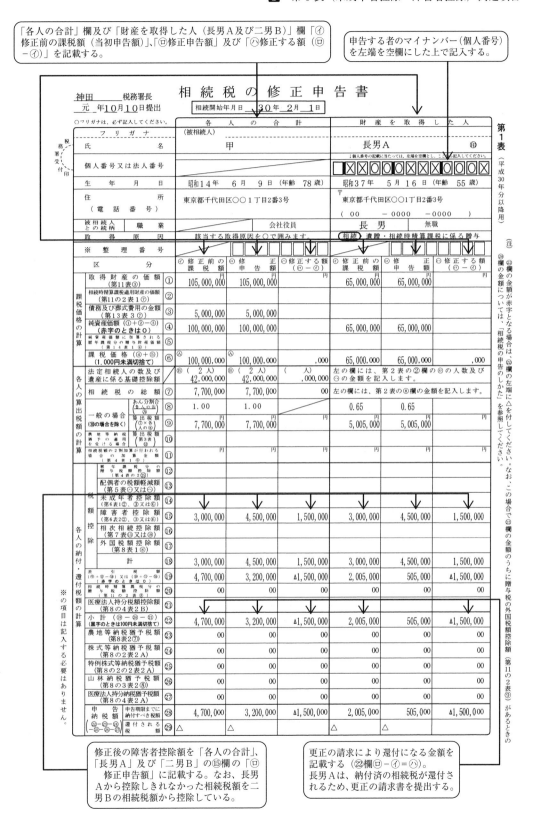

「各人の合計」欄及び「財産を取得した人（長男A及び二男B）」欄「④修正前の課税額（当初申告額）」、「ⓞ修正申告額」及び「ⓝ修正する額（ⓞ－④）」を記載する。

申告する者のマイナンバー（個人番号）を左端を空欄にした上で記入する。

修正後の障害者控除額を「各人の合計」、「長男A」及び「二男B」の⑮欄の「ⓞ修正申告額」に記載する。なお、長男Aから控除しきれなかった相続税額を二男Bの相続税額から控除している。

更正の請求により還付になる金額を記載する（㉒欄ⓞ－④＝ⓝ）。長男Aは、納付済の相続税が還付されるため、更正の請求書を提出する。

197

相 続 税 の 修 正 申 告 書（続）

申告する者のマイナンバー（個人番号）を左端を空欄にした上で記入する。

第1表（続）（平成30年分以降用）

○フリガナは、必ず記入してください。

区　分			④ 修正前の課税額	⑩ 修正申告額	⑪ 修正する額（⑩－④）	④ 修正前の課税額	⑩ 修正申告額	⑪ 修正する額（⑩－④）
取得財産の価額（第11表③）	①		40,000,000	40,000,000				
相続時精算課税適用財産の価額（第11の2表⑦）	②							
債務及び葬式費用の金額（第13表3⑦）	③		5,000,000	5,000,000				
純資産価額（①+②－③）（赤字のときは0）	④		35,000,000	35,000,000				
純資産価額に加算される暦年課税分の贈与財産価額（第14表1④）	⑤							
課税価格（④+⑤）（1,000円未満切捨て）	⑥		35,000,000	35,000,000	,000	,000	,000	,000
相続税の総額	⑦							
あん分割合	⑧		0.35	0.35				
算出税額（⑦×各人の⑧）	⑨		2,695,000	2,695,000				
算出税額（第3表⑩）	⑩							
相続税額の2割加算が行われる場合の加算金額（第4表1⑦）	⑪							
暦年課税分の贈与税額控除額（第4表の2⑤）	⑫							
配偶者の税額軽減額（第5表⑥又は⑥）	⑬							
未成年者控除額（第6表1②、③又は⑥）	⑭							
障害者控除額（第6表2②、③又は⑥）	⑮							
相次相続控除額（第7表⑬又は⑱）	⑯							
外国税額控除額（第8表1⑧）	⑰							
計	⑱							
差引税額（⑨+⑪－⑱）又は（⑩+⑪－⑱）（赤字のときは0）	⑲		2,695,000	2,695,000				
相続時精算課税分の贈与税額控除額（第11の2表⑧）	⑳		00	00	00	00	00	00
医療法人持分税額控除額（第8の4表2B）	㉑							
小計（⑲－⑳－㉑）（黒字のときは100円未満切捨て）	㉒		2,695,000	2,695,000				
農地等納税猶予税額（第8表2⑦）	㉓		00	00	00	00	00	00
株式等納税猶予税額（第8の2表2A）	㉔		00	00	00	00	00	00
特例株式等納税猶予税額（第8の2の2表2A）	㉕		00	00	00	00	00	00
山林納税猶予税額（第8の3表2⑧）	㉖		00	00	00	00	00	00
医療法人持分納税猶予税額（第8の4表2A）	㉗		00	00	00	00	00	00
申告納税額 申告期限までに納付すべき税額（㉒－㉓－㉔－㉕－㉖－㉗）	㉘		2,695,000	2,695,000	00	00	00	00
還付される税額	㉙		△	△		△	△	

氏名　二男B ㊞

個人番号又は法人番号　⊠○⊠○⊠○⊠○⊠○⊠○⊠○⊠○

生年月日　昭和42年　8月　7日（年齢　50歳）

住所　東京都江戸川区○○3丁目2番4号

電話番号（00 － 0000 － 0000）

被相続人との続柄　二男　職業　会社員

取得原因　（相続）・遺贈・相続時精算課税に係る贈与

更正の請求により還付になる金額を記載する（㉒欄⑩－④＝⑪）。二男Bは、納付済の相続税が還付されるため、更正の請求書を提出する。

198

当初申告の際の年齢を記載する。

未成年者控除額 障害者控除額 の 計 算 書

被相続人	甲

1 未成年者控除

（この表は、相続、遺贈や相続時精算課税に係る贈与によって財産を取得した法定相続人のうちに、満20歳にならない人がいる場合に記入します。）

未成年者の氏名						計
年　齢 （1年未満切捨て）	①	年　月　日生 歳	年　月　日生 歳	年　月　日生 歳	年　月　日生 歳	
未成年者控除額	②	10万円×(20歳−＿歳) = 0,000 円	10万円×(20歳−＿歳) = 0,000 円	10万円×(20歳−＿歳) = 0,000 円	10万円×(20歳−＿歳) = 0,000 円	円 0,000
未成年者の第1表の (⑨+⑪−⑫−⑬) 又は(⑩+⑪−⑫−⑬) の相続税額	③	円	円	円	円	円

(注) 1　過去に未成年者控除の適用を受けた人は、②欄の控除額に制限がありますので、「相続税の申告のしかた」をご覧ください。
　　　2　②欄の金額と③欄の金額のいずれか少ない方の金額を、第1表のその未成年者の「未成年者控除額⑭」欄に転記します。
　　　3　②欄の金額が③欄の金額を超える人は、その超える金額（②−③の金額）を次の④欄に記入します。

控除しきれない金額 (②−③)	④	円	円	円	円	計Ⓐ 円

（扶養義務者の相続税額から控除する未成年者控除額）

　Ⓐ欄の金額は、未成年者の扶養義務者の相続税額から控除することができますから、その金額を扶養義務者間で協議の上、適宜配分し、次の⑥欄に記入します。

扶養義務者の氏名						計
扶養義務者の第1表の (⑨+⑪−⑫−⑬) 又は(⑩+⑪−⑫−⑬) の相続税額	⑤	円	円	円	円	円
未成年者控除額	⑥					

20万円×（85歳−55歳）
＋10万円×12年−270万円※
※10万円×（70歳−43歳）

(注)　各人の⑥欄の金額を未成年者控除を受ける扶養義務者の第1表の「未成年者控除額⑭」欄に転記します。

2 障害者控除

（この表は、相続、遺贈や相続時精算課税に係る贈与によって財産を取得した法定相続人のうちに、一般障害者又は特別障害者がいる場合に記入します。）

長男Aについて、修正後の障害者控除額を記載する。

長男Aの障害者控除前の算出税額を第1表⑨欄から転記する。

		特別障害者				計
障害者の氏名		長男A				
年　齢 （1年未満切捨て）	①	昭和37年5月16日生 55歳	年　月　日生 歳	年　月　日生 歳	年　月　日生 歳	
障害者控除額	②	20万円×(85歳−55歳) = 4,500,000 円	万円×(85歳−＿歳) = 0,000 円	万円×(85歳−＿歳) = 0,000 円	万円×(85歳−＿歳) = 0,000 円	円 4,500,000
障害者の第1表の(⑨ +⑪−⑫−⑬−⑭)又は (⑩+⑪−⑫−⑬−⑭) の相続税額	③	円 5,005,000	円	円	円	円 5,005,000

(注) 1　過去に障害者控除の適用を受けた人の控除額は、②欄により計算した金額とは異なりますので税務署にお尋ねください。
　　　2　②欄の金額と③欄の金額のいずれか少ない方の金額を、第1表のその障害者の「障害者控除額⑮」欄に転記します。
　　　3　②欄の金額が③欄の金額を超える人は、その超える金額（②−③の金額）を次の④欄に記入します。

控除しきれない金額 (②−③)	④	円	円	円	円	計Ⓐ 円

（扶養義務者の相続税額から控除する障害者控除額）

　Ⓐ欄の金額は、障害者の扶養義務者の相続税額から控除することができますから、その金額を扶養義務者間で協議の上、適宜配分し、次の⑥欄に記入します。

扶養義務者の氏名						計
扶養義務者の第1表の (⑨+⑪−⑫−⑬−⑭)又は (⑩+⑪−⑫−⑬−⑭) の相続税額	⑤	円	円	円	円	円
障害者控除額	⑥					

(注)　各人の⑥欄の金額を障害者控除を受ける扶養義務者の第1表の「障害者控除額⑮」欄に転記します。

4 第8表（農地等納税猶予税額）

事例8　農地の納税猶予の一部打ち切り（倉庫部分の敷地）

〈当初の期限内申告書の申告内容〉

　被相続人甲は、平成30年2月1日に死亡し（甲の配偶者は平成21年4月に死亡している。）、被相続人甲の相続人である長男A・二男Bは、それぞれ次の財産の取得及び債務の承継を行うことで分割協議が成立し、平成30年11月12日に相続税の期限内申告書を提出するとともに、納付すべき相続税額を期限内に納付した。

　なお、長男Aは相続財産のうち農地（田）の一部について、特例農地として農業委員会に申請して「相続税の納税猶予に関する適格者証明書」の発行を受け、その相続税額について農地等についての相続税の納税猶予の適用を受けている。

財産及び債務等	価　額	長男A	二男B
取得財産の価額	1億4,000万円	1億3,000万円	1,000万円
債務及び葬式費用の金額	2,600万円	2,600万円	
課税価格	1億1,400万円	1億400万円	1,000万円
算出税額	1,040万円	991.1万円	48.8万円
農地等納税猶予額	691.2万円	691.2万円	
納付すべき税額	348.7万円	299.9万円	48.8万円

〈相続税の税務調査における調査担当者の指摘〉

　調査担当者は、事前通知の手続を法令上の規定に基づき行ったのち、農地等についての相続税の納税猶予の適用を受けている特例農地を中心に被相続人甲の相続税の申告内容に係る税務調査を行った。

　調査担当者は納税猶予を選択していた特例農地の現場を調査した結果、その特例農地の一角に耕運機を保管しておく簡易倉庫が置かれており、その部分に見合う面積に対応する部分は納税猶予の適用が受けられない旨を指摘し、修正申告の勧奨を行った。

　長男Aは農業委員会の証明を受けている旨も伝え、倉庫部分の一角が特例農地に該当する旨主張したが、その土地には土間コンクリートが施されており、耕作しようとしても耕作できるような土地ではないので、調査担当者の指摘に従い耕作の目的に供される

農地には含まれないとして、相続税の修正申告書を令和元年 10 月 10 日に提出した。

なお、調査担当者から指摘を受けた農地（田）の概要は次のとおりである。

～当該農地（田）の概要～

所在地番　茅野市○○字○○ 3000 番　1,500㎡　評価額 1,500 万円	
当初申告	修正申告
特例農地（1,500㎡）1,500 万円	特例農地（1,000㎡）1,000 万円 雑種地　　（500㎡）　600 万円

〈修正申告書の記載方法の概要及び留意点〉

　相続税の修正申告書における各表の記載方法の概要は次のとおりであるが、留意点は次々頁以降の第1表・第2表・第3表・第8表2（修正申告用）・第11表・第12表を参照されたい。

(1)　**第1表**

　第1表には、各相続人の合計及び各相続人それぞれの修正前の課税額（当初の期限内申告額）及び修正申告額を記載するとともに、修正する額（修正申告額－修正前の課税額）を記載する。さらに、各相続人のマイナンバー（個人番号）を記載する。

(2)　**第2表**

　第2表には、当初の期限内申告書において選択の誤りがあった農地を納税猶予の対象農地から除外し、また除外した農地を雑種地として評価しなおした金額を加算した後の課税価格の合計額により、相続税の総額を再計算する。

(3)　**第3表・第8表2（修正申告用）**

　第3表には、当初の期限内申告書において選択の誤りがあった農地を納税猶予の対象農地から除外し、また除外した農地を雑種地として評価しなおした金額を加算した後の課税価格の合計額により、農業相続人の算出税額及び農地等納税猶予税額と農業相続人以外の算出税額を再計算する。

(4)　**第11表**

　第11表には、当初の期限内申告書から、修正申告した農地がどの農地か分かるように加減算する。

この場合、本来特例農地として該当する部分と該当しない部分を区分して記載する。

⑸　**第 12 表**

　第 12 表には、農地等について納税猶予の適用を受ける特例農地について、修正申告により選択し直して加減算する。

　この場合、当初申告により誤って選択した土地をいったんマイナスし、正しい特例農地について再度一覧表に記入し、農業投資価格と通常価額を再計算する。

「各人の合計」欄及び「財産を取得した人（長男Ａ及び二男Ｂ）」欄に「④
修正前の課税額（当初申告額）」、「◎修正申告額」及び「○修正する額（◎
－④）」を記載する。

申告する者のマイナンバー（個人番号）
を左端を空欄にした上で記入する。

再計算した
課税価格を
基に各人の
算出税額を
計算する
（⑩欄）。

修正申告書の提出により納付
すべき相続税額を計算する
（⑲欄○＝◎－④）。

※の項目は記入する必要はありません。

第8表2の⑦欄で計算した
納税猶予の基となる税額を
記載する。

修正申告書の提出により納付すべ
き相続税額を納税猶予額の修正分
も含めて計算する。

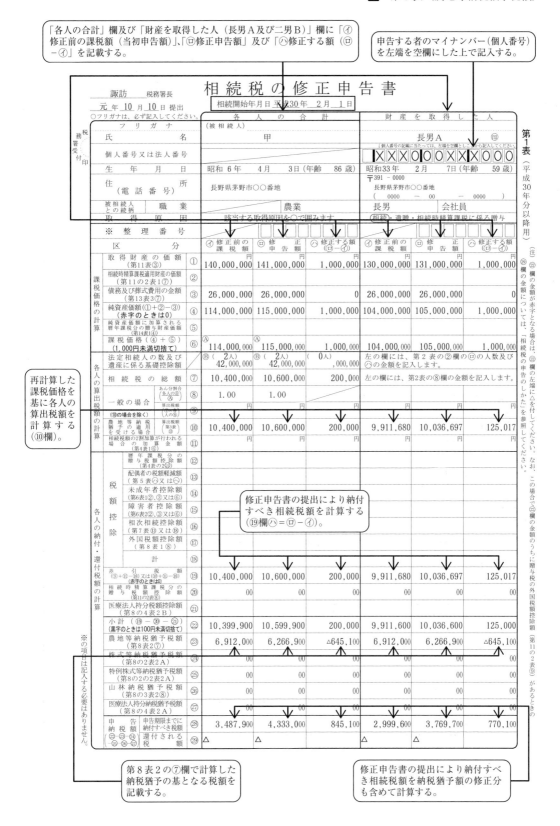

203

申告する者のマイナンバー(個人番号)
を左端を空欄にした上で記入する。

相 続 税 の 修 正 申 告 書（続）

○フリガナは、必ず記入してください。

区　　　分		① 財 産 を 取 得 し た 人			財 産 を 取 得 し た 人		
フ リ ガ ナ							
氏　　　　　名		二男B　　　　㊞			㊞		
個人番号又は法人番号		↓個人番号の記載に当たっては、左端を空欄としここから記入してください。 ○ ○ ○ × × × ○ ○ ○ × × ×			↓個人番号の記載に当たっては、左端を空欄としここから記入してください。 ｜　｜　　　｜　｜		
生 年 月 日		昭和35年 6月 10日（年齢 57 歳）			年 月 日（年齢 歳）		
住　　　　　所 （電話番号）		〒391 - 0000 長野県茅野市○○番地 (0000 - 00 - 0000)			〒 (- -)		
被相続人 との続柄　職　業		二男　　　会社員					
取 得 原 因		⦿相続・遺贈・相続時精算課税に係る贈与			相続・遺贈・相続時精算課税に係る贈与		
※ 整 理 番 号							

区　　　分		⑴ 修正前の 課税額	⑵ 修正 申告額	⑶ 修正する額 (⑵-⑴)	⑴ 修正前の 課税額	⑵ 修正 申告額	⑶ 修正する額 (⑵-⑴)
課税価格の計算	取 得 財 産 の 価 額 （第11表③）①	円 10,000,000	円 10,000,000	円 0	円	円	円
	相続時精算課税適用財産の価額 （第11の2表1⑦）②						
	債務及び葬式費用の金額 （第13表3⑦）③						
	純資産価額（①+②-③） （赤字のときは0）④	10,000,000	10,000,000	0			
	純資産価額に加算される 暦年課税分の贈与財産価額 （第14表1④）⑤						
	課税価格（④ + ⑤） （1,000円未満切捨て）⑥	10,000,000	10,000,000	,000	,000	,000	,000
各人の算出税額の計算	法定相続人の数及び 遺産に係る基礎控除額						
	相 続 税 の 総 額 ⑦						
	一般の場合 あん分割合 (各人の⑥) (⑩の場合を除く) ⑧						
	一般の場合 算出税額 (⑦×各 人の⑧) ⑨	円	円	円	円	円	円
	農地等納税猶予 の適用を受ける場合 算出税額 (第3表 の⑧) ⑩	488,320	563,303	74,983			
	相続税額の2割加算が行われる 場 合 の 加 算 金 額 （第4表1⑮） ⑪	円	円	円	円	円	円
各人の納付・還付税額の計算	税額控除	暦 年 課 税 分 の 贈 与 税 額 控 除 額 （第4表の2⑤） ⑫						
		配偶者の税額軽減額 （第5表⑧又は⑨） ⑬						
		未 成 年 者 控 除 額 （第6表1②、③又は⑥） ⑭						
		障 害 者 控 除 額 （第6表2②、③又は⑥） ⑮						
		相 次 相 続 控 除 額 （第7表⑬又は⑱） ⑯						
		外 国 税 額 控 除 額 （第8表1⑧） ⑰						
		計 ⑱						
	差 引 税 額 (⑨+⑪-⑱)又は(⑩+⑪-⑱) （赤字のときは0） ⑲	488,320	563,303	74,983			
	相 続 時 精 算 課 税 分 の 贈 与 税 額 控 除 額 （第11の2表⑧） ⑳	00	00	00	00	00	00
	医療法人持分税額控除額 （第8の4表2B） ㉑						
	小 計（⑲-⑳-㉑） （黒字のときは100円未満切捨て） ㉒	488,300	563,300	75,000			
	農 地 等 納 税 猶 予 税 額 （第8表2⑦） ㉓	00	00	00	00	00	00
	株 式 等 納 税 猶 予 税 額 （第8の2表2A） ㉔	00	00	00	00	00	00
	特例株式等納税猶予税額 （第8の2の2表2A） ㉕	00	00	00	00	00	00
	山 林 納 税 猶 予 税 額 （第8の3表2⑧） ㉖	00	00	00	00	00	00
	医療法人持分納税猶予税額 （第8の4表2A） ㉗	00	00	00	00	00	00
	申 告 申告期限までに 納税額 納付すべき税額 ㉘	488,300	563,300	75,000	00	00	00
	(㉒-㉓-㉔) 還付される -㉕-㉖-㉗) 税 額 ㉙	△	△		△	△	

再計算した
課税価格を
基に各人の
算出税額を
計算する
（⑩欄）。

修正申告書
の提出によ
り納付すべ
き相続税額
を計算する
（⑲欄 ⑶=
⑵-⑴）。

第1表（続）（平成30年分以降用）

（注）　㉒欄の金額が赤字となる場合は、㉒欄の左端に△を付してください。なお、この場合で㉒欄の金額のうちに贈与税の外国税額控除額（第11の2表⑨）があるときの㉙欄の金額については、「相続税の申告のしかた」を参照してください。

特例農地に該当しなくなった農地（田）について再評価額による増加分を加算して計算した課税価格の合計額（①④欄）を基に課税遺産総額（③㊁欄）を算出し、法定相続分により計算した相続税の総額（⑧欄）を第1表⑦欄㋺に移記する。
また同時に、特例農地について農業投資価格により計算した課税価格の合計額（①㋭欄）を基に課税遺産総額（③㋬欄）を算出し、法定相続分により計算した相続税の総額（⑪欄）を計算する。

相 続 税 の 総 額 の 計 算 書

被相続人　甲

第2表（平成27年分以降用）

この表は、第1表及び第3表の「相続税の総額」の計算のために使用します。

なお、被相続人から相続、遺贈や相続時精算課税に係る贈与によって財産を取得した人のうちに農業相続人がいない場合は、この表の㋭欄及び㋬欄並びに⑨欄から⑪欄までは記入する必要がありません。

○この表を修正申告書の第2表として使用するときは、④欄には修正申告書第1表の㋺欄の⑥Ⓐの金額を記入し、㋭欄には修正申告書第3表の1の㋺欄の⑥Ⓐの金額を記入します。

① 課税価格の合計額		② 遺産に係る基礎控除額			③ 課税遺産総額	
④ 第1表⑥Ⓐ	115,000,000 円	3,000万円 + (600万円 × Ⓑ 2人) =	Ⓐの法定相続人の数	㋬ 4,200 万円	㊁ (④-㋬)	73,000,000 円
㋭ 第3表⑥Ⓐ	77,555,000 円	㋺の人数及び㋬の金額を第1表Ⓑへ転記します。			㋬ (㋭-㋬)	35,555,000 円

④ 法定相続人（（注）1参照）		⑤ 左の法定相続人に応じた法定相続分	第1表の「相続税の総額⑦」の計算		第3表の「相続税の総額⑦」の計算	
氏　名	被相続人との続柄		⑥ 法定相続分に応ずる取得金額（㊁×⑤）(1,000円未満切捨て)	⑦ 相続税の総額の基となる税額 下の「速算表」で計算します。	⑨ 法定相続分に応ずる取得金額（㋬×⑤）(1,000円未満切捨て)	⑩ 相続税の総額の基となる税額 下の「速算表」で計算します。
長男A	長男	1/2	36,500,000 円	5,300,000 円	17,777,000 円	2,166,550 円
二男B	二男	1/2	36,500,000	5,300,000	17,777,000	2,166,550
			,000		,000	
			,000		,000	
			,000		,000	
			,000		,000	
			,000		,000	
			,000		,000	
			,000		,000	
			,000		,000	
法定相続人の数	Ⓐ 2 人	合計 1	⑧ 相続税の総額（⑦の合計額）(100円未満切捨て) 10,600,000		⑪ 相続税の総額（⑩の合計額）(100円未満切捨て) 4,333,100	

(注) 1　④欄の記入に当たっては、被相続人に養子がある場合や相続の放棄があった場合には、「相続税の申告のしかた」をご覧ください。

2　⑧欄の金額を第1表⑦欄へ転記します。財産を取得した人のうちに農業相続人がいる場合は、⑧欄の金額を第1表⑦欄へ転記するとともに、⑪欄の金額を第3表⑦欄へ転記します。

相 続 税 の 速 算 表

法定相続分に応ずる取得金額	10,000千円以下	30,000千円以下	50,000千円以下	100,000千円以下	200,000千円以下	300,000千円以下	600,000千円以下	600,000千円超
税　率	10%	15%	20%	30%	40%	45%	50%	55%
控　除　額	－千円	500千円	2,000千円	7,000千円	17,000千円	27,000千円	42,000千円	72,000千円

この速算表の使用方法は、次のとおりです。

⑥欄の金額×税率－控除額＝⑦欄の税額　　　⑨欄の金額×税率－控除額＝⑩欄の税額

例えば、⑥欄の金額30,000千円に対する税額（⑦欄）は、30,000千円×15%－500千円＝4,000千円です。

○連帯納付義務について

相続税の納税については、各相続人等が相続、遺贈や相続時精算課税に係る贈与により受けた利益の価額を限度として、お互いに連帯して納付しなければならない義務があります。

財産を取得した人のうちに農業相続人がいる場合の
各人の算出税額及び農地等納税猶予税額の計算書

被相続人	甲

1　財産を取得した人のうちに農業相続人がいる場合の各人の算出税額（第3表）

再計算した課税価格を基に農業相続人の取得財産の価額を再計算する。

財産を取得した人の氏名		（各人の合計）			長男A		
区　分		㋑修正前の課税額	㋺修正申告額	㋩修正する額（㋺－㋑）	㋑修正前の課税額	㋺修正申告額	㋩修正する額（㋺－㋑）
課税価格の計算	① 取得財産の価額 農業相続人（第12表⑤）	87,920,000	93,555,000	5,635,000	87,920,000	93,555,000	5,635,000
	② その他の人（第1表①＋第1表②）	10,000,000	10,000,000	0			
	③ 債務及び葬式費用の金額（第1表③）	26,000,000	26,000,000	0	26,000,000	26,000,000	0
	④ 純資産価額（①－③）又は（②－③）（赤字のときは0）	71,920,000	77,555,000	5,635,000	61,920,000	67,555,000	5,635,000
	⑤ 純資産価額に加算される暦年課税分の贈与財産価額（第1表⑤）						
	⑥ 課税価格（④＋⑤）（1,000円未満切捨て）	Ⓐ 71,920,000	Ⓐ 77,555,000	5,635,000	61,920,000	67,555,000	5,635,000
各人の算出税額の計算	⑦ 相続税の総額（第2表⑪）	3,488,000	4,333,100	845,100			
	⑧ あん分割合（各人の⑥）	1.00	1.00		0.86	0.87	0.01
	⑨ 算出税額（⑦×各人の⑧）	3,488,000	4,333,100	845,100	2,999,680	3,769,797	770,117
	⑩ 農業相続人の納税猶予の基となる税額 相続税の総額の差額	6,912,000	6,266,900	△645,100	この欄には、第1表の⑦欄の金額からこの表の⑦欄の金額を控除した金額を記入します。		
	⑪ 農業投資価格超過額（第12表⑧）	Ⓑ 42,080,000	Ⓑ 37,445,000	△4,635,000	42,080,000	37,445,000	△4,635,000
	⑫ 各人のあん分額（⑩×各人の⑪÷Ⓑ）	6,912,000	6,266,900	△645,100	6,912,000	6,266,900	△645,100
	⑬ 各人の算出税額（⑨＋⑫）	10,400,000	10,600,000	200,000	9,911,680	10,036,697	125,017

（注）1　「各人の算出税額の計算」の「農業相続人の納税猶予の基となる税額」欄は、農業相続人だけが記入します。
　　　2　各人の⑬欄の金額を修正申告書第1表のその人の「算出税額⑩」欄に転記します。

2　農地等納税猶予税額（第8表2）（この表は、農業相続人について該当する金額を記入します。）

農業相続人の氏名		長男A					
区　分		㋑修正前の課税額	㋺修正申告額	㋩修正する額（㋺－㋑）	㋑修正前の課税額	㋺修正申告額	㋩修正する額（㋺－㋑）
① 納税猶予の基となる税額（上の表の各農業相続人の⑫欄の金額）		6,912,000	6,266,900	△645,100			
② 相続税の2割加算が行われる場合の加算金額（第4表1⑥×①／上の表の各農業相続人の⑫欄の金額）							
③ 税額控除額の計（第1表の各農業相続人の⑱＋⑲）の金額							
④ 上の表の⑨の各農業相続人の算出税額		2,999,680	3,769,797	770,117			
⑤ 相続税額の2割加算が行われる場合の加算金額（第4表1⑥×④／上の表の各農業相続人の⑫欄の金額）							
⑥ （③－（④＋⑤））の金額（赤字のときは0）		0	0	0			
⑦ 農地等納税猶予税額（①＋②－⑥）（100円未満切捨て、赤字のときは0）		6,912,000	6,266,900	△645,100	00	00	00

農業相続人についてのみ、第3表の⑨欄と⑫欄の金額を移記し、農地等納税猶予税額の減少額を求める。

（注）1　各人の⑦欄の金額を修正申告書第1表のその人の「農地等納税猶予税額㉓」欄に転記します。なお、その人が、非上場株式等についての納税猶予及び免除、非上場株式等についての納税猶予及び免除の特例、山林についての納税猶予及び免除又は医療法人の持分についての納税猶予及び免除若しくは医療法人の持分についての税額控除の適用を受ける場合は、修正申告書第8表の5表の⑬欄の金額を修正申告書第1表のその人の「農地等納税猶予税額㉓」欄に転記します。
　　　2　⑦欄の㋩欄に記入する金額は、㋺欄の「①＋②－⑥」の金額が⑦欄の㋑欄の金額を超える場合には、⑦欄の㋑欄の金額にとどめます。ただし、納税猶予の適用を受ける特例農地等（期限内申告において申告書の第12表に記入した特例農地等に限ります。）の評価誤り又は税額の計算誤りがあった場合で、その誤りだけを修正するものであるときは、⑦欄の㋩欄の金額は、⑦欄の㋺欄の金額を超えることができます。

再計算した課税価格を基に各人の算出税額の修正額（⑨欄㋩＝㋺－㋑）、農業相続人の納税猶予の基となる農業投資価格超過額の修正額（⑪欄㋩＝㋺－㋑）、納税猶予税額の修正額（⑫欄㋩＝㋺－㋑）を計算する。

財産を取得した人のうちに農業相続人がいる場合の
各人の算出税額及び農地等納税猶予税額の計算書（続）

被相続人	甲

1 財産を取得した人のうちに農業相続人がいる場合の各人の算出税額（第3表（続））

財産を取得した人の氏名		二男B					
区　分		㋑修正前の課税額	㋺修正申告額	㋩修正する額（㋺−㋑）	㋑修正前の課税額	㋺修正申告額	㋩修正する額（㋺−㋑）
課税価格の計算	取得財産の価額 農業相続人（第12表⑤）①	円	円	円	円	円	円
	その他の人（第1表①+第1表②）②	10,000,000	10,000,000	0			
	債務及び葬式費用の金額（第1表③）③						
	純資産価額（①−③）又は（②−③）（赤字のときは0）④	10,000,000	10,000,000	0			
	純資産価額に加算される暦年課税分の贈与財産価額（第1表⑤）⑤						
	課税価格（④+⑤）（1,000円未満切捨て）⑥	10,000,000	10,000,000	000	000	000	000
各人の算出税額の計算	相続税の総額（第2表⑪）⑦						
	あん分割合（各人の⑥/Ⓐ）⑧	0.14	0.13	△0.01			
	算出税額（⑦×各人の⑧）⑨	円 488,320	円 563,303	円 74,983	円	円	円
	農業相続人の納税猶予の基となる税額 相続税の総額の差額⑩						
	農業投資価格超過額（第12表③）⑪	円	円	円	円	円	円
	各人へのあん分額（⑩×各人の⑪÷⑮）⑫						
	各人の算出税額（⑨+⑫）⑬	488,320	563,303	74,983			

（注）1 「各人の算出税額の計算」の「農業相続人の納税猶予の基となる税額」欄は、農業相続人だけが記入します。
　　　2 各人の⑬欄の金額を修正申告書第1表のその人の「算出税額⑩」欄に転記します。

2 農地等納税猶予税額（第8表2（続））（この表は、農業相続人について該当する金額を記入します。）

農業相続人の氏名							
区　分		㋑修正前の課税額	㋺修正申告額	㋩修正する額（㋺−㋑）	㋑修正前の課税額	㋺修正申告額	㋩修正する額（㋺−㋑）
納税猶予の基となる税額（上の表の各農業相続人の⑫の金額）①		円	円	円	円	円	円
相続税額の2割加算が行われる場合の加算金額（第4表⑥×①/上の表の各農業相続人の⑨の金額）②							
税額控除額の計（第1表の各農業相続人の⑱+㉑）の金額）③							
上の表の⑨の各農業相続人の算出税額④							
相続税額の2割加算が行われる場合の加算金額（第4表⑥×④/上の表の各農業相続人の⑨の金額）⑤							
（③−（④+⑤））の金額（赤字のときは0）⑥							
農地等納税猶予税額（①+②−⑥）（100円未満切捨て、赤字のときは0）⑦		00	00	00	00	00	00

（注）1 各人の⑦欄の金額を修正申告書第1表のその人の「農地等納税猶予税額㉓」欄に転記します。なお、その人が、非上場株式等についての納税猶予及び免除、非上場株式等についての納税猶予及び免除の特例、山林についての納税猶予及び免除又は医療法人の持分についての納税猶予及び免除若しくは医療法人の持分についての納税猶予及び免除の特例の適用を受ける場合は、修正申告書第8の5表の⑬欄の金額を修正申告書第1表のその人の「農地等納税猶予税額㉓」欄に転記します。
　　　2 ⑦欄の㋺欄に記入する金額は、㋺欄の「①+②−⑥」の金額が⑦欄の㋑欄の金額を超える場合には、⑦欄の㋑欄の金額にとどめます。ただし、納税猶予の適用を受ける特例農地等（期限内申告において申告書の第12表に記入した特例農地等に限ります。）の評価誤り又は税額の計算誤りがあった場合で、その誤りだけを修正するものであるときは、⑦欄の㋺欄の金額は、⑦欄の㋑欄の金額を超えることができます。

再計算した課税価格を基に各人の算出税額の修正額（⑨欄㋩=㋺−㋑）
を計算する。

税務調査により納税猶予が適用できないと指摘された農地（田）について、一旦その財産を△により減額し、改めて特例農地として適用できる部分（第12表へ移記）と適用できない部分とに分けて記載する。
その際、適用できない部分についての評価の修正もあるので修正後の金額で記載する。

相続税がかかる財産の明細書
（相続時精算課税適用財産を除きます。）

被相続人	甲

第11表（平成21年4月分以降用）

○相続時精算課税適用財産の明細については、この表によらず第11の2表に記載します。

この表は、相続や遺贈によって取得した財産及び相続や遺贈によって取得したものとみなされる財産のうち、相続税のかかるものについての明細を記入します。

遺産の分割状況	区　分	① 全 部 分 割	2 一 部 分 割	3 全 部 未 分 割
	分割の日	30・10・2	・・	

財　産　の　明　細							分割が確定した財産	
種類	細目	利用区分、銘柄等	所在場所等	数量 固定資産税評価額	単価 倍数	価　額	取得した人の氏名	取得財産の価額
土地	田	当初申告	茅野市○○字○○1000番	1,400㎡	円	円 20,000,000	長男A	円 20,000,000
土地	田	当初申告	茅野市○○字○○2000番	1,100㎡		10,000,000	長男A	10,000,000
土地	田	当初申告	茅野市○○字○○3000番	1,500㎡		15,000,000	長男A	15,000,000
土地	田	修正申告	茅野市○○字○○3000番	1,500㎡		△15,000,000	長男A	△15,000,000
土地	田	修正申告	茅野市○○字○○3000番のうち特例農地該当分	1,000㎡		10,000,000	長男A	10,000,000
土地	田（現況：雑種地）	修正申告	茅野市○○字○○3000番のうち特例農地除外分	500㎡		6,000,000	長男A	6,000,000
（（計））						《 46,000,000》		
	当初申告	田 以外		・		95,000,000	長男A	85,000,000
							二男B	10,000,000
（（計））						《 95,000,000》		
[合計]						[141,000,000]		

	財産を取得した人の氏名	（各人の合計）	長男A	二男B			
合計表	分割財産の価額 ①	141,000,000 円	131,000,000 円	10,000,000 円	円	円	円
	未分割財産の価額 ②						
	各人の取得財産の価額（①＋②）③	141,000,000	131,000,000	10,000,000			

（注）　1　「合計表」の各人の③欄の金額を第1表のその人の「取得財産の価額①」欄に転記します。
　　　　2　「財産の明細」の「価額」欄は、財産の細目、種類ごとに小計及び計を付し、最後に合計を付して、それらの金額を第15表の①から㉘までの該当欄に転記します。

税務調査により納税猶予が適用できないと指摘された農地（田）について、一旦その財産を△により減額し、改めて特例農地として適用できる部分について面積、農業投資価格、通常価額を記載する。

農地等についての納税猶予の適用を受ける特例農地等の明細書

被相続人	甲
農業相続人	長男A

特例農地等の明細（この表は、農業相続人に該当する人が各人ごとに特例農地等の明細を作成します。）

都市営農農地等、市街化区域内農地等、都市営農農地等及び市街化区域内農地等、特定貸付農地等以外の別	田、畑、採草放牧地、準農地、一時的道路用地等、営農困難時貸付農地等、特定貸付農地等の別	地上権、永小作権、使用貸借による権利、賃借権（耕作権）の別	所 在 場 所	面 積	農業投資価格		通 常 価 額（第11表の価額）
					単価(1,000㎡当たり)	価 額	
市街化区域内農地等	田		茅野市○○字○○1000番	1,400㎡	730,000円	1,022,000円	20,000,000円
市街化区域内農地等	田		茅野市○○字○○2000番	1,100	730,000	803,000	10,000,000
市街化区域内農地等	田		茅野市○○字○○3000番	1,500	730,000	1,095,000	15,000,000
市街化区域内農地等	田	（修正申告）	茅野市○○字○○3000番	△1,500	730,000	△1,095,000	△15,000,000
市街化区域内農地等	田	（修正申告）	茅野市○○字○○3000番のうち特例農地該当分	1,000	730,000	730,000	10,000,000
			合　　計	3,500		⑧ 2,555,000	④ 40,000,000

農業投資価格により計算した取得財産の価額

① 特例農地等の通常価額（上記⑥の金額）	② 特例農地等の農業投資価格による価額（上記⑧の金額）	③ 農業投資価格超過額（①－②）	④ 通常価額により計算した取得財産の価額（その農業相続人の第11表④＋第11の2表⑦）	⑤ 農業投資価格により計算した取得財産の価額（④－③）
40,000,000円	2,555,000円	37,445,000円	131,000,000円	93,555,000円

（注）　1　「市街化区域内農地等」とは、都市計画法第7条第1項に規定する市街化区域内に所在する農地又は採草放牧地で都市営農農地等に該当しない農地又は採草放牧地をいいます。
　　　　2　「特例農地等の明細」欄の「農業投資価格」の「価額」欄及び「通常価額」欄には、田、畑、採草放牧地、準農地、一時的道路用地等、営農困難時貸付農地等、特定貸付農地等の別に、計を付して、その合計の金額（④及び⑧）を第15表のその農業相続人の⑦及び⑧欄に転記します。
　　　　3　⑤欄の金額を第3表のその農業相続人の①欄に転記します。
　　　　4　③欄の金額を第3表のその農業相続人の⑪欄に転記します。

〈農地等についての相続税の納税猶予の留意点〉

(1)　特例の概要

　　農業を営んでいた被相続人又は特定貸付け等を行っていた被相続人から、一定の相続人（農業相続人という。）が一定の農地等を相続又は遺贈によって取得し、農業を営む場合又は特定貸付け等を行う場合には、一定の要件の下にその取得した農地等の価額のうち農業投資価格による価額を超える部分に対応する相続税額は、その取得した農地等について相続人が農業の継続又は特定貸付け等を行っている場合に限り、その納税が猶予される。

　　なお、農地等についての相続税の納税猶予の特例の適用は、相続税の申告期限までに、農業相続人が相続等により取得した農地等であることが要件であるため、申告期限において、未分割の場合には適用を受けることができないことになる（措法70の6①）。

　　この点は、配偶者に対する相続税額の軽減（相法19の2①）、小規模宅地等についての相続税の課税価格の計算の特例（措法69の4①）では申告期限において、未分割であっても申告期限後3年以内に分割が行われた場合には一定の手続によりこれらの特例の適用を受けることができる点と異なっているため注意が必要である。

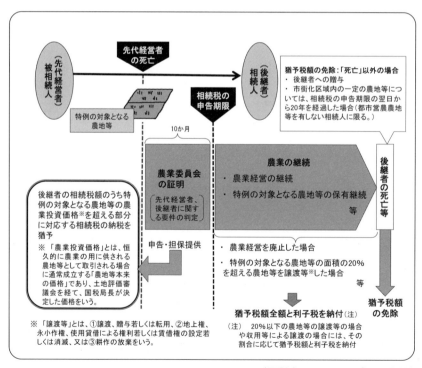

（国税庁ホームページより抜粋）

(2)　**農地等納税猶予税額が免除される場合**

　次のいずれかに該当することとなった場合には、農地等に係る納税猶予税額は免除される。

①　特例の適用を受けた農業相続人が死亡した場合

②　特例の適用を受けた農業相続人が特例農地等（本特例の適用を受ける農地等をいう。）の全部を租税特別措置法第 70 条の 4 の規定に基づき農業の後継者に生前一括贈与した場合

※　特定貸付け等を行っていない相続人に限る。

③　特例農地等のうちに平成 3 年 1 月 1 日において三大都市圏の特定市以外の区域内に所在する市街化区域内農地等（生産緑地等を除く。）について特例の適用を受けた場合において、特例の適用を受けた農業相続人が、相続税の申告書の提出期限の翌日から農業を 20 年間継続した場合（当該農地等に対応する農地等納税猶予税額の部分に限る。）

※　特例農地等のうちに都市営農農地等を有しない相続人に限る。

(3)　**納税猶予の打ち切り**

　上記(2)の①から③までのいずれかの場合に該当する前に、特例農地等について農業経営の廃止、譲渡、転用などの一定の事由が生じた場合には、農地等納税猶予税額の全部又は一部について納税の猶予が打ち切られ、その猶予税額と利子税を納付しなければならない。

(4)　**特例農地等の要件**

①　**特例農地等の範囲**

　本制度が適用される特例農地等とは、次のいずれかに該当するものであり、相続税の期限内申告書にこの特例の適用を受ける旨が記載されたものをいう（措法 70 の 6 ①④）。

イ　被相続人が農業の用に供していた農地等で、相続税の申告期限までに遺産分割されたもの

ロ　被相続人が特定貸付け等を行っていた農地又は採草放牧地で、相続税の申告期限までに遺産分割されたもの

ハ　被相続人が営農困難時貸付けを行っていた農地等で、相続税の申告期限までに遺産分割されたもの

　ニ　被相続人から生前一括贈与により取得した農地等で、被相続人の死亡の時まで贈与税の納税猶予又は納期限の延長の特例の適用を受けていたもの

　ホ　相続又は遺贈によって財産を取得した人が、相続開始の年に被相続人から生前一括贈与を受けていた農地等

② 農地等とは

　本制度が適用される農地とは、農地法第2条第1項に規定する農地で耕作の目的に供される土地をいい、特定市街化区域農地等に該当するもの以外のものをいう。

　この場合、耕作の目的に供される土地には、現に耕作されている土地のほか、現に耕作されていない土地のうち正常な状態の下においては耕作されていると認められるものが含まれる。

　つまり、現在においては耕作されていないが、耕作しようとすればいつでも耕作できるような土地も含まれるが、アスファルト舗装された部分等についてはいつでも耕作できるような土地ではないので、耕作の目的に供される農地には含まれないので注意が必要である。

⑸ **農業委員会への適格者証明の申請**

　農地等についての相続税の納税猶予の適用を受けるには、農業委員会が発行する次頁に掲げる「適格者証明書」を申告書に添付する必要がある（措規23の8①③）。

　農業委員会の審議は通常月に1回しか行われないため、事前に各月の申請の締切期限と証明書の発行日等を確認しておく必要がある。申請書が提出されてから、その農業委員会の委員が実際に申請された農地の現況を見て回る時間等も考慮して、時間に余裕をもって提出する必要がある。

⑹ **修正申告に係る相続税額の納税猶予の適用**

　修正申告が、納税猶予税額の計算の基礎となる特例農地等の評価誤りと税額の計算誤りのみによるものである場合には、修正申告による増差税額についても納税猶予の適用が認められている（措通70の6-18）。

　そのため、株式や預貯金などの特例適用農地等以外の申告漏れ財産がある場合には、修正申告に係る増差税額については、納税猶予の適用はないので注意が必要である。

相続税の納税猶予に関する適格者証明書の例

証　明　願

令和　　年　　月　　日

茅野市農業委員会長　　様

農地等の相続人氏名　　　　　　　　　　印

　下記の事実に基づき、被相続人及び私が租税特別措置法第７０条の６第１項の規定の適用を受けるための適格者であることを証明願います。

1．被相続人に関する事項

住　所		氏　名		職業	
相続開始年月日	平成　　年　　月　　日	農地等の生前一括贈与を受けていた場合には、その年月日		昭和 平成	年　　月　　日

被相続人の 所有面積	耕 作 農 地		㎡	被相続人が 農業経営者 でない場合	農業経営者の氏名	
	採草放牧地		㎡		農業経営者と被相続 人との同居・別居の別	同居　・　別居
	合　　計		㎡			

2．農地等の相続人に関する事項

　（1）農地等の相続人

住　所			氏　名		職業	
生 年 月 日	大正 昭和 平成	年　　月　　日	被相続 人との 続 柄	相続開始時にお ける被相続人と の同居・別居の別	同居 別居	相続開始前におい て農業に従事 した実績の有無	有 ・ 無
特例の適用を受けようとする 農地等の明細		別表のとおり		左記の農地等による農 業経営の開始年月日	昭和 平成	年　　月　　日
今後引き続き農業経営を行う ことに関する事項						
そ　の　他　参　考　事　項						

　（2）農地等の相続人の推定相続人（　生前一括贈与を受けていた農地等について使用貸借による権利が　）
　　　　　　　　　　　　　　　　　　設定されている場合）

住　所			氏　名		職業	
月 日	大正 昭和 平成	年　　月　　日	被相続 人との 続 柄	使用貸借による権 利の設定の年月日	昭和 平成	年　　月　　日
使用貸借に係る農地等の明細		別表のとおり		左記の農地等による農 業経営の開始年月日	昭和 平成	年　　月　　日
今後引続き推相続人が農業 経営を行うことに関する事項						
相続人が推定相続人の経営する農業 に従事していることに関する事項						

　上記証明願のとおり、被相続人及び農地等の相続人は、租税特別措置法第７０条の６第１項に規定する適格者であることを証明する。

　令和　　年　　月　　日
　　　　農委第　　　号　　　　　　　　　　茅野市農業委員会長　　　　　　印

213

事例 9 　農地の納税猶予の一部打ち切り（公簿と現況面積との相違）

〈当初の期限内申告書の申告内容〉

　被相続人甲は、平成 30 年 1 月 20 日に死亡し（甲の配偶者は平成 20 年 4 月に死亡している。）、被相続人甲の相続人である長男 A・二男 B は、それぞれ次の財産の取得及び債務の承継を行うことで分割協議が成立し、平成 30 年 11 月 12 日に相続税の期限内申告書を提出するとともに、納付すべき相続税額を期限内に納付した。

　なお、長男 A は相続財産のうち農地（田）の一部について、特例農地として農業委員会に申請して「相続税の納税猶予に関する適格者証明書」の発行を受け、その相続税額について農地等についての相続税の納税猶予の適用を受けている。

財産及び債務等	価　額	長男 A	二男 B
取得財産の価額	1 億 7,000 万円	1 億 6,000 万円	1,000 万円
債務及び 葬式費用の金額	2,000 万円	2,000 万円	
課 税 価 格	1 億 5,000 万円	1 億 4000 万円	1,000 万円
算出税額	1,839.9 万円	1,756.5 万円	83.4 万円
農地等納税猶予額	912.8 万円	912.8 万円	
納付すべき税額	927.1 万円	843.7 万円	83.4 万円

〈相続税の税務調査における調査担当者の指摘〉

　調査担当者は、事前通知の手続を法令上の規定に基づき行ったのち、農地等についての相続税の納税猶予の適用を受けている特例農地を中心に被相続人甲の相続税の申告内容に係る税務調査を行った。

　調査担当者は納税猶予を選択していた特例農地の現場を調査した結果、その特例農地のうち茅野市〇〇字〇〇 1000 番地（倍率地域）について、公簿上の面積と現況面積とにかなりの相違があるとし、現況宅地部分に見合う面積に対応する部分は納税猶予の適用が受けられない旨、また宅地部分については造成費等の控除はできない旨を指摘し、修正申告の勧奨を行った。

　長男 A は公簿上の面積と現況面積との相違を認め、宅地に係る部分の面積は調査担当者の指摘に従い耕作の目的に供される農地には含まれないとして、相続税の修正申告書を令和元年 10 月 10 日に提出した。

なお、調査担当者から指摘を受けた農地（田）の概要は次のとおりである。

～当該農地（田）の概要～

所在地番　茅野市○○字○○ 1000 番　2,000㎡　評価額 2,000 万円	
当初申告	修正申告
特例農地（2,000㎡）2,000 万円	特例農地（1,800㎡）1,800 万円 宅　地　　（200㎡）　400 万円

〈修正申告書の記載方法の概要及び留意点〉

　相続税の修正申告書における各表の記載方法の概要は次のとおりであるが、留意点は 217 頁以降の第 1 表・第 2 表・第 3 表・第 8 表 2（修正申告用）・第 11 表・第 12 表を参照されたい。

(1)　第 1 表

　第 1 表には、各相続人の合計及び各相続人それぞれの修正前の課税額（当初の期限内申告額）及び修正申告額を記載するとともに、修正する額（修正申告額−修正前の課税額）を記載する。さらに、各相続人のマイナンバー（個人番号）を記載する。

(2)　第 2 表

　第 2 表には、当初の期限内申告書において現況宅地部分の農地（公簿上）を納税猶予の対象農地から除外し、また除外した農地を宅地として評価し直した金額を加算した後の課税価格の合計額により、相続税の総額を再計算する。

(3)　第 3 表・第 8 表 2（修正申告用）

　第 3 表には、当初の期限内申告書において現況宅地部分の農地（公簿上）を納税猶予の対象農地から除外し、また除外した農地を宅地として評価し直した金額を加算した後の課税価格の合計額により、農業相続人の算出税額及び農地等納税猶予税額と農業相続人以外の算出税額を再計算する。

(4)　第 11 表

　第 11 表には、当初の期限内申告書から、修正申告した農地がどの農地か分かるように加減算する。

　この場合、本来特例農地として該当する部分と該当しない部分を区分して記載する。

⑸　**第 12 表**

　第 12 表には、農地等について納税猶予の適用を受ける特例農地について、修正申告により選択し直して加減算する。

　この場合、当初申告により誤って選択した農地をいったんマイナスし、正しい特例農地について再度一覧表に記入し、農業投資価格と通常価額を再計算する。

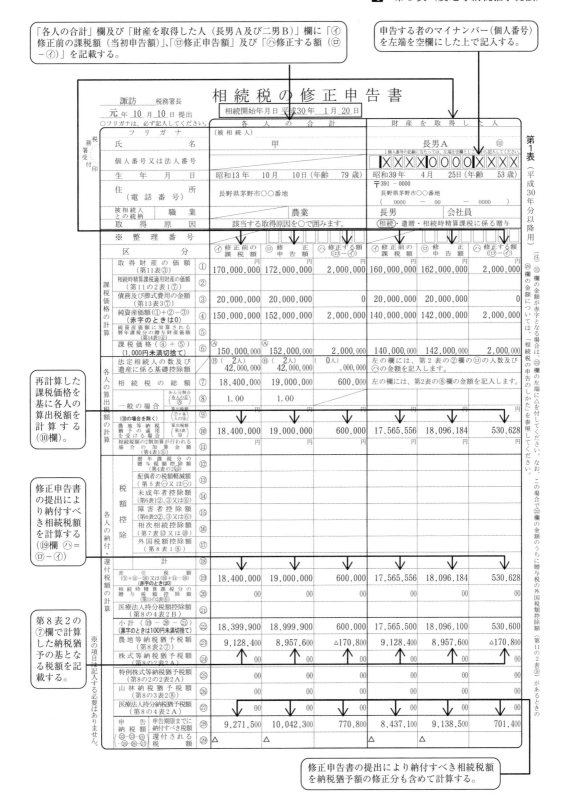

「各人の合計」欄及び「財産を取得した人（長男Ａ及び二男Ｂ）」欄に「⑦修正前の課税額（当初申告額）」、「⑪修正申告額」及び「⑯修正する額（⑪－⑦）」を記載する。

申告する者のマイナンバー（個人番号）を左端を空欄にした上で記入する。

相続税の修正申告書

相続開始年月日 平成30年_1月_20日

諏訪　税務署長

元_年_10_月_10_日提出

○フリガナは、必ず記入してください。

区　　分		⑦修正前の課税額	⑪修正申告額	⑯修正する額(⑪-⑦)	⑦修正前の課税額	⑪修正申告額	⑯修正する額(⑪-⑦)

再計算した課税価格を基に各人の算出税額を計算する（⑩欄）。

修正申告書の提出により納付すべき相続税額を計算する（⑲欄 ⑯=⑪-⑦）

第8表2の⑦欄で計算した納税猶予の基となる税額を記載する。

※の項目は記入する必要はありません。

修正申告書の提出により納付すべき相続税額を納税猶予額の修正分も含めて計算する。

217

申告する者のマイナンバー（個人番号）
を左端を空欄にした上で記入する。

相 続 税 の 修 正 申 告 書（続）

○フリガナは、必ず記入してください。

		財 産 を 取 得 し た 人				財 産 を 取 得 し た 人		
フ リ ガ ナ								
氏 　 名		二男B　　　　　㊞				㊞		
個人番号又は法人番号		↓個人番号の記載に当たっては、左端を空欄としここから記入してください。 ｜０｜０｜０｜０｜✕｜✕｜✕｜０｜０｜０｜０｜				↓個人番号の記載に当たっては、左端を空欄としここから記入してください。 ｜｜｜｜｜｜｜｜｜｜｜		
生 年 月 日		昭和42年　8月　30日（年齢　50歳）				年　月　日（年齢　歳）		
住　　　所 （電話番号）		〒391‒0000 長野県茅野市○○番地 （ 0000 ‒ 00 ‒ 0000 ）				〒 （ ‒ ‒ ）		
被相続人との続柄　職業		二男　　　　会社員						
取 得 原 因		⃝相続・遺贈・相続時精算課税に係る贈与				相続・遺贈・相続時精算課税に係る贈与		
※ 整 理 番 号								
区　　　分		㋑ 修正前の 課税額	㋺ 修正 申告額	㋩ 修正する額 （㋺－㋑）	㋑ 修正前の 課税額	㋺ 修正 申告額	㋩ 修正する額 （㋺－㋑）
課税価格の計算	取得財産の価額 （第11表③） ①	円 10,000,000	円 10,000,000	円 0	円	円	円
	相続時精算課税適用財産の価額 （第11の2表1⑦） ②						
	債務及び葬式費用の金額 （第13表3⑦） ③						
	純資産価額（①＋②－③） （赤字のときは0） ④	10,000,000	10,000,000	0			
	純資産価額に加算される暦年課税分の贈与財産価額（第14表1④） ⑤						
	課税価格（④＋⑤） （1,000円未満切捨て） ⑥	10,000,000	10,000,000	,000	,000	,000	,000
各人の算出税額の計算	法定相続人の数及び遺産に係る基礎控除額						
	相 続 税 の 総 額 ⑦						
	あん分割合 （各人の⑥） （Ⓐ） ⑧						
	一般の場合 （⑪の場合を除く） 算出税額（⑦×各人の⑧） ⑨	円	円	円	円	円	円
	農地等納税猶予を受ける場合 算出税額（第3表⑧） ⑩	834,444	903,816	69,372			
	相続税額の2割加算が行われる場合の加算金額（第4表1⑤） ⑪	円	円	円	円	円	円
各人の納付・還付税額の計算	税額控除	暦年課税分の贈与税額控除額（第4表の2⑤） ⑫						
		配偶者の税額軽減額 （第5表㋺又は㋩） ⑬						
		未成年者控除額 （第6表1②、③又は⑥） ⑭						
		障害者控除額 （第6表2②、③又は⑥） ⑮						
		相次相続控除額 （第7表⑬又は⑱） ⑯						
		外国税額控除額 （第8表1⑧） ⑰						
		計 ⑱						
	差引税額（⑨＋⑪－⑱）又は（⑩＋⑪－⑱） （赤字のときは0） ⑲	834,444	903,816	69,372			
	相続時精算課税分の贈与税額控除額（第11の2表⑧） ⑳	00	00	00	00	00	00
	医療法人持分税額控除額 （第8の4表2B） ㉑						
	小計（⑲－⑳－㉑） （黒字のときは100円未満切捨て） ㉒	834,400	903,800	69,400			
	農地等納税猶予税額 （第8表2⑦） ㉓	00	00	00	00	00	00
	株式等納税猶予税額 （第8の2表2A） ㉔	00	00	00	00	00	00
	特例株式等納税猶予税額 （第8の2の2表2A） ㉕	00	00	00	00	00	00
	山林納税猶予税額 （第8の3表2⑧） ㉖	00	00	00	00	00	00
	医療法人持分納税猶予税額 （第8の4表2A） ㉗	00	00	00	00	00	00
	申告納税額 ㉒－㉓－㉔ ㉕－㉖－㉗ 申告期限までに納付すべき税額 ㉘	834,400	903,800	69,400	00	00	00
		還付される税額 ㉙	△	△		△	△	

再計算した課税価格を基に各人の算出税額を計算する（⑩欄）。

修正申告書の提出により納付すべき相続税額を計算する（⑲欄）（㋩＝㋺－㋑）

※の項目は記入する必要はありません。

第1表（続）（平成30年分以降用）

（注）㉙欄の金額が赤字となる場合は、㉙欄の左端に△を付してください。なお、この場合で㉙欄の金額のうちに贈与税の外国税額控除額（第11の2表⑨）があるときの㉙欄の金額については、「相続税の申告のしかた」を参照してください。

特例農地に該当しなくなった農地（田）について再評価額による増加分を加算して計算した課税価格の合計額（①⑦欄）を基に課税遺産総額（③二欄）を算出し、法定相続分により計算した相続税の総額（⑧欄）を第1表⑦欄ロに移記する。
また同時に、特例農地について農業投資価格により計算した課税価格の合計額（①ホ欄）を基に課税遺産総額（③へ欄）を算出し、法定相続分により計算した相続税の総額（⑪欄）を計算する。

相 続 税 の 総 額 の 計 算 書

被相続人　甲

第2表（平成27年分以降用）

○この表を修正申告書の第2表の1の⑥欄の⑥④の金額として使用するときは、④欄には修正申告書第1表の⑩欄の⑥④の金額を記入し、ホ欄には修正申告書の⑪欄の⑥④の金額を記入します。

この表は、第1表及び第3表の「相続税の総額」の計算のために使用します。

なお、被相続人から相続、遺贈や相続時精算課税に係る贈与によって財産を取得した人のうちに農業相続人がいない場合は、この表のホ欄及びへ欄並びに⑨欄から⑪欄までは記入する必要がありません。

① 課税価格の合計額	② 遺産に係る基礎控除額	③ 課税遺産総額
④ 第1表 ⑥④ 152,000,000 円	3,000万円 ＋（ 600万円 × ⑥の法定相続人の数 2人 ）＝ ⑥ 4,200 万円	○= （④-⑥） 110,000,000 円
○ 第3表 ⑥④ 112,212,000	○の人数及び⑥の金額を第1表⑥へ転記します。	（ホ-⑥） 70,212,000

④ 法定相続人（（注）1参照）		⑤ 左の法定相続人に応じた法定相続分	第1表の「相続税の総額⑦」の計算		第3表の「相続税の総額⑦」の計算	
氏　名	被相続人との続柄		⑥ 法定相続分に応ずる取得金額（○×⑤）（1,000円未満切捨て）	⑦ 相続税の総額の基となる税額（下の「速算表」で計算します。）	⑨ 法定相続分に応ずる取得金額（へ×⑤）（1,000円未満切捨て）	⑩ 相続税の総額の基となる税額（下の「速算表」で計算します。）
長男A	長男	$\frac{1}{2}$	55,000,000 円	9,500,000 円	35,106,000 円	5,021,200 円
二男B	二男	$\frac{1}{2}$	55,000,000	9,500,000	35,106,000	5,021,200
			,000		,000	
			,000		,000	
			,000		,000	
			,000		,000	
			,000		,000	
			,000		,000	
			,000		,000	
法定相続人の数 ④ 2人		合計 1	⑧ 相続税の総額（⑦の合計額）（100円未満切捨て） 19,000,000		⑪ 相続税の総額（⑩の合計額）（100円未満切捨て） 10,042,400	

（注）　1　④欄の記入に当たっては、被相続人に養子がある場合や相続の放棄があった場合には、「相続税の申告のしかた」をご覧ください。

2　⑧欄の金額を第1表⑦欄へ転記します。財産を取得した人のうちに農業相続人がいる場合は、⑧欄の金額を第1表⑦欄へ転記するとともに、⑪欄の金額を第3表⑦欄へ転記します。

相 続 税 の 速 算 表

法定相続分に応ずる取得金額	10,000千円以下	30,000千円以下	50,000千円以下	100,000千円以下	200,000千円以下	300,000千円以下	600,000千円以下	600,000千円超
税　率	10％	15％	20％	30％	40％	45％	50％	55％
控　除　額	－ 千円	500 千円	2,000 千円	7,000 千円	17,000 千円	27,000 千円	42,000 千円	72,000 千円

この速算表の使用方法は、次のとおりです。

⑥欄の金額×税率－控除額＝⑦欄の税額　　　　⑨欄の金額×税率－控除額＝⑩欄の税額

例えば、⑥欄の金額30,000千円に対する税額（⑦欄）は、30,000千円×15％－500千円＝4,000千円です。

○連帯納付義務について

相続税の納税については、各相続人等が相続、遺贈や相続時精算課税に係る贈与により受けた利益の価額を限度として、お互いに連帯して納付しなければならない義務があります。

財産を取得した人のうちに農業相続人がいる場合の
各人の算出税額及び農地等納税猶予税額の計算書

被相続人	甲

1　財産を取得した人のうちに農業相続人がいる場合の各人の算出税額（第3表）

> 再計算した課税価格を基に農業相続人の取得財産の価額を再計算する。

財産を取得した人の氏名		（各人の合計）			長男A		
区　分		㋑修正前の課税額	㋺修正申告額	㋩修正する額（㋺－㋑）	㋑修正前の課税額	㋺修正申告額	㋩修正する額（㋺－㋑）
課税価格の計算	取得財産の価額	農業相続人（第12表⑤）①	118,358,000	122,212,000	3,854,000	118,358,000	122,212,000	3,854,000
		その他の人（第1表①＋第1表②）②	10,000,000	10,000,000	0			
	債務及び葬式費用の金額（第1表③）③	20,000,000	20,000,000	0	20,000,000	20,000,000	0
	純資産価額（①－③）又は（②－③）（赤字のときは0）④	108,358,000	112,212,000	3,854,000	98,358,000	102,212,000	3,854,000
	純資産価額に加算される暦年課税分の贈与財産価額（第1表⑤）⑤						
	課税価格（④＋⑤）（1,000円未満切捨て）⑥	Ⓐ 108,358,000	Ⓐ 112,212,000	3,854,000	98,358,000	102,212,000	3,854,000
各人の算出税額の計算	相続税の総額（第2表⑪）⑦	9,271,600	10,042,400	770,800			
	あん分割合（各人の⑥／Ⓐ）⑧	1.00	1.00		0.91	0.91	
	算出税額（⑦×各人の⑧）⑨	9,271,600	10,042,400	770,800	8,437,156	9,138,584	701,428
	農業相続人の納税猶予の基となる税額の計算	相続税の総額の差額⑩	9,128,400	8,957,600	△170,800	この欄には、第1表の⑦欄の金額からこの表の⑦欄の金額を控除した金額を記入します。		
		農業投資価格超過額（第12表③）⑪	Ⓑ 41,642,000	Ⓑ 39,788,000	△1,854,000	41,642,000	39,788,000	△1,854,000
		各人へのあん分額（⑩×各人の⑪÷Ⓑ）⑫	9,128,400	8,957,600	△170,800	9,128,400	8,957,600	△170,800
	各人の算出税額（⑨＋⑫）⑬	18,400,000	19,000,000	600,000	17,565,556	18,096,184	530,628

（注）1　「各人の算出税額の計算」の「農業相続人の納税猶予の基となる税額」欄は、農業相続人だけが記入します。
　　　2　各人の⑬欄の金額を修正申告書第1表のその人の「算出税額⑩」欄に転記します。

2　農地等納税猶予税額（第8表2）（この表は、農業相続人について該当する金額を記入します。）

農業相続人の氏名		長男A					
区　分		㋑修正前の課税額	㋺修正申告額	㋩修正する額（㋺－㋑）	㋑修正前の課税額	㋺修正申告額	㋩修正する額（㋺－㋑）
納税猶予の基となる税額（上の表の各農業相続人の⑫の金額）①		9,128,400	8,957,600	△170,800			
相続税額の2割加算が行われる場合の加算額（第4表1⑥×上の表の各農業相続人の⑪の金額）②							
納税猶予税額の計算上の税額控除の額	税額控除額の計（第1表の各相続人の⑬＋⑯の金額）③						
	上の表の⑨の各農業相続人の算出税額④	8,437,156	9,138,584	701,428			
	相続税額の2割加算が行われる場合の加算金額（第4表1⑥×上の表の各農業相続人の⑪の金額）⑤						
	（③－（④＋⑤））の金額（赤字のときは0）⑥	0	0	0			
農地等納税猶予税額（①＋②－⑥）（100円未満切捨て、赤字のときは0）⑦		9,128,400	8,957,600	△170,800	00	00	00

> 農業相続人についてのみ、第3表の⑨欄と⑫欄の金額を移記し、農地等納税猶予税額の減少額を求める。

（注）1　各人の⑦欄の金額を修正申告書第1表のその人の「農地等納税猶予税額㉓」欄に転記します。なお、その人が、非上場株式等についての納税猶予及び免除、非上場株式等についての納税猶予及び免除の特例、山林についての納税猶予及び免除又は医療法人の持分についての納税猶予及び免除若しくは医療法人の持分についての税額控除の適用を受ける場合は、修正申告書第8の5表の⑬欄の金額を修正申告書第1表のその人の「農地等納税猶予税額㉓」欄に転記します。
　　　2　⑦欄の㋺欄に記入する金額は、㋺欄の「①＋②－⑥」の金額が⑦欄の㋑欄の金額を超える場合には、⑦欄の㋑欄の金額にとどめます。ただし、納税猶予の適用を受ける特例農地等（期限内申告において申告書の第12表に記入した特例農地等に限ります。）の評価誤り又は税額の計算誤りがあった場合で、その誤りだけを修正するものであるときは、⑦欄の㋺欄の金額は、⑦欄の㋑欄の金額を超えることができます。

> 再計算した課税価格を基に各人の算出税額の修正額（⑨欄㋩＝㋺－㋑）、農業相続人の納税猶予の基となる農業投資価格超過額の修正額（⑪欄㋩＝㋺－㋑）、納税猶予税額の修正額（⑫欄㋩＝㋺－㋑）を計算する。

財産を取得した人のうちに農業相続人がいる場合の
各人の算出税額及び農地等納税猶予税額の計算書（続）

被相続人	甲

1 財産を取得した人のうちに農業相続人がいる場合の各人の算出税額（第3表（続））

財産を取得した人の氏名		二男B					
区 分		㋑修正前の課税額	㋺修正申告額	㋩修正する額（㋺－㋑）	㋑修正前の課税額	㋺修正申告額	㋩修正する額（㋺－㋑）
課税価格の計算 取得財産の価額	農業相続人（第12表⑤）①	円	円	円	円	円	円
	その他の人（第1表①＋第1表②）②	10,000,000	10,000,000	0			
	債務及び葬式費用の金額（第1表③）③						
	純資産価額（①－③）又は（②－③）（赤字のときは0）④	10,000,000	10,000,000	0			
	純資産価額に加算される暦年課税分の贈与財産価額（第1表⑤）⑤						
	課税価格（④＋⑤）（1,000円未満切捨て）⑥	10,000,000	10,000,000	,000	,000	,000	,000
各人の算出税額の計算	相続税の総額（第2表⑪）⑦						
	あん分割合（各人の⑥／Ⓐ）⑧	0.09	0.09				
	算出税額（⑦×各人の⑧）⑨	円 834,444	円 903,816	円 69,372	円	円	円
	農業相続人の納税猶予の基となる税額 相続税の総額の差額⑩						
	農業投資価格超過額（第12表③）⑪	円	円	円	円	円	円
	各人へのあん分額（⑩×各人の⑪÷⑧）⑫						
	各人の算出税額（⑨＋⑫）⑬	834,444	903,816	69,372			

（注）1 「各人の算出税額の計算」の「農業相続人の納税猶予の基となる税額」欄は、農業相続人だけが記入します。
2 各人の⑬欄の金額を修正申告書第1表のその人の「算出税額⑩」欄に転記します。

2 農地等納税猶予税額（第8表2（続））（この表は、農業相続人について該当する金額を記入します。）

農業相続人の氏名							
区 分		㋑修正前の課税額	㋺修正申告額	㋩修正する額（㋺－㋑）	㋑修正前の課税額	㋺修正申告額	㋩修正する額（㋺－㋑）
納税猶予の基となる税額（上の表の各農業相続人の⑫の金額）①		円	円	円	円	円	円
相続税額の2割加算が行われる場合の加算金額（第4表⑯×上の表の各農業相続人の①の金額）②							
納税猶予税額の計算上の税額控除の額 税額控除額の計（第1表の各農業相続人の⑱＋⑳の金額）③							
	上の表の⑨の各農業相続人の算出税額④						
	相続税額の2割加算が行われる場合の加算金額（第4表⑯×上の表の各農業相続人の⑨の金額）⑤						
	（③－（④＋⑤））の金額（赤字のときは0）⑥						
農地等納税猶予税額（①＋②－⑥）（100円未満切捨てで、赤字のときは0）⑦		00	00	00	00	00	00

（注）1 各人の⑦欄の金額を修正申告書第1表のその人の「農地等納税猶予税額㉓」欄に転記します。なお、その人が、非上場株式等についての納税猶予及び免除、非上場株式等についての納税猶予及び免除の特例、山林についての納税猶予及び免除又は医療法人の持分についての納税猶予及び免除若しくは医療法人の持分についての税額控除の適用を受ける場合は、修正申告書第8表の5欄の⑬欄の金額を修正申告書第1表のその人の「農地等納税猶予税額㉓」欄に転記します。
2 ⑦欄の㋺欄に記入する金額は、㋺欄の「①＋②－⑥」の金額が⑦欄の㋑欄の金額を超える場合には、⑦欄の㋑欄の金額にとどめます。ただし、納税猶予の適用を受ける特例農地等（期限内申告において申告書の第12表に記入した特例農地等に限ります。）の評価誤り又は税額の計算誤りがあった場合で、その誤りだけを修正するものであるときは、⑦欄の㋺欄の金額は、⑦欄の㋑欄の金額を超えることができます。

再計算した課税価格を基に各人の算出税額の修正額（⑨欄㋩＝㋺－㋑）
を計算する。

> 税務調査により納税猶予が適用できないと指摘された農地（田）について、一旦その財産を△により減額し、改めて特例農地として適用できる部分（第 12 表へ移記）と適用できない部分とに分けて記載する。
> その際、適用できない部分についての評価の修正もあるので修正後の金額で記載する。

相 続 税 が か か る 財 産 の 明 細 書
（ 相 続 時 精 算 課 税 適 用 財 産 を 除 き ま す 。）

被相続人	甲

第11表（平成21年4月分以降用）

○相続時精算課税適用財産の明細については、この表によらず第11の2表に記載します。

この表は、相続や遺贈によって取得した財産及び相続や遺贈によって取得したものとみなされる財産のうち、相続税のかかるものについての明細を記入します。

遺産の分割状況	区　分	① 全 部 分 割	2 一 部 分 割	3 全 部 未 分 割
	分割の日	30・10・2	・・	

財 産 の 明 細							分割が確定した財産	
種類	細目	利用区分、銘柄等	所在場所等	数量 / 固定資産税評価額	単価 倍数	価額	取得した人の氏名	取得財産の価額
土地	田	自用地	茅野市○○字○○1000番	2,000 ㎡ / 円	円	20,000,000 円	長男A	20,000,000 円
土地	田	自用地	茅野市○○字○○2000番	1,100 ㎡		10,000,000	長男A	10,000,000
土地	田	自用地	茅野市○○字○○3000番	1,500 ㎡		15,000,000	長男A	15,000,000
土地	田	修正申告	茅野市○○字○○1000番	2,000 ㎡		△20,000,000	長男A	△20,000,000
土地	田	修正申告	茅野市○○字○○1000番のうち特例農地該当分	1,800 ㎡		18,000,000	長男A	18,000,000
土地	田（現況：宅地）	修正申告	茅野市○○字○○1000番のうち特例農地除外分	200 ㎡		4,000,000	長男A	4,000,000
((計))						((47,000,000))		
	当初申告	田 以外				125,000,000	長男A	115,000,000
							二男B	10,000,000
((計))						((125,000,000))		
[合計]						[172,000,000]		

合計表	財産を取得した人の氏名	（各人の合計）	長男A	二男B			
	分割財産の価額 ①	172,000,000 円	162,000,000 円	10,000,000 円	円	円	円
	未分割財産の価額 ②						
	各人の取得財産の価額 （①+②）③	172,000,000	162,000,000	10,000,000			

（注）　1　「合計表」の各人の③欄の金額を第1表のその人の「取得財産の価額①」欄に転記します。
　　　　2　「財産の明細」の「価額」欄は、財産の細目、種類ごとに小計及び計を付し、最後に合計を付して、それらの金額を第15表の①から㉘までの該当欄に転記します。

税務調査により納税猶予が適用できないと指摘された農地（田）について、一旦その財産を△により減額し、改めて特例農地として適用できる部分について面積、農業投資価格、通常価額を記載する。

農地等についての納税猶予の適用を受ける特例農地等の明細書

	被相続人	甲
	農業相続人	長男Ａ

第12表（平成21年12月15日相続開始以降用）

特例農地等の明細 （この表は、農業相続人に該当する人が各人ごとに特例農地等の明細を作成します。）

都市営農農地等、市街化区域内農地等、都市営農地等及び市街化区域内農地等、特定貸付農地等以外の別	田、畑、採草放牧地、準農地、一時的道路用地等、都市営農困難時貸付農地等、特定貸付農地等の別	地上権、永小作権、使用貸借による権利、賃借権（耕作権）の別	所在場所	面積	農業投資価格 単価(1,000㎡当たり)	農業投資価格 価額	通常価額（第11表の価額）
市街化区域内農地等	田		茅野市○○字○○1000番	2,000 ㎡	730,000 円	1,460,000 円	20,000,000 円
市街化区域内農地等	田		茅野市○○字○○2000番	1,100	730,000	803,000	10,000,000
市街化区域内農地等	田		茅野市○○字○○3000番	1,500	730,000	1,095,000	15,000,000
市街化区域内農地等	田	（修正申告）	茅野市○○字○○1000番	△2,000	730,000	△1,460,000	△20,000,000
市街化区域内農地等	田	（修正申告）	茅野市○○字○○1000番のうち特例農地該当分	1,800	730,000	1,314,000	18,000,000
			合 計	4,400		Ⓑ 3,212,000	Ⓐ 43,000,000

農 業 投 資 価 格 に よ り 計 算 し た 取 得 財 産 の 価 額

① 特例農地等の通常価額（上記Ⓐの金額）	② 特例農地等の農業投資価格による価額（上記Ⓑの金額）	③ 農業投資価格超過額（①－②）	④ 通常価額により計算した取得財産の価額（その農業相続人の第11表③・第11の2表⑦）	⑤ 農業投資価格により計算した取得財産の価額（④－③）
43,000,000 円	3,212,000 円	39,788,000 円	162,000,000 円	122,212,000 円

(注) 1 「市街化区域内農地等」とは、都市計画法第7条第1項に規定する市街化区域内に所在する農地又は採草放牧地で都市営農農地等に該当しない農地又は採草放牧地をいいます。
2 「特例農地等の明細」欄の「農業投資価格」の「価額」欄及び「通常価額」欄には、田、畑、採草放牧地、準農地、一時的道路用地等、都市営農困難時貸付農地等、特定貸付農地等の別に、計を付して、その合計の金額（Ⓐ及びⒷ）を第15表のその農業相続人の⑦及び⑧欄に転記します。
3 ⑤欄の金額を第3表のその農業相続人の①欄に転記します。
4 ③欄の金額を第3表のその農業相続人の⑪欄に転記します。

223

〈農地等についての相続税の納税猶予の留意点〉

210 ～ 213 頁を参照ください。

● **農地が倍率地域の場合**

　　農地の所在する地域が路線価地域の場合には、実務においては間口や奥行について現地調査を行った上で、公簿面積と実測面積との相違や公図との現況の相違等について比較を行い、縄伸びがないかどうか、現況は正しいかなどが検討される場合が多い。

　　しかし、倍率地域の農地の場合には公図上の検討を行うものの、メジャーを用いて間口・奥行を計測することはあまり行っていない場合が多い。

　　本事例は、次の図のような相違があったため修正申告が必要となったケースであり、実務において注意が必要である。

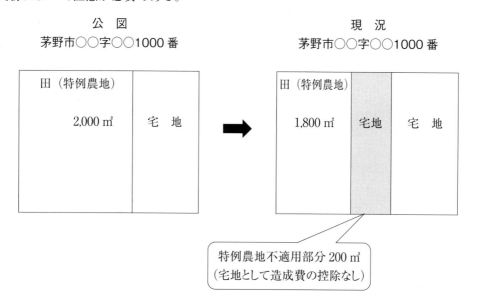

5 第7表（相次相続税額）関連項目

事例10 相次相続控除の計算誤り

〈当初の期限内申告書の申告内容〉

被相続人甲は、平成30年3月1日に死亡し、被相続人甲の相続人である配偶者乙、長男A、二男Bは、それぞれ次の財産を相続又は遺贈により取得することで分割協議（二男Bは家庭裁判所に申述して相続の放棄をしているため分割協議には加わっていない。）が成立し、平成30年12月25日に相続税の期限内申告書を提出するとともに、納付すべき相続税額を期限内に納税した。

なお、被相続人甲の父Xは平成24年12月1日に死亡しており、その際、被相続人甲はXから5,000万円の財産（債務控除後の金額）を相続し、1,000万円の相続税を納付していた。甲の相続開始はXの相続開始から5年3か月しか経っていないため、今回の相続において各相続人は相次相続控除を適用していた。

財産等	価　額	配偶者乙	長男A	二男B
取得財産の価額	4億円	2億5,000万円	1億円	5,000万円
債務及び葬式費用の金額	2,000万円	2,000万円		
課税価格	3億8,000万円	2億3,000万円	1億円	5,000万円
算出税額	8,520万円	5,197.2万円	2,215.2万円	1,107.6万円
配偶者の税額軽減額	4,260万円	4,260万円		
相次相続控除額	500万円	305万円	130万円	65万円
納付すべき税額	3,760万円	632.2万円	2,085.2万円	1,042.6万円

〈相続税の税務調査における調査担当者の指摘〉

調査担当者は、事前通知の手続を法令上の規定に基づき行ったのち、被相続人甲の相続税の申告内容に係る税務調査を行った。

調査担当者は税務調査の結果、二男Bは、被相続人甲が契約者で保険料を負担していた、甲を被保険者とする生命保険のみを受け取っていたが、家庭裁判所に申述して相続の放棄をしているため、相続放棄者については相次相続控除の適用はない旨を指摘し、

法令上の規定に基づき、修正申告の勧奨を行った。なお、生命保険金の非課税金額の計算は適正に行われていた。

　配偶者乙、長男Ａ、二男Ｂは、この指摘は法令の規定に基づいたものであることを確認し、二男Ｂについては相次相続控除の適用はできないものとして、調査担当者の指摘に従い相続税の修正申告書を令和元年12月3日に提出した。

〈修正申告書の記載方法の概要及び留意点〉

　相続税の修正申告書における各表の記載方法の概要は次のとおりであるが、留意点は次頁以降の第1表・第7表を参照されたい。

(1)　**第1表**

　第1表には、各相続人の合計及び各相続人それぞれの修正前の課税額（当初の期限内申告額）及び修正申告額を記載するとともに、修正する額（修正申告額−修正前の課税額）を記載する。さらに、各相続人のマイナンバー（個人番号）を記載する。

(2)　**第7表**

　第7表には、各相続人の相次相続控除額の計算について、その取得した財産に応じて按分した金額を記載する。なお、相続を放棄した者や相続権を失った者は除かれる。

> 「各人の合計」欄及び「財産を取得した人（配偶者乙、長男Ａ及び二男Ｂ）」欄に「㋑修正前の課税額（当初申告額）」、「㋺修正申告額」及び「㋩修正する額（㋺－㋑）」を記載する。

> 申告する者のマイナンバー（個人番号）を左端を空欄にした上で記入する。

相 続 税 の 修 正 申 告 書

相続開始年月日　平成30年　3月　1日

＿諏訪＿　税務署長
元　年　12　月　3　日　提出
○フリガナは、必ず記入してください。

第１表（平成30年分以降用）

区　分		各 人 の 合 計（被相続人）			財 産 を 取 得 し た 人		
フリガナ 氏　名		甲			配偶者乙　㊞		
個人番号又は法人番号					｜０００００｜ＸＸＸＸ｜０００００｜		
生 年 月 日		昭和25年　6月　30日（年齢　67歳）			昭和26年　9月　28日（年齢　66歳）		
住　所（電話番号）		長野県茅野市○○番地			〒391－0000　長野県茅野市○○番地（0000－00－0000）		
被相続人との続柄　職業		会社役員			妻　専業主婦		
取 得 原 因		該当する取得原因を○で囲みます。			⑪相続・遺贈・相続時精算課税に係る贈与		
※ 整 理 番 号							

区　分		㋑修正前の課税額	㋺修正申告額	㋩修正する額（㋺－㋑）	㋑修正前の課税額	㋺修正申告額	㋩修正する額（㋺－㋑）
課税価格の計算	取得財産の価額（第11表③）①	400,000,000	400,000,000	0	250,000,000	250,000,000	0
	相続時精算課税適用財産の価額（第11の2表①）②						
	債務及び葬式費用の金額（第13表3⑦）③	20,000,000	20,000,000	0	20,000,000	20,000,000	0
	純資産価額（①＋②－③）（赤字のときは0）④	380,000,000	380,000,000	0	230,000,000	230,000,000	0
	純資産価額に加算される暦年課税分の贈与財産価額（第14表①）⑤						
	課税価格（④＋⑤）（1,000円未満切捨て）⑥	Ⓐ 380,000,000	Ⓐ 380,000,000		230,000,000	230,000,000	
各人の算出税額の計算	法定相続人の数及び遺産に係る基礎控除額	Ⓑ（3人）48,000,000	Ⓑ（3人）48,000,000	（0人）1,000,000	左の欄には、第2表の②欄の㋺の人数及び㋩の金額を記入します。		
	相続税の総額⑦	85,200,000	85,200,000	00	左の欄には、第2表の⑧欄の金額を記入します。		
	一般の場合（⑩の場合を除く）あん分割合（各人の⑥／各人の合計⑥）⑧	1.00	1.00		0.61	0.61	
	算出税額（⑦×各人の⑧）⑨	85,200,000	85,200,000	0	51,972,000	51,972,000	0
	農地等納税猶予の適用を受ける場合 算出税額（第3表⑧）⑩						
	相続税額の2割加算が行われる場合の加算金額（第4表⑥）⑪						
税額控除	暦年課税分の贈与税額控除額（第4表の2⑥）⑫						
	配偶者の税額軽減額（第5表又は○）⑬	42,600,000	42,600,000	0	42,600,000	42,600,000	0
	未成年者控除額（第6表1②、③又は⑥）⑭						
	障害者控除額（第6表2②、③又は⑥）⑮						
	相次相続控除額（第7表⑬又は⑱）⑯	5,000,000	4,350,000	△650,000	3,050,000	3,050,000	0
	外国税額控除額（第8表1⑧）⑰						
	計⑱	47,600,000	46,950,000	△650,000	45,650,000	45,650,000	0
各人の納付・還付税額の計算	差引税額（⑨＋⑪－⑱）又は（⑩＋⑪－⑱）（赤字のときは0）⑲	37,600,000	38,250,000	650,000	6,322,000	6,322,000	0
	相続時精算課税分の贈与税額控除額（第11の2表⑨）⑳						00
	医療法人持分税額控除額（第8の4表2B）㉑						
	小計（⑲－⑳－㉑）（黒字のときは100円未満切捨て）㉒	37,600,000	38,250,000	650,000	6,322,000	6,322,000	0
	農地等納税猶予税額（第8表2⑦）㉓	00	00	00	00	00	00
	株式等納税猶予税額（第8の2表2A）㉔	00	00	00	00	00	00
	特例株式等納税猶予税額（第8の2の2表2A）㉕	00	00	00	00	00	00
	山林納税猶予税額（第8の3表2⑧）㉖	00	00	00	00	00	00
	医療法人持分納税猶予税額（第8の4表2A）㉗	00	00	00	00	00	00
	申告納税額　申告期限までに納付すべき税額（㉒－㉓－㉔－㉕－㉖－㉗）㉘	37,600,000	38,250,000	650,000	6,322,000	6,322,000	00
	還付される税額㉙	△			△		

（注）
⑳欄の金額が赤字となる場合は、⑳欄の左端に△を付してください。なお、この場合で⑳欄の金額のうちに贈与税の外国税額控除額（第11の2表⑨）があるときの⑳欄の金額については、「相続税の申告のしかた」を参照してください。

> 相次相続控除額は、配偶者乙と長男Ａについては当初申告と控除額に変更はないが、相続を放棄した二男Ｂについては相次相続控除の適用ができないため、二男Ｂの相次相続控除額を削除して、修正する額を計算する。

> 修正申告書の提出により納付すべき相続税額を計算する（⑲欄㋩＝㋺－㋑）

※の項目は記入する必要はありません。

227

「各人の合計」欄及び「財産を取得した人（配偶者乙、長男A及び二男B）」欄に「①修正前の課税額（当初申告額）」、「⑭修正申告額」及び「①修正する額（⑭－①）」を記載する。

申告する者のマイナンバー（個人番号）を左端を空欄にした上で記入する。

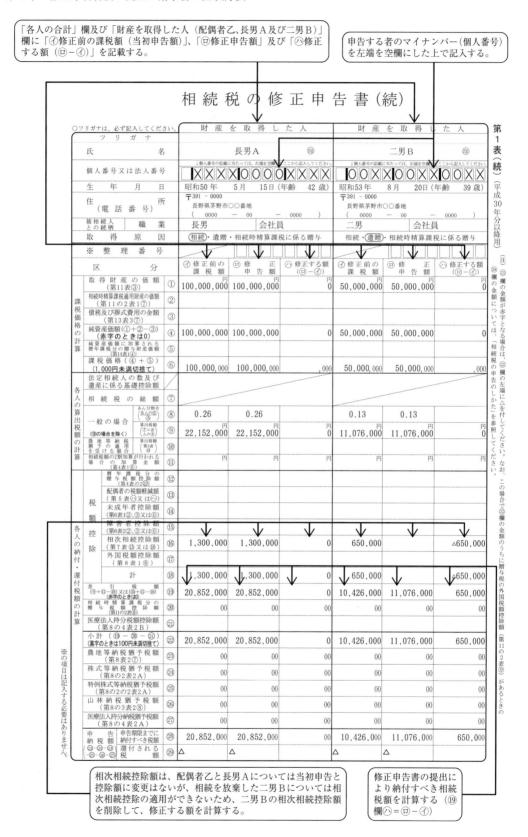

相次相続控除額は、配偶者乙と長男Aについては当初申告と控除額に変更はないが、相続を放棄した二男Bについては相次相続控除の適用ができないため、二男Bの相次相続控除額を削除して、修正する額を計算する。

修正申告書の提出により納付すべき相続税額を計算する（⑲欄①＝⑭－①）

228

相 次 相 続 控 除 額 の 計 算 書

	被相続人	甲

　この表は、被相続人が今回の相続の開始前10年以内に開始した前の相続について、相続税を課税されている場合に記入します。

1 相 次 相 続 控 除 額 の 総 額 の 計 算

前の相続に関する情報等を記載し、前の相続から今回の相続までの期間を求め、相次相続控除額の総額を算式に従い計算する。

前の相続に係る被相続人の氏名	前の相続に係る被相続人と今回の相続に係る被相続人との続柄	前の相続に係る相続税の申告書の提出先
X	甲の父	松本　　税務署

① 前の相続の年月日	② 今回の相続の年月日	③ 前の相続から今回の相続までの期間(1年未満切捨て)	④ 10年－③の年数
平成24年12月1日	平成30年3月1日	5　年	5　年

⑤ 被相続人が前の相続の時に取得した純資産価額(相続時精算課税適用財産の価額を含みます。)	⑥ 前の相続の際の被相続人の相続税額	⑦ (⑤－⑥)の金額	⑧ 今回の相続、遺贈や相続時精算課税に係る贈与によって財産を取得した全ての人の純資産価額の合計額（第1表の④の合計金額）
50,000,000 円	10,000,000 円	40,000,000 円	380,000,000 円

(⑥の相続税額)					(④の年数)		相次相続控除額の総額
10,000,000 円 ×	⑧の金額 380,000,000 円 / ⑦の金額 40,000,000 円	この割合が100分の100を超えるときは、100分の100とします。	×	5 年 / 10 年	=	Ⓐ	5,000,000 円

2 各 相 続 人 の 相 次 相 続 控 除 額 の 計 算

(1) 一般の場合

この表は、被相続人から相続、遺贈や相続時精算課税に係る贈与によって財産を取得した人のうちに農業相続人がいない場合に、財産を取得した相続人の全ての人が記入します。

相続を放棄した者や相続権を失った者は除かれる。

今回の相続の被相続人から財産を取得した相続人の氏名	⑨ 相次相続控除額の総額	⑩ 各相続人の純資産価額(第1表の各人の④の金額)	⑪ 相続人以外の人も含めた純資産価額の合計額(第1表の④の各人の合計)	⑫ 各人の⑩/⑪の割合	⑬ 各人の相次相続控除額(⑨×各人の⑫の割合)
配偶者乙		230,000,000 円		0.61	3,050,000 円
長男A	(上記Ⓐの金額)	100,000,000		0.26	1,300,000
	5,000,000 円		Ⓑ 380,000,000 円		

(2) 相続人のうちに農業相続人がいる場合

この表は、被相続人から相続、遺贈や相続時精算課税に係る贈与によって財産を取得した人のうちに農業相続人がいる場合に、財産を取得した相続人の全ての人が記入します。

今回の相続の被相続人から財産を取得した相続人の氏名	⑭ 相次相続控除額の総額	⑮ 各相続人の純資産価額(第3表の各人の④の金額)	⑯ 相続人以外の人も含めた純資産価額の合計額(第3表の④の各人の合計)	⑰ 各人の⑮/⑯の割合	⑱ 各人の相次相続控除額(⑭×各人の⑰の割合)
	(上記Ⓐの金額)	円			円
	円		Ⓒ 円		

(注)　1　⑥欄の相続税額は、相続時精算課税分の贈与税額控除後の金額をいい、その被相続人が納税猶予の適用を受けていた場合の免除された相続税額並びに延滞税、利子税及び加算税の額は含まれません。

　　　2　各人の⑬又は⑱欄の金額を第1表のその人の「相次相続控除額⑯」欄に転記します。

〈相次相続控除の留意点〉

(1)　**相次相続控除とは**

　　前の相続の時から今回の相続の時までの期間が相当長期にわたる場合には、相続税の負担が問題となることは少ないが、比較的短期間（10年以内）のうちに次の相続が発生したような場合には、長期間次の相続が発生しなかった場合に比べて、相続税の負担に著しい不均衡が生じることが予想される。

　　そこで、このような場合における相続税の負担の調整を図る見地から、相続税法では、相次相続控除の規定が設けられ、10年以内に2回以上相続が開始し、同一の財産について重ねて相続税が課税される場合には、第1次相続の際に課せられた相続税額のうち一定の部分の金額（※）を、第2次相続に係る相続税額から控除することとしている（相法20）。

　　（※）一定の部分の金額
　　　各相続人の相次相続控除額の算出方法を算式で示すと次のとおりである。

$$相次相続控除額 = A \times \frac{C}{B-A} \left(求めた割合が \frac{100}{100} を超えるときは、\frac{100}{100} とする。\right) \times \frac{D}{C} \times \frac{10-E}{10}$$

A：第2次相続に係る被相続人が第1次相続により取得した財産につき課せられた相続税額

B：第2次相続に係る被相続人が第1次相続により取得した財産の価額（債務控除をした後の金額）

C：第2次相続により相続人及び受遺者の全員が取得した財産の価額（債務控除をした後の金額）

D：第2次相続によりその控除対象者が取得した財産の価額（債務控除をした後の金額）

E：第1次相続開始の時から第2次相続開始の時までの期間に相当する年数（1年未満の端数は切捨て）

(2)　**相続を放棄した者等の相次相続控除**

　　相次相続控除に関する規定は、相続又は遺贈（被相続人からの相続人に対する遺贈に限る。）により財産を取得した相続人に限って適用があり、相続を放棄した者及び相続権を失った者については、相続人ではないから、たとえその者について遺贈により取得した財産がある場合においても、相次相続控除の規定の適用はないことに留意しなければならない（相基通20-1）。

6 第9表（生命保険金）・第10表（退職手当金）関連項目

事例11 被相続人に支払われるべき保険金を相続人が受領した場合

〈当初の期限内申告書の申告内容〉

　被相続人甲は、平成29年12月10日に交通事故により重傷を負ったことにより、保険会社より高度障害保険金として1億円支給されることとなった。その後、容体が急変し、平成30年1月15日にこの保険金の支払いを受ける前に死亡した（なお、実際の保険金の支払いを受けたのは被相続人が死亡した2日後であった。）。

　被相続人甲の法定相続人は長男A・二男B・長女C（甲の配偶者は平成20年に死亡している。）である。

　被相続人甲の遺産については、相続人Aが次の生命保険請求権以外の全てを相続し、二男Bは相続人間の協議により本来被相続人が受け取るはずであった高度障害に係る保険金1億円を受け取った。なお、この1億円については、被相続人甲が死亡したことによる生命保険金だと思い込み、生命保険金の非課税額を控除した価額で相続税の申告をした。

　また、長女Cは長男Aが全ての財産を相続する代償として現金2,000万円を受け取ることで合意した。

　この保険金及び取得財産等をまとめると次のとおりである。

[生命保険金]

保 険 契 約 者：被相続人

保 険 料 負 担 者：被相続人

保険金給付事由：被相続人が高度障害になったことによる

保 険 金 受 取 人：本来は被相続人であるが、相続人間での協議により二男Bが1億円を
　　　　　　　　　受け取ることになった。

［取得財産等］

財産及び債務等	価　額	長男A	二男B	長女C
取得財産の価額	2億8,500万円	1億8,000万円	8,500万円	2,000万円
債務及び 葬式費用の金額	2,000万円	2,000万円		
課 税 価 格	2億6,500万円	1億6,000万円	8,500万円	2,000万円
納付すべき税額	4,409.9万円	2,645.9万円	1,411.1万円	352.7万円

〈相続税の税務調査における調査担当者の指摘〉

　調査担当者は、事前通知の手続を法令上の規定に基づき行ったのち、被相続人甲の相続税の申告内容に係る税務調査を行った。

　調査担当者は税務調査の結果、二男Bが取得した1億円の保険金については、傷害や疾病などの死亡を伴わない保険事故により、すでに被相続人甲に帰属した権利（未収保険金の請求権）を二男Bが相続により取得し、その権利に基づいて保険金の支払いを受けたことによるものであり、二男Bが取得する1億円はあくまでも「未収入金」という本来の相続財産であって「みなし相続財産」としての保険金ではない旨を指摘し、法令上の規定に基づき修正申告の勧奨を行った。

　相続人らは、二男Bが取得した生命保険金について、非課税の適用がないことを理解し、調査担当者の指摘に従い相続税の修正申告書を令和元年12月2日に提出した。

　なお、長女Cについては、按分割合の端数処理の関係上修正により税額が少なくなるため、更正の請求書を提出することとなるが、本事例では説明を省略した。更正の請求書の記載例は 事例16 を参照されたい。

〈修正申告書の記載方法の概要及び留意点〉

　相続税の修正申告書における各表の記載方法の概要は次のとおりであるが、留意点は次々頁以降の第1表・第2表・第11表を参照されたい。

(1)　**第1表**

　第1表には、各相続人の合計及び各相続人それぞれの修正前の課税額（当初の期限内申告額）及び修正申告額を記載するとともに、修正する額（修正前の課税額−修正申告額）を記載する。さらに、各相続人のマイナンバー（個人番号）を記載する。

(2)　第2表

　第2表には、当初の期限内申告書において生命保険金として非課税金額を誤って控除していたため、受け取った保険金が「未収入金」として本来の財産であるとした場合の価額（生命保険金の非課税金額の控除をしない。）により計算した課税価格の合計額により、相続税の総額を再計算する。

(3)　第11表

　第11表には、当初申告において「みなし相続財産」として生命保険金の非課税金額を控除した後の価額をいったんマイナスし、合わせて高度障害を保険事故とする保険金の請求権（本来の財産）の価額を記載する。

「各人の合計」欄及び「財産を取得した人（長男A、二男B及び長女C）」欄に「④修正前の課税額（当初申告額）」、「⑫修正申告額」及び「⑨修正する額（⑫−④）」を記載する。

申告する者のマイナンバー（個人番号）を左端を空欄にした上で記入する。

相続税の修正申告書

相続開始年月日　平成30年　1月15日

諏訪　税務署長

元　年　12　月　2　日提出

○フリガナは、必ず記入してください。

第1表（平成30年分以降用）

区　分	各　人　の　合　計			財　産　を　取　得　し　た　人		
フリガナ	（被相続人）			長男A　㊞		
氏　　名	甲					
個人番号又は法人番号				×××× 0000 ×××		
生　年　月　日	昭和17年　10月　15日（年齢　75歳）			昭和45年　5月　24日（年齢　47歳）		
住　所（電話番号）	長野県茅野市○○番地			〒391−0000　長野県茅野市○○番地（0000 − 00 − 0000）		
被相続人との続柄　職業		会社役員		長男　　会社役員		
取　得　原　因	該当する取得原因を○で囲みます。			相続・遺贈・相続時精算課税に係る贈与		
※　整理番号						

	区　分		④修正前の課税額	⑫修正申告額	⑨修正する額（⑫−④）	④修正前の課税額	⑫修正申告額	⑨修正する額（⑫−④）
課税価格の計算	取得財産の価額（第11表③）	①	285,000,000	300,000,000	15,000,000	180,000,000	180,000,000	0
	相続時精算課税適用財産の価額（第11の2表1⑦）	②						
	債務及び葬式費用の金額（第13表3⑦）	③	20,000,000	20,000,000	0	20,000,000	20,000,000	0
	純資産価額（①＋②−③）（赤字のときは0）	④	265,000,000	280,000,000	15,000,000	160,000,000	160,000,000	0
	純資産価額に加算される暦年課税分の贈与財産価額（第14表1④）	⑤						
	課税価格（④＋⑤）（1,000円未満切捨て）	⑥	265,000,000	280,000,000	15,000,000	160,000,000	160,000,000	,000
各人の算出税額の計算	法定相続人の数及び遺産に係る基礎控除額	⑦	(3人) 48,000,000	(3人) 48,000,000	(0人) ,000,000			
	相続税の総額	⑦	44,099,700	48,599,700	4,500,000			
	一般の場合（⑩の場合を除く） あん分割合	⑧	1.00	1.00		0.60	0.57	△0.03
	算出税額	⑨	44,099,700	48,599,700	4,500,000	26,459,820	27,701,829	1,242,009
	農地等納税猶予の適用を受ける場合	⑩						
	相続税額の2割加算が行われる場合の加算金額（第4表1⑥）	⑪						
税額控除	暦年課税分の贈与税額控除額（第4表2⑤）	⑫						
	配偶者の税額軽減額（第5表⑤又は⑥）	⑬						
	未成年者控除額（第6表1②、③又は⑥）	⑭						
	障害者控除額（第6表2②、③又は⑥）	⑮						
	相次相続控除額（第7表⑬又は⑱）	⑯						
	外国税額控除額（第8表1⑧）	⑰						
	計	⑱						
各人の納付・還付税額の計算	差引税額（⑨＋⑪−⑱）又は（⑩＋⑪−⑱）（赤字のときは0）	⑲	44,099,700	48,599,700	4,500,000	26,459,820	27,701,829	1,242,009
	相続時精算課税分の贈与税額控除額（第11の2表⑧）	⑳	00	00	00	00	00	00
	医療法人持分税額控除額（第8の4表2B）	㉑						
	小計（⑲−⑳−㉑）（黒字のときは100円未満切捨て）	㉒	44,099,600	48,599,500	4,499,900	26,459,800	27,701,800	1,242,000
	農地等納税猶予税額（第8表2⑦）	㉓	00	00	00	00	00	00
	株式等納税猶予税額（第8の2表2A）	㉔	00	00	00	00	00	00
	特例株式等納税猶予税額（第8の2の2表2A）	㉕	00	00	00	00	00	00
	山林納税猶予税額（第8の3表2⑧）	㉖	00	00	00	00	00	00
	医療法人持分納税猶予税額（第8の4表2A）	㉗	00	00	00	00	00	00
	申告納税額 申告期限までに納付すべき税額（㉒−㉓−㉔−㉕−㉖−㉗）	㉘	44,099,600	48,599,500	4,499,900	26,459,800	27,701,800	1,242,000
	還付される税額	㉙	△	△		△	△	

再計算した課税価格を基に各人の算出税額を計算する（⑨欄）。

修正申告書の提出により納付すべき相続税額を計算する（⑲欄⑨＝⑫−④）。

二男Bが取得した未収保険金の請求権について、生命保険金の非課税金額を控除しない。本来の財産として加算した価額により、課税価格を再計算する（⑥欄）。

（注）㉒欄の金額が赤字となる場合は、「相続税の申告のしかた」を参照してください。なお、この場合で㉒欄の金額のうちに贈与税の外国税額控除額（第11の2表⑨）があるときの

㉒欄の金額については、「相続税の申告のしかた」を参照してください。㉒欄の金額が赤字となる場合は、「相続税の申告のしかた」を参照してください。

左の欄には、第2表の②欄の⑫の人数及び⑨の金額を記入します。

左の欄には、第2表の⑧欄の金額を記入します。

「各人の合計」欄及び「財産を取得した人（長男A、二男B及び長女C）」欄に「㋑修正前の課税額（当初申告額）」、「㋺修正申告額」及び「㋩修正する額（㋺−㋑）」を記載する。

申告する者のマイナンバー（個人番号）を左端を空欄にした上で記入する。

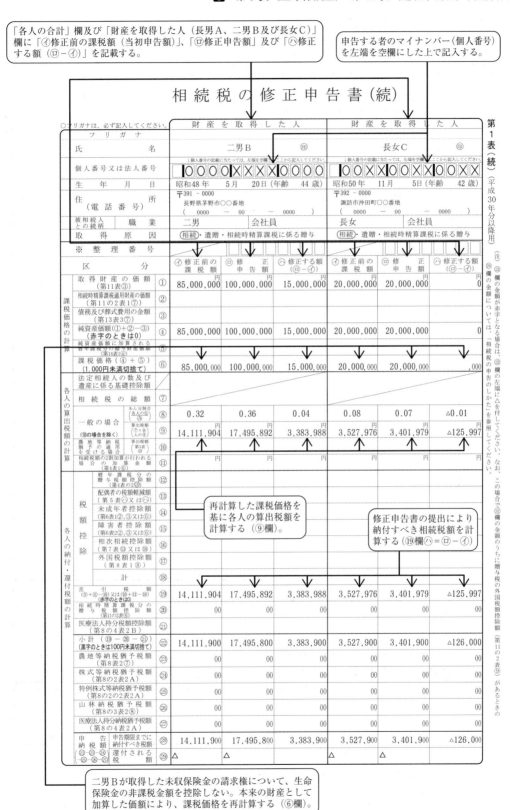

相続税の修正申告書（続）

第1表（続）（平成30年分以降用）

区　分		財産を取得した人　二男B			財産を取得した人　長女C		
		㋑修正前の課税額	㋺修正申告額	㋩修正する額（㋺−㋑）	㋑修正前の課税額	㋺修正申告額	㋩修正する額（㋺−㋑）
取得財産の価額（第11表③）	①	85,000,000	100,000,000	15,000,000	20,000,000	20,000,000	0
相続時精算課税適用財産の価額（第11の2表1⑦）	②						
債務及び葬式費用の金額（第13表3⑦）	③						
純資産価額（①+②−③）（赤字のときは0）	④	85,000,000	100,000,000	15,000,000	20,000,000	20,000,000	0
純資産価額に加算される暦年課税分の贈与財産価額（第14表1④）	⑤						
課税価格（④+⑤）（1,000円未満切捨て）	⑥	85,000,000	100,000,000	15,000,000	20,000,000	20,000,000	,000
法定相続人の数及び遺産に係る基礎控除額							
相続税の総額	⑦						
あん分割合（各人の⑥/⑥）	⑧	0.32	0.36	0.04	0.08	0.07	△0.01
一般の場合（⑩の場合を除く）算出税額（⑦×⑧）	⑨	14,111,904	17,495,892	3,383,988	3,527,976	3,401,979	△125,997
農地等納税猶予の適用を受ける場合　算出税額（第3表⑩）	⑩						
相続税額の2割加算が行われる場合の加算金額（第4表1⑥）	⑪						
暦年課税分の贈与税額控除額（第4表の2㉓）	⑫						
配偶者の税額軽減額（第5表⑤又は⑥）	⑬						
未成年者控除額（第6表1②、③又は⑥）	⑭						
障害者控除額（第6表2②、③又は⑥）	⑮						
相次相続控除額（第7表⑬又は⑱）	⑯						
外国税額控除額（第8表1⑧）	⑰						
計	⑱						
差引税額（⑨+⑪−⑱）又は（⑩+⑪−⑱）（赤字のときは0）	⑲	14,111,904	17,495,892	3,383,988	3,527,976	3,401,979	△125,997
相続時精算課税分の贈与税額控除額（第11の2表⑧）	⑳	00	00	00	00	00	00
医療法人持分税額控除額（第8の4表2B）	㉑						
小計（⑲−⑳−㉑）（黒字のときは100円未満切捨て）	㉒	14,111,900	17,495,800	3,383,900	3,527,900	3,401,900	△126,000
農地等納税猶予税額（第8表2⑦）	㉓	00	00	00	00	00	00
株式等納税猶予税額（第8の2表2A）	㉔	00	00	00	00	00	00
特例株式等納税猶予税額（第8の2の2表2A）	㉕	00	00	00	00	00	00
山林納税猶予税額（第8の3表2⑧）	㉖	00	00	00	00	00	00
医療法人持分納税猶予税額（第8の4表2A）	㉗	00	00	00	00	00	00
申告納税額　申告期限までに納付すべき税額	㉘	14,111,900	17,495,800	3,383,900	3,527,900	3,401,900	△126,000
還付される税額（㉒−㉓−㉔−㉕−㉖−㉗）	㉙	△	△		△	△	

○フリガナは、必ず記入してください。

フリガナ				
氏　名	二男B　㊞		長女C　㊞	
個人番号又は法人番号	↓個人番号の記載に当たっては、左端を空欄とし、ここから記入してください。 0000XXX0000		↓個人番号の記載に当たっては、左端を空欄とし、ここから記入してください。 00XX00XX00XX	
生年月日	昭和48年 5月 20日（年齢 44歳）		昭和50年 11月 5日（年齢 42歳）	
住所（電話番号）	〒391−0000 長野県茅野市○○番地 （ 0000 − 00 − ）		〒392−0000 諏訪市沖田町○○番地 （ 0000 − 00 − ）	
被相続人との続柄　職業	二男　会社員		長女　会社員	
取得原因	㊞相続・遺贈・相続時精算課税に係る贈与		㊞相続・遺贈・相続時精算課税に係る贈与	
※　整理番号				

（注）㉒欄の金額が赤字となる場合は、㉒欄の左端に△を付してください。なお、この場合で㉒欄の金額のうちに贈与税の外国税額控除額（第11の2表⑨）があるときの㉒欄の金額については、「相続税の申告のしかた」を参照してください。

再計算した課税価格を基に各人の算出税額を計算する（⑨欄）。

修正申告書の提出により納付すべき相続税額を計算する（⑲欄㋩＝㋺−㋑）

二男Bが取得した未収保険金の請求権について、生命保険金の非課税金額を控除しない。本来の財産として加算した価額により、課税価格を再計算する（⑥欄）。

二男Bが取得した未収保険金の請求権について、生命保険金の非課税金額を控除しないで計算した課税価格の合計額（①欄）を基に課税遺産総額（③欄）を算出し、法定相続人に応じた法定相続分により計算した相続税の総額（⑧欄）を第1表⑦欄㋺に移記する。

相 続 税 の 総 額 の 計 算 書

被相続人　甲

第2表（平成27年分以降用）

○この表を修正申告書の第2表として使用するときは、④欄には修正申告書第1表の㋺欄の⑥Ⓐの金額を記入し、㋭欄には修正申告書第3表の1の㋺欄の⑥Ⓐの金額を記入します。

この表は、第1表及び第3表の「相続税の総額」の計算のために使用します。
なお、被相続人から相続、遺贈や相続時精算課税に係る贈与によって財産を取得した人のうちに農業相続人がいない場合は、この表の㋭欄及び㋬欄並びに⑨欄から⑪欄までは記入する必要がありません。

① 課税価格の合計額	② 遺産に係る基礎控除額		③ 課税遺産総額
㋑第1表⑥Ⓐ　280,000,000 円	3,000万円＋（600万円×（Ⓐの法定相続人の数）㋥ 3人）＝㋩ 4,800万円		㊁（㋑－㋩）　232,000,000 円
㋬第3表⑥Ⓐ　　　　,000	㋥の人数及び㋩の金額を第1表Ⓑへ転記します。		㋠（㋭－㋩）　　　　,000

④ 法定相続人（（注）1参照）		⑤ 左の法定相続人に応じた法定相続分	第1表の「相続税の総額⑦」の計算		第3表の「相続税の総額⑦」の計算	
氏　名	被相続人との続柄		⑥ 法定相続分に応ずる取得金額（㊁×⑤）（1,000円未満切捨て）	⑦ 相続税の総額の基となる税額　下の「速算表」で計算します。	⑨ 法定相続分に応ずる取得金額（㋠×⑤）（1,000円未満切捨て）	⑩ 相続税の総額の基となる税額　下の「速算表」で計算します。
長男A	長男	$\frac{1}{3}$	77,333,000 円	16,199,900 円	,000 円	円
二男B	二男	$\frac{1}{3}$	77,333,000	16,199,900	,000	
長女C	長女	$\frac{1}{3}$	77,333,000	16,199,900	,000	
			,000		,000	
			,000		,000	
			,000		,000	
			,000		,000	
			,000		,000	
			,000		,000	
			,000		,000	
法定相続人の数　Ⓐ 3人		合計 1	⑧ 相続税の総額（⑦の合計額）（100円未満切捨て）　48,599,700		⑪ 相続税の総額（⑩の合計額）（100円未満切捨て）　00	

（注）　1　④欄の記入に当たっては、被相続人に養子がある場合や相続の放棄があった場合には、「相続税の申告のしかた」をご覧ください。
　　　　2　⑧欄の金額を第1表⑦欄へ転記します。財産を取得した人のうちに農業相続人がいる場合は、⑧欄の金額を第1表⑦欄へ転記するとともに、⑪欄の金額を第3表⑦欄へ転記します。

相続税の速算表

法定相続分に応ずる取得金額	10,000千円以下	30,000千円以下	50,000千円以下	100,000千円以下	200,000千円以下	300,000千円以下	600,000千円以下	600,000千円超
税　率	10%	15%	20%	30%	40%	45%	50%	55%
控　除　額	－　千円	500千円	2,000千円	7,000千円	17,000千円	27,000千円	42,000千円	72,000千円

この速算表の使用方法は、次のとおりです。
⑥欄の金額×税率－控除額＝⑦欄の税額　　　⑨欄の金額×税率－控除額＝⑩欄の税額
例えば、⑥欄の金額30,000千円に対する税額（⑦欄）は、30,000千円×15%－500千円＝4,000千円です。

○連帯納付義務について
　　相続税の納税については、各相続人等が相続、遺贈や相続時精算課税に係る贈与により受けた利益の価額を限度として、お互いに連帯して納付しなければならない義務があります。

当初「みなし相続財産」として生命保険金の非課税金額を控除した後の価額をいったんマイナスし、合わせて高度障害を保険事故とする保険金の請求権を本来の財産として当初申告の次に記載する。

相続税がかかる財産の明細書
（相続時精算課税適用財産を除きます。）

被相続人	甲

第11表（平成21年4月分以降用）

○相続時精算課税適用財産の明細については、この表によらず第11の2表に記載します。

この表は、相続や遺贈によって取得した財産及び相続や遺贈によって取得したものとみなされる財産のうち、相続税のかかるものについての明細を記入します。

遺産の分割状況	区　分	① 全 部 分 割	2 一 部 分 割	3 全 部 未 分 割
	分 割 の 日	30・10・2	・　・	

財　　産　　の　　明　　細							分割が確定した財産	
種類	細目	利用区分、銘柄等	所在場所等	数量 固定資産税評価額	単価 倍数	価　額	取得した人の氏名	取得財産の価額
	当初申告			円	円	円 285,000,000	長男A	円 180,000,000
							二男B	85,000,000
							長女C	20,000,000
((計))						《 285,000,000》		
その他の財産	生命保険金 （修正申告）	○○生命	諏訪市○○1丁目○番			△85,000,000	二男B	△85,000,000
その他の財産	高度障害保険金請求権 （修正申告）	○○生命	諏訪市○○1丁目○番			100,000,000	二男B	100,000,000
((計))						《 15,000,000》		
[合計]						[300,000,000]		

合計表	財産を取得した人の氏名	（各人の合計）	長男A	二男B	長女C		
	分割財産の価額 ①	円 300,000,000	円 180,000,000	円 100,000,000	円 20,000,000	円	円
	未分割財産の価額 ②						
	各人の取得財産の価額 （①＋②）③	300,000,000	180,000,000	100,000,000	20,000,000		

（注）　1　「合計表」の各人の③欄の金額を第1表のその人の「取得財産の価額①」欄に転記します。
　　　　2　「財産の明細」の「価額」欄は、財産の細目、種類ごとに小計及び計を付し、最後に合計を付して、それらの金額を第15表の①から㉘までの該当欄に転記します。

〈被相続人に支払われるべき保険金を相続人が受領した場合の留意点〉

⑴　相続税の課税対象になる死亡保険金

　　被相続人の死亡によって取得した生命保険金や損害保険金で、その保険料の全部又は一部を被相続人が負担していたものは、相続税の対象となる。

　　この死亡保険金の受取人が相続人（相続を放棄した人や相続権を失った者は含まれない。）である場合、全ての相続人が受け取った保険金の合計額が次の算式によって計算した非課税限度額を超えるときは、その超える部分が相続税の課税対象になる。

非課税限度額＝ 500 万円×法定相続人の数（※）
　なお、相続人以外の者が取得した死亡保険金には非課税の適用はない。

※ 1　法定相続人の数は、相続の放棄をした者がいても、その放棄がなかったものとした場合の相続人の数をいう。
　 2　法定相続人の中に養子がいる場合、法定相続人の数に含める養子の数は、実子がいるときは 1 人、実子がいないときは 2 人までとなる。

⑵　本来の相続財産となる場合

　　被相続人が被保険者でその死亡を保険事故として取得する生命保険金は「みなし相続財産」として相続税が課税されることになっている。なお、⑴のとおりその受取人が相続人であるときは、一定額までの金額は非課税とされている。

　　しかし、事例のように、傷害や疾病などのように死亡を伴わない保険事故により、本来被相続人に支払われるべき保険金については、すでに被相続人に帰属した未収保険金の請求権を相続人が相続により取得したことになり、その権利に基づいて保険金の支払いを受けたことになる。

　　したがって、相続人の取得する財産は、「みなし相続財産」という保険金ではなく、「未収入金」という本来の財産となる。すなわち、生命保険金の非課税金額の控除の適用はないことに留意しなければならない。

事例12 相続放棄者が生命保険金の非課税額を控除した場合

〈当初の期限内申告書の申告内容〉

被相続人甲は、平成30年1月15日に死亡したが（甲の配偶者は平成20年に死亡している。）、その被相続人甲の法定相続人は長男A・二男B・長女Cである。

被相続人甲の遺産については相続人Aが全て相続し、二男Bは被相続人が保険契約者で保険料を負担していた被保険者を被相続人とする生命保険を1億円受け取った。

また、長女Cは長男Aが全ての財産を相続する代償として現金2,000万円を受け取ることで合意した。

当初の相続税申告において、1,500万円の生命保険の非課税枠（500万円×法定相続人の数）を二男Bに適用して申告していた。生命保険金及び取得財産等をまとめると次のとおりである。

なお、二男Bは民法の規定に従い、家庭裁判所に申述して相続の放棄をしている。

［生命保険金］

保険会社	受取年月日	受取金額	受取人
○○生命	平成30.2.1	1億円	二男B

※生命保険金の非課税金額

500万円×3人（法定相続人の数）＝1,500万円

受取人	保険金の額	非課税金額	課税金額
二男B	1億円	1,500万円	8,500万円

［取得財産等］

財産及び債務等	価　額	長男A	二男B	長女C
取得財産の価額	2億8,500万円	1億8,000万円	8,500万円	2,000万円
債務及び葬式費用の金額	2,000万円	2,000万円		
課税価格	2億6,500万円	1億6,000万円	8,500万円	2,000万円
納付すべき税額	4,409.9万円	2,645.9万円	1,411.1万円	352.7万円

〈相続税の税務調査における調査担当者の指摘〉

調査担当者は、事前通知の手続を法令上の規定に基づき行ったのち、被相続人甲の相続税の申告内容に係る税務調査を行った。

　調査担当者は税務調査の結果、二男Bについては家庭裁判所に申述して相続の放棄をしていることから、生命保険金の非課税の規定の適用を受けることができない旨を指摘し、法令上の規定に基づき修正申告の勧奨を行った。

　相続人らは相続を放棄した者が取得した生命保険金については、非課税の適用がないことを理解し、調査担当者の指摘に従い相続税の修正申告書を令和元年12月2日に提出した。

　なお、長女Cについては、按分割合の端数処理の関係上修正により税額が少なくなるため、更正の請求書を提出することとなるが、本事例では説明を省略した。更正の請求書の記載例は 事例16 を参照されたい。

〈修正申告書の記載方法の概要及び留意点〉

　相続税の修正申告書における各表の記載方法の概要は次のとおりであるが、留意点は次々頁以降の第1表・第2表・第9表・第11表・第15表を参照されたい。

(1)　**第1表**

　第1表には、各相続人の合計及び各相続人それぞれの修正前の課税額（当初の期限内申告額）及び修正申告額を記載するとともに、修正する額（修正申告額－修正前の課税額）を記載する。さらに、各相続人のマイナンバー（個人番号）を記載する。

(2)　**第2表**

　第2表には、当初の期限内申告書において相続放棄者について生命保険金の非課税金額を誤って控除していたため、非課税金額を控除しないところにより計算した課税価格の合計額により、相続税の総額を再計算する。

(3)　**第9表**

　第9表には、受け取った生命保険金の内容を記載し、また生命保険金の非課税限度額を計算して、受取人の課税金額を算出するが、相続放棄者については生命保険金の非課税が適用されないため、受取金額がそのまま第11表の「財産の明細」の「価額」に転記する。

(4)　**第11表**

　第11表には、生命保険金の非課税金額を控除する前の金額、つまり受取金額をその

まま記載する。

⑸ **第15表**

　第15表には、生命保険金の非課税金額を控除する前の金額、つまり受取金額をそのまま記載する。

「各人の合計」欄及び「財産を取得した人（長男A、二男B及び長女C）」欄に「⦿修正前の課税額（当初申告額）」、「⬡修正申告額」及び「⬠修正する額（⬡−⦿）」を記載する。

申告する者のマイナンバー（個人番号）を左端を空欄にした上で記入する。

相 続 税 の 修 正 申 告 書

相続開始年月日　平成30年　1月 15日

諏訪　税務署長

元 年 12 月 2 日 提出

〇フリガナは、必ず記入してください。

		各　人　の　合　計			財　産　を　取　得　し　た　人		
フ リ ガ ナ		（被 相 続 人）					
氏　　　名		甲			長男A		㊞
個人番号又は法人番号					ⅩⅩⅩⅩ〇〇〇〇ⅩⅩⅩ		
生 年 月 日		昭和17年　10月　15日（年齢　75歳）			昭和45年　5月　24日（年齢　47歳）		
住　　　　所（電話番号）		長野県茅野市〇〇番地			〒391−0000　長野県茅野市〇〇番地（ 0000 − 00 − 0000 ）		
被相続人との続柄　職業		会社役員			長男　　　会社役員		
取 得 原 因		該当する取得原因を〇で囲みます。			㊀相続・遺贈・相続時精算課税に係る贈与		
※ 整 理 番 号							
区　　　分		⦿修正前の課税額	⬡修正申告額	⬠修正する額（⬡−⦿）	⦿修正前の課税額	⬡修正申告額	⬠修正する額（⬡−⦿）
取得財産の価額（第11表③）	①	285,000,000	300,000,000	15,000,000	180,000,000	180,000,000	0
相続時精算課税適用財産の価額（第11の2表①）	②						
債務及び葬式費用の金額（第13表3⑦）	③	20,000,000	20,000,000	0	20,000,000	20,000,000	0
純資産価額（①＋②−③）（赤字のときは0）	④	265,000,000	280,000,000	15,000,000	160,000,000	160,000,000	0
純資産価額に加算される暦年課税分の贈与財産価額（第14表1④）	⑤						
課税価格（④＋⑤）（1,000円未満切捨て）	⑥	Ⓐ 265,000,000	280,000,000	15,000,000	160,000,000	160,000,000	000
法定相続人の数及び遺産に係る基礎控除額		Ⓑ（ 3人）48,000,000	Ⓑ（ 3人）48,000,000	（ 0人）,000,000	左の欄には、第2表の②欄の⬡の人数及び⬠の金額を記入します。		
相 続 税 の 総 額	⑦	44,099,700	48,599,700	4,500,000	左の欄には、第2表の⑧欄の金額を記入します。		
一般の場合（⑩の場合を除く）　あん分割合（各人の⑥/Ⓐ）	⑧	1.00	1.00		0.60	0.57	△0.03
算出税額（⑦×各人の⑧）	⑨	44,099,700	48,599,700	4,500,000	26,459,820	27,701,829	1,242,009
農地等納税猶予の適用を受ける場合　算出税額（第3表⑧）	⑩						
相続税額の2割加算が行われる場合の加算金額（第4表1⑩）	⑪						
税額控除	暦年課税分の贈与税額控除額（第4表の2②）	⑫						
	配偶者の税額軽減額（第5表⑫又は⬡）	⑬						
	未成年者控除額（第6表1②、③又は⑥）	⑭						
	障害者控除額（第6表2②、③又は⑥）	⑮						
	相次相続控除額（第7表⑬又は⑱）	⑯						
	外国税額控除額（第8表1⑧）	⑰						
	計	⑱						
差引税額（⑨＋⑪−⑱）又は（⑩＋⑪−⑱）（赤字のときは0）	⑲	44,099,700	48,599,700	4,500,000	26,459,820	27,701,829	1,242,009
相続時精算課税分の贈与税額控除額（第11の2表⑧）	⑳	00	00	00	00	00	00
医療法人持分税額控除額（第8の4表2B）	㉑						
小計（⑲−⑳−㉑）（黒字のときは100円未満切捨て）	㉒	44,099,600	48,599,500	4,499,900	26,459,800	27,701,800	1,242,000
農地等納税猶予税額（第8表2⑦）	㉓	00	00	00	00	00	00
株式等納税猶予税額（第8の2表2A）	㉔						
特例株式等納税猶予税額（第8の2の2表2A）	㉕						
山林納税猶予税額（第8の3表2⑧）	㉖						
医療法人持分納税猶予税額（第8の4表2A）	㉗						
申告納税額　申告期限までに納付すべき税額（㉒−㉓−㉔−㉕−㉖−㉗）	㉘	44,099,600	48,599,500	4,499,900	26,459,800	27,701,800	1,242,000
還付される税額	㉙	△	△		△	△	

再計算した課税価格を基に各人の算出税額を計算する（⑨欄）。

修正申告書の提出により納付すべき相続税額を計算する（⑲欄⬠＝⬡−⦿）。

相続を放棄した二男Bについて、生命保険金の非課税金額を誤って控除したため、非課税とした金額を二男Bの生命保険金へ加算した価額により、課税価格を再計算する（⑥欄）。

第1表（平成30年分以降用）

（注）㉙欄の金額が赤字となる場合は、㉙欄の金額については、「相続税の申告のしかた」を参照してください。なお、この場合で㉒欄の金額のうちに贈与税の外国税額控除額（第11の2表⑨）があるときの㉙欄の左端に△を付してください。

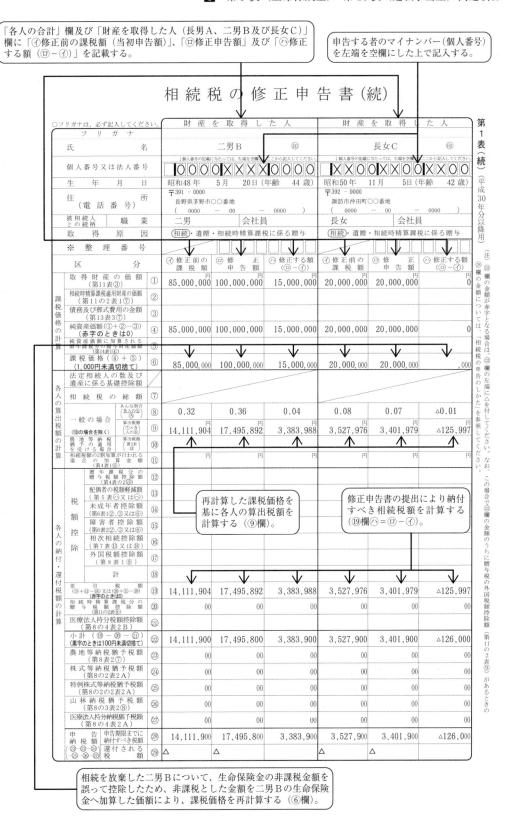

「各人の合計」欄及び「財産を取得した人（長男A、二男B及び長女C）」欄に「⑦修正前の課税額（当初申告額）」、「⑨修正申告額」及び「⑪修正する額（⑨−⑦）」を記載する。

申告する者のマイナンバー（個人番号）を左端を空欄にした上で記入する。

再計算した課税価格を基に各人の算出税額を計算する（⑨欄）。

修正申告書の提出により納付すべき相続税額を計算する（⑲欄⑪＝⑨−⑦）。

相続を放棄した二男Bについて、生命保険金の非課税金額を誤って控除したため、非課税とした金額を二男Bの生命保険金へ加算した価額により、課税価格を再計算する（⑥欄）。

243

誤って控除した生命保険金の非課税金額を相続財産に加算した課税価格の合計額（①欄）を基に課税遺産総額（③欄）を算出し、法定相続人に応じた法定相続分により計算した相続税の総額（⑧欄）を第1表⑦欄㋺欄に移記する。

相　続　税　の　総　額　の　計　算　書

| 被相続人 | 甲 |

第2表（平成27年分以降用）

この表は、第1表及び第3表の「相続税の総額」の計算のために使用します。

なお、被相続人から相続、遺贈や相続時精算課税に係る贈与によって財産を取得した人のうちに農業相続人がいない場合は、この表の㋬欄及び㋭欄並びに⑨欄から⑪欄までは記入する必要がありません。

この表を修正申告書の第3表の1の㋺欄の⑥㋐の金額を第2表の②欄として使用するときは、②欄には修正申告書第1表の㋺欄の⑥㋐の金額を記入し、㋭欄には修正申告書

① 課税価格の合計額	② 遺産に係る基礎控除額	③ 課税遺産総額
㋑第1表⑥㋐ 280,000,000 円	3,000万円 ＋（ 600万円 × ㋑㋐の法定相続人の数 3 人 ）＝ ㋬ 4,800 万円	㋥（㋑－㋬） 232,000,000 円
㋭第3表⑥㋐ ,000	㋬の人数及び㋬の金額を第1表Bへ転記します。	㋭（㋭－㋬） ,000

④ 法定相続人（（注）1参照）		⑤ 左の法定相続人に応じた法定相続分	第1表の「相続税の総額⑦」の計算		第3表の「相続税の総額⑦」の計算	
氏　　名	被相続人との続柄		⑥ 法定相続分に応ずる取得金額（㋥×⑤）（1,000円未満切捨て）	⑦ 相続税の総額の基となる税額（下の「速算表」で計算します。）	⑨ 法定相続分に応ずる取得金額（㋭×⑤）（1,000円未満切捨て）	⑩ 相続税の総額の基となる税額（下の「速算表」で計算します。）
長男A	長男	1/3	77,333,000 円	16,199,900 円	,000 円	円
二男B	二男	1/3	77,333,000	16,199,900	,000	
長女C	長女	1/3	77,333,000	16,199,900	,000	
			,000	,000	,000	
			,000	,000	,000	
			,000	,000	,000	
			,000	,000	,000	
			,000	,000	,000	
			,000	,000	,000	
法定相続人の数 ㋐ 3 人		合計 1	⑧ 相続税の総額（⑦の合計額）（100円未満切捨て） 48,599,700		⑪ 相続税の総額（⑩の合計額）（100円未満切捨て） 00	

(注)　1　④欄の記入に当たっては、被相続人に養子がある場合や相続の放棄があった場合には、「相続税の申告のしかた」をご覧ください。

　　　2　⑧欄の金額を第1表⑦欄へ転記します。財産を取得した人のうちに農業相続人がいる場合は、⑧欄の金額を第1表⑦欄へ転記するとともに、⑪欄の金額を第3表⑦欄へ転記します。

相続税の速算表

法定相続分に応ずる取得金額	10,000千円以下	30,000千円以下	50,000千円以下	100,000千円以下	200,000千円以下	300,000千円以下	600,000千円以下	600,000千円超
税　率	10%	15%	20%	30%	40%	45%	50%	55%
控除額	－ 千円	500千円	2,000千円	7,000千円	17,000千円	27,000千円	42,000千円	72,000千円

この速算表の使用方法は、次のとおりです。

⑥欄の金額×税率－控除額＝⑦の税額　　　⑨欄の金額×税率－控除額＝⑩欄の税額

例えば、⑥欄の金額30,000千円に対する税額（⑦欄）は、30,000千円×15％－500千円＝4,000千円です。

○連帯納付義務について

　相続税の納税については、各相続人等が相続、遺贈や相続時精算課税に係る贈与により受けた利益の価格を限度として、お互いに連帯して納付しなければならない義務があります。

相続の放棄をした者や相続権を失った者は除かれる。

生命保険金などの明細書

| 被相続人 | 甲 |

1 相続や遺贈によって取得したものとみなされる保険金など

この表は、相続人やその他の人が被相続人から相続や遺贈によって取得したものとみなされる生命保険金、損害保険契約の死亡保険金及び特定の生命共済金などを受け取った場合に、その受取金額などを記入します。

保険会社等の所在地	保険会社等の名称	受取年月日	受 取 金 額	受取人の氏名
諏訪市○○1丁目○番	○○生命	30・2・1	100,000,000 円	二男B

(注) 1 相続人（相続の放棄をした人を除きます。以下同じです。）が受け取った保険金などのうち一定の金額は非課税となりますので、その人は、次の2の該当欄に非課税となる金額と課税される金額とを記入します。
　　　2 相続人以外の人が受け取った保険金などについては、非課税となる金額はありませんので、その人は、その受け取った金額そのままを第11表の「財産の明細」の「価額」の欄に転記します。
　　　3 相続時精算課税適用財産は含まれません。

2 課税される金額の計算

この表は、被相続人の死亡によって相続人が生命保険金などを受け取った場合に、記入します。

保 険 金 の 非 課 税 限 度 額	(500万円 × ［第2表の Ⓐ の 法定相続人の数］ 3人 により計算した金額を右のⒶに記入します。)		Ⓐ 15,000,000 円
保 険 金 な ど を 受 け 取 っ た 相 続 人 の 氏 名	① 受 け 取 っ た 保 険 金 な ど の 金 額	② 非 課 税 金 額 $\left(Ⓐ \times \dfrac{各人の①}{Ⓑ} \right)$	③ 課 税 金 額 （①－②）
	円	円	円
合 計	Ⓑ		

(注) 1 Ⓑの金額がⒶの金額より少ないときは、各相続人の①欄の金額がそのまま②欄の非課税金額となりますので、③欄の課税金額は0となります。
　　　2 ③欄の金額を第11表の「財産の明細」の「価額」欄に転記します。

非課税金額を差し引く前の生命保険金の金額（受取金額）を、
相続税がかかる財産の明細として当初申告の次に記載する。

相続税がかかる財産の明細書
（ 相 続 時 精 算 課 税 適 用 財 産 を 除 き ま す 。）

被相続人	甲

第11表（平成21年4月分以降用）

○相続時精算課税適用財産の明細については、この表によらず第11の2表に記載します。

この表は、相続や遺贈によって取得した財産及び相続や遺贈によって取得したものとみなされる財産のうち、相続税のかかるものについての明細を記入します。

遺産の分割状況	区　　　分	① 全 部 分 割	2 一 部 分 割	3 全 部 未 分 割
	分 割 の 日	30・10・2	・　・	

財　　　産　　　の　　　明　　　細							分割が確定した財産	
種類	細目	利用区分、銘柄等	所在場所等	数量 固定資産税評価額	単価 倍数	価　額	取得した人の氏　名	取得財産の価　額
	当初申告			円		円 285,000,000	長男A	円 180,000,000
				円			二男B	85,000,000
							長女C	20,000,000
((計))						《 285,000,000》		
その他の財産	生命保険金等	○○生命	諏訪市○○1丁目○番			△85,000,000	二男B	△85,000,000
((計))						《 △85,000,000》		
その他の財産	生命保険金等	○○生命	諏訪市○○1丁目○番			100,000,000	二男B	100,000,000
((計))						《 100,000,000》		
[合計]						[300,000,000]		

合計表	財産を取得した人の氏名	（各人の合計）	長男A	二男B	長女C			
	分割財産の価額 ①	円 300,000,000	円 180,000,000	円 100,000,000	円 20,000,000	円	円	円
	未分割財産の価額 ②							
	各人の取得財産の価額 (①+②) ③	300,000,000	180,000,000	100,000,000	20,000,000			

（注）　1　「合計表」の各人の③欄の金額を第1表のその人の「取得財産の価額①」欄に転記します。
　　　　2　「財産の明細」の「価額」欄は、財産の細目、種類ごとに小計及び計を付し、最後に合計を付して、それらの金額を第15表の①から㉘までの該当欄に転記します。

〈相続放棄者がいる場合の生命保険金非課税額控除の留意点〉

⑴ 相続税の課税対象になる死亡保険金

被相続人の死亡によって取得した生命保険金や損害保険金で、その保険料の全部又は一部を被相続人が負担していたものは、相続税の対象となる。

この死亡保険金の受取人が相続人（相続を放棄した者や相続権を失った者は含まれない。）である場合、全ての相続人が、受け取った保険金の合計額が次の算式によって計算した非課税限度額を超えるときは、その超える部分が相続税の課税対象になる。

非課税限度額 = 500万円×法定相続人の数（※）
なお、相続人以外の者が取得した死亡保険金には非課税の適用はない。

※1　法定相続人の数は、相続の放棄をした者がいても、その放棄がなかったものとした場合の相続人の数をいう。
　2　法定相続人の中に養子がいる場合、法定相続人の数に含める養子の数は、実子がいるときは1人、実子がいないときは2人までとなる。

⑵ 相続を放棄した者等の生命保険金等の非課税規定の適用

相続を放棄した者又は相続権を失った者が取得した保険金については、相続税法第12条第1項第5号に掲げる保険金の非課税金額の規定の適用がないことに留意しなければならない（相基通12-8）。

生命保険金の非課税財産の規定は、相続税法第3条の規定により相続人が相続により取得したものとみなされた保険金に限って適用され、相続人以外の者が遺贈により取得したものとみなされた保険金については適用されない。

なお、この場合の相続を放棄した者とは、民法第938条に規定する《相続の放棄の方式》により家庭裁判所に申述して相続の放棄をした者だけをいうのであって、正式に放棄の手続をとらないで、遺産分割の協議において事実上相続の放棄をし、財産を全く取得しなかったにとどまる者を含まないので留意したい（相基通3-1）。

したがって、相続を放棄した者や相続権を失った者が、相続税法第3条に規定する生命保険金を取得した場合には、相続人が取得したことにはならず相続人以外の者が取得したこととされ、遺贈により取得したものとみなされる。

事例13 　3年以内に支給が確定した死亡退職金

〈当初の期限内申告書の申告内容〉

　被相続人は、平成30年1月15日に死亡し（甲の配偶者は平成16年に死亡している。）、被相続人甲の相続人である長女A・長男Bは、それぞれ次の財産の取得及び債務の承継を行うことで分割協議が成立し、平成30年11月10日に相続税の期限内申告書を提出するとともに、納付すべき相続税額を期限内に納付した。

　なお、被相続人甲はX株式会社の創業者であり、死亡退職金が支給される可能性はあったが、X社の業績は近年落ち込んでいたため、死亡退職金の支給はどうなるか分からなかった。そのため、相続人AとBは死亡退職金を考慮せず期限内申告書を提出している。

財産等	価額	長女A	長男B
取得財産の価額	2億円	3,000万円	1億7,000万円
債務及び葬式費用の金額	1,000万円		1,000万円
課税価格	1億9,000万円	3,000万円	1億6,000万円
納付すべき税額	3,040万円	486.4万円	2,553.6万円

〈相続税の税務調査における調査担当者の指摘〉

　調査担当者は、事前通知の手続を法令上の規定に基づき行ったのち、被相続人甲の相続税の申告内容に係る税務調査を行った。

　X社からの死亡退職金が、甲の死亡後3年を超えた令和3年7月に事業承継者である長男Bの預金口座へ振り込まれていたが、相続人AとBは相続税の修正申告をしていなかった。

　調査担当者はX社の取締役会の議事録に注目し、被相続人甲への死亡退職金（5,000万円）は令和2年12月20日の取締役会でその金額についても支給することが承認されているため、相続税の「みなし相続財産」に当たる旨指摘した。

　長女A及び長男Bは、その議事録を確認したのち相続税の「みなし相続財産」に当たるため修正申告が必要であることを了承し、調査担当者の指摘に従い相続税の修正申告書を令和3年10月31日に提出した。

〈修正申告書の記載方法の概要及び留意点〉

　相続税の修正申告書における各表の記載方法の概要は次のとおりであるが、留意点は次頁以降の第1表・第2表・第10表・第11表・第15表（修正申告用）を参照されたい。

(1)　**第1表**

　第1表には、各相続人の合計及び各相続人それぞれの修正前の課税額（当初の期限内申告額）及び修正申告額を記載するとともに、修正する額（修正申告額−修正前の課税額）を記載する。さらに、各相続人のマイナンバー（個人番号）を記載する。

(2)　**第2表**

　第2表には、当初の期限内申告書において相続財産として計上漏れであった死亡退職金（非課税限度額を控除後の金額）をプラスした課税価格の合計額により、相続税の総額を再計算する。

(3)　**第10表**

　3年以内に支給が確定した死亡退職金について、その死亡退職金の受取状況を記載し、死亡退職金の非課税限度額を計算し、課税金額を求める。

(4)　**第11表**

　第11表には、3年以内に支給が確定した死亡退職金の課税金額と受取人を相続税がかかる財産の明細として追加で記載する。

(5)　**第15表**

　第11表には、3年以内に支給が確定した死亡退職金の課税金額を合計欄と受取欄に追加で記載する。

「各人の合計」欄及び「財産を取得した人（長女A及び長男B）」欄に「①修正前の課税額（当初申告額）」、「②修正申告額」及び「③修正する額（②－①）」を記載する。

申告する者のマイナンバー（個人番号）を左端を空欄にした上で記入する。

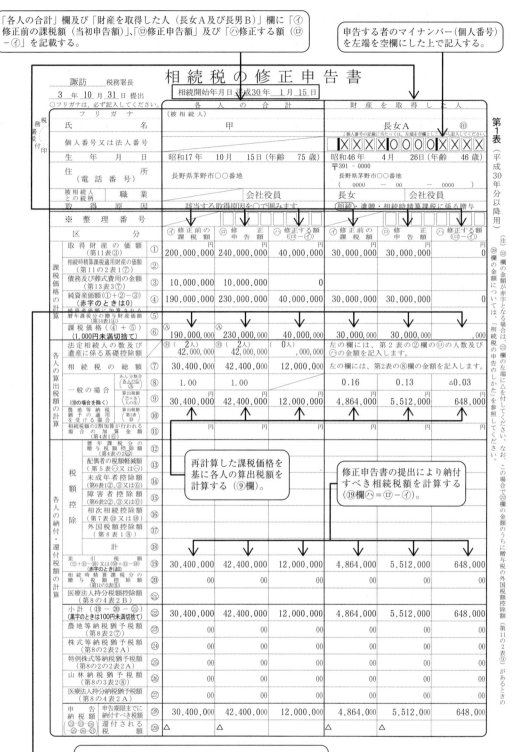

再計算した課税価格を基に各人の算出税額を計算する（⑨欄）。

修正申告書の提出により納付すべき相続税額を計算する（⑲欄⑲＝⑩－①）。

3年以内に退職金の支給が確定したため、その退職金から非課税限度額を控除した後の金額を長男Bの相続財産へ計上し、課税価格を再計算する（⑥欄）。

「各人の合計」欄及び「財産を取得した人（長女A及び長男B）」欄に「①修正前の課税額（当初申告額）」、「⓪修正申告額」及び「⓪修正する額（⓪-①）」を記載する。

申告する者のマイナンバー（個人番号）を左端を空欄にした上で記入する。

相 続 税 の 修 正 申 告 書 （続）

○フリガナは、必ず記入してください。

第1表（続）（平成30年分以降用）

		財 産 を 取 得 し た 人			財 産 を 取 得 し た 人		
フ リ ガ ナ							
氏 名		長男B ㊞			㊞		
個人番号又は法人番号		↓個人番号の記載に当たっては、左端を空欄としここから記入してください↓ 〇〇〇〇 ✕✕✕ 〇〇〇〇			↓個人番号の記載に当たっては、左端を空欄としここから記入してください↓		
生 年 月 日		昭和48 年 5月 20日（年齢 44 歳）			年 月 日（年齢 歳）		
住 所 （電 話 番 号）		〒391 - 0000 長野県茅野市○○番地 （ 0000 - 00 - 0000 ）			〒 （ - - ）		
被相続人 との続柄 職業		長男 会社役員					
取 得 原 因		(相続)・遺贈・相続時精算課税に係る贈与			相続・遺贈・相続時精算課税に係る贈与		
※ 整 理 番 号							

区 分		①修正前の課税額	⓪修正申告額	⓪修正する額 (⓪-①)	①修正前の課税額	⓪修正申告額	⓪修正する額 (⓪-①)
課税価格の計算	取得財産の価額 （第11表③）①	170,000,000 円	210,000,000 円	40,000,000 円	円	円	円
	相続時精算課税適用財産の価額 （第11の2表1⑦）②						
	債務及び葬式費用の金額 （第13表3⑦）③	10,000,000	10,000,000	0			
	純資産価額（①+②-③） （赤字のときは0）④	160,000,000	200,000,000	40,000,000			
	純資産価額に加算される 暦年課税分の贈与財産価額 （第14表1④）⑤						
	課税価格（④＋⑤） （1,000円未満切捨て）⑥	160,000,000	200,000,000	40,000,000	,000	,000	,000
各人の算出税額の計算	法定相続人の数及び 遺産に係る基礎控除額						
	相 続 税 の 総 額 ⑦						
	一般の場合 （⑩の場合を除く） あん分割合（各人の⑥／Ⓐ）⑧	0.84	0.87	0.03			
	算出税額（⑦×各人の⑧）⑨	25,536,000 円	36,888,000 円	11,352,000 円	円	円	円
	農地等納税猶予の適用 を受ける場合 算出税額（第3表⑨）⑩						
	相続税額の2割加算が行われる 場合の加算金額（第4表⑥）⑪	円	円	円	円	円	円
各人の納付・還付税額の計算	税額控除	暦年課税分の 贈与税額控除額（第4表の2⑳）⑫						
		配偶者の税額軽減額 （第5表⑫又は⑬）⑬						
		未成年者控除額 （第6表1②、③又は⑥）⑭						
		障害者控除額 （第6表2②、③又は⑥）⑮						
		相次相続控除額 （第7表⑬又は⑱）⑯						
		外国税額控除額 （第8表1⑧）⑰						
		計 ⑱						
	差引税額 (⑨+⑪-⑱)又は(⑩+⑪-⑱) （赤字のときは0）⑲	25,536,000	36,888,000	11,352,000			
	相続時精算課税分の 贈与税額控除額 （第11の2表⑧）⑳	00	00	00	00	00	00
	医療法人持分税額控除額 （第8の4表2B）㉑						
	小計（⑲-⑳-㉑） （黒字のときは100円未満切捨て）㉒	25,536,000	36,888,000	11,352,000			
	農地等納税猶予税額 （第8表2⑦）㉓	00	00	00	00	00	00
	株式等納税猶予税額 （第8の2表2A）㉔	00	00	00	00	00	00
	特例株式等納税猶予税額 （第8の2の2表2A）㉕	00	00	00	00	00	00
	山林納税猶予税額 （第8の3表2⑧）㉖	00	00	00	00	00	00
	医療法人持分納税猶予税額 （第8の4表2A）㉗	00	00	00	00	00	00
	申告納税額 申告期限までに 納付すべき税額 ㉘	25,536,000	36,888,000	11,352,000	00	00	00
	(㉒-㉓-㉔ -㉕-㉖-㉗) 還付される 税額 ㉙	△	△	△	△	△	△

再計算した課税価格を基に各人の算出税額を計算する（⑨欄）。

修正申告書の提出により納付すべき相続税額を計算する（⑲欄⓪＝⓪-①）。

3年以内に退職金の支給が確定したため、その退職金から非課税限度額を控除した後の金額を長男Bの相続財産へ計上し、課税価格を再計算する（⑥欄）。

（注）㉒欄の金額が赤字となる場合は、㉒欄の左端に△を付してください。なお、この場合で㉒欄の金額のうちに贈与税の外国税額控除額（第11の2表⑨）があるときの㉒欄の金額については、「相続税の申告のしかた」を参照してください。

251

> 3年以内に死亡退職金の支給が確定したため、死亡退職金から非課税限度額を控除した後の金額を相続財産に計上した課税価格の合計額（①欄）を基に課税遺産総額（③欄）を算出し、法定相続人に応じた法定相続分により計算した相続税の総額（⑧欄）を第1表⑦欄囮に移記する。

相 続 税 の 総 額 の 計 算 書

| | 被相続人 | 甲 |

第2表（平成27年分以降用）

○この表を修正申告書の第2表として使用するときは、①欄には修正申告書第1表の囮欄の⑥Ⓐの金額を記入します。

○第3表の1の囮欄の⑥Ⓐの金額を記入し、Ⓟ欄には修正申告書

この表は、第1表及び第3表の「相続税の総額」の計算のために使用します。

なお、被相続人から相続、遺贈や相続時精算課税に係る贈与によって財産を取得した人のうちに農業相続人がいない場合は、この表のⒻ欄及びⒼ欄並びに⑨欄から⑪欄までは記入する必要がありません。

① 課税価格の合計額	② 遺産に係る基礎控除額	③ 課税遺産総額
⑦ 第1表⑥Ⓐ　230,000,000 円	3,000万円 +（ 600万円 × Ⓐの法定相続人の数 ② 2人 ）= Ⓗ 4,200 万円	㊁（⑦-Ⓗ）　188,000,000 円
第2表⑥Ⓐ　,000	囮の人数及びⒽの金額を第1表Ⓑへ転記します。	Ⓦ（Ⓟ-Ⓗ）　,000

④ 法定相続人（（注）1参照）		⑤ 左の法定相続人に応じた法定相続分	第1表の「相続税の総額⑦」の計算		第3表の「相続税の総額⑦」の計算	
氏　名	被相続人との続柄		⑥ 法定相続分に応ずる取得金額（㊁×⑤）（1,000円未満切捨て）	⑦ 相続税の総額の基となる税額（下の「速算表」で計算します。）	⑨ 法定相続分に応ずる取得金額（Ⓦ×⑤）（1,000円未満切捨て）	⑩ 相続税の総額の基となる税額（下の「速算表」で計算します。）
長女A	長女	$\frac{1}{2}$	94,000,000 円	21,200,000 円	,000 円	円
長男B	長男	$\frac{1}{2}$	94,000,000	21,200,000	,000	
			,000		,000	
			,000		,000	
			,000		,000	
			,000		,000	
			,000		,000	
			,000		,000	
			,000		,000	
			,000		,000	
法定相続人の数	Ⓐ 2人	合計 1	⑧ 相続税の総額（⑦の合計額）（100円未満切捨て）　42,400,000		⑪ 相続税の総額（⑩の合計額）（100円未満切捨て）　00	

（注）　1　④欄の記入に当たっては、被相続人に養子がある場合や相続の放棄があった場合には、「相続税の申告のしかた」をご覧ください。
　　　　2　⑧欄の金額を第1表⑦欄へ転記します。財産を取得した人のうちに農業相続人がいる場合は、⑧欄の金額を第1表⑦欄へ転記するとともに、⑪欄の金額を第3表⑦欄へ転記します。

相 続 税 の 速 算 表

法定相続分に応ずる取得金額	10,000千円以下	30,000千円以下	50,000千円以下	100,000千円以下	200,000千円以下	300,000千円以下	600,000千円以下	600,000千円超
税　率	10%	15%	20%	30%	40%	45%	50%	55%
控　除　額	－千円	500千円	2,000千円	7,000千円	17,000千円	27,000千円	42,000千円	72,000千円

この速算表の使用方法は、次のとおりです。

⑥欄の金額×税率－控除額＝⑦欄の税額　　　⑨欄の金額×税率－控除額＝⑩欄の税額

例えば、⑥欄の金額30,000千円に対する税額（⑦欄）は、30,000千円×15%－500千円＝4,000千円です。

○連帯納付義務について

　　相続税の納税については、各相続人等が相続、遺贈や相続時精算課税に係る贈与により受けた利益の価額を限度として、お互いに連帯して納付しなければならない義務があります。

3年以内に支給の確定した死亡退職金について、勤務先の所在地、名称、受取年月日（本事例の場合、受取年月日が相続開始後3年を経過した後に支給されているため、取締役会の決議日も括弧書きで記載する。）、死亡退職金、受取金額、受取人を記載する。
また、法定相続人の数に応じた死亡退職金の非課税金額を計算し、受取人の課税金額を計算する。

退職手当金などの明細書

| 被相続人 | 甲 |

1　相続や遺贈によって取得したものとみなされる退職手当金など

　この表は、相続人やその他の人が被相続人から相続や遺贈によって取得したものとみなされる退職手当金、功労金、退職給付金などを受け取った場合に、その受取金額などを記入します。

勤務先会社等の所在地	勤務先会社等の名称	受取年月日	退職手当金などの名称	受　取　金　額	受取人の氏名
諏訪市△△3丁目××	（株）○○商事	3・7・10	死亡退職手当金	50,000,000 円	長男B
	（決議日　2.12.20）				

（注）　1　相続人（相続の放棄をした人を除きます。以下同じです。）が受け取った退職手当金などのうち一定の金額は非課税となりますので、その人は、次の2の該当欄に非課税となる金額と課税される金額とを記入します。
　　　　2　相続人以外の人が受け取った退職手当金などについては、非課税となる金額はありませんので、その人は、その受け取った金額そのままを第11表の「財産の明細」の「価額」の欄に転記します。

2　課税される金額の計算

　この表は、被相続人の死亡によって相続人が退職手当金などを受け取った場合に、記入します。

退職手当金などの非課税限度額	（　500万円　× ［第2表の⒜の法定相続人の数］ 2人 により計算した金額を右の⒜に記入します。）	⒜ 10,000,000 円

退職手当金などを受け取った相続人の氏名	① 受け取った退職手当金などの金額	② 非課税金額 $\left(\text{⒜} \times \dfrac{\text{各人の①}}{\text{Ⓑ}} \right)$	③ 課税金額 （①－②）
長男B	50,000,000 円	10,000,000 円	40,000,000 円
合　　　計	Ⓑ 50,000,000	10,000,000	40,000,000

（注）　1　Ⓑの金額が⒜の金額より少ないときは、各相続人の①欄の金額がそのまま②欄の非課税金額となりますので、③欄の課税金額は0となります。
　　　　2　③欄の金額を第11表の「財産の明細」の「価額」欄に転記します。

退職手当金の受取人の課税金額を、相続税がかか
る財産の明細として当初申告の次に記載する。

相続税がかかる財産の明細書
（相続時精算課税適用財産を除きます。）

被相続人	甲

第11表（平成21年4月分以降用）

○相続時精算課税適用財産の明細については、この表によらず第11の2表に記載します。

この表は、相続や遺贈によって取得した財産及び相続や遺贈によって取得したものとみなされる財産のうち、相続税のかかるものについての明細を記入します。

遺産の分割状況	区　　分	① 全 部 分 割	2 一 部 分 割	3 全 部 未 分 割
	分 割 の 日	30・10・2	・　・	・　・

財　産　の　明　細								分割が確定した財産	
種類	細目	利用区分、銘柄等	所在場所等	数量 固定資産税評価額	単価 倍数	価　額		取得した人の氏名	取得財産の価額
	当初申告			円	円	200,000,000	円	長女A	30,000,000 円
								長男B	170,000,000
((計))						《 200,000,000》			
その他の財産	退職手当金等	(株)○○商事	諏訪市△△3丁目××			40,000,000		長男B	40,000,000
((計))						《 40,000,000》			
[合計]						[240,000,000]			

合計表	財産を取得した人の氏名	(各人の合計)	長女A	長男B			
	分割財産の価額 ①	240,000,000 円	30,000,000 円	210,000,000 円	円	円	円
	未分割財産の価額 ②						
	各人の取得財産の価額 （①+②） ③	240,000,000	30,000,000	210,000,000			

(注)　1　「合計表」の各人の③欄の金額を第1表のその人の「取得財産の価額①」欄に転記します。
　　　2　「財産の明細」の「価額」欄は、財産の細目、種類ごとに小計及び計を付し、最後に合計を付して、それらの金額を第15表の①から㉘までの該当欄に転記します。

254

当初の期限内申告書において計上漏れであった死亡退職金の課税金額をその他の財産の退職手当金等へ記載する。なお、死亡退職金は長男Bが受取人であるため長男Bの欄に記載する。

相続財産の種類別価額表
（この表は、第11表から第14表までの記載に基づいて記入します。）

被相続人　甲

第15表（修正申告用）（平成30年分以降用）

種類	細目	番号	各人の合計	長女A	長男B			
土地（土地の上に存する権利を含みます。）	田	①	円	円	円	円	円	円
	畑	②						
	宅地	③						
	山林	④						
	その他の土地	⑤						
	計	⑥	( )	( )	( )	( )	( )	( )
	⑥のうち特例農地等 通常価額	⑦	( )	( )	( )	( )	( )	( )
	農業投資価格による価額	⑧	( )	( )	( )	( )	( )	( )
家屋、構築物		⑨	( )	( )	( )	( )	( )	( )
事業（農業）用財産	機械、器具、農耕具、その他の減価償却資産	⑩						
	商品、製品、半製品、原材料、農産物等	⑪						
	売掛金	⑫						
	その他の財産	⑬	200,000,000	30,000,000	170,000,000			
	計	⑭	200,000,000	(30,000,000	170,000,000)(	)(	)(	)
有価証券	特定同族会社の株式及び出資 配当還元方式によったもの	⑮						
	その他の方式によったもの	⑯						
	⑮及び⑯以外の株式及び出資	⑰						
	公債及び社債	⑱						
	証券投資信託、貸付信託の受益証券	⑲						
	計	⑳	( )	( )	( )	( )	( )	( )
現金、預貯金等		㉑						
家庭用財産		㉒	( )	( )	( )	( )	( )	( )
その他の財産	生命保険金等	㉓	↓		↓			
	退職手当金等	㉔	40,000,000		40,000,000			
	立木	㉕						
	その他	㉖						
	計	㉗	(40,000,000	)(	40,000,000)(	)(	)(	)
合計 (⑥+⑨+⑭+⑳+㉑+㉒+㉗)		㉘	((240,000,000))	((30,000,000))	((210,000,000))	(( ))	(( ))	(( ))
相続時精算課税適用財産の価額		㉙						
不動産等の価額 (⑥+⑨+⑩+⑮+⑱+㉕)		㉚						
⑯のうち株式等納税猶予対象の株式等の価額の80%の額		㉛						
⑰のうち株式等納税猶予対象の株式等の価額の80%の額		㉜						
⑯のうち特例株式等納税猶予対象の株式等の価額		㉝						
⑰のうち特例株式等納税猶予対象の株式等の価額		㉞						
債務等	債務	㉟	10,000,000		10,000,000			
	葬式費用	㊱						
	合計 (㉟+㊱)	㊲	(10,000,000	)(	10,000,000)(	)(	)(	)
差引純資産価額 (㉘+㉙-㊲)（赤字のときは0）		㊳	230,000,000	30,000,000	200,000,000			
純資産価額に加算される暦年課税分の贈与財産価額		㊴						
課税価格 (㊳+㊴)（1,000円未満切捨て）		㊵	230,000,000	30,000,000	200,000,000	,000	,000	,000

〈3年以内に支給が確定した死亡退職金の留意点〉

(1)　**相続財産とみなされる退職手当金等**

　　被相続人の死亡によって、被相続人に支給されるべきであった退職手当金、功労金その他これらに準ずる給与を受け取る場合で、被相続人の死亡後3年以内に支給が確定したものは、相続財産とみなされて相続税の課税対象となる（相法3①二）。

　　死亡後3年以内に支給が確定したものとは次のものをいう。

①　死亡退職で支給される金額が被相続人の死亡後3年以内に確定したもの

②　生前に退職していて、支給される金額が被相続人の死亡後3年以内に確定したもの

(2)　**非課税となる死亡退職金**

　　相続人が受け取った死亡退職金はその全額が相続税の対象となるわけではない。

　　全ての相続人（相続を放棄した者や相続権を失った者は含まれない。）が取得した死亡退職金を合計した額が、次の算式の非課税限度額以下のときは課税されない（相法12①六）。

非課税限度額＝500万円×法定相続人の数（※）
なお、相続人以外の者が取得した死亡退職金には非課税の適用はない。

※1　法定相続人の数は、相続の放棄をした者がいても、その放棄がなかったものとした場合の相続人の数をいう。
　2　法定相続人の中に養子がいる場合、法定相続人の数に含める養子の数は、実子がいるときは1人、実子がいないときは2人までとなる。

---

(3)　**「被相続人の死亡後3年以内に支給が確定したもの」とは**

　　「被相続人の死亡後3年以内に支給が確定したもの」とは、被相続人に支給されるべきであった死亡退職金等の額が被相続人の死亡後3年以内に確定したものをいい、実際に支給される時期が被相続人の死亡後3年以内であるかどうかを問わない。この場合、支給されることが確定していてもその額が確定しないものについては、この支給が確定したものには該当しない（相基通3-30）。

(4)　**修正申告書の提出**

　　申告期限までに支給額が確定していない場合には、その死亡退職金については、相続税の申告をすることはできないこととなるが、申告後その額が確定した場合には、修正

申告書を提出しなければならないことになる。

(5) 死亡退職金の受給者の判定

被相続人に支給されるべき退職金等の支給を受けた者とは、次に掲げる場合の区分に応じ、それぞれに掲げる者をいう（相基通3-25）。

① 退職給与規程等の定めにより受給者が定められている場合

退職給与規程等の定めにより支給を受けることとなる者

② 退職給与規程等の定めにより受給者が定められていない場合又は被相続人が退職給与規程等の適用を受けない者である場合

以下の区分により、受給者を判定する。

イ　相続税の申告書を提出する時又は国税通則法第24条から第26条までの規定による更正をする時までに被相続人に係る退職金等を現実に取得した者があるとき	その取得した者
ロ　相続人全員の協議により被相続人に係る退職金等の受給者を定めたとき	その定められた者
ハ　イ及びロ以外のとき	被相続人に係る相続人の全員

(6) 死亡後3年を経過した後に確定した死亡退職金

相続税法上、退職手当金等として課税の対象になるのは、被相続人の死亡後3年以内に支給額が確定したものに限られていることから、3年を経過した後にその支給額が確定したものについては、所得税等の課税関係が生ずることになる。

(7) 死亡退職金を取得しない長女Aの相続税

本事例の場合、相続税の総額は課税価格が4,000万円（5,000万円（死亡退職金）－1,000万円（死亡退職金の非課税金額））増加したことにより1,200万円増加し、長女Aは死亡退職金を実際に取得していないが、あん分計算により結果的に追徴税額が64.8万円生じることになる。

7 第 11 表（相続税がかかる財産）関連項目

《土地等・家屋・事業用財産》

事例 14　空室のある貸家建付地の評価誤り

〈当初の期限内申告書の申告内容〉

　被相続人甲は、平成 30 年 3 月 1 日に死亡し（甲の配偶者は平成 21 年に死亡している。）、被相続人甲の相続人である長男 A・二男 B は、それぞれ次の財産の取得及び債務の承継を行うことで分割協議が成立し、平成 30 年 12 月 25 日に相続税の期限内申告書を提出するとともに、納付すべき相続税額を期限内に納税した。

財産及び債務等	価額	長男 A	二男 B
取得財産の価額	3 億円	2 億 5,000 万円	5,000 万円
債務及び葬式費用の金額	1,000 万円	1,000 万円	
課 税 価 格	2 億 9,000 万円	2 億 4,000 万円	5,000 万円
納付すべき税額	6,520 万円	5,411.6 万円	1,108.4 万円

〈相続税の税務調査における調査担当者の指摘〉

　調査担当者は、事前通知の手続を法令等の規定に基づき行ったのち、被相続人甲の相続税の申告内容に係る税務調査を行った。

　調査担当者は税務調査の結果、長男 A の相続したアパートとその敷地についての評価額が課税時期の賃貸割合を考慮していない旨を指摘し、法令上の規定に基づき、修正申告の勧奨をした。

　なお、指摘されたアパートの入居状況等は次のとおりであった。

・アパートの固定資産税評価額……………8,000 万円
・敷地の自用地としての相続税評価額……8,000 万円（8 万円／㎡× 1,000㎡）
・アパートの概要
　　室数は 10 室あり、各部屋の独立部分の床面積はいずれも 50㎡である。
・課税時期におけるアパートの利用状況（全 10 室）
　イ　賃貸借契約により貸付中………………………………………………………8 室
　ロ　課税時期の 1 週間前に入居者が退去し、新規に入居者を募集中…………1 室
　　　（相続開始の日から 1 か月以内に新規の入居者が入居している）

ハ　使用貸借契約により、被相続人の親族に貸付中……………………………1室

　　長男A及び二男Bは、当初申告において、アパートについてはその全てについて貸家としての評価減を行い、またその敷地についても全てについて貸家建付地としての評価減を行い申告したが、調査担当者は上記ハの部屋については貸家及び貸家建付地の評価減は認められず、自用家屋及び自用地評価になると指摘した。

　　長男A及び二男Bは、アパートとその敷地についてその評価額に誤りがあったことを認め、調査担当者の指摘に従い相続税の修正申告書を令和元年12月10日に提出した。

〈修正申告書の記載方法の概要及び留意点〉

　　相続税の修正申告書における各表の記載方法の概要は次のとおりであるが、留意点は次頁以降の第1表・第2表・第11表・第15表を参照されたい。

(1)　**第1表**

　　第1表には、各相続人の合計及び各相続人それぞれの修正前の課税額（当初の期限内申告額）及び修正申告額を記載するとともに、修正する額（修正申告額－修正前の課税額）を記載する。さらに、各相続人のマイナンバー（個人番号）を記載する。

(2)　**第2表**

　　第2表には、当初の期限内申告書において貸家建付地及び貸家の評価誤り部分の金額をプラスした課税価格の合計額により、相続税の総額を再計算する。

(3)　**第11表**

　　第11表には、当初申告において評価の誤りがあった貸家建付地と貸家についてその評価額を当初申告よりマイナスし、貸家建付地及び貸家の評価について適正な賃貸割合を乗じたところで算定された価額を改めて相続税がかかる財産の明細として追加で記載する。

(4)　**第15表**

　　第15表には、当初の期限内申告において貸家建付地と貸家の評価について適正な賃貸割合により計算し直した結果増加した価額を記載する。

「各人の合計」欄及び「財産を取得した人（長男A及び二男B）」欄に「㋑修正前の課税額（当初申告額）」、「㋺修正申告額」及び「㋥修正する額（㋺－㋑）」を記載する。

申告する者のマイナンバー（個人番号）を左端を空欄にした上で記入する。

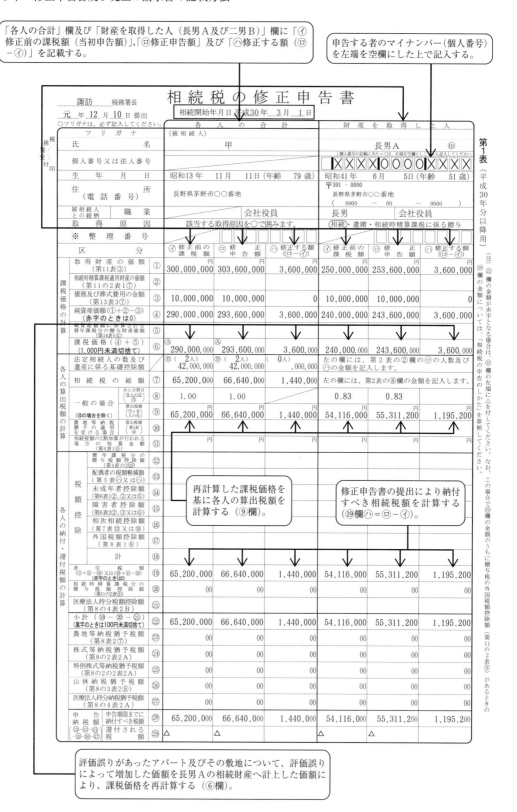

再計算した課税価格を基に各人の算出税額を計算する（⑨欄）。

修正申告書の提出により納付すべき相続税額を計算する（⑲欄㋥＝㋺－㋑）。

評価誤りがあったアパート及びその敷地について、評価誤りによって増加した価額を長男Aの相続財産へ計上した価額により、課税価格を再計算する（⑥欄）。

申告する者のマイナンバー（個人番号）
を左端を空欄にした上で記入する。

相 続 税 の 修 正 申 告 書（続）

○フリガナは、必ず記入してください。

区分			財 産 を 取 得 し た 人			財 産 を 取 得 し た 人		
フ リ ガ ナ								
氏　　　　　名			二男B　　　　㊞			㊞		
個人番号又は法人番号			↓個人番号の記載に当たっては、左端を空欄としここから記入してください。 0000XXX0000			↓個人番号の記載に当たっては、左端を空欄としここから記入してください。		
生　年　月　日			昭和43年 3月 31日（年齢 49歳）			年　月　日（年齢　歳）		
住　　　所 （電 話 番 号）			〒391－0000 長野県茅野市○○番地 （ 0000 ― 00 ― 0000 ）			〒 （ ― ― ）		
被相続人との続柄　職業			二男　　　会社員					
取　得　原　因			(相続)・遺贈・相続時精算課税に係る贈与			相続・遺贈・相続時精算課税に係る贈与		
※　整 理 番 号								
区　　　　分			㋑修正前の課税額	㋺修正申告額	㋩修正する額(㋺－㋑)	㋑修正前の課税額	㋺修正申告額	㋩修正する額(㋺－㋑)
課税価格の計算	取得財産の価額（第11表③）	①	50,000,000 円	50,000,000 円	0 円	円	円	円
	相続時精算課税適用財産の価額（第11の2表1⑦）	②						
	債務及び葬式費用の金額（第13表3⑦）	③						
	純資産価額（①＋②－③）（赤字のときは0）	④	50,000,000	50,000,000				
	純資産価額に加算される暦年課税分の贈与財産価額（第14表1④）	⑤						
	課税価格（④＋⑤）（1,000円未満切捨て）	⑥	50,000,000 ,000	50,000,000 ,000	,000	,000	,000	,000
各人の算出税額の計算	法定相続人の数及び遺産に係る基礎控除額							
	相 続 税 の 総 額	⑦						
	一般の場合（⑩の場合を除く） あん分割合(各人の⑥)/(Ⓐ)	⑧	0.17	0.17				
	算出税額(⑦×各人の⑧)	⑨	11,084,000 円	11,328,800 円	244,800 円	円	円	円
	農地等納税猶予の適用を受ける場合 算出税額(第3表⑨)	⑩						
	相続税額の2割加算が行われる場合の加算金額（第4表1⑥）	⑪	円	円	円	円	円	円
各人の納付・還付税額の計算	税額控除	暦年課税分の贈与税額控除額（第4表の2⑳）	⑫						
		配偶者の税額軽減額（第5表㋺又は㋩）	⑬						
		未成年者控除額（第6表1②、③又は⑥）	⑭						
		障害者控除額（第6表2②、③又は⑥）	⑮						
		相次相続控除額（第7表⑬又は⑱）	⑯						
		外国税額控除額（第8表1⑧）	⑰						
		計	⑱						
	差 引 税 額(⑨＋⑪－⑱)又は(⑩＋⑪－⑱)（赤字のときは0）	⑲	11,084,000	11,328,800	244,800			
	相続時精算課税分の贈与税額控除額（第11の2表⑧）	⑳	00	00	00	00	00	00
	医療法人持分税額控除額（第8の4表2B）	㉑						
	小計（⑲－⑳－㉑）（黒字のときは100円未満切捨て）	㉒	11,084,000	11,328,800	244,800			
	農地等納税猶予税額（第8表2⑦）	㉓	00	00	00	00	00	00
	株式等納税猶予税額（第8の2表2A）	㉔	00	00	00	00	00	00
	特例株式等納税猶予税額（第8の2の2表2A）	㉕	00	00	00	00	00	00
	山林納税猶予税額（第8の3表2⑧）	㉖	00	00	00	00	00	00
	医療法人持分納税猶予税額（第8の4表2A）	㉗	00	00	00	00	00	00
	申告納税額 申告期限までに納付すべき税額	㉘	11,084,000 00	11,328,800 00	244,800 00	00	00	00
	還付される税額(㉒－㉓－㉔-㉕-㉖-㉗)	㉙	△	△		△	△	

第1表（続）（平成30年分以降用）

（注）㉒欄の金額が赤字となる場合は、㉒欄の左端に△を付してください。なお、この場合で㉒欄の金額のうちに贈与税の外国税額控除額（第11の2表⑨）があるときの㉒欄の金額については、「相続税の申告のしかた」を参照してください。

再計算した課税価格を基に各人の算出税額を計算する（⑨欄）。

修正申告書の提出により納付すべき相続税額を計算する（⑲欄 ㋩＝㋺－㋑）。

※の項目は記入する必要はありません。

アパート及びその敷地について評価誤りで増加した価額を相続財産に追加計上した課税価格の合計額（①欄）を基に課税遺産総額（③欄）を算出し、法定相続人に応じた法定相続分により計算した相続税の総額（⑧欄）を第１表⑦欄㋺に移記する。

相続税の総額の計算書

被相続人　甲

第２表（平成27年分以降用）

○この表を修正申告書の第２表として使用するときは、㋑欄には修正申告書第１表の㋺欄の⑥Ⓐの金額を記入し、㋭欄には修正申告書第３表の１の㋺欄の⑥Ⓐの金額を記入します。

この表は、第１表及び第３表の「相続税の総額」の計算のために使用します。
なお、被相続人から相続、遺贈や相続時精算課税に係る贈与によって財産を取得した人のうちに農業相続人がいない場合は、この表の㋭欄及び㋬欄並びに⑨欄から⑪欄までは記入する必要がありません。

① 課税価格の合計額		② 遺産に係る基礎控除額		③ 課税遺産総額	
㋑（第1表⑥Ⓐ）	293,600,000 円	3,000万円＋（600万円×㋺（Ⓐの法定相続人の数）2人）＝	㋬ 4,200 万円	㊁（㋑－㋬）	251,600,000 円
㋭（第3表⑥Ⓐ）	,000	㋺の人数及び㋬の金額を第１表Ⓑへ転記します。		㋬（㋭－㋬）	,000

④ 法定相続人（（注）１参照）氏名	被相続人との続柄	⑤ 左の法定相続人に応じた法定相続分	第1表の「相続税の総額⑦」の計算 ⑥ 法定相続分に応ずる取得金額（㊁×⑤）（1,000円未満切捨て）	⑦ 相続税の総額の基となる税額（下の「速算表」で計算します。）	第3表の「相続税の総額⑦」の計算 ⑨ 法定相続分に応ずる取得金額（㋬×⑤）（1,000円未満切捨て）	⑩ 相続税の総額の基となる税額（下の「速算表」で計算します。）
長男A	長男	$\frac{1}{2}$	125,800,000 円	33,320,000 円	,000 円	円
二男B	二男	$\frac{1}{2}$	125,800,000	33,320,000	,000	
			,000		,000	
			,000		,000	
			,000		,000	
			,000		,000	
			,000		,000	
			,000		,000	
			,000		,000	
法定相続人の数	Ⓐ 2 人	合計 1	⑧ 相続税の総額（⑦の合計額）（100円未満切捨て）	66,640,000	⑪ 相続税の総額（⑩の合計額）（100円未満切捨て）	00

（注）１　④欄の記入に当たっては、被相続人に養子がある場合や相続の放棄があった場合には、「相続税の申告のしかた」をご覧ください。
２　⑧欄の金額を第１表⑦欄へ転記します。財産を取得した人のうちに農業相続人がいる場合は、⑧欄の金額を第１表⑦欄へ転記するとともに、⑪欄の金額を第3表⑦欄へ転記します。

相続税の速算表

法定相続分に応ずる取得金額	10,000千円以下	30,000千円以下	50,000千円以下	100,000千円以下	200,000千円以下	300,000千円以下	600,000千円以下	600,000千円超
税率	10%	15%	20%	30%	40%	45%	50%	55%
控除額	－千円	500千円	2,000千円	7,000千円	17,000千円	27,000千円	42,000千円	72,000千円

この速算表の使用方法は、次のとおりです。
⑥欄の金額×税率－控除額＝⑦欄の税額　　⑨欄の金額×税率－控除額＝⑩欄の税額
例えば、⑥欄の金額30,000千円に対する税額（⑦欄）は、30,000千円×15%－500千円＝4,000千円です。

○**連帯納付義務について**
相続税の納税については、各相続人等が相続、遺贈や相続時精算課税に係る贈与により受けた利益の価額を限度として、お互いに連帯して納付しなければならない義務があります。

評価誤りのあったアパート及びその敷地について、相続税がかかる財産の明細として当初申告の次にいったんマイナスにて記載した上で、修正後の評価額を再度記載する。
また、アパート及びその敷地の分割は長男Aで確定しているため、取得した人の氏名も長男Aと記載し、合わせて評価額を記載する。
なお、賃貸割合は90％（9室/10室）として計算する。

相続税がかかる財産の明細書
（相続時精算課税適用財産を除きます。）

被相続人　　甲

第11表（平成21年4月分以降用）

○相続時精算課税適用財産の明細については、この表によらず第11の2表に記載します。

この表は、相続や遺贈によって取得した財産及び相続や遺贈によって取得したものとみなされる財産のうち、相続税のかかるものについての明細を記入します。

遺産の分割状況	区　分	① 全 部 分 割	2 一 部 分 割	3 全 部 未 分 割
	分 割 の 日	30・10・2	・・	・・

財　産　の　明　細				数量・固定資産税評価額	単価・倍数	価　額	分割が確定した財産	
種類	細目	利用区分、銘柄等	所在場所等				取得した人の氏名	取得財産の価額
		当初申告		円		円 300,000,000	長男A	円 250,000,000
							二男B	50,000,000
((計))						《 300,000,000》		
土地	宅地	貸家建付地	茅野市ちの○○番地1	1,000㎡ (1-0.5×0.3)	80,000	△68,000,000	長男A	△68,000,000
土地	宅地	貸家建付地	茅野市ちの○○番地1	1,000㎡ (1-0.5×0.3×90%)	80,000	69,200,000	長男A	69,200,000
家屋	アパート	貸家	茅野市ちの○○番地1	500㎡ 8,000万円×(1-0.3)		△56,000,000	長男A	△56,000,000
家屋	アパート	貸家	茅野市ちの○○番地1	500㎡ 8,000万円×(1-0.3×90%)		58,400,000	長男A	58,400,000
((計))						《 3,600,000》		
[合計]						[303,600,000]		

合計表	財産を取得した人の氏名	（各人の合計）	長男A	二男B			
	分割財産の価額　①	円 303,600,000	円 253,600,000	円 50,000,000	円	円	円
	未分割財産の価額　②						
	各人の取得財産の価額　（①+②）　③	303,600,000	253,600,000	50,000,000			

（注）　1　「合計表」の各人の③欄の金額を第1表のその人の「取得財産の価額①」欄に転記します。
　　　　2　「財産の明細」の「価額」欄は、財産の細目、種類ごとに小計及び計を付し、最後に合計を付して、それらの金額を第15表の①から㉘までの該当欄に転記します。

263

評価誤りのあったアパート及びその敷地について、修正により増加した価額360万円を記載する。

相続財産の種類別価額表

この表は、第11表から第14表までの記載に基づいて記入します。

被相続人　甲

第15表（修正申告用）（平成30年分以降用）

種類	細目	番号	各人の合計	長男A	二男B			
土地（土地の上に存する権利を含みます。）	田	①	円	円	円	円	円	円
	畑	②						
	宅　　地	③						
	山　　林	④						
	その他の土地	⑤						
	計	⑥	(	(	(	(	(	(
⑥のうち特例農地等	通常価額	⑦	(	(	(	(	(	(
	農業投資価格による価額	⑧	(	(	(	(	(	(
家屋、構築物		⑨	(	(	(	(	(	(
事業（農業）用財産	機械、器具、農耕具、その他の減価償却資産	⑩						
	商品、製品、半製品、原材料、農産物等	⑪						
	売掛金	⑫						
	その他の財産	⑬	300,000,000	250,000,000	50,000,000			
	計	⑭	(300,000,000	(250,000,000	(50,000,000	(	(	(
有価証券	特定同族会社の株式及び出資	配当還元方式によったもの	⑮						
		その他の方式によったもの	⑯						
	⑮及び⑯以外の株式及び出資	⑰						
	公債及び社債	⑱						
	証券投資信託、貸付信託の受益証券	⑲						
	計	⑳	(	(	(	(	(	(
現金、預貯金等		㉑	(	(	(	(	(	(
家庭用財産		㉒	(	(	(	(	(	(
その他の財産	生命保険金等	㉓						
	退職手当金等	㉔						
	立木	㉕						
	その他	㉖	3,600,000	3,600,000				
	計	㉗	(3,600,000	(3,600,000	(	(	(	(
合計（⑥+⑨+⑭+⑳+㉑+㉒+㉗）		㉘	((303,600,000	((253,600,000	((50,000,000	((	((	((
相続時精算課税適用財産の価額		㉙						
不動産等の価額（⑥+⑨+⑩+⑮+⑯+㉕）		㉚						
⑯のうち株式等納税猶予対象の株式等の価額の80%の額		㉛						
⑰のうち株式等納税猶予対象の株式等の価額の80%の額		㉜						
⑯のうち特例株式等納税猶予対象の株式等の価額		㉝						
⑰のうち特例株式等納税猶予対象の株式等の価額		㉞						
債務等	債務	㉟	10,000,000	10,000,000				
	葬式費用	㊱						
	合計（㉟+㊱）	㊲	10,000,000)	10,000,000)	(	(	(	(
差引純資産価額（㉘+㉙−㊲）（赤字のときは0）		㊳	293,600,000	243,600,000	50,000,000			
純資産価額に加算される暦年課税分の贈与財産価額		㊴						
課税価格（㊳+㊴）（1,000円未満切捨て）		㊵	293,600,000	243,600,000	50,000,000	,000	,000	,000

〈貸家について空室があった場合の留意点〉

(1) 貸家建付地の評価

　貸家建付地とは、貸家の敷地の用に供されている宅地をいい、所有する土地に建築した家屋を他に貸し付けている場合における土地をいう。

　貸家建付地の価額は、次の算式により評価する。

貸家建付地の価額
　　＝自用地評価額－（自用地評価額×借地権割合×借家権割合×賃貸割合（※））

※　「賃貸割合」は、貸家の各独立部分（構造上区分された数個の部分の各部分をいう。）がある場合に、その各独立部分の賃貸状況に基づいて次の算式により計算した割合をいう。以下同じ。

(2) 貸家の評価

　課税時期において貸家の用に供されている家屋は、次の算式により評価する。

貸家の価額
　　＝家屋の固定資産税評価額－（家屋の固定資産税評価額×借家権割合×賃貸割合）

$$賃貸割合＝\frac{\text{Aのうち課税時期において賃貸されている各独立部分の床面積の合計}}{\text{当該家屋の各独立部分の床面積の合計（A）}}$$

(3) 空室がある場合

　空室があったとしても、継続的に賃貸されていたアパート等の各独立部分で、例えば、次のような事実関係から、アパート等の各独立部分の一部が課税時期において一時的に空室になっていたに過ぎないと認められるものについては、課税時期においても賃貸されていたものとして差し支えないとされている。

① 　各独立部分が課税時期前に継続的に賃貸されてきたものであること

② 　賃借人の退去後速やかに新たな賃借人の募集が行われ、空室の期間中、他の用途に供されていないこと

③ 　空室の期間が、課税時期の前後の例えば1か月程度であるなど、一時的な期間であること

④ 　課税時期後の賃貸が一時的なものでないこと

⑷　**留意点**

　アパート等で課税時期の直前まで入居していたが、たまたま課税時期において空室となっており、新規に入居者を募集しているような場合は、⑶①から④の事情を総合的に判断し、一時的な空室として課税時期においても賃貸されていたものとして貸家及び貸家建付地の評価の対象となる。

　一方、老朽化したアパート等のうち空室となってからすでに何年も経過し、その後入居の募集を行わずリフォーム等もしないままの部分については、貸家の評価ではなく自用家屋として評価することになり、その敷地についても空室部分については自用地として評価することになる。

　また、使用貸借により被相続人の親族等に貸し付けられている部分についても、賃貸割合の計算上、課税時期において賃貸されている各独立部分の床面積の合計には含めず計算されるので留意しなければならない。

　家屋の利用状況による自用若しくは貸家の判定は慎重に行う必要があり、家屋の評価が土地の評価額にダイレクトに影響することに留意が必要である。

《土地等・家屋・事業用財産》

事例15 実測した土地の縄伸び

〈当初の期限内申告書の申告内容〉

被相続人甲は、平成30年3月1日に死亡し（甲の配偶者は平成23年に死亡している。）、被相続人甲の相続人である長男A・長女Bは、それぞれ次の財産の取得及び債務の承継を行うことで分割協議が成立し、平成30年12月20日に相続税の期限内申告書を提出するとともに、納付すべき相続税額を期限内に納税した。

財産及び債務等	価額	長男A	長女B
取得財産の価額	2億5,000万円	2億円	5,000万円
債務及び葬式費用の金額	3,000万円	3,000万円	
課税価格	2億2,000万円	1億7,000万円	5,000万円
納付すべき税額	3,940万円	3,033.8万円	906.2万円

〈相続税の税務調査における調査担当者の指摘〉

調査担当者は、事前通知の手続を法令上の規定に基づき行ったのち、被相続人甲の相続税の申告内容に係る税務調査を行った。

調査担当者は税務調査において、相続財産として計上されている宅地について、相続税の期限内申告書を提出した後、令和元年5月26日に譲渡があり、その際その宅地について測量が行われ実測面積が算出されていることに着目した。譲渡土地は相続税の期限内申告においては路線価にて400㎡の面積を基に財産計上されていたが、測量によるとその面積は縄伸びしており実際には500㎡であることが判明した。

調査担当者はその土地の評価額が500万円（100㎡（縄伸び分）×50,000円）計上漏れである旨を指摘し、法令上の規定に基づき、修正申告の勧奨を行った。

長男A及び長女Bは、実測による縄伸びは事実であるため、調査担当者の指摘に従い相続税の修正申告書を令和元年12月2日に提出した。

〈修正申告書の記載方法の概要及び留意点〉

相続税の修正申告書における各表の記載方法の概要は次のとおりであるが、留意点は次々頁以降の第1表・第2表・第11表・第15表を参照されたい。

⑴　**第1表**

　　第1表には、各相続人の合計及び各相続人それぞれの修正前の課税額（当初の期限内申告額）及び修正申告額を記載するとともに、修正する額（修正申告額－修正前の課税額）を記載する。さらに、各相続人のマイナンバー（個人番号）を記載する。

⑵　**第2表**

　　第2表には、当初の期限内申告書において申告漏れであった宅地の縄伸び分の価額をプラスした課税価格の合計額により、相続税の総額を再計算する。

⑶　**第11表**

　　第11表には、縄伸びがあった宅地について当初申告額をいったんマイナスし、再度縄伸び後の面積による評価額を相続税がかかる財産の明細として追加で記載する。

⑷　**第15表**

　　第15表には、縄伸びによる評価額の増加分をその土地を相続した者の欄に記載する。

「各人の合計」欄及び「財産を取得した人（長男A及び長女B）」欄に、「㋑修正前の課税額（当初申告額）」、「㋺修正申告額」及び「㋩修正する額（㋺－㋑）」を記載する。

申告する者のマイナンバー（個人番号）を左端を空欄にした上で記入する。

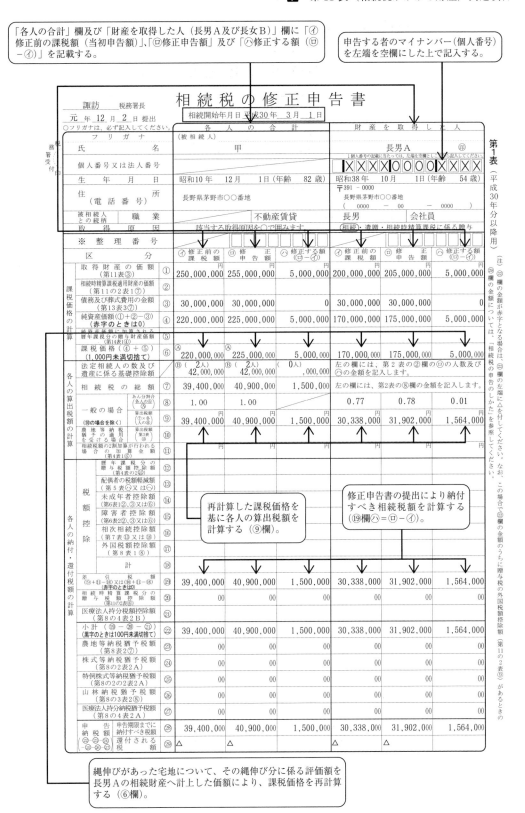

縄伸びがあった宅地について、その縄伸び分に係る評価額を長男Aの相続財産へ計上した価額により、課税価格を再計算する（⑥欄）。

269

申告する者のマイナンバー（個人番号）を左端を空欄にした上で記入する。

相 続 税 の 修 正 申 告 書（続）

○フリガナは、必ず記入してください。

区　　　分	財産を取得した人 イ修正前の課税額	ロ修正申告額	ハ修正する額（ロ－イ）	財産を取得した人 イ修正前の課税額	ロ修正申告額	ハ修正する額（ロ－イ）
フリガナ／氏　名	長女B　㊞			㊞		
個人番号又は法人番号	0000XXX0000					
生年月日	昭和42年 5月 24日（年齢 50歳）			年　月　日（年齢　歳）		
住所（電話番号）	〒391-0000　長野県茅野市○○番地（0000-00-0000）			〒（　－　－　）		
被相続人との続柄／職業	長女／専業主婦					
取得原因	（相続）・遺贈・相続時精算課税に係る贈与			相続・遺贈・相続時精算課税に係る贈与		
※整理番号						
取得財産の価額（第11表③）①	50,000,000	50,000,000	0			
相続時精算課税適用財産の価額（第11の2表1⑦）②						
債務及び葬式費用の金額（第13表3⑦）③						
純資産価額（①＋②－③）（赤字のときは0）④	50,000,000	50,000,000				
純資産価額に加算される暦年課税分の贈与財産価額（第14表1④）⑤						
課税価格（④＋⑤）（1,000円未満切捨て）⑥	50,000,000	50,000,000	,000	,000	,000	,000
法定相続人の数及び遺産に係る基礎控除額						
相続税の総額⑦						
あん分割合⑧　一般の場合	0.23	0.22	△0.01			
算出税額（⑩の場合を除く）（⑦×各人の⑧）⑨	9,062,000	8,998,000	△64,000			
農地等納税猶予の適用を受ける場合（第3表）⑩						
相続税額の2割加算が行われる場合の加算金額（第4表1⑥）⑪						
暦年課税分の贈与税額控除額（第4表の2②）⑫						
配偶者の税額軽減額（第5表○又は○）⑬						
未成年者控除額（第6表1②、3又は⑥）⑭						
障害者控除額（第6表2②、3又は⑥）⑮						
相次相続控除額（第7表⑬又は⑱）⑯						
外国税額控除額（第8表1⑧）⑰						
計⑱						
差引税額（⑨＋⑪－⑱）又は（⑩＋⑪－⑱）（赤字のときは0）⑲	9,062,000	8,998,000	△64,000			
相続時精算課税分の贈与税額控除額（第11の2表⑧）⑳	00	00	00	00	00	00
医療法人持分税額控除額（第8の4表2B）㉑						
小計（⑲－⑳－㉑）（黒字のときは100円未満切捨て）㉒	9,062,000	8,998,000	△64,000			
農地等納税猶予税額（第8表2⑦）㉓	00	00	00	00	00	00
株式等納税猶予税額（第8の2表2A）㉔	00	00	00	00	00	00
特例株式等納税猶予税額（第8の2の2表2A）㉕	00	00	00	00	00	00
山林納税猶予税額（第8の3表2⑧）㉖	00	00	00	00	00	00
医療法人持分納税猶予税額（第8の4表2A）㉗	00	00	00	00	00	00
申告納税額 申告期限までに納付すべき税額㉘	9,062,000	8,998,000	△64,000	00	00	
還付される税額㉙	△	△		△	△	

再計算した課税価格を基に各人の算出税額を計算する（⑨欄）。

修正申告書の提出により納付すべき相続税額を計算する（⑲欄）（ハ＝ロ－イ）。

第1表（続）（平成30年分以降用）

（注）⑳欄の金額が赤字となる場合は⑳欄の左端に△を付してください。なお、この場合で⑳欄の金額については、「相続税の申告のしかた」を参照してください。⑳欄の金額のうちに贈与税の外国税額控除額（第11の2表⑨）があるときの

長男Aが取得した宅地で縄伸び分の評価額を相続財産に追加計上した課税価格の合計額（①欄）を基に課税遺産総額（③欄）を算出し、法定相続人に応じた法定相続分により計算した相続税の総額（⑧欄）を第1表⑦欄⓪に移記する。

相 続 税 の 総 額 の 計 算 書

| 被相続人 | 甲 |

第2表 （平成27年分以降用）

○ この表を修正申告書の第2表として使用するときは、⑦欄には修正申告書第1表の⓪欄の⑥Ⓐの金額を記入し、⑱欄には修正申告書

○ この表は、第3表の1の⓪欄の⑥Ⓐの金額を記入します。

この表は、第1表及び第3表の「相続税の総額」の計算のために使用します。

なお、被相続人から相続、遺贈や相続時精算課税に係る贈与によって財産を取得した人のうちに農業相続人がいない場合は、この表の⑱欄及び⑲欄並びに⑨欄から⑪欄までは記入する必要がありません。

① 課税価格の合計額	② 遺産に係る基礎控除額	③ 課税遺産総額
第1表 ⑥Ⓐ 円 225,000,000	3,000^{万円}＋（600^{万円}× Ⓐの法定 相続人の数 2人）＝ 万円 4,200	⓪ （イ－⑩） 円 183,000,000
第3表 ⑥Ⓐ ,000	⓪の人数及び⑩の金額を第1表⑱へ転記します。	⑲ （ホ－⑩） ,000

④ 法定相続人 （（注）1参照）		⑤ 左の法定相続人に応じた法定相続分	第1表の「相続税の総額⑦」の計算		第3表の「相続税の総額⑦」の計算	
氏 名	被相続人との続柄		⑥ 法定相続分に応ずる取得金額 （⓪×⑤） （1,000円未満切捨て）	⑦ 相続税の総額の基となる税額 下の「速算表」で計算します。	⑨ 法定相続分に応ずる取得金額 （⑲×⑤） （1,000円未満切捨て）	⑩ 相続税の総額の基となる税額 下の「速算表」で計算します。
長男A	長男	$\frac{1}{2}$	円 91,500,000	円 20,450,000	円 ,000	円
長女B	長女	$\frac{1}{2}$	91,500,000	20,450,000	,000	
			,000		,000	
			,000		,000	
			,000		,000	
			,000		,000	
			,000		,000	
			,000		,000	
			,000		,000	
			,000		,000	
法定相続人の数 Ⓐ 2人		合計 1	⑧ 相続税の総額 （⑦の合計額） （100円未満切捨て） 40,900,000		⑪ 相続税の総額 （⑩の合計額） （100円未満切捨て） 00	

(注) 1　④欄の記入に当たっては、被相続人に養子がある場合や相続の放棄があった場合には、「相続税の申告のしかた」をご覧ください。

2　⑧欄の金額を第1表⑦欄へ転記します。財産を取得した人のうちに農業相続人がいる場合は、⑧欄の金額を第1表⑦欄へ転記するとともに、⑪欄の金額を第3表⑦欄へ転記します。

相続税の速算表

法定相続分に応ずる取得金額	10,000千円以下	30,000千円以下	50,000千円以下	100,000千円以下	200,000千円以下	300,000千円以下	600,000千円以下	600,000千円超
税　率	10％	15％	20％	30％	40％	45％	50％	55％
控　除　額	－ 千円	500千円	2,000千円	7,000千円	17,000千円	27,000千円	42,000千円	72,000千円

この速算表の使用方法は、次のとおりです。

⑥欄の金額×税率－控除額＝⑦欄の税額　　　⑨欄の金額×税率－控除額＝⑩欄の税額

例えば、⑥欄の金額30,000千円に対する税額（⑦欄）は、30,000千円×15％－500千円＝4,000千円です。

○連帯納付義務について

相続税の納税については、各相続人等が相続、遺贈や相続時精算課税に係る贈与により受けた利益の価額を限度として、お互いに連帯して納付しなければならない義務があります。

縄伸びがあった宅地について、相続税がかかる財産の明細として当初申告の次にいったんマイナスにて記載した上で、実測による面積により評価し直した価額を再度記載する。また、その土地についての分割は長男Aで確定しているため、取得した人の氏名も長男Aと記載し、合わせて評価額を記載する。

相続税がかかる財産の明細書

（相続時精算課税適用財産を除きます。）

被相続人	甲

第11表（平成21年4月分以降用）

○ この表は、相続や遺贈によって取得した財産及び相続や遺贈によって取得したものとみなされる財産のうち、相続税のかかるものについての明細を記入します。

遺産の分割状況	区　分	① 全部分割	2 一部分割	3 全部未分割
	分割の日	30・11・30	・・	

種類	細目	利用区分、銘柄等	所在場所等	数量／固定資産税評価額	単価／倍数	価額	取得した人の氏名	取得財産の価額
	当初申告			円	円	円 250,000,000	長男A	円 200,000,000
							長女B	50,000,000
((計))						《 250,000,000》		
土地	宅地	自用地（当初申告）	茅野市ちの○○番地	400㎡	50,000	△20,000,000	長男A	△20,000,000
土地	宅地	自用地（修正申告）	茅野市ちの○○番地	500㎡	50,000	25,000,000	長男A	25,000,000
((計))						《 5,000,000》		
[合計]						[255,000,000]		

○相続時精算課税適用財産の明細については、この表によらず第11の2表に記載します。

合計表	財産を取得した人の氏名	（各人の合計）	長男A	長女B			
	分割財産の価額 ①	円 255,000,000	円 205,000,000	円 50,000,000	円	円	円
	未分割財産の価額 ②						
	各人の取得財産の価額 （①+②）③	255,000,000	205,000,000	50,000,000			

（注）　1　「合計表」の各人の③欄の金額を第1表のその人の「取得財産の価額①」欄に転記します。
　　　　2　「財産の明細」の「価額」欄は、財産の細目、種類ごとに小計及び計を付し、最後に合計を付して、それらの金額を第15表の①から㉘までの該当欄に転記します。

当初の期限内申告書において相続財産として計上漏れであった縄伸び分の価額500万円を記載する。

相続財産の種類別価額表 <small>（この表は、第11表から第14表までの記載に基づいて記入します。）</small>

	被相続人	甲			第15表（修正申告用）（平成30年分以降用）

種類	細　　目	番号	各人の合計 氏名	長男A	長女B			
土地（土地の上に存する権利を含みます。）	田	①	円	円	円	円	円	円
	畑	②						
	宅　　　　地	③						
	山　　　　林	④						
	そ の 他 の 土 地	⑤						
	計	⑥	( )	( )	( )	( )	( )	( )
⑥のうち特例農地等	通 常 価 額	⑦	( )	( )	( )	( )	( )	( )
	農業投資価格による価額	⑧	( )	( )	( )	( )	( )	( )
家　屋、　構　築　物		⑨	( )	( )	( )	( )	( )	( )
事業（農業）用財産	機械、器具、農耕具、その他の減価償却資産	⑩						
	商品、製品、半製品、原材料、農産物等	⑪						
	売　　掛　　金	⑫						
	そ の 他 の 財 産	⑬	250,000,000	200,000,000	50,000,000			
	計	⑭	250,000,000	(200,000,000)	(50,000,000)	( )	( )	( )
有価証券	特定同族会社の株式及び出資	配当還元方式によったもの	⑮					
		その他の方式によったもの	⑯					
	⑮及び⑯以外の株式及び出資	⑰						
	公 債 及 び 社 債	⑱						
	証券投資信託、貸付信託の受益証券	⑲						
	計	⑳	( )	( )	( )	( )	( )	( )
現 金、 預 貯 金 等		㉑	( )	( )	( )	( )	( )	( )
家 庭 用 財 産		㉒	( )	( )	( )	( )	( )	( )
その他の財産	生 命 保 険 金 等	㉓						
	退 職 手 当 金 等	㉔						
	立　　　　木	㉕						
	そ　の　他	㉖	5,000,000	5,000,000				
	計	㉗	5,000,000	(5,000,000)	( )	( )	( )	( )
合計（⑥+⑨+⑭+⑳+㉑+㉒+㉗）		㉘	((255,000,000))	((205,000,000))	((50,000,000))	(( ))	(( ))	(( ))
相続時精算課税適用財産の価額		㉙						
不 動 産 等 の 価 額（⑥+⑨+⑩+⑮+⑯+㉘）		㉚						
⑯のうち株式等納税猶予対象の株式等の価額の80％の額		㉛						
⑰のうち株式等納税猶予対象の株式等の価額の80％の額		㉜						
⑯のうち特例株式等納税猶予対象の株式等の価額		㉝						
⑰のうち特例株式等納税猶予対象の株式等の価額		㉞						
債務等	債　　　　務	㉟	30,000,000	30,000,000				
	葬　式　費　用	㊱						
	合　計　（㉟+㊱）	㊲	(30,000,000)	(30,000,000)	( )	( )	( )	( )
差引純資産価額（㉘+㉙-㊲）（赤字のときは0）		㊳	255,000,000	175,000,000	50,000,000			
純資産価額に加算される暦年課税分の贈与財産価額		㊴						
課 税 価 格（㊳+㊴）（1,000円未満切捨て）		㊵	255,000,000	175,000,000	50,000,000	,000	,000	,000

273

〈実測した土地に縄伸びがあった場合の留意点〉

(1)　土地の評価

　　相続や贈与により取得した土地を評価する場合には、原則として宅地、田、畑、山林などの地目ごとに評価する。その土地の評価方法には、路線価方式と倍率方式とがある。

①　路線価方式

　　路線価方式は、路線価が付されている地域の評価方法であり、路線価とは、路線（道路）に面する標準的な宅地 1 平方メートル当たりの価額のことで、千円単位で表示されている。

　　路線価方式による土地の価額は、路線価をその土地の形状等に応じた奥行価格補正率などの各種補正率で補正した後に、その土地の面積を乗じて計算する。

②　倍率方式

　　倍率方式は、路線価が定められていない地域の評価方法で、倍率方式による土地の価額は、その土地の固定資産税評価額に一定の倍率を乗じて計算する。

(2)　縄伸びとは

　　縄伸びとは、土地の実測面積が登記簿上の面積より大きい場合に、その超過部分をいう。逆に実測面積が登記簿上の面積より小さい場合には縄縮みという。

　　登記簿と実測面積が一致しないのは、不動産登記法からすると疑問も生じるが、明治初期において土地に縄を張って測量した時代から、現代の測量計を使った測量技術の進歩を考慮すると、面積が増減するのは当然かもしれない。登記簿の中には昔測量した地積のまま残されているものもたくさん存在しているのが現実であり、実測面積とは乖離している土地も数多く存在するのが現状である。

(3)　実務上の対応

　　相続税の申告実務上、土地の「地積」は課税時期における実際の地積により評価すべきとされている。全ての土地について、実測して実際の面積を求めるのが理想ではあるが、実務上全ての土地について実測するには費用も多くかかり現実的ではないため、登記簿上の面積により申告するケースが大半を占めるが、実測を要求しているものではない。

　　相続税申告の後、相続した土地を売却する場合も見受けられるが、他人に売却するような場合には、測量が行われるのが一般的であり、その面積が相続税申告の際の登記簿

上の面積と大きく異なるケースについては、その後の税務調査等において実測図の存在が明らかになり、登記簿上の面積と実測面積との差額分について修正申告を勧奨されることとなる。

《土地等・家屋・事業用財産》

事例 16 　市街地農地等への「地積規模の大きな宅地の評価」の適用（更正の請求）

〈当初の期限内申告書の申告内容〉

　　被相続人甲は、平成 30 年 1 月 26 日に死亡し（甲の配偶者は平成 22 年に死亡している。）、被相続人甲の相続人である長男 A・二男 B は、それぞれ次の財産を取得することで分割協議が成立し、平成 30 年 11 月 20 日に相続税の期限内申告書を提出するとともに、納付すべき相続税額を期限内に納税した。

財産及び債務等	価額	長男 A	長女 B
取得財産の価額	2 億 5,000 万円	2 億円	5,000 万円
債務及び葬式費用の金額	3,000 万円	3,000 万円	
課税価格	2 億 2,000 万円	1 億 7,000 万円	5,000 万円
納付すべき税額	3,940 万円	3,033.8 万円	906.2 万円

〈更正の請求をするに至った事情等〉

　　被相続人甲に係る相続税の申告書は、平成 30 年 11 月 20 日に提出されているが、被相続人甲に係る相続財産の調査や財産評価が不十分であった。

　　長男 A は、分割協議により取得した相続財産のうち、茅野市ちの○○番地所在の田については、「地積規模の大きな宅地の評価」により申告した。なお、従来の広大地評価に係る広大地補正率では、宅地造成費相当額が織り込まれていたため、「地積規模の大きな宅地の評価」においても同様であると考え一切考慮していなかった。

　　相続税申告書の提出後、「地積規模の大きな宅地の評価」の適用対象となる市街地農地等については、「地積規模の大きな宅地の評価」を適用した後、個々の農地の状況に応じた宅地造成費相当額を別途控除できることが判明した。

　　よって、長男 A と長女 B はそれぞれ相続税の更正の請求書を令和元年 11 月 25 日に関係書類とともに提出した。

【計算過程】茅野市ちの○○番地の田の評価額

　(1)　当初申告　6,930 万円（地積規模の大きな宅地の評価（宅地造成費控除前））

　　　※奥行価格補正率 1.0、不整形地補正なし。

【算式】
（正面路線価）（規模格差補正率）（地積）
　60,000 円　×　　0.77　　×　1,500㎡　＝　6,930 万円

(2)　更正の請求　5,730 万円（地積規模の大きな宅地の評価（宅地造成費控除後））

　　※宅地造成費の金額は 8,000 円 /㎡である。

【算式】
（(1) の評価額）（宅地造成費）
　6,930 万円　－（8,000 円 /㎡×1,500㎡）　＝　5,730 万円

(3)　結果

　　宅地造成費分 1,200 万円（8,000 円 /㎡× 1,500㎡）と評価額が過大であったため、相続税の総額は全体で 360 万円少なくなる。

　　つまり、当該田を取得した長男 A については取得財産が 1,200 万円少なくなり相続税額が 313 万円減少し、長女 B についても、全体の財産が減少したことに伴い、結果的に相続税額が 47 万円減少することになる。

〈更正の請求書の記載方法の概要及び留意点〉

　相続税の更正の請求書の記載方法の概要は次のとおりであるが、留意点は次頁以降の更正の請求書及びその次葉を参照されたい。

(1)　**更正の請求書**

　更正の請求書は、更正の請求をする者ごとに作成され、添付した書類、更正の請求をする理由、更正の請求をするに至った事情、還付先等を記載する。

(2)　**次葉**

　次葉では、当初申告の内容と更正の請求の内容を併記し記載する。

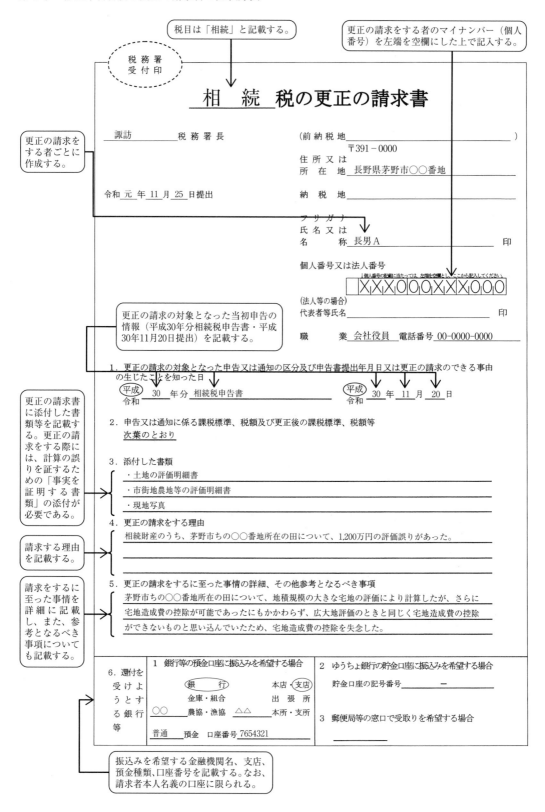

税目は「相続」と記載する。

更正の請求をする者のマイナンバー（個人番号）を左端を空欄にした上で記入する。

税務署受付印

相　続　税の更正の請求書

更正の請求をする者ごとに作成する。

諏訪　　　　　税務署長

（前納税地＿＿＿＿＿＿＿＿＿＿）
〒391-0000
住所又は
所在地　長野県茅野市○○番地

令和_元_年_11_月_25_日提出

納税地＿＿＿＿＿＿＿＿

フリガナ
氏名又は
名　　称　長男A＿＿＿＿＿＿　印

個人番号又は法人番号

個人番号の記載に当たっては、左端を空欄とし、ここから記入してください。

| X | X | X | O | O | O | X | X | O | O |

（法人等の場合）
代表者等氏名＿＿＿＿＿＿＿　印

職　　業　会社役員　電話番号_00-0000-0000_

更正の請求の対象となった当初申告の情報（平成30年分相続税申告書・平成30年11月20日提出）を記載する。

1. 更正の請求の対象となった申告又は通知の区分及び申告書提出年月日又は更正の請求のできる事由の生じたことを知った日

（平成・令和）_30_年分　相続税申告書＿＿＿＿＿　（平成・令和）_30_年_11_月_20_日

更正の請求書に添付した書類等を記載する。更正の請求をする際には、計算の誤りを証するための「事実を証明する書類」の添付が必要である。

2. 申告又は通知に係る課税標準、税額及び更正後の課税標準、税額等
次葉のとおり

3. 添付した書類
・土地の評価明細書＿＿＿＿＿＿
・市街地農地等の評価明細書＿＿＿
・現地写真＿＿＿＿＿＿＿＿

請求する理由を記載する。

4. 更正の請求をする理由
相続財産のうち、茅野市ちの○○番地所在の田について、1,200万円の評価誤りがあった。

請求をするに至った事情を詳細に記載し、また、参考となるべき事項についても記載する。

5. 更正の請求をするに至った事情の詳細、その他参考となるべき事項
茅野市ちの○○番地所在の田について、地積規模の大きな宅地の評価により計算したが、さらに宅地造成費の控除が可能であったにもかかわらず、広大地評価のときと同じく宅地造成費の控除ができないものと思い込んでいたため、宅地造成費の控除を失念した。

6. 還付を受けようとする銀行等	1　銀行等の預金口座に振込みを希望する場合	2　ゆうちょ銀行の貯金口座に振込みを希望する場合
	（銀行）　本店・（支店） 金庫・組合　出張所 ○○　農協・漁協　△△　本所・支店 普通　預金　口座番号_7654321_	貯金口座の記号番号＿＿＿—＿＿＿ 3　郵便局等の窓口で受取りを希望する場合

振込みを希望する金融機関名、支店、預金種類、口座番号を記載する。なお、請求者本人名義の口座に限られる。

278

当初申告内容を記載する。

更正請求内容を記載する。

長男A

被相続人	住所	〒 391－0000 長野県茅野市○○番地		相続の年月日	30 年 1 月 26 日
	フリガナ 氏名	甲		職業	会社役員

（平成30年分以降用）

次葉

申告に係る課税価格、税額等及び更正の請求による課税価格、税額等
（　相　続　税　）

(1) 税額等の計算明細

区　　　　分	申告（更正・決定）額	請　求　額
① 取 得 財 産 の 価 額	200,000,000 円	188,000,000 円
② 相 続 時 精 算 課 税 適 用 財 産 の 価 額		
③ 債 務 及 び 葬 式 費 用 の 金 額	30,000,000	30,000,000
④ 純 資 産 価 額 （ ① ＋ ② － ③ ）	170,000,000	158,000,000
⑤ 純資産価額に加算される暦年課税分の贈与財産価額		
⑥ 課 税 価 格 （ ④ ＋ ⑤ ）	170,000,000	158,000,000
⑦ 相続税の総額（（2）の⑨の金額）	39,400,000	35,800,000
一 般 の 場 合　⑧ 同上のあん分割合	77 %	76 %
⑨ 算出税額（⑦×⑧）	30,338,000 円	27,208,000 円
租税特別措置法第70条の6第2項の規定の適用を受ける場合 ⑩ 算 出 税 額 （付表1(1)の⑬）		
⑪ 相続税法第18条の規定による加算額		
税額控除額 ⑫ 暦 年 課 税 分 の 贈 与 税 額 控 除 額		
⑬ 配 偶 者 の 税 額 軽 減 額		
⑭ 未 成 年 者 控 除 額		
⑮ 障 害 者 控 除 額		
⑯ 相 次 相 続 控 除 額		
⑰ 外 国 税 額 控 除 額		
⑱ 計		
⑲ 差 引 税 額 （⑨＋⑪－⑱） 又は（⑩＋⑪－⑱）	30,338,000	27,208,000
⑳ 相続時精算課税分の贈与税額控除額		
㉑ 医 療 法 人 持 分 税 額 控 除 額		
㉒ 小 計 （ ⑲ － ⑳ － ㉑ ）	30,338,000	27,208,000
㉓ 農 地 等 納 税 猶 予 税 額		
㉔ 株 式 等 納 税 猶 予 税 額		
㉕ 特 例 株 式 等 納 税 猶 予 税 額		
㉖ 山 林 納 税 猶 予 税 額		
㉗ 医 療 法 人 持 分 納 税 猶 予 税 額		
（㉒－㉓－㉔－㉕－㉖－㉗）㉘ 申告期限までに納付すべき税額	30,338,000	27,208,000
㉙ 還 付 さ れ る 税 額		

(2) 相続税の総額の計算明細

区　　　　分	申告（更正・決定）額	請　求　額
① 取 得 財 産 価 額 の 合 計 額	250,000,000 円	238,000,000 円
② 相 続 時 精 算 課 税 適 用 財 産 価 額 の 合 計 額		
③ 債 務 及 び 葬 式 費 用 の 合 計 額	30,000,000	30,000,000
④ 純資産価額に加算される暦年課税分の贈与財産価額の合計額		
⑤ 課 税 価 格 の 合 計 額	220,000,000	208,000,000
⑥ 法 定 相 続 人 の 数	2人	2人
⑦ 遺 産 に 係 る 基 礎 控 除 額	42,000,000 円	42,000,000 円
⑧ 計 算 の 基 礎 と な る 金 額 （⑤－⑦）	178,000,000	166,000,000
⑨ 相 続 税 の 総 額	39,400,000	35,800,000

税目は「相続」と記載する。

更正の請求をする者のマイナンバー（個人番号）を左端を空欄にした上で記入する。

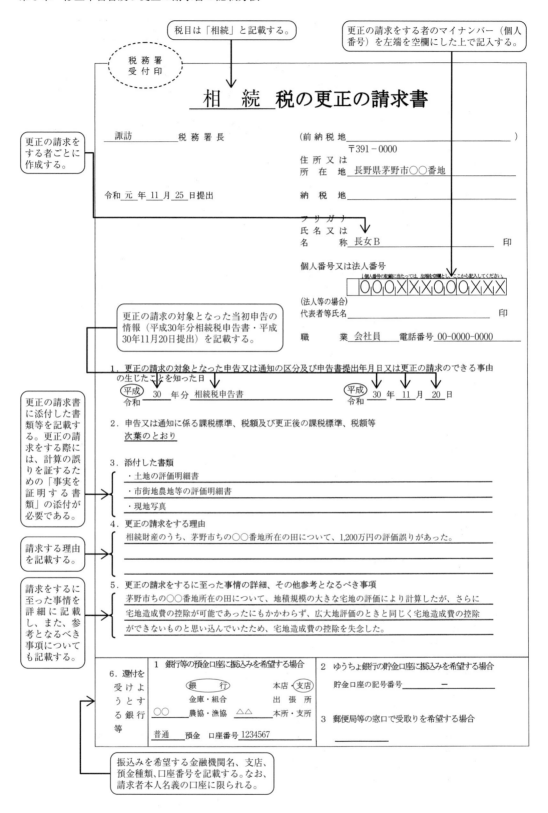

税務署
受付印

相　続　税の更正の請求書

更正の請求をする者ごとに作成する。

　諏訪　　　　　税務署長

令和 元 年 11 月 25 日提出

（前 納 税 地　　　　　　　　　　　　　　　　）
〒391－0000
住 所 又 は
所 在 地　長野県茅野市○○番地

納 税 地

フリガナ
氏 名 又 は
名 　 称　長女Ｂ　　　　　　　　　　　　印

個人番号又は法人番号
（個人番号の記載に当たっては、左端を空欄としてここから記入してください）
0 0 0 X X X 0 0 0 X X X

（法人等の場合）
代表者等氏名　　　　　　　　　　　　　　印

職　　業　会社員　　電話番号 00-0000-0000

更正の請求の対象となった当初申告の情報（平成30年分相続税申告書・平成30年11月20日提出）を記載する。

１．更正の請求の対象となった申告又は通知の区分及び申告書提出年月日又は更正の請求のできる事由の生じたことを知った日
（平成・令和） 30 年分 相続税申告書　　　　　　　　（平成・令和） 30 年 11 月 20 日

更正の請求書に添付した書類等を記載する。更正の請求をする際には、計算の誤りを証するための「事実を証明する書類」の添付が必要である。

２．申告又は通知に係る課税標準、税額及び更正後の課税標準、税額等
次葉のとおり

３．添付した書類
・土地の評価明細書
・市街地農地等の評価明細書
・現地写真

４．更正の請求をする理由
相続財産のうち、茅野市ちの○○番地所在の田について、1,200万円の評価誤りがあった。

請求する理由を記載する。

請求をするに至った事情を詳細に記載し、また、参考となるべき事項についても記載する。

５．更正の請求をするに至った事情の詳細、その他参考となるべき事項
茅野市ちの○○番地所在の田について、地積規模の大きな宅地の評価により計算したが、さらに宅地造成費の控除が可能であったにもかかわらず、広大地評価のときと同じく宅地造成費の控除ができないものと思い込んでいたため、宅地造成費の控除を失念した。

６．還付を受けようとする銀行等

1 銀行等の預金口座に振込みを希望する場合	2 ゆうちょ銀行の貯金口座に振込みを希望する場合
（銀　行）本店・支店　金庫・組合　出張所　○○ 農協・漁協 △△ 本所・支所　普通・預金 口座番号 1234567	貯金口座の記号番号　　　　－　　　　 3 郵便局等の窓口で受取りを希望する場合

振込みを希望する金融機関名、支店、預金種類、口座番号を記載する。なお、請求者本人名義の口座に限られる。

当初申告内容を記載する。

更正請求内容を記載する。

長女B

被相続人	住所	〒 391 - 0000 長野県茅野市○○番地		相続の年月日	年 月 日 30 1 26	|（平成30年分以降用）
	フリガナ 氏名	甲		職業	会社役員	

次葉

申告に係る課税価格、税額等及び更正の請求による課税価格、税額等

（　相　続　税　）

(1) 税額等の計算明細

区　　　　　分	申告（更正・決定）額	請　求　額
① 取　得　財　産　の　価　額	50,000,000 円	50,000,000 円
② 相続時精算課税適用財産の価額		
③ 債　務　及　び　葬　式　費　用　の　金　額		
④ 純　資　産　価　額　（①＋②－③）	50,000,000	50,000,000
⑤ 純資産価額に加算される暦年課税分の贈与財産価額		
⑥ 課　税　価　格　（④＋⑤）	50,000,000	50,000,000
⑦ 相　続　税　の　総　額　（(2)の⑨の金額）	39,400,000	35,800,000
一　般　の　場　合　⑧ 同上のあん分割合	23 %	24 %
⑨ 算出税額（⑦×⑧）	9,062,000 円	8,592,000 円
租税特別措置法第70条の6第2項の規定の適用を受ける場合 ⑩ 算出税額（付表1(1)の⑬）		
⑪ 相続税法第18条の規定による加算額		
税額控除額 ⑫ 暦年課税分の贈与税額控除額		
⑬ 配　偶　者　の　税　額　軽　減　額		
⑭ 未　成　年　者　控　除　額		
⑮ 障　害　者　控　除　額		
⑯ 相　次　相　続　控　除　額		
⑰ 外　国　税　額　控　除　額		
⑱ 計		
⑲ 差　引　税　額（⑨＋⑪－⑱）又は（⑩＋⑪－⑱）	9,062,000	8,592,000
⑳ 相続時精算課税分の贈与税額控除額		
㉑ 医　療　法　人　持　分　税　額　控　除　額		
㉒ 小　計　（⑲－⑳－㉑）	9,062,000	8,592,000
㉓ 農　地　等　納　税　猶　予　税　額		
㉔ 株　式　等　納　税　猶　予　税　額		
㉕ 特　例　株　式　等　納　税　猶　予　税　額		
㉖ 山　林　納　税　猶　予　税　額		
㉗ 医　療　法　人　持　分　納　税　猶　予　税　額		
（㉒－㉓－㉔－㉕－㉖－㉗）㉘ 申告期限までに納付すべき税額	9,062,000	8,592,000
㉙ 還　付　さ　れ　る　税　額		

(2) 相続税の総額の計算明細

区　　　　　分	申告（更正・決定）額	請　求　額
① 取　得　財　産　価　額　の　合　計　額	250,000,000 円	238,000,000 円
② 相続時精算課税適用財産価額の合計額		
③ 債　務　及　び　葬　式　費　用　の　合　計　額	30,000,000	30,000,000
④ 純資産価額に加算される暦年課税分の贈与財産価額の合計額		
⑤ 課　税　価　格　の　合　計　額	220,000,000	208,000,000
⑥ 法　定　相　続　人　の　数	2人	2人
⑦ 遺　産　に　係　る　基　礎　控　除　額	42,000,000 円	42,000,000 円
⑧ 計算の基礎となる金額（⑤－⑦）	178,000,000	166,000,000
⑨ 相　続　税　の　総　額	39,400,000	35,800,000

【参考資料】相続税の修正申告書

　修正申告書の形式が、実際どの部分の財産を見直し、各人の税額の差額がいくらなのか
が明らかに記載されるので参考までに添付した。

相 続 税 の 修 正 申 告 書

第1表〈平成30年分以降用〉

___諏訪___ 税務署長

元 年 11 月 25 日 提出

相続開始年月日 平成30年 1月 26 日

○フリガナは、必ず記入してください。

区　分		各 人 の 合 計（被相続人） 甲			財 産 を 取 得 し た 人　長男A ㊞		
フ リ ガ ナ							
氏　　名		甲			長男A		
個人番号又は法人番号					×××○○○××○○○		
生 年 月 日		昭和14年 12月 1日（年齢 78歳）			昭和44年 4月 15日（年齢 48歳）		
住　所（電話番号）		長野県茅野市○○番地			〒391 - 0000 長野県茅野市○○番地（ 0000 ― 00 ― 0000 ）		
被相続人との続柄　職業		会社役員			長男　　会社役員		
取 得 原 因		該当する取得原因を○で囲みます。			相続・遺贈・相続時精算課税に係る贈与		
※ 整 理 番 号							

	区　　分		㋑修正前の課税額	㋺修正申告額	㋩修正する額（㋺-㋑）	㋑修正前の課税額	㋺修正申告額	㋩修正する額（㋺-㋑）
課税価格の計算	取得財産の価額（第11表③）	①	250,000,000	238,000,000	△12,000,000	200,000,000	188,000,000	△12,000,000
	相続時精算課税適用財産の価額（第11の2表1⑦）	②						
	債務及び葬式費用の金額（第13表3⑦）	③	30,000,000	30,000,000	0	30,000,000	30,000,000	0
	純資産価額（①+②-③）（赤字のときは0）	④	220,000,000	208,000,000	△12,000,000	170,000,000	158,000,000	△12,000,000
	純資産価額に加算される暦年課税分の贈与財産価額（第14表1④）	⑤						
	課税価格（④+⑤）（1,000円未満切捨て）	⑥	Ⓐ 220,000,000	Ⓐ 208,000,000	△12,000,000	170,000,000	158,000,000	△12,000,000
各人の算出税額の計算	法定相続人の数及び遺産に係る基礎控除額		Ⓑ（2人）42,000,000	Ⓑ（2人）42,000,000	（0人）　,000,000	左の欄には、第2表の②欄の㋺の人数及び㋩の金額を記入します。		
	相 続 税 の 総 額	⑦	39,400,000	35,800,000	△3,600,000	左の欄には、第2表の⑧欄の金額を記入します。		
	一般の場合　あん分割合（各人の⑥/Ⓐ）	⑧	1.00	1.00		0.77	0.76	△0.01
	（⑩の場合を除く）　算出税額（⑦×各人の⑧）	⑨	39,400,000	35,800,000	△3,600,000	30,338,000	27,208,000	△3,130,000
	農地等納税猶予の適用を受ける場合（第3表⑬）	⑩						
	相続税額の2割加算が行われる場合の加算金額（第4表⑥）	⑪						
各人の納付・還付税額の計算	税額控除	暦年課税分の贈与税額控除額（第4表の2⑫）	⑫						
		配偶者の税額軽減額（第5表○又は○）	⑬						
		未成年者控除額（第6表1②、③又は⑥）	⑭						
		障害者控除額（第6表2②、③又は⑥）	⑮						
		相次相続控除額（第7表⑬又は⑱）	⑯						
		外国税額控除額（第8表1⑧）	⑰						
		計	⑱						
	差引税額（⑨+⑪-⑱）又は（⑩+⑪-⑱）（赤字のときは0）	⑲	39,400,000	35,800,000	△3,600,000	30,338,000	27,208,000	△3,130,000
	相続時精算課税分の贈与税額控除額（第11の2表⑧）	⑳	00	00	00	00	00	00
	医療法人持分税額控除額（第8の4表2B）	㉑						
	小計（⑲-⑳-㉑）（黒字のときは100円未満切捨て）	㉒	39,400,000	35,800,000	△3,600,000	30,338,000	27,208,000	△3,130,000
	農地等納税猶予税額（第8表2⑦）	㉓	00	00	00	00	00	00
	株式等納税猶予税額（第8の2表A）	㉔	00	00	00	00	00	00
	特例株式等納税猶予税額（第8の2の2表A）	㉕	00	00	00	00	00	00
	山林納税猶予税額（第8の3表2⑧）	㉖	00	00	00	00	00	00
	医療法人持分納税猶予税額（第8の4表2A）	㉗	00	00	00	00	00	00
	申告納税額　申告期限までに納付すべき税額	㉘	39,400,000	35,800,000	△3,600,000	30,338,000	27,208,000	△3,130,000
	（㉒-㉓-㉔-㉕-㉖-㉗）還付される税額	㉙	△	△		△	△	

（注）　㉒欄の金額が赤字となる場合は、㉒欄の左端に△を付してください。なお、この場合で㉒欄の金額のうちに贈与税の外国税額控除額（第11の2表⑨）があるときの㉒欄の金額については、「相続税の申告のしかた」を参照してください。

283

相 続 税 の 修 正 申 告 書（続）

○フリガナは、必ず記入してください。

区　　　分			財 産 を 取 得 し た 人			財 産 を 取 得 し た 人		
フ リ ガ ナ								
氏　　　　　名			長女B　　㊞			㊞		
			↓個人番号の記載に当たっては、左端を空欄としここから記入してください。			↓個人番号の記載に当たっては、左端を空欄としここから記入してください。		
個人番号又は法人番号			000XXX000XXX					
生　年　月　日			昭和47年　5月　15日（年齢　45歳）			年　　月　　日（年齢　　歳）		
住　　　所（電　話　番　号）			〒391 - 0000　長野県茅野市○○番地（ 0000 　 — 　 00 　 — 　 0000 ）			〒（ 　 — 　 — 　 ）		
被相続人との続柄　職業			二男　　　会社員					
取　得　原　因			⃝相続・遺贈・相続時精算課税に係る贈与			相続・遺贈・相続時精算課税に係る贈与		
※　整　理　番　号								
	区　　　分		㋑修正前の課税額	㋺修正申告額	㋩修正する額（㋺－㋑）	㋑修正前の課税額	㋺修正申告額	㋩修正する額（㋺－㋑）
課税価格の計算	取得財産の価額（第11表③）①		50,000,000 円	50,000,000 円	0 円	円	円	円
	相続時精算課税適用財産の価額（第11の2表1⑦）②							
	債務及び葬式費用の金額（第13表3⑦）③							
	純資産価額（①＋②－③）（赤字のときは0）④		50,000,000	50,000,000	0			
	純資産価額に加算される暦年課税分の贈与財産価額（第14表①）⑤							
	課税価格（④＋⑤）（1,000円未満切捨て）⑥		50,000,000	50,000,000	,000	,000	,000	,000
各人の算出税額の計算	法定相続人の数及び遺産に係る基礎控除額							
	相 続 税 の 総 額 ⑦							
	一般の場合（⑩の場合を除く）	あん分割合（各人の⑥/Ⓐ）⑧	0.23	0.24	0.01			
		算出税額（⑦×各人の⑧）⑨	9,062,000 円	8,592,000 円	△470,000 円	円	円	円
	農地等納税猶予の適用を受ける場合	算出税額（第3表⑪）⑩						
	相続税額の2割加算が行われる場合の加算金額（第4表1⑯）⑪		円	円	円	円	円	円
各人の納付・還付税額の計算	税額控除	暦年課税分の贈与税額控除額（第4表の2㉖）⑫						
		配偶者の税額軽減額（第5表㊷又は㊸）⑬						
		未成年者控除額（第6表1②、③又は⑥）⑭						
		障害者控除額（第6表2②、③又は⑥）⑮						
		相次相続控除額（第7表⑬又は⑱）⑯						
		外国税額控除額（第8表1⑧）⑰						
		計 ⑱						
	差引税額（⑨＋⑪－⑱）又は（⑩＋⑪－⑱）（赤字のときは0）⑲		9,062,000	8,592,000	△470,000			
	相続時精算課税分の贈与税額控除額（第11の2表⑧）⑳		00	00	00	00	00	00
	医療法人持分税額控除額（第8の4表2B）㉑							
	小計（⑲－⑳－㉑）（黒字のときは100円未満切捨て）㉒		9,062,000	8,592,000	△470,000			
	農地等納税猶予税額（第8表2⑦）㉓		00	00	00	00	00	00
	株式等納税猶予税額（第8の2表2A）㉔		00	00	00	00	00	00
	特例株式等納税猶予税額（第8の2の2表2A）㉕		00	00	00	00	00	00
	山林納税猶予税額（第8の3表2⑧）㉖		00	00	00	00	00	00
	医療法人持分納税猶予税額（第8の4表2A）㉗		00	00	00	00	00	00
	申告納税額　申告期限までに納付すべき税額㉘		9,062,000	8,592,000	△470,000	00	00	00
	（㉒－㉓－㉔－㉕－㉖－㉗）還付される税額㉙		△	△		△	△	

相 続 税 の 総 額 の 計 算 書

被相続人	甲

この表は、第1表及び第3表の「相続税の総額」の計算のために使用します。
なお、被相続人から相続、遺贈や相続時精算課税に係る贈与によって財産を取得した人のうちに農業相続人がいない場合は、この表の⑰欄及び⑨欄並びに⑨欄から⑪欄までは記入する必要がありません。

○この表を修正申告書の第2表として使用するときは、⑦欄には修正申告書第1表の⑪欄の⑥④の金額を記入し、⑰欄には修正申告書第3表の1の⑪欄の⑥④の金額を記入します。

① 課税価格の合計額	② 遺産に係る基礎控除額		③ 課税遺産総額
⑦（第1表⑥④） 円 208,000,000	3,000万円 ＋（600万円 × ⑤の法定相続人の数 2人）＝	⑥ 万円 4,200	⑤（⑦－⑥） 円 166,000,000
⑰（第3表⑥④） ,000	⑥の人数及び⑥の金額を第1表⑧へ転記します。		⑥（⑰－⑥） ,000

④ 法定相続人（(注)1参照）		⑤ 左の法定相続人に応じた法定相続分	第1表の「相続税の総額⑦」の計算		第3表の「相続税の総額⑦」の計算	
氏　名	被相続人との続柄		⑥ 法定相続分に応ずる取得金額（⑤×⑤）（1,000円未満切捨て）	⑦ 相続税の総額の基となる税額 下の「速算表」で計算します。	⑨ 法定相続分に応ずる取得金額（⑥×⑤）（1,000円未満切捨て）	⑩ 相続税の総額の基となる税額 下の「速算表」で計算します。
長男A	長男	$\frac{1}{2}$	円 83,000,000	円 17,900,000	円 ,000	円
長女B	二男	$\frac{1}{2}$	83,000,000	17,900,000	,000	
			,000		,000	
			,000		,000	
			,000		,000	
			,000		,000	
			,000		,000	
			,000		,000	
			,000		,000	
法定相続人の数 ④ 2人		合計 1	⑧ 相続税の総額（⑦の合計額）（100円未満切捨て） 35,800,000		⑪ 相続税の総額（⑩の合計額）（100円未満切捨て） 00	

(注)　1　④欄の記入に当たっては、被相続人に養子がある場合や相続の放棄があった場合には、「相続税の申告のしかた」をご覧ください。
　　　2　⑧欄の金額を第1表⑦欄へ転記します。財産を取得した人のうちに農業相続人がいる場合は、⑧欄の金額を第1表⑦欄へ転記するとともに、⑪欄の金額を第3表⑦欄へ転記します。

相続税の速算表

法定相続分に応ずる取得金額	10,000千円以下	30,000千円以下	50,000千円以下	100,000千円以下	200,000千円以下	300,000千円以下	600,000千円以下	600,000千円超
税　率	10％	15％	20％	30％	40％	45％	50％	55％
控除額	－ 千円	500 千円	2,000 千円	7,000 千円	17,000 千円	27,000 千円	42,000 千円	72,000 千円

この速算表の使用方法は、次のとおりです。
⑥欄の金額×税率－控除額＝⑦欄の税額　　　⑨欄の金額×税率－控除額＝⑩欄の税額
例えば、⑥欄の金額30,000千円に対する税額（⑦欄）は、30,000千円×15％－500千円＝4,000千円です。

○連帯納付義務について
　相続税の納税については、各相続人等が相続、遺贈や相続時精算課税に係る贈与により受けた利益の価額を限度として、お互いに連帯して納付しなければならない義務があります。

相続税がかかる財産の明細書
（相続時精算課税適用財産を除きます。）

被相続人	甲

第11表（平成21年4月分以降用）

○ 相続時精算課税適用財産の明細については、この表によらず第11の2表に記載します。

この表は、相続や遺贈によって取得した財産及び相続や遺贈によって取得したものとみなされる財産のうち、相続税のかかるものについての明細を記入します。

遺産の分割状況	区　分	① 全部分割	2 一部分割	3 全部未分割
	分割の日	30・10・30	・ ・	

財　産　の　明　細							分割が確定した財産	
種類	細目	利用区分、銘柄等	所在場所等	数量 固定資産税評価額	単価 倍数	価額	取得した人の氏名	取得財産の価額
		当初申告		円	円	250,000,000	長男A	200,000,000 円
							長女B	50,000,000
((計))						《 250,000,000》		
土地	田	自用地（地積規模の大きな宅地）	茅野市ちの○○番地	1,500㎡ 宅地造成費控除せず	46,200	△69,300,000	長男A	△69,300,000
土地	田	自用地（地積規模の大きな宅地）	茅野市ちの○○番地	1,500㎡ 宅地造成費8,000円/㎡控除	38,200	57,300,000	長男A	57,300,000
((計))						《 △12,000,000》		
[合計]						[238,000,000]		

合計表	財産を取得した人の氏名	（各人の合計）	長男A	長女B			
	分割財産の価額 ①	238,000,000 円	188,000,000 円	50,000,000 円	円	円	円
	未分割財産の価額 ②						
	各人の取得財産の価額 （①＋②） ③	238,000,000	188,000,000	50,000,000			

(注) 1 「合計表」の各人の③欄の金額を第1表のその人の「取得財産の価額①」欄に転記します。
2 「財産の明細」の「価額」欄は、財産の細目、種類ごとに小計及び計を付し、最後に合計を付して、それらの金額を第15表の①から㉘までの該当欄に転記します。

相続財産の種類別価額表

（この表は、第11表から第14表までの記載に基づいて記入します。）

被相続人　甲

種類	細目	番号	各人の合計 氏名	長男A	長女B			
土地（土地の上に存する権利を含みます。）	田	①	円	円	円	円	円	円
	畑	②						
	宅　地	③						
	山　林	④						
	その他の土地	⑤						
	計	⑥	（　）	（　）	（　）	（　）	（　）	（　）
⑥のうち特例農地等	通常価額	⑦	（　）	（　）	（　）	（　）	（　）	（　）
	農業投資価格による価額	⑧	（　）	（　）	（　）	（　）	（　）	（　）
家屋、構築物		⑨	（　）	（　）	（　）	（　）	（　）	（　）
事業（農業）用財産	機械、器具、農耕具、その他の減価償却資産	⑩						
	商品、製品、半製品、原材料、農産物等	⑪						
	売掛金	⑫						
	その他の財産	⑬	250,000,000	200,000,000	50,000,000			
	計	⑭	250,000,000（　）	200,000,000（　）	50,000,000（　）	（　）	（　）	（　）
有価証券	特定同族会社の株式及び出資	配当還元方式によったもの	⑮						
		その他の方式によったもの	⑯						
	⑮及び⑯以外の株式及び出資	⑰						
	公債及び社債	⑱						
	証券投資信託、貸付信託の受益証券	⑲						
	計	⑳	（　）	（　）	（　）	（　）	（　）	（　）
現金、預貯金等		㉑	（　）	（　）	（　）	（　）	（　）	（　）
家庭用財産		㉒	（　）	（　）	（　）	（　）	（　）	（　）
その他の財産	生命保険金等	㉓						
	退職手当金等	㉔						
	立木	㉕						
	その他	㉖	△12,000,000	△12,000,000				
	計	㉗	△12,000,000（　）	△12,000,000（　）	（　）	（　）	（　）	（　）
合計（⑥+⑨+⑭+⑳+㉑+㉒+㉗）		㉘	238,000,000（　）	188,000,000（　）	50,000,000（　）	（　）	（　）	（　）
相続時精算課税適用財産の価額		㉙						
不動産等の価額（⑥+⑨+⑩+⑬+⑯+⑤）		㉚						
⑯のうち株式等納税猶予対象の株式等の価額の80％の額		㉛						
⑰のうち株式等納税猶予対象の株式等の価額の80％の額		㉜						
⑯のうち特例株式等納税猶予対象の株式等の価額		㉝						
⑰のうち特例株式等納税猶予対象の株式等の価額		㉞						
債務等	債務	㉟	30,000,000	30,000,000				
	葬式費用	㊱						
	合計（㉟+㊱）	㊲	30,000,000（　）	30,000,000（　）	（　）	（　）	（　）	（　）
差引純資産価額（㉘+㉙-㊲）（赤字のときは0）		㊳	208,000,000	158,000,000	50,000,000			
純資産価額に加算される暦年課税分の贈与財産価額		㊴						
課税価格（㊳+㊴）（1,000円未満切捨て）		㊵	208,000,000,000	158,000,000,000	50,000,000,000	,000	,000	,000

287

〈地積規模の大きな宅地の評価による場合の留意点〉

(1)　地積規模の大きな宅地の評価の概要

①　地積規模の大きな宅地の評価の趣旨

地積規模の大きな宅地の評価では、新たに「規模格差補正率」が設けられ、地積規模の大きな宅地を戸建住宅用地として分割分譲する場合に発生する減価のうち、主に地積に依拠する次のイからハの減価を反映させることとした。

> イ　戸建住宅用地としての分割分譲に伴う潰れ地の負担による減価
> ロ　戸建住宅用地としての分割分譲に伴う工事・整備費用等の負担による減価
> ハ　開発分譲業者の事業収益・事業リスク等の負担による減価

②　地積規模の大きな宅地の意義

上記①のとおり、地積規模の大きな宅地の評価は、戸建住宅用地として分割分譲する場合に発生する減価を反映させることを趣旨とするものであることから、戸建住宅用地としての分割分譲が法的に可能であり、かつ、戸建住宅用地として利用されるのが標準的である地域に所在する宅地が対象となる。したがって、三大都市圏では500㎡以上の地積の宅地、それ以外の地域では1,000㎡以上の地積の宅地であって、次のイからニに該当するもの以外のものを地積規模の大きな宅地とした。

次のイからニに該当するものを地積規模の大きな宅地から除くこととしているのは、法的規制やその標準的な利用方法に照らすと地積規模の大きな宅地の評価の趣旨にそぐわないことを理由とするものである。

なお、地積規模の大きな宅地の評価では、社会経済情勢の変化等を踏まえ、原則として、開発行為に係る要件を設けないこととした。

> イ　市街化調整区域（都市計画法第34条第10号又は第11号の規定に基づき宅地分譲に係る開発行為を行うことができる区域を除く。）に所在する宅地
> ロ　都市計画法の用途地域が工業専用地域に指定されている地域に所在する宅地
> ハ　指定容積率が400％（東京都の特別区内においては300％）以上の地域に所在する宅地
> ニ　倍率地域に所在する財産評価通達22-2《大規模工場用地》に定める大規模工場用地

③　地積規模の大きな宅地の評価の適用対象

イ　路線価地域の場合

路線価地域においては、上記②の地積規模の大きな宅地であって、財産評価通達14-2《地区》に定める普通商業・併用住宅地区及び普通住宅地区に所在するものが地積規模の大きな宅地の評価の適用対象とされた。

普通商業・併用住宅地区及び普通住宅地区に所在する地積規模の大きな宅地を適用対象としているのは、これらの地区に所在する宅地は、指定容積率が400％（東京都の特別区内においては300％）以上の地域に所在するものを除けば、戸建住宅用地として利用されることが標準的であると考えられるため、戸建住宅用地として分割分譲する場合に発生する減価を考慮して評価する必要があることを理由とするものである。

ロ　倍率地域の場合

倍率地域においては、上記②の地積規模の大きな宅地に該当すれば、地積規模の大きな宅地の評価の適用対象となる。

(2)　評価方法

①　路線価地域の場合

普通商業・併用住宅地区及び普通住宅地区に所在する地積規模の大きな宅地については、正面路線価を基に、その形状・奥行距離に応じて財産評価通達15《奥行価格補正》から20《不整形地の評価》までの定めにより計算した価額に、その宅地の地積に応じた「規模格差補正率」を乗じて計算した価額によって評価する。

これを具体的な算式で表すと、次のとおりである。

> 【算式】
> 　地積規模の大きな宅地（一方のみが路線に接するもの）の相続税評価額
> 　＝正面路線価×奥行価格補正率×不整形地補正率などの各種画地補正率
> 　　　　　　　　　　　　　　　　　　　　　　　×規模格差補正率×地積

②　倍率地域の場合

倍率地域に所在する地積規模の大きな宅地については、財産評価通達21-2《倍率方式による評価》本文の定めにより評価した価額が、その宅地が標準的な間口距離及び奥行距離を有する宅地であるとした場合の1㎡当たりの価額を財産評価通達14《路線価》に定める路線価とし、かつ、その宅地が財産評価通達14-2《地区》に定める普通住宅地区に所在するものとして地積規模の大きな宅地の評価（評基通20-2）の定めに準じて計算した価額を上回る場合には、当該地積規模の大きな宅地については、地積規模の大きな宅地の評価の定めに準じて計算した価額により評価する。

③　規模格差補正率の計算方法等

規模格差補正率は、次の算式により計算する。

【算式】

$$規模格差補正率 = \frac{ⓐ \times ⓑ + ⓒ}{地積規模の大きな宅地の地積ⓐ} \times 0.8$$

（注）上記算式により計算した規模格差補正率は、小数点以下第2位未満を切り捨てる。

上記の算式中の「ⓑ」及び「ⓒ」は、地積規模の大きな宅地の所在する地域に応じて、それぞれ下表のとおりとする。

イ　三大都市圏に所在する宅地

地積㎡　　　　　　　記号	普通商業・併用住宅地区、普通住宅地区	
	ⓑ	ⓒ
500 以上　1,000 未満	0.95	25
1,000 〃　3,000 〃	0.90	75
3,000 〃　5,000 〃	0.85	225
5,000 〃	0.80	475

ロ　三大都市圏以外の地域に所在する宅地

地積㎡　　　　　　　記号	普通商業・併用住宅地区、普通住宅地区	
	ⓑ	ⓒ
1,000 以上　3,000 未満	0.90	100
3,000 〃　5,000 〃	0.85	250
5,000 〃	0.80	500

《規模格差補正率の具体的計算例》

※　三大都市圏に所在する地積1,500㎡の宅地の場合

$$規模格差補正率 = \frac{1,500㎡ⓐ \times 0.90 ⓑ + 75 ⓒ}{1,500㎡ⓐ} \times 0.8 = 0.76$$

④　市街地農地等への「地積規模の大きな宅地の評価」の適用

通常の市街地農地等と同様、財産評価通達39、40、49及び58-3の定めにおいて、その農地等が宅地であるとした場合を前提として評価（宅地比準方式により評価）することとしているところ、開発分譲業者が、地積規模の大きな市街地農地等を造成し、戸建住宅用地として分割分譲する場合には、地積規模の大きな宅地の場合と同様に、それに伴う減価が発生することになる。

したがって、市街地農地等については、「地積規模の大きな宅地の評価」の適用要件を満たせば、その適用対象となる（ただし、路線価地域にあっては、宅地の場合と同様に、普通商業・併用住宅地区及び普通住宅地区に所在するものに限られる。）（注）。

（注）市街地農地等について、宅地への転用が見込めないと認められる場合には、戸建住宅用地としての分割分譲が想定されていないことから、「地積規模の大きな宅地の評価」の適用対象とならないことに留意する。

(3) 実務上の留意点

従来の広大地評価に係る広大地補正率では、宅地造成費相当額が考慮されていたが、「地積規模の大きな宅地の評価」に係る規模格差補正率は、地積規模の大きな宅地を戸建住宅用地として分割分譲する場合に発生する減価のうち、主に地積に依拠するものを反映しているものであり、宅地造成費相当額は反映されていない。

したがって、「地積規模の大きな宅地の評価」の適用対象となる市街地農地等については、「地積規模の大きな宅地の評価」を適用した後、個々の農地等の状況に応じた宅地造成費相当額を別途控除して評価することとなる。

《土地等・家屋・事業用財産》

事例 17　庭園設備の評価

〈当初の期限内申告書の申告内容〉

　被相続人甲は、平成 30 年 3 月 1 日に死亡し（甲の配偶者は平成 25 年 7 月 5 日に死亡している。）、被相続人甲の相続人である長男A・長女Bは、それぞれ次の財産を取得することで分割協議が成立し、平成 30 年 12 月 25 日に相続税の期限内申告書を提出するとともに、納付すべき相続税額を期限内に納付した。

財産及び債務等	価額	長男A	長女B
取得財産の価額	2 億 3,000 万円	2 億 1,000 万円	2,000 万円
債務及び葬式費用の金額	3,000 万円	3,000 万円	
課税価格	2 億円	1 億 8,000 万円	2,000 万円
納付すべき税額	3,340 万円	3,006 万円	334 万円

〈相続税の税務調査における調査担当者の指摘〉

　調査担当者は、事前通知の手続を法令上の規定に基づき行ったのち、被相続人甲の相続税の申告内容に係る税務調査を行った。

　調査担当者は税務調査の結果、甲の夫が亡くなった際（第 1 次相続の際）の相続税申告書を確認しながら、その際に財産計上されていた自宅の庭園設備について、今回の第 2 次相続の申告においては全く相続財産に計上されていないことを指摘し、法令上の規定に基づき修正申告の勧奨を行った。

　長男Aは、この庭園設備については、甲の夫の死亡（平成 25 年 7 月 5 日）以降、池の水を張ることもせず、また松をはじめとする草木の剪定等も一切行っておらず、荒れ果てた庭園となっており財産価値のないものと判断し、相続財産に計上していなかった。

　これに対して、調査担当者は庭園の庭石には御影石や大理石が大量に使われていることや、庭師に依頼すればかなり見栄えのする庭園になるであろうことを主張した。

　長男Aは税理士と検討した結果、第 1 次相続より評価は減額しているものの、庭園設備の申告漏れであることを認め、調査担当者の指摘に従い相続税の修正申告書を令和元年 12 月 25 日に提出した。

　なお、この庭園設備については第 1 次相続では評価額 1,000 万円で計上されていたが、

今回の第2次相続では300万円が評価額とされた。また、長男Aと長女Bとの協議の結果、この庭園設備については、自宅部分を相続した長男Aが相続する旨の分割が確定した。

本事例では、第2次相続における相次相続控除の適用が考えられるところであるが、便宜上相次相続控除は一切考慮していない。また、相次相続控除については 事例10 を参照されたい。

〈修正申告書の記載方法の概要及び留意点〉

相続税の修正申告書における各表の記載方法の概要は次のとおりであるが、留意点は次頁以降の第1表・第2表・第11表・第15表を参照されたい。

(1) **第1表**

第1表には、各相続人の合計及び各相続人それぞれの修正前の課税額（当初の期限内申告額）及び修正申告額を記載するとともに、修正する額（修正申告額−修正前の課税額）を記載する。さらに、各相続人のマイナンバー（個人番号）を記載する。

(2) **第2表**

第2表には、当初の期限内申告書において相続財産として計上漏れであった庭園設備の価額をプラスした課税価格の合計額により、相続税の総額を再計算する。

(3) **第11表**

第11表には、今回の第2次相続において相続財産として計上漏れであった庭園設備を相続税がかかる財産の明細として追加で記載する。

(4) **第15表**

第15表には、当初の期限内申告において相続財産として計上漏れであった庭園設備を財産計上した後の価額を記載する。

「各人の合計」欄及び「財産を取得した人（長男A及び長女B）」欄に「㋑修正前の課税額（当初申告額）」、「㋺修正申告額」及び「㋩修正する額（㋺－㋑）」を記載する。

申告する者のマイナンバー（個人番号）を左端を空欄にした上で記入する。

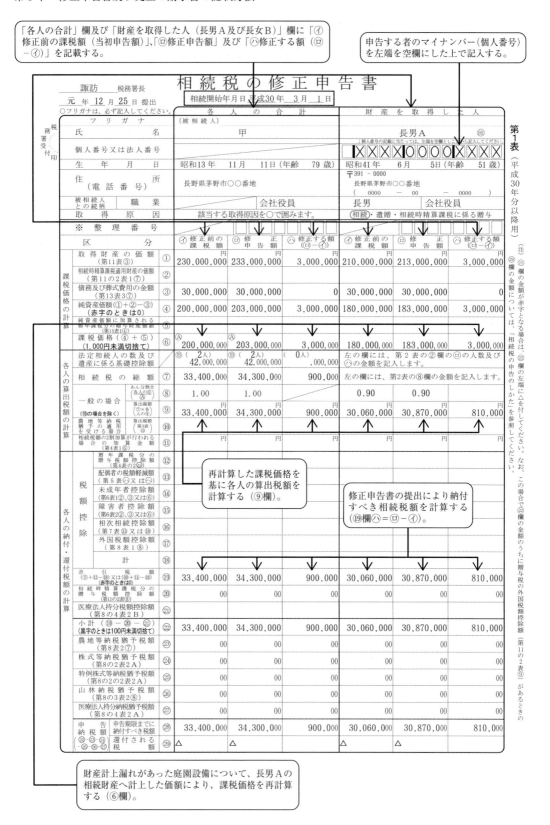

再計算した課税価格を基に各人の算出税額を計算する（⑨欄）。

修正申告書の提出により納付すべき相続税額を計算する（⑲欄㋩＝㋺－㋑）。

財産計上漏れがあった庭園設備について、長男Aの相続財産へ計上した価額により、課税価格を再計算する（⑥欄）。

294

申告する者のマイナンバー（個人番号）を左端を空欄にした上で記入する。

相 続 税 の 修 正 申 告 書（続）

			○フリガナは、必ず記入してください。	⑦修正前の課税額	⑧修正申告額	⑨修正する額（⑧－⑦）	⑦修正前の課税額	⑧修正申告額	⑨修正する額（⑧－⑦）
			フリガナ	財 産 を 取 得 し た 人			財 産 を 取 得 し た 人		
			氏 名	長女B ㊞			㊞		
			個人番号又は法人番号	0000XXX0000					
			生 年 月 日	昭和43年 4月 24日（年齢 49 歳）			年 月 日（年齢 歳）		
			住 所（電話番号）	〒391 － 0000 長野県茅野市○○番地（ 0000 － 00 － 0000 ）			〒（ － － ）		
			被相続人との続柄 職業	長女 専業主婦					
			取 得 原 因	相続・遺贈・相続時精算課税に係る贈与			相続・遺贈・相続時精算課税に係る贈与		
			※ 整 理 番 号						
			区 分	⑦修正前の課税額	⑧修正申告額	⑨修正する額（⑧－⑦）	⑦修正前の課税額	⑧修正申告額	⑨修正する額（⑧－⑦）
課税価格の計算			取得財産の価額（第11表③） ①	円 20,000,000	円 20,000,000	円 0	円	円	円
			相続時精算課税適用財産の価額（第11の2表1⑦）②						
			債務及び葬式費用の金額（第13表3⑦）③						
			純資産価額（①＋②－③）（赤字のときは0）④	20,000,000	20,000,000	0			
			純資産価額に加算される暦年課税分の贈与財産価額（第14表1④）⑤						
			課税価格（④＋⑤）（1,000円未満切捨て）⑥	20,000,000	20,000,000	,000	,000	,000	,000
各人の算出税額の計算			法定相続人の数及び遺産に係る基礎控除額 相続税の総額 ⑦						
			一般の場合（⑩の場合を除く） あん分割合（各人の⑥／各人の合計） ⑧	0.10	0.10				
			算出税額（⑦×各人の⑧）⑨	円 3,340,000	円 3,430,000	円 90,000	円	円	円
			農地等納税猶予の適用を受ける場合 算出税額（第3表⑧）⑩						
			相続税額の2割加算が行われる場合の加算金額（第4表1⑥）⑪	円	円	円	円	円	円
各人の納付・還付税額の計算	税額控除		暦年課税分の贈与税額控除額（第4表の2⑤）⑫						
			配偶者の税額軽減額（第5表⑦又は⑩）⑬						
			未成年者控除額（第6表1②、3又は⑥）⑭						
			障害者控除額（第6表2②、3又は⑥）⑮						
			相次相続控除額（第7表⑬又は⑱）⑯						
			外国税額控除額（第8表1⑧）⑰						
			計 ⑱						
			差引税額（⑨＋⑪－⑱）又は（⑩＋⑪－⑱）（赤字のときは0）⑲	3,340,000	3,430,000	90,000			
			相続時精算課税分の贈与税額控除額（第11の2表⑧）⑳	00	00	00	00	00	00
			医療法人持分税額控除額（第8の4表2B）㉑						
			小計（⑲－⑳－㉑）（黒字のときは100円未満切捨て）㉒	3,340,000	3,430,000	90,000			
			農地等納税猶予税額（第8表2⑦）㉓	00	00	00	00	00	00
			株式等納税猶予税額（第8の2表2A）㉔	00	00	00	00	00	00
			特例株式等納税猶予税額（第8の2の2表2A）㉕	00	00	00	00	00	00
			山林納税猶予税額（第8の3表⑧）㉖	00	00	00	00	00	00
			医療法人持分納税猶予税額（第8の4表2A）㉗	00	00	00	00	00	00
			申告納税額 申告期限までに納付すべき税額 ㉘	3,340,000	3,430,000	90,000	00	00	00
			（㉒－㉓－㉔-㉕-㉖-㉗）還付される税額 ㉙	△	△		△	△	

第1表（続）（平成30年分以降用）

再計算した課税価格を基に各人の算出税額を計算する（⑨欄）。

修正申告書の提出により納付すべき相続税額を計算する（⑲欄 ㈱ ＝ ⑧－⑦）

（注）㉒欄の金額が赤字となる場合は㉒欄の左端に△を付してください。なお、この場合で㉒欄の金額のうちに贈与税の外国税額控除額（第11の2表⑨）があるときの㉒欄の金額については、「相続税の申告のしかた」を参照してください。

295

財産計上漏れがあった長男Aが取得した庭園設備を相続財産に計上した課税価格の合計額（①欄）を基に課税遺産総額（③欄）を算出し、法定相続人に応じた法定相続分により計算した相続税の総額（⑧欄）を第1表⑦欄㋺に移記する。

相 続 税 の 総 額 の 計 算 書

被相続人　甲

第2表（平成27年分以降用）

この表は、第1表及び第3表の「相続税の総額」の計算のために使用します。

なお、被相続人から相続、遺贈や相続時精算課税に係る贈与によって財産を取得した人のうちに農業相続人がいない場合は、この表の㋑欄及び㋺欄並びに⑨欄から⑪欄までは記入する必要がありません。

第3表の1の㋺欄の⑥㋐の金額を第2表として使用するときは、⑦欄には修正申告書第1表の㋺欄の⑥㋐の金額を記入し、⑩欄には修正申告書

① 課税価格の合計額	② 遺産に係る基礎控除額		③ 課税遺産総額
㋑（第1表⑥Ⓐ）　203,000,000 円	3,000万円＋（600万円 × ㋑の法定相続人の数 2 人）＝	㋩ 万円 4,200	㊁（㋑－㋩） 161,000,000 円
（第3表⑥Ⓐ）　　　　　　　,000	㋺の人数及び㋩の金額を第1表Ⓑへ転記します。		㊀（㋭－㋩）　　　　　　,000

④ 法定相続人 （（注）1参照）		⑤ 左の法定相続人に応じた法定相続分	第1表の「相続税の総額⑦」の計算		第3表の「相続税の総額⑦」の計算	
氏　名	被相続人との続柄		⑥ 法定相続分に応ずる取得金額 （㊁×⑤）（1,000円未満切捨て）	⑦ 相続税の総額の基となる税額（下の「速算表」で計算します。）	⑨ 法定相続分に応ずる取得金額 （㊀×⑤）（1,000円未満切捨て）	⑩ 相続税の総額の基となる税額（下の「速算表」で計算します。）
長男A	長男	$\frac{1}{2}$	80,500,000 円	17,150,000 円	,000 円	円
長女B	長女	$\frac{1}{2}$	80,500,000	17,150,000	,000	
			,000		,000	
			,000		,000	
			,000		,000	
			,000		,000	
			,000		,000	
			,000		,000	
			,000		,000	
法定相続人の数	Ⓐ 2 人	合計 1	⑧ 相続税の総額 （⑦の合計額）（100円未満切捨て） 34,300,000		⑪ 相続税の総額 （⑩の合計額）（100円未満切捨て） 00	

（注）　1　④欄の記入に当たっては、被相続人に養子がある場合や相続の放棄があった場合には、「相続税の申告のしかた」をご覧ください。

2　⑧欄の金額を第1表⑦欄へ転記します。財産を取得した人のうちに農業相続人がいる場合は、⑧欄の金額を第1表⑦欄へ転記するとともに、⑪欄の金額を第3表⑦欄へ転記します。

相続税の速算表

法定相続分に応ずる取得金額	10,000千円以下	30,000千円以下	50,000千円以下	100,000千円以下	200,000千円以下	300,000千円以下	600,000千円以下	600,000千円超
税　率	10%	15%	20%	30%	40%	45%	50%	55%
控除額	－ 千円	500 千円	2,000 千円	7,000 千円	17,000 千円	27,000 千円	42,000 千円	72,000 千円

この速算表の使用方法は、次のとおりです。

⑥欄の金額×税率－控除額＝⑦欄の税額　　　⑨欄の金額×税率－控除額＝⑩欄の税額

例えば、⑥欄の金額30,000千円に対する税額（⑦欄）は、30,000千円×15％－500千円＝4,000千円です。

○連帯納付義務について

相続税の納税については、各相続人等が相続、遺贈や相続時精算課税に係る贈与により受けた利益の価額を限度として、お互いに連帯して納付しなければならない義務があります。

当初申告において申告漏れであった財産を、相続税がかかる財産の明細として当初申告の次に記載する。また、庭園設備についての分割は長男Aで確定したため、取得した人の氏名は長男Aと記載し、合わせて評価額を記載する。

相続税がかかる財産の明細書
（相続時精算課税適用財産を除きます。）

第11表（平成21年4月分以降用）

○相続時精算課税適用財産の明細については、この表によらず第11の2表に記載します。

被相続人	甲

この表は、相続や遺贈によって取得した財産及び相続や遺贈によって取得したものとみなされる財産のうち、相続税のかかるものについての明細を記入します。

遺産の分割状況	区　分	① 全 部 分 割	2 一 部 分 割	3 全 部 未 分 割
	分 割 の 日	30・10・2	・　・	

財　産　の　明　細							分割が確定した財産		
種類	細目	利用区分、銘柄等	所在場所等	数量／固定資産税評価額	単価／倍数	価　額	取得した人の氏　名	取得財産の価　額
	当初申告			円	円	円 230,000,000	長男A	円 210,000,000
							長女B	20,000,000
（（計））						《 230,000,000》		
庭園設備	庭	（修正申告）	茅野市ちの○○番地			3,000,000	長男A	3,000,000
（（計））						《 3,000,000》		
［合計］						［ 233,000,000］		

合計表	財産を取得した人の氏名	（各人の合計）	長男A	長女B			
	分割財産の価額 ①	円 233,000,000	円 213,000,000	円 20,000,000	円	円	円
	未分割財産の価額 ②						
	各人の取得財産の価額（①＋②）③	233,000,000	213,000,000	20,000,000			

（注）　1　「合計表」の各人の③欄の金額を第1表のその人の「取得財産の価額①」欄に転記します。
　　　　2　「財産の明細」の「価額」欄は、財産の細目、種類ごとに小計及び計を付し、最後に合計を付して、それらの金額を第15表の①から㉘までの該当欄に転記します。

相続財産の種類別価額表

（この表は、第11表から第14表までの記載に基づいて記入します。）

被相続人　甲

第15表（修正申告用）（平成30年分以降用）

種類	細目	番号	各人の合計	長男A	長女B			
土地（土地の上に存する権利を含みます。）	田	①	円	円	円	円	円	円
	畑	②						
	宅地	③						
	山林	④						
	その他の土地	⑤						
	計	⑥	( )	( )	( )	( )	( )	( )
⑥のうち特例農地等	通常価額	⑦	( )	( )	( )	( )	( )	( )
	農業投資価格による価額	⑧	( )	( )	( )	( )	( )	( )
家屋、構築物		⑨	( )	( )	( )	( )	( )	( )
事業（農業）用財産	機械、器具、農耕具、その他の減価償却資産	⑩						
	商品、製品、半製品、原材料、農産物等	⑪						
	売掛金	⑫						
	その他の財産	⑬	230,000,000	210,000,000	20,000,000			
	計	⑭	(230,000,000)	(210,000,000)	(20,000,000)	( )	( )	( )
有価証券	特定同族会社の株式及び出資 配当還元方式によったもの	⑮						
	その他の方式によったもの	⑯						
	⑮及び⑯以外の株式及び出資	⑰						
	公債及び社債	⑱						
	証券投資信託、貸付信託の受益証券	⑲						
	計	⑳	( )	( )	( )	( )	( )	( )
現金、預貯金等		㉑						
家庭用財産		㉒						
その他の財産	生命保険金等	㉓						
	退職手当金等	㉔						
	立木	㉕	↓	↓				
	その他	㉖	3,000,000	3,000,000				
	計	㉗	(3,000,000)	(3,000,000)	( )	( )	( )	( )
合計（⑥＋⑨＋⑭＋⑳＋㉑＋㉒＋㉗）		㉘	(233,000,000)	(213,000,000)	(20,000,000)	( )	( )	( )
相続時精算課税適用財産の価額		㉙						
不動産等の価額（⑥＋⑨＋⑩＋⑮＋⑯＋㉕）		㉚						
⑯のうち株式等納税猶予対象の株式等の価額の80％の額		㉛						
⑰のうち株式等納税猶予対象の株式等の価額の80％の額		㉜						
⑯のうち特例株式等納税猶予対象の株式等の価額		㉝						
⑰のうち特例株式等納税猶予対象の株式等の価額		㉞						
債務等	債務	㉟	30,000,000	30,000,000				
	葬式費用	㊱						
	合計（㉟＋㊱）	㊲	(30,000,000)	(30,000,000)	( )	( )	( )	( )
差引純資産価額（㉘＋㉙－㊲）（赤字のときは0）		㊳	203,000,000	183,000,000	20,000,000			
純資産価額に加算される暦年課税分の贈与財産価額		㊴						
課税価格（㊳＋㊴）（1,000円未満切捨て）		㊵	203,000,000	183,000,000	20,000,000	,000	,000	,000

当初の期限内申告書において相続財産として計上漏れであった庭園設備の評価額300万円をその他の財産のその他へ記載する。なお、庭園設備についての分割は長男Aで確定したため長男Aの欄に記載する。

〈庭園設備の評価及び財産計上の留意点〉

(1) **特例の概要**

　庭園設備については、その調達価額の70%に相当する金額で評価される。ただ、庭木、庭石、あずまや、燈籠などの庭園を構成する設備は、各種各様の形態や景観等があり、その価額は一様ではない。したがって、評価に当たっては精通者（庭師等）の意見を参酌して調達価額を求めることになる（評基通92⑶）。

　「調達価額」とは、課税時期において、その財産をその財産の現況により取得する場合の価額をいい、例えば、庭石については、庭石商の店頭価格ではなく庭先への搬入費、据付費等も含めた価額をいう。

(2) **現況の確認**

　庭園設備は各家庭において各種各様であり、費用がかなりかかっていると予想できる庭も実務上多く存在する。現地の状況を実際に見ながら相続人にヒアリングしたり、庭整備費用がどのくらいかかっているか、庭石の種類がどういったものかなどを考慮し、慎重に評価する必要がある。

(3) **第1次相続での申告の内容**

　第1次相続時において、庭園として財産計上がされている場合は要注意である。

　相続税申告の実務において、第1次相続があったケースにおいては、第1次相続時の相続税申告書の確認を行うことになるが、その際庭園設備として財産計上がされているケースにおいては、第1次相続とのバランス等も考慮し、第2次相続において相続財産として計上をするか否かを慎重に判断し、申告が必要であれば漏れがないように留意しなければならない。

　特に第1次相続の後、第2次相続までの間、庭を全く整備していない場合などは、現地は相当荒れ果てており、見た目だけで相続財産として計上する必要はないと判断しがちである。単に整備されていないことを理由に財産計上しないことは財産計上漏れを指摘されるケースが多いことに留意しなければならない。

《有価証券》

事例18　親族名義の同族会社株式の申告漏れ①

〈当初の期限内申告書の申告内容〉

　被相続人甲は、平成30年2月10日に死亡し（甲の配偶者は平成26年に死亡している。）、被相続人甲の相続人である長男A・長女Bは、それぞれ次の財産の取得及び債務の承継を行うことで分割協議が成立し、平成30年12月10日に相続税の期限内申告書を提出するとともに、納付すべき相続税額を期限内に納税した。

財産及び債務等	価　額	長男A	長女B
取得財産の価額	2億円	1億2,000万円	8,000万円
債務及び葬式費用の金額	2,000万円	2,000万円	－
課税価格	1億8,000万円	1億円	8,000万円
納付すべき税額	2,740万円	1,534.4万円	1,205.6万円

〈相続税の税務調査における調査担当者の指摘〉

　調査担当者は、事前通知に係る手続を法令上の規定に基づき行ったのち、被相続人甲の相続税の申告内容に係る税務調査を行った。

　調査担当者は税務調査の結果、被相続人甲が30年前に設立し、現在相続人Aが代表取締役である同族会社X社の株式10,000株について、相続人A及びBは設立時よりその株式を所有していることになっているが、以下の理由により実際には被相続人甲の名義株である旨を指摘し、法令上の規定に基づき、修正申告の勧奨を行った。

> 1　X社の設立当時、長男A及び長女Bは学生で所得がなかったこと
> 2　長男A及び長女Bの拠出金の出所が明らかでないこと
> 3　被相続人甲から長男A及び長女Bに対する拠出金の贈与の事実が明らかでないこと
> 4　X社の設立時、被相続人甲、長男A及び長女Bの他、甲の知人4名が発起人として記載されていたが、株主名簿上その4名の氏名の記載はなく、その拠出は甲が行ったものとして取り扱われていること
> 5　設立以来一度も配当が行われていないこと

　長男A及び長女Bは、X社設立時において、被相続人甲より両名が株主になっていることを知らされており、名義株でないことを主張したが、最終的には調査担当者の指摘

に従い、その名義株は両名がそれぞれ株主名簿のとおり相続することを確認したうえで、相続税の修正申告書を令和元年12月10日に提出した。

〈修正申告書の記載方法の概要及び留意点〉

　相続税の修正申告書における各表の記載方法の概要は次のとおりであるが、留意点は次頁以降の第1表・第2表・第11表・第15表を参照されたい。

(1) 第1表

　第1表には、各相続人の合計及び各相続人それぞれの修正前の課税額（当初の期限内申告額）及び修正申告額を記載するとともに、修正する額（修正申告額－修正前の課税額）を記載する。さらに、各相続人のマイナンバー（個人番号）を記載する。

(2) 第2表

　第2表には、当初の期限内申告書において申告漏れであった相続財産（特定同族会社の株式）を加算した後の課税価格の合計額により、相続税の総額を再計算する。

(3) 第11表

　第11表には、当初の期限内申告時の財産の価額の合計額を記載するとともに、申告漏れであった相続財産（特定同族会社の株式）の種類・細目・利用区分・銘柄等・所在場所等を記載する。

(4) 第15表

　第15表には、当初の期限内申告書において申告漏れであった相続財産を加算し、各人の合計欄及び各相続人（A及びB）欄の金額を記載する。

「各人の合計」欄及び「相続財産を取得した人（長男A及び長女B）」欄に「⑦修正前の課税額（当初申告額）」、「⑩修正申告額」及び「⑧修正する額（⑩−⑦）」を記載する。

申告する者のマイナンバー（個人番号）を左端を空欄にした上で記入する。

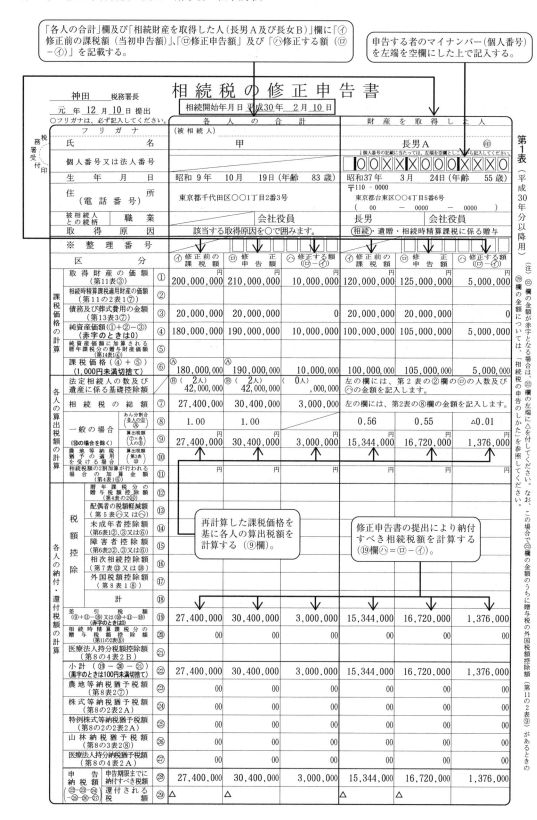

再計算した課税価格を基に各人の算出税額を計算する（⑨欄）。

修正申告書の提出により納付すべき相続税額を計算する（⑲欄⑧＝⑩−⑦）。

申告する者のマイナンバー（個人番号）を左端を空欄にした上で記入する。

相続税の修正申告書（続）

〇フリガナは、必ず記入してください。

区分		財産を取得した人			財産を取得した人		
フリガナ							
氏 名		長女B ㊞			㊞		
個人番号又は法人番号		X X 0 0 0 X X X 0 0 0 X					
生 年 月 日		昭和40年 2月 14日（年齢 52歳）			年 月 日（年齢 歳）		
住 所（電話番号）		〒541－0000 大阪府大阪市〇〇7丁目8番9号（ 00 － 0000 － 0000 ）			〒（ － － ）		
被相続人との続柄／職業		長女／無職					
取 得 原 因		⦿相続・遺贈・相続時精算課税に係る贈与			相続・遺贈・相続時精算課税に係る贈与		
※ 整 理 番 号							
	区 分	㋑修正前の課税額	㋺修正申告額	㋩修正する額（㋺－㋑）	㋑修正前の課税額	㋺修正申告額	㋩修正する額（㋺－㋑）

課税価格の計算	取得財産の価額（第11表③）①	80,000,000	85,000,000	5,000,000	円	円	円
	相続時精算課税適用財産の価額（第11の2表1⑦）②						
	債務及び葬式費用の金額（第13表3⑦）③						
	純資産価額（①＋②－③）（赤字のときは0）④	80,000,000	85,000,000	5,000,000			
	純資産価額に加算される暦年課税分の贈与財産価額（第14表1④）⑤						
	課税価格（④＋⑤）（1,000円未満切捨て）⑥	80,000,000	85,000,000	5,000,000	,000	,000	,000

再計算した課税価格を基に各人の算出税額を計算する（⑨欄）。

各人の算出税額の計算	法定相続人の数及び遺産に係る基礎控除額						
	相続税の総額⑦						
	一般の場合（⑩の場合を除く） あん分割合（各人の⑥／⑥の人の⑥）⑧	0.44	0.45	0.01			
	算出税額（⑦×各人の⑧）⑨	12,056,000 円	13,680,000 円	1,624,000 円	円	円	円
	農地等納税猶予の適用を受ける場合 算出税額（第3表⑪）⑩						
	相続税額の2割加算が行われる場合の加算金額（第4表1⑥）⑪	円	円	円	円	円	円

各人の納付・還付税額の計算	税額控除	暦年課税分の贈与税額控除額（第4表の2⑩）⑫						
		配偶者の税額軽減額（第5表○又は○）⑬						
		未成年者控除額（第6表1②、③又は⑥）⑭						
		障害者控除額（第6表2②、③又は⑥）⑮						
		相次相続控除額（第7表⑬又は⑱）⑯						
		外国税額控除額（第8表1⑧）⑰						
		計⑱						

修正申告書の提出により納付すべき相続税額を計算する（⑲欄 ㋩＝㋺－㋑）。

	差引税額（⑨＋⑪－⑱）又は（⑩＋⑪－⑱）（赤字のときは0）⑲	12,056,000	13,680,000	1,624,000			
	相続時精算課税分の贈与税額控除額（第11の2表⑧）⑳	00	00	00	00	00	00
	医療法人持分税額控除額（第8の4表2B）㉑						
	小計（⑲－⑳－㉑）（黒字のときは100円未満切捨て）㉒	12,056,000	13,680,000	1,624,000			
	農地等納税猶予税額（第8表2⑦）㉓	00	00	00	00	00	00
	株式等納税猶予税額（第8の2表2A）㉔	00	00	00	00	00	00
	特例株式等納税猶予税額（第8の2の2表2A）㉕	00	00	00	00	00	00
	山林納税猶予税額（第8の3表2⑧）㉖	00	00	00	00	00	00
	医療法人持分納税猶予税額（第8の4表2A）㉗	00	00	00	00	00	00
	申告納税額 申告期限までに納付すべき税額㉘	12,056,000	13,680,000	1,624,000	00	00	00
	還付される税額（㉒－㉓－㉔－㉕－㉖－㉗）㉙	△	△		△	△	

修正申告書の提出により納付すべき相続税額を計算する（⑲欄 ㋩＝㋺－㋑）。

※の項目は記入する必要はありません。

申告漏れであった相続財産（特定同族会社の株式）を加算して計算した課税価格の合計額（①欄）を基に課税遺産総額（③欄）を算出し、法定相続人に応じた法定相続分により計算した相続税の総額（⑧欄）を第1表⑦㋺に移記する。

相 続 税 の 総 額 の 計 算 書

被相続人　甲

第2表（平成27年分以降用）

○この表は、第1表及び第3表の「相続税の総額」の計算のために使用します。

なお、被相続人から相続、遺贈や相続時精算課税に係る贈与によって財産を取得した人のうちに農業相続人がいない場合は、この表の㋭欄及び㋬欄並びに⑨欄から⑪欄までは記入する必要がありません。

○この表を修正申告書として使用するときは、①欄には修正申告書第1表の㋺欄の⑥Ⓐの金額を記入し、㋭欄には修正申告書第3表の1の㋺欄の⑥Ⓐの金額を記入します。

① 課税価格の合計額	遺産に係る基礎控除額	③ 課税遺産総額

| ㋑（第1表⑥Ⓐ） | 190,000,000 円 | 3,000万円 +（ 600万円 × ⓑ（Ⓐの法定相続人の数） 2 人 ）= | ㋬ | 4,200 万円 | ㊁（㋑-㋭） | 148,000,000 円 |
| ㋭（第3表⑥Ⓐ） | ,000 円 | ⓑの人数及び㋬の金額を第1表Ⓑへ転記します。 | | | ㋬（㋭-㋬） | ,000 円 |

④ 法定相続人（（注）1参照）		⑤ 左の法定相続人に応じた法定相続分	第1表の「相続税の総額⑦」の計算		第3表の「相続税の総額⑦」の計算	
氏　名	被相続人との続柄		⑥ 法定相続分に応ずる取得金額（㊁×⑤）（1,000円未満切捨て）	⑦ 相続税の総額の基となる税額 下の「速算表」で計算します。	⑨ 法定相続分に応ずる取得金額（㋬×⑤）（1,000円未満切捨て）	⑩ 相続税の総額の基となる税額 下の「速算表」で計算します。
長男A	長男	$\frac{1}{2}$	74,000,000 円	15,200,000 円	,000 円	円
長女B	長女	$\frac{1}{2}$	74,000,000	15,200,000	,000	
			,000		,000	
			,000		,000	
			,000		,000	
			,000		,000	
			,000		,000	
			,000		,000	
			,000		,000	
法定相続人の数	Ⓐ 2 人	合計 1	⑧ 相続税の総額（⑦の合計額）（100円未満切捨て） 30,400,000		⑪ 相続税の総額（⑩の合計額）（100円未満切捨て） 00	

（注）　1　④欄の記入に当たっては、被相続人に養子がある場合や相続の放棄があった場合には、「相続税の申告のしかた」をご覧ください。

　　　2　⑧欄の金額を第1表⑦欄へ転記します。財産を取得した人のうちに農業相続人がいる場合は、⑧欄の金額を第1表⑦欄へ転記するとともに、⑪欄の金額を第3表⑦欄へ転記します。

相 続 税 の 速 算 表

法定相続分に応ずる取得金額	10,000千円以下	30,000千円以下	50,000千円以下	100,000千円以下	200,000千円以下	300,000千円以下	600,000千円以下	600,000千円超
税　率	10%	15%	20%	30%	40%	45%	50%	55%
控除額	－ 千円	500千円	2,000千円	7,000千円	17,000千円	27,000千円	42,000千円	72,000千円

この速算表の使用方法は、次のとおりです。

⑥欄の金額×税率-控除額=⑦欄の税額　　　⑨欄の金額×税率-控除額=⑩欄の税額

例えば、⑥欄の金額30,000千円に対する税額（⑦欄）は、30,000千円×15%-500千円=4,000千円です。

○連帯納付義務について

　　相続税の納税については、各相続人等が相続、遺贈や相続時精算課税に係る贈与により受けた利益の価額を限度として、お互いに連帯して納付しなければならない義務があります。

相続税がかかる財産の明細書
（相続時精算課税適用財産を除きます。）

被相続人	甲

第11表（平成21年4月分以降用）

○ 相続時精算課税適用財産の明細については、この表によらず第11の2表に記載します。

この表は、相続や遺贈によって取得した財産及び相続や遺贈によって取得したものとみなされる財産のうち、相続税のかかるものについての明細を記入します。

遺産の分割状況	区　　分	① 全 部 分 割	2 一 部 分 割	3 全 部 未 分 割
	分 割 の 日	30 ・ 12 ・ 1	・　・	

財　　産　　の　　明　　細							分割が確定した財産		
種類	細目	利用区分、銘柄等	所在場所等	数量 固定資産税評価額	単価 倍数	価額	取得した人の氏名	取得財産の価額
	当初申告			円		200,000,000	長男A	120,000,000
							長女B	80,000,000
有価証券	特定同族会社の株式（その他方式 X商事㈱）	の株式	東京都文京区○○3丁目2番1号	10,000株	1,000	10,000,000	長男A	5,000,000
							長女B	5,000,000
((計))						《 210,000,000》		
[合計]						[210,000,000]		

当初の期限内申告時の第11表の合計金額を記載する。

申告漏れであった相続財産（特定同族会社の株式）の種類・細目・利用区分・銘柄等・所在場所等を記載する。

合計表	財産を取得した人の氏名		（各人の合計）	長男A	長女B			
	分割財産の価額	①	210,000,000 円	125,000,000 円	85,000,000 円	円	円	円
	未分割財産の価額	②						
	各人の取得財産の価額（①+②）	③	210,000,000	125,000,000	85,000,000			

（注）　1　「合計表」の各人の③欄の金額を第1表のその人の「取得財産の価額①」欄に転記します。
　　　　2　「財産の明細」の「価額」欄は、財産の細目、種類ごとに小計及び計を付し、最後に合計を付して、それらの金額を第15表の①から㉘までの該当欄に転記します。

305

> 申告漏れであった相続財産（特定同族会社の株式）を加算し、各人の合計欄及び各相続人（長男A及び長女B）欄の金額を記載する。

相続財産の種類別価額表

（この表は、第11表から第14表までの記載に基づいて記入します。）

被相続人　甲

第15表（修正申告用）（平成30年分以降用）

種類	細目	番号	各人の合計	氏名 長男A	長女B			
土地（土地の上に存する権利を含みます。）	田	①	円	円	円	円	円	円
	畑	②						
	宅　地	③						
	山　林	④						
	その他の土地	⑤						
	計	⑥	( )	( )	( )	( )	( )	( )
	⑥のうち特例農地等 通常価額	⑦	( )	( )	( )	( )	( )	( )
	農業投資価格による価額	⑧	( )	( )	( )	( )	( )	( )
家屋、構築物		⑨	( )	( )	( )	( )	( )	( )
事業（農業）用財産	機械、器具、農耕具、その他の減価償却資産	⑩						
	商品、製品、半製品、原材料、農産物等	⑪						
	売掛金	⑫						
	その他の財産	⑬						
	計	⑭	( )	( )	( )	( )	( )	( )
有価証券	特定同族会社の株式及び出資 配当還元方式によったもの	⑮						
	その他の方式によったもの	⑯	10,000,000	5,000,000	5,000,000			
	⑮及び⑯以外の株式及び出資	⑰						
	公債及び社債	⑱						
	証券投資信託、貸付信託の受益証券	⑲						
	計	⑳	( )	( )	( )	( )	( )	( )
現金、預貯金等		㉑	( )	( )	( )	( )	( )	( )
家庭用財産		㉒	( )	( )	( )	( )	( )	( )
その他の財産	生命保険金等	㉓						
	退職手当金等	㉔						
	立木	㉕						
	その他	㉖	200,000,000	120,000,000	80,000,000			
	計	㉗	200,000,000	120,000,000	80,000,000	( )	( )	( )
合計（⑥+⑨+⑭+⑳+㉑+㉒+㉗）		㉘	((210,000,000))	((125,000,000))	((85,000,000))	(( ))	(( ))	(( ))
相続時精算課税適用財産の価額		㉙						
不動産等の価額（⑥+⑨+⑩+⑮+⑯+㉘）		㉚						
⑩のうち株式等納税猶予対象の株式等の価額の80％の額		㉛						
⑰のうち株式等納税猶予対象の株式等の価額の80％の額		㉜						
⑯のうち特例株式等納税猶予対象の株式等の価額		㉝						
⑰のうち特例株式等納税猶予対象の株式等の価額		㉞						
債務等	債務	㉟	20,000,000	20,000,000				
	葬式費用	㊱						
	合計（㉟+㊱）	㊲	20,000,000	20,000,000	( )	( )	( )	
差引純資産価額（㉘+㉙-㊲）（赤字のときは0）		㊳	190,000,000	105,000,000	85,000,000			
純資産価額に加算される暦年課税分の贈与財産価額		㊴						
課税価格（㊳+㊴）（1,000円未満切捨て）		㊵	190,000,000	105,000,000	85,000,000	,000	,000	,000

〈親族名義の同族会社株式の申告漏れに係る留意点〉

　相続又は遺贈により財産を取得した個人で、その財産を取得した時において国内に住所を有するものは、その者が相続又は遺贈により取得した財産の全部に対し、相続税が課税される（相法1の3①一、2①）。

　平成2年の商法改正（同年6月29日公布、平成3年4月1日施行）前は、株式会社を設立する場合、7名以上の発起人が必要とされていたため、創立者は親族や知人の名義を借り、資本金を自分で拠出することが多く行われていた経緯がある。

　本事例の場合、X社の設立が30年前ということもあり、拠出された資本金の出所の特定が困難であったと思われる。

　そこで、調査担当者の指摘するように、当時は所得のなかった相続人に対する拠出金の贈与の事実が確認できないこと、また、発起人として記載されている知人について、株主名簿上は被相続人の拠出となっており名前のないこと（名義株であったこと）、更に、X社は設立当初から配当を行った事実がないことから、名義株である旨の指摘を受けることになった点に留意すべきである。

《有価証券》

事例 19　親族名義の同族会社株式の申告漏れ②

〈当初の期限内申告書の申告内容〉

　被相続人甲は、平成 30 年 3 月 1 日に死亡し（甲の配偶者は平成 24 年に死亡している。）、被相続人甲の相続人である長男Ａ・長女Ｂは、それぞれ次の財産の取得及び債務の承継を行うことで分割協議が成立し、平成 30 年 12 月 26 日に相続税の期限内申告書を提出するとともに、納付すべき相続税額を期限内に納税した。

財産及び債務等	価　額	長男Ａ	長女Ｂ
取得財産の価額	2 億 5,000 万円	1 億 5,000 万円	1 億円
債務及び 葬式費用の金額	3,000 万円	2,500 万円	500 万円
課税価格	2 億 2,000 万円	1 億 2,500 万円	9,500 万円
納付すべき税額	3,940 万円	2,245.8 万円	1,694.2 万円

〈相続税の税務調査における調査担当者の指摘〉

　調査担当者は、事前通知に係る手続を法令上の規定に基づき行ったのち、被相続人甲の相続税の申告内容に係る税務調査を行った。

　調査担当者は税務調査の結果、被相続人甲が 40 年前に設立し、現在相続人Ａが代表取締役である同族会社Ｘ社（株式譲渡制限会社）の株式について、相続人Ｂは 10 年前に贈与によりその株式（普通株式 1,000 株）を所有していることになっているが、その当時における贈与契約書や取締役会の議事録がなく、贈与税の申告も行われていなかったこと、また、相続人Ｂは一度も株主総会に出席したことがないことから、実際には被相続人甲の名義株である旨を指摘し、法令上の規定に基づき、修正申告の勧奨を行った。

　長男Ａ及び長女Ｂは、Ｘ社は業績が順調で毎年配当を受けている事実から、名義株でないことを主張したが、最終的には調査担当者の指摘に従い、その名義株は長女Ｂが相続することを確認したうえで、相続税の修正申告書を令和元年 11 月 28 日に提出した。

〈修正申告書の記載方法の概要及び留意点〉

　相続税の修正申告書における各表の記載方法の概要は次のとおりであるが、留意点は次々頁以降の第 1 表・第 2 表・第 11 表・第 15 表を参照されたい。

(1) **第1表**

　第1表には、各相続人の合計及び各相続人それぞれの修正前の課税額（当初の期限内申告額）及び修正申告額を記載するとともに、修正する額（修正申告額－修正前の課税額）を記載する。さらに、各相続人のマイナンバー（個人番号）を記載する。

(2) **第2表**

　第2表には、当初の期限内申告書において申告漏れであった相続財産（特定同族会社の株式）を加算した後の課税価格の合計額により、相続税の総額を再計算する。

(3) **第11表**

　第11表には、当初の期限内申告時の財産の価額の合計額を記載するとともに、申告漏れであった相続財産（特定同族会社の株式）の種類・細目・利用区分・銘柄等・所在場所等を記載する。

(4) **第15表**

　第15表には、当初の期限内申告書において申告漏れであった相続財産を加算し、各人の合計欄及び各相続人（A及びB）欄の金額を記載する。

「各人の合計」欄及び「相続財産を取得した人（長男A及び長女B）」欄に「①修正前の課税額（当初申告額）」、「②修正申告額」及び「③修正する額（②－①）」を記載する。

申告する者のマイナンバー（個人番号）を左端を空欄にした上で記入する。

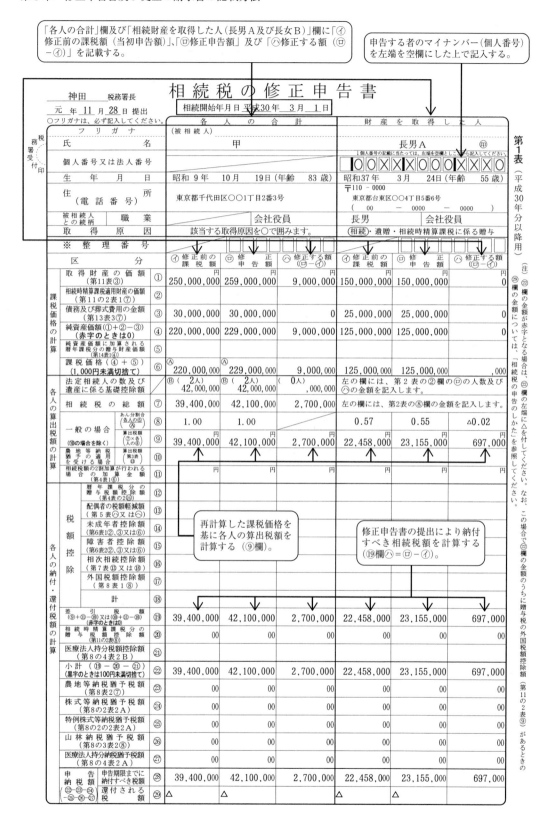

再計算した課税価格を基に各人の算出税額を計算する（⑨欄）。

修正申告書の提出により納付すべき相続税額を計算する（⑲欄③＝②－①）。

310

申告する者のマイナンバー（個人番号）を左端を空欄にした上で記入する。

相続税の修正申告書（続）

○フリガナは、必ず記入してください。

区　分		財産を取得した人　氏名 長女B ㊞			財産を取得した人　氏名 ㊞		
フ リ ガ ナ							
氏　　　　名		長女B　㊞			㊞		
個人番号又は法人番号		↓個人番号の記載に当たっては、左端を空欄としここから記入してください。 ＸＸ００ＯＸＸＯ００Ｘ			↓個人番号の記載に当たっては、左端を空欄としここから記入してください。		
生　年　月　日		昭和40年 2月 14日（年齢 53歳）			年　月　日（年齢　歳）		
住　　　　　所（電　話　番　号）		〒541 － 0000 大阪府大阪市○○7丁目8番9号 （ 00 － 0000 － 0000 ）			〒 （ － － ）		
被相続人との続柄　職　業		長女　　　無職					
取　得　原　因		⑪相続・遺贈・相続時精算課税に係る贈与			相続・遺贈・相続時精算課税に係る贈与		
※　整　理　番　号							
区　分		⑦修正前の課税額	㊀修正申告額	㋩修正する額（㊀－⑦）	⑦修正前の課税額	㊀修正申告額	㋩修正する額（㊀－⑦）
課税価格の計算	取得財産の価額（第11表③）①	100,000,000 円	109,000,000 円	9,000,000 円	円	円	円
	相続時精算課税適用財産の価額（第11の2表1⑦）②						
	債務及び葬式費用の金額（第13表3⑦）③	5,000,000	5,000,000	0			
	純資産価額（①＋②－③）（赤字のときは0）④	95,000,000	104,000,000	9,000,000			
	純資産価額に加算される暦年課税分の贈与財産価額（第14表1④）⑤						
	課税価格（④＋⑤）（1,000円未満切捨て）⑥	95,000,000	104,000,000	9,000,000	,000	,000	,000
各人の算出税額の計算	法定相続人の数及び遺産に係る基礎控除額						
	相続税の総額⑦						
	一般の場合（⑩の場合を除く）あん分割合（各人の⑥/⑦）⑧	0.43	0.45	0.02			
	算出税額（⑦×各人の⑧）⑨	16,942,000 円	18,945,000 円	2,003,000 円	円	円	円
	農地等納税猶予を受ける場合 算出税額（第3表⑪）⑩						
	相続税額の2割加算が行われる場合の加算金額（第4表1⑯）⑪	円	円	円	円	円	円
各人の納付・還付税額の計算 税額控除	暦年課税分の贈与税額控除額（第4表の2⑳）⑫						
	配偶者の税額軽減額（第5表⑳又は○）⑬						
	未成年者控除額（第6表1②、③又は⑥）⑭						
	障害者控除額（第6表2②、③又は⑥）⑮						
	相次相続控除額（第7表⑬又は⑱）⑯						
	外国税額控除額（第8表1⑧）⑰						
	計⑱						
	差引税額（⑨＋⑪－⑱）又は（⑩＋⑪－⑱）（赤字のときは0）⑲	16,942,000	18,945,000	2,003,000			
	相続時精算課税分の贈与税額控除額（第11の2表⑧）⑳	00	00	00	00	00	00
	医療法人持分税額控除額（第8の4表2B）㉑						
	小計（⑲－⑳－㉑）（黒字のときは100円未満切捨て）㉒	16,942,000	18,945,000	2,003,000			
	農地等納税猶予税額（第8表2⑦）㉓	00	00	00	00	00	00
	株式等納税猶予税額（第8の2表2A）㉔	00	00	00	00	00	00
	特例株式等納税猶予税額（第8の2の2表2A）㉕	00	00	00	00	00	00
	山林納税猶予税額（第8の3表2⑧）㉖	00	00	00	00	00	00
	医療法人持分納税猶予税額（第8の4表2A）㉗	00	00	00	00	00	00
	申告納税額 申告期限までに納付すべき税額㉘	16,942,000	18,945,000	2,003,000	00	00	00
	（㉒－㉓－㉔－㉕－㉖－㉗）還付される税額㉙	△	△		△	△	

再計算した課税価格を基に各人の算出税額を計算する（⑨欄）。

修正申告書の提出により納付すべき相続税額を計算する（⑲欄 ㋩＝㊀－⑦）。

311

申告漏れであった相続財産（特定同族会社の株式）を加算して計算した課税価格の合計額（①欄）を基に課税遺産総額（③欄）を算出し、法定相続人に応じた法定相続分により計算した相続税の総額（⑧欄）を第1表⑦欄㋺に移記する。

相続税の総額の計算書

被相続人　甲

第2表（平成27年分以降用）

この表は、第1表及び第3表の「相続税の総額」の計算のために使用します。

なお、被相続人から相続、遺贈や相続時精算課税に係る贈与によって財産を取得した人のうちに農業相続人がいない場合は、この表の㋭欄及び㋬欄並びに⑨欄から⑪欄までは記入する必要がありません。

○この表を修正申告書の第2表として使用するときは、⑦欄には修正申告書第1表の㋺欄の⑥④の金額を記入し、㋭欄には修正申告書

○この表の1の㋺欄の⑥④の金額を記入します。

① 課税価格の合計額	遺産に係る基礎控除額	③ 課税遺産総額
㋑（第1表⑥④）229,000,000 円	3,000万円 +（ 600万円 × ④の法定相続人の数 2人 ）= ㋬ 4,200 万円	㋬（㋑-㋬）187,000,000 円
㋭（第3表⑥④）　　　,000	㋬の人数及び㋬の金額を第1表Ⓑへ転記します。	㋬（㋭-㋬）　　　,000

④ 法定相続人（(注)1参照）		⑤ 左の法定相続人に応じた法定相続分	第1表の「相続税の総額⑦」の計算		第3表の「相続税の総額⑦」の計算	
氏　名	被相続人との続柄		⑥ 法定相続分に応ずる取得金額（㋬×⑤）（1,000円未満切捨て）	⑦ 相続税の総額の基となる税額（下の「速算表」で計算します。）	⑨ 法定相続分に応ずる取得金額（㋬×⑤）（1,000円未満切捨て）	⑩ 相続税の総額の基となる税額（下の「速算表」で計算します。）
長男A	長男	$\frac{1}{2}$	93,500,000 円	21,050,000 円	,000 円	円
長女B	長女	$\frac{1}{2}$	93,500,000	21,050,000	,000	
			,000		,000	
			,000		,000	
			,000		,000	
			,000		,000	
			,000		,000	
			,000		,000	
			,000		,000	
法定相続人の数 ④ 2 人		合計 1	⑧ 相続税の総額（⑦の合計額）（100円未満切捨て） 42,100,000		⑪ 相続税の総額（⑩の合計額）（100円未満切捨て） 00	

(注)　1　④欄の記入に当たっては、被相続人に養子がある場合や相続の放棄があった場合には、「相続税の申告のしかた」をご覧ください。

　　　2　⑧欄の金額を第1表⑦欄へ転記します。財産を取得した人のうちに農業相続人がいる場合は、⑧欄の金額を第1表⑦欄へ転記するとともに、⑪欄の金額を第3表⑦欄へ転記します。

相続税の速算表

法定相続分に応ずる取得金額	10,000千円以下	30,000千円以下	50,000千円以下	100,000千円以下	200,000千円以下	300,000千円以下	600,000千円以下	600,000千円超
税　率	10%	15%	20%	30%	40%	45%	50%	55%
控除額	－ 千円	500千円	2,000千円	7,000千円	17,000千円	27,000千円	42,000千円	72,000千円

この速算表の使用方法は、次のとおりです。

⑥欄の金額×税率-控除額＝⑦欄の税額　　　　⑨欄の金額×税率-控除額＝⑩欄の税額

例えば、⑥欄の金額30,000千円に対する税額（⑦欄）は、30,000千円×15%-500千円＝4,000千円です。

○連帯納付義務について

　相続税の納税については、各相続人等が相続、遺贈や相続時精算課税に係る贈与により受けた利益の価額を限度として、お互いに連帯して納付しなければならない義務があります。

相続税がかかる財産の明細書
（相続時精算課税適用財産を除きます。）

被相続人	甲

第11表（平成21年4月分以降用）

○ 相続時精算課税適用財産の明細については、この表によらず第11の2表に記載します。

この表は、相続や遺贈によって取得した財産及び相続や遺贈によって取得したものとみなされる財産のうち、相続税のかかるものについての明細を記入します。

遺産の分割状況	区　　　　分	① 全 部 分 割	2 一 部 分 割	3 全 部 未 分 割
	分 割 の 日	30 ・ 12 ・ 24	・　　・	

当初の期限内申告時の第11表の合計金額を記載する。

申告漏れであった相続財産（特定同族会社の株式）の種類・細目・利用区分・銘柄等・所在場所等を記載する。

財　産　の　明　細							分割が確定した財産	
種類	細目	利用区分、銘柄等	所在場所等	数量 固定資産税 評価額	単価 倍数	価額	取得した人の氏名	取得財産の価額
	当初申告			円	円	↓ 250,000,000	長男A	⇒ 150,000,000
							長女B	⇒ 100,000,000
有価証券	特定同族会社の株式（その他方式）	㈱X社	東京都千代田区○○1丁目2番3号	1,000 株	9,000	↓ 9,000,000	長女B	⇒ 9,000,000
((計))						《 259,000,000》		
[合計]						[259,000,000]		

	財産を取得した人の氏名	（各人の合計）	長男A	長女B			
合計表	分割財産の価額 ①	円 259,000,000	円 150,000,000	円 109,000,000	円	円	円
	未分割財産の価額 ②						
	各人の取得財産の価額 （①+②） ③	259,000,000	150,000,000	109,000,000			

（注） 1 「合計表」の各人の③欄の金額を第1表のその人の「取得財産の価額①」欄に転記します。
　　　 2 「財産の明細」の「価額」欄は、財産の細目、種類ごとに小計及び計を付し、最後に合計を付して、それらの金額を第15表の①から㉘までの該当欄に転記します。

313

> 申告漏れであった相続財産（特定同族会社の株式）を加算し、各人の合計欄及び各相続人（長男A及び長女B）欄の金額を記載する。

相続財産の種類別価額表

（この表は、第11表から第14表までの記載に基づいて記入します。）

被相続人　　甲

第15表（修正申告用）（平成30年分以降用）

種類	細目	番号	各人の合計	長男A	長女B			
土地（土地の上に存する権利を含みます。）	田	① 円				円	円	円
	畑	②						
	宅　地	③						
	山　林	④						
	その他の土地	⑤	( )	( )	( )	( )	( )	( )
	計	⑥	( )	( )	( )	( )	( )	( )
	⑥のうち特例農地等　通常価額	⑦	( )	( )	( )	( )	( )	( )
	農業投資価格による価額	⑧	( )	( )	( )	( )	( )	( )
家屋、構築物		⑨	( )	( )	( )	( )	( )	( )
事業（農業）用財産	機械、器具、農耕具、その他の減価償却資産	⑩						
	商品、製品、半製品、原材料、農産物等	⑪						
	売掛金	⑫						
	その他の財産	⑬						
	計	⑭	( )	( )	( )	( )	( )	( )
有価証券	特定同族会社の株式及び出資　配当還元方式によったもの	⑮						
	その他の方式によったもの	⑯	9,000,000		9,000,000			
	⑮及び⑯以外の株式及び出資	⑰						
	公債及び社債	⑱						
	証券投資信託、貸付信託の受益証券	⑲						
	計	⑳	( )	( )	( )	( )	( )	( )
現金、預貯金等		㉑	( )	( )	( )	( )	( )	( )
家庭用財産		㉒	( )	( )	( )	( )	( )	( )
その他の財産	生命保険金等	㉓						
	退職手当金等	㉔						
	立木	㉕						
	その他	㉖	250,000,000	150,000,000	100,000,000			
	計	㉗	250,000,000	150,000,000	100,000,000	( )	( )	( )
合計（⑥+⑨+⑭+⑳+㉑+㉒+㉗）		㉘	(259,000,000)	(150,000,000)	(109,000,000)	( )	( )	( )
相続時精算課税適用財産の価額		㉙						
不動産等の価額（⑥+⑨+⑩+⑮+㉕）		㉚						
⑯のうち株式等納税猶予対象の株式等の価額の80%の額		㉛						
⑰のうち株式等納税猶予対象の株式等の価額の80%の額		㉜						
⑯のうち特例株式等納税猶予対象の株式等の価額		㉝						
⑰のうち特例株式等納税猶予対象の株式等の価額		㉞						
債務等	債務	㉟	30,000,000	25,000,000	5,000,000			
	葬式費用	㊱						
	合計（㉟+㊱）	㊲	30,000,000	(25,000,000)	(5,000,000)	( )	( )	( )
差引純資産価額（㉘+㉙-㊲）（赤字のときは0）		㊳	229,000,000	125,000,000	104,000,000			
純資産価額に加算される暦年課税分の贈与財産価額		㊴						
課税価格（㊳+㊴）（1,000円未満切捨て）		㊵	229,000,000 ,000	125,000,000 ,000	104,000,000 ,000	,000	,000	,000

314

〈**親族名義の同族会社株式の申告漏れに係る留意点**〉

　相続又は遺贈により財産を取得した個人で、その財産を取得した時において国内に住所を有するものは、その者が相続又は遺贈により取得した財産の全部に対し、相続税が課税される（相法1の3①一、2①）。

　相続税法基本通達では、株式等の名義の変更があった場合において対価の授受が行われていないとき又は他の者の名義で新たに株式等を取得した場合においては、これらの行為は、原則として贈与として取り扱うこととし（相基通9-9）、また、贈与の場合の取得時期の原則について、書面によるものについてはその契約の効力の発生した時、書面によらないものについてはその履行の時としている（相基通1の3・1の4共-8(2)）。

　しかしながら、相続人Bは10年前に贈与により被相続人甲よりX社株式を取得したとしているが、被相続人甲と相続人Bの間で締結された贈与契約書が存在しておらず、贈与税の申告も行っていない。

　更に、X社は株式譲渡制限会社であることから、定款上、株式の譲渡制限に関する規定があるため（登記事項でもある）、通常その会社の株式を譲渡（贈与）する場合は、取締役会の決議により承認を受けることになるが、その議事録も存在していない。

　本事例は 事例18 とは異なり、相続人Bは株主としてX社より毎年配当金を受け取っていた事実があるにもかかわらず、上記のような事由や、株主の権利としての共益権（経営権）を行使した形跡もないことから、10年前の贈与が認められず、名義株である旨の指摘を受けることになった点に留意すべきである。

《現金・預貯金等》

事例20　親族名義の預貯金の申告漏れ

〈当初の期限内申告書の申告内容〉

　　被相続人甲は、平成30年1月25日に死亡し（甲の配偶者は平成24年に死亡している。）、被相続人甲の相続人である長男A・長女Bは、それぞれ次の財産の取得及び債務の承継を行うことで分割協議が成立し、平成30年11月8日に相続税の期限内申告書を提出するとともに、納付すべき相続税額を期限内に納税した。

財産及び債務等	価　額	長男A	長女B
取得財産の価額	2億6,000万円	1億8,000万円	8,000万円
債務及び葬式費用の金額	3,000万円	2,000万円	1,000万円
課税価格	2億3,000万円	1億6,000万円	7,000万円
納付すべき税額	4,240万円	2,968万円	1,272万円

〈相続税の税務調査における調査担当者の指摘〉

　　調査担当者は、事前通知に係る手続を法令上の規定に基づき行ったのち、被相続人甲の相続税の申告内容に係る税務調査を行った。

　　調査担当者は税務調査の結果、被相続人甲が取引していた○○銀行△△支店に、甲の孫であるC（相続人Aの子）及びD（相続人Bの子）名義の定期預金がそれぞれ500万円（既経過利息を含む。）あり、その資金の出所について問い合わせたところ、相続人A及びBより、以下の回答があった。

1　被相続人甲はC、Dが生まれてから自身の取引銀行である○○銀行△△支店にそれぞれの名義の普通預金を開設し、毎年贈与税の基礎控除の範囲でその口座に預入れを行っていた。
2　その際に贈与証書の作成や贈与税の申告は行っていないが、振込の事実は普通預金の通帳において確認できる。
3　その後（平成14年）にC、D名義の定期預金を開設し、それぞれの普通預金を解約して定期預金に残高を移行したものが継続されて現在に至っている。
4　被相続人甲の相続開始時において、それらの通帳及び届出印は甲自身が保管していたが、理由はC及びDがその預金を使う必要が生じていなかったためである。

　　調査担当者は上記の回答を受け、解約したC、D名義の普通預金の通帳の提示から入

出金記録を確認した後、以下の理由により、その預金は実際には被相続人甲の名義預金である旨を指摘し、法令上の規定に基づき、修正申告の勧奨を行った。

1　毎年、贈与税の基礎控除の範囲内でそれぞれの普通預金に預入れをしていた事実は確認できたが、通帳は被相続人甲自身が管理しており、また、贈与証書の作成や贈与税の申告が行われていない。

2　その普通預金の通帳を見ると、定期預金を開設するまでは甲は自身の都合により入出金を行っており、また、その後も定期預金の通帳及び届出印も甲が保管していたことから、必要の際はそれを解約して使用したことも考えられ、甲に贈与の意思があったとは言い難い。

　長男A及び長女Bは、その定期預金はC、Dのものであって、単に被相続人甲に預けていただけである旨を主張したが、最終的には調査担当者の指摘に従い、その名義株は両名がそれぞれ株主名簿のとおり相続することを確認したうえで、相続税の修正申告書を令和元年10月31日に提出した。

〈修正申告書の記載方法の概要及び留意点〉

　相続税の修正申告書における各表の記載方法の概要は次のとおりであるが、留意点は次々頁以降の第1表・第2表・第11表・第15表を参照されたい。

(1)　**第1表**

　第1表には、各相続人の合計及び各相続人それぞれの修正前の課税額（当初の期限内申告額）及び修正申告額を記載するとともに、修正する額（修正申告額−修正前の課税額）を記載する。さらに、各相続人のマイナンバー（個人番号）を記載する。

(2)　**第2表**

　第2表には、当初の期限内申告書において申告漏れであった相続財産（孫名義定期預金）を加算した後の課税価格の合計額により、相続税の総額を再計算する。

(3)　**第11表**

　第11表には、当初の期限内申告時の財産の価額の合計額を記載するとともに、申告漏れであった相続財産（孫名義定期預金）の種類・細目・利用区分・銘柄等・所在場所等を記載する。

⑷　**第 15 表**

　　第 15 表には、当初の期限内申告書において申告漏れであった相続財産を加算し、各人の合計欄及び各相続人（A及びB）欄の金額を記載する。

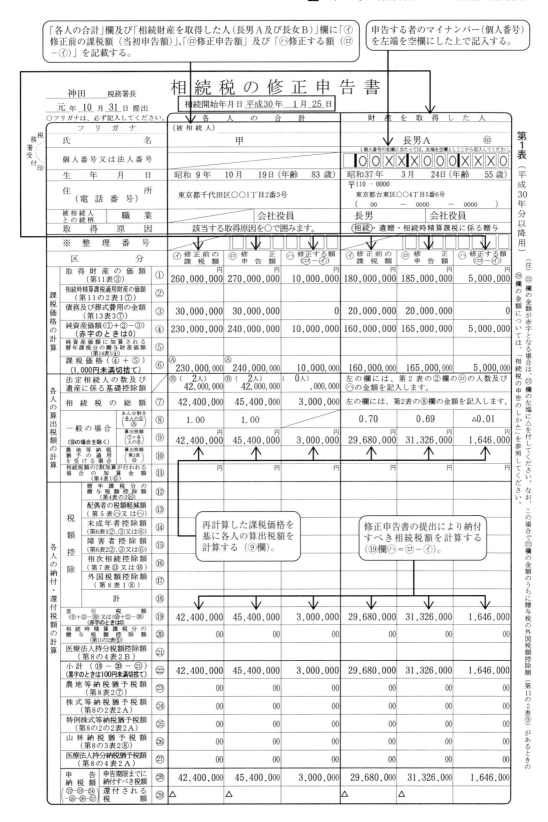

「各人の合計」欄及び「相続財産を取得した人（長男A及び長女B）」欄に「㋑修正前の課税額（当初申告額）」、「㋺修正申告額」及び「㋩修正する額（㋺－㋑）」を記載する。

申告する者のマイナンバー（個人番号）を左端を空欄にした上で記入する。

相続税の修正申告書

＿＿神田＿＿税務署長
元 年 10 月 31 日 提出
○フリガナは、必ず記入してください。

相続開始年月日 平成30年 1月 25日

第1表（平成30年分以降用）

区　　　分		㋑修正前の課税額	㋺修正申告額	㋩修正する額（㋺－㋑）	㋑修正前の課税額	㋺修正申告額	㋩修正する額（㋺－㋑）

（各人の合計）（被相続人）甲　　　　　財産を取得した人　長男A

氏　　名	甲	長男A
個人番号又は法人番号		◯◯✕✕◯◯◯✕✕◯
生　年　月　日	昭和 9 年 10 月 19日（年齢 83 歳）	昭和37年 3 月 24日（年齢 55 歳）
住　　所（電話番号）	東京都千代田区◯◯1丁目2番3号	〒110 - 0000 東京都台東区◯◯4丁目5番6号 （ 00 － 0000 － 0000 ）
被相続人との続柄 職業	会社役員	長男 会社役員
取　得　原　因	該当する取得原因を◯で囲みます。	(相続)・遺贈・相続時精算課税に係る贈与

※　整理番号

区　分		㋑修正前の課税額	㋺修正申告額	㋩修正する額（㋺－㋑）	㋑修正前の課税額	㋺修正申告額	㋩修正する額（㋺－㋑）
取得財産の価額（第11表③）	①	260,000,000	270,000,000	10,000,000	180,000,000	185,000,000	5,000,000
相続時精算課税適用財産の価額（第11の2表1⑦）	②						
債務及び葬式費用の金額（第13表3⑦）	③	30,000,000	30,000,000	0	20,000,000	20,000,000	0
純資産価額（①＋②－③）（赤字のときは0）	④	230,000,000	240,000,000	10,000,000	160,000,000	165,000,000	5,000,000
純資産価額に加算される暦年課税分の贈与財産価額（第14表1④）	⑤						
課税価格（④＋⑤）（1,000円未満切捨て）	⑥	Ⓐ 230,000,000	Ⓐ 240,000,000	10,000,000	160,000,000	165,000,000	5,000,000
法定相続人の数及び遺産に係る基礎控除額		Ⓑ(2人) 42,000,000	Ⓑ(2人) 42,000,000	(0人) ,000,000	左の欄には、第2表の②欄の㋺の人数及び㋩の金額を記入します。		
相続税の総額	⑦	42,400,000	45,400,000	3,000,000	左の欄には、第2表の⑧欄の金額を記入します。		
一般の場合（⑩の場合を除く）	あん分割合（各人の⑥／Ⓐ）⑧	1.00	1.00		0.70	0.69	△0.01
	算出税額（⑦×各人の⑧）⑨	42,400,000	45,400,000	3,000,000	29,680,000	31,326,000	1,646,000
農地等納税猶予の適用を受ける場合（第3表⑬）	⑩						
相続税額の2割加算が行われる場合の加算金額（第4表1⑯）	⑪	円	円	円	円	円	円
暦年課税分の贈与税額控除額（第4表の2⑤）	⑫						
配偶者の税額軽減額（第5表③又は⑥）	⑬						
未成年者控除額（第6表1②、③又は⑥）	⑭						
障害者控除額（第6表2②、③又は⑥）	⑮						
相次相続控除額（第7表⑬又は⑱）	⑯						
外国税額控除額（第8表1⑧）	⑰						
計	⑱						
差引税額（⑨＋⑪－⑱）又は（⑩＋⑪－⑱）（赤字のときは0）	⑲	42,400,000	45,400,000	3,000,000	29,680,000	31,326,000	1,646,000
相続時精算課税分の贈与税額控除額（第11の2表⑧）	⑳	00	00	00	00	00	00
医療法人持分税額控除額（第8の4表2B）	㉑						
小計（⑲－⑳－㉑）（黒字のときは100円未満切捨て）	㉒	42,400,000	45,400,000	3,000,000	29,680,000	31,326,000	1,646,000
農地等納税猶予税額（第8表2⑦）	㉓	00	00	00	00	00	00
株式等納税猶予税額（第8の2表2A）	㉔	00	00	00	00	00	00
特例株式等納税猶予税額（第8の2の2表2A）	㉕	00	00	00	00	00	00
山林納税猶予税額（第8の3表2⑧）	㉖	00	00	00	00	00	00
医療法人持分納税猶予税額（第8の4表2A）	㉗	00	00	00	00	00	00
申告納税額 申告期限までに納付すべき税額	㉘	42,400,000	45,400,000	3,000,000	29,680,000	31,326,000	1,646,000
㉒－㉓－㉔ 還付される税額 －㉕－㉖－㉗	㉙	△	△		△	△	

再計算した課税価格を基に各人の算出税額を計算する（⑨欄）。

修正申告書の提出により納付すべき相続税額を計算する（⑲欄㋩＝㋺－㋑）。

（注）㉒欄の金額が赤字となる場合は、㉒欄の左端に△を付してください。なお、この場合で㉒欄の金額のうちに贈与税の外国税額控除額（第11の2表⑨）があるときの㉙欄の金額については、「相続税の申告のしかた」を参照してください。

319

申告する者のマイナンバー（個人番号）を左端を空欄にした上で記入する。

相続税の修正申告書（続）

○フリガナは、必ず記入してください。

区　分		財産を取得した人			財産を取得した人		
フリガナ							
氏　　名		長女B　　㊞					
個人番号又は法人番号		↓個人番号の記載に当たっては、左端を空欄としここから記入してください。 X X ○ ○ ○ X X ○ ○ ○ X			↓個人番号の記載に当たっては、左端を空欄としここから記入してください。		
生年月日		昭和40年 2月 14日（年齢 52歳）			年　　月　　日（年齢　　歳）		
住　所（電話番号）		〒541-0000 大阪府大阪市○○7丁目8番9号 （ 00 ― 0000 ― 0000 ）			〒 （ ― ― ）		
被相続人との続柄　職業		長女　　　無職					
取得原因		㋑相続・遺贈・相続時精算課税に係る贈与			相続・遺贈・相続時精算課税に係る贈与		
※整理番号							
区　分		㋑修正前の課税額	㋺修正申告額	㋩修正する額（㋺－㋑）	㋑修正前の課税額	㋺修正申告額	㋩修正する額（㋺－㋑）
課税価格の計算	取得財産の価額（第11表③）①	80,000,000 円	85,000,000 円	5,000,000 円	円	円	円
	相続時精算課税適用財産の価額（第11の2表⑦）②						
	債務及び葬式費用の金額（第13表3⑦）③	10,000,000	10,000,000	0			
	純資産価額（①＋②－③）（赤字のときは0）④	70,000,000	75,000,000	5,000,000			
	純資産価額に加算される暦年課税分の贈与財産価額（第14表①）⑤						
	課税価格（④＋⑤）（1,000円未満切捨て）⑥	70,000,000	75,000,000	5,000,000	,000	,000	,000
各人の算出税額の計算	法定相続人の数及び遺産に係る基礎控除額						
	相続税の総額⑦						
	一般の場合（⑩の場合を除く）　あん分割合（各人の⑥／Ⓐ）⑧	0.30	0.31	0.01			
	算出税額（⑦×各人の⑧）⑨	12,720,000 円	14,074,000 円	1,354,000 円	円	円	円
	農地等納税猶予の適用を受ける場合　算出税額（第3表⑧）⑩						
	相続税額の2割加算が行われる場合の加算金額（第4表⑯）⑪	円	円	円	円	円	円
各人の納付・還付税額の計算	税額控除	暦年課税分の贈与税額控除額（第4表の2㉖）⑫						
		配偶者の税額軽減額（第5表○又は○）⑬						
		未成年者控除額（第6表1②、③又は④）⑭						
		障害者控除額（第6表2②、③又は④）⑮						
		相次相続控除額（第7表⑬又は⑱）⑯						
		外国税額控除額（第8表1⑧）⑰						
		計⑱						
	差引税額（⑨＋⑪－⑱）又は（⑩＋⑪－⑱）（赤字のときは0）⑲	12,720,000	14,074,000	1,354,000			
	相続時精算課税分の贈与税額控除額（第11の2表⑧）⑳	00	00	00	00	00	00
	医療法人持分税額控除額（第8の4表2B）㉑						
	小計（⑲－⑳－㉑）（黒字のときは100円未満切捨て）㉒	12,720,000	14,074,000	1,354,000			
	農地等納税猶予税額（第8表2⑦）㉓	00	00	00	00	00	00
	株式等納税猶予税額（第8の2表2A）㉔	00	00	00	00	00	00
	特例株式等納税猶予税額（第8の2の2表2A）㉕	00	00	00	00	00	00
	山林納税猶予税額（第8の3表2⑧）㉖	00	00	00	00	00	00
	医療法人持分納税猶予税額（第8の4表2A）㉗	00	00	00	00	00	00
	申告納税額　申告期限までに納付すべき税額㉘	12,720,000	14,074,000	1,354,000	00	00	00
	（㉒－㉓－㉔－㉕－㉖－㉗）還付される税額㉙	△	△	△	△	△	

再計算した課税価格を基に各人の算出税額を計算する（⑨欄）。

修正申告書の提出により納付すべき相続税額を計算する（⑲欄 ㋩＝㋺－㋑）。

申告漏れであった相続財産（孫名義定期預金）を加算して計算した課税価格の合計額（①欄）を基に課税遺産総額（③欄）を算出し、法定相続人に応じた法定相続分により計算した相続税の総額（⑧欄）を第1表⑦欄㋺に移記する。

相 続 税 の 総 額 の 計 算 書

被相続人　甲

第2表（平成27年分以降用）

この表は、第1表及び第3表の「相続税の総額」の計算のために使用します。

なお、被相続人から相続、遺贈や相続時精算課税に係る贈与によって財産を取得した人のうちに農業相続人がいない場合は、この表の㋩欄及び㋥欄並びに⑨欄から⑪欄までは記入する必要がありません。

この表を修正申告書の第2表として使用するときは、①欄には修正申告書第1表の㋺欄の⑥④の金額を記入し、㋩欄には修正申告書第3表の1の㋺欄の⑥④の金額を記入します。

① 課税価格の合計額	② 遺産に係る基礎控除額		③ 課税遺産総額
㋑（第1表⑥④）　円 240,000,000	3,000万円 +（600万円 × ㋥（④の法定相続人の数）2人）=　㋺ 万円 4,200		㋩（㋑－㋺）　円 198,000,000
㋩（第3表⑥④）　,000	㋺の人数及び㋩の金額を第1表Bへ転記します。		㋥（㋩－㋺）　,000

④ 法定相続人（（注）1参照）		⑤ 左の法定相続人に応じた法定相続分	第1表の「相続税の総額⑦」の計算		第3表の「相続税の総額⑦」の計算	
氏　名	被相続人との続柄		⑥ 法定相続分に応ずる取得金額（㋩×⑤）（1,000円未満切捨て）	⑦ 相続税の総額の基となる税額（下の「速算表」で計算します。）	⑨ 法定相続分に応ずる取得金額（㋥×⑤）（1,000円未満切捨て）	⑩ 相続税の総額の基となる税額（下の「速算表」で計算します。）
長男A	長男	1/2	円 99,000,000	円 22,700,000	円 ,000	円
長女B	長女	1/2	99,000,000	22,700,000	,000	
			,000		,000	
			,000		,000	
			,000		,000	
			,000		,000	
			,000		,000	
			,000		,000	
			,000		,000	
法定相続人の数	④ 2人	合計 1	⑧ 相続税の総額（⑦の合計額）（100円未満切捨て） 45,400,000		⑪ 相続税の総額（⑩の合計額）（100円未満切捨て） 00	

(注)　1　④欄の記入に当たっては、被相続人に養子がある場合や相続の放棄があった場合には、「相続税の申告のしかた」をご覧ください。

2　⑧欄の金額を第1表⑦欄へ転記します。財産を取得した人のうちに農業相続人がいる場合は、⑧欄の金額を第1表⑦欄へ転記するとともに、⑪欄の金額を第3表⑦欄へ転記します。

相続税の速算表

法定相続分に応ずる取得金額	10,000千円以下	30,000千円以下	50,000千円以下	100,000千円以下	200,000千円以下	300,000千円以下	600,000千円以下	600,000千円超
税　　率	10%	15%	20%	30%	40%	45%	50%	55%
控　除　額	－　千円	500千円	2,000千円	7,000千円	17,000千円	27,000千円	42,000千円	72,000千円

この速算表の使用方法は、次のとおりです。

⑥欄の金額×税率－控除額＝⑦欄の税額　　　⑨欄の金額×税率－控除額＝⑩欄の税額

例えば、⑥欄の金額30,000千円に対する税額（⑦欄）は、30,000千円×15%－500千円＝4,000千円です。

○連帯納付義務について

相続税の納税については、各相続人等が相続、遺贈や相続時精算課税に係る贈与により受けた利益の価額を限度として、お互いに連帯して納付しなければならない義務があります。

相続税がかかる財産の明細書

（相続時精算課税適用財産を除きます。）

被相続人	甲

第11表（平成21年4月分以降用）

○この表は、相続や遺贈によって取得した財産及び相続や遺贈によって取得したものとみなされる財産のうち、相続税のかかるものについての明細を記入します。

遺産の分割状況	区　分	① 全部分割	2 一部分割	3 全部未分割
	分割の日	30・11・4	・　・	

財産の明細				数量 固定資産税評価額	単価 倍数	価額	分割が確定した財産	
種類	細目	利用区分、銘柄等	所在場所等				取得した人の氏名	取得財産の価額
	当初申告				円	円 260,000,000	長男A	円 180,000,000
					円		長女B	80,000,000
現金預貯金等		定期預金（C名義）	○○銀行△△支店			5,000,000	長男A	5,000,000
現金預貯金等		定期預金（D名義）	○○銀行△△支店			5,000,000	長女B	5,000,000
（（計））						《 270,000,000》		
［合計］						［ 270,000,000］		

左欄外注記（縦書き）:

当初の期限内申告時の第11表の合計金額を記載する。

申告漏れであった相続財産（孫名義定期預金）の種類・細目・利用区分・銘柄等・所在場所等を記載する。

相続時精算課税適用財産の明細については、この表によらず第11の2表に記載します。

合計表	財産を取得した人の氏名	（各人の合計）	長男A	長女B			
	分割財産の価額 ①	円 270,000,000	円 185,000,000	円 85,000,000	円	円	円
	未分割財産の価額 ②						
	各人の取得財産の価額 （①＋②）③	270,000,000	185,000,000	85,000,000			

（注）　1　「合計表」の各人の③欄の金額を第1表のその人の「取得財産の価額①」欄に転記します。
　　　　2　「財産の明細」の「価額」欄は、財産の細目、種類ごとに小計及び計を付し、最後に合計を付して、それらの金額を第15表の①から⑳までの該当欄に転記します。

申告漏れであった相続財産（孫名義定期預金）を
加算し、各人の合計欄及び各相続人（長男A及び
長女B）欄の金額を記載する。

相続財産の種類別価額表

（この表は、第11表から第14表までの記載に基づいて記入します。）

被相続人　甲

第15表（修正申告用）（平成30年分以降用）

種類	細目	番号	各人の合計	長男A	長女B			
土地（土地の上に存する権利を含みます。）	田	① 円		円	円	円	円	円
	畑	②						
	宅地	③						
	山林	④						
	その他の土地	⑤						
	計	⑥	( )	( )	( )	( )	( )	( )
⑥のうち特例農地等	通常価額	⑦	( )	( )	( )	( )	( )	( )
	農業投資価格による価額	⑧	( )	( )	( )	( )	( )	( )
家屋、構築物		⑨	( )	( )	( )	( )	( )	( )
事業（農業）用財産	機械、器具、農耕具、その他の減価償却資産	⑩						
	商品、製品、半製品、原材料、農産物等	⑪						
	売掛金	⑫						
	その他の財産	⑬						
	計	⑭	( )	( )	( )	( )	( )	( )
有価証券	特定同族会社の株式及び出資	配当還元方式によったもの ⑮						
		その他の方式によったもの ⑯						
	⑮及び⑯以外の株式及び出資	⑰						
	公債及び社債	⑱						
	証券投資信託、貸付信託の受益証券	⑲						
	計	⑳	( )	( )	( )	( )	( )	( )
現金、預貯金等		㉑	10,000,000	(5,000,000)	(5,000,000)	( )	( )	( )
家庭用財産		㉒	( )	( )	( )	( )	( )	( )
その他の財産	生命保険金等	㉓						
	退職手当金等	㉔						
	立木	㉕						
	その他	㉖	260,000,000	180,000,000	80,000,000			
	計	㉗	260,000,000	180,000,000	80,000,000	( )	( )	( )
合計（⑥+⑨+⑭+⑳+㉑+㉒+㉗）		㉘	((270,000,000))	((185,000,000))	((85,000,000))	(( ))	(( ))	(( ))
相続時精算課税適用財産の価額		㉙						
不動産等の価額（⑥+⑨+⑩+⑮+⑯+㉕）		㉚						
⑯のうち株式等納税猶予対象の株式等の価額の80％の額		㉛						
⑰のうち株式等納税猶予対象の株式等の価額の80％の額		㉜						
⑯のうち特例株式等納税猶予対象の株式等の価額		㉝						
⑰のうち特例株式等納税猶予対象の株式等の価額		㉞						
債務等	債務	㉟	30,000,000	20,000,000	10,000,000			
	葬式費用	㊱						
	合計（㉟+㊱）	㊲	30,000,000	20,000,000	10,000,000	( )	( )	( )
差引純資産価額（㉘+㉙-㊲）（赤字のときは0）		㊳	240,000,000	165,000,000	75,000,000			
純資産価額に加算される暦年課税分の贈与財産価額		㊴						
課税価格（㊳+㊴）（1,000円未満切捨て）		㊵	240,000,000	165,000,000	75,000,000	,000	,000	,000

〈親族名義の預貯金の申告漏れに係る留意点〉

　相続又は遺贈により財産を取得した個人で、その財産を取得した時において国内に住所を有するものは、その者が相続又は遺贈により取得した財産の全部に対し、相続税が課税される（相法 1 の 3①一、2①）。

　平成 26 年 4 月 25 日の東京地方裁判所の判決では、相続人名義の預貯金について、被相続人が毎年贈与税の基礎控除の範囲内で相続人の名義で預貯金の預入れを行っていたものの、被相続人が預金証書を保管し、また、その預貯金の一部を使用していた事実等から、贈与の意思は認められず、被相続人の名義預金として判断されている。

　上記判決のように、子や孫の名義の預貯金に、父母や祖父母が毎年基礎控除の範囲内で預入れを行っているケースは多く見受けられる。

　本事例も同様であるが、調査担当者の指摘するように、被相続人甲は孫名義の預金通帳及び届出印を自身で保管、管理し、定期預金を開設するまでは入出金も行っていた。

　また、平成 14 年に普通預金から定期預金に移行しているが、平成 15 年 1 月 6 日からは「金融機関等による顧客等の本人確認等に関する法律」が施行され、原則として本人でなければ、本人名義の預金を引き出すことができなくなることが理由であったと推察できる（上記判決の判示においても、そのことを理由に贈与意思が確定したと評価することはできないとしている。）。更に、贈与証書の作成や贈与税の申告が行われていた事実もないことも含めて、名義預金である旨の指摘を受けることになった点に留意すべきである。

《現金・預貯金等》

事例21 相続開始前に引き出した現金の申告漏れ

〈当初の期限内申告書の申告内容〉

　被相続人甲は、平成30年2月28日に死亡し（甲の配偶者は平成23年に死亡している。）、被相続人甲の相続人である長男A・長女Bは、それぞれ次の財産の取得及び債務の承継を行うことで分割協議が成立し、平成30年12月25日に相続税の期限内申告書を提出するとともに、納付すべき相続税額を期限内に納税した。

財産及び債務等	価　額	長男A	長女B
取得財産の価額	2億2,000万円	1億5,000万円	7,000万円
債務及び葬式費用の金額	2,000万円	1,800万円	200万円
課税価格	2億円	1億3,200万円	6,800万円
納付すべき税額	3,340万円	2,204.4万円	1,135.6万円

〈相続税の税務調査における調査担当者の指摘〉

　調査担当者は、事前通知に係る手続を法令上の規定に基づき行ったのち、被相続人甲の相続税の申告内容に係る税務調査を行った。

　調査担当者は税務調査の結果、相続開始前である平成29年6月に被相続人甲名義の普通預金から500万円の現金の引出しがあり、その使途について問い合わせたところ、長女Bより、当時から被相続人甲は病気により入退院を繰り返しており、病院の費用等の資金として、その金額を被相続人甲から預かっていた旨の回答があった。

　長女Bが記帳していた出納帳より、被相続人甲の相続開始時には300万円の残高があったことが判明したため、調査担当者はその残高が相続税の課税価格に加算されていない旨を指摘し、法令上の規定に基づき、修正申告の勧奨を行った。

　長男A及び長女Bは、長女Bが被相続人甲から預かった現金を管理していたにもかかわらず、相続税の課税価格に加算することを失念していたため、再度相続人間で分割協議を行い、その財産は長女Bが相続することを確認したうえで、調査担当者の指摘に従い相続税の修正申告書を令和元年11月28日に提出した。

〈修正申告書の記載方法の概要及び留意点〉

　相続税の修正申告書における各表の記載方法の概要は次のとおりであるが、留意点は次頁以降の第1表・第2表・第11表・第15表を参照されたい。

⑴　**第1表**

　第1表には、各相続人の合計及び各相続人それぞれの修正前の課税額（当初の期限内申告額）及び修正申告額を記載するとともに、修正する額（修正申告額－修正前の課税額）を記載する。さらに、各相続人のマイナンバー（個人番号）を記載する。

⑵　**第2表**

　第2表には、当初の期限内申告書において申告漏れであった相続財産（現金）を加算した後の課税価格の合計額により、相続税の総額を再計算する。

⑶　**第11表**

　第11表には、当初の期限内申告時の財産の価額の合計額を記載するとともに、申告漏れであった相続財産（現金）の種類・細目・利用区分・銘柄等・所在場所等を記載する。

⑷　**第15表**

　第15表には、当初の期限内申告書において申告漏れであった相続財産を加算し、各人の合計欄及び各相続人（A及びB）欄の金額を記載する。

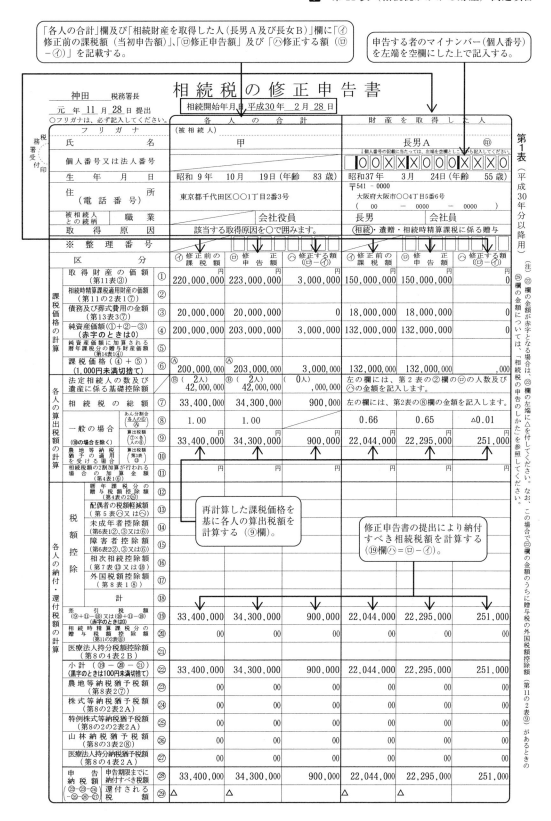

「各人の合計」欄及び「相続財産を取得した人（長男A及び長女B）」欄に「⑦修正前の課税額（当初申告額）」、「⑩修正申告額」及び「⑪修正する額（⑩－⑦）」を記載する。

申告する者のマイナンバー（個人番号）を左端を空欄にした上で記入する。

再計算した課税価格を基に各人の算出税額を計算する（⑨欄）。

修正申告書の提出により納付すべき相続税額を計算する（⑲欄⑪＝⑩－⑦）。

申告する者のマイナンバー（個人番号）
を左端を空欄にした上で記入する。

相 続 税 の 修 正 申 告 書（続）

第1表（続）（平成30年分以降用）

○フリガナは、必ず記入してください。

区　　分			財産を取得した人			財産を取得した人		
フリガナ								
氏　　　　　名			長女B　　　㊞			㊞		
個人番号又は法人番号			×|×|○|○|○|×|×|○|○|○|×						
生　年　月　日			昭和40年　2月　14日（年齢　53歳）			年　　月　　日（年齢　　歳）		
住　　　　　所（電話番号）			〒110 - 0000 東京都台東区○○7丁目8番9号（00 - 0000 - 0000）			〒（　　-　　-　　）		
被相続人との続柄　職　業			長女　　　無職					
取　得　原　因			⑰相続・遺贈・相続時精算課税に係る贈与			相続・遺贈・相続時精算課税に係る贈与		
※　整　理　番　号								
区　　　分			⑦修正前の課税額	⑩修正申告額	⑪修正する額（⑩-⑦）	⑦修正前の課税額	⑩修正申告額	⑪修正する額（⑩-⑦）
課税価格の計算	取得財産の価額（第11表③）	①	70,000,000 円	73,000,000 円	3,000,000 円	円	円	円
	相続時精算課税適用財産の価額（第11の2表1⑦）	②						
	債務及び葬式費用の金額（第13表3⑦）	③	2,000,000	2,000,000	0			
	純資産価額（①+②-③）（赤字のときは0）	④	68,000,000	71,000,000	3,000,000			
	純資産価額に加算される暦年課税分の贈与財産価額（第14表1④）	⑤						
	課税価格（④+⑤）（1,000円未満切捨て）	⑥	68,000,000	71,000,000	3,000,000	,000	,000	,000
各人の算出税額の計算	法定相続人の数及び遺産に係る基礎控除額							
	相続税の総額	⑦						
	一般の場合（⑩の場合を除く）　あん分割合 ⑧	⑧	0.34	0.35	0.01			
	算出税額（⑦×⑧）	⑨	11,356,000 円	12,005,000 円	649,000 円	円	円	円
	農地等納税猶予の適用を受ける場合 算出税額（第3表）	⑩						
	相続税額の2割加算が行われる場合の加算金額（第4表1⑩）	⑪	円	円	円	円	円	円
税額控除	暦年課税分の贈与税額控除額（第4表の2⑳）	⑫						
	配偶者の税額軽減額（第5表⑦又は⑩）	⑬						
	未成年者控除額（第6表1②、又は⑥）	⑭						
	障害者控除額（第6表2②、又は⑥）	⑮						
	相次相続控除額（第7表⑬又は⑱）	⑯						
	外国税額控除額（第8表1⑧）	⑰						
	計	⑱						
各人の納付・還付税額の計算	差引税額（⑨+⑪-⑱）又は（⑩+⑪-⑱）（赤字のときは0）	⑲	11,356,000	12,005,000	649,000			
	相続時精算課税分の贈与税額控除額（第11の2表⑧）	⑳	00	00	00	00	00	00
	医療法人持分税額控除額（第8の4表2B）	㉑						
	小計（⑲-⑳-㉑）（黒字のときは100円未満切捨て）	㉒	11,356,000	12,005,000	649,000			
	農地等納税猶予税額（第8表2⑦）	㉓	00	00	00	00	00	00
	株式等納税猶予税額（第8の2表2A）	㉔	00	00	00	00	00	00
	特例株式等納税猶予税額（第8の2の2表2A）	㉕	00	00	00	00	00	00
	山林納税猶予税額（第8の3表2⑧）	㉖	00	00	00	00	00	00
	医療法人持分納税猶予税額（第8の4表2A）	㉗	00	00	00	00	00	00
	申告納税額　申告期限までに納付すべき税額（㉒-㉓-㉔-㉕-㉖-㉗）	㉘	11,356,000	12,005,000	649,000	00	00	00
	還付される税額	㉙	△	△		△	△	

再計算した課税価格を基に各人の算出税額を計算する（⑨欄）。

修正申告書の提出により納付すべき相続税額を計算する（⑲欄　⑪＝⑩-⑦）。

※の項目は記入する必要はありません。

（注）㉒欄の金額が赤字となる場合は、㉒欄の左端に△を付してください。なお、この場合で㉒欄の金額のうちに贈与税の外国税額控除額（第11の2表⑨）があるときの㉒欄の金額については、「相続税の申告のしかた」を参照してください。

申告漏れであった相続財産（現金）を加算して計算した課税価格の合計額（①欄）を基に課税遺産総額（③欄）を算出し、法定相続人に応じた法定相続分により計算した相続税の総額（⑧欄）を第1表⑦欄㋺に移記する。

相 続 税 の 総 額 の 計 算 書

被相続人	甲

第2表（平成27年分以降用）

この表は、第1表及び第3表の「相続税の総額」の計算のために使用します。

なお、被相続人から相続、遺贈や相続時精算課税に係る贈与によって財産を取得した人のうちに農業相続人がいない場合は、この表の㋭欄及び㋬欄並びに⑨欄から⑪欄までは記入する必要がありません。

○この表を修正申告書の第2表として使用するときは、①欄には修正申告書第1表の⑪欄の⑥Ⓐの金額を記入し、㋭欄には修正申告書第3表の1の⑪欄の⑥Ⓐの金額を記入します。

① 課税価格の合計額	② 遺産に係る基礎控除額	③ 課税遺産総額
㋑ 第1表 ⑥Ⓐ 203,000,000 円	3,000万円 ＋（ 600万円 × ㋺ Ⓐの法定相続人の数 2人 ）＝ ㋩ 4,200 万円	㊁ (㋑－㋩) 161,000,000 円
第3表 ⑥Ⓐ ,000	㋺の人数及び㋩の金額を第1表Ⓑへ転記します。	㋥ (㋭－㋩) ,000

④ 法定相続人 （(注)1参照）		⑤ 左の法定相続人に応じた法定相続分	第1表の「相続税の総額⑦」の計算		第3表の「相続税の総額⑦」の計算	
氏 名	被相続人との続柄		⑥ 法定相続分に応ずる取得金額 (㊁×⑤) (1,000円未満切捨て)	⑦ 相続税の総額の基となる税額 下の「速算表」で計算します。	⑨ 法定相続分に応ずる取得金額 (㋥×⑤) (1,000円未満切捨て)	⑩ 相続税の総額の基となる税額 下の「速算表」で計算します。
長男A	長男	$\frac{1}{2}$	80,500,000 円	17,150,000 円	,000 円	,000 円
長女B	長女	$\frac{1}{2}$	80,500,000	17,150,000	,000	,000
			,000	,000	,000	,000
			,000	,000	,000	,000
			,000	,000	,000	,000
			,000	,000	,000	,000
			,000	,000	,000	,000
			,000	,000	,000	,000
			,000	,000	,000	,000
法定相続人の数	Ⓐ 2人	合計 1	⑧ 相続税の総額 (⑦の合計額) (100円未満切捨て) 34,300,000		⑪ 相続税の総額 (⑩の合計額) (100円未満切捨て) 00	

(注) 1 ④欄の記入に当たっては、被相続人に養子がある場合や相続の放棄があった場合には、「相続税の申告のしかた」をご覧ください。

2 ⑧欄の金額を第1表⑦欄へ転記します。財産を取得した人のうちに農業相続人がいる場合は、⑧欄の金額を第1表⑦欄へ転記するとともに、⑪欄の金額を第3表⑦欄へ転記します。

相続税の速算表

法定相続分に応ずる取得金額	10,000千円以下	30,000千円以下	50,000千円以下	100,000千円以下	200,000千円以下	300,000千円以下	600,000千円以下	600,000千円超
税 率	10%	15%	20%	30%	40%	45%	50%	55%
控 除 額	－ 千円	500千円	2,000千円	7,000千円	17,000千円	27,000千円	42,000千円	72,000千円

この速算表の使用方法は、次のとおりです。

⑥欄の金額×税率－控除額＝⑦欄の税額　　⑨欄の金額×税率－控除額＝⑩欄の税額

例えば、⑥欄の金額30,000千円に対する税額（⑦）は、30,000千円×15%－500千円＝4,000千円です。

○連帯納付義務について

相続税の納税については、各相続人等が相続、遺贈や相続時精算課税に係る贈与により受けた利益の価額を限度として、お互いに連帯して納付しなければならない義務があります。

相続税がかかる財産の明細書

（相続時精算課税適用財産を除きます。）

被相続人	甲

○ この表は、相続や遺贈によって取得した財産及び相続や遺贈によって取得したものとみなされる財産のうち、相続税のかかるものについての明細を記入します。

遺産の分割状況	区　　　分	① 全 部 分 割	2 一 部 分 割	3 全 部 未 分 割
	分 割 の 日	30 ・ 12 ・ 21	・　・	

財　産　の　明　細							分割が確定した財産	
種類	細目	利用区分、銘柄等	所在場所等	数量 / 固定資産税評価額	単価 / 倍数	価額	取得した人の氏名	取得財産の価額
	当初申告			円	円	↓ 220,000,000 円	長男A	→150,000,000 円
							長女B	→70,000,000
現金預貯金等		現金	東京都台東区○○ 7丁目8番9号			↓ 3,000,000	長女B	→3,000,000
((計))						《 223,000,000》		
[合計]						[223,000,000]		

当初の期限内申告時の第11表の合計金額を記載する。

申告漏れであった相続財産（現金）の種類・細目・利用区分・銘柄等・所在場所等を記載する。

相続時精算課税適用財産の明細については、この表によらず第11の2表に記載します。

合計表	財産を取得した人の氏名	（各人の合計）	長男A	長女B			
	分割財産の価額 ①	223,000,000 円	150,000,000 円	73,000,000 円	円	円	円
	未分割財産の価額 ②						
	各人の取得財産の価額 （①＋②）③	223,000,000	150,000,000	73,000,000			

(注)　1　「合計表」の各人の③欄の金額を第1表のその人の「取得財産の価額①」欄に転記します。
　　　2　「財産の明細」の「価額」欄は、財産の細目、種類ごとに小計及び計を付し、最後に合計を付して、それらの金額を第15表の①から㉘までの該当欄に転記します。

申告漏れであった相続財産（現金）を加算し、各人の合計欄及び各相続人（長男A及び長女B）欄の金額を記載する。

相続財産の種類別価額表

（この表は、第11表から第14表までの記載に基づいて記入します。）

被相続人 甲

第15表（修正申告用）（平成30年分以降用）

種類	細目	番号	各人の合計	氏名 長男A	長女B			
土地（土地の上に存する権利を含みます。）	田	①	円	円	円	円	円	円
	畑	②						
	宅　地	③						
	山　林	④						
	その他の土地	⑤						
	計	⑥	(　)	(　)	(　)	(　)	(　)	(　)
	⑥のうち特例農地等 通常価額	⑦	(　)	(　)	(　)	(　)	(　)	(　)
	農業投資価格による価額	⑧	(　)	(　)	(　)	(　)	(　)	(　)
家屋、構築物		⑨	(　)	(　)	(　)	(　)	(　)	(　)
事業（農業）用財産	機械、器具、農耕具、その他の減価償却資産	⑩						
	商品、製品、半製品、原材料、農産物等	⑪						
	売掛金	⑫						
	その他の財産	⑬						
	計	⑭	(　)	(　)	(　)	(　)	(　)	(　)
有価証券	特定同族会社の株式及び出資 配当還元方式によったもの	⑮						
	その他の方式によったもの	⑯						
	⑮及び⑯以外の株式及び出資	⑰						
	公債及び社債	⑱						
	証券投資信託、貸付信託の受益証券	⑲						
	計	⑳	(　)	(　)	(　)	(　)	(　)	(　)
現金、預貯金等		㉑	3,000,000	(　)	(3,000,000)	(　)	(　)	(　)
家庭用財産		㉒	(　)	(　)	(　)	(　)	(　)	(　)
その他の財産	生命保険金等	㉓						
	退職手当金等	㉔						
	立木	㉕						
	その他	㉖	220,000,000	150,000,000	70,000,000			
	計	㉗	220,000,000	150,000,000	70,000,000	(　)	(　)	(　)
合計（⑥+⑨+⑭+⑳+㉑+㉒+㉗）		㉘	(223,000,000)	(150,000,000)	(73,000,000)	(　)	(　)	(　)
相続時精算課税適用財産の価額		㉙						
不動産等の価額（⑥+⑨+⑩+⑮+⑯+㉕）		㉚						
⑯のうち株式等納税猶予対象の株式等の価額の80％の額		㉛						
⑰のうち株式等納税猶予対象の株式等の価額の80％の額		㉜						
⑯のうち特例株式等納税猶予対象の株式等の価額		㉝						
⑰のうち特例株式等納税猶予対象の株式等の価額		㉞						
債務等	債務	㉟	20,000,000	18,000,000	2,000,000			
	葬式費用	㊱						
	合計（㉟+㊱）	㊲	20,000,000	18,000,000	2,000,000	(　)	(　)	(　)
差引純資産価額（㉘+㉙-㊲）（赤字のときは0）		㊳	203,000,000	132,000,000	71,000,000			
純資産価額に加算される暦年課税分の贈与財産価額		㊴						
課税価格（㊳+㊴）（1,000円未満切捨て）		㊵	203,000,000	132,000,000	71,000,000	,000	,000	,000

331

〈相続開始前に引き出した現金の申告漏れに係る留意点〉

　相続又は遺贈により財産を取得した個人で、その財産を取得した時において国内に住所を有するものは、その者が相続又は遺贈により取得した財産の全部に対し、相続税が課税される（相法1の3①一、2①）。

　したがって、本事例のように被相続人の相続開始時において、たとえ被相続人の手許になかった現金であったとしても、その現金の出所は被相続人の資金から支出されたものであり（本事例の場合は被相続人の普通預金）、契約等により相続人に贈与されたものでない場合は被相続人の財産として認められ、相続税の課税の対象となる。

　なお、本事例に類似するケースとしては、被相続人の財産より支出した資金を、相続人等親族の預金に移動する場合や、その資金で新たに相続人等親族名義の口座を開設（名義預金）する場合が考えられる。

《その他の財産》

事例22 被相続人名義で購入した車両の申告漏れ

〈当初の期限内申告書の申告内容〉

　被相続人甲は、平成30年1月31日に死亡し（甲の配偶者は平成25年に死亡している。）、被相続人甲の相続人である長男A・長女Bは、それぞれ次の財産の取得及び債務の承継を行うことで分割協議が成立し、平成30年11月28日に相続税の期限内申告書を提出するとともに、納付すべき相続税額を期限内に納税した。

財産及び債務等	価　額	長男A	長女B
取得財産の価額	2億円	1億5,000万円	5,000万円
債務及び葬式費用の金額	1,000万円	1,000万円	—
課税価格	1億9,000円	1億4,000万円	5,000万円
納付すべき税額	3,040万円	2,249.6万円	790.4万円

〈相続税の税務調査における調査担当者の指摘〉

　調査担当者は、事前通知に係る手続を法令上の規定に基づき行ったのち、被相続人甲の相続税の申告内容に係る税務調査を行った。

　調査担当者は税務調査の結果、相続開始前である平成29年3月に被相続人甲名義の普通預金から300万円の現金の引出しがあり、その使途について問い合わせたところ、長男Aより、当時被相続人甲は怪我による通院のため本人名義で車両を購入し、近所に居住する長男A及びその家族が送迎を行っていたが、現在その車両は長男Aの自宅に駐車している旨の回答があった。

　調査担当者はその車両が相続税の課税価格に加算されていない旨を指摘し、法令上の規定に基づき、修正申告の勧奨を行った。

　長男Aは被相続人甲名義の車両を使用していたにもかかわらず、相続税の課税価格に加算することを失念していたため、インターネットや中古車販売業者の情報により相続開始時の当該車両の売買実例価額を調査し、その価額が200万円であることを確認した。

　その後、長男A及び長女Bは再度分割協議を行い、その車両は長男Aが相続することを確認したうえで、調査担当者の指摘に従い相続税の修正申告書を令和元年9月30日に提出した。

〈修正申告書の記載方法の概要及び留意点〉

　相続税の修正申告書における各表の記載方法の概要は次のとおりであるが、留意点は次頁以降の第1表・第2表・第11表・第15表を参照されたい。

(1)　第1表

　第1表には、各相続人の合計及び各相続人それぞれの修正前の課税額（当初の期限内申告額）及び修正申告額を記載するとともに、修正する額（修正申告額−修正前の課税額）を記載する。さらに、各相続人のマイナンバー（個人番号）を記載する。

(2)　第2表

　第2表には、当初の期限内申告書において申告漏れであった相続財産（車両）を加算した後の課税価格の合計額により、相続税の総額を再計算する。

(3)　第11表

　第11表には、当初の期限内申告時の財産の価額の合計額を記載するとともに、申告漏れであった相続財産（車両）の種類・細目・利用区分・銘柄等・所在場所等を記載する。車両の場合、利用区分・銘柄等の欄にはその名称と年式を記載する。

(4)　第15表

　第15表には、当初の期限内申告書において申告漏れであった相続財産を加算し、各人の合計欄及び各相続人（A及びB）欄の金額を記載する。

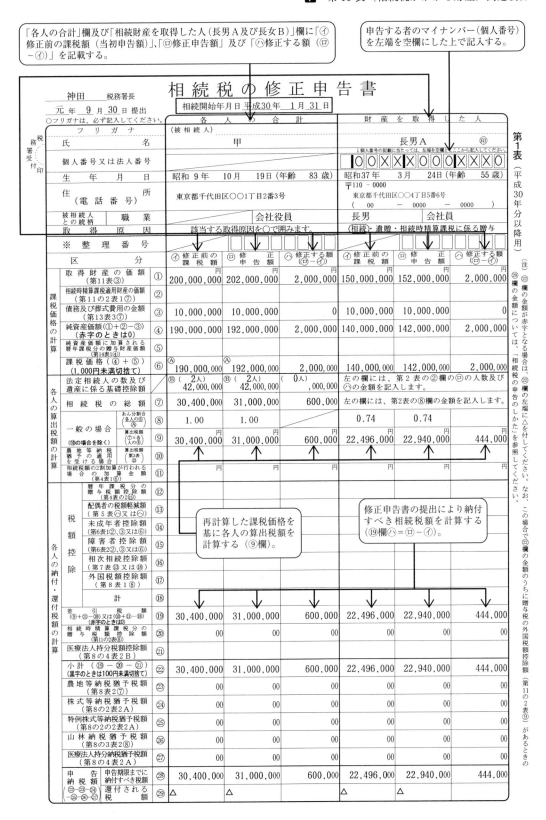

「各人の合計」欄及び「相続財産を取得した人（長男A及び長女B）」欄に「①修正前の課税額（当初申告額）」、「⑪修正申告額」及び「⑪修正する額（⑪－①）」を記載する。

申告する者のマイナンバー（個人番号）を左端を空欄にした上で記入する。

相続税の修正申告書

相続開始年月日 平成30年 1月 31日

神田 税務署長
元 年 9 月 30 日 提出
○フリガナは、必ず記入してください。

		各 人 の 合 計			財 産 を 取 得 し た 人		
フリガナ		（被相続人）				長男A	印
氏 名		甲					
個人番号又は法人番号					↓個人番号の記載に当たっては、左端を空欄としここから記入してください。			
						〇〇XX〇〇〇XX〇	
生 年 月 日		昭和 9 年 10月 19日（年齢 83歳）			昭和37年 3月 24日（年齢 55歳）		
住 所 （電話番号）		東京都千代田区〇〇1丁目2番3号			〒110 - 0000 東京都千代田区〇〇4丁目5番6号 （ 00 - 0000 - 0000 ）		
被相続人との続柄 職業			会社役員		長男	会社員	
取 得 原 因		該当する取得原因を○で囲みます。			相続・遺贈・相続時精算課税に係る贈与		

| ※ 整 理 番 号 | | | | | | | | |

区 分		①修正前の課税額	⑪修正申告額	⑪修正する額（⑪-①）	①修正前の課税額	⑪修正申告額	⑪修正する額（⑪-①）
課税価格の計算	取得財産の価額（第11表③）①	円 200,000,000	円 202,000,000	円 2,000,000	円 150,000,000	円 152,000,000	円 2,000,000
	相続時精算課税適用財産の価額（第11の2表1⑦）②						
	債務及び葬式費用の金額（第13表3⑦）③	10,000,000	10,000,000	0	10,000,000	10,000,000	0
	純資産価額（①+②-③）（赤字のときは0）④	190,000,000	192,000,000	2,000,000	140,000,000	142,000,000	2,000,000
	純資産価額に加算される暦年課税分の贈与財産価額（第14表1④）⑤						
	課税価格（④+⑤）（1,000円未満切捨て）⑥	Ⓐ 190,000,000	Ⓐ 192,000,000	2,000,000	140,000,000	142,000,000	2,000,000
各人の算出税額の計算	法定相続人の数及び遺産に係る基礎控除額	Ⓑ（2人） 42,000,000	Ⓑ（2人） 42,000,000	（0人） ,000,000	左の欄には、第2表の②欄の⑪の人数及び⑪の金額を記入します。	
	相続税の総額⑦	30,400,000	31,000,000	600,000	左の欄には、第2表の⑧欄の金額を記入します。	
	一般の場合（⑩の場合を除く） あん分割合（各人の⑥／Ⓐ）⑧	1.00	1.00		0.74	0.74	
	算出税額（⑦×各人の⑧）⑨	円 30,400,000	円 31,000,000	円 600,000	22,496,000	22,940,000	444,000
	農地等納税猶予の適用を受ける場合 算出税額（第3表⑪）⑩						
	相続税額の2割加算が行われる場合の加算金額（第4表1⑥）⑪	円	円	円	円	円	円
各人の納付・還付税額の計算	税額控除	暦年課税分の贈与税額控除額（第4表の2⑨）⑫					
		配偶者の税額軽減額（第5表○又は○）⑬					
		未成年者控除額（第6表1②、③又は⑥）⑭					
		障害者控除額（第6表2②、③又は⑥）⑮					
		相次相続控除額（第7表⑬又は⑱）⑯					
		外国税額控除額（第8表1⑧）⑰					
		計⑱					
	差引税額（⑨+⑪-⑱）又は（⑩+⑪-⑱）（赤字のときは0）⑲	30,400,000	31,000,000	600,000	22,496,000	22,940,000	444,000
	相続時精算課税分の贈与税額控除額（第11の2表8）⑳	00	00	00	00	00	00
	医療法人持分税額控除額（第8の4表2B）㉑						
	小計（⑲-⑳-㉑）（黒字のときは100円未満切捨て）㉒	30,400,000	31,000,000	600,000	22,496,000	22,940,000	444,000
	農地等納税猶予税額（第8表2⑦）㉓	00	00	00	00	00	00
	株式等納税猶予税額（第8の2表2A）㉔	00	00	00	00	00	00
	特例株式等納税猶予税額（第8の2の2表2A）㉕	00	00	00	00	00	00
	山林納税猶予税額（第8の3表2⑧）㉖	00	00	00	00	00	00
	医療法人持分納税猶予税額（第8の4表2A）㉗	00	00	00	00	00	00
	申告納税額 申告期限までに納付すべき税額（㉒-㉓-㉔-㉕-㉖-㉗）㉘	30,400,000	31,000,000	600,000	22,496,000	22,940,000	444,000
	還付される税額㉙	△	△		△	△	

税務署受付印

第1表（平成30年分以降用）

再計算した課税価格を基に各人の算出税額を計算する（⑨欄）。

修正申告書の提出により納付すべき相続税額を計算する（⑲欄⑪=⑪-①）。

（注）⑫欄の金額が赤字となる場合は、⑫欄の左端に△を付してください。なお、この場合で⑫欄の金額のうちに贈与税の外国税額控除額（第11の2表⑨）があるときの⑫欄の金額については、「相続税の申告のしかた」を参照してください。

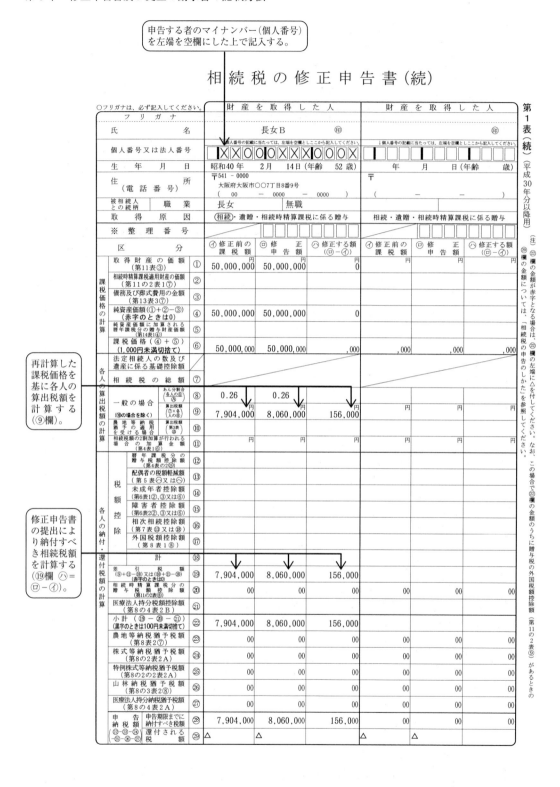

相 続 税 の 修 正 申 告 書 (続)

> 申告漏れであった相続財産（車両）を加算して計算した課税価格の合計額（①欄）を基に課税遺産総額（③欄）を算出し、法定相続人に応じた法定相続分により計算した相続税の総額（⑧欄）を第1表⑦欄⓪に移記する。

相 続 税 の 総 額 の 計 算 書

被相続人　甲

第2表（平成27年分以降用）

この表は、第1表及び第3表の「相続税の総額」の計算のために使用します。

なお、被相続人から相続、遺贈や相続時精算課税に係る贈与によって財産を取得した人のうちに農業相続人がいない場合は、この表の㋺欄及び㋩欄並びに⑨欄から⑪欄までは記入する必要がありません。

○この表を修正申告書の第2表として使用するときは、④欄には修正申告書第1表の⑥ⓐの金額を記入し、㋭欄には修正申告書第3表の①の⑥ⓐの金額を記入します。

① 課税価格の合計額		② 遺産に係る基礎控除額			③ 課税遺産総額	
㋑ 第1表 ⑥ⓐ	円 192,000,000	3,000万円＋（600万円× ⓐの法定 相続人の数 2人 ）＝		㋩ 万円 4,200	㋥ （㋑−㋩）	円 150,000,000
㋺ 第3表 ⑥ⓐ	,000	㋺の人数及び㋩の金額を第1表⑧へ転記します。			㋬ （㋭−㋩）	,000

④ 法定相続人 （（注）1参照）		⑤ 左の法定相続人に応じた法定相続分	第1表の「相続税の総額⑦」の計算		第3表の「相続税の総額⑦」の計算	
氏名	被相続人との続柄		⑥ 法定相続分に応ずる取得金額 （㋥×⑤） （1,000円未満切捨て）	⑦ 相続税の総額の基となる税額 下の「速算表」で計算します。	⑨ 法定相続分に応ずる取得金額 （㋬×⑤） （1,000円未満切捨て）	⑩ 相続税の総額の基となる税額 下の「速算表」で計算します。
長男A	長男	1/2	円 75,000,000	円 15,500,000	円 ,000	円
長女B	長女	1/2	75,000,000	15,500,000	,000	
			,000		,000	
			,000		,000	
			,000		,000	
			,000		,000	
			,000		,000	
			,000		,000	
			,000		,000	
法定相続人の数 ⓐ 2人	合計 1		⑧ 相続税の総額 （⑦の合計額） （100円未満切捨て） 31,000,000		⑪ 相続税の総額 （⑩の合計額） （100円未満切捨て） 00	

(注) 1　④欄の記入に当たっては、被相続人に養子がある場合や相続の放棄があった場合には、「相続税の申告のしかた」をご覧ください。

2　⑧欄の金額を第1表⑦欄へ転記します。財産を取得した人のうちに農業相続人がいる場合は、⑧欄の金額を第1表⑦欄へ転記するとともに、⑪欄の金額を第3表⑦欄へ転記します。

相 続 税 の 速 算 表

法定相続分に応ずる取得金額	10,000千円以下	30,000千円以下	50,000千円以下	100,000千円以下	200,000千円以下	300,000千円以下	600,000千円以下	600,000千円超
税率	10%	15%	20%	30%	40%	45%	50%	55%
控除額	－ 千円	500千円	2,000千円	7,000千円	17,000千円	27,000千円	42,000千円	72,000千円

この速算表の使用方法は、次のとおりです。

⑥欄の金額×税率−控除額＝⑦欄の税額　　　⑨欄の金額×税率−控除額＝⑩欄の税額

例えば、⑥欄の金額30,000千円に対する税額（⑦欄）は、30,000千円×15％−500千円＝4,000千円です。

○連帯納付義務について

相続税の納税については、各相続人等が相続、遺贈や相続時精算課税に係る贈与により受けた利益の価額を限度として、お互いに連帯して納付しなければならない義務があります。

相 続 税 が か か る 財 産 の 明 細 書
（相続時精算課税適用財産を除きます。）

被相続人	甲

この表は、相続や遺贈によって取得した財産及び相続や遺贈によって取得したものとみなされる財産のうち、相続税のかかるものについての明細を記入します。

遺産の分割状況	区　　分	① 全 部 分 割	2 一 部 分 割	3 全 部 未 分 割
	分 割 の 日	30・11・22	・　・	

財　　産　　の　　明　　細							分割が確定した財産	
種類	細目	利用区分、銘柄等	所在場所等	数量（固定資産税評価額）単価倍数		価額	取得した人の氏名	取得財産の価額
	当初申告			円		円 200,000,000	長男A	円 150,000,000
							長女B	50,000,000
家庭用財産		車両（○○○○ 平成29年式）	東京都千代田区○○ 4丁目5番6号			2,000,000	長男A	2,000,000
((計))						《 202,000,000》		
[合計]						[202,000,000]		

左側の囲み注記：

○相続時精算課税適用財産の明細については、この表によらず第11の2表に記載します。

当初の期限内申告時の第11表の合計金額を記載する。

申告漏れであった相続財産（車両）の種類・細目・利用区分・銘柄等・所在場所等を記載する。

合計表	財産を取得した人の氏名	（各人の合計）	長男A	長女B			
	分割財産の価額 ①	円 202,000,000	円 152,000,000	円 50,000,000	円	円	円
	未分割財産の価額 ②						
	各人の取得財産の価額（①+②）③	202,000,000	152,000,000	50,000,000			

（注）　1　「合計表」の各人の③欄の金額を第1表のその人の「取得財産の価額①」欄に転記します。
　　　　2　「財産の明細」の「価額」欄は、財産の細目、種類ごとに小計及び計を付し、最後に合計を付して、それらの金額を第15表の①から㉘までの該当欄に転記します。

申告漏れであった相続財産（車両）を加算し、各人の合計欄及び各相続人（長男A及び長女B）欄の金額を記載する。

相続財産の種類別価額表

（この表は、第11表から第14表までの記載に基づいて記入します。）

被相続人	甲

第15表（修正申告用）（平成30年分以降用）

種類	細目	番号	各人の合計	氏名 長男A	長女B			
土地（土地の上に存する権利を含みます。）	田	①	円	円	円	円	円	円
	畑	②						
	宅 地	③						
	山 林	④						
	そ の 他 の 土 地	⑤						
	計	⑥	( )	( )	( )	( )	( )	( )
⑥のうち特例農地等	通 常 価 額	⑦	( )	( )	( )	( )	( )	( )
	農業投資価格による価額	⑧	( )	( )	( )	( )	( )	( )
家 屋 、 構 築 物		⑨	( )	( )	( )	( )	( )	( )
事業（農業）用財産	機械、器具、農耕具、その他の減価償却資産	⑩						
	商品、製品、半製品、原材料、農産物等	⑪						
	売 掛 金	⑫						
	そ の 他 の 財 産	⑬						
	計	⑭	( )	( )	( )	( )	( )	( )
有価証券	特定同族会社の株式及び出資 配当還元方式によったもの	⑮						
	特定同族会社の株式及び出資 その他の方式によったもの	⑯						
	⑮及び⑯以外の株式及び出資	⑰						
	公 債 及 び 社 債	⑱						
	証券投資信託、貸付信託の受益証券	⑲						
	計	⑳	( )	( )	( )	( )	( )	( )
現 金 、 預 貯 金 等		㉑	( )	( )	( )	( )	( )	( )
家 庭 用 財 産		㉒	2,000,000	2,000,000	( )	( )	( )	( )
その他の財産	生 命 保 険 金 等	㉓						
	退 職 手 当 金 等	㉔						
	立 木	㉕						
	そ の 他	㉖	200,000,000	150,000,000	50,000,000			
	計	㉗	200,000,000	150,000,000	50,000,000	( )	( )	( )
合 計（⑥＋⑨＋⑭＋⑳＋㉑＋㉒＋㉗）		㉘	(202,000,000)	(152,000,000)	(50,000,000)	( )	( )	( )
相続時精算課税適用財産の価額		㉙						
不 動 産 等 の 価 額（⑥＋⑨＋⑩＋⑮＋⑯＋㉓）		㉚						
⑯のうち株式等納税猶予対象の株式等の価額の80％の額		㉛						
⑰のうち株式等納税猶予対象の株式等の価額の80％の額		㉜						
⑯のうち特例株式等納税猶予対象の株式等の価額		㉝						
⑰のうち特例株式等納税猶予対象の株式等の価額		㉞						
債務等	債 務	㉟	10,000,000	10,000,000				
	葬 式 費 用	㊱						
	合 計（㉟＋㊱）	㊲	10,000,000	10,000,000	( )	( )	( )	( )
差引純資産価額（㉘＋㉙－㊲）（赤字のときは0）		㊳	192,000,000	142,000,000	50,000,000			
純資産価額に加算される暦年課税分の贈与財産価額		㊴						
課 税 価 格（㊳＋㊴）（1,000円未満切捨て）		㊵	192,000,000	142,000,000	50,000,000	,000	,000	,000

〈被相続人名義で購入した車両の申告漏れに係る留意点〉

(1)　相続税の課税対象となる財産

　相続又は遺贈により財産を取得した個人で、その財産を取得した時において国内に住所を有するものは、その者が相続又は遺贈により取得した財産の全部に対し、相続税が課税される（相法 1 の 3 ①一、2 ①）。

　したがって、本事例のように被相続人の相続開始時において、相続人が使用していた車両であったとしても、その購入代金は被相続人の資金から支出されたものであり（本事例の場合は被相続人の普通預金）、かつ、被相続人名義で登録されているものであれば、契約等により相続人に贈与されたものでない限りは被相続人の財産として認められ、相続税の課税の対象となる。

(2)　一般動産の評価

　一般動産の価額は、原則として、売買実例価額、精通者意見価格等を参酌して評価する。ただし、売買実例価額、精通者意見価格等が明らかでない動産については、その動産と同種及び同規格の新品の課税時期における小売価額から、その動産の製造の時から課税時期までの期間（その期間に 1 年未満の端数があるときは、その端数は 1 年とする。）の償却費の額の合計額又は減価の額を控除した金額によって評価する（評基通 129）。

　一般動産には、事業用の機械装置、工具器具備品や車両、一般家庭用の家具、什器、衣服、非事業用の車両などが該当する。

　本事例の場合の車両の価額については、取引市場が充実し、インターネットなどによる取引価額も把握しやすくなっていることから、中古車販売業者等の買取価額により評価することが考えられる。

(3)　償却費の額の計算

　売買実例価額、精通者意見価格等が明らかでない動産について上記(2)の償却費を計算する場合においては、耐用年数は耐用年数省令に規定するものにより、また、償却方法は定率法によることとされている（評基通 130）。

《その他の財産》

事例23 同族会社に対する貸付金の債権放棄の否認

〈当初の期限内申告書の申告内容〉

　被相続人甲は、平成30年３月５日に死亡し（甲の配偶者は平成23年に死亡している。）、被相続人甲の相続人である長男Ａ・長女Ｂは、それぞれ次の財産の取得及び債務の承継を行うことで分割協議が成立し、平成30年12月27日に相続税の期限内申告書を提出するとともに、納付すべき相続税額を期限内に納税した。

財産及び債務等	価　額	長男Ａ	長女Ｂ
取得財産の価額	２億5,000万円	２億円	5,000万円
債務及び葬式費用の金額	2,000万円	2,000万円	－
課税価格	２億3,000円	１億8,000万円	5,000万円
納付すべき税額	4,240万円	3,307.2万円	932.8万円

〈相続税の税務調査における調査担当者の指摘〉

　調査担当者は、事前通知に係る手続を法令上の規定に基づき行ったのち、被相続人甲の相続税の申告内容に係る税務調査を行った。

　調査担当者は税務調査の結果、長男Ａが設立した同族会社Ｘ社（長男Ａが100％出資している。）の相続開始直前期（平成29年12月期）の決算書上、被相続人甲からの借入金1,000万円（約定により無利息）が計上されているにもかかわらず、相続税の課税価格に加算されていない旨を指摘したところ、長男Ａより、近年Ｘ社の経営状況が思わしくないことから、平成30年２月に被相続人甲より入院先の病院において口頭で債権放棄の申出があったため、相続税の課税価格に加算しなかった旨の回答がなされた。

　しかし、調査担当者は書面等により被相続人甲の債権放棄の意思が確認できないこと、Ｘ社の経営状況についても、現在も金融機関からの借入金の返済を約定どおり行っていることなどから、その貸付金1,000万円は被相続人甲の相続財産である旨を指摘し、法令上の規定に基づき修正申告の勧奨を行った。

　長男Ａ及び長女Ｂは、調査担当者の指摘について検討した結果、修正申告の勧奨に応じることとし、再度分割協議を行いその貸付金は長男Ａが相続することを確認したうえで、令和元年12月２日に修正申告書を提出した。

〈修正申告書の記載方法の概要及び留意点〉

　相続税の修正申告書における各表の記載方法の概要は次のとおりであるが、留意点は次頁以降の第1表・第2表・第11表・第15表を参照されたい。

(1)　**第1表**

　第1表には、各相続人の合計及び各相続人それぞれの修正前の課税額（当初の期限内申告額）及び修正申告額を記載するとともに、修正する額（修正申告額−修正前の課税額）を記載する。さらに、各相続人のマイナンバー（個人番号）を記載する。

(2)　**第2表**

　第2表には、当初の期限内申告書において申告漏れであった相続財産（貸付金）を加算した後の課税価格の合計額により、相続税の総額を再計算する。

(3)　**第11表**

　第11表には、当初の期限内申告時の財産の価額の合計額を記載するとともに、申告漏れであった相続財産（貸付金）の種類・細目・利用区分・銘柄等・所在場所等を記載する。

(4)　**第15表**

　第15表には、当初の期限内申告書において申告漏れであった相続財産を加算し、各人の合計欄及び各相続人（A及びB）欄の金額を記載する。

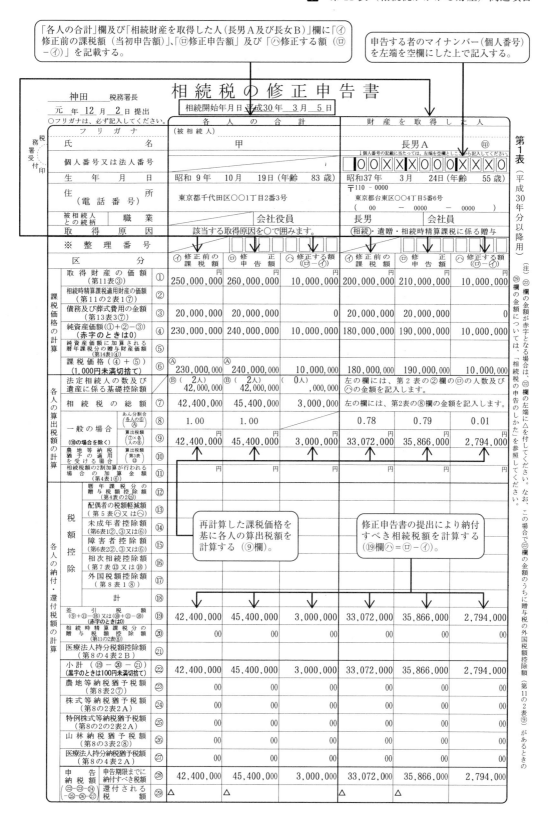

申告する者のマイナンバー（個人番号）を左端を空欄にした上で記入する。

相 続 税 の 修 正 申 告 書（続）

○フリガナは、必ず記入してください。		財 産 を 取 得 し た 人			財 産 を 取 得 し た 人		
	フ リ ガ ナ						
氏　　　名		長女B　　　㊞			㊞		
個人番号又は法人番号		↓個人番号の記載に当たっては、左端を空欄としてここから記入してください。			↓個人番号の記載に当たっては、左端を空欄としてここから記入してください。		
		×× ○○○ ×× ×○○○ ×					
生 年 月 日		昭和40 年　2 月　14 日（年齢　53 歳）			年　　月　　日（年齢　　歳）		
住　　　所（電話番号）		〒541 - 0000　大阪府大阪市○○7丁目8番9号（ 00 - 0000 - 0000 ）			〒（　　　-　　　-　　　）		
被相続人との続柄　職業		長女　　無職					
取 得 原 因		ⓐ⑭遺贈・相続時精算課税に係る贈与			相続・遺贈・相続時精算課税に係る贈与		
※ 整 理 番 号							
区　　　分		ⓘ 修正前の課税額	⓻ 修正申告額	ⓗ 修正する額（ロ）-（イ）	ⓘ 修正前の課税額	⓻ 修正申告額	ⓗ 修正する額（ロ）-（イ）
課税価格の計算	取得財産の価額（第11表③）①	円 50,000,000	円 50,000,000	円 0	円	円	円
	相続時精算課税適用財産の価額（第11の2表1⑦）②						
	債務及び葬式費用の金額（第13表3⑦）③						
	純資産価額（①+②-③）（赤字のときは0）④	50,000,000	50,000,000	0			
	純資産価額に加算される暦年課税分の贈与財産価額（第14表1④）⑤						
	課税価格（④＋⑤）（1,000円未満切捨て）⑥	50,000,000	50,000,000	,000	,000	,000	,000
各人の算出税額の計算	法定相続人の数及び遺産に係る基礎控除額						
	相続税の総額⑦						
	一般の場合（⑩の場合を除く）あん分割合各人の⑥ A ⑧	0.22	0.21	△0.01			
	算出税額（⑦×各Aの） ⑨	円 9,328,000	円 9,534,000	円 206,000	円	円	円
	農地等納税猶予の適用を受ける場合（第3表⑨）⑩						
	相続税額の2割加算が行われる場合の加算金額（第4表1⑯）⑪	円	円	円	円	円	円
税額控除	暦年課税分の贈与税額控除額（第4表の2⑥）⑫						
	配偶者の税額軽減額（第5表⑥又は○）⑬						
	未成年者控除額（第6表1②、③又は⑥）⑭						
	障害者控除額（第6表2②、③又は⑥）⑮						
	相次相続控除額（第7表⑬又は⑱）⑯						
	外国税額控除額（第8表1⑧）⑰						
	計 ⑱						
各人の納付・還付税額の計算	差 引 税 額（⑨+⑪-⑱）又は（⑩+⑪-⑱）（赤字のときは0）⑲	9,328,000	9,534,000	206,000			
	相続時精算課税分の贈与税額控除額（第11の2表⑧）⑳	00	00	00			
	医療法人持分税額控除額（第8の4表2B）㉑						
	小計（⑲ - ⑳ - ㉑）（黒字のときは100円未満切捨て）㉒	9,328,000	9,534,000	206,000			
	農地等納税猶予税額（第8表2⑦）㉓	00	00	00	00	00	00
	株式等納税猶予税額（第8の2表2A）㉔	00	00	00	00	00	00
	特例株式等納税猶予税額（第8の2の2表2A）㉕	00	00	00	00	00	00
	山林納税猶予税額（第8の3表2⑧）㉖	00	00	00	00	00	00
	医療法人持分納税猶予税額（第8の4表2A）㉗	00	00	00	00	00	00
	申告納税額　申告期限までに納付すべき税額 ㉘	9,328,000	9,534,000	206,000			
	還付される税額（㉒-㉓-㉔-㉕-㉖-㉗）㉙	△	△		△	△	

（注）
㉒欄の金額が赤字となる場合は、㉒欄の左端に△を付してください。なお、この場合で㉒欄の金額のうちに贈与税の外国税額控除額（第11の2表⑨）があるときの㉙欄の金額については、「相続税の申告のしかた」を参照してください。

再計算した課税価格を基に各人の算出税額を計算する（⑨欄）。

修正申告書の提出により納付すべき相続税額を計算する（⑲欄　ハ＝ロ－イ）。

申告漏れであった相続財産（貸付金）を加算して計算した課税価格の合計額（①欄）を基に課税遺産総額（③欄）を算出し、法定相続人に応じた法定相続分により計算した相続税の総額（⑧欄）を第1表⑦欄（ロ）に移記する。

相 続 税 の 総 額 の 計 算 書

| 被相続人 | 甲 |

第2表（平成27年分以降用）

この表は、第1表及び第3表の「相続税の総額」の計算のために使用します。

なお、被相続人から相続、遺贈や相続時精算課税に係る贈与によって財産を取得した人のうちに農業相続人がいない場合は、この表の㋭欄及び㋬欄並びに⑨欄から⑪欄までは記入する必要がありません。

○この表を修正申告書の第2表として使用するときは、④欄には修正申告書第1表の（ロ）欄の⑥Ⓐの金額を記入し、㋭欄には修正申告書第1表の（ロ）欄の⑥Ⓐの金額を記入します。

① 課税価格の合計額	② 遺産に係る基礎控除額	③ 課税遺産総額
㋑ 第1表 ⑥Ⓐ　240,000,000 円 第3表 ⑥Ⓐ　　　　　　,000	3,000万円 ＋（ 600万円 × ㋑の法定相続人の数 2 人 ）＝ ㋬　　4,200 万円 ㋬の人数及び㋬の金額を第1表Ⓑへ転記します。	㋥（㋑－㋬）　198,000,000 円 ㋠（㋭－㋬）　　　　　　,000

④ 法定相続人 （（注）1参照）		⑤ 左の法定相続人に応じた法定相続分	第1表の「相続税の総額⑦」の計算		第3表の「相続税の総額⑦」の計算	
氏　名	被相続人との続柄		⑥ 法定相続分に応ずる取得金額 （㋥×⑤） （1,000円未満切捨て）	⑦ 相続税の総額の基となる税額 下の「速算表」で計算します。	⑨ 法定相続分に応ずる取得金額 （㋠×⑤） （1,000円未満切捨て）	⑩ 相続税の総額の基となる税額 下の「速算表」で計算します。
長男A	長男	$\frac{1}{2}$	99,000,000 円	22,700,000 円	,000 円	円
長女B	長女	$\frac{1}{2}$	99,000,000	22,700,000	,000	
			,000		,000	
			,000		,000	
			,000		,000	
			,000		,000	
			,000		,000	
			,000		,000	
			,000		,000	
法定相続人の数 Ⓐ 2 人		合計 1	⑧ 相続税の総額（⑦の合計額）（100円未満切捨て）　45,400,000		⑪ 相続税の総額（⑩の合計額）（100円未満切捨て）　　00	

（注）　1　④欄の記入に当たっては、被相続人に養子がある場合や相続の放棄があった場合には、「相続税の申告のしかた」をご覧ください。

　　　　2　⑧欄の金額を第1表⑦欄へ転記します。財産を取得した人のうちに農業相続人がいる場合は、⑧欄の金額を第1表⑦欄へ転記するとともに、⑪欄の金額を第3表⑦欄へ転記します。

相 続 税 の 速 算 表

法定相続分に応ずる取得金額	10,000千円以下	30,000千円以下	50,000千円以下	100,000千円以下	200,000千円以下	300,000千円以下	600,000千円以下	600,000千円超
税　率	10％	15％	20％	30％	40％	45％	50％	55％
控除額	－ 千円	500千円	2,000千円	7,000千円	17,000千円	27,000千円	42,000千円	72,000千円

この速算表の使用方法は、次のとおりです。

⑥欄の金額×税率－控除額＝⑦欄の税額　　　⑨欄の金額×税率－控除額＝⑩欄の税額

例えば、⑥欄の金額30,000千円に対する税額（⑦欄）は、30,000千円×15％－500千円＝4,000千円です。

○連帯納付義務について

　　相続税の納税については、各相続人等が相続、遺贈や相続時精算課税に係る贈与により受けた利益の価額を限度として、お互いに連帯して納付しなければならない義務があります。

相続税がかかる財産の明細書
（相続時精算課税適用財産を除きます。）

被相続人	甲

○この表は、相続や遺贈によって取得した財産及び相続や遺贈によって取得したものとみなされる財産のうち、相続税のかかるものについての明細を記入します。

遺産の分割状況	区　　分	① 全 部 分 割	2 一 部 分 割	3 全 部 未 分 割
	分割の日	30 ・ 12 ・ 21	・　・	

財　　産　　の　　明　　細				数量 固定資産税評価額	単価 倍数	価額	分割が確定した財産	
種類	細目	利用区分、銘柄等	所在場所等				取得した人の氏名	取得財産の価額
	当初申告			円	円	円 250,000,000	長男A	円 200,000,000
							長女B	50,000,000
その他の財産	その他	X社貸付金	東京都台東区○○4丁目5番6号			10,000,000	長男A	10,000,000
((計))						《 260,000,000》		
[合計]						[260,000,000]		

当初の期限内申告時の第11表の合計金額を記載する。

申告漏れであった相続財産（貸付金）の種類・細目・利用区分・銘柄等・所在場所等を記載する。

相続時精算課税適用財産の明細については、この表によらず第11の2表に記載します。

合計表	財産を取得した人の氏名	（各人の合計）	長男A	長女B			
	分割財産の価額 ①	円 260,000,000	円 210,000,000	円 50,000,000	円	円	円
	未分割財産の価額 ②						
	各人の取得財産の価額 （①+②） ③	260,000,000	210,000,000	50,000,000			

（注）1　「合計表」の各人の③欄の金額を第1表のその人の「取得財産の価額①」欄に転記します。
　　　2　「財産の明細」の「価額」欄は、財産の細目、種類ごとに小計及び計を付し、最後に合計を付して、それらの金額を第15表の①から⑳までの該当欄に転記します。

申告漏れであった相続財産（貸付金）を加算し、各人の合計欄及び各相続人（長男A及び長女B）欄の金額を記載する。

相続財産の種類別価額表

（この表は、第11表から第14表までの記載に基づいて記入します。）

被相続人　甲

第15表（修正申告用）（平成30年分以降用）

種類	細目	番号	各人の合計 氏名	長男A	長女B			
土地（土地の上に存する権利を含みます。）	田	①	円	円	円	円	円	円
	畑	②						
	宅　地	③						
	山　林	④						
	その他の土地	⑤						
	計	⑥	( )	( )	( )	( )	( )	( )
	⑥のうち特例農地等 通常価額	⑦	( )	( )	( )	( )	( )	( )
	農業投資価格による価額	⑧	( )	( )	( )	( )	( )	( )
家屋、構築物		⑨						
事業（農業）用財産	機械、器具、農耕具、その他の減価償却資産	⑩						
	商品、製品、半製品、原材料、農産物等	⑪						
	売掛金	⑫						
	その他の財産	⑬						
	計	⑭	( )	( )	( )	( )	( )	( )
有価証券	特定同族会社の株式及び出資 配当還元方式によったもの	⑮						
	その他の方式によったもの	⑯						
	⑮及び⑯以外の株式及び出資	⑰						
	公債及び社債	⑱						
	証券投資信託、貸付信託の受益証券	⑲						
	計	⑳	( )	( )	( )	( )	( )	( )
現金、預貯金等		㉑	( )	( )	( )	( )	( )	( )
家庭用財産		㉒	( )	( )	( )	( )	( )	( )
その他の財産	生命保険金等	㉓						
	退職手当金等	㉔						
	立木	㉕						
	その他	㉖	260,000,000	210,000,000	50,000,000			
	計	㉗	(260,000,000)	(210,000,000)	(50,000,000)	( )	( )	( )
合計（⑥+⑨+⑭+⑳+㉑+㉒+㉗）		㉘	((260,000,000))	((210,000,000))	((50,000,000))	(( ))	(( ))	(( ))
相続時精算課税適用財産の価額		㉙						
不動産等の価額（⑥+⑨+⑩+⑯+㉕）		㉚						
⑯のうち株式等納税猶予対象の株式等の価額の80％の額		㉛						
⑰のうち株式等納税猶予対象の株式等の価額の80％の額		㉜						
⑯のうち特例株式等納税猶予対象の株式等の価額		㉝						
⑰のうち特例株式等納税猶予対象の株式等の価額		㉞						
債務等	債務	㉟	20,000,000	20,000,000				
	葬式費用	㊱						
	合計（㉟+㊱）	㊲	(20,000,000)	(20,000,000)	( )	( )	( )	( )
差引純資産価額（㉘+㉙−㊲）（赤字のときは0）		㊳	240,000,000	190,000,000	50,000,000			
純資産価額に加算される暦年課税分の贈与財産価額		㊴						
課税価格（㊳+㊴）（1,000円未満切捨て）		㊵	240,000,000	190,000,000	50,000,000	,000	,000	,000

〈同族会社に対する貸付金の債権放棄の否認に係る留意点〉

(1)　相続税の課税対象となる財産

　　相続又は遺贈により財産を取得した個人で、その財産を取得した時において国内に住所を有するものは、その者が相続又は遺贈により取得した財産の全部に対し、相続税が課税される（相法1の3①一、2①）。

(2)　貸付金債権の評価

　　相続、遺贈又は贈与により取得した財産の価額は、原則としてその財産の取得の時における時価によることとなる（相法22）。

　　また、貸付金、売掛金、未収入金、預貯金以外の預け金、仮払金、その他これらに類するもの（貸付金債権等）の元本の価額は、その返済されるべき金額とされており、課税時期現在の既経過利息として支払いを受けるべき金額との合計額によって評価する（評基通204）。

(3)　貸付金債権等の元本価額の範囲

　　貸付金債権等の評価を行う場合において、その債権金額の全部又は一部が、課税時期において次に掲げる金額に該当するときその他その回収が不可能又は著しく困難であると見込まれるときにおいては、それらの金額は元本の価額に算入しない（評基通205）。

①　債務者について次に掲げる事実が発生している場合におけるその債務者に対して有する貸付金債権等の金額（その金額のうち、質権及び抵当権によって担保されている部分の金額を除く。）

　　イ　手形交換所（これに準ずる機関を含む。）において取引停止処分を受けたとき

　　ロ　会社更生法の規定による更生手続開始の決定があったとき

　　ハ　民事再生法の規定による再生手続開始の決定があったとき

　　ニ　会社法の規定による特別清算開始の命令があったとき

　　ホ　破産法の規定による破産手続開始の決定があったとき

　　ヘ　業況不振のため又はその営む事業について重大な損失を受けたため、その事業を廃止し又は6か月以上休業しているとき

②　更生計画認可の決定、再生計画認可の決定、特別清算に係る協定の認可の決定又は法律の定める整理手続によらない、いわゆる債権者集会の協議により、債権の切捨て、棚上げ、年賦償還等の決定があった場合において、これらの決定のあった日現在にお

けるその債務者に対して有する債権のうち、その決定により切り捨てられる部分の債権の金額及び次に掲げる金額

イ　弁済までの据置期間が決定後5年を超える場合におけるその債権の金額

ロ　年賦償還等の決定により割賦弁済されることとなった債権の金額のうち、課税時期後5年を経過した日後に弁済されることとなる部分の金額

③　当事者間の契約により債権の切捨て、棚上げ、年賦償還等が行われた場合において、それが金融機関のあっせんに基づくものであるなど真正に成立したものと認めるものであるときにおけるその債権の金額のうち②に掲げる金額に準ずる金額

(4)　東京高裁の判示

　本事例に類似する判示として、「被相続人の訴外会社に対する本件貸付金は、形式上貸付金として帳簿上の処理を行ってきたものにすぎず、実質上貸付金とはいえないとの納税者の主張が、本件貸付金は、被相続人の報酬金の未払分を訴外会社の貸付金としたもので、同社の決算報告書に記載され、被相続人死亡時までに放棄もされていないのであり、本件貸付金が、貸付金としての実体を有していることは明らかであって、そして、被相続人死亡時においては、評価通達205に列挙された事実が発生していなかったことはもとより、これらの事実に匹敵するような事情により、本件貸付金の回収が不可能又は著しく困難であったとはいえないとして排斥された事例（東京高等裁判所　平成20年1月30日判決【税務訴訟資料　第258号-21（順号10879）】、上告棄却・不受理)」がある。

(5)　留意点

　本事例においては、上記(3)の財産評価基本通達205で列挙された事由に該当しないこと、また、相続開始時から税務調査時までにおけるX社の状況から、その貸付金の回収が不可能又は著しく困難であるとは言い難いことから、額面額で行使することが可能な債権として、X社の決算書に計上されていた1,000万円（約定により無利息のため既経過利子は考慮しない。）が、被相続人の相続財産（貸付金）となるものと考えられる。

《その他の財産》

事例24　相続人を被保険者とする生命保険契約に関する権利の申告漏れ

〈当初の期限内申告書の申告内容〉

　被相続人甲は、平成30年2月15日に死亡し（甲の配偶者は平成26年に死亡している。）、被相続人甲の相続人である長男A・長女Bは、それぞれ次の財産の取得及び債務の承継を行うことで分割協議が成立し、平成30年12月10日に相続税の期限内申告書を提出するとともに、納付すべき相続税額を期限内に納税した。

財産及び債務等	価　額	長男A	長女B
取得財産の価額	2億1,000万円	1億4,000万円	7,000万円
債務及び葬式費用の金額	1,000万円	800万円	200万円
課税価格	2億円	1億3,200万円	6,800万円
納付すべき税額	3,340万円	2,204.4万円	1,135.6万円

〈相続税の税務調査における調査担当者の指摘〉

　調査担当者は、事前通知に係る手続を法令上の規定に基づき行ったのち、被相続人甲の相続税の申告内容に係る税務調査を行った。

　調査担当者は税務調査の結果、相続開始前である平成29年10月に被相続人甲名義の普通預金から1,000万円の現金の引出しがあり、その使途について問い合わせたところ、長女Bより、当時××銀行の紹介により、契約者を被相続人甲、被保険者を長女Bとする△△生命の一時払終身保険に加入し、その保険料として1,000万円を支払った旨の回答があった。

　長女Bが△△生命に相続開始時の解約返戻金の額を確認したところ、800万円であることが判明したため、調査担当者はその金額が相続税の課税価格に加算されていない旨を指摘し、法令上の規定に基づき、修正申告の勧奨を行った。

　長男A及び長女Bは、上記の生命保険契約に関する権利について相続税の課税価格に加算することを失念していたため、再度相続人間で分割協議を行い、その財産は長女Bが相続することを確認し、契約者を長女Bに変更したうえで、調査担当者の指摘に従い相続税の修正申告書を令和元年11月28日に提出した。

〈修正申告書の記載方法の概要及び留意点〉

　相続税の修正申告書における各表の記載方法の概要は次のとおりであるが、留意点は次頁以降の第1表・第2表・第11表・第15表を参照されたい。

⑴　**第1表**

　第1表には、各相続人の合計及び各相続人それぞれの修正前の課税額（当初の期限内申告額）及び修正申告額を記載するとともに、修正する額（修正申告額−修正前の課税額）を記載する。さらに、各相続人のマイナンバー（個人番号）を記載する。

⑵　**第2表**

　第2表には、当初の期限内申告書において申告漏れであった相続財産（現金）を加算した後の課税価格の合計額により、相続税の総額を再計算する。

⑶　**第11表**

　第11表には、当初の期限内申告時の財産の価額の合計額を記載するとともに、申告漏れであった相続財産（生命保険契約に関する権利）の種類・細目・利用区分・銘柄等・所在場所等を記載する。

⑷　**第15表**

　第15表には、当初の期限内申告書において申告漏れであった相続財産を加算し、各人の合計欄及び各相続人（A及びB）欄の金額を記載する。

「各人の合計」欄及び「相続財産を取得した人（長男A及び長女B）」欄に「④修正前の課税額（当初申告額）」、「⑤修正申告額」及び「⑥修正する額（⑥－④）」を記載する。

申告する者のマイナンバー（個人番号）を左端を空欄にした上で記入する。

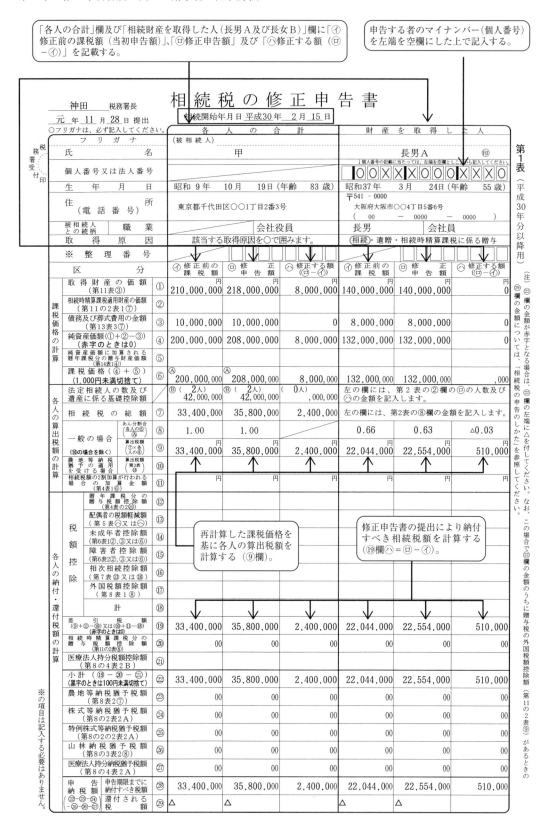

再計算した課税価格を基に各人の算出税額を計算する（⑨欄）。

修正申告書の提出により納付すべき相続税額を計算する（⑲欄⑥＝⑤－④）。

申告する者のマイナンバー（個人番号）を左端を空欄にした上で記入する。

相 続 税 の 修 正 申 告 書（続）

第1表（続）（平成30年分以降用）

○フリガナは、必ず記入してください。

区　分		財 産 を 取 得 し た 人			財 産 を 取 得 し た 人		
フ リ ガ ナ							
氏　　　　　名		長女B　㊞			㊞		
個人番号又は法人番号		↓個人番号の記載に当たっては、左端を空欄としここから記入してください。 ☒☒◯◯◯☒☒◯◯◯☒			↓個人番号の記載に当たっては、左端を空欄としここから記入してください。		
生　年　月　日		昭和40年　2月　14日（年齢　53歳）			年　　月　　日（年齢　　歳）		
住　　　　　所 （電話番号）		〒110 - 0000 東京都台東区○○7丁目8番9号 （　00　－　0000　－　0000　）			〒 （　　－　　　　－　　　）		
被相続人 との続柄　職　業		長女　　　　無職					
取　得　原　因		⦅相続⦆・遺贈・相続時精算課税に係る贈与			相続・遺贈・相続時精算課税に係る贈与		
※　整　理　番　号							
区　分		⑴修正前の 課税額	⑾修正 申告額	⑽修正する額 （⑾-⑴）	⑴修正前の 課税額	⑾修正 申告額	⑽修正する額 （⑾-⑴）
課税価格の計算	取 得 財 産 の 価 額 （第11表③）①	70,000,000	78,000,000	8,000,000			
	相続時精算課税適用財産の価額 （第11の2表１⑦）②						
	債務及び葬式費用の金額 （第13表3⑦）③	2,000,000	2,000,000	0			
	純資産価額（①＋②－③） （赤字のときは0）④	68,000,000	76,000,000	8,000,000			
	純資産価額に加算される 暦年課税分の贈与財産価額 （第14表1④）⑤						
	課税価格（④＋⑤） （1,000円未満切捨て）⑥	68,000,000	76,000,000	8,000,000	,000	,000	,000
各人の算出税額の計算	法定相続人の数及び 遺産に係る基礎控除額⑦ 相続税の総額						
	一般の場合 （⑩の場合を除く） あん分割合（各人の⑥/Ⓐ）⑧	0.34	0.37	0.03			
	算出税額（⑨×各人の⑧/Ⓐ）⑨	11,356,000	13,246,000	1,890,000			
	農地等納税 猶予の適用 を受ける場合 算出税額（第3表）⑩						
	相続税額の2割加算が行われる 場合の加算金額（第4表1⑯）⑪						
各人の納付・還付税額の計算	税額控除 暦年課税分の 贈与税額控除額 （第4表の2⑤）⑫						
	配偶者の税額軽減額 （第5表⑤又は⑥）⑬						
	未成年者控除額 （第6表1②、③又は⑥）⑭						
	障害者控除額 （第6表2②、③又は⑥）⑮						
	相次相続控除額 （第7表⑬又は⑱）⑯						
	外国税額控除額 （第8表1⑧）⑰						
	計⑱						
	差　引　税　額 （⑨+⑪-⑱）又は（⑩+⑪-⑱） （赤字のときは0）⑲	11,356,000	13,246,000	1,890,000			
	相続時精算課税分の 贈与税額控除額 （第11の2表⑧）⑳	00	00	00	00	00	00
	医療法人持分税額控除額 （第8の4表2B）㉑						
	小計（⑲－⑳－㉑） （黒字のときは100円未満切捨て）㉒	11,356,000	13,246,000	1,890,000			
	農地等納税猶予税額 （第8表2⑦）㉓	00	00	00	00	00	00
	株式等納税猶予税額 （第8の2表2A）㉔	00	00	00	00	00	00
	特例株式等納税猶予税額 （第8の2の2表2A）㉕	00	00	00	00	00	00
	山林納税猶予税額 （第8の3表2⑧）㉖	00	00	00	00	00	00
	医療法人持分納税猶予税額 （第8の4表2A）㉗	00	00	00	00	00	00
	申告 納税額 申告期限までに 納付すべき税額㉘	11,356,000	13,246,000	1,890,000	00	00	00
	（㉒-㉓-㉔ -㉕-㉖-㉗）還付される 税　額㉙	△	△	△	△		

再計算した課税価格を基に各人の算出税額を計算する（⑨欄）。

修正申告書の提出により納付すべき相続税額を計算する（⑲欄（⑽）＝（⑾）－（⑴））。

（注）㉒欄の金額が赤字となる場合は、㉒欄の左端に△を付けてください。なお、この場合で㉒欄の金額のうちに贈与税の外国税額控除額（第11の2表⑨）があるときの㉒欄の金額については、「相続税の申告のしかた」を参照してください。

申告漏れであった相続財産（生命保険契約に関する権利）を加算して計算した課税価格の合計額（①欄）を基に課税遺産総額（③欄）を算出し、法定相続人に応じた法定相続分により計算した相続税の総額（⑧欄）を第1表⑦欄㋺に移記する。

相 続 税 の 総 額 の 計 算 書

被相続人	申

第2表（平成27年分以降用）

この表は、第1表及び第3表の「相続税の総額」の計算のために使用します。
なお、被相続人から相続、遺贈や相続時精算課税に係る贈与によって財産を取得した人のうちに農業相続人がいない場合は、この表の㋭欄及び㋬欄並びに⑨欄から⑪欄までは記入する必要がありません。

○この表を修正申告書の第2表として使用するときは、㋑欄には修正申告書第1表の㋺欄の⑥④の金額を記入し、㋭欄には修正申告
○第3表の1の㋺欄の⑥④の金額を記入します。

① 課税価格の合計額	② 遺 産 に 係 る 基 礎 控 除 額	③ 課 税 遺 産 総 額
㋑ 第1表 ⑥④ 208,000,000 円	3,000万円 +（ 600万円 × ㋺ ④の法定相続人の数 2人 ）= ㋩ 4,200 万円	㊁ (㋑−㋩) 166,000,000 円
㋭ 第3表 ⑥④ ,000 円	㋺の人数及び㋩の金額を第1表Ⓑへ転記します。	㊀ (㋭−㋩) ,000 円

④ 法定相続人 （（注）1参照）		⑤ 左の法定相続人に応じた法定相続分	第1表の「相続税の総額⑦」の計算		第3表の「相続税の総額⑦」の計算	
氏　　名	被相続人との続柄		⑥ 法定相続分に応ずる取得金額 （㊁×⑤）（1,000円未満切捨て）	⑦ 相続税の総額の基となる税額 下の「速算表」で計算します。	⑨ 法定相続分に応ずる取得金額 （㊀×⑤）（1,000円未満切捨て）	⑩ 相続税の総額の基となる税額 下の「速算表」で計算します。
長男A	長男	1/2	83,000,000 円	17,900,000 円	,000 円	円
長女B	長女	1/2	83,000,000	17,900,000	,000	
			,000		,000	
			,000		,000	
			,000		,000	
			,000		,000	
			,000		,000	
			,000		,000	
			,000		,000	
法定相続人の数 Ⓐ 2人	合計 1		⑧ 相続税の総額 （⑦の合計額）（100円未満切捨て） 35,800,000		⑪ 相続税の総額 （⑩の合計額）（100円未満切捨て）	00

(注)　1　④欄の記入に当たっては、被相続人に養子がある場合や相続の放棄があった場合には、「相続税の申告のしかた」をご覧ください。
　　　2　⑧欄の金額を第1表⑦欄へ転記します。財産を取得した人のうちに農業相続人がいる場合は、⑧欄の金額を第1表⑦欄へ転記するとともに、⑪欄の金額を第3表⑦欄へ転記します。

相 続 税 の 速 算 表

法定相続分に応ずる取得金額	10,000千円以下	30,000千円以下	50,000千円以下	100,000千円以下	200,000千円以下	300,000千円以下	600,000千円以下	600,000千円超
税　　率	10%	15%	20%	30%	40%	45%	50%	55%
控　除　額	−千円	500千円	2,000千円	7,000千円	17,000千円	27,000千円	42,000千円	72,000千円

この速算表の使用方法は、次のとおりです。
⑥欄の金額×税率−控除額＝⑦欄の税額　　　⑨欄の金額×税率−控除額＝⑩欄の税額
例えば、⑥欄の金額30,000千円に対する税額（⑦欄）は、30,000千円×15%−500千円＝4,000千円です。

○連帯納付義務について
　相続税の納税については、各相続人等が相続、遺贈や相続時精算課税に係る贈与により受けた利益の価額を限度として、お互いに連帯して納付しなければならない義務があります。

相続税がかかる財産の明細書
（相続時精算課税適用財産を除きます。）

被相続人	甲

○ 相続時精算課税適用財産の明細については、この表によらず第11の2表に記載します。

○ この表は、相続や遺贈によって取得した財産及び相続や遺贈によって取得したものとみなされる財産のうち、相続税のかかるものについての明細を記入します。

遺産の分割状況	区　　　分	① 全　部　分　割	2　一　部　分　割	3　全　部　未　分　割
	分　割　の　日	30 ・ 12 ・ 1	・　・	・　・

当初の期限内申告時の第11表の合計金額を記載する。

申告漏れであった相続財産（生命保険契約に関する権利）の種類・細目・利用区分・銘柄等・所在場所等を記載する。

財　産　の　明　細				数量 固定資産税評価額	単価 倍数	価　額	分割が確定した財産	
種類	細目	利用区分、銘柄等	所在場所等				取得した人の氏名	取得財産の価額
						円		円
	当初申告			円		210,000,000	長男A	140,000,000
							長女B	70,000,000
その他の財産	その他	生命保険契約に関する権利	△△生命保険㈱ 東京都千代田区○○3-2-1			8,000,000	長女B	8,000,000
((計))						《 218,000,000》		
[合計]						[218,000,000]		

合計表	財産を取得した人の氏名	（各人の合計）	長男A	長女B			
	分割財産の価額 ①	円 218,000,000	円 140,000,000	円 78,000,000	円	円	円
	未分割財産の価額 ②						
	各人の取得財産の価額 （①＋②）③	218,000,000	140,000,000	78,000,000			

（注）　1　「合計表」の各人の③欄の金額を第1表のその人の「取得財産の価額①」欄に転記します。
　　　　2　「財産の明細」の「価額」欄は、財産の細目、種類ごとに小計及び計を付し、最後に合計を付けて、それらの金額を第15表の①から㉘までの該当欄に転記します。

申告漏れであった相続財産（生命保険契約に関する権利）を加算し、各人の合計欄及び各相続人（長男A及び長女B）欄の金額を記載する。

相続財産の種類別価額表

（この表は、第11表から第14表までの記載に基づいて記入します。）

被相続人　甲

第15表（修正申告用）（平成30年分以降用）

種類	細目	番号	各人の合計	長男A	長女B		
土地（土地の上に存する権利を含みます。）	田	①	円	円	円	円	円 円
	畑	②					
	宅地	③					
	山林	④					
	その他の土地	⑤					
	計	⑥	(	(	(	(	((
	⑥のうち特例農地等 通常価額	⑦	(	(	(	(	((
	農業投資価格による価額	⑧	(	(	(	(	((
家屋、構築物		⑨	(	(	(	(	((
事業（農業）用財産	機械、器具、農耕具、その他の減価償却資産	⑩					
	商品、製品、半製品、原材料、農産物等	⑪					
	売掛金	⑫					
	その他の財産	⑬					
	計	⑭	(	(	(	(	((
有価証券	特定同族会社の株式及び出資 配当還元方式によったもの	⑮					
	その他の方式によったもの	⑯					
	⑮及び⑯以外の株式及び出資	⑰					
	公債及び社債	⑱					
	証券投資信託、貸付信託の受益証券	⑲					
	計	⑳	(	(	(	(	((
現金、預貯金等		㉑	(	(	(	(	((
家庭用財産		㉒	(	(	(	(	((
その他の財産	生命保険金等	㉓					
	退職手当金等	㉔					
	立木	㉕					
	その他	㉖	218,000,000	140,000,000	78,000,000		
	計	㉗	(218,000,000	(140,000,000	(78,000,000	(	((
合計（⑥＋⑨＋⑭＋⑳＋㉑＋㉒＋㉗）		㉘	((218,000,000	((140,000,000	((78,000,000	((	((((
相続時精算課税適用財産の価額		㉙					
不動産等の価額（⑥＋⑨＋⑩＋⑮＋⑯＋㉓）		㉚					
⑯のうち株式等納税猶予対象の株式等の価額の80％の額		㉛					
⑰のうち株式等納税猶予対象の株式等の価額の80％の額		㉜					
⑯のうち特例株式等納税猶予対象の株式等の価額		㉝					
⑰のうち特例株式等納税猶予対象の株式等の価額		㉞					
債務等	債務	㉟	10,000,000	8,000,000	2,000,000		
	葬式費用	㊱					
	合計（㉟＋㊱）	㊲	10,000,000	8,000,000	2,000,000	(	((
差引純資産価額（㉘＋㉙－㊲）（赤字のときは0）		㊳	208,000,000	132,000,000	76,000,000		
純資産価額に加算される暦年課税分の贈与財産価額		㊴					
課税価格（㊳＋㊴）（1,000円未満切捨て）		㊵	208,000,000	132,000,000	76,000,000	,000	,000 ,000

〈相続人を被保険者とする生命保険契約に関する権利の申告漏れに係る留意点〉

⑴　相続税の課税対象となる財産

　　相続又は遺贈により財産を取得した個人で、その財産を取得した時において国内に住所を有するものは、その者が相続又は遺贈により取得した財産の全部に対し、相続税が課税される（相法1の3①一、2①）。

⑵　生命保険契約に関する権利の評価

　　相続開始の時において、まだ保険事故が発生していない生命保険契約に関する権利の価額は、相続開始の時においてその契約を解約するとした場合に支払われることとなる解約返戻金の額によって評価する（評基通214）。

　　なお、解約返戻金のほかに支払われることとなる前納保険料の金額、剰余金の分配額等がある場合にはこれらの金額を加算し、解約返戻金の額につき源泉徴収されるべき所得税の額に相当する金額がある場合には、その金額を差し引いた金額により生命保険契約に関する権利の価額を評価することとなる。

　　また、生命保険契約には、これに類する共済契約で一定のものが含まれるが、掛け捨てで解約返戻金のないものは含まれない。

⑶　留意点

　　本事例の△△生命の一時払終身保険については、契約者及び保険料負担者が被相続人甲、被保険者が長女Bであることから、その解約返戻金相当額（生命保険契約に関する権利）は被相続人甲の相続財産となる。

　　なお、相続開始の時において、まだ保険事故が発生していない生命保険契約で被相続人が保険料の全部又は一部を負担し、かつ、被相続人以外の者がその生命保険契約の契約者であるものがある場合においても、その契約に関する権利のうち被相続人が負担した保険料の金額に対応する部分については、契約者が相続により取得したものとみなされる（相法3①三）。

8 第11表の2表の付表1（小規模宅地等）関連項目

事例25　小規模宅地等の特例（特定事業用宅地等）の否認

〈当初の期限内申告書の申告内容〉

　被相続人甲は、平成30年1月18日に死亡し（甲の配偶者は平成27年に死亡している。）、被相続人甲の相続人である長男A・長女Bは、それぞれ次の財産の取得及び債務の承継を行うことで分割協議が成立し、平成30年11月15日に相続税の期限内申告書を提出するとともに、納付すべき相続税額を期限内に納税した。

財産及び債務等	価　額	長男A	長女B
取得財産の価額	2億2,000万円	1億2,000万円 ［小規模宅地等特例 △8,000万円適用後］	1億円
債務及び 葬式費用の金額	2,000万円	1,800万円	200万円
課税価格	2億円	1億200万円	9,800万円
納付すべき税額	3,340万円	1,703.4万円	1,636.6万円

〈相続税の税務調査における調査担当者の指摘〉

　調査担当者は、事前通知に係る手続を法令上の規定に基づき行ったのち、被相続人甲の相続税の申告内容に係る税務調査を行った。

　調査担当者は特定事業用宅地等として小規模宅地等の特例の適用を受けていた東京都台東区の宅地（被相続人甲の所有していた宅地等はこれ以外にない。）について確認したところ、相続人Aより以下の回答があった。

1　被相続人甲は、自身が所有する東京都台東区の土地建物において個人で製造業を営んでいたが、3年前に高齢によりその事業を相続人Aに引き継いだ。
2　相続人Aはその事業を引き継いだ後、被相続人甲に対して近隣の相場と同等の家賃を支払っていた。
3　ただし、相続人Aと被相続人甲は生計を一にしていたため、所得税法第56条の規定により、相続人Aの事業所得の計算上、その家賃は必要経費の額に算入していなかった。
4　その土地建物は相続人Aが相続し、相続開始後も継続して事業の用に供している。上記3のとおり、相続人甲に支払った家賃は必要経費に算入できないことから、建物の賃借形態は無償であるとして特定事業用宅地等の小規模宅地等の特例（80％減額）を適用した。

調査担当者は上記の回答を受けた後、以下の理由によりその宅地が小規模宅地等の特例の対象とならない旨を説明し、法令上の規定に基づき、修正申告の勧奨を行った。

---

1 本件宅地は相続人Aが事業の用に供している宅地ではあるが、被相続人甲が相続人Aに対して相当の対価を得て継続的に賃貸していた建物の敷地であり、貸付事業用宅地等となる。
2 所得税法第56条の規定は、小規模宅地等の特例と関係するものではない。
3 貸付事業用宅地等としての小規模宅地等の特例については、相続した相続人Aはその建物を自身の事業の用に供しているため貸付事業を承継したことにならず、事業継続要件に該当しないので適用が受けられない。

長男A及び長女Bは、その宅地が小規模宅地等の特例の対象とならないことを確認したうえで、調査担当者の指摘に従い相続税の修正申告書を令和元年12月5日に提出した。

〈修正申告書の記載方法の概要及び留意点〉

相続税の修正申告書における各表の記載方法の概要は次のとおりであるが、留意点は次頁以降の第1表・第2表・第11表・第15表を参照されたい。

(1) 第1表

第1表には、各相続人の合計及び各相続人それぞれの修正前の課税額（当初の期限内申告額）及び修正申告額を記載するとともに、修正する額（修正申告額−修正前の課税額）を記載する。さらに、各相続人のマイナンバー（個人番号）を記載する。

(2) 第2表

第2表には、当初の期限内申告書から価額を修正した相続財産（宅地）を考慮した後の課税価格の合計額により、相続税の総額を再計算する。

(3) 第11表

第11表には、当初の期限内申告時の財産の価額の合計額を記載するとともに、価額を修正した相続財産（宅地）の種類・細目・利用区分・銘柄等・所在場所等を記載する。

(4) 第15表

第15表には、当初の期限内申告書から価額を修正した相続財産を記載し、各人の合計欄及び各相続人（A及びB）欄の金額を記載する。

「各人の合計」欄及び「相続財産を取得した人（長男 A 及び長女 B）」欄に「④
修正前の課税額（当初申告額）」、「⑩修正申告額」及び「⑦修正する額（⑩
−④）」を記載する。

申告する者のマイナンバー（個人番号）
を左端を空欄にした上で記入する。

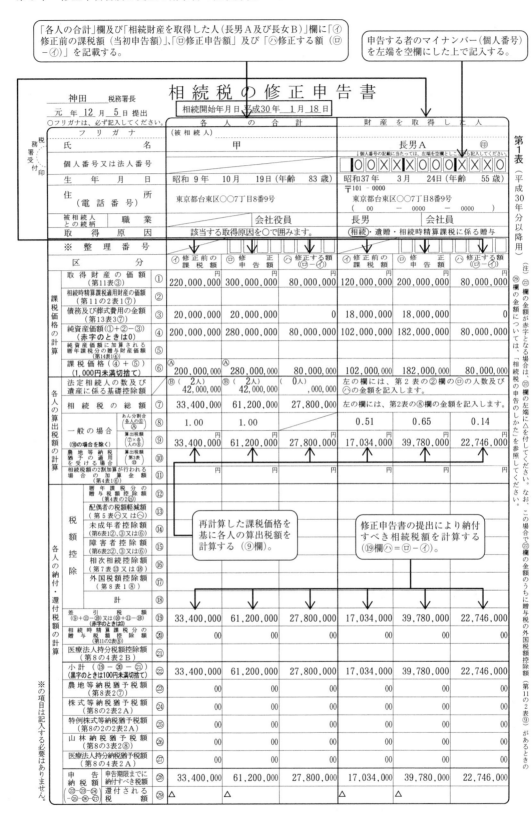

申告する者のマイナンバー（個人番号）を左端を空欄にした上で記入する。

相 続 税 の 修 正 申 告 書（続）

○フリガナは、必ず記入してください。

区分		財 産 を 取 得 し た 人			財 産 を 取 得 し た 人		
フリガナ							
氏 名		長女B ㊞			㊞		
個人番号又は法人番号		↓個人番号の記載に当たっては、左端を空欄としここから記入してください。 XXX○○○XX○○○			↓個人番号の記載に当たっては、左端を空欄としここから記入してください。		
生 年 月 日		昭和40年 2月 14日（年齢 52歳）			年 月 日（年齢 歳）		
住 所 （電話番号）		〒541 - 0000 大阪府大阪市○○4丁目5番6号 （ 00 - 0000 - 0000 ）			〒 （ - - ）		
被相続人との続柄 職業		長女 無職					
取 得 原 因		⦿相続・遺贈・相続時精算課税に係る贈与			相続・遺贈・相続時精算課税に係る贈与		
※ 整 理 番 号							
区 分		④ 修正前の課税額	⑧ 修正申告額	⑦ 修正する額（⑧-④）	④ 修正前の課税額	⑧ 修正申告額	⑦ 修正する額（⑧-④）
課税価格の計算	取得財産の価額（第11表③）①	円 100,000,000	円 100,000,000	円 0	円	円	円
	相続時精算課税適用財産の価額（第11の2表1⑦）②						
	債務及び葬式費用の金額（第13表3⑦）③	2,000,000	2,000,000	0			
	純資産価額（①＋②－③）（赤字のときは0）④	98,000,000	98,000,000	0			
	純資産価額に加算される暦年課税分の贈与財産価額（第14表①）⑤						
	課税価格（④＋⑤）（1,000円未満切捨て）⑥	98,000,000	98,000,000	,000	,000	,000	,000
各人の算出税額の計算	法定相続人の数及び遺産に係る基礎控除額						
	相続税の総額⑦						
	一般の場合（⑩の場合を除く）あん分割合（各人の⑥／④）⑧	0.49	0.35	△0.14			
	算出税額（⑦×各／⑥）⑨	円 16,366,000	円 21,420,000	円 5,054,000	円	円	円
	農地等納税猶予の適用を受ける場合 算出税額（第3表⑧）⑩						
	相続税額の2割加算が行われる場合の加算金額（第4表⑥）⑪	円	円	円	円	円	円
各人の納付・還付税額の計算	税額控除	暦年課税分の贈与税額控除額（第4表の2⑤）⑫					
		配偶者の税額軽減額（第5表⑦又は⑦）⑬					
		未成年者控除額（第6表1②、③又は⑥）⑭					
		障害者控除額（第6表2②、③又は⑥）⑮					
		相次相続控除額（第7表⑬又は⑱）⑯					
		外国税額控除額（第8表1⑧）⑰					
		計⑱					
	差引税額（⑨＋⑪－⑱）又は（⑩＋⑪－⑱）（赤字のときは0）⑲	16,366,000	21,420,000	5,054,000			
	相続時精算課税分の贈与税額控除額（第11の2表⑧）⑳	00	00	00	00	00	00
	医療法人持分税額控除額（第8の4表2B）㉑						
	小計（⑲－⑳－㉑）（黒字のときは100円未満切捨て）㉒	16,366,000	21,420,000	5,054,000			
	農地等納税猶予税額（第8表2⑦）㉓	00	00	00	00	00	00
	株式等納税猶予税額（第8の2表2A）㉔	00	00	00	00	00	00
	特例株式等納税猶予税額（第8の2の2表2A）㉕						
	山林納税猶予税額（第8の3表2⑧）㉖						
	医療法人持分納税猶予税額（第8の4表2A）㉗	00	00	00	00	00	00
	申告納税額 申告期限までに納付すべき税額㉘（㉒－㉓－㉔－㉕－㉖－㉗）	16,366,000	21,420,000	5,054,000	00	00	00
	還付される税額㉙	△	△		△	△	

再計算した課税価格を基に各人の算出税額を計算する（⑨欄）。

修正申告書の提出により納付すべき相続税額を計算する（⑲欄）（⑦＝⑧－④）。

第1表（続）（平成30年分以降用）

（注）㉙欄の金額が赤字となる場合は、㉒欄の左端に△を付してください。なお、この場合で㉒欄の金額のうちに贈与税の外国税額控除額（第11の2表⑨）があるときの㉙欄の金額については、「相続税の申告のしかた」を参照してください。

361

相続財産（宅地）の価額を修正して計算した課税価格の合計額（①欄）を基に課税遺産総額（③欄）を算出し、法定相続人に応じた法定相続分により計算した相続税の総額（⑧欄）を第１表⑦欄㋺に移記する。

〇この表を修正申告書の第２表として使用するときは、㋑欄には修正申告書第１表の㋺欄の⑥Ⓐの金額を記入し、㋭欄には修正申告書第３表の１の㋺欄の⑥Ⓐの金額を記入します。

相続税の総額の計算書

被相続人　甲

第２表（平成27年分以降用）

この表は、第１表及び第３表の「相続税の総額」の計算のために使用します。
なお、被相続人から相続、遺贈や相続時精算課税に係る贈与によって財産を取得した人のうちに農業相続人がいない場合は、この表の㋭欄及び㋬欄並びに⑨欄から⑪欄までは記入する必要がありません。

① 課税価格の合計額		② 遺産に係る基礎控除額		③ 課税遺産総額	
㋑（第1表⑥Ⓐ）	280,000,000 円	3,000万円＋（600万円×㋺ 2人（Ⓐの法定相続人の数））＝	㋩ 4,200 万円	㊁（㋑－㋩）	238,000,000 円
㋭（第3表⑥Ⓐ）	,000	㋺の人数及び㋩の金額を第１表Ⓑへ転記します。		㋬（㋭－㋩）	,000

④ 法定相続人（（注）１参照）氏名	被相続人との続柄	⑤ 左の法定相続人に応じた法定相続分	第1表の「相続税の総額⑦」の計算 ⑥ 法定相続分に応ずる取得金額（㊁×⑤）（1,000円未満切捨て）	⑦ 相続税の総額の基となる税額（下の「速算表」で計算します。）	第3表の「相続税の総額⑦」の計算 ⑨ 法定相続分に応ずる取得金額（㋬×⑤）（1,000円未満切捨て）	⑩ 相続税の総額の基となる税額（下の「速算表」で計算します。）
長男Ａ	長男	1/2	119,000,000 円	30,600,000 円	,000 円	円
長女Ｂ	長女	1/2	119,000,000	30,600,000	,000	
			,000		,000	
			,000		,000	
			,000		,000	
			,000		,000	
			,000		,000	
			,000		,000	
			,000		,000	
法定相続人の数	Ⓐ 2人	合計 1	⑧ 相続税の総額（⑦の合計額）（100円未満切捨て）	61,200,000	⑪ 相続税の総額（⑩の合計額）（100円未満切捨て）	00

（注）１　④欄の記入に当たっては、被相続人に養子がある場合や相続の放棄があった場合には、「相続税の申告のしかた」をご覧ください。
２　⑧欄の金額を第１表⑦欄へ転記します。財産を取得した人のうちに農業相続人がいる場合は、⑧欄の金額を第１表⑦欄へ転記するとともに、⑪欄の金額を第3表⑦欄へ転記します。

相続税の速算表

法定相続分に応ずる取得金額	10,000千円以下	30,000千円以下	50,000千円以下	100,000千円以下	200,000千円以下	300,000千円以下	600,000千円以下	600,000千円超
税率	10%	15%	20%	30%	40%	45%	50%	55%
控除額	－千円	500千円	2,000千円	7,000千円	17,000千円	27,000千円	42,000千円	72,000千円

この速算表の使用方法は、次のとおりです。
⑥欄の金額×税率－控除額＝⑦欄の税額　　⑨欄の金額×税率－控除額＝⑩欄の税額
例えば、⑥欄の金額30,000千円に対する税額（⑦欄）は、30,000千円×15%－500千円＝4,000千円です。

〇連帯納付義務について
相続税の納税については、各相続人等が相続、遺贈や相続時精算課税に係る贈与により受けた利益の価額を限度として、お互いに連帯して納付しなければならない義務があります。

相 続 税 が か か る 財 産 の 明 細 書

（相 続 時 精 算 課 税 適 用 財 産 を 除 き ま す 。）

被相続人	甲

この表は、相続や遺贈によって取得した財産及び相続や遺贈によって取得したものとみなされる財産のうち、相続税のかかるものについての明細を記入します。

遺 産 の 分 割 状 況	区　分	① 全 部 分 割	2 一 部 分 割	3 全 部 未 分 割
	分 割 の 日	30 ・ 11 ・ 10	・　・	

○ 相続時精算課税適用財産の明細については、この表によらず第11の2表に記載します。

当初の期限内申告時の第11表の合計金額を記載する。

価額を修正した相続財産（宅地）の明細については、この表に種類・細目・利用区分・銘柄等・所在場所等を記載する。

種類	細目	利用区分、銘柄等	所在場所等	数量／固定資産税評価額	単価／倍数	価　額	取得した人の氏名	取得財産の価額
	当初申告			円		220,000,000	長男A	120,000,000
							長女B	100,000,000
土地	宅地	自用地（事業用）	東京都台東区○○7丁目8番9号	400㎡		△20,000,000	長男A	△20,000,000
土地	宅地	自用地（貸付用）	東京都台東区○○7丁目8番9号	400㎡		100,000,000	長男A	100,000,000
((計))						《 300,000,000》		
[合計]						[300,000,000]		

合計表	財産を取得した人の氏名	（各人の合計）	長男A	長女B			
	分割財産の価額 ①	円 300,000,000	円 200,000,000	円 100,000,000	円	円	円
	未分割財産の価額 ②						
	各人の取得財産の価額 （①＋②）③	300,000,000	200,000,000	100,000,000			

（注）1　「合計表」の各人の③欄の金額を第1表のその人の「取得財産の価額①」欄に転記します。
　　　2　「財産の明細」の「価額」欄は、財産の細目、種類ごとに小計及び計を付し、最後に合計を付して、それらの金額を第15表の①から㉘までの該当欄に転記します。

価額を修正した相続財産（宅地）を記載し、各人の合計欄及び各相続人（長男A及び長女B）欄の金額を記載する。

相続財産の種類別価額表

（この表は、第11表から第14表までの記載に基づいて記入します。）

被相続人　甲

第15表（修正申告用）（平成30年分以降用）

種類	細目	番号	各人の合計	長男A	長女B			
土地（土地の上に存する権利を含みます。）	田	①	円	円	円	円	円	円
	畑	②						
	宅地	③	100,000,000	100,000,000				
	山林	④						
	その他の土地	⑤						
	計	⑥	( )	( )	( )	( )	( )	( )
	⑥のうち特例農地等 通常価額	⑦	( )	( )	( )	( )	( )	( )
	農業投資価格による価額	⑧	( )	( )	( )	( )	( )	( )
家屋、構築物		⑨	( )	( )	( )	( )	( )	( )
事業（農業）用財産	機械、器具、農耕具、その他の減価償却資産	⑩						
	商品、製品、半製品、原材料、農産物等	⑪						
	売掛金	⑫						
	その他の財産	⑬						
	計	⑭	( )	( )	( )	( )	( )	( )
有価証券	特定同族会社の株式及び出資 配当還元方式によったもの	⑮						
	その他の方式によったもの	⑯						
	⑮及び⑯以外の株式及び出資	⑰						
	公債及び社債	⑱						
	証券投資信託、貸付信託の受益証券	⑲						
	計	⑳	( )	( )	( )	( )	( )	( )
現金、預貯金等		㉑						
家庭用財産		㉒	( )	( )	( )	( )	( )	( )
その他の財産	生命保険金等	㉓						
	退職手当金等	㉔						
	立木	㉕						
	その他	㉖	200,000,000	100,000,000	100,000,000			
	計	㉗	200,000,000	100,000,000	100,000,000	( )	( )	( )
合計（⑥+⑨+⑭+⑳+㉑+㉒+㉗）		㉘	((300,000,000))	((200,000,000))	((100,000,000))	(( ))	(( ))	(( ))
相続時精算課税適用財産の価額		㉙						
不動産等の価額（⑥+⑨+⑩+⑮+⑯+㉕）		㉚						
⑯のうち株式等納税猶予対象の株式等の価額の80％の額		㉛						
⑰のうち株式等納税猶予対象の株式等の価額の80％の額		㉜						
⑯のうち特例株式等納税猶予対象の株式等の価額		㉝						
⑰のうち特例株式等納税猶予対象の株式等の価額		㉞						
債務等	債務	㉟	20,000,000	18,000,000	2,000,000			
	葬式費用	㊱						
	合計（㉟+㊱）	㊲	20,000,000	(18,000,000)	(2,000,000)	( )	( )	( )
差引純資産価額（㉘+㉙−㊲）（赤字のときは0）		㊳	280,000,000	182,000,000	98,000,000			
純資産価額に加算される暦年課税分の贈与財産価額		㊴						
課税価格（㊳+㊴）（1,000円未満切捨て）		㊵	280,000,000	182,000,000	98,000,000	,000	,000	,000

〈小規模宅地等の特例（特定事業用宅地等）の否認に係る留意点〉

(1)　特定事業用宅地等

　　特定事業用宅地等とは、被相続人等の事業（不動産貸付業、駐車場業、自転車駐車場業及び事業と称するに至らない不動産の貸付け等を除く。）の用に供されていた宅地等で、次に掲げる要件のいずれかを満たすその被相続人の親族が相続又は遺贈により取得したもの（相続開始前3年以内に新たに事業の用に供された宅地等（その宅地等の上で事業の用に供されている減価償却資産の価額が、その宅地等の価額の15％以上である場合を除く。）を除く。）をいう（措法69の4③一、措令40の2）。

①　その親族が、相続開始時から相続税の申告期限までの間に、その宅地等の上で営まれていた被相続人の事業を引き継ぎ、申告期限まで引き続きその宅地等を有し、かつ、その事業を営んでいること

②　その被相続人の親族が被相続人と生計を一にしていた者であって、相続開始時から申告期限まで引き続きその宅地等を有し、かつ、相続開始前から申告期限まで引き続きその宅地等を自己の事業の用に供していること

(2)　被相続人等の事業の用に供されていた宅地等の範囲

　　被相続人等の事業の用に供されていた宅地等とは、被相続人等の事業の用に供されていた建物等で、被相続人等が所有していたもの又は被相続人の親族（被相続人と生計を一にしていたその被相続人の親族を除く。）が所有していたもの（被相続人等がその建物等をその親族から無償（相当の対価に至らない程度の対価の授受がある場合を含む。）で借り受けていた場合におけるその建物等に限る。）の敷地の用に供されていたものをいう（措通69の4-4(2)）。

(3)　貸付事業用宅地等

　　貸付事業用宅地等とは、被相続人等の事業（不動産貸付業、駐車場業、自転車駐車場業及び事業と称するに至らない不動産の貸付け等に限る。以下「貸付事業」という。）の用に供されていた宅地等で、次に掲げる要件のいずれかを満たすその被相続人の親族が相続又は遺贈により取得したもの（特定同族会社事業用宅地等及び相続開始前3年以内に新たに貸付事業の用に供された宅地等（相続開始の日まで3年を超えて引き続き事業的規模で貸付事業を行っていた被相続人等の貸付事業の用に供されたものを除く。）を除く。）をいう（措法69の4③四、措令40の2）。

① その親族が、相続開始時から相続税の申告期限までの間に、その宅地等に係る被相続人の貸付事業を引き継ぎ、申告期限まで引き続きその宅地等を有し、かつ、その貸付事業の用に供していること

② その被相続人の親族が被相続人と生計を一にしていた者であって、相続開始時から申告期限まで引き続きその宅地等を有し、かつ、相続開始前から申告期限まで引き続きその宅地等を自己の貸付事業の用に供していること

⑷ **平成 30 年度税制改正における貸付事業用宅地等の範囲の見直し**

平成 30 年度税制改正により、貸付事業用宅地等の範囲から、相続開始前 3 年以内に新たに貸付事業の用に供されたものが除かれている（措法 69 の 4③四）。

ただし、相続開始の日まで 3 年を超えて引き続き事業的規模で貸付事業を行っていた被相続人等の貸付事業に供されていたものは、特例を適用することが認められている（措法 69 の 4③四、措令 40 の 2㉑）。

この改正は、平成 30 年 4 月 1 日以後に相続又は遺贈により取得する財産に係る相続税について適用され、平成 30 年 3 月 31 日以前に相続又は遺贈により取得した財産に係る相続税については、従前どおりとされている（平 30 改正法附則 118①）。

⑸ **令和元年度税制改正における特定事業用宅地等の範囲の見直し**

令和元年度税制改正により、特定事業用宅地等の範囲から、相続開始前 3 年以内に新たに事業の用に供された宅地等が除かれている（措法 69 の 4③一）。

ただし、その宅地等の上で事業の用に供されている建物又は構築物等の資産で、被相続人等が有していたものの相続開始の時の価額が、その宅地等の相続開始の時の価額の 15％以上である場合は、特例を適用することが認められている（措法 69 の 4③一、措令 40 の 2⑧）。

この改正は、平成 31 年 4 月 1 日以後に相続又は遺贈により取得する財産に係る相続税について適用され、平成 31 年 3 月 31 日以前に相続又は遺贈により取得した財産に係る相続税については、従前どおりとされている（令元改正法附則 79①②）。

⑹ **留意点**

本事例では、被相続人甲は相続人Ａより近隣の相場と同等の家賃を受け取っていたため（所得税法第 56 条の規定は、小規模宅地等の特例と関係するものではない。）、小規模宅地

等の特例における「特定事業用宅地等」には該当せず、また、相続人Aは相続したその宅地を自身の事業の用に供しているため、貸付事業の用に供していることにもならず、「貸付事業用宅地等」にも該当しないことになる。

　なお、小規模宅地等の選択替えについては、小規模宅地等の特例の適用において何らかの瑕疵がない場合には、適用対象宅地の選択替えをすることは許されないこととされているが、遺留分の減殺請求等の後発的事由に基づく場合等には認められるものと考えられるとしている（国税庁質疑応答事例）。

事例 26　小規模宅地等の特例（特定居住用宅地等）の否認

〈当初の期限内申告書の申告内容〉

　被相続人甲は、平成 30 年 2 月 20 日に死亡し（甲の配偶者は平成 25 年に死亡している。）、被相続人甲の相続人である長男 A・長女 B は、それぞれ次の財産の取得及び債務の承継を行うことで分割協議が成立し、平成 30 年 12 月 17 日に相続税の期限内申告書を提出するとともに、納付すべき相続税額を期限内に納税した。

財産及び債務等	価　額	長男 A	長女 B
取得財産の価額	1 億 1,000 万円	5,000 万円〔小規模宅地等特例 △ 4,000 万円適用後〕	6,000 万円
債務及び葬式費用の金額	1,000 万円	1,000 万円	－
課 税 価 格	1 億円	4,000 万円	6,000 万円
納付すべき税額	770 万円	308 万円	462 万円

〈相続税の税務調査における調査担当者の指摘〉

　調査担当者は、事前通知に係る手続を法令上の規定に基づき行ったのち、被相続人甲の相続税の申告内容に係る税務調査を行った。

　調査担当者は特定居住用宅地等として小規模宅地等の特例の適用を受けていた東京都台東区の宅地（被相続人甲の所有していた宅地等はこれ以外にない。）について問い合わせたところ、相続人 A より以下の回答があった。

1　相続開始時の被相続人甲の住所（東京都文京区）は、甲が要介護認定を受けたために 2 年前に購入し、居住を開始した終身利用権形式の介護付き老人ホームである。
2　相続人である A は 10 年前より A の配偶者が実父の相続により取得した家屋に居住していたが、被相続人甲の相続開始後に、甲が老人ホームに入居する以前に居住（甲の配偶者の死亡後は同居親族なし。）していた東京都台東区の家屋に引越し、現在に至っている。
3　相続人である A はこれまで自己の所有する家屋に居住したことがなく、また、平成 25 年度税制改正により、被相続人が老人ホームに入居した場合、その終身利用権を取得しても空き家となっていた家屋の敷地については、小規模宅地の特例が認められるようになったことから、特定居住用宅地等の小規模宅地等の特例（80％減額）を適用した。

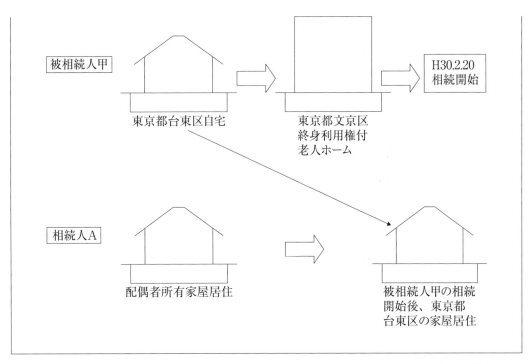

　調査担当者はその回答を受けた後、以下の理由によりその宅地が小規模宅地等の特例の対象とならない旨を説明し、法令上の規定に基づき、修正申告の勧奨を行った。

　被相続人と同居していない親族の本特例の適用要件は、自己、配偶者、三親等内の親族、特別の関係がある法人の所有する家屋に居住したことがないことである（措法69の４③二ロ）。

　長男A及び長女Bは、その宅地が小規模宅地等の特例の対象とならないことを確認したうえで、調査担当者の指摘に従い相続税の修正申告書を令和元年12月２日に提出した。

〈修正申告書の記載方法の概要及び留意点〉

　相続税の修正申告書における各表の記載方法の概要は次のとおりであるが、留意点は次々頁以降の第１表・第２表・第11表・第15表を参照されたい。

(1)　**第１表**

　第１表には、各相続人の合計及び各相続人それぞれの修正前の課税額（当初の期限内申告額）及び修正申告額を記載するとともに、修正する額（修正申告額－修正前の課税額）を記載する。さらに、各相続人のマイナンバー（個人番号）を記載する。

⑵　**第2表**

　第2表には、当初の期限内申告書から価額を修正した相続財産（宅地）を考慮した後の課税価格の合計額により、相続税の総額を再計算する。

⑶　**第11表**

　第11表には、当初の期限内申告時の財産の価額の合計額を記載するとともに、価額を修正した相続財産（宅地）の種類・細目・利用区分・銘柄等・所在場所等を記載する。

⑷　**第15表**

　第15表には、当初の期限内申告書から価額を修正した相続財産を記載し、各人の合計欄及び各相続人（A及びB）欄の金額を記載する。

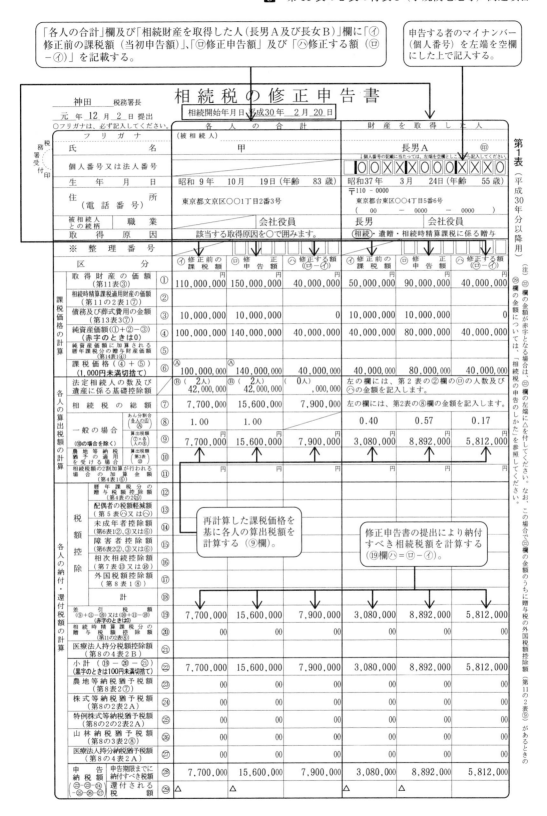

「各人の合計」欄及び「相続財産を取得した人（長男Ａ及び長女Ｂ）」欄に「④修正前の課税額（当初申告額）」、「□修正申告額」及び「④修正する額（□－④）」を記載する。

申告する者のマイナンバー（個人番号）を左端を空欄にした上で記入する。

相続税の修正申告書

相続開始年月日 平成30年 2月 20日

再計算した課税価格を基に各人の算出税額を計算する（⑨欄）。

修正申告書の提出により納付すべき相続税額を計算する（⑲欄④＝□－④）。

申告する者のマイナンバー（個人番号）
を左端を空欄にした上で記入する。

相続税の修正申告書（続）

○フリガナは、必ず記入してください。

		財産を取得した人			財産を取得した人		
	フ リ ガ ナ						
氏　　　　名		長女B ㊞			㊞		
個人番号又は法人番号		↓個人番号の記載に当たっては、左端を空欄としここから記入してください。 XXOOOXXXOOOX			↓個人番号の記載に当たっては、左端を空欄としここから記入してください。		
生　年　月　日		昭和40年 2月 14日（年齢 53歳）			年 月 日（年齢 歳）		
住　　　　所 （電話番号）		〒541 - 0000 大阪府大阪市○○7丁目8番9号 （ 00 - 0000 - 0000 ）			〒 （ - - ）		
被相続人 職　業 との続柄		長女 ｜ 無職					
取　得　原　因		(相続)・遺贈・相続時精算課税に係る贈与			相続・遺贈・相続時精算課税に係る贈与		
※ 整 理 番 号							

第1表（続）（平成30年分以降用）

区　　分		⑦修正前の課税額	⑥修正申告額	⑧修正する額（⑥-⑦）	⑦修正前の課税額	⑥修正申告額	⑧修正する額（⑥-⑦）
課税価格の計算	取得財産の価額（第11表③）①	60,000,000 円	60,000,000 円	0 円	円	円	円
	相続時精算課税適用財産の価額（第11の2表1⑦）②						
	債務及び葬式費用の金額（第13表3⑦）③						
	純資産価額（①+②-③）（赤字のときは0）④	60,000,000	60,000,000	0			
	純資産価額に加算される暦年課税分の贈与財産価額（第14表1④）⑤						
	課税価格（④ + ⑤）（1,000円未満切捨て）⑥	60,000,000	60,000,000	,000	,000	,000	,000
各人の算出税額の計算	法定相続人の数及び遺産に係る基礎控除額						
	相続税の総額 ⑦						
	一般の場合（⑩の場合を除く） あん分割合（各人の⑥/④）⑧	0.60	0.43	△0.17			
	算出税額（⑦×各人の⑧）⑨	4,620,000 円	6,708,000 円	2,088,000 円	円	円	円
	農地等納税猶予の適用を受ける場合 算出税額（第3表⑦）⑩						
	相続税額の2割加算が行われる場合の加算金額（第4表⑥）⑪	円	円	円	円	円	円
税額控除	暦年課税分の贈与税額控除額（第4表の2②）⑫						
	配偶者の税額軽減額（第5表⑦又は⑥）⑬						
	未成年者控除額（第6表1②、③又は⑥）⑭						
	障害者控除額（第6表2②、③又は⑥）⑮						
	相次相続控除額（第7表⑬又は⑱）⑯						
	外国税額控除額（第8表1⑧）⑰						
	計 ⑱						
各人の納付・還付税額の計算	差引税額（⑨+⑪-⑱）又は（⑩+⑪-⑱）（赤字のときは0）⑲	4,620,000	6,708,000	2,088,000			
	相続時精算課税分の贈与税額控除額（第11の2表⑧）⑳	00	00	00	00	00	00
	医療法人持分税額控除額（第8の4表2B）㉑						
	小計（⑲-⑳-㉑）（黒字のときは100円未満切捨て）㉒	4,620,000	6,708,000	2,088,000			
	農地等納税猶予税額（第8表2⑦）㉓	00	00	00	00	00	00
	株式等納税猶予税額（第8の2表2A）㉔	00	00	00	00	00	00
	特例株式等納税猶予税額（第8の2の2表2A）㉕	00	00	00	00	00	00
	山林納税猶予税額（第8の3表2⑧）㉖	00	00	00	00	00	00
	医療法人持分納税猶予税額（第8の4表2A）㉗	00	00	00	00	00	00
	申告納税額 申告期限までに納付すべき税額㉘	4,620,000	6,708,000	2,088,000	00		00
	（㉒-㉓-㉔ -㉕-㉖-㉗） 還付される税額㉙	△	△		△	△	

再計算した課税価格を基に各人の算出税額を計算する（⑨欄）。

修正申告書の提出により納付すべき相続税額を計算する（⑲欄）（⑧=⑥-⑦）。

（注）㉒欄の金額が赤字となる場合は、㉒欄の左端に△を付してください。なお、この場合で㉒欄の金額のうちに贈与税の外国税額控除額（第11の2表⑨）があるときの㉙欄の金額については、「相続税の申告のしかた」を参照してください。

相続財産（宅地）の価額を修正して計算した課税価格の合計額（①欄）を基に課税遺産総額（③欄）を算出し、法定相続人に応じた法定相続分により計算した相続税の総額（⑧欄）を第1表⑦欄㋺に移記する。

相続税の総額の計算書

被相続人 甲

第2表（平成27年分以降用）

○この表を修正申告書の第2表として使用するときは、㋑欄には修正申告書第1表の㋺欄の⑥Ⓐの金額を記入し、㋭欄には修正申告書第3表の1の㋺欄の⑥Ⓐの金額を記入します。

この表は、第1表及び第3表の「相続税の総額」の計算のために使用します。
なお、被相続人から相続、遺贈や相続時精算課税に係る贈与によって財産を取得した人のうちに農業相続人がいない場合は、この表の㋭欄及び㋬欄並びに⑨欄から⑪欄までは記入する必要がありません。

① 課税価格の合計額		② 遺産に係る基礎控除額		③ 課税遺産総額	
㋑（第1表⑥Ⓐ）	140,000,000 円	3,000万円 ＋（600万円 × ㋺ 2人（Ⓐの法定相続人の数））＝	㋩ 4,200 万円	㊁（㋑－㋩）	98,000,000 円
㋭（第3表⑥Ⓐ）	,000	㋺の人数及び㋩の金額を第1表Ⓑへ転記します。		㋬（㋭－㋩）	,000

④ 法定相続人（（注）1参照） 氏名	被相続人との続柄	⑤ 左の法定相続人に応じた法定相続分	第1表の「相続税の総額⑦」の計算 ⑥ 法定相続分に応ずる取得金額（㊁×⑤）（1,000円未満切捨て）	⑦ 相続税の総額の基となる税額（下の「速算表」で計算します。）	第3表の「相続税の総額⑦」の計算 ⑨ 法定相続分に応ずる取得金額（㋬×⑤）（1,000円未満切捨て）	⑩ 相続税の総額の基となる税額（下の「速算表」で計算します。）
長男A	長男	1/2	円 49,000,000	円 7,800,000	円 ,000	円
長女B	長女	1/2	49,000,000	7,800,000	,000	
			,000		,000	
			,000		,000	
			,000		,000	
			,000		,000	
			,000		,000	
			,000		,000	
			,000		,000	
法定相続人の数	Ⓐ 2人	合計 1	⑧ 相続税の総額（⑦の合計額）（100円未満切捨て）	15,600,000	⑪ 相続税の総額（⑩の合計額）（100円未満切捨て）	00

（注）1 ④欄の記入に当たっては、被相続人に養子がある場合や相続の放棄があった場合には、「相続税の申告のしかた」をご覧ください。
2 ⑧欄の金額を第1表⑦欄へ転記します。財産を取得した人のうちに農業相続人がいる場合は、⑧欄の金額を第1表⑦欄へ転記するとともに、⑪欄の金額を第3表⑦欄へ転記します。

相続税の速算表

法定相続分に応ずる取得金額	10,000千円以下	30,000千円以下	50,000千円以下	100,000千円以下	200,000千円以下	300,000千円以下	600,000千円以下	600,000千円超
税率	10%	15%	20%	30%	40%	45%	50%	55%
控除額	－ 千円	500千円	2,000千円	7,000千円	17,000千円	27,000千円	42,000千円	72,000千円

この速算表の使用方法は、次のとおりです。
⑥欄の金額×税率－控除額＝⑦欄の税額　⑨欄の金額×税率－控除額＝⑩欄の税額
例えば、⑥欄の金額30,000千円に対する税額（⑦欄）は、30,000千円×15%－500千円＝4,000千円です。

○**連帯納付義務について**
相続税の納税については、各相続人等が相続、遺贈や相続時精算課税に係る贈与により受けた利益の価額を限度として、お互いに連帯して納付しなければならない義務があります。

相続税がかかる財産の明細書

（相続時精算課税適用財産を除きます。）

被相続人	甲

第11表（平成21年4月分以降用）

○相続時精算課税適用財産の明細については、この表によらず第11の2表に記載します。

〔当初の期限内申告時の第11表の合計金額を記載する。〕

〔価額を修正した相続財産（宅地）の種類・細目・利用区分・銘柄等・所在場所等を記載する。〕

この表は、相続や遺贈によって取得した財産及び相続や遺贈によって取得したものとみなされる財産のうち、相続税のかかるものについての明細を記入します。

遺産の分割状況	区　　分	① 全 部 分 割	2 一 部 分 割	3 全 部 未 分 割
	分 割 の 日	30・12・12	・　・	・　・

財　産　の　明　細							分割が確定した財産		
種類	細目	利用区分、銘柄等	所在場所等	数量 固定資産税評価額	単価 倍数	価額	取得した人の氏名	取得財産の価額	
		当初申告		円		110,000,000	長男A	50,000,000	
							長女B	60,000,000	
土地	宅地	自用地（居住用）	東京都台東区○○4丁目5番6号	100㎡		△10,000,000	長男A	△10,000,000	
土地	宅地	自用地（未利用地）	東京都台東区○○4丁目5番6号	100㎡		50,000,000	長男A	50,000,000	
((計))						《 150,000,000》			
[合計]						[150,000,000]			

合計表	財産を取得した人の氏名	（各人の合計）	長男A	長女B			
	分割財産の価額 ①	150,000,000 円	90,000,000 円	60,000,000 円	円	円	円
	未分割財産の価額 ②						
	各人の取得財産の価額 （①＋②） ③	150,000,000	90,000,000	60,000,000			

（注）　1　「合計表」の各人の③欄の金額を第1表のその人の「取得財産の価額①」欄に転記します。
　　　　2　「財産の明細」の「価額」欄は、財産の細目、種類ごとに小計及び計を付し、最後に合計を付して、それらの金額を第15表の①から⑳までの該当欄に転記します。

374

価額を修正した相続財産（宅地）を記載し、各人の合計欄及び各相続人（長男A及び長女B）欄の金額を記載する。

相続財産の種類別価額表

（この表は、第11表から第14表までの記載に基づいて記入します。）

被相続人　甲

第15表（修正申告用）（平成30年分以降用）

種類	細目	番号	各人の合計	長男A	長女B			
土地（土地の上に存する権利を含みます。）	田	①	円	円	円	円	円	円
	畑	②						
	宅地	③	50,000,000	50,000,000				
	山林	④						
	その他の土地	⑤						
	計	⑥	( )	( )	( )	( )	( )	( )
⑥のうち特例農地等	通常価額	⑦	( )	( )	( )	( )	( )	( )
	農業投資価格による価額	⑧	( )	( )	( )	( )	( )	( )
家屋、構築物		⑨	( )	( )	( )	( )	( )	( )
事業（農業）用財産	機械、器具、農耕具、その他の減価償却資産	⑩						
	商品、製品、半製品、原材料、農産物等	⑪						
	売掛金	⑫						
	その他の財産	⑬						
	計	⑭	( )	( )	( )	( )	( )	( )
有価証券	特定同族会社の株式及び出資 配当還元方式によったもの	⑮						
	その他の方式によったもの	⑯						
	⑮及び⑯以外の株式及び出資	⑰						
	公債及び社債	⑱						
	証券投資信託、貸付信託の受益証券	⑲						
	計	⑳	( )	( )	( )	( )	( )	( )
現金、預貯金等		㉑	( )	( )	( )	( )	( )	( )
家庭用財産		㉒	( )	( )	( )	( )	( )	( )
その他の財産	生命保険金等	㉓						
	退職手当金等	㉔						
	立木	㉕						
	その他	㉖	100,000,000	40,000,000	60,000,000			
	計	㉗	100,000,000	40,000,000	60,000,000	( )	( )	( )
合計（⑥+⑨+⑭+⑳+㉑+㉒+㉗）		㉘	((150,000,000))	((90,000,000))	((60,000,000))	(( ))	(( ))	(( ))
相続時精算課税適用財産の価額		㉙						
不動産等の価額（⑥+⑨+⑩+⑮+⑯+㉕）		㉚						
⑯のうち株式等納税猶予対象の株式等の価額の80％の額		㉛						
⑰のうち株式等納税猶予対象の株式等の価額の80％の額		㉜						
⑯のうち特例株式等納税猶予対象の株式等の価額		㉝						
⑰のうち特例株式等納税猶予対象の株式等の価額		㉞						
債務等	債務	㉟	10,000,000	10,000,000				
	葬式費用	㊱						
	合計（㉟+㊱）	㊲	10,000,000	(10,000,000)	( )	( )	( )	( )
差引純資産価額（㉘+㉙-㊲）（赤字のときは0）		㊳	140,000,000	80,000,000	60,000,000			
純資産価額に加算される暦年課税分の贈与財産価額		㊴						
課税価格（㊳+㊴）（1,000円未満切捨て）		㊵	140,000,000	80,000,000	60,000,000	,000	,000	,000

375

〈小規模宅地等の特例（特定居住用宅地等）の否認に係る留意点〉

(1)　特定居住用宅地等

　　特定居住用宅地等とは、被相続人等の居住の用に供されていた宅地等で、その被相続人の配偶者又は次に掲げる要件のいずれかを満たす被相続人の親族（注1）が相続又は遺贈により取得したものをいう（措法69の4③二）。

①　その親族が相続開始の直前においてその宅地等の上に存する被相続人の居住の用に供されていた一棟の建物に居住していた者であって、相続開始時から申告期限まで引き続きその宅地等を有し、かつ、その建物に居住していること

②　その親族（被相続人の居住の用に供されていた宅地等を取得した者に限る。）が次に掲げる要件の全てを満たすこと（被相続人の配偶者又は相続開始の直前においてその被相続人の居住の用に供されていた家屋に居住していた親族がいない場合に限る。）。

・相続開始前3年以内に日本国内にあるその親族、その親族の配偶者、その親族の3親等内の親族又はその親族と特別の関係がある法人（注2）が所有する家屋（相続開始の直前においてその被相続人の居住の用に供されていた家屋を除く。）に居住したことがないこと

・その被相続人の相続開始時にその親族が居住している家屋を相続開始前のいずれの時においても所有していたことがないこと

・相続開始時から申告期限まで引き続きその宅地等を有していること

③　その親族が被相続人と生計を一にしていた者であって、相続開始時から申告期限まで引き続きその宅地等を有し、かつ、相続開始前から申告期限まで引き続きその宅地等を自己の居住の用に供していること

（注1）　ここでいう親族とは、被相続人の民法第5編第2章の規定による相続人（相続の放棄があった場合には、その放棄がなかったものとした場合における相続人）をいう（措令40の2⑭）。

（注2）　「特別の関係がある法人」とは、次に掲げる法人をいう（措法40の2⑮）。

　　A　その親族等が法人の発行済株式総数等（その法人が有する自己の株式又は出資を除く。）の10分の5を超える数又は金額の株式又は出資を有する場合におけるその法人

　　B　その親族等及びAに掲げる法人が、他の法人の発行済株式総数等の10分の5を超える数又は金額の株式又は出資を有する場合におけるその他の法人

　　C　その親族等並びにA及びBに掲げる法人が、他の法人の発行済株式総数等の

10分の5を超える数又は金額の株式又は出資を有する場合におけるその他の法人

D　その親族等が理事、監事、評議員その他これらの者に準ずるものとなっている持分の定めのない法人

(2)　被相続人等の居住の用に供されていた宅地等の範囲

被相続人等の居住の用に供されていた宅地等とは、被相続人等の居住の用に供されていた家屋で、被相続人が所有していたもの（被相続人と生計を一にしていたその被相続人の親族が居住の用に供していたものである場合には、その親族が被相続人から無償で借り受けていたものに限る。）又は被相続人の親族が所有していたもの（その家屋を所有していた被相続人の親族がその家屋の敷地を被相続人から無償で借り受けており、かつ、被相続人等がその家屋を親族から借り受けていた場合には、無償で借り受けていたときにおける家屋に限る。）の敷地の用に供されていた宅地等をいう（措通69の4-7⑴）。

(3)　老人ホームに入居していた場合の取扱い

平成25年度税制改正により、老人ホームに入所したことにより被相続人の居住の用に供されなくなった家屋の敷地の用に供されていた宅地等は、以下の要件を満たせば相続の開始の直前において被相続人の居住の用に供されていた宅地等と同様に特例を適用することとされた（措令40の2②）。

①　被相続人に介護が必要なため入所しているものであること

②　その家屋が貸付け等の用途に供されていないこと

(4)　平成30年度税制改正における特例の見直し

平成30年度税制改正により、持ち家に居住していない者に係る特定居住用宅地等の特例の対象者の範囲から、次に掲げる者が除外された（措法69の4③二）。

・相続開始前3年以内に、その者の3親等内の親族又はその者と特別の関係のある法人が所有する国内にある家屋に居住したことがある者

・相続開始時に居住の用に供している家屋を過去に所有していたことがある者

この改正は、平成30年4月1日以後に相続又は遺贈により取得する財産に係る相続税について適用され、平成30年3月31日以前に相続又は遺贈により取得した財産に係る相続税については、従前どおりとされている（平30改正法附則118①）。

(5)　**留意点**

　本事例では、長男 A は相続開始前 3 年以内に自己の所有する家屋には居住していなかったが、自己の配偶者の所有する家屋に居住していた。

　したがって、本事例での小規模宅地等の特例の適用は誤りだったことになる。

事例 27 債務控除の対象となる固定資産税及び課税価格の計算

〈当初の期限内申告書の申告内容〉

　被相続人甲は、平成30年1月20日に死亡し（甲の配偶者は死亡している。）、被相続人甲の相続人である長男A・長女Bは、それぞれ次の財産を取得することで分割協議が成立し、平成30年11月9日に相続税の期限内申告書を提出するとともに、納付すべき相続税額を期限内に納税した。

財産等	価額	長男A	長女B
取得財産の価額	1億8,000万円	1億4,000万円	4,000万円 ［小規模宅地等特例 △4,000万円適用後］
債務控除額（借入金）	9,500万円	5,000万円	4,500万円
債務控除額 （固定資産税）	30万円	30万円	
課税価格	8,470万円	8,970万円	△500万円
納付すべき税額	540.5万円	540.5万円	0円

　当初申告では、長女Bの債務超過分500万円を全体の課税価格の計算上、控除して計算している。また、固定資産税のうち平成29年度分の第4期分については、平成30年2月末に納期限が到来するため、未払額を債務控除として計上していたが、平成30年度分については、相続開始日において納税通知書が送付されていないため、債務控除に計上していなかった。

　債務控除額は下記のとおりである。

内容	金額	債務負担者	備考
平成29年度分固定資産税　（第4期分）	30万円	長男A	債務控除に計上
平成30年度分固定資産税（全期分）	120万円	長男A	納税通知書未着 債務控除に未計上
銀行借入金（X銀行）	5,000万円	長男A	債務控除に計上
銀行借入金（Y銀行）	4,500万円	長女B	債務控除に計上

〈相続税の税務調査における調査担当者の指摘〉

　調査担当者は、税務調査の事前通知後に被相続人甲の相続税の申告書に係る税務調査

を行った。

　調査担当者は、税務調査の結果、債務控除の計算の誤りを指摘し修正申告の勧奨を行った。修正内容は、長女Bの取得財産の価額から債務控除額を控除すると 500 万円マイナス（債務超過）になるが、債務超過のときは 0 として計算することとされている。そのため、長女Bの債務超過分 500 万円を長男Aの取得財産の価額と通算することができない。

　また、固定資産税について、相続開始日において納税通知書が届いていなかったため、平成 30 年度分の固定資産税 120 万円を債務控除に計上していなかったが（賦課期日が到来しているため債務控除可能）、修正申告の提出の際に併せて債務控除に追加し、平成 31 年 4 月 26 日に修正申告書の提出を行った。

〈修正申告書の記載方法の概要及び留意点〉

　相続税の修正申告書の概要は、次のとおりであるが、留意点は次頁以降の第 1 表・第 2 表・第 13 表・第 15 表を参照されたい。

(1)　**第 1 表**

　第 1 表には、各相続人の合計及び各相続人それぞれの修正前の課税額（当初の期限内申告額）及び修正申告額を記載するとともに、修正する額（修正申告額−修正前の課税額）を記載する。さらに、各相続人のマイナンバー（個人番号）を記載する。

(2)　**第 2 表**

　第 2 表には、当初の期限内申告書において、誤って計算した債務控除額を修正し、固定資産税を債務控除に追加した後の課税価格の合計額により、相続税の総額を再計算する。

(3)　**第 13 表**

　第 13 表には、平成 30 年度分の固定資産税を追加し、負担者の氏名及び負担する金額を「1　債務の明細」欄に記載する。

(4)　**第 15 表**

　第 15 表には、当初の期限内申告書において、未計上であった固定資産税を追加した後の価額を記載する。

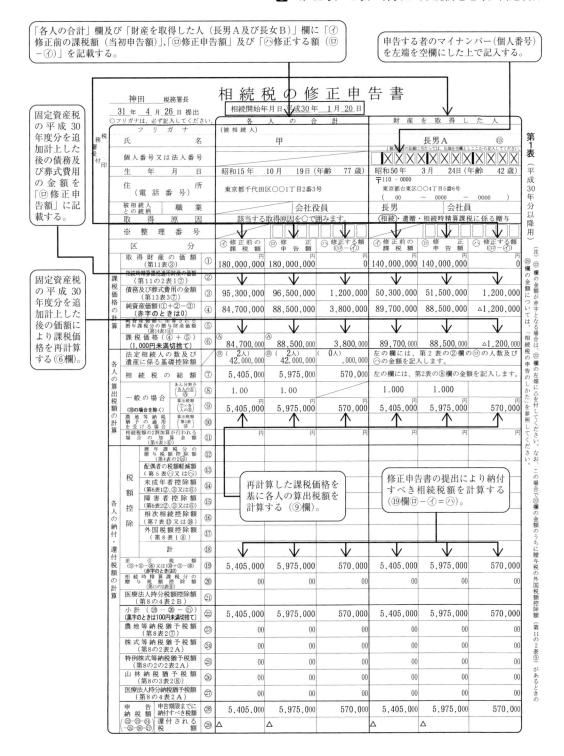

381

申告する者のマイナンバー(個人番号)
を左端を空欄にした上で記入する。

相 続 税 の 修 正 申 告 書 (続)

○フリガナは、必ず記入してください。

		財 産 を 取 得 し た 人			財 産 を 取 得 し た 人		
フ リ ガ ナ							
氏　　　　名		長女B　　　　　㊞			㊞		
個人番号又は法人番号		↓個人番号の記載に当たっては、左端を空欄としここから記入してください。 ⊠⊠⊠⊠⊠⊠⊠⊠⊠⊠⊠⊠			↓個人番号の記載に当たっては、左端を空欄としここから記入してください。		
生　年　月　日		昭和52年　2月　14日(年齢　40歳)			年　　月　　日(年齢　　歳)		
住　　　　　所 (電 話 番 号)		〒541 - 0000 大阪府大阪市○○7丁目8番9号 (　00　　-　0000　-　0000　)			〒 (　　　-　　　-　　　)		
被相続人 との続柄	職　業	長女	無職				
取　得　原　因		ⓘ相続・遺贈・相続時精算課税に係る贈与			相続・遺贈・相続時精算課税に係る贈与		
※　整　理　番　号							
区　　　　分		⒤修正前の 課税額	ⓡ修　　正 申　告　額	ⓧ修正する額 (ⓡ-⒤)	⒤修正前の 課税額	ⓡ修　　正 申　告　額	ⓧ修正する額 (ⓡ-⒤)
課税価格の計算	取得財産の価額 (第11表③) ①	円 40,000,000	円 40,000,000	円 0	円	円	円
	相続時精算課税適用財産の価額 (第11の2表1⑦) ②						
	債務及び葬式費用の金額 (第13表3⑦) ③	45,000,000	45,000,000	0			
	純資産価額(①+②-③) (赤字のときは0) ④	0	0	0			
	純資産価額に加算される 暦年課税分の贈与財産価額 (第14表1④) ⑤						
	課税価格 (④+⑤) (1,000円未満切捨て) ⑥	,000	,000	,000	,000	,000	,000
各人の算出税額の計算	法定相続人の数及び 遺産に係る基礎控除額						
	相 続 税 の 総 額 ⑦						
	一般の場合 (⑩の場合を除く) あん分割合(各人の⑥/Ⓐ) ⑧						
	算出税額(⑦×各 人の⑧) ⑨	円	円	円	円	円	円
	農地等納税猶予の適用 を受ける場合 算出税額 (第3表) ⑩						
	相続税額の2割加算が行われる 場合の加算金額 (第4表1⑥) ⑪	円	円	円	円	円	円
各人の納付・還付税額の計算	税額控除	暦年課税分の 贈与税額控除額 (第4表の2⑤) ⑫						
		配偶者の税額軽減額 (第5表⓪又は○) ⑬						
		未成年者控除額 (第6表1②、③又は⑥) ⑭						
		障害者控除額 (第6表2②、③又は⑥) ⑮						
		相次相続控除額 (第7表⑬又は⑱) ⑯						
		外国税額控除額 (第8表1⑧) ⑰						
		計 ⑱						
	差　引　税　額 (⑨+⑪-⑱)又は(⑩+⑪-⑱) (赤字のときは0) ⑲						
	相続時精算課税分の 贈与税額控除額 (第11の2表⑧) ⑳	00	00	00	00	00	00
	医療法人持分税額控除額 (第8の4表2B) ㉑						
	小計 (⑲-⑳-㉑) (黒字のときは100円未満切捨て) ㉒						
	農地等納税猶予税額 (第8表2⑦) ㉓	00	00	00	00	00	00
	株式等納税猶予税額 (第8の2表2A) ㉔	00	00	00	00	00	00
	特例株式等納税猶予税額 (第8の2の2表2A) ㉕	00	00	00	00	00	00
	山林納税猶予税額 (第8の3表2⑧) ㉖	00	00	00	00	00	00
	医療法人持分納税猶予税額 (第8の4表2A) ㉗	00	00	00	00	00	00
	申　告 納税額 申告期限までに 納付すべき税額 ㉘	00	00	00	00	00	00
	(㉒-㉓-㉔ -㉕-㉖-㉗) 還付される 税　　額 ㉙	△	△		△	△	

第 1 表 (続)　(平成 30 年分以降用)

(注)　㉒欄の金額が赤字となる場合は、㉒欄の左端に△を付してください。なお、この場合で㉒欄の金額のうちに贈与税の外国税額控除額(第11の2表⑨)があるときの㉙欄の金額については、「相続税の申告のしかた」を参照してください。

誤っていた債務控除額を訂正し、固定資産税の平成 30 年度分を追加計上した後の課税価格の合計額（①欄）を基に課税遺産総額（③欄）を算出し、法定相続人に応じた法定相続分により計算した相続税の総額（⑧欄）を第１表⑦欄⑪に移記する。

相 続 税 の 総 額 の 計 算 書

| 被相続人 | 甲 |

第２表（平成 27 年分以降用）

○第３表の１の⑪欄の⑥④の金額を第２表として使用するときは、⑦欄には修正申告書第１表の⑪欄の⑥④の金額を記入し、㋭欄には修正申告書

この表は、第１表及び第３表の「相続税の総額」の計算のために使用します。
　なお、被相続人から相続、遺贈や相続時精算課税に係る贈与によって財産を取得した人のうちに農業相続人がいない場合は、この表の㋠欄及び㋩欄並びに⑨欄から⑪欄までは記入する必要がありません。

① 課税価格の合計額	② 遺産に係る基礎控除額		③ 課税遺産総額
㋑ 第1表 ⑥④ 円 88,500,000	3,000万円 ＋（ 600万円 × ㋑ ④の法定相続人の数 2人 ）＝	㋩ 万円 4,200	㋥（㋑−㋩）円 46,500,000
第3表 ⑥④ ,000	㋑の人数及び㋩の金額を第１表Ｂへ転記します。		㋬（㋠−㋩） ,000

④ 法定相続人（(注) 1 参照）		⑤ 左の法定相続人に応じた法定相続分	第1表の「相続税の総額⑦」の計算		第3表の「相続税の総額⑦」の計算	
氏　　名	被相続人との続柄		⑥ 法定相続分に応ずる取得金額（㋥×⑤）（1,000円未満切捨て）	⑦ 相続税の額の基となる税額 下の「速算表」で計算します。	⑨ 法定相続分に応ずる取得金額（㋠×⑤）（1,000円未満切捨て）	⑩ 相続税の総額の基となる税額 下の「速算表」で計算します。
長男A	長男	$\frac{1}{2}$	円 23,250,000	円 2,987,500	円 ,000	円
長女B	長女	$\frac{1}{2}$	23,250,000	2,987,500	,000	
			,000		,000	
			,000		,000	
			,000		,000	
			,000		,000	
			,000		,000	
			,000		,000	
			,000		,000	
法定相続人の数	④ 人 2	合計 1	⑧ 相続税の総額（⑦の合計額）（100円未満切捨て） 5,975,000		⑪ 相続税の総額（⑩の合計額）（100円未満切捨て） 00	

(注)　1　④欄の記入に当たっては、被相続人に養子がある場合や相続の放棄があった場合には、「相続税の申告のしかた」をご覧ください。
　　　2　⑧欄の金額を第１表⑦欄へ転記します。財産を取得した人のうちに農業相続人がいる場合は、⑧欄の金額を第１表⑦欄へ転記するとともに、⑪欄の金額を第３表⑦欄へ転記します。

相続税の速算表

法定相続分に応ずる取得金額	10,000 千円以下	30,000 千円以下	50,000 千円以下	100,000 千円以下	200,000 千円以下	300,000 千円以下	600,000 千円以下	600,000 千円超
税　　率	10 %	15 %	20 %	30 %	40 %	45 %	50 %	55 %
控　除　額	－　千円	500 千円	2,000 千円	7,000 千円	17,000 千円	27,000 千円	42,000 千円	72,000 千円

この速算表の使用方法は、次のとおりです。
⑥欄の金額×税率－控除額＝⑦欄の税額　　　⑨欄の金額×税率－控除額＝⑩欄の税額
例えば、⑥欄の金額30,000千円に対する税額（⑦欄）は、30,000千円×15％－500千円＝4,000千円です。

○連帯納付義務について
　相続税の納税については、各相続人等が相続、遺贈や相続時精算課税に係る贈与により受けた利益の価額を限度として、お互いに連帯して納付しなければならない義務があります。

383

債務及び葬式費用の明細書

被相続人	甲

1　債務の明細　（この表は、被相続人の債務について、その明細と負担する人の氏名及び金額を記入します。）

債務の明細						負担することが確定した債務	
種類	細目	債権者		発生年月日	金額	負担する人の氏名	負担する金額
		氏名又は名称	住所又は所在地	弁済期限			
銀行借入金	証書借入	X銀行　〇〇支店	千代田区〇〇1丁目2番3号		50,000,000円	長男A	50,000,000
銀行借入金	証書借入	Y銀行　〇〇支店	台東区〇〇2丁目2番3号		45,000,000	長女B	45,000,000
公租公課	29年度分固定資産税	千代田都税事務所			300,000	長男A	300,000
公租公課	30年度分固定資産税	千代田都税事務所			1,200,000	長男A	1,200,000
合計					96,500,000		

固定資産税の平成30年度分1,200,000円を記載する。

2　葬式費用の明細

この表は、被相続人の葬式に要した費用について、その明細と負担する人の氏名及び金額を記入します。

葬式費用の明細				負担することが確定した葬式費用	
支払先		支払年月日	金額	負担する人の氏名	負担する金額
氏名又は名称	住所又は所在地				
			円		円
合計					

固定資産税の平成30年度分を追加計上した後の債務控除額を記載する。

3　債務及び葬式費用の合計額

債務などを承継した人の氏名			（各人の合計）	長男A	長女B		
債務	負担することが確定した債務	①	96,500,000円	51,500,000円	45,000,000円	円	円
	負担することが確定していない債務	②					
	計（①＋②）	③	96,500,000	51,500,000	45,000,000		
葬式費用	負担することが確定した葬式費用	④					
	負担することが確定していない葬式費用	⑤					
	計（④＋⑤）	⑥					
合計（③＋⑥）		⑦	96,500,000	51,500,000	45,000,000		

（注）　1　各人の⑦欄の金額を第1表のその人の「債務及び葬式費用の金額③」欄に転記します。
　　　　2　③、⑥及び⑦欄の金額を第15表の㉟、㊱及び㊲欄にそれぞれ転記します。

相続財産の種類別価額表

（この表は、第11表から第14表までの記載に基づいて記入します。）　被相続人　甲　　第15表（修正申告用）（平成30年分以降用）

種類	細目	番号	各人の合計	長男A	長女B			
土地（土地の上に存する権利を含みます。）	田	①	円	円	円	円	円	円
	畑	②						
	宅　地	③						
	山　林	④						
	その他の土地	⑤						
	計	⑥						
⑥のうち特例農地等	通常価額	⑦						
	農業投資価格による価額	⑧						
家屋、構築物		⑨						
事業（農業）用財産	機械、器具、農耕具、その他の減価償却資産	⑩						
	商品、製品、半製品、原材料、農産物等	⑪						
	売掛金	⑫						
	その他の財産	⑬						
	計	⑭						
有価証券	特定同族会社の株式及び出資 配当還元方式によったもの	⑮						
	その他の方式によったもの	⑯						
	⑮及び⑯以外の株式及び出資	⑰						
	公債及び社債	⑱						
	証券投資信託、貸付信託の受益証券	⑲						
	計	⑳						
現金、預貯金等		㉑						
家庭用財産		㉒						
その他の財産	生命保険金等	㉓						
	退職手当金等	㉔						
	立木	㉕						
	その他	㉖	180,000,000	140,000,000	40,000,000			
	計	㉗	180,000,000	140,000,000	40,000,000			
合計（⑥+⑨+⑭+⑳+㉑+㉒+㉗）		㉘	180,000,000	140,000,000	40,000,000			
相続時精算課税適用財産の価額		㉙						
不動産等の価額（⑥+⑨+⑩+⑮+⑯+㉕）		㉚						
⑯のうち株式等納税猶予対象の株式等の価額の80％の額		㉛						
⑰のうち株式等納税猶予対象の株式等の価額の80％の額		㉜						
⑯のうち特例株式等納税猶予対象の株式等の価額		㉝						
⑰のうち特例株式等納税猶予対象の株式等の価額		㉞						
債務等	債務	㉟	96,500,000	51,500,000	45,000,000			
	葬式費用	㊱						
	合計（㉟+㊱）	㊲	96,500,000	51,500,000	45,000,000			
差引純資産価額（㉘+㉙-㊲）（赤字のときは0）		㊳	88,500,000	88,500,000	0			
純資産価額に加算される暦年課税分の贈与財産価額		㊴						
課税価格（㊳+㊴）（1,000円未満切捨て）		㊵	88,500,000	88,500,000	,000	,000	,000	,000

固定資産税の平成30年度分を追加計上した後の債務控除額を記載する。

〈債務控除の留意点〉

(1)　債務超過の場合の課税価格の計算

　　各相続人ごとに、取得財産の価額から債務控除の金額を控除した後の金額が、マイナス（債務超過）の場合は、純資産価額は0となる。この場合の債務超過分は、他の相続人の取得財産の価額から控除できない。

　　そのため、被相続人の相続財産の合計額で判定すると相続税の基礎控除額以下となり、相続税が課税されないケースでも、遺産分割の結果如何では、特定の相続人の純資産価額がマイナスとなる。このマイナス分は、他の相続人の純資産価額とは通算できないため、他の共同相続人の純資産価額を合計すると相続税が課税されるケースや、全体の相続税負担が重くなるケースが生じる。

(2)　固定資産税と債務控除

　　固定資産税の賦課期日は、その年度の初日の属する年の1月1日とされている（地法359）。相続税法上、賦課期日において納税義務が確定したものとされるため、相続開始時において納税通知書が未着の場合で金額が確定していない場合でも、債務控除の対象となる（相法13、14、相令3）。

　　本事例の場合は、相続開始日が賦課期日よりも後の平成30年1月20日のため、債務控除の対象となる。

事例 28   二度目の葬式費用の未計上

〈当初の期限内申告書の申告内容〉

　被相続人甲は、平成30年3月10日に死亡し（甲の配偶者は死亡している。）、被相続人甲の相続人である長男A・長女Bは、それぞれ次の財産を取得することで分割協議が成立し、平成30年12月20日に、相続税の期限内申告書を提出するとともに、納付すべき相続税額を期限内に納税した。

財産等	価額	長男A	長女B
取得財産の価額	1億2,000万円	8,000万円	4,000万円〔小規模宅地等特例△3,000万円減額後〕
債務控除額（借入金）	400万円	200万円	200万円
債務控除額（葬式費用）	300万円	300万円	
課税価格	1億1,300万円	7,500万円	3,800万円
納付すべき税額	1,020万円	677.28万円	342.72万円

　被相続人甲の告別式は、甲の死亡時の住所地である千葉県松戸市と甲の出身地である長野県長野市の2か所で行った。

　千葉県松戸市での告別式は、甲の職場や近所の方、長野県長野市での告別式は長野県長野市に在住する甲の親族、幼なじみや、甲が生前お世話になった方がそれぞれ参列した。

　甲の遺体は、千葉県松戸市での告別式の後、火葬されたため、長野県長野市での告別式では、遺骨を祭り、納骨は告別式の1か月後に行った。

　葬儀の日程は、以下のとおりである。

```
平成30年3月10日    甲が死亡
平成30年3月13日    千葉県松戸市で通夜
平成30年3月14日    千葉県松戸市で告別式（焼香等を行う仏式、後日甲の遺体を火葬）
平成30年3月20日    長野県長野市で告別式（焼香等を行う仏式）
平成30年4月20日    納骨
```

　葬儀に要した費用は、以下のとおりである。

葬儀の場所	金額
千葉県松戸市	300 万円
長野県長野市	100 万円
合計	400 万円

　当初の申告では、最初の千葉県松戸市分 300 万円のみを葬式費用の債務控除として申告していた。

〈更正の請求の内容〉

　相続人は、葬式費用については千葉県松戸市のみを債務控除として申告していたが、誤っていることに気づき、二度目の長野県長野市の葬式費用 100 万円を債務控除に追加して、平成 31 年 4 月 26 日に更正の請求書を提出した。

〈相続税額の比較〉

内容	合計	長男 A	長女 B
更正の請求前			
取得財産の価格	1 億 2,000 万円	8,000 万円	4,000 万円
債務控除の額	△ 700 万円	△ 500 万円	△ 200 万円
課税価格	1 億 1,300 万円	7,500 万円	3,800 万円
納付税額	1,020 万円	677.28 万円	342.72 万円
更正の請求後			
取得財産の価格	1 億 2,000 万円	8,000 万円	4,000 万円
債務控除額	△ 800 万円	△ 600 万円	△ 200 万円
課税価格	1 億 1,200 万円	7,400 万円	3,800 万円
納付税額	1,000 万円	661 万円	339 万円
還付税額		16.28 万円	3.72 万円

〈更正の請求書の記載方法の概要及び留意点〉

　相続税の更正の請求書の記載方法の概要は、次のとおりであるが、留意点は次々頁以降の更正の請求書及びその次葉を参照されたい。

(1)　更正の請求書

　　更正の請求書には、更正の請求をする理由、添付する書類を記載する。

(2) 更正の請求書次葉

更正の請求書次葉には、当初申告額を「申告（更正・決定）額」欄に記載する。修正後の価格を「請求額」欄に記載する。

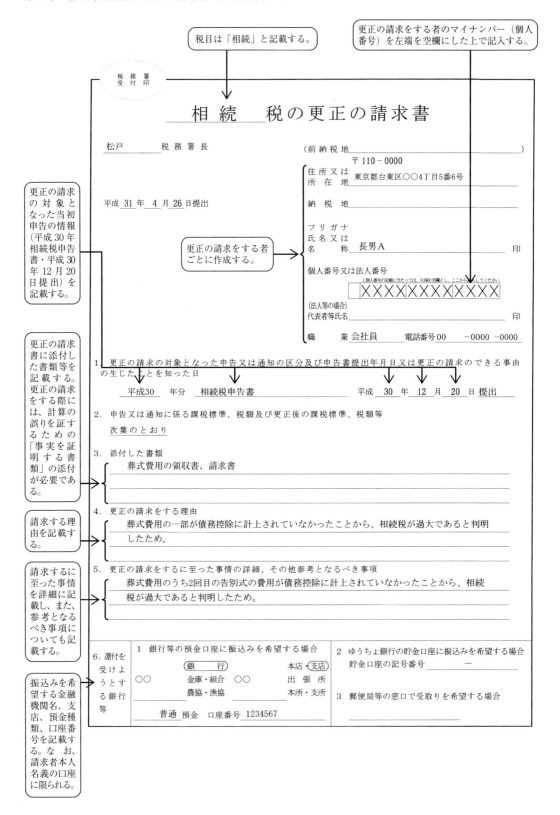

税目は「相続」と記載する。

更正の請求をする者のマイナンバー（個人番号）を左端を空欄にした上で記入する。

税務署受付印

相 続　税 の 更 正 の 請 求 書

松戸　　　　　税 務 署 長

（前 納 税 地＿＿＿＿＿＿＿＿＿＿＿＿＿＿＿＿＿）

〒 110 − 0000

住 所 又 は　東京都台東区○○4丁目5番6号
所 在 地＿＿＿＿＿＿＿＿＿＿＿＿＿＿＿＿＿＿＿＿＿＿

平成 31 年 4 月 26 日提出

納 税 地＿＿＿＿＿＿＿＿＿＿＿＿＿＿＿＿＿＿

フ リ ガ ナ
氏 名 又 は
名　　称　　長男A　　　　　　　　　　　　　印

更正の請求をする者ごとに作成する。

個人番号又は法人番号
個人番号の記載に当たっては、左端を空欄とし、ここから記入してください
|X|X|X|X| |X|X|X|X| |X|X|X|

（法人等の場合）
代表者等氏名＿＿＿＿＿＿＿＿＿＿＿＿＿＿＿　印

職　　業 会社員　　　電話番号00　−0000 −0000

更正の請求の対象となった当初申告の情報（平成30年相続税申告書・平成30年12月20日提出）を記載する。

1．更正の請求の対象となった申告又は通知の区分及び申告書提出年月日又は更正の請求のできる事由の生じたことを知った日

　　平成30　年分　　相続税申告書　　　　　　　　平成　30 年 12 月 20 日 提出

2．申告又は通知に係る課税標準、税額及び更正後の課税標準、税額等
　　次葉のとおり

更正の請求書に添付した書類等を記載する。更正の請求をする際には、計算の誤りを証するための「事実を証明する書類」の添付が必要である。

3．添付した書類
　　葬式費用の領収書、請求書

請求する理由を記載する。

4．更正の請求をする理由
　　葬式費用の一部が債務控除に計上されていなかったことから、相続税が過大であると判明したため。

請求するに至った事情を詳細に記載し、また、参考となるべき事項についても記載する。

5．更正の請求をするに至った事情の詳細、その他参考となるべき事項
　　葬式費用のうち2回目の告別式の費用が債務控除に計上されていなかったことから、相続税が過大であると判明したため。

振込みを希望する金融機関名、支店、預金種類、口座番号を記載する。なお、請求者本人名義の口座に限られる。

6．還付を受けようとする銀行等

1 銀行等の預金口座に振込みを希望する場合

○○　（銀　　行）　　本店・支店
金庫・組合　○○　出 張 所
農協・漁協＿＿＿＿　本所・支店

＿＿普通 預金 口座番号 1234567

2 ゆうちょ銀行の貯金口座に振込みを希望する場合
貯金口座の記号番号＿＿＿＿−＿＿＿＿

3 郵便局等の窓口で受取りを希望する場合
＿＿＿＿＿＿＿＿＿＿＿＿

390

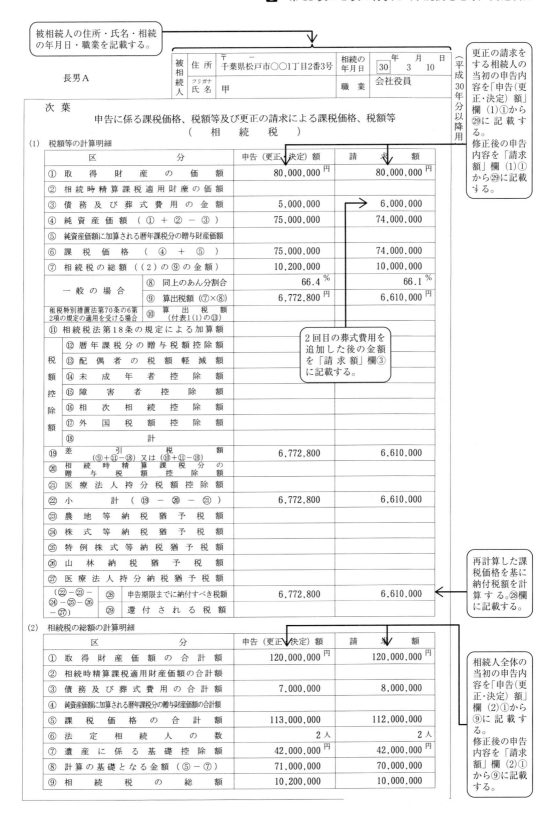

391

更正の請求をする者のマイナンバー（個人番号）を左端を空欄にした上で記入する。

税 務 署
受 付 印

相　続　　税の更正の請求書

松戸　　　　税 務 署 長

（前 納 税 地＿＿＿＿＿＿＿＿＿＿＿＿＿＿＿＿＿＿＿＿）

〒 541 - 0000

住 所 又 は　大阪府大阪市○○7丁目8番9号
所 在 地＿＿＿＿＿＿＿＿＿＿＿＿＿＿＿＿＿＿＿＿

平成 31 年 4 月 26 日提出

納 税 地＿＿＿＿＿＿＿＿＿＿＿＿＿＿＿＿＿＿＿＿

フ リ ガ ナ
氏 名 又 は
名　　　称　長女B＿＿＿＿＿＿＿＿＿＿＿＿＿＿　印

個人番号又は法人番号

↓個人番号の記載に当たっては、左端を空欄とし、ここから記入してください

| ○ | × | × | × | × | × | × | × | × | × | × | × |

（法人等の場合）
代表者等氏名＿＿＿＿＿＿＿＿＿＿＿＿＿＿＿＿＿＿　印

職　　業 無職＿＿＿　電話番号　00 - 0000 - 0000

1．更正の請求の対象となった申告又は通知の区分及び申告書提出年月日又は更正の請求のできる事由の生じたことを知った日

平成30　　年分　相続税申告書＿＿＿＿＿＿＿＿＿　　平成 30 年 12 月 20 日 提出

2．申告又は通知に係る課税標準、税額及び更正後の課税標準、税額等

次葉のとおり

3．添付した書類

葬式費用の領収書、請求書＿＿＿＿＿＿＿＿＿＿＿＿＿＿＿＿＿＿＿＿＿＿＿＿＿＿＿＿＿＿＿＿＿

＿＿＿

＿＿＿

4．更正の請求をする理由

葬式費用の一部が債務控除に計上されていなかったことから、相続税が過大であると判明したため。

5．更正の請求をするに至った事情の詳細、その他参考となるべき事項

葬式費用のうち2回目の告別式の費用が債務控除に計上されていなかったことから、相続税が過大であると判明したため。

6．還付を受けようとする銀行等	1　銀行等の預金口座に振込みを希望する場合	2　ゆうちょ銀行の貯金口座に振込みを希望する場合
	⟨銀　　行⟩　　　　　　本店・⟨支店⟩　　　　　　　貯金口座の記号番号＿＿＿＿＿＿＿＿＿－＿＿＿＿＿＿＿	
	○○　金庫・組合　○○　出 張 所	
	農協・漁協　　　　　本所・支所	3　郵便局等の窓口で受取りを希望する場合
	普通 預金　口座番号 234567891	＿＿＿＿＿＿＿＿＿＿＿＿＿＿＿＿＿＿＿

長男Aと同様に記載する。

被相続人	住所	〒 　　　－ 千葉県松戸市○○1丁目2番3号	相続の年月日	年　　月　　日 30　3　10
長女B	フリガナ 氏名	甲	職業	会社役員

（平成30年分以降用）

次葉

申告に係る課税価格、税額等及び更正の請求による課税価格、税額等
（　相　続　税　）

(1) 税額等の計算明細

区　　分	申告（更正・決定）額	請　求　額
① 取　得　財　産　の　価　額	40,000,000 円	40,000,000 円
② 相続時精算課税適用財産の価額		
③ 債　務　及　び　葬　式　費　用　の　金　額	2,000,000	2,000,000
④ 純　資　産　価　額　（　①　＋　②　－　③　）	38,000,000	38,000,000
⑤ 純資産価額に加算される暦年課税分の贈与財産価額		
⑥ 課　税　価　格　（　④　＋　⑤　）	38,000,000	38,000,000
⑦ 相　続　税　の　総　額　（（2）の⑨の金額）	10,200,000	10,000,000
一　般　の　場　合 ⑧ 同上のあん分割合	33.6 ％	33.9 ％
⑨ 算出税額（⑦×⑧）	3,427,200 円	3,390,000 円
租税特別措置法第70条の6第2項の規定の適用を受ける場合 ⑩ 算　出　税　額（付表1(1)の⑬）		
⑪ 相続税法第18条の規定による加算額		
税額控除額 ⑫ 暦年課税分の贈与税額控除額		
⑬ 配　偶　者　の　税　額　軽　減　額		
⑭ 未　成　年　者　控　除　額		
⑮ 障　害　者　控　除　額		
⑯ 相　次　相　続　控　除　額		
⑰ 外　国　税　額　控　除　額		
⑱ 　　　　計		
⑲ 差　引　税　額（⑨＋⑪－⑱）又は（⑩＋⑪－⑱）	3,427,200	3,390,000
⑳ 相続時精算課税分の贈与税額控除額		
㉑ 医　療　法　人　持　分　税　額　控　除　額		
㉒ 小　　　計　　（　⑲　－　⑳　－　㉑　）	3,427,200	3,390,000
㉓ 農　地　等　納　税　猶　予　税　額		
㉔ 株　式　等　納　税　猶　予　税　額		
㉕ 特　例　株　式　等　納　税　猶　予　税　額		
㉖ 山　林　納　税　猶　予　税　額		
㉗ 医　療　法　人　持　分　納　税　猶　予　税　額		
（㉒－㉓－㉔－㉕－㉖－㉗） ㉘ 申告期限までに納付すべき税額	3,427,200	3,390,000
㉙ 還　付　さ　れ　る　税　額		

(2) 相続税の総額の計算明細

区　　分	申告（更正・決定）額	請　求　額
① 取　得　財　産　価　額　の　合　計　額	120,000,000 円	120,000,000 円
② 相続時精算課税適用財産価額の合計額		
③ 債　務　及　び　葬　式　費　用　の　合　計　額	7,000,000	8,000,000
④ 純資産価額に加算される暦年課税分の贈与財産価額の合計額		
⑤ 課　税　価　格　の　合　計　額	113,000,000	112,000,000
⑥ 法　定　相　続　人　の　数	2 人	2 人
⑦ 遺　産　に　係　る　基　礎　控　除　額	42,000,000 円	42,000,000 円
⑧ 計　算　の　基　礎　と　な　る　金　額　（⑤－⑦）	71,000,000	70,000,000
⑨ 相　続　税　の　総　額	10,200,000	10,000,000

長男Aと同様に記載する。

393

【参考資料】相続税の修正申告書

　納税額が還付の者のみである場合には、修正申告書の提出は要件とされていないが、実務では一般的に、添付資料として提出しているため、次頁以降を参照されたい。

申告する者のマイナンバー（個人番号）を左端を空欄にした上で記入する。

相続税の修正申告書

松戸　税務署長

31 年 4 月 26 日 提出

相続開始年月日 平成30年 3 月 10 日

○フリガナは、必ず記入してください。

第1表（平成30年分以降用）

個人番号の記載に当たっては、左端を空欄としここから記入してください。

区分		各人の合計（被相続人）甲			財産を取得した人 長男A		
フリガナ 氏名		甲			長男A ㊞		
個人番号又は法人番号					⨉⨉⨉⨉⨉⨉⨉⨉⨉⨉⨉⨉		
生年月日		昭和15年 10月 19日（年齢 77歳）			昭和50年 3月 24日（年齢 42歳）		
住所（電話番号）		千葉県松戸市○○1丁目2番3号			〒110-0000 東京都台東区○○4丁目5番6号（ 00 － 0000 － 0000 ）		
被相続人との続柄 職業		会社役員			長男	会社員	
取得原因		該当する取得原因を○で囲みます。			相続・遺贈・相続時精算課税に係る贈与		
※ 整理番号							
区　分		ⓘ修正前の課税額	ⓡ修正申告額	ⓗ修正する額（ロ－イ）	ⓘ修正前の課税額	ⓡ修正申告額	ⓗ修正する額（ロ－イ）
課税価格の計算	取得財産の価額（第11表③）①	120,000,000 円	120,000,000 円	0 円	80,000,000 円	80,000,000 円	0 円
	相続時精算課税適用財産の価額（第11の2表1⑦）②						
	債務及び葬式費用の金額（第13表3⑦）③	7,000,000	8,000,000	1,000,000	5,000,000	6,000,000	1,000,000
	純資産価額（①＋②－③）（赤字のときは0）④	113,000,000	112,000,000	△1,000,000	75,000,000	74,000,000	△1,000,000
	純資産価額に加算される暦年課税分の贈与財産価額（第14表1④）⑤						
	課税価格（④＋⑤）（1,000円未満切捨て）⑥	Ⓐ 113,000,000	Ⓐ 112,000,000	△1,000,000	75,000,000	74,000,000	△1,000,000
各人の算出税額の計算	法定相続人の数及び遺産に係る基礎控除額 ⑧	Ⓑ（ 2人）42,000,000	Ⓑ（ 2人）42,000,000	（ 0人）,000,000	左の欄には、第2表の②欄の①の人数及び⑨の金額を記入します。		
	相続税の総額 ⑦	10,200,000	10,000,000	△200,000	左の欄には、第2表の⑧欄の金額を記入します。		
	一般の場合（⑩の場合を除く）あん分割合（各人の⑥／Ⓐ）⑧	1.00	1.00		0.664	0.661	△0.003
	算出税額（⑦×各⑧）⑨	10,200,000 円	10,000,000 円	△200,000 円	6,772,800 円	6,610,000 円	△162,800 円
	農地等納税猶予の適用を受ける場合 算出税額（第3表）⑩						
	相続税額の2割加算が行われる場合の加算金額（第4表1⑯）⑪	円	円	円	円	円	円
各人の納付・還付税額の計算	税額控除	暦年課税分の贈与税額控除額（第4表の2⑥）⑫					
		配偶者の税額軽減額（第5表⑨又は○）⑬					
		未成年者控除額（第6表1②、③又は⑥）⑭					
		障害者控除額（第6表2②、③又は⑥）⑮					
		相次相続控除額（第7表⑬又は⑱）⑯					
		外国税額控除額（第8表1⑧）⑰					
		計 ⑱					
	差引税額（⑨＋⑪－⑱）又は（⑩＋⑪－⑱）（赤字のときは0）⑲	10,200,000	10,000,000	△200,000	6,772,800	6,610,000	△162,800
	相続時精算課税分の贈与税額控除額（第11の2表⑧）⑳	00	00	00	00	00	00
	医療法人持分税額控除額（第8の4表2B）㉑						
	小計（⑲－⑳－㉑）（黒字のときは100円未満切捨て）㉒	10,200,000	10,000,000	△200,000	6,772,800	6,610,000	△162,800
	農地等納税猶予税額（第8表2⑦）㉓	00	00	00	00	00	00
	株式等納税猶予税額（第8の2表2A）㉔	00	00	00	00	00	00
	特例株式等納税猶予税額（第8の2の2表2A）㉕	00	00	00	00	00	00
	山林納税猶予税額（第8の3表2⑧）㉖	00	00	00	00	00	00
	医療法人持分納税猶予税額（第8の4表2A）㉗	00	00	00	00	00	00
	申告納税額 申告期限までに納付すべき税額 ㉘	10,200,000	10,000,000	△200,000	6,772,800	6,610,000	△162,800
	（㉒－㉓－㉔－㉕－㉖－㉗）還付される税額 ㉙	△	△		△	△	

（注）㉒欄の金額が赤字となる場合は、②欄の左端に△を付してください。なお、この場合で㉒欄の金額のうちに贈与税の外国税額控除額（第11の2表⑨）があるときの㉙欄の金額については、「相続税の申告のしかた」を参照してください。

395

申告する者のマイナンバー（個人番号）
を左端を空欄にした上で記入する。

相続税の修正申告書（続）

○フリガナは、必ず記入してください。

		財産を取得した人			財産を取得した人		
フ リ ガ ナ							
氏　　　　名		長女B　　㊞			㊞		
個人番号又は法人番号		◯XXXXXXXXXXX					
生 年 月 日		昭和52年　2月　14日（年齢　40歳）			年　　月　　日（年齢　　歳）		
住　　　　　所 （電 話 番 号）		〒541 - 0000 大阪府大阪市◯◯7丁目8番9号 （ 00 － 0000 － 0000 ）			〒 （ － － ）		
被相続人 との続柄 職業		長女	無職				
取 得 原 因		相続・遺贈・相続時精算課税に係る贈与			相続・遺贈・相続時精算課税に係る贈与		
※ 整 理 番 号							

区　　　　分		㋑修正前の課税額	㋺修正申告額	㋩修正する額（㋺－㋑）	㋑修正前の課税額	㋺修正申告額	㋩修正する額（㋺－㋑）
課税価格の計算	取得財産の価額（第11表③）①	円 40,000,000	円 40,000,000	円 0	円	円	円
	相続時精算課税適用財産の価額（第11の2表1⑦）②						
	債務及び葬式費用の金額（第13表3⑦）③	2,000,000	2,000,000	0			
	純資産価額（①+②-③）（赤字のときは0）④	38,000,000	38,000,000	0			
	純資産価額に加算される暦年課税分の贈与財産価額（第14表1④）⑤						
	課税価格（④+⑤）（1,000円未満切捨て）⑥	38,000,000	38,000,000	,000	,000	,000	,000
各人の算出税額の計算	法定相続人の数及び遺産に係る基礎控除額						
	相続税の総額⑦						
	一般の場合（⑩の場合を除く） あん分割合（各人の⑥）Ⓐ ⑧	0.336	0.339	0.003			
	算出税額（⑦×各人の⑧）⑨	円 3,427,200	3,390,000	△37,200	円	円	円
	農地等納税猶予の適用を受ける場合 算出税額（第3表⑪）⑩						
	相続税額の2割加算が行われる場合の加算金額（第4表1⑥）⑪	円	円	円	円	円	円
各人の納付・還付税額の計算	税額控除	暦年課税分の贈与税額控除額（第4表の2②）⑫					
		配偶者の税額軽減額（第5表㋑又は㋺）⑬					
		未成年者控除額（第6表1②、③又は⑥）⑭					
		障害者控除額（第6表2②、③又は⑥）⑮					
		相次相続控除額（第7表⑬又は⑱）⑯					
		外国税額控除額（第8表1⑧）⑰					
		計⑱					
	差引税額（⑨+⑪-⑱）又は（⑩+⑪-⑱）（赤字のときは0）⑲	3,427,200	3,390,000	△37,200			
	相続時精算課税分の贈与税額控除額（第11の2表⑧）⑳	00	00	00	00	00	00
	医療法人持分税額控除額（第8の4表2B）㉑						
	小計（⑲-⑳-㉑）（黒字のときは100円未満切捨て）㉒	3,427,200	3,390,000	△37,200			
	農地等納税猶予税額（第8表2⑦）㉓	00	00	00	00	00	00
	株式等納税猶予税額（第8の2表2A）㉔	00	00	00	00	00	00
	特例株式等納税猶予税額（第8の2の2表2A）㉕	00	00	00	00	00	00
	山林納税猶予税額（第8の3表2⑧）㉖	00	00	00	00	00	00
	医療法人持分納税猶予税額（第8の4表2A）㉗	00	00	00	00	00	00
	申告納税額 申告期限までに納付すべき税額㉘	3,427,200	3,390,000	△37,200	00	00	00
	（㉒-㉓-㉔-㉕-㉖-㉗）還付される税額㉙	△	△		△	△	

第1表（続）（平成30年分以降用）

（注）㉒欄の金額が赤字となる場合は、㉒欄の左端に△を付してください。なお、この場合で㉒欄の金額のうちに贈与税の外国税額控除額（第11の2表⑨）があるときの㉙欄の金額については、「相続税の申告のしかた」を参照してください。

相続税の総額の計算書

被相続人	甲

第2表（平成27年分以降用）

○この表を修正申告書の第2表として使用するときは、㋑欄には修正申告書第1表の㋺欄の⑥Ⓐの金額を記入し、㋭欄には修正申告書第3表の1の㋺欄の⑥Ⓐの金額を記入します。

この表は、第1表及び第3表の「相続税の総額」の計算のために使用します。
なお、被相続人から相続、遺贈や相続時精算課税に係る贈与によって財産を取得した人のうちに農業相続人がいない場合は、この表の㋭欄及び㋬欄並びに⑨欄から⑪欄までは記入する必要がありません。

① 課税価格の合計額		② 遺産に係る基礎控除額		③ 課税遺産総額	
㋑（第1表⑥Ⓐ）	112,000,000 円	3,000万円＋（600万円×㋺（Ⓐの法定相続人の数）2人）＝	㋩ 4,200 万円	㊁（㋑－㋩）	70,000,000 円
㋭（第3表⑥Ⓐ）	,000	㋺の人数及び㋩の金額を第1表Ⓑへ転記します。		㋬（㋭－㋩）	,000

④ 法定相続人（(注)1参照）氏名	被相続人との続柄	⑤ 左の法定相続人に応じた法定相続分	第1表の「相続税の総額⑦」の計算 ⑥ 法定相続分に応ずる取得金額（㊁×⑤）（1,000円未満切捨て）	⑦ 相続税の総額の基となる税額（下の「速算表」で計算します。）	第3表の「相続税の総額⑦」の計算 ⑨ 法定相続分に応ずる取得金額（㋬×⑤）（1,000円未満切捨て）	⑩ 相続税の総額の基となる税額（下の「速算表」で計算します。）
長男A	長男	1/2	35,000,000 円	5,000,000 円	,000 円	円
長女B	長女	1/2	35,000,000	5,000,000	,000	
			,000		,000	
			,000		,000	
			,000		,000	
			,000		,000	
			,000		,000	
			,000		,000	
			,000		,000	
法定相続人の数	Ⓐ 2人	合計 1	⑧ 相続税の総額（⑦の合計額）（100円未満切捨て）	10,000,000	⑪ 相続税の総額（⑩の合計額）（100円未満切捨て）	00

(注) 1 ④欄の記入に当たっては、被相続人に養子がある場合や相続の放棄があった場合には、「相続税の申告のしかた」をご覧ください。
2 ⑧欄の金額を第1表⑦欄へ転記します。財産を取得した人のうちに農業相続人がいる場合は、⑧欄の金額を第1表⑦欄へ転記するとともに、⑪欄の金額を第3表⑦欄へ転記します。

相続税の速算表

法定相続分に応ずる取得金額	10,000千円以下	30,000千円以下	50,000千円以下	100,000千円以下	200,000千円以下	300,000千円以下	600,000千円以下	600,000千円超
税率	10%	15%	20%	30%	40%	45%	50%	55%
控除額	－千円	500千円	2,000千円	7,000千円	17,000千円	27,000千円	42,000千円	72,000千円

この速算表の使用方法は、次のとおりです。
⑥欄の金額×税率－控除額＝⑦欄の税額　⑨欄の金額×税率－控除額＝⑩欄の税額
例えば、⑥欄の金額30,000千円に対する税額（⑦欄）は、30,000千円×15%－500千円＝4,000千円です。

○連帯納付義務について
相続税の納税については、各相続人等が相続、遺贈や相続時精算課税に係る贈与により受けた利益の価額を限度として、お互いに連帯して納付しなければならない義務があります。

債務及び葬式費用の明細書

| 被相続人 | 甲 |

1 債務の明細　（この表は、被相続人の債務について、その明細と負担する人の氏名及び金額を記入します。）

債　務　の　明　細					負担することが確定した債務	
種類	細　目	債　権　者 氏名又は名称	住所又は所在地	発生年月日 弁済期限	金　額	負担する人の氏名	負担する金額
銀行借入金	証書借入	X銀行　○○支店	千葉県松戸市○○4丁目3番4号		2,000,000 円	長男A	2,000,000 円
銀行借入	証書借入	○○銀行　○○支店	千葉県柏市○○2丁目3番4号		2,000,000	長女B	2,000,000
合　　計					4,000,000		

2 葬式費用の明細　（この表は、被相続人の葬式に要した費用について、その明細と負担する人の氏名及び金額を記入します。）

葬　式　費　用　の　明　細				負担することが確定した葬式費用	
支　払　先 氏名又は名称	住所又は所在地	支払年月日	金　額	負担する人の氏名	負担する金額
葬儀社	千葉県松戸市○○5丁目1番3号	30・3・29	3,000,000 円	長男A	3,000,000 円
葬儀社	長野県長野市○○2丁目3番16号	30・4・19	1,000,000	長男A	1,000,000
合　　計			4,000,000		

3 債務及び葬式費用の合計額

債務などを承継した人の氏名			（各人の合計）	長男A	長女B		
債務	負担することが確定した債務	①	4,000,000 円	2,000,000 円	2,000,000 円	円	円
	負担することが確定していない債務	②					
	計（①＋②）	③	4,000,000	2,000,000	2,000,000		
葬式費用	負担することが確定した葬式費用	④	4,000,000	4,000,000			
	負担することが確定していない葬式費用	⑤					
	計（④＋⑤）	⑥	4,000,000	4,000,000			
合　　計（③＋⑥）		⑦	8,000,000	6,000,000	2,000,000		

（注）　1　各人の⑦欄の金額を第1表のその人の「債務及び葬式費用の金額③」欄に転記します。
　　　　2　③、⑥及び⑦欄の金額を第15表の㉟、㊱及び㊲欄にそれぞれ転記します。

相続財産の種類別価額表

（この表は、第11表から第14表までの記載に基づいて記入します。）

被相続人　甲

第15表（修正申告用）（平成30年分以降用）

種類	細目	番号	各人の合計	長男A	長女B			
土地（土地の上に存する権利を含みます。）	田	①	円	円	円	円	円	円
	畑	②						
	宅　地	③						
	山　林	④						
	その他の土地	⑤						
	計	⑥	（　）	（　）	（　）	（　）	（　）	（　）
	⑥のうち特例農地等 通常価額	⑦	（　）	（　）	（　）	（　）	（　）	（　）
	農業投資価格による価額	⑧	（　）	（　）	（　）	（　）	（　）	（　）
家屋、構築物		⑨	（　）	（　）	（　）	（　）	（　）	（　）
事業（農業）用財産	機械、器具、農耕具、その他の減価償却資産	⑩						
	商品、製品、半製品、原材料、農産物等	⑪						
	売　掛　金	⑫						
	その他の財産	⑬						
	計	⑭	（　）	（　）	（　）	（　）	（　）	（　）
有価証券	特定同族会社の株式及び出資 配当還元方式によったもの	⑮						
	その他の方式によったもの	⑯						
	⑮及び⑯以外の株式及び出資	⑰						
	公債及び社債	⑱						
	証券投資信託、貸付信託の受益証券	⑲						
	計	⑳	（　）	（　）	（　）	（　）	（　）	（　）
現金、預貯金等		㉑	（　）	（　）	（　）	（　）	（　）	（　）
家庭用財産		㉒	（　）	（　）	（　）	（　）	（　）	（　）
その他の財産	生命保険金等	㉓						
	退職手当金等	㉔						
	立　木	㉕						
	その他	㉖	120,000,000	80,000,000	40,000,000			
	計	㉗	（120,000,000）	（80,000,000）	（40,000,000）	（　）	（　）	（　）
合計（⑥+⑨+⑭+⑳+㉑+㉒+㉗）		㉘	（（120,000,000）	（（80,000,000）	（（40,000,000）	（（　）	（（　）	（（　）
相続時精算課税適用財産の価額		㉙						
不動産等の価額（⑥+⑨+⑭+⑳+⑮+㉕）		㉚						
⑯のうち株式等納税猶予対象の株式等の価額の80％の額		㉛						
⑰のうち株式等納税猶予対象の株式等の価額の80％の額		㉜						
⑯のうち特例株式等納税猶予対象の株式等の価額		㉝						
⑰のうち特例株式等納税猶予対象の株式等の価額		㉞						
債務等	債　務	㉟	4,000,000	2,000,000	2,000,000			
	葬式費用	㊱	4,000,000	4,000,000				
	合計（㉟+㊱）	㊲	（8,000,000）	（6,000,000）	（2,000,000）	（　）	（　）	（　）
差引純資産価額（㉘+㉙-㊲）（赤字のときは0）		㊳	112,000,000	74,000,000	38,000,000			
純資産価額に加算される暦年課税分の贈与財産価額		㊴						
課税価格（㊳+㊴）（1,000円未満切捨て）		㊵	112,000,000	74,000,000	38,000,000	,000	,000	,000

399

〈葬式費用の留意点〉

(1)　**葬式費用の範囲**

葬式費用の範囲は、以下のように取り扱われている（相基通13-4、13-5）。

①　**葬式費用に該当するもの**

イ　葬式若しくは葬送に際し、又はこれらの前において、埋葬、火葬、納骨又は遺がい若しくは遺骨の回送その他に要した費用（仮葬式と本葬式とを行うものにあっては、その両者の費用）

ロ　葬式に際し、施与した金品で、被相続人の職業、財産その他の事情に照らして相当程度と認められるものに要した費用

ハ　イ又ロに掲げるもののほか、葬式の前後に生じた出費で通常葬式に伴うものと認められるもの

ニ　死体の捜索又は死体若しくは遺骨の運搬に要した費用

②　**葬式費用に該当しないもの**

イ　香典返戻費用

ロ　墓碑及び墓地の買入費並びに墓地の借入料

ハ　法会に要する費用及び医学上又は裁判上の特別の処置に要した費用。

なお、法会とは、法事ともいい、初七日、四十九日、1周忌などがあり、死者を葬る儀式である葬式とは異なり、死者の追善供養のため営まれるものである。

③　**納骨費用について**

一般に火葬や埋葬等の葬式の流れの中で行われる納骨費用は葬式費用に該当するため、初七日や四十九日忌に併せて行った納骨費用についても含まれるものとされる。ただし、初七日等と併せて行っている場合には法会にかかった費用と明確に区分できることが必要である。

(2)　**二度目の葬式費用**

長野県長野市の二度目の告別式の費用は、次の理由から葬式費用に該当するものと判断される。

長野県長野市での告別式は、千葉県松戸市のみで告別式を行うと長野県長野市の知人等が告別式に参列することが困難となることから、参列者の便宜等を考慮し、遺族の意思により千葉県松戸市で告別式の後、別途執り行ったものである。

また、告別式は納骨前に行ったものであり、その内容も遺影及び遺骨を祭り、僧侶に

よる読経とともに、参列者が焼香等を行う仏式により行われたもので千葉県松戸市での告別式と同様であることから、死者の追善供養のため行われる法会（法事）ではなく、死者を葬るために行われた儀式であると考えられる。

| 事例29 | 相続税額の2割加算の対象者

〈当初の期限内申告書の申告内容〉

　被相続人甲は、平成30年3月10日に死亡し、被相続人甲の相続人である養子Aとその子B（養子）が、それぞれ次の財産を取得することで分割協議が成立し、平成30年12月20日に相続税の期限内申告書を提出するとともに、納付すべき相続税額を期限内に納税した。

財産等	価額	養子A	養子B（Aの子）
課税価格	1億2,000万円	3,000万円	9,000万円
算出税額	1,160万円	290万円	870万円
2割加算金額	174万円		174万円
納付すべき税額	1,334万円	290万円	1,044万円

　被相続人甲には、配偶者及び子がいないため、平成20年に甥（A）とその子（B）を養子にしている。相続関係図は次のとおりである。

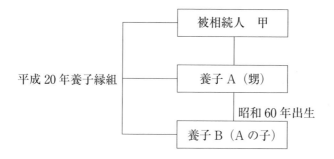

〈更正の請求の内容〉

　当初の申告では、養子Bを孫養子として2割加算の申告をしていたが養子Bは2割加算の対象とならないことが判明したため、平成31年4月26日に更正の請求書を提出した。

〈相続税額の比較〉

内容	合計	養子A	養子B
更正の請求前			
課税価格	1億2,000万円	3,000万円	9,000万円
算出税額	1,160万円	290万円	870万円
２割加算金額	174万円	0円	174万円
納付税額	1,334万円	290万円	1,044万円
更正の請求後			
課税価格	1億2,000万円	3,000万円	9,000万円
算出税額	1,160万円	290万円	870万円
２割加算金額	0円	0円	0円
納付税額	1,160万円	290万円	870万円
還付税額	174万円	0円	174万円

〈更正の請求書の記載方法の概要及び留意点〉

　相続税の更正の請求書の記載方法の概要は次のとおりであるが、留意点は次頁以降の更正の請求書及びその次葉を参照されたい。

(1)　**更正の請求書**

　更正の請求書には、更正の請求をする理由、添付する書類を記載する。

(2)　**更正の請求書次葉**

　更正の請求書次葉には、当初申告額を「申告（更正・決定）額」欄に記載する。修正後の価格を「請求額」欄に記載する。

税目は「相続」と記載する。

更正の請求をする者のマイナンバー（個人番号）を左端を空欄にした上で記入する。

更正の請求をする者ごとに作成する。

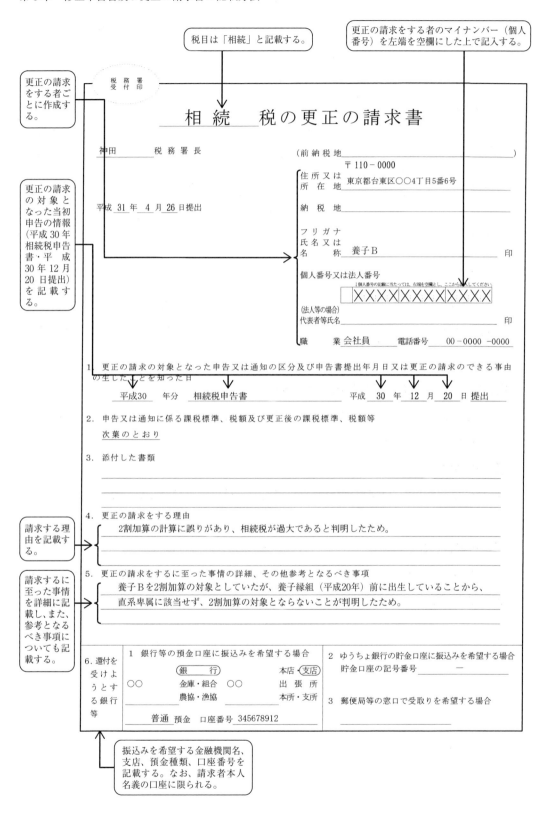

更正の請求の対象となった当初申告の情報（平成30年相続税申告書・平成30年12月20日提出）を記載する。

相　続　　税の更正の請求書

神田　　　　　税務署長

（前納税地＿＿＿＿＿＿＿＿＿＿＿＿　）

〒 110 - 0000

住所又は所在地　東京都台東区○○4丁目5番6号

平成 31 年 4 月 26 日提出

納 税 地＿＿＿＿＿＿＿＿＿＿＿＿

フリガナ

氏名又は名　　称　養子B　　　　　　　　　印

個人番号又は法人番号

［個人番号の記載に当たっては、左端を空欄とし、ここから記載してください］

| X | X | X | X | X | X | X | X | X | X | X | X |

（法人等の場合）

代表者等氏名　　　　　　　　　　　　　　　印

職　　業　会社員　　　電話番号　00 - 0000 - 0000

1．更正の請求の対象となった申告又は通知の区分及び申告書提出年月日又は更正の請求のできる事由の生じたことを知った日

平成30　年分　相続税申告書　　　　　　平成 30 年 12 月 20 日 提出

2．申告又は通知に係る課税標準、税額及び更正後の課税標準、税額等

次葉のとおり

3．添付した書類

＿＿＿＿＿＿＿＿＿＿＿＿＿＿＿＿＿＿＿＿＿＿＿
＿＿＿＿＿＿＿＿＿＿＿＿＿＿＿＿＿＿＿＿＿＿＿
＿＿＿＿＿＿＿＿＿＿＿＿＿＿＿＿＿＿＿＿＿＿＿

請求する理由を記載する。

4．更正の請求をする理由

2割加算の計算に誤りがあり、相続税が過大であると判明したため。

請求するに至った事情を詳細に記載し、また、参考となるべき事項についても記載する。

5．更正の請求をするに至った事情の詳細、その他参考となるべき事項

養子Bを2割加算の対象としていたが、養子縁組（平成20年）前に出生していることから、直系卑属に該当せず、2割加算の対象とならないことが判明したため。

6．還付を受けようとする銀行等

1　銀行等の預金口座に振込みを希望する場合

（銀　行）　　　　本店・支店

○○　金庫・組合　○○　出張所

農協・漁協　　　　本所・支所

＿＿＿＿＿　　＿＿＿＿＿

普通　預金　口座番号 345678912

2　ゆうちょ銀行の貯金口座に振込みを希望する場合

貯金口座の記号番号＿＿＿＿＿－＿＿＿＿＿

3　郵便局等の窓口で受取りを希望する場合

振込みを希望する金融機関名、支店、預金種類、口座番号を記載する。なお、請求者本人名義の口座に限られる。

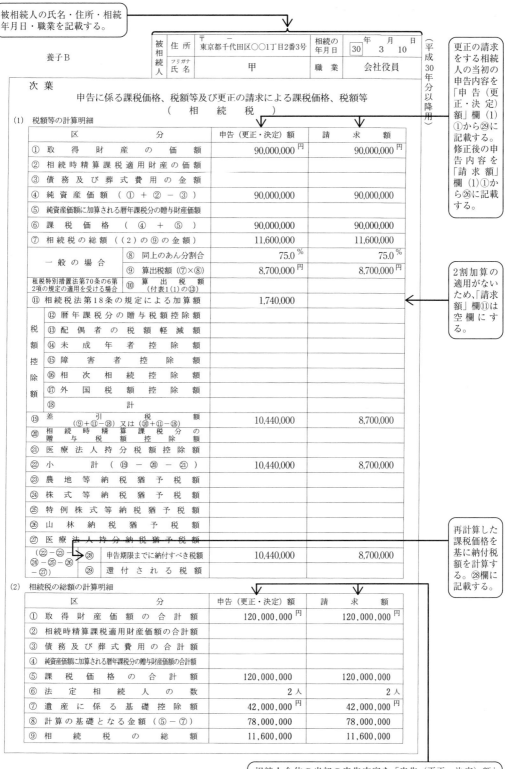

被相続人の氏名・住所・相続年月日・職業を記載する。

| 被相続人 | 住所 | 〒 ー 東京都千代田区○○1丁目2番3号 | 相続の年月日 | 年 30 月 3 日 10 | （平成30年分以降用） |
| | フリガナ 氏名 | 甲 | 職業 | 会社役員 | |

養子B

次葉

申告に係る課税価格、税額等及び更正の請求による課税価格、税額等
（ 相 続 税 ）

(1) 税額等の計算明細

区　　　分	申告（更正・決定）額	請　求　額
① 取 得 財 産 の 価 額	90,000,000 円	90,000,000 円
② 相続時精算課税適用財産の価額		
③ 債 務 及 び 葬 式 費 用 の 金 額		
④ 純 資 産 価 額 （ ① ＋ ② － ③ ）	90,000,000	90,000,000
⑤ 純資産価額に加算される暦年課税分の贈与財産価額		
⑥ 課 税 価 格 （ ④ ＋ ⑤ ）	90,000,000	90,000,000
⑦ 相続税の総額 （（2）の⑨の金額）	11,600,000	11,600,000
一般の場合　⑧ 同上のあん分割合	75.0 ％	75.0 ％
⑨ 算出税額 （⑦×⑧）	8,700,000 円	8,700,000 円
相続税特別措置法第70条の6第2項の規定の適用を受ける場合　⑩ 算 出 税 額 （付表1(1)の⑬）		
⑪ 相続税法第18条の規定による加算額	1,740,000	
税額控除額　⑫ 暦年課税分の贈与税額控除額		
⑬ 配 偶 者 の 税 額 軽 減 額		
⑭ 未 成 年 者 控 除 額		
⑮ 障 害 者 控 除 額		
⑯ 相 次 相 続 控 除 額		
⑰ 外 国 税 額 控 除 額		
⑱ 計		
⑲ 差 引 税 額 （⑨＋⑪－⑱）又は（⑩＋⑪－⑱）	10,440,000	8,700,000
⑳ 相続時精算課税分の贈与税額控除額		
㉑ 医 療 法 人 持 分 税 額 控 除 額		
㉒ 小 計 （ ⑲ － ⑳ － ㉑ ）	10,440,000	8,700,000
㉓ 農 地 等 納 税 猶 予 税 額		
㉔ 株 式 等 納 税 猶 予 税 額		
㉕ 特 例 株 式 等 納 税 猶 予 税 額		
㉖ 山 林 納 税 猶 予 税 額		
㉗ 医 療 法 人 持 分 納 税 猶 予 税 額		
（㉒－㉓－㉔－㉕－㉖－㉗）　㉘ 申告期限までに納付すべき税額	10,440,000	8,700,000
㉙ 還 付 さ れ る 税 額		

(2) 相続税の総額の計算明細

区　　　分	申告（更正・決定）額	請　求　額
① 取 得 財 産 価 額 の 合 計 額	120,000,000 円	120,000,000 円
② 相続時精算課税適用財産価額の合計額		
③ 債 務 及 び 葬 式 費 用 の 合 計 額		
④ 純資産価額に加算される暦年課税分の贈与財産価額の合計額		
⑤ 課 税 価 格 の 合 計 額	120,000,000	120,000,000
⑥ 法 定 相 続 人 の 数	2 人	2 人
⑦ 遺 産 に 係 る 基 礎 控 除 額	42,000,000 円	42,000,000 円
⑧ 計 算 の 基 礎 と な る 金 額 （⑤－⑦）	78,000,000	78,000,000
⑨ 相 続 税 の 総 額	11,600,000	11,600,000

更正の請求をする相続人の当初の申告内容を「申告（更正・決定）額」欄(1)①から㉙に記載する。修正後の申告内容を「請求額」欄(1)①から㉖に記載する。

2割加算の適用がないため、「請求額」欄⑪は空欄にする。

再計算した課税価格を基に納付税額を計算する。㉘欄に記載する。

相続人全体の当初の申告内容を「申告（更正・決定）額」欄(2)①から⑨に記載する。
修正後の申告内容を「請求額」欄(2)①から⑨に記載する。

【参考資料】相続税の修正申告書

　納税額が還付の者のみである場合には、修正申告書の提出は要件とされていないが、実務では一般的に、添付資料として提出しているため、次頁以降を参照されたい。

相続税の修正申告書

相続開始年月日 平成30年 3月 10日

31 年 4 月 26 日 提出

○フリガナは、必ず記入してください。

		各 人 の 合 計			財産を取得した人		
フリガナ		（被相続人）					
氏 名		甲			養子A ㊞		
個人番号又は法人番号					××××××××××		
生 年 月 日		昭和 5 年 1 月 28日（年齢 88 歳）			昭和32 年 5 月 14日（年齢 60 歳）		
住 所（電話番号）		東京都千代田区○○1丁目2番3号			〒110 - 0000 東京都台東区○○4丁目5番6号（ 00 - 0000 - 0000 ）		
被相続人との続柄 職業		会社役員			子 会社員		
取 得 原 因		該当する取得原因を○で囲みます。			㊝相続・遺贈・相続時精算課税に係る贈与		
※ 整 理 番 号							

区 分		㋑修正前の課税額	㋺修正申告額	㋩修正する額（㋺-㋑）	㋑修正前の課税額	㋺修正申告額	㋩修正する額（㋺-㋑）
取得財産の価額（第11表③）	①	円 120,000,000	円 120,000,000	円 0	円 30,000,000	円 30,000,000	円 0
相続時精算課税適用財産の価額（第11の2表1⑦）	②						
債務及び葬式費用の金額（第13表3⑦）	③						
純資産価額（①+②-③）（赤字のときは0）	④	120,000,000	120,000,000	0	30,000,000	30,000,000	0
純資産価額に加算される暦年課税分の贈与財産価額（第14表1④）	⑤						
課税価格（④+⑤）（1,000円未満切捨て）	⑥	Ⓐ 120,000,000	Ⓐ 120,000,000	,000	30,000,000	30,000,000	,000
法定相続人の数及び遺産に係る基礎控除額	Ⓑ	（ 2人） 42,000,000	（ 2人） 42,000,000	（ 0人） ,000,000	左の欄には、第2表の②欄の⊙人数及び㋺の金額を記入します。		
相続税の総額	⑦	11,600,000	11,600,000	00	左の欄には、第2表の⑧欄の金額を記入します。		
一般の場合（⑩の場合を除く） あん分割合（各人の⑥/Ⓐ）	⑧	1.00	1.00		0.250	0.250	
算出税額（⑦×各人の⑧）	⑨	円 11,600,000	円 11,600,000	円 0	円 2,900,000	円 2,900,000	円 0
農地等納税猶予の適用を受ける場合 算出税額（第3表⑨）	⑩						
相続税額の2割加算が行われる場合の加算金額（第4表1⑥）	⑪	円 1,740,000	円	円 △1,740,000	円	円	円
暦年課税分の贈与税額控除額（第4表の2⑳）	⑫						
配偶者の税額軽減額（第5表㋩又は㋵）	⑬						
未成年者控除額（第6表1②、③又は⑥）	⑭						
障害者控除額（第6表2②、③又は⑥）	⑮						
相次相続控除額（第7表⑬又は⑱）	⑯						
外国税額控除額（第8表1⑧）	⑰						
計	⑱						
差引税額（⑨+⑪-⑱）又は（⑩+⑪-⑱）（赤字のときは0）	⑲	13,340,000	11,600,000	△1,740,000	2,900,000	2,900,000	0
相続時精算課税分の贈与税額控除額（第11の2表⑧）	⑳	00	00	00	00	00	00
医療法人持分税額控除額（第8の4表2B）	㉑						
小計（⑲-⑳-㉑）（黒字のときは100円未満切捨て）	㉒	13,340,000	11,600,000	△1,740,000	2,900,000	2,900,000	0
農地等納税猶予税額（第8表2⑦）	㉓	00	00	00	00	00	00
株式等納税猶予税額（第8の2表2A）	㉔	00	00	00	00	00	00
特例株式等納税猶予税額（第8の2の2表2A）	㉕	00	00	00	00	00	00
山林納税猶予税額（第8の3表2⑧）	㉖	00	00	00	00	00	00
医療法人持分納税猶予税額（第8の4表2A）	㉗	00	00	00	00	00	00
申告納税額 申告期限までに納付すべき税額（㉒-㉓-㉔-㉕-㉖-㉗）	㉘	13,340,000	11,600,000	△1,740,000	2,900,000	2,900,000	00
還付される税額	㉙	△	△		△	△	

（注）㉒欄の金額が赤字となる場合は、㉒欄の左端に△を付してください。なお、この場合で㉒欄の金額のうちに贈与税の外国税額控除額（第11の2表⑨）があるときの㉙欄の金額については、「相続税の申告のしかた」を参照してください。

※の項目は記入する必要はありません。

第1表（平成30年分以降用）

407

相 続 税 の 修 正 申 告 書 （続）

○フリガナは、必ず記入してください。		財 産 を 取 得 し た 人			財 産 を 取 得 し た 人		
氏　　　　名	フリガナ	養子B　　　　㊞			㊞		
個人番号又は法人番号		Ⅰ０×××××××××××			Ⅰ　Ⅰ　　Ⅰ　　Ⅰ		
生　年　月　日		昭和60年　2月　8日（年齢　33歳）			年　　月　　日（年齢　　歳）		
住　　　所（電話番号）		〒　　東京都台東区○○4丁目6番5号　（　00　－　0000　－　0000　）			〒　　（　　　－　　　－　　　）		
被相続人との続柄　職業		孫　　　　　　会社員					
取　得　原　因		⃝相続・遺贈・相続時精算課税に係る贈与			相続・遺贈・相続時精算課税に係る贈与		
※　整　理　番　号							
区　　　　分		⃝イ修正前の課税額	⃝ロ修正申告額	⃝ハ修正する額（ロ－イ）	⃝イ修正前の課税額	⃝ロ修正申告額	⃝ハ修正する額（ロ－イ）
課税価格の計算	取得財産の価額（第11表③）①	90,000,000 円	90,000,000 円	0 円	円	円	円
	相続時精算課税適用財産の価額（第11の2表1⑦）②						
	債務及び葬式費用の金額（第13表3⑦）③						
	純資産価額（①＋②－③）（赤字のときは0）④	90,000,000	90,000,000	0			
	純資産価額に加算される暦年課税分の贈与財産価額（第14表1④）⑤						
	課税価格（④＋⑤）（1,000円未満切捨て）⑥	90,000,000	90,000,000	,000	,000	,000	,000
各人の算出税額の計算	法定相続人の数及び遺産に係る基礎控除額						
	相続税の総額⑦						
	一般の場合（⑩の場合を除く）	あん分割合（各人の⑥／Ⓐ）⑧	0.750	0.750				
		算出税額（⑦×各人の⑧）⑨	8,700,000 円	8,700,000 円	0 円	円	円	円
	農地等納税猶予の適用を受ける場合	算出税額（第3表⑪）⑩						
	相続税額の2割加算が行われる場合の加算金額（第4表1⑯）⑪	1,740,000 円	円	△1,740,000 円	円	円	円
各人の納付・還付税額の計算	税額控除	暦年課税分の贈与税額控除額（第4表の2㉕）⑫						
		配偶者の税額軽減額（第5表⑤又は⑥）⑬						
		未成年者控除額（第6表1②、③又は⑥）⑭						
		障害者控除額（第6表2②、③又は⑥）⑮						
		相次相続控除額（第7表⑬又は⑱）⑯						
		外国税額控除額（第8表1⑧）⑰						
		計⑱						
	差引税額（⑨＋⑪－⑱）又は（⑩＋⑪－⑱）（赤字のときは0）⑲	10,440,000	8,700,000	△1,740,000			
	相続時精算課税分の贈与税額控除額（第11の2表⑧）⑳	00	00	00	00	00	00
	医療法人持分税額控除額（第8の4表2B）㉑						
	小計（⑲－⑳－㉑）（黒字のときは100円未満切捨て）㉒	10,440,000	8,700,000	△1,740,000			
	農地等納税猶予税額（第8表2⑦）㉓	00	00	00	00	00	00
	株式等納税猶予税額（第8の2表2A）㉔	00	00	00	00	00	00
	特例株式等納税猶予税額（第8の2の2表2A）㉕	00	00	00	00	00	00
	山林納税猶予税額（第8の3表2⑧）㉖	00	00	00	00	00	00
	医療法人持分納税猶予税額（第8の4表2A）㉗	00	00	00	00	00	00
	申告納税額 申告期限までに納付すべき税額㉘	10,440,000	8,700,000	△1,740,000	00	00	00
	（㉒－㉓－㉔－㉕－㉖－㉗）還付される税額㉙	△	△		△	△	

相続税の総額の計算書

被相続人 甲

第2表（平成27年分以降用）

○この表を修正申告書の第2表として使用するときは、㋑欄には修正申告書第1表の㋺欄の⑥Ⓐの金額を記入し、㋭欄には修正申告書第3表の1の㋺欄の⑥Ⓐの金額を記入します。

この表は、第1表及び第3表の「相続税の総額」の計算のために使用します。
なお、被相続人から相続、遺贈や相続時精算課税に係る贈与によって財産を取得した人のうちに農業相続人がいない場合は、この表の㋭欄及び㋬欄並びに⑨欄から⑪欄までは記入する必要がありません。

① 課税価格の合計額		② 遺産に係る基礎控除額		③ 課税遺産総額	
㋑（第1表⑥Ⓐ）	120,000,000円	3,000万円＋（600万円×㋺ 2人（Ⓐの法定相続人の数））＝	㋩ 4,200万円	㊁（㋑－㋩）	78,000,000円
㋭（第3表⑥Ⓐ）	,000	㋺の人数及び㋩の金額を第1表Ⓑへ転記します。		㋬（㋭－㋩）	,000

④ 法定相続人（（注）1参照）氏名	被相続人との続柄	⑤ 左の法定相続人に応じた法定相続分	第1表の「相続税の総額⑦」の計算 ⑥ 法定相続分に応ずる取得金額（㊁×⑤）（1,000円未満切捨て）	⑦ 相続税の総額の基となる税額（下の「速算表」で計算します。）	第3表の「相続税の総額⑦」の計算 ⑨ 法定相続分に応ずる取得金額（㋬×⑤）（1,000円未満切捨て）	⑩ 相続税の総額の基となる税額（下の「速算表」で計算します。）
養子A	子	1/2	39,000,000円	5,800,000円	,000円	円
養子B	孫	1/2	39,000,000	5,800,000	,000	
			,000		,000	
			,000		,000	
			,000		,000	
			,000		,000	
			,000		,000	
			,000		,000	
			,000		,000	
法定相続人の数	Ⓐ 2人	合計 1	⑧ 相続税の総額（⑦の合計額）（100円未満切捨て）	11,600,000	⑪ 相続税の総額（⑩の合計額）（100円未満切捨て）	00

（注） 1 ④欄の記入に当たっては、被相続人に養子がある場合や相続の放棄があった場合には、「相続税の申告のしかた」をご覧ください。
2 ⑧欄の金額を第1表⑦欄へ転記します。財産を取得した人のうちに農業相続人がいる場合は、⑧欄の金額を第1表⑦欄へ転記するとともに、⑪欄の金額を第3表⑦欄へ転記します。

相続税の速算表

法定相続分に応ずる取得金額	10,000千円以下	30,000千円以下	50,000千円以下	100,000千円以下	200,000千円以下	300,000千円以下	600,000千円以下	600,000千円超
税率	10%	15%	20%	30%	40%	45%	50%	55%
控除額	－ 千円	500千円	2,000千円	7,000千円	17,000千円	27,000千円	42,000千円	72,000千円

この速算表の使用方法は、次のとおりです。
⑥欄の金額×税率－控除額＝⑦欄の税額　　⑨欄の金額×税率－控除額＝⑩欄の税額
例えば、⑥欄の金額30,000千円に対する税額（⑦欄）は、30,000千円×15%－500千円＝4,000千円です。

○連帯納付義務について
相続税の納税については、各相続人等が相続、遺贈や相続時精算課税に係る贈与により受けた利益の価額を限度として、お互いに連帯して納付しなければならない義務があります。

相続財産の種類別価額表

（この表は、第11表から第14表までの記載に基づいて記入します。）

被相続人　甲

第15表（修正申告用）（平成30年分以降用）

種類	細目	番号	氏名 各人の合計	養子A	養子B			
土地（土地の上に存する権利を含みます。）	田	①	円	円	円	円	円	円
	畑	②						
	宅地	③						
	山林	④						
	その他の土地	⑤						
	計	⑥	( )	( )	( )	( )	( )	( )
⑥のうち特例農地等	通常価額	⑦	( )	( )	( )	( )	( )	( )
	農業投資価格による価額	⑧	( )	( )	( )	( )	( )	( )
家屋、構築物		⑨	( )	( )	( )	( )	( )	( )
事業（農業）用財産	機械、器具、農耕具、その他の減価償却資産	⑩						
	商品、製品、半製品、原材料、農産物等	⑪						
	売掛金	⑫						
	その他の財産	⑬						
	計	⑭	( )	( )	( )	( )	( )	( )
有価証券	特定同族会社の株式及び出資 配当還元方式によったもの	⑮						
	その他の方式によったもの	⑯						
	⑮及び⑯以外の株式及び出資	⑰						
	公債及び社債	⑱						
	証券投資信託、貸付信託の受益証券	⑲						
	計	⑳	( )	( )	( )	( )	( )	( )
現金、預貯金等		㉑	( )	( )	( )	( )	( )	( )
家庭用財産		㉒	( )	( )	( )	( )	( )	( )
その他の財産	生命保険金等	㉓						
	退職手当金等	㉔						
	立木	㉕						
	その他	㉖	120,000,000	30,000,000	90,000,000			
	計	㉗	(120,000,000)	(30,000,000)	(90,000,000)	( )	( )	( )
合計（⑥+⑨+⑭+⑳+㉑+㉒+㉗）		㉘	((120,000,000))	((30,000,000))	((90,000,000))	(( ))	(( ))	(( ))
相続時精算課税適用財産の価額		㉙						
不動産等の価額（⑥+⑨+⑩+⑮+⑯+㉕）		㉚						
⑯のうち株式等納税猶予対象の株式等の価額の80％の額		㉛						
⑰のうち株式等納税猶予対象の株式等の価額の80％の額		㉜						
⑯のうち特例株式等納税猶予対象の株式等の価額		㉝						
⑰のうち特例株式等納税猶予対象の株式等の価額		㉞						
債務等	債務	㉟						
	葬式費用	㊱						
	合計（㉟+㊱）	㊲	( )	( )	( )	( )	( )	( )
差引純資産価額（㉘+㉙−㊲）（赤字のときは0）		㊳	120,000,000	30,000,000	90,000,000			
純資産価額に加算される暦年課税分の贈与財産価額		㊴						
課税価格（㊳+㊴）（1,000円未満切捨て）		㊵	120,000,000	30,000,000	90,000,000	,000	,000	,000

〈孫養子の2割加算の留意点〉

(1) 2割加算

相続や遺贈によって財産を取得した者が、その被相続人の一親等の血族及び配偶者の
いずれでもない場合には、相続税の2割加算の対象となる（相法18①）。

また、一親等の血族である子が被相続人の死亡以前に死亡しているため、その子の代
襲相続人となった孫は2割加算の対象とならない（相法18②）。

(2) 養子縁組

養子縁組とは、血縁関係のない者同士を、法律上親子関係があるものとすることであ
り、普通養子縁組（一般養子縁組）と特別養子縁組の2種類の方法がある。

普通養子縁組とは、養子が実親との親子関係が存続したまま、養親との親子関係をつ
くるため、二重の親子関係となる。

特別養子縁組とは、養子が戸籍上も実親との親子関係を断ち切り、養親が養子を実子
と同じ扱いにする縁組である。

被相続人の養子の場合は、被相続人の一親等の法定血族であるため、2割加算の適用
はないが、被相続人の直系卑属が、被相続人の養子となっている場合には、直系卑属に
ついては2割加算の規定が適用される。

(3) 養子縁組前後の2割加算の適用

本事例のケースでは、養子Bは平成20年の養子縁組前に出生し、一親等の法定血族
になるため、2割加算の対象とはならない（相基通18-3）。

これに対して、養子縁組後に出生している場合には、養子縁組により法定血族になっ
た後に出生をしているため、直系卑属に該当し、2割加算の対象となる（相基通18-3た
だし書）。

事例 30　遺留分減殺請求の行使

〈当初の期限内申告書の申告内容〉

　平成 30 年 3 月 10 日に死亡した被相続人甲には、相続人である長女Ａと長男Ｂがいる。

　長女Ａと長男Ｂは絶縁状態であり、甲の介護等を行っていた長女Ａが遺言により全財産を取得することになった。

　長男Ｂは、遺言により長女Ａが甲の全財産を取得することになっていたことから、やむを得ず同意し、平成 30 年 10 月 31 日に長女Ａとともに相続税の期限内申告書を提出し、長女Ａが納付すべき相続税を期限内に納税した。

財産等	価額	長女Ａ	長男Ｂ
取得財産の価額	1 億 2,000 万円	1 億 2,000 万円	0 円
課税価格	1 億 2,000 万円	1 億 2,000 万円	0 円
納付すべき税額	1,160 万円	1,160 万円	0 円

〈修正申告書及び更正の請求書の内容〉

　相続税の申告書を提出した後、長男Ｂは遺言により財産の処分が決まっていても、遺留分について権利があることを知り、長女Ａに対して、3,000 万円の遺留分減殺請求権の行使を求めた。

　長女Ａはこれに応じ、長女Ａ及び長男Ｂは、平成 31 年 4 月 26 日に修正申告書及び更正の請求書を提出した。

〈修正申告書・更正の請求書の記載方法の概要及び留意点〉

　相続税の修正申告書及び更正の請求書の記載方法の概要は、次のとおりであるが、留意点は次々頁以降の第 1 表・第 2 表・第 11 表・第 15 表及び更正の請求書・次葉を参照されたい。

(1)　**第 1 表**

　第 1 表には、各相続人の合計及び各相続人それぞれの修正前の課税額（当初の期限内申告額）及び修正申告額を記載するとともに、修正する額（修正申告額−修正前の課税額）を記載する。さらに、各相続人のマイナンバー（個人番号）を記載する。

(2) 第2表

　第2表には、遺留分減殺請求権の行使に影響なく、課税価格の合計額により、相続税の総額を再計算する。

(3) 第11表

　第11表には、相続財産について、種類・細目・利用区分・所在場所等を記載し、「分割が確定した財産」欄には、遺留分減殺請求権の行使による修正後の価額を記載する。

(4) 第15表

　第15表には、第11表から第14表までの金額を、細目ごとに合計して各人の合計及び各相続人それぞれの金額を記載する。

(5) 更正の請求書

　更正の請求書には、更正の請求をする理由、添付する書類等を記載する。

(6) 更正の請求書次葉

　更正の請求書次葉には、当初申告額を「申告（更正・決定）額」欄に記載する。修正後の価格を「請求額」欄に記載する。

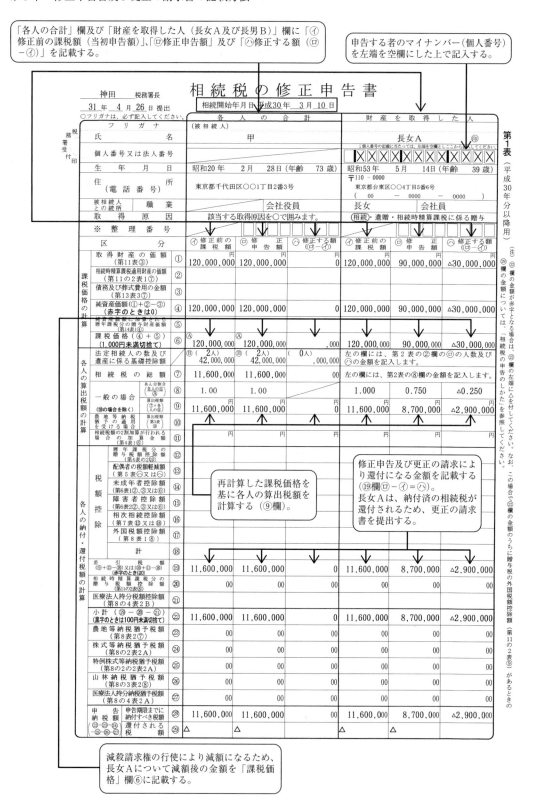

申告する者のマイナンバー（個人番号）
を左端を空欄にした上で記入する。

相続税の修正申告書（続）

○フリガナは、必ず記入してください。

区分			財産を取得した人			財産を取得した人		
フリガナ								
氏 名			長男B ㊞			㊞		
個人番号又は法人番号			ⅠOⅩⅩⅩⅩⅩⅩⅩⅩⅩⅩ			Ⅰ　Ⅰ　Ⅰ		
生 年 月 日			昭和58年 3月 24日（年齢 34歳）			年　月　日（年齢　歳）		
住 所（電話番号）			〒110 - 0000 広島県呉市○○4丁目2番3号（ 00 － 0000 － 0000 ）			〒（ － － ）		
被相続人との続柄 職業			長男 会社員					
取 得 原 因			㊞相続・遺贈・相続時精算課税に係る贈与			相続・遺贈・相続時精算課税に係る贈与		
※ 整 理 番 号								
区 分			㋑修正前の課税額	㋺修正申告額	㋩修正する額（㋺-㋑）	㋑修正前の課税額	㋺修正申告額	㋩修正する額（㋺-㋑）
課税価格の計算	取得財産の価額（第11表③）	①	円	円 30,000,000	円 30,000,000	円	円	円
	相続時精算課税適用財産の価額（第11の2表1⑦）	②						
	債務及び葬式費用の金額（第13表3⑦）	③						
	純資産価額（①+②-③）（赤字のときは0）	④		30,000,000	30,000,000			
	純資産価額に加算される暦年課税分の贈与財産価額（第14表1④）	⑤						
	課税価格（④+⑤）（1,000円未満切捨て）	⑥	,000	30,000,000	30,000,000	,000	,000	,000
各人の算出税額の計算	法定相続人の数及び遺産に係る基礎控除額							
	相続税の総額	⑦						
	一般の場合（⑩の場合を除く） あん分割合（各人の⑥／Ⓐ）	⑧		0.250	0.250			
	算出税額（⑦×各人の⑧）	⑨	円	円 2,900,000	円 2,900,000	円	円	円
	農地等納税猶予の適用を受ける場合 算出税額（第3表⑧）	⑩						
	相続税額の2割加算が行われる場合の加算金額（第4表1⑥）	⑪	円	円	円	円	円	円
各人の納付・還付税額の計算	税額控除	暦年課税分の贈与税額控除額（第4表の2⑨）	⑫					
		配偶者の税額軽減額（第5表㋷又は㋸）	⑬					
		未成年者控除額（第6表1②、③又は⑥）	⑭					
		障害者控除額（第6表2②、③又は⑥）	⑮					
		相次相続控除額（第7表⑬又は⑱）	⑯					
		外国税額控除額（第8表1⑧）	⑰					
		計	⑱					
	差引税額（⑨+⑪-⑱）又は（⑩+⑪-⑱）（赤字のときは0）	⑲		2,900,000	2,900,000			
	相続時精算課税分の贈与税額控除額（第11の2表⑧）	⑳	00	00	00	00	00	00
	医療法人持分税額控除額（第8の4表2B）	㉑						
	小計（⑲-⑳-㉑）（黒字のときは100円未満切捨て）	㉒		2,900,000	2,900,000			
	農地等納税猶予税額（第8表2⑦）	㉓	00	00	00	00	00	00
	株式等納税猶予税額（第8の2表2A）	㉔	00	00	00	00	00	00
	特例株式等納税猶予税額（第8の2の2表2A）	㉕	00	00	00	00	00	00
	山林納税猶予税額（第8の3表2⑧）	㉖	00	00	00	00	00	00
	医療法人持分納税猶予税額（第8の4表2A）	㉗	00	00	00	00	00	00
	申告納税額 申告期限までに納付すべき税額	㉘	00	2,900,000	2,900,000	00	00	00
	㉒-㉓-㉔-㉕-㉖-㉗ 還付される税額	㉙	△	△		△	△	

再計算した課税価格の基に各人の算出税額を記載する。

修正申告書の提出により納付すべき相続税額を計算する（㉒欄㋺-㋑=㋩）。
長男Bは、遺留分減殺請求権の行使により取得価額が増加したため、納付すべき相続税額が発生する。

遺留分減殺請求権の行使による影響はなく、第1表の課税価格の合計（①欄）を基に課税遺産総額（③欄）を算出し、法定相続人に応じた法定相続分により計算した相続税の総額（⑧欄）を第1表⑦欄㋺に移記する。

相　続　税　の　総　額　の　計　算　書

被相続人　甲

第2表（平成27年分以降用）

この表は、第1表及び第3表の「相続税の総額」の計算のために使用します。

なお、被相続人から相続、遺贈や相続時精算課税に係る贈与によって財産を取得した人のうちに農業相続人がいない場合は、この表の㋱欄及び㋭欄並びに⑨欄から⑪欄までは記入する必要がありません。

この表を修正申告書の第2表として使用するときは、④欄には修正申告書第1表の㋺欄の⑥Ⓐの金額を記入し、㋱欄には修正申告書

第3表の1の㋭欄の⑥Ⓐの金額を記入します。

① 課税価格の合計額		② 遺産に係る基礎控除額		③ 課税遺産総額	
㋑（第1表⑥Ⓐ）	円 120,000,000	3,000万円 ＋（600万円 × ㋺2人）＝	㋭ 万円 4,200	㊁（㋑－㋬）	円 78,000,000
㋬（第3表⑥Ⓐ）	,000	㋺の人数及び㋬の金額を第1表Ⓑへ転記します。		㋬（㋱－㋬）	,000

④ 法定相続人（（注）1参照）		⑤ 左の法定相続人に応じた法定相続分	第1表の「相続税の総額⑦」の計算		第3表の「相続税の総額⑦」の計算	
氏　名	被相続人との続柄		⑥ 法定相続分に応ずる取得金額（㊁×⑤）（1,000円未満切捨て）	⑦ 相続税の総額の基となる税額 下の「速算表」で計算します。	⑨ 法定相続分に応ずる取得金額（㋭×⑤）（1,000円未満切捨て）	⑩ 相続税の総額の基となる税額 下の「速算表」で計算します。
長女A	長女	$\frac{1}{2}$	円 39,000,000	円 5,800,000	円 ,000	円
長男B	長男	$\frac{1}{2}$	39,000,000	5,800,000	,000	
			,000		,000	
			,000		,000	
			,000		,000	
			,000		,000	
			,000		,000	
			,000		,000	
			,000		,000	
法定相続人の数	Ⓐ 人 2	合計 1	⑧ 相続税の総額（⑦の合計額）（100円未満切捨て） 11,600,000		⑪ 相続税の総額（⑩の合計額）（100円未満切捨て）	00

(注)　1　④欄の記入に当たっては、被相続人に養子がある場合や相続の放棄があった場合には、「相続税の申告のしかた」をご覧ください。

　　　2　⑧欄の金額を第1表⑦欄へ転記します。財産を取得した人のうちに農業相続人がいる場合は、⑧欄の金額を第1表⑦欄へ転記するとともに、⑪欄の金額を第3表⑦欄へ転記します。

相続税の速算表

法定相続分に応ずる取得金額	10,000千円以下	30,000千円以下	50,000千円以下	100,000千円以下	200,000千円以下	300,000千円以下	600,000千円以下	600,000千円超
税率	10%	15%	20%	30%	40%	45%	50%	55%
控除額	－千円	500千円	2,000千円	7,000千円	17,000千円	27,000千円	42,000千円	72,000千円

この速算表の使用方法は、次のとおりです。

⑥欄の金額×税率－控除額＝⑦欄の税額　　　⑨欄の金額×税率－控除額＝⑩欄の税額

例えば、⑥欄の金額30,000千円に対する税額（⑦欄）は、30,000千円×15%－500千円＝4,000千円です。

○連帯納付義務について

　　相続税の納税については、各相続人等が相続、遺贈や相続時精算課税に係る贈与により受けた利益の価額を限度として、お互いに連帯して納付しなければならない義務があります。

遺留分減殺請求権の行使による修正後の価額を「分割が確定した財産」欄の「取得財産の価額」欄に記載する。

相続税がかかる財産の明細書
（相続時精算課税適用財産を除きます。）

被相続人	甲

第11表（平成21年4月分以降用）

○ 相続時精算課税適用財産の明細については、この表によらず第11の2表に記載します。

この表は、相続や遺贈によって取得した財産及び相続や遺贈によって取得したものとみなされる財産のうち、相続税のかかるものについての明細を記入します。

遺産の分割状況	区　　分	① 全 部 分 割	2 一 部 分 割	3 全 部 未 分 割
	分 割 の 日	31 ・ 3 ・ 31	・　・	・　・

財　産　の　明　細							分割が確定した財産	
種類	細目	利用区分、銘柄等	所在場所等	数量 固定資産税評価額	単価 倍数	価　額	取得した人の氏名	取得財産の価額
現金、預貯金		普通預金	○○銀行○○支店	円	円	円 120,000,000	長女A	円 90,000,000
							長男B	30,000,000
((計))						《 120,000,000》		
[合計]						[120,000,000]		

合計表	財産を取得した人の氏名		(各人の合計)	長女A	長男B			
	分割財産の価額	①	円 120,000,000	円 90,000,000	円 30,000,000	円	円	円
	未分割財産の価額	②						
	各人の取得財産の価額 （①+②）	③	120,000,000	90,000,000	30,000,000			

(注) 1 「合計表」の各人の③欄の金額を第1表のその人の「取得財産の価額①」欄に転記します。
　　 2 「財産の明細」の「価額」欄は、財産の細目、種類ごとに小計及び計を付し、最後に合計を付して、それらの金額を第15表の①から㉘までの該当欄に転記します。

417

相続財産の種類別価額表

(この表は、第11表から第14表までの記載に基づいて記入します。)

被相続人　甲

第 15 表（修正申告用）（平成 30 年分以降用）

種類	細目	番号	各人の合計	長女A	長男B			
土地（土地の上に存する権利を含みます。）	田	①	円	円	円	円	円	円
	畑	②						
	宅　地	③						
	山　林	④						
	その他の土地	⑤						
	計	⑥	( )	( )	( )	( )	( )	( )
⑥のうち特例農地等	通常価額	⑦	( )	( )	( )	( )	( )	( )
	農業投資価格による価額	⑧	( )	( )	( )	( )	( )	( )
家屋、構築物		⑨	( )	( )	( )	( )	( )	( )
事業（農業）用財産	機械、器具、農耕具、その他の減価償却資産	⑩						
	商品、製品、半製品、原材料、農産物等	⑪						
	売掛金	⑫						
	その他の財産	⑬						
	計	⑭	( )	( )	( )	( )	( )	( )
有価証券	特定同族会社の株式及び出資	配当還元方式によったもの	⑮						
		その他の方式によったもの	⑯						
	⑮及び⑯以外の株式及び出資	⑰						
	公債及び社債	⑱						
	証券投資信託、貸付信託の受益証券	⑲						
	計	⑳	( )	( )	( )	( )	( )	( )
現金、預貯金等		㉑	120,000,000	90,000,000	30,000,000	( )	( )	( )
家庭用財産		㉒	( )	( )	( )	( )	( )	( )
その他の財産	生命保険金等	㉓						
	退職手当金等	㉔						
	立木	㉕						
	その他	㉖						
	計	㉗	( )	( )	( )	( )	( )	( )
合計（⑥+⑨+⑭+⑳+㉑+㉒+㉗）		㉘	(120,000,000)	(90,000,000)	(30,000,000)	( )	( )	( )
相続時精算課税適用財産の価額		㉙						
不動産等の価額（⑥+⑨+⑩+⑮+⑯+㉕）		㉚						
⑯のうち株式等納税猶予対象の株式等の価額の80％の額		㉛						
⑰のうち株式等納税猶予対象の株式等の価額の80％の額		㉜						
⑯のうち特例株式等納税猶予対象の株式等の価額		㉝						
⑰のうち特例株式等納税猶予対象の株式等の価額		㉞						
債務等	債務	㉟						
	葬式費用	㊱						
	合計（㉟+㊱）	㊲	( )	( )	( )	( )	( )	( )
差引純資産価額（㉘+㉙－㊲）（赤字のときは0）		㊳	120,000,000	90,000,000	30,000,000			
純資産価額に加算される暦年課税分の贈与財産価額		㊴						
課税価格（㊳+㊴）（1,000円未満切捨て）		㊵	120,000,000	90,000,000	30,000,000	,000	,000	,000

遺留分減殺請求権の行使による修正後の価額を記載する。

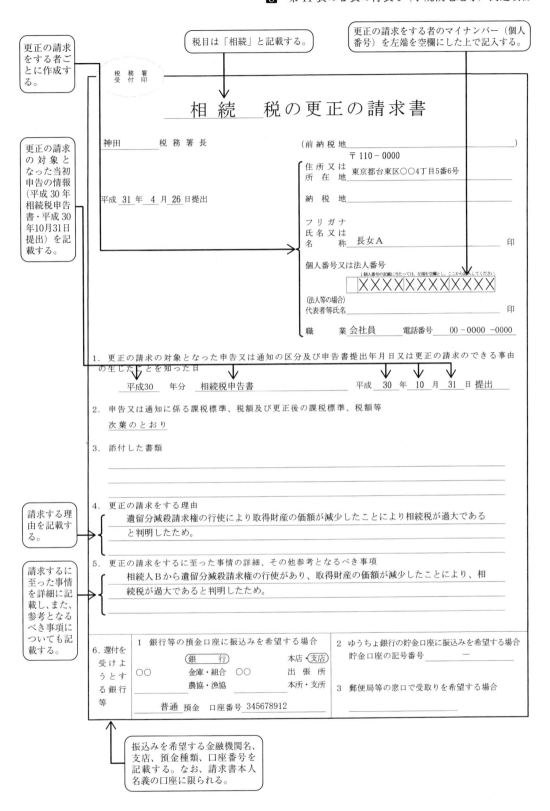

更正の請求
をする者ご
とに作成す
る。

税目は「相続」と記載する。

更正の請求をする者のマイナンバー（個人
番号）を左端を空欄にした上で記入する。

更正の請求
の対象と
なった当初
申告の情報
（平成30年
相続税申告
書・平成30
年10月31日
提出）を記
載する。

税　務　署
受　付　印

相　続　　税の更正の請求書

神田　　　　税務署長

平成 31 年 4 月 26 日提出

（前納税地　　　　　　　　　　　　　　　　　　）
　　　　　　〒 110 – 0000
住 所 又 は　東京都台東区○○4丁目5番6号
所 在 地

納 税 地

フリガナ
氏 名 又 は
名　　称　　長女A　　　　　　　　　　　印

個人番号又は法人番号
　　　　〔個人番号の記載に当たっては、左端を空欄とし、ここから記入してください〕
　　　　×××× ×××× ××××

（法人等の場合）
代表者等氏名　　　　　　　　　　　　　　　印

職　　業　会社員　　電話番号　00 – 0000 – 0000

1．更正の請求の対象となった申告又は通知の区分及び申告書提出年月日又は更正の請求のできる事由
　　の生じたことを知った日

　　　　平成30　年分　相続税申告書　　　　　　　　平成　30　年　10　月　31　日 提出

2．申告又は通知に係る課税標準、税額及び更正後の課税標準、税額等
　　次葉のとおり

3．添付した書類
　　_____
　　_____
　　_____

請求する理
由を記載す
る。

4．更正の請求をする理由
　　遺留分減殺請求権の行使により取得財産の価額が減少したことにより相続税が過大である
　　と判明したため。

請求するに
至った事情
を詳細に記
載し、また、
参考となる
べき事項に
ついても記
載する。

5．更正の請求をするに至った事情の詳細、その他参考となるべき事項
　　相続人Bから遺留分減殺請求権の行使があり、取得財産の価額が減少したことにより、相
　　続税が過大であると判明したため。

6．還付を
　受けよ
　うとす
　る銀行
　等

1　銀行等の預金口座に振込みを希望する場合

○○　（銀　　　行）　　　　　　本店・支店
　　　金庫・組合　○○　　　　　出 張 所
　　　農協・漁協　　　　　　　　本所・支店
　　　普通 預金　口座番号 345678912

2　ゆうちょ銀行の貯金口座に振込みを希望する場合
　　貯金口座の記号番号　　　　　—

3　郵便局等の窓口で受取りを希望する場合
　　_____

振込みを希望する金融機関名、
支店、預金種類、口座番号を
記載する。なお、請求書本人
名義の口座に限られる。

419

被相続人の住所・氏名・相続の年月日・職業を記載する。

更正の請求をする相続人の当初の申告内容を「申告（更正・決定）額」欄（1）①から㉙に記載する。修正後の申告内容を「請求額」欄（1）①から㉙に記載する。

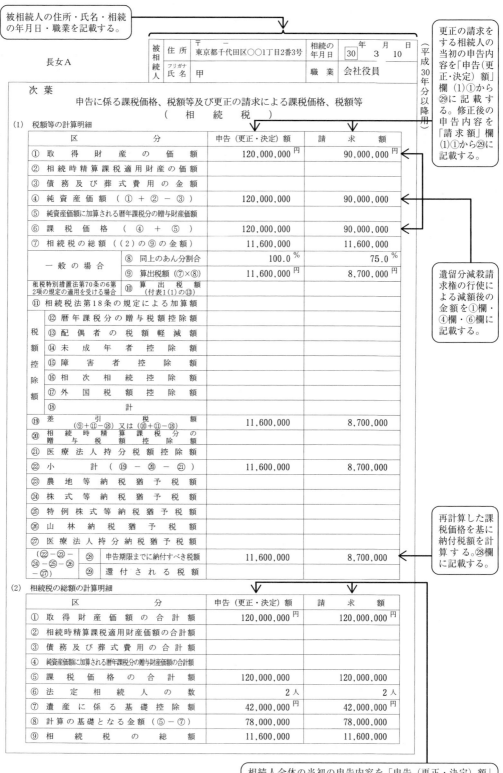

被相続人	住所	〒　　－ 東京都千代田区○○1丁目2番3号	相続の年月日	年　　月　　日 30　　3　　10
	フリガナ 氏名	甲	職業	会社役員

長女A

（平成30年分以降用）

次葉

申告に係る課税価格、税額等及び更正の請求による課税価格、税額等
（　相　続　税　）

(1) 税額等の計算明細

区　分	申告（更正・決定）額	請　求　額
① 取 得 財 産 の 価 額	120,000,000 円	90,000,000 円
② 相続時精算課税適用財産の価額		
③ 債 務 及 び 葬 式 費 用 の 金 額		
④ 純 資 産 価 額 （ ① ＋ ② － ③ ）	120,000,000	90,000,000
⑤ 純資産価額に加算される暦年課税分の贈与財産価額		
⑥ 課 税 価 格 （ ④ ＋ ⑤ ）	120,000,000	90,000,000
⑦ 相続税の総額（（2）の⑨の金額）	11,600,000	11,600,000
一般の場合　⑧ 同上のあん分割合	100.0 ％	75.0 ％
⑨ 算出税額（⑦×⑧）	11,600,000 円	8,700,000 円
租税特別措置法第70条の6第2項の規定の適用を受ける場合　⑩ 算 出 税 額（付表1(1)の⑬）		
⑪ 相続税法第18条の規定による加算額		
税額控除額　⑫ 暦年課税分の贈与税額控除額		
⑬ 配 偶 者 の 税 額 軽 減 額		
⑭ 未 成 年 者 控 除 額		
⑮ 障 害 者 控 除 額		
⑯ 相 次 相 続 控 除 額		
⑰ 外 国 税 額 控 除 額		
⑱ 計		
⑲ 差 引 税 額（⑨＋⑪－⑱）又は（⑩＋⑪－⑱）	11,600,000	8,700,000
⑳ 相続時精算課税分の贈与税額控除額		
㉑ 医療法人持分税額控除額		
㉒ 小 計（⑲－⑳－㉑）	11,600,000	8,700,000
㉓ 農 地 等 納 税 猶 予 税 額		
㉔ 株 式 等 納 税 猶 予 税 額		
㉕ 特 例 株 式 等 納 税 猶 予 税 額		
㉖ 山 林 納 税 猶 予 税 額		
㉗ 医療法人持分納税猶予税額		
（㉒－㉓－㉔－㉕－㉖－㉗）　㉘ 申告期限までに納付すべき税額	11,600,000	8,700,000
㉙ 還 付 さ れ る 税 額		

遺留分減殺請求権の行使による減額後の金額を①欄・④欄・⑥欄に記載する。

再計算した課税価格を基に納付税額を計算する。㉘欄に記載する。

(2) 相続税の総額の計算明細

区　分	申告（更正・決定）額	請　求　額
① 取 得 財 産 価 額 の 合 計 額	120,000,000 円	120,000,000 円
② 相続時精算課税適用財産価額の合計額		
③ 債 務 及 び 葬 式 費 用 の 合 計 額		
④ 純資産価額に加算される暦年課税分の贈与財産価額の合計額		
⑤ 課 税 価 格 の 合 計 額	120,000,000	120,000,000
⑥ 法 定 相 続 人 の 数	2人	2人
⑦ 遺 産 に 係 る 基 礎 控 除 額	42,000,000 円	42,000,000 円
⑧ 計 算 の 基 礎 と な る 金 額 （ ⑤ － ⑦ ）	78,000,000	78,000,000
⑨ 相 続 税 の 総 額	11,600,000	11,600,000

相続人全体の当初の申告内容を「申告（更正・決定）額」欄（2）①から⑨に記載する。
修正後の申告内容を「請求額」欄（2）①から⑨に記載する。

〈遺留分減殺請求権の留意点〉

⑴ 遺留分

　相続税では、相続財産の一定割合については、遺留分という相続財産に取得する権利が認められている。遺留分権利者は法律上一定割合の遺留分があり、被相続人が遺言による多額の遺贈や生前贈与を行った場合に遺留分が侵害されたときには、侵害された者は一定期間内であれば、遺留分減殺請求権を行使できる。

　なお、遺留分の算定上、財産の評価は相続税評価額ではなく時価で評価する。

　遺留分の割合は以下のとおりである。

相続人	遺留分の割合
配偶者のみ	被相続人の財産の1/2
配偶者と子	
配偶者と父母	
父母のみ	被相続人の財産の1/3
兄弟姉妹	なし

⑵ 遺留分減殺請求権の行使方法

　遺留分減殺請求権の行使には、特に決まりはなく、受贈者又は受遺者に対する意思表示だけで効力が生じ、必ずしも裁判上の請求による必要はない。しかし、裁判外で請求する場合は、後日の証拠のために、通常は内容証明郵便によるのが通常である。

　また、遺言執行者がいる場合は、遺言執行者にも減殺請求権を行使する旨を知らせておく必要がある。

⑶ 遺留分減殺請求権の時効

　遺留分減殺請求権は、遺留分権利者が相続の開始及び遺留分を侵害する贈与又は遺贈があったことを知った時から1年間行使しないときは、時効によって消滅する。

　また、相続開始の時から10年を経過したときも同様とする（民法1048）。

⑷ 修正申告及び更正の請求書

　遺留分の減殺請求により財産を取得した者は、修正申告を行う必要がある。また、減

殺請求により取得した財産が減少した者は、当初の相続税額が過大になるため、更正の請求をすることができる。

　この場合に、遺留分の減殺請求に基づき返還すべき又は弁償すべき額が確定したことを知った日の翌日から起算して4か月以内に行う必要がある（相法32①三）。

第6章 裁判例からみる重加算税と名義預金の判断基準

1　裁判例からみる重加算税の判断基準

　第1章で記述したとおり、納税者がその国税の計算の基礎となる事実を隠蔽又は仮装して納税申告書を提出していたときは、適正な申告をした納税者との権衡を図るため、過少申告加算税又は無申告加算税に代えて重加算税が課される。

　この場合における「国税の計算の基礎となる事実」の「事実」とは、税額そのものではなく、帳簿作成の基礎となる請求書や領収書などの原始帳票や帳簿類のことをいうとされている。

　したがって、重加算税とは、国税の計算の基礎となる帳簿等の書類を隠蔽仮装することで税務調査を困難にし、正確な税額の算出を妨げる行為を防止することで、徴税の実を挙げようとする趣旨の行政措置である。

　このように、重加算税は税額そのものの脱税を図る脱税犯に対する刑事罰とは趣旨が異なる。特に、過少申告の認識（脱税の意図）という点に関しては、脱税犯には脱税の意図が必要とされるが、重加算税には過少申告の認識までは必要とされないとの考え方が最高裁における過去の判決で示されている（最高裁・昭和45年9月11日判決、最高裁・昭和62年5月8日判決）。

最高裁・昭和45年9月11日判決（要旨）

> 　国税通則法68条に規定する重加算税は、同法65条ないし67条に規定する各種の加算税を課すべき納税義務違反が課税要件事実を隠ぺいし、または仮装する方法によって行なわれた場合に、行政機関の行政手続により違反者に課せられるもので、これによってかかる方法による納税義務違反の発生を防止し、もって徴税の実を挙げようとする趣旨に出た行政上の措置であり、違反者の不正行為の反社会性ないし反道徳性に着目してこれに対する制裁として科せられる刑罰とは趣旨、性質を異にするものと解すべきである。

最高裁・昭和62年5月8日判決（要旨）

> 　国税通則法68条に規定する重加算税は、同法65条ないし67条に規定する各種の加算税を課すべき納税義務違反が事実の隠ぺい又は仮装という不正な方法に基づいて行われた場合に、違反者に対して課される行政上の措置であって、故意に納税義務違反を犯したことに対する制裁ではないから（最高裁昭和43年（あ）第712号同45年9月11日第2小法廷判決・刑集24巻10号1333頁参照）、同法68条1項による重加算税を課し得るためには、納税者が故意に課税標準等又は税額等の計算の基礎となる事実の全部又は一部を隠ぺいし、又は仮装し、その隠ぺい、仮装行為を原因として過少申告の結果が発生したものであれば足り、それ以上に、申告に際し、納税者において過少申告を行うことの認識を有していることまでを必要とするものではないと解するのが相当である。

　ところが、その後の平成 6 年 11 月 22 日最高裁判決及び平成 7 年 4 月 28 日最高裁判決において、重加算税の賦課要件についても、隠蔽仮装の故意性だけでなく、過少申告についても故意性が必要であるとする従来とは異なる判断が示された。

　これらの判決が従来のそれと異なることとなった理由は、対象となった隠蔽仮装行為が典型的な隠蔽仮装行為ではなく、いわゆる「つまみ申告」あるいは「不申告」といったいわば消極的な不作為行為であったためである。

　二重帳簿の作成や他人名義の使用といった明らかな隠蔽仮装行為を立証するのは比較的容易であるが、「つまみ申告」や「不申告」といった消極的行為について隠蔽仮装の意図を立証するのは困難であったため、それらの消極的行為とは別に過少申告の意図が認定される場合には、重加算税の賦課要件を満たすこととされたと解釈できるであろう。

最高裁・平成 6 年 11 月 22 日判決（要旨）「つまみ申告」

> 　納税者は、単に真実の所得金額よりも少ない所得金額を記載した確定申告書であることを認識しながらこれを提出したというにとどまらず、本件各確定申告の時点において、白色申告のため当時帳簿の備付け等につきこれを義務付ける税法上の規定がなく、真実の所得の調査解明に困難が伴う状況を利用し、真実の所得金額を隠ぺいしようという確定的な意図の下に、必要に応じ事後的にも隠ぺいのための具体的工作を行うことも予定しつつ、前記会計帳簿類から明らかに算出し得る所得金額の大部分を脱漏し、所得金額を殊更過少に記載した内容虚偽の確定申告書を提出したことが明らかである。したがって、本件各確定申告は、単なる過少申告行為にとどまるものではなく、国税通則法 68 条 1 項にいう税額等の計算の基礎となるべき所得の存在を一部隠ぺいし、その隠ぺいしたところに基づき納税申告書を提出した場合に当たるというべきである。

最高裁・平成 7 年 4 月 28 日判決（要旨）「不申告」

> 　重加算税を課するためには、納税者のした過少申告行為そのものが隠ぺい、仮装に当たるというだけでは足りず、過少申告行為そのものとは別に、隠ぺい、仮装と評価すべき行為が存在し、これに合わせた過少申告がされたことを要するものであるが、重加算税制度の趣旨にかんがみれば、架空名義の利用や資料の隠匿等の積極的な行為が存在したことまで必要であると解するのは相当でなく、納税者が、当初から所得を過少に申告することを意図し、その意図を外部からもうかがい得る特段の行動をした上、その意図に基づく過少申告をしたような場合には、重加算税の右賦課要件が満たされるものと解すべきである。

　以上のことから、典型的な隠蔽仮装行為に関して重加算税が課されるのはいうまでもないが、典型的な隠蔽仮装行為には当たらない消極的な不作為行為に関しても、過少申告の意図が認定されれば重加算税が課されることがあると考えてよいであろう。

　なお、平成 23 年度税制改正において、電子商取引などの普及に伴う多額の脱税事件に対処するため、故意の「不申告」などの不作為行為に対する罰則強化として、「故意の申告書不提出によるほ脱犯」が創設された。これにより、相続税及び贈与税についても、積極的な隠蔽行為は行わないものの、故意に納税申告書を法定申告期限までに提出しないことにより税を免れた者について、5 年以下の懲役若しくは 500 万円以下（脱税額が 500 万円を超える場合には、情状により 500 万円超脱税額以下）の罰金に処し、又はこれらを併科することとされた（相法 68③④）。

　したがって、今後は悪質性の高い無申告者に対しては、脱税犯に準じた重い刑事責任が問われることとなる。

　典型的な隠蔽仮装行為として課税庁がどのような行為を想定しているかについては、第 1 章でも紹介した重加算税の事務運営指針において、以下の例示がされているので再掲する。

(1)　相続人（受遺者を含む。）又は相続人から遺産（債務及び葬式費用を含む。）の調査、申告等を任せられた者（以下「相続人等」という。）が、帳簿、決算書類、契約書、請求書、領収書その他財産に関する書類（以下「帳簿書類」という。）について改ざん、偽造、変造、虚偽の表示、破棄又は隠匿をしていること

(2)　相続人等が、課税財産を隠匿し、架空の債務をつくり、又は事実をねつ造して課税財産の価額を圧縮していること

(3)　相続人等が、取引先その他の関係者と通謀してそれらの者の帳簿書類について改ざん、偽造、変造、虚偽の表示、破棄又は隠匿を行わせていること

(4)　相続人等が、自ら虚偽の答弁を行い又は取引先その他の関係者をして虚偽の答弁を行わせていること及びその他の事実関係を総合的に判断して、相続人等が課税財産の存在を知りながらそれを申告していないことなどが合理的に推認し得ること

(5)　相続人等が、その取得した課税財産について、例えば、被相続人の名義以外の名義、架空名義、無記名等であったこと若しくは遠隔地にあったこと又は架空の債務がつくられてあったこと等を認識し、その状態を利用して、これを課税財産として申告していないこと又は債務として申告していること

これらの例示で注意すべき点は、納税義務者である相続人本人の隠蔽仮装行為のみならず、その相続人から申告等を任された者や、被相続人がした隠蔽仮装行為によっても重加算税の賦課が生じ得るということである。

2　裁判例での検証

裁判等においては、隠蔽仮装について以下の(1)から(5)までの事項について争いになることが多い。

(1)　贈与事実の認定

相続開始時に被相続人以外の者の名義になっている預貯金や株式（名義預金、名義株）について、納税者が相続財産に含めずに申告をしたところ、課税庁側は実質的には被相続人の財産であるとして争いになるケースである。

(2)　被相続人の隠蔽仮装行為

被相続人が架空名義などを用いて保有していた預貯金や株式を、納税者がその事実を知りながら相続財産に含めずに申告した場合に、課税庁がその隠蔽仮装行為は納税者の隠蔽仮装行為と同視できるとして重加算税が賦課されるケースである。これは、上記の重加算税の事務運営指針の(5)に該当する。

(3)　消極的隠蔽仮装行為と過少申告の意図

上記の平成6年11月22日及び平成7年4月28日最高裁判決において示された消極的行為に対する重加算税賦課要件に関する判断であり、最近の判決では上記最高裁判決が引用されることが多くなっている。

(4)　原処分庁の立証責任

仮装隠蔽行為があることの立証責任は、課税庁側にあるとの内容である。

(5)　第三者に申告手続を委任した者の責任

納税者が親族を含む第三者に申告手続を依頼した場合には、その受任者の行った申告はその依頼者の行ったものとされ、受任者に隠蔽仮装行為があった場合にはその依頼者にも重加算税が課されるという内容である。

上記の(1)から(5)までの論点を全て含んだ判決が次に紹介する平成18年9月22日の東京地裁判決である。以下では、同判決の内容を紹介するとともに、前述の(1)から(5)について、実際の争点に沿って解説することにする。

東京地裁 H18.9.22 一部取消し・確定

（事案の概要）

(1)　被相続人以外の名義とされていた有価証券等の帰属（被相続人の遺産、被相続人から各財産の名義人に生前贈与されたもの、又は財産の名義人が当初から所有していたもののいずれか。）

(2)　原告らが、修正申告において相続財産とした財産を、当初申告において相続財産から除外していたことに正当な理由があるか、また、隠蔽仮装の事実があるか等が争われた事案である。

（判示事項）

(1)　贈与事実の認定

　　被相続人名義以外の財産は、親族名義等に名義変更された又はそれらの名義で取得した時に被相続人から各名義人に贈与されたものであるとの納税者の主張が、被相続人は死亡時まで、これらを管理保管し続け、各名義人に対して贈与の意思があったとも、その履行がされたとも認められず、名義変更されたこと等が贈与の事実があったことの根拠にはならないとして排斥された事例

(2)　被相続人の隠蔽仮装行為

　　被相続人以外の名義とされていたが被相続人の遺産に属すると認められる有価証券等について、直接的な仮装行為というべき他人名義の使用等は被相続人が行っていたものであるが、相続税を免れる意図の下にその状態を利用し、過少申告をした納税者との関係では、重加算税の要件に該当するものとして納税者が行った仮装行為と評価するのが相当であるから、重加算税が賦課されるべきものであるとされた事例

(3)　消極的隠蔽仮装行為と過少申告の意図

　　重加算税を賦課するためには、納税者等が隠蔽・仮装又はこれに相当する、その意図を外部からもうかがい得る特段の行動をし、これに基づいて過少申告を行ったことが要件になるものと解すべきところ、納税者が、被相続人の株式保有の事実を認識していたとしても、その名義自体が被相続人のものとされているものについては、そこに隠蔽・仮装があったとみるのは困難であり、重加算税の賦課要件を満たさないとされた事例

(4)　原処分庁の立証責任

　　課税庁が相続財産と認定した納税者名義の株式については、被相続人以外の名義の株式で相続財産と認められるものとは登録印及び登録住所が異なっていることについて、得心のいく説明がつかず被相続人の遺産に属することについては合理的な疑いが残るところ、結局、この点について、立証責任を負う課税庁の立証が尽くされていないものというべきであるとして、相続財産から除外された事例

(5)　申告手続の受任者による隠蔽・仮装行為に係る納税者本人の責任

(1)　贈与事実の認定

（判示内容）
　原告らが主張する贈与時期についても、それは株式、貸付信託、預貯金等、それぞれの被相続人以外の名義による取得時期、名義変更時期、口座開設や預入れの時期を挙げていったものにすぎず、その前後を通じて、被相続人における各財産の管理の態様に変化があったこと、あるいは、各名義人に対して何らかの意思表示をしたことを示す証拠はないのであるから、贈与の事実があったことの根拠になり得るものではない。

　贈与と認定されるためには、①財産管理の態様の変化、あるいは、②名義人に対する何らかの贈与の意思表示が必要と判示されたのである。被相続人が通帳や株券などの必要書類の保管を続けたり、名義財産が被相続人所有のノートに被相続人の財産と共に一括して記載されているなどといった場合には、被相続人が単に名義を借用して自身の財産として保有していたと認定されて贈与の事実は認められないこととなるのである。

(2)　被相続人の隠蔽仮装行為

　相続人が直接的に隠蔽仮装行為をしなくても、被相続人の生前の行為によりその遺産が隠蔽仮装された状態にあるのを利用し、相続税を免れる意図をもってその遺産を相続財産から除外した内容虚偽の申告をした場合には、重加算税の賦課要件を満たすとされたのである。

(3)　消極的隠蔽仮装行為と過少申告の意図

　これは、修正申告にあたり、当初申告から漏れていた被相続人名義の株式に対して重加算税が賦課できるかが争点となったものである。共同相続人である兄弟は、共に弟が作成した被相続人の財産メモを基に被相続人の遺産の確認作業に当たったのであるから、そこに記載されていた本件株式が被相続人の遺産に属することを認識していたのであって、原告である兄は少なくとも期限内申告時において相続財産を過少に申告することを意図していたものと見ることができると認定した。

　しかし、原告である兄が被相続人の株式保有の事実を認識していたとしても、その名義自体が被相続人のものとされている以上、そこに（典型的な）隠蔽仮装があったとみるのは困難というほかなく、重加算税の賦課要件を満たさないものといわざるを得ないと判示されたのである。

　この判示を、本章の最初に考察した消極的隠蔽仮装行為（不作為行為）に関する平成

7年4月28日最高裁判決に照らして考えてみると、過少申告の意図を認定した以上、消極的隠蔽仮装行為であっても重加算税の賦課要件を満たすと考えることもできたと思われるが、地裁判決はそのような判断をしなかったのである。

⑷　原処分庁の立証責任

　対象となった相続財産は銀行株式であり、原処分庁は兄弟2人の名義を借用して被相続人が管理していたと主張した。事実、弟名義の株式は、他の名義株式と同様に、被相続人の住所地が株主の登録住所となっており、登録印も被相続人が他の名義財産に使用していたものと同一のものであった。しかし、兄名義の同株式については、相続開始の10年ほど前に兄の住所地を株主の登録住所とする変更がなされており、また、登録印も、弟名義の株式とも他の名義財産のいずれとも一致しないものが使用されていたことから、その管理の状況において他の名義財産と比較して看過できない相違があるとした上で、上記兄名義の銀行株式が被相続人の遺産に属することについては合理的な疑いが残るのであって、課税庁における立証が尽くされていないと言わざるを得ないとして相続財産から除外されたのである。

⑸　第三者に申告手続を委任した者の責任

（判示内容）
　第三者に申告手続をゆだねた者は、ゆだねた相手が隠蔽・仮装を行い、それに基づいて申告が行われた場合には、重加算税の賦課という行政上の制裁について納税者本人がその責めを負うものと解すべきであるから、上記隠蔽・仮装行為に関しては、原告兄のみならず、配偶者及び原告である長女に係る本件各更正処分の増差税額についても重加算税が賦課されるべきである。

　このように、第三者に申告手続を委任した者に関しては、その受任者が隠蔽仮装行為をした場合にも監督責任を問われ、重加算税が賦課されるのである。

　この点に関して、申告事務を受任した者が架空債務を計上した虚偽の申告書を作成し、納税者には正規の税額を請求してその差額を詐取した事案について、納税者には過少申告の意図も隠蔽仮装の意図もないのにもかかわらず、委任した以上、受任者を監督する責任があったとして重加算税が課された判決がある（平成5年3月19日京都地裁）。

　以上のように、申告書作成を第三者に委任した場合には受任者の申告行為は委任者の行為と同一視されるので注意が必要である。申告書の作成を税理士等の専門家に依頼し

た場合も同様である（平成 12 年 7 月 25 日裁決）。

3　相続税における名義預金

　「平成 30 事務年度における相続税の調査等の状況」（令和元年 12 月国税庁）によると、申告漏れ課税価格は 3,538 億円（平成 29 事務年度 3,523 億円）で、実地調査 1 件当たりでは 2,838 万円（平成 29 事務年度 2,801 万円）となっている。

　申告漏れ相続財産の金額の内訳は、現金・預貯金等 1,268 億円（平成 29 事務年度 1,183 億円）が最も多く、続いて土地 422 億円（平成 29 事務年度 410 億円）、有価証券 388 億円（平成 29 事務年度 527 億円）の順となっている。

　申告漏れ相続財産の金額の構成比でみると、現金・預貯金等 36.5 ％（平成 29 事務年度 34.1 ％）、続いて土地 12.2 ％（平成 29 事務年度 11.8 ％）、有価証券 11.2 ％（平成 29 事務年度 15.2 ％）となっている。

　このように、相続税の税務調査においては、現金・預貯金等の申告漏れが指摘される割合が非常に高くなっている。そして、申告漏れと指摘された中には、名義預金とされたケースが非常に高い割合で存在すると推測される。課税庁の調査官も、相続税の実地調査の前には銀行への準備調査を実施するなど、名義預金の把握には注力するからである。

　そこで、以下では、名義預金とは何か、また、名義預金に課税されるのはなぜなのか、名義預金と認定されないための留意点等を解説した上で、参考として実際の判決例や裁決例から名義預金とされた場合とされなかった場合を比較している。

(1)　名義預金とは

　名義預金とは、預金口座の名義がその預金の原資を出資した者以外の者である預金のことをいう。

　相続税の申告に際し問題になる名義預金は、被相続人の家族名義の預金で、その預金の原資が被相続人の収入から出ているような場合である。

　親が子供に内緒で子名義の預金口座に預けている場合などが典型である。

(2)　名義預金に相続税が課税される理由

　相続税法基本通達には、次のような取扱いがある（相基通 9-9）。

（財産の名義変更があった場合）

　不動産、株式等の名義の変更があった場合において対価の授受が行われていないとき又は他の者の名義で新たに不動産、株式等を取得した場合においては、これらの行為は、原則として贈与として取り扱うものとする。

　つまり、名義変更や他人名義での取得により贈与があったと認められるのは不動産や株式等に限られており、預貯金に関しては贈与とは認められないことになっている。

　これは、銀行等は名義変更の都度税務署に通知することはないため、預貯金の名義変更時や他人名義での預入れ時に贈与が成立するとなると、課税庁による贈与税の課税が困難になるためであると思われる。

　また、民法上の贈与とは、当事者の一方が自己の財産を無償で相手方に与える意思を表示し、相手方が受諾をすることによってその効力を生ずる（民法549）とされているため、受贈者の受諾がなければ贈与は成立しない。

　したがって、親が一方的に子名義の預金口座に預け入れていた場合などは贈与が成立していないことになるのである。

　贈与が成立していないということは、その預貯金は依然として親の財産ということになり、相続が発生した場合には相続財産として相続税が課税されることになる。

　また、贈与が成立していないことから、贈与税の納税義務の時効（善意の場合には6年、悪意の場合には7年）は成立しないことになる。妻や子名義の預金が行われてから何年経過していようとも相続財産に計上されることとなるのはこのためである。

(3)　名義預金とされないための留意点

　名義預金がその名義人の財産として認められるためには、以下の点を考慮することが重要である。

　まず、贈与の態様としては、主に書面による贈与と口頭による贈与の2種類があるが、税務上は口頭による贈与が認められることは難しく、贈与の事実を主張したいのであれば贈与契約書を作成することが望ましい。また、贈与税の基礎控除額（現行110万円）を超える贈与の場合には申告書を提出することも有効な手段である。さらに贈与者の口座から受贈者の口座へ振り込みの手続をすることで、通帳に証拠を残しておくことも重要である。

　しかし、贈与契約書も贈与税の申告書も、贈与の事実があったという決定的な証拠と

はならないことに留意が必要である。たとえ契約書や申告書の体裁が整っていたとしても、親が一方的に作成して贈与税を納付し、通帳も印鑑も親が管理していたとなると贈与の事実は認められないであろう。税額の負担の重い贈与税では特にそのような租税回避行為が誘因されやすいので注意が必要である。

　そのため、贈与がなされた後は、受贈者が実際にその口座等の管理を行い、贈与の実態を整えておくことが必要である。具体的には、以下のような実態を整えることで、口座名義人がその預貯金を所有していることを示すことが望ましい。

① 　贈与者の印鑑とは異なる印鑑を使用する

② 　通帳や印鑑は口座名義人が管理する

③ 　口座名義人が預貯金を自由に使うことができる状態にする

⑷　裁判例からみる名義預金の判断基準

　以上で述べたとおり、名義預金か否かの判断に際しては、①贈与の意思、②口座の管理状況の２点が主なポイントとなってくる。

　そこで以下では、判決及び裁決の中から名義預金とされた事例とされなかった事例を検証し、その判断基準を探ることにする。なお、これらの事例は、預金以外の名義財産の判断基準を考える際にも参考になるものである。

①　贈与の意思が争点となった事例

　イ　名義預金とされた事例

平成 19 年 4 月 11 日裁決

　請求人は、本件預貯金等は被相続人から妻Aへ生活費等として生前贈与されたものを貯蓄して形成されたものであり、生活費の余剰金については、口頭による贈与契約があった旨主張する。しかしながら、①仮に被相続人が妻Aに生活費として処分を任せて渡していた金員があり、生活費の余剰分は自由に使ってよい旨言われていたとしても、渡された生活費の法的性質は夫婦共同生活の基金であって、余剰を妻A名義の預金等としてもその法的性質は失われないと考えられるのであり、このような言辞が直ちに贈与契約を意味してその預金等の全額が妻Aの特有財産となるものとはいえないこと、②生活費の余剰金が妻Aに贈与されたことを具体的に明らかにする客観的証拠はないこと、③妻A等が述べる被相続人の性格からは、被相続人が妻Aに対し、生活費の余剰を全て贈与したというのは不自然であることなどから、被相続人から妻Aへの生活費の余剰金の贈与を認めるに足りる証拠は見当たらないので、この点に関する請求人の主張には理由がない。

（コメント）

・特に夫婦間においては、口頭による贈与の主張が認められることは難しい。

・夫婦間の財産管理に関しては、収入を得ている者の意向が強く反映されると思われるため、仮に贈与契約書や贈与税の申告により客観的証拠を揃えていたとしても贈与と認定されたかどうか疑問が残るところである。

平成 26 年 4 月 25 日東京地裁判決

　認定事実及び証拠の諸点に加え、本件申告預貯金等を贈与する旨の書面が作成されていないことをも勘案すれば、亡 A は、相続税対策として、毎年のように、贈与税の非課税限度額内で、原告ら親族の名義で預貯金の預入れを行っていたものの、証書は手元に保管して原告ら親族に交付することはせず、原告において具体的な資金需要が生じたり、亡 A 自身において具体的な資金需要が生じた際に、必要に応じてこれを解約し、各名義人の各預貯金の金額とは直接関係のない金額を現実に贈与したり、あるいは自ら使用することを予定していたとみるべきである。したがって、亡 A においては、昭和 55 年頃当時又はその後の各預入の当時、将来の預入金額又はその後の預入れに係る各預入金額を、直ちに各名義人に贈与するという確定的な意思があったとまでは認められないというべきである。

　また、原告は、平成 15 年 1 月 6 日からは「金融機関等による顧客等の本人確認等に関する法律」が施行され、原則として本人でなければ本人名義の預金を下ろすことができなくなり、同日以降、亡 A は原告名義の定期預貯金の管理処分権を完全に喪失したといえる旨主張する。しかしながら、同法が施行されたからといって、これを契機として、直ちに亡 A の贈与意思が確定的なものとなったと評価することはできないから、原告の上記主張は採用することができない。

（コメント）

・贈与税の非課税限度額内で贈与をしていたつもりでも、証書を贈与者の手元に保管していたなどで受贈者が自由に使用できる状況にない場合には、贈与とは認定されない。

・「金融機関等による顧客等の本人確認等に関する法律」が平成 15 年 1 月 6 日から施行され、原則として本人でなければ預金を下ろせなくなったが、同法の施行と贈与の意思とは無関係であるとの判断が下されている。

　　ロ　名義預金とされなかった事例

平成 11 年 3 月 29 日裁決

　請求人ら名義の定期預金は、①被相続人は、本件定期預金を請求人らに贈与する意思があったと推認されること、②本件定期預金にほぼ見合う金額の贈与税の申告と納税がなされていること、③請求人らは、贈与税の申告等について少なからず承知していたこと、④請求人らは、相続開始前に被相続人から本件定期預金の通帳を受け取っていると推認されることからすれば、本件定期預金の贈与がなかったとまではいえない。

（コメント）

・前述のとおり贈与は受贈者の受諾があって初めて成立するため、贈与の事実を立証するためには、贈与税の申告だけでなくその事実を受贈者が承知していることを示すことが重要である。

②　口座の管理状況が争点となった事例

イ　名義預金とされた事例

昭和63年3月24日最高裁判決
納税者ら名義の15口の定期預金等は、被相続人自身が自己の印鑑を使用して設定し、その後の書替手続も被相続人が自己の印鑑を用いて行っているから、被相続人が管理していたものと充分に推認できるとして、上定期預金等は相続財産を構成するとされた事例

平成21年4月16日東京高裁判決
Aは、本件A名義預金等を管理運用していたことは認められるけれども、被相続人の意向にかかわりなくAが本件A名義預金等を解約して他の用途に使用するなど自己のものとして利得したことを認めるに足りる証拠はないから、本件A名義預金等がAに帰属しているものと認めることはできない。

ロ　名義預金とされなかった事例

平成19年3月5日裁決
①請求人が請求人主張固有預貯金の印章を所持していること、②○○○○名義の定期預金を除き、各金融機関に対する届出住所が当時の請求人らの住所であること、③請求人主張固有預貯金は本件一覧表に当初から記載されていないこと、④原処分庁は○○○及び○○○名義の定期預金に係る印鑑紙の筆跡を被相続人名義の定期預金に係る印鑑紙の筆跡と同一であると認定しているが、上記○○○及び○○○名義の定期預金に係る印鑑紙の筆跡は、本件申告書の提出に併せて提出された税務代理権限証書に記載された請求人の筆跡であると判断するのが相当であり、請求人のものであると認められることに照らせば、請求人主張固有預貯金は、請求人らに帰属する預貯金であるとみるのが相当である。

（コメント）

・被相続人の印鑑が用いられたり、口座名義人がその預金を自由に使うことができなかったりすれば被相続人の管理下にあったと推認されることになる。

・名義財産の判断の際には、金融機関に対する届出住所や筆跡も重要な判断要素となる。

③　総合的な判示がされた事例

イ　名義預金とされた事例

平成 23 年 5 月 16 日裁決

　請求人らは、請求人ら名義の各有価証券及び各預貯金等（本件請求人ら名義財産）について、これらの全部が請求人ら固有の財産である旨主張する。

　しかしながら、預貯金や有価証券等の財産の帰属を判断するためには、その名義が重要な要素となることはもちろんであるが、それら原資の負担者、取引や口座開設の意思決定を行った者、その手続を実際に行った者、その管理又は運用による利得を収受している者などの諸要素、その他名義人と管理又は運用をしている者との関係等を総合的に考慮すべきであるところ、本件請求人ら名義財産については、本件被相続人の妻である請求人G名義の一部の財産を除き、①原資の負担者は、本件被相続人であったと認めるのが相当であること、②取引や口座開設等の手続の遂行者は、実質的に本件被相続人であったと認めるのが相当であること、③本件被相続人自身又は本件被相続人が請求人Gを通じて、管理していたと認めるのが相当であること、④本件請求人ら名義財産の基となった財産の運用については、本件被相続人の指図によって行われていたとみるのが相当であること及び⑤本件請求人ら名義財産の基となった請求人らの名義の上場株式のうち、配当金に係る利得を享受し得る立場にあったのは、本件被相続人であったと認められることからすれば、いずれも本件被相続人の相続財産と認めるのが相当である。

ロ　名義預金とされなかった事例

平成 13 年 8 月 2 日裁決

　原処分庁は、①○○らに経常的な収入はなく、被相続人と同居し、被相続人の扶養親族となっていたこと、②本件預貯金の使用印鑑は、専ら被相続人が使用していたこと及び③本件預貯金の保管・管理は被相続人が行っていたことを理由に、○○ら名義の本件預貯金はすべて被相続人に帰属していた旨主張する。

　確かに被相続人及び○○らの収入を勘案すれば、本件預貯金の原資は被相続人の収入から拠出されたものであると推認できるが、これらがすべて被相続人に帰属するというためには、本件預貯金のすべてを被相続人が管理・運用していた事実が必要であるといわなければならない。

　そうすると、証書等未確認の預貯金については、原処分庁は、銀行等において残高等の確認はしているものの、いずれについてもその証書の所在を確認しておらず、使用印鑑の確認も行っていないものもあることが認められ、必ずしも被相続人が本件預貯金のすべてを管理・運用していたということはできない上、原処分庁が証書の確認を行っていない○○名義の各定期預金を更正処分の対象から除外している事実をも考え併せると、本件預貯金のうち証書等未確認の預貯金については、被相続人に帰属していたものと認めることはできないというべきである。

　なお、証書等未確認の預貯金を除く本件預貯金については、①その原資が被相続人の収入から拠出されたと推認できること、②当該預貯金の証書の保管状況及び③使用印鑑が被相続人が使用していたものと同一であることなどから、被相続人に帰属していたものと認められる。

平成 25 年 12 月 10 日裁決
原処分庁は、本件預貯金等の使用印鑑の状況や保管場所などの管理状況について何ら具体的に主張立証を行わず、また、その出捐者についても、相続開始日前 3 年間の被相続人の収入が多額であることなどを挙げるのみで、具体的な出捐の状況について何ら主張立証を行わない。そして、当審判所の調査の結果によっても、被相続人、請求人ら及びその家族の名義で取引先の金融機関に提出された印鑑届等の筆跡並びに印影から、本件預貯金等は各名義人が管理・運用していたと推認されるものの、本件預貯金等の出捐者については、誰であるか認定することはできず、また、被相続人から請求人らに対する贈与の事実の有無については、贈与がなかったと認めるには至らなかった。したがって、本件預貯金等の管理・運用の状況、原資となった金員の出捐者及び贈与の事実の有無等を総合的に勘案しても、本件預貯金等がいずれに帰属するのかが明らかでなく、ひいては、本件預貯金等が被相続人に帰属する、すなわち、相続財産に該当すると認めることはできない。

（コメント）

・上記裁決例で示された名義預金に関する総合的な判断基準を要約すると、おおむね次のようになるであろう。

　（イ）　原資の拠出者は誰か

　（ロ）　口座開設の意思決定や手続きを行ったのは誰か

　（ハ）　預貯金の証書や通帳の保管をしていたのは誰か

　（ニ）　使用印鑑や筆跡は誰のものか

　（ホ）　運用による利得を享受していたのは誰か

　（ヘ）　贈与の意思は確認できるか

　これらの点を考慮した上で、被相続人と名義人との関係や名義財産となった経緯等も含め総合的に勘案して名義預金か否かが判断されることになる。

参考文献

1 「平成 25 年改訂　国税通則法精解」　志場喜徳郎他共編　大蔵財務協会

2 「令和元年度版　基礎から身につく国税通則法」　川田剛著　大蔵財務協会

3 「図解　国税通則法（令和元年版)」　黒坂昭一・佐藤謙一編著　大蔵財務協会

4 「図解　相続税・贈与税（令和元年版)」　中野欣治編　大蔵財務協会

5 「ゼミナール相続税法」橋本守次著　大蔵財務協会

6 「資産税の取扱いと申告の手引　平成 30 年 11 月改訂」

福居英雄・井上浩二編　公益財団法人納税協会連合会

7 「七訂版　民法・税法による遺産分割の手続と相続税実務」

小池正明著　税務研究会出版局

8 「新税務調査手続の疑問と回答」　税理士法人平川会計パートナーズ編　ぎょうせい

著者略歴

【編者】

平川　忠雄（ひらかわ　ただお）

　東京生まれ。中央大学経済学部卒業。日本税理士会連合会・理事、同税制審議委員、東京税理士会・常務理事、日本税務会計学会・学会長、日本税務研究センター・研究員、日本税務会計学会・顧問、税理士法人平川会計パートナーズ・代表社員などを務めた。令和元年5月逝去。

　著書等：「平成31年度 よくわかる税制改正と実務の徹底対策」（日本法令）、「業種別税務・会計実務処理マニュアル」（新日本法規）、「企業組織再編税制の実務」（税務経理協会）ほか多数

■税理士法人　平川会計パートナーズ

　　　　〒101-0021　東京都千代田区外神田6丁目9番6号

　　　　TEL　03-3836-0876　　FAX　03-3836-0886

【著者】

中島　孝一（なかじま　こういち）

　東京生まれ。現在、平川会計パートナーズ・所属税理士、日本税務会計学会・相談役、東京税理士会・会員相談室運営委員。

　著書等：「相続税実務の"鉄則"に従ってはいけないケースと留意点」（清文社）、「平成31年度 よくわかる税制改正と実務の徹底対策」（日本法令）、「法人税 税務証拠フォーム作成マニュアル」（日本法令）、「『事業承継税制の特例』完全ガイド」（税務研究会）、「居住用財産に係る税務の徹底解説」（税務研究会）、「改訂版 資産をめぐる複数税目の実務」（新日本法規）、「租税基本判例80」（日本税務研究センター）他（いずれも共著）

西野　道之助（にしの　みちのすけ）

東京生まれ。中央大学経済学部卒業。現在、平川会計パートナーズ・社員税理士、日本税務会計学会・常任委員、東京税理士会・会員相談室・電話相談委員。

著書等：「相続税実務の"鉄則"に従ってはいけないケースと留意点」（清文社）、「平成31 年度 よくわかる税制改正と実務の徹底対策」（日本法令）、「法人税 税務証拠フォーム作成マニュアル」（日本法令）、「居住用財産に係る税務の徹底解説」（税務研究会）、「改訂版 資産をめぐる複数税目の実務」（新日本法規）、「業種別 税務・会計実務処理マニュアル」（新日本法規）他（いずれも共著）

飯田　昭雄（いいだ　あきお）

長野生まれ。明治大学商学部卒業。現在、飯田昭雄税理士事務所・所長。

著書等：「相続税実務の"鉄則"に従ってはいけないケースと留意点」（清文社）、「業種別税務・会計実務処理マニュアル」（新日本法規）、「法人税別表作成全書」（税務経理協会）他（いずれも共著）

■飯田昭雄税理士事務所

〒 392-0013　長野県諏訪市沖田町 1 丁目 131 番地 1 号

TEL　0266-78-7657　　FAX　0266-78-7651

小口　俊之（こぐち　としゆき）

東京生まれ。一橋大学商学部卒業。現在、小口克彦税理士事務所・所属税理士。

■小口克彦税理士事務所（宇都宮市）

〒 320-0032　栃木県宇都宮市昭和 1 丁目 1 番 24 号

TEL　028-625-3121　　FAX　028-625-3129

小山　武晴（こやま　たけはる）

　東京生まれ。流通経済大学経済学部卒業。現在、小山武晴税理士事務所・所長。

　著書等：「相続税実務の"鉄則"に従ってはいけないケースと留意点」（清文社）、「家事関連費を中心とした必要経費の実務」（税務研究会）、「法人税　税務証拠フォーム作成マニュアル」（日本法令）、「民事信託実務ハンドブック」（日本法令）、「取引相場のない株式の評価完全入門」（税務経理協会）、「税理士必携　業種別税務ハンドブック」（ぎょうせい）他（いずれも共著）

■小山武晴税理士事務所

〒 160-0023　東京都新宿区西新宿 8 丁目 15 番 3 号　松原ビル 504 号

TEL　03-6279-1636　　FAX　03-6279-1637

相続税　修正申告と更正の請求の実務

（著者承認検印省略）

平成 27 年 5 月 25 日　初版第 1 刷発行
令和 2 年 2 月 10 日　改訂版第 1 刷印刷
令和 2 年 2 月 14 日　改訂版第 1 刷発行

　　© 編　者　　平　川　　　忠　雄

　　　著　者　　中　島　　孝　一

　　　　　　　　西　野　道　之　助

　　　　　　　　飯　田　　昭　雄

　　　　　　　　小　口　　俊　之

　　　　　　　　小　山　　武　晴

　発行所　　税 務 研 究 会 出 版 局

　　　　　週刊「税務通信」発行所
　　　　　　　「経営財務」

　　　　代 表 者　山　根　　　毅

　　　　〒 100－0005

　　　　東京都千代田区丸の内 1－8－2
　　　　　　　　鉄鋼ビルディング

　　　　振替口座　00160－3－76223

　　　　電話〔書籍編集〕03(6777)3463
　　　　　　〔書店専用〕03(6777)3466
　　　　　　〔書籍注文〕03(6777)3450
　　　　　　　（お客さまサービスセンター）

● 各事業所　電話番号一覧 ●

北海道 011(221)8348　関東信越 048(647)5544　中　国 082(243)3720
東　北 022(222)3858　中　部 052(261)0381　九　州 092(721)0644
神奈川 045(263)2822　関　西 06(6943)2251

＜税研ホームページ＞ https://www.zeiken.co.jp

乱丁・落丁の場合は、お取替え致します。　　印刷・製本　藤原印刷㈱

ISBN 978－4－7931－2508－9